ECE/TRANS/301 (Vol. I)

COMMISSION ÉCONOMIQUE POUR L'EUROPE

Comité des transports intérieurs

Accord européen relatif au transport international des marchandises dangereuses par voies de navigation intérieures (ADN)

y compris le Règlement annexé, en vigueur le 1er janvier 2021

Volume I

NATIONS UNIES
New York et Genève, 2020

Les demandes de reproduction d'extraits ou de photocopie doivent être adressées au Copyright Clearance Center sur copyright.com.

Toutes les autres questions sur les droits et licences, y compris les droits subsidiaires, doivent être adressées à:

Publications des Nations Unies,
405 East 42nd Street, S-09FW001,
New York, NY 10017,
États-Unis d'Amérique.
Courriel: permissions@un.org;
site Web: https://shop.un.org.

Publication des Nations Unies établie par la Commission Économique des Nations Unies pour l'Europe.

ECE/TRANS/301

ISBN: 978-92-1-139183-1
eISBN: 978-92-1-005132-3

ISSN: 2411-9024
eISSN: 2411-9032

Numéro de vente: F.20.VIII.3

Édition complète des 2 volumes.
Les volumes I et II ne peuvent être vendus séparément.

COMMISSION ÉCONOMIQUE DES NATIONS UNIES POUR L'EUROPE (CEE-ONU)

La Commission économique pour l'Europe (CEE) est l'une des cinq commissions régionales de l'ONU administrées par le Conseil économique et social. Créée en 1947, elle a été chargée de contribuer à la reconstruction de l'Europe d'après guerre, au développement de l'économie et au renforcement des relations économiques parmi les pays européens et entre l'Europe et le reste du monde. Pendant la guerre froide, elle a constitué un cadre exceptionnel pour le dialogue et la coopération économiques entre l'Est et l'Ouest. En dépit de la complexité de cette période, des avancées majeures ont été enregistrées, ainsi qu'en témoignent les nombreux accords de normalisation et d'harmonisation sur lesquels un consensus a pu être dégagé.

Depuis la fin de la guerre froide, la CEE a vu s'accroître non seulement le nombre de ses États membres, mais aussi l'étendue de ses fonctions. Depuis le début des années 1990, l'organisation s'est attachée à aider les pays d'Europe centrale et orientale, du Caucase et d'Asie centrale dans leur processus de transition et leur intégration dans l'économie mondiale.

Aujourd'hui, la CEE soutient ses 56 États membres en Europe, en Asie centrale et en Amérique du Nord dans la mise en œuvre du Programme de développement durable à l'horizon 2030 et de ses objectifs de développement durable. La CEE est une instance multilatérale de dialogue politique permettant d'élaborer des normes, règles et instruments juridiques internationaux, d'échanger des bonnes pratiques et des compétences économiques et techniques, et de proposer une coopération technique aux pays en transition.

Parce qu'elles offrent des outils pratiques pour améliorer la vie quotidienne des gens dans les domaines de l'environnement, des transports, du commerce, des statistiques, de l'énergie, de la foresterie, du logement et de l'aménagement du territoire, un grand nombre des normes, règles et conventions élaborées dans le cadre de la CEE sont utilisées dans le monde entier, et plusieurs pays extérieurs à la région participent à ses travaux.

L'approche multisectorielle de la CEE aide les pays à relever de manière intégrée les défis interdépendants du développement durable en mettant l'accent sur les aspects transfrontières, ce qui permet de trouver des solutions à des problèmes communs. Grâce à son pouvoir rassembleur unique, la CEE encourage la coopération entre toutes les parties prenantes aux niveaux national et régional.

TRANSPORTS À LA CEE-ONU

La Division des transports durables de la Commission économique des Nations Unies pour l'Europe assure le secrétariat du Comité des transports intérieurs (CTI) de la CEE-ONU et du Comité d'experts du transport des marchandises dangereuses et du système général harmonisé de classification et d'étiquetage des produits chimiques du Conseil économique et social de l'ONU. Le CTI et ses dix-sept groupes de travail, tout comme le Comité d'experts du Conseil économique et social et ses sous-comités, sont des organes intergouvernementaux dont les travaux visent à améliorer, de façon mesurable, l'économie mondiale et la vie quotidienne de la population par le biais de décisions concrètes qui permettent d'augmenter la sécurité du transport, les performances environnementales, l'efficacité énergétique et la compétitivité du secteur.

Le Comité d'experts du Conseil économique et social a été créé en 1953 par le Secrétaire général des Nations Unies, à la demande du Conseil, afin d'élaborer des recommandations relatives au transport des marchandises dangereuses. En 1999 son mandat a été étendu à l'harmonisation globale (multisectorielle) des systèmes de classification et d'étiquetage des produits chimiques. Il est composé d'experts de pays qui possèdent les compétences et expérience pertinentes dans les domaines du commerce et du transport international des marchandises dangereuses et des produits chimiques. Sa composition est limitée afin d'assurer un équilibre géographique équitable entre les différentes régions du monde et de permettre une représentation adéquate des pays en voie développement. Bien que le Comité soit un organe subsidiaire du Comité d'experts du Conseil économique et social, le Secrétaire général a décidé, en 1963, d'en confier les services de secrétariat à la Division des transports de la CEE-ONU.

Le Comité des transports intérieurs est un forum intergouvernemental unique, créé en 1947 pour aider à la reconstruction des réseaux de transport de l'Europe d'après-guerre. Au fil des ans il s'est attaché à faciliter le développement durable et harmonisé des transports intérieurs, quel qu'en soit le mode. Ses travaux se sont traduits, jusqu'à présent, par: i) la mise en place d'un cadre juridique de 58 conventions des Nations Unies et d'une multitude de règlements techniques, mis à jour régulièrement, favorisant le développement durable du secteur des transports, tant au niveau national qu'au niveau international: transport par route, par chemin de fer, et par voies navigables; transport intermodal; transport de marchandises dangereuses; construction et inspection des véhicules routiers; ii) les projets d'autoroute transeuropéenne (TEM) et de chemin de fer transeuropéen (TER), et le projet de liaisons de transport Europe-Asie qui facilitent la coordination entre pays des programmes d'investissement pour les infrastructures de transport; iii) le système TIR qui facilite le transit douanier au niveau mondial; iv) l'outil dit "ForFITS", acronyme signifiant en anglais "pour des futurs systèmes de transport intérieur " qui peut aider les gouvernements à contrôler, localement où à l'échelle nationale, les émissions de CO_2 imputables aux divers modes de transport intérieur ainsi qu'à sélectionner et mettre en œuvre des politiques d'atténuation des changements climatiques compte tenu de l'impact attendu et des conditions locales; v) des statistiques de transport – données et méthodologies – acceptées au niveau international; vi) des études et rapports d'analyse et de recherche de pointe sur des questions nouvelles qui permettent, de manière opportune, de définir des politiques de transport pertinentes. Le CTI porte une attention toute particulière aux services de transport intelligents, à la mobilité urbaine durable et la logistique dans les villes, ainsi qu'à la façon d'augmenter la résilience des réseaux des services de transports pour répondre à l'adaptation au changement climatique et aux défis en matière de sûreté.

La Division des transports durables et la Division de l'environnement de la CEE-ONU gèrent également conjointement le Programme paneuropéen sur les transports, la santé et l'environnement (dont l'acronyme anglais est THE PEP), en collaboration avec l'Organisation mondiale de la Santé.

Enfin, depuis 2015, la Division des transports durables de la CEE-ONU fourni les services du secrétariat à l'Envoyé spécial du Secrétaire général pour la sécurité routière, M. Jean Todt.

INTRODUCTION

L'Accord européen relatif au transport international des marchandises dangereuses par voies de navigation intérieures (ADN) fait à Genève le 26 mai 2000 sous l'égide de la Commission économique des Nations Unies pour l'Europe (CEE-ONU) et de la Commission centrale pour la navigation du Rhin (CCNR) est entré en vigueur le 29 février 2008.

L'Accord proprement dit et le Règlement annexé, dans leur version originale, ont été publiés en 2001 sous la cote ECE/TRANS/150. Cette publication contient aussi l'Acte final de la Conférence diplomatique tenue à Genève du 22 au 26 mai 2000 au cours de laquelle a été adopté l'Accord, de même que le texte d'une résolution adoptée par cette Conférence.

Au moment de la préparation de la présente publication, l'Accord comptait dix-huit Parties contractantes: Allemagne, Autriche, Belgique, Bulgarie, Croatie, Fédération de Russie, France, Hongrie, Luxembourg, Pays-Bas, Pologne, République de Moldova, République tchèque, Roumanie, Serbie, Slovaquie, Suisse et Ukraine. D'autres États membres de la CEE-ONU sur le territoire desquels se trouvent des voies navigables autres que celles formant un parcours côtier peuvent également devenir Parties contractantes à l'Accord en y adhérant, à condition que ces voies navigables fassent partie du réseau de voies navigables d'importance internationale tel que défini dans l'Accord européen sur les grandes voies navigables d'importance internationale (AGN).

Le Règlement annexé à l'ADN contient des dispositions relatives aux matières et objets dangereux, à leur transport en colis ou en vrac à bord de bateaux de navigation intérieure ou de bateaux-citernes, ainsi que des dispositions relatives à la construction et à l'exploitation de tels bateaux. Il régit également les prescriptions et procédures relatives aux visites, à l'établissement de certificats d'agrément, à l'agrément des sociétés de classification, aux dérogations, aux contrôles, à la formation et à l'examen des experts.

Exception faite des dispositions relatives à l'agrément des sociétés de classification, applicables dès l'entrée en vigueur de l'Accord, le Règlement annexé est devenu applicable douze mois après l'entrée en vigueur de l'Accord, soit le 28 février 2009 (article 11 (1) de l'Accord).

Avant l'entrée en vigueur de l'Accord, des mises à jour du Règlement annexé d'origine ont été régulièrement effectuées par une Réunion commune d'experts de la CEE-ONU et de la CCNR. Ces mises à jour ont été adoptées par le Comité d'administration de l'ADN à sa première session qui s'est tenue à Genève le 19 juin 2008 (voir document ECE/ADN/2, paragraphes 13 à 16).

Par la suite, le secrétariat a publié des versions récapitulatives "ADN 2009" sous la cote ECE/TRANS/203, "ADN 2011" sous la cote ECE/TRANS/220, "ADN 2013" sous la cote ECE/TRANS/231, "ADN 2015" sous la cote ECE/TRANS/243, "ADN 2017" sous la cote ECE/TRANS/258 et "ADN 2019" sous la cote ECE/TRANS/276.

À sa vingt-quatrième session (Genève, 31 janvier 2020), le Comité d'administration de l'ADN a demandé au secrétariat de publier une nouvelle édition récapitulative ("ADN 2021") incluant toutes les corrections et tous les amendements acceptés qui devraient entrer en vigueur le 1er janvier 2021. Ces corrections et amendements se trouvent dans les documents suivants: ECE/ADN/54, ECE/ADN/54/Corr.1, ECE/ADN/54/Add.1, ECE/TRANS/WP.15/AC.2/70, annexes II et III, ECE/TRANS/WP.15/AC.2/72, annexes II et III et ECE/TRANS/WP.15/AC.2/74, annexe III.

Le Règlement annexé contenu dans la présente publication est la version récapitulative qui tient compte de ces mises à jour, et qui deviendra applicable le 1er janvier 2021.

Il convient de noter que, d'après la directive 2008/68/CE du Parlement européen et du Conseil du 24 septembre 2008 relative au transport intérieur des marchandises dangereuses, telle que modifiée, les États membres de l'Union européenne, sauf dérogation pour les cas prévus à l'article premier, paragraphe 3 de ladite directive, sont tenus de rendre applicable ce Règlement annexé ainsi que l'article 3, alinéas f) et h), et l'article 8, paragraphes 1 et 3 de l'ADN au transport national et international entre États membres des marchandises dangereuses par voies navigables sur leur territoire.

Toute demande d'information relative à l'application de l'ADN doit être adressée à l'autorité compétente pertinente.

Des informations supplémentaires se trouvent sur le site web de la Division des transports durables de la CEE-ONU:

www.unece.org/trans/danger/publi/adn/adn_e.html

Ce site est mis à jour en permanence. La page d'accueil permet d'accéder aux informations suivantes:

- Accord ADN (sans le Règlement annexé);

- Rectification de l'Accord ADN (sans le Règlement annexé);

- État de l'Accord;

- Notifications dépositaires;

- Informations pays (autorités compétentes, notifications);

- Accords multilatéraux;

- Autorisations spéciales;

- Equivalences et dérogations;

- Sociétés de classification;

- Rapports d'accidents;

- Catalogue de questions;

- Modèles de listes de contrôle;

- Publications (rectificatifs);

- ADN 2021 (fichiers);

- Amendements à l'ADN 2019;

- ADN 2019 (fichiers);

- Versions précédentes de l'ADN;

- Informations historiques.

Rectificatif

**Réf. Numéro de vente: F.21.VIII.1
(ECE/TRANS/300, Vol. I et II)**

**Novembre 2020
New York et Genève**

**ACCORD RELATIF AU TRANSPORT INTERNATIONAL
DES MARCHANDISES DANGEREUSES PAR ROUTE (ADR)
(en vigueur le 1er janvier 2021)**

Rectificatif

Nota: Dès qu'ils sont publiés, les rectificatifs aux versions publiés de l'ADR et les amendements entrant en vigueur avant la parution de la version suivante sont mis à disposition sur le site internet de la Commission économique des Nations Unies pour l'Europe à l'adresse suivante: www.unece.org/trans/danger/danger.htm

Volume I

1. **Chapitre 3.2, 3.2.1, Notes explicatives pour la colonne (17)**

   Au lieu de « P » lire « AP »

Volume II

2. **Chapitre 4.1, 4.1.4.2, instruction d'emballage IBC100, deuxième ligne après la ligne de titre du tableau**

   Au lieu de 13M² *lire* 13M2

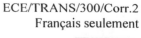

TABLE DES MATIÈRES
VOLUME I

ACCORD EUROPÉEN RELATIF AU TRANSPORT INTERNATIONAL DES MARCHANDISES DANGEREUSES PAR VOIES DE NAVIGATION INTÉRIEURES (ADN)

LES PARTIES CONTRACTANTES,

DÉSIREUSES d'établir d'un commun accord des principes et des règles uniformes aux fins:

a)   d'accroître la sécurité des transports internationaux des marchandises dangereuses par voies de navigation intérieures;

b)   de contribuer de manière efficace à la protection de l'environnement, par la prévention de la pollution qui pourrait résulter d'accidents et d'incidents au cours de ces transports; et

c)   de faciliter les opérations de transport et de promouvoir le commerce international,

CONSIDÉRANT que le meilleur moyen d'atteindre ce but est de conclure un accord destiné à remplacer les "Prescriptions européennes relatives au transport international des marchandises dangereuses par voies de navigation intérieures "annexées à la résolution No 223 du Comité des transports intérieurs de la Commission économique pour l'Europe, telles que modifiées,

SONT CONVENUES de ce qui suit:

CHAPITRE PREMIER

DISPOSITIONS GÉNÉRALES

Article premier

Champ d'application

1.   Le présent Accord s'applique au transport international des marchandises dangereuses par bateaux sur les voies de navigation intérieures.

2.   Le présent Accord ne s'applique pas au transport de marchandises dangereuses par navires de mer sur les voies de navigation maritime comprises dans les voies de navigation intérieures.

3.   Le présent Accord ne s'applique pas au transport de marchandises dangereuses effectué par des bateaux de guerre ou bateaux de guerre auxiliaires ni aux autres bateaux appartenant à un État ou exploités par cet État tant que celui-ci les utilise exclusivement à des fins gouvernementales et non commerciales. Cependant, chaque Partie doit s'assurer, en prenant des mesures appropriées qui ne compromettent pas les opérations ou la capacité opérationnelle des bateaux de ce type lui appartenant ou exploités par elle, que ceux-ci agissent d'une manière compatible avec le présent Accord, pour autant que cela soit raisonnable dans la pratique.

Article 2

Règlement annexé à l'Accord

1. Le Règlement annexé au présent Accord fait partie intégrante dudit accord. Toute référence au présent Accord implique en même temps une référence au Règlement annexé.

2. Le Règlement annexé comprend:

   a) des prescriptions relatives au transport international des marchandises dangereuses par voies de navigation intérieures;

   b) des prescriptions et procédures relatives aux visites, à l'établissement de certificats d'agrément, à l'agrément des sociétés de classification, aux dérogations, aux autorisations spéciales, aux contrôles, à la formation et à l'examen des experts;

   c) des dispositions transitoires générales;

   d) des dispositions transitoires supplémentaires applicables sur des voies de navigation intérieures spécifiques.

Article 3

Définitions

Aux fins du présent Accord, on entend:

a) par "*bateau*", un bateau de navigation intérieure ou un navire de mer;

b) par "*marchandises dangereuses*", les matières et objets dont le Règlement annexé interdit le transport international ou ne l'autorise que sous certaines conditions;

c) par "*transport international de marchandises dangereuses*", tout transport de marchandises dangereuses effectué par un bateau sur des voies de navigation intérieures sur le territoire d'au moins deux Parties contractantes;

d) par "*voies de navigation intérieures*", l'ensemble des voies navigables intérieures y compris les voies de navigation maritime sur le territoire d'une Partie contractante qui sont ouvertes à la navigation des bateaux en vertu du droit national;

e) par "*voies de navigation maritime*", les voies de navigation intérieures reliées à la mer, servant essentiellement au trafic des navires de mer et désignées comme telles en vertu du droit national;

f) par "*société de classification agréée*", une société de classification conforme aux critères fixés au Règlement annexé et agréée, conformément audit Règlement annexé, par l'autorité compétente de la Partie contractante où est délivré le certificat d'agrément;

g) par "*autorité compétente*", une autorité ou un organisme désigné ou reconnu comme tel dans chaque Partie contractante et pour chaque cas en liaison avec les prescriptions du présent Accord;

h) par "*organisme de visite*", un organisme nommé ou reconnu par la Partie contractante aux fins de l'inspection des bateaux conformément aux procédures prévues au Règlement annexé.

CHAPITRE II

DISPOSITIONS D'ORDRE TECHNIQUE

Article 4

Interdictions de transport, conditions de transport, contrôles

1. Sous réserve des dispositions des articles 7 et 8, les marchandises dangereuses dont le Règlement annexé exclut le transport ne doivent pas faire l'objet d'un transport international.

2. Sans préjudice des dispositions de l'article 6, les transports internationaux des autres marchandises dangereuses sont autorisés s'il est satisfait aux conditions du Règlement annexé.

3. L'observation des interdictions de transport et des conditions mentionnées aux paragraphes 1 et 2 ci-dessus doit être contrôlée par les Parties contractantes en conformité avec les dispositions du Règlement annexé.

Article 5

Exemptions

Le présent Accord ne s'applique pas au transport de marchandises dangereuses dans la mesure où ce transport est exempté conformément au Règlement annexé. Des exemptions ne peuvent être prévues que lorsqu'en raison de la quantité des marchandises exemptées ou de la nature des transports exemptés ou de l'emballage la sécurité du transport est garantie.

Article 6

Droit des États

Chaque Partie contractante conserve le droit de réglementer ou d'interdire l'entrée sur son territoire de marchandises dangereuses pour des raisons autres que la sécurité au cours du transport.

Article 7

Règles spéciales, dérogations

1. Les Parties contractantes conservent le droit de convenir, pour une période limitée fixée au Règlement annexé, par accords particuliers bilatéraux ou multilatéraux, et sous réserve que la sécurité ne soit pas compromise,

   a) que les marchandises dangereuses dont le présent Accord interdit le transport international pourront, sous certaines conditions, faire l'objet de transports internationaux sur leurs voies de navigation intérieures; ou

   b) que les marchandises dangereuses dont le présent Accord n'autorise le transport international qu'à des conditions déterminées pourront faire alternativement l'objet, sur leurs voies de navigation intérieures, de transports internationaux à des conditions différentes de celles imposées par le Règlement annexé.

Les accords particuliers, bilatéraux ou multilatéraux, visés par le présent paragraphe, seront communiqués immédiatement au Secrétaire exécutif de la Commission économique pour l'Europe qui les communiquera aux Parties contractantes non signataires de ces accords.

2.   Chaque Partie contractante conserve le droit de délivrer des autorisations spéciales pour le transport international en bateaux-citernes de marchandises dangereuses dont le transport en bateaux-citernes n'est pas autorisé selon les prescriptions relatives au transport du Règlement annexé, sous réserve du respect des procédures relatives aux autorisations spéciales du Règlement annexé.

3.   Les Parties contractantes conservent le droit d'autoriser, dans les cas suivants, les transports internationaux de marchandises dangereuses à bord d'un bateau qui ne satisfait pas aux conditions fixées au Règlement annexé sous réserve que la procédure fixée au Règlement annexé soit respectée:

a)   l'utilisation à bord d'un bateau de matériaux, installations ou équipements, ou l'application à bord d'un bateau de certaines mesures concernant la construction ou de certaines dispositions autres que celles prescrites au Règlement annexé;

b)   un bateau présentant des innovations techniques dérogeant aux dispositions du Règlement annexé.

Article 8

Dispositions transitoires

1.   Les certificats d'agrément et autres documents établis en vertu des prescriptions du Règlement pour le transport de matières dangereuses sur le Rhin (ADNR), du Règlement pour le transport de matières dangereuses sur le Danube (ADN-D) ou de règlements nationaux reprenant les prescriptions européennes relatives au transport des marchandises dangereuses par voies de navigation intérieures, telles qu'annexées à la Résolution No 223 du Comité des transports intérieurs de la Commission économique pour l'Europe, ou telles que modifiées, applicables à la date d'application du Règlement annexé prévue au paragraphe 1 de l'article 11, demeurent valables jusqu'à leur expiration, dans les mêmes conditions, notamment en ce qui concerne leur reconnaissance par d'autres États, que celles qui prévalaient jusqu'à cette date d'application. En outre, ces certificats demeureront valables durant une période de un an à partir de la date d'application du Règlement annexé s'ils arrivent à expiration durant cette période. Toutefois, la durée de validité ne pourra en aucun cas dépasser cinq ans au-delà de la date d'application du Règlement annexé.

2.   Les bateaux qui, à la date d'application du Règlement annexé prévue au paragraphe 1 de l'article 11, sont agréés pour le transport de marchandises dangereuses sur le territoire d'une Partie contractante et qui satisfont aux prescriptions du Règlement annexé, compte tenu, le cas échéant, de ses dispositions transitoires générales, peuvent obtenir un certificat d'agrément ADN suivant la procédure prévue par le Règlement annexé.

3.   Pour les bateaux visés au paragraphe 2 destinés exclusivement au transport sur des voies de navigation intérieures où l'ADNR n'était pas applicable en vertu du droit national avant la date d'application du Règlement annexé prévue au paragraphe 1 de l'article 11, les dispositions transitoires supplémentaires applicables sur des voies de navigation intérieures spécifiques peuvent être appliquées en plus des dispositions transitoires générales. Ces bateaux obtiennent un certificat d'agrément ADN limité aux voies de navigation intérieures susmentionnées ou à une partie de celles-ci.

4.   Si de nouvelles dispositions sont ajoutées dans le Règlement annexé, les Parties contractantes peuvent prévoir de nouvelles dispositions transitoires générales. Ces dispositions transitoires indiquent les bateaux visés et la période pour laquelle elles sont valables.

Article 9

Applicabilité d'autres règlements

Les transports couverts par le présent Accord restent soumis aux prescriptions locales, régionales ou internationales applicables, de façon générale, aux transports de marchandises par voies de navigation intérieures.

CHAPITRE III

DISPOSITIONS FINALES

Article 10

Parties contractantes

1. Les États membres de la Commission économique pour l'Europe sur le territoire desquels se trouvent des voies navigables, autres que celles formant un parcours côtier, qui font partie du réseau de voies navigables d'importance internationale tel que défini dans l'Accord européen sur les grandes voies navigables d'importance internationale (AGN) peuvent devenir Parties contractantes au présent Accord:

    a)   en le signant définitivement;

    b)   en déposant un instrument de ratification, d'acceptation ou d'approbation après l'avoir signé sous réserve de ratification, d'acceptation ou d'approbation;

    c)   en déposant un instrument d'adhésion.

2. L'Accord sera ouvert à la signature jusqu'au 31 mai 2001 au Bureau du Secrétaire exécutif de la Commission économique pour l'Europe à Genève. Après cette date, il sera ouvert à l'adhésion.

3. Les instruments de ratification, d'acceptation, d'approbation ou d'adhésion seront déposés auprès du Secrétaire général de l'Organisation des Nations Unies.

Article 11

Entrée en vigueur

1. Le présent Accord entrera en vigueur un mois après la date à laquelle le nombre des États mentionnés au paragraphe 1 de l'article 10 qui l'auront signé définitivement ou auront déposé leur instrument de ratification, d'acceptation, d'approbation ou d'adhésion aura été porté à sept.

    Toutefois, le Règlement annexé, sauf les dispositions relatives à l'agrément des sociétés de classification, ne s'appliquera que douze mois après l'entrée en vigueur de l'Accord.

2. Pour chaque État qui signera définitivement le présent Accord ou le ratifiera, l'acceptera, l'approuvera ou y adhérera après que sept des États mentionnés au paragraphe 1 de l'article 10 l'auront signé définitivement ou auront déposé leur instrument de ratification, d'acceptation, d'approbation ou d'adhésion, le présent Accord entrera en vigueur un mois après la signature définitive par ledit État ou le dépôt de l'instrument de ratification, d'acceptation, d'approbation ou d'adhésion dudit État.

    Le Règlement annexé sera applicable à cette même date. Dans le cas où le délai prévu au paragraphe 1 pour l'application du Règlement annexé n'est pas encore écoulé, la date de son application sera celle qui est fixée au paragraphe 1.

Article 12

Dénonciation

1. Chaque Partie contractante pourra dénoncer le présent Accord par notification écrite adressée au Secrétaire général de l'Organisation des Nations Unies.

2. La dénonciation prendra effet douze mois après la date à laquelle le Secrétaire général en aura reçu notification écrite.

Article 13

Extinction

1. Si après l'entrée en vigueur du présent Accord le nombre des Parties contractantes se trouve ramené à moins de cinq pendant une période de douze mois consécutifs, le présent Accord cessera de produire ses effets à partir de la fin de ladite période de douze mois.

2. Dans le cas où un accord mondial portant réglementation du transport multimodal des marchandises dangereuses viendrait à être conclu, toute disposition du présent Accord, à l'exception de celles relevant exclusivement de la navigation intérieure, de la construction et de l'équipement des bateaux, du transport en vrac ou en bateaux-citernes, qui serait en contradiction avec l'une quelconque des dispositions de cet accord mondial serait, dans les rapports entre les Parties au présent Accord devenues Parties à l'accord mondial, et à dater du jour de l'entrée en vigueur de celui-ci, automatiquement abolie et remplacée *ipso facto* par la disposition y relative de l'accord mondial.

Article 14

Déclarations

1. Tout État pourra, lorsqu'il signera définitivement le présent Accord ou lors du dépôt de son instrument de ratification, d'acceptation, d'approbation ou d'adhésion ou à tout moment ultérieur, déclarer, par une notification écrite adressée au Secrétaire général de l'Organisation des Nations Unies, que le présent Accord sera applicable à tout ou partie des territoires qu'il représente sur le plan international. L'Accord sera applicable au territoire ou aux territoires mentionnés dans la notification un mois après la réception de cette notification par le Secrétaire général.

2. Tout État qui aura fait, conformément au paragraphe 1 du présent article, une déclaration ayant pour effet de rendre le présent Accord applicable à un territoire qu'il représente sur le plan international pourra, conformément à l'article 12, dénoncer l'Accord en ce qui concerne ledit territoire.

3. a) En outre, tout État pourra, lorsqu'il signera définitivement le présent Accord ou lors du dépôt de son instrument de ratification, d'acceptation, d'approbation ou d'adhésion ou à tout moment ultérieur, déclarer, par une notification écrite adressée au Secrétaire général de l'Organisation des Nations Unies, que le présent Accord ne sera pas applicable sur certaines voies de navigation intérieures de son territoire, à condition que les voies en question ne fassent pas partie du réseau de voies navigables d'importance internationale tel que défini dans l'AGN. Si cette déclaration est effectuée à un moment ultérieur à celui où l'État a signé définitivement le présent Accord ou a déposé son instrument de ratification, d'acceptation, d'approbation ou d'adhésion, l'Accord cessera de produire ses effets sur les voies de navigation intérieures en question un mois après la réception de cette notification par le Secrétaire général.

    b) Toutefois, tout État sur le territoire duquel se trouvent des voies de navigation intérieures relevant de l'AGN, soumises à la date d'adoption du présent Accord à un régime de droit international obligatoire portant sur le transport de marchandises dangereuses, pourra déclarer que l'application du présent Accord sur ces voies sera subordonnée à l'accomplissement des procédures prévues par le statut de ce régime. Une telle déclaration devra être faite lors de la signature définitive du présent Accord ou lors du dépôt de son instrument de ratification, d'acceptation, d'approbation ou d'adhésion.

4. Tout État qui aura fait une déclaration conformément aux paragraphes 3 a) ou 3 b) du présent article pourra ultérieurement déclarer par une notification écrite adressée au Secrétaire général de l'Organisation des Nations Unies que le présent Accord sera applicable à tout ou partie des voies de navigation intérieures visées par la déclaration faite selon les paragraphes 3 a) ou 3 b). L'Accord sera applicable aux voies de navigation intérieures mentionnées dans la notification un mois après la réception de cette notification par le Secrétaire général.

Article 15

Différends

1. Tout différend entre deux ou plusieurs Parties contractantes touchant l'interprétation ou l'application du présent Accord sera, autant que possible, réglé par voie de négociation entre les Parties en litige.

2. Tout différend qui n'est pas réglé par voie de négociation directe peut être porté par les Parties contractantes en litige devant le Comité d'administration qui l'examine et fait des recommandations en vue de son règlement.

3. Tout différend qui n'aura pas été réglé conformément au paragraphe 1 ou 2 sera soumis à l'arbitrage si l'une quelconque des Parties contractantes en litige le demande et sera, en conséquence, renvoyé à un ou plusieurs arbitres choisis d'un commun accord entre les Parties en litige. Si, dans les trois mois à dater de la demande d'arbitrage, les Parties en litige n'arrivent pas à s'entendre sur le choix d'un arbitre ou des arbitres, l'une quelconque de ces Parties pourra demander au Secrétaire général de l'Organisation des Nations Unies de désigner un arbitre unique devant lequel le différend sera renvoyé pour décision.

4. La sentence de l'arbitre ou des arbitres désignés conformément au paragraphe 3 du présent article sera obligatoire pour les Parties contractantes en litige.

Article 16

Réserves

1. Tout État pourra, lorsqu'il signera définitivement le présent Accord ou lors du dépôt de son instrument de ratification, d'acceptation, d'approbation ou d'adhésion, déclarer qu'il ne se considère pas lié par l'article 15. Les autres Parties contractantes ne seront pas liées par l'article 15 envers toute Partie contractante qui aura formulé une telle réserve.

2. Tout État contractant qui aura formulé une réserve conformément au paragraphe 1 du présent article pourra à tout moment lever cette réserve par une notification écrite adressée au Secrétaire général de l'Organisation des Nations Unies.

3. Les réserves autres que celles prévues par le présent Accord ne sont pas admises.

Article 17

Comité d'administration

1. Un Comité d'administration est créé pour examiner la mise en application du présent Accord, étudier tout amendement proposé à ce titre et étudier des mesures destinées à assurer une interprétation et une application uniformes dudit Accord.

2. Les Parties contractantes sont membres du Comité d'administration. Le Comité peut décider que les États visés au paragraphe 1 de l'article 10 du présent Accord qui ne sont pas Parties contractantes, tout autre État membre de la Commission économique pour l'Europe ou de l'Organisation des Nations Unies ou des représentants d'organisations internationales intergouvernementales ou non gouvernementales peuvent, pour les questions qui les intéressent, assister à ses sessions en qualité d'observateurs.

3. Le Secrétaire général de l'Organisation des Nations Unies et le Secrétaire général de la Commission centrale pour la navigation du Rhin fournissent au Comité d'administration des services de secrétariat.

4. Le Comité d'administration procède, à la première session de l'année, à l'élection de son (sa) Président(e) et de son (sa) Vice-Président(e).

5. Le Secrétaire exécutif de la Commission économique pour l'Europe convoque le Comité d'administration tous les ans ou à une autre fréquence décidée par le Comité, ainsi que sur la demande d'au moins cinq Parties contractantes.

6. Un quorum d'au moins la moitié des Parties contractantes est nécessaire pour prendre les décisions.

7. Les propositions sont mises aux voix. Chaque Partie contractante représentée à la session dispose d'une voix. Les règles suivantes s'appliquent:

   a) Les propositions d'amendements au présent Accord et les décisions y relatives sont adoptées conformément aux dispositions de l'article 19, paragraphe 2;

   b) Les propositions d'amendements au Règlement annexé et les décisions y relatives sont adoptées conformément aux dispositions de l'article 20, paragraphe 4;

   c) Les propositions relatives à la recommandation d'agrément des sociétés de classification ou du retrait de cette recommandation et les décisions y relatives sont adoptées conformément à la procédure des dispositions de l'article 20, paragraphe 4;

   d) Toute proposition ou décision autre que celles visées aux alinéas a) à c) est adoptée à la majorité des suffrages exprimés par les membres du Comité d'administration présents et votants.

8. Le Comité d'administration peut instituer les groupes de travail qu'il juge nécessaires pour l'aider dans l'accomplissement de ses fonctions.

9. En l'absence de dispositions pertinentes dans le présent Accord, le Règlement intérieur de la Commission économique pour l'Europe est applicable sauf si le Comité d'administration en décide autrement.

Article 18

Comité de sécurité

Il est institué un Comité de sécurité chargé d'examiner toutes les propositions relatives à la modification du Règlement annexé, notamment celles concernant la sécurité de la navigation, la construction, l'équipement et les équipages des bateaux. Le Comité fonctionnera dans le cadre des activités des organes de la Commission économique pour l'Europe, de la Commission centrale pour la navigation du Rhin et de la Commission du Danube qui sont compétents en matière de transport de marchandises dangereuses par voies de navigation intérieures.

Article 19

Procédure d'amendement de l'Accord à l'exclusion du Règlement annexé

1. Le présent Accord, à l'exclusion du Règlement annexé, pourra être modifié sur proposition d'une Partie contractante suivant la procédure prévue dans le présent article.

2. Tout amendement proposé au présent Accord, à l'exclusion du Règlement annexé, sera examiné par le Comité d'administration. Tout amendement de cette nature examiné ou élaboré au cours de la réunion du Comité d'administration et adopté par le Comité d'administration à la majorité des deux tiers de ses membres présents et votants sera communiqué par le Secrétaire général de l'Organisation des Nations Unies aux Parties contractantes pour acceptation.

3. Tout amendement communiqué pour acceptation en application des dispositions du paragraphe 2 entrera en vigueur pour toutes les Parties contractantes six mois après l'expiration d'une période de vingt-quatre mois suivant la date à laquelle la communication a été faite, si pendant cette période aucune objection à l'amendement en question n'a été notifiée par écrit au Secrétaire général de l'Organisation des Nations Unies par une Partie contractante.

Article 20

Procédure d'amendement du Règlement annexé

1. Le Règlement annexé pourra être modifié sur proposition d'une Partie contractante.

    Le Secrétaire général de l'Organisation des Nations Unies pourra également proposer des amendements visant à obtenir la concordance du Règlement annexé avec les autres accords internationaux relatifs au transport des marchandises dangereuses ou les Recommandations de l'Organisation des Nations Unies relatives au transport des marchandises dangereuses ainsi que des amendements proposés par un organe subsidiaire de la Commission économique pour l'Europe compétent dans le domaine du transport des marchandises dangereuses.

2. Toute proposition d'amendement au Règlement annexé sera, en principe, soumise au Comité de sécurité qui soumettra au Comité d'administration les amendements provisoires qu'il aura adoptés.

3. À la demande expresse d'une Partie contractante, ou si le secrétariat du Comité d'administration le juge approprié, les propositions d'amendement peuvent également être soumises directement au Comité d'administration. De telles propositions seront examinées à une première session et, si elles sont jugées acceptables, elles seront réexaminées à la session suivante du Comité en même temps que toute autre proposition s'y rapportant, à moins que le Comité n'en décide autrement.

4. Les décisions relatives aux amendements provisoires et aux propositions d'amendements soumis au Comité d'administration selon les paragraphes 2 et 3 sont prises à la majorité des membres présents et votants. Cependant, un amendement n'est pas réputé adopté si, immédiatement après le vote, cinq membres présents déclarent leur objection à cet amendement. Les amendements adoptés seront communiqués pour acceptation aux Parties contractantes par le Secrétaire général de l'Organisation des Nations Unies.

5. Tout projet d'amendement au Règlement annexé communiqué pour acceptation conformément au paragraphe 4 sera réputé accepté à moins que, dans le délai de trois mois à compter de la date à laquelle le Secrétaire général l'a transmis, le tiers au moins des Parties contractantes, ou cinq d'entre elles si le tiers est supérieur à ce chiffre, n'aient notifié par écrit au Secrétaire général leur opposition à l'amendement proposé. Si l'amendement est réputé accepté, il entrera en vigueur pour toutes les Parties contractantes à l'expiration d'un nouveau délai qui sera de trois mois, sauf dans les cas ci-après:

    a) Au cas où des amendements analogues apportés à d'autres accords internationaux relatifs au transport des marchandises dangereuses sont déjà entrés en vigueur ou entreront en vigueur à une date différente, le Secrétaire général peut décider, sur demande écrite du Secrétaire exécutif de la Commission économique pour l'Europe, que l'amendement entre en vigueur à l'expiration d'un délai différent de façon à permettre l'entrée en vigueur simultanée dudit amendement et de ceux qui seront apportés à ces autres accords ou, si cela n'est pas possible, l'entrée en vigueur la plus rapide dudit amendement après celle des amendements apportés aux autres accords; le délai ne pourra, toutefois, être inférieur à un mois;

    b) Le Comité d'administration pourra spécifier, lorsqu'il adopte un projet d'amendement, un délai d'une durée supérieure à trois mois pour l'entrée en vigueur de l'amendement au cas où il serait accepté.

Article 21

Demandes, communications et objections

Le Secrétaire général de l'Organisation des Nations Unies informera toutes les Parties contractantes et tous les États visés au paragraphe 1 de l'article 10 du présent Accord de toute demande, communication ou objection faite en vertu des articles 19 et 20 ci-dessus, de l'acceptation et de la date d'entrée en vigueur des amendements.

Article 22

Conférence de révision

1. Indépendamment de la procédure visée aux articles 19 et 20, une Partie contractante pourra, par notification écrite adressée au Secrétaire général de l'Organisation des Nations Unies, demander la convocation d'une conférence à l'effet de réviser le présent Accord.

    Une conférence de révision, à laquelle seront invités toutes les Parties contractantes et tous les États visés au paragraphe 1 de l'article 10, sera convoquée par le Secrétaire exécutif de la Commission économique pour l'Europe si, dans un délai de six mois à compter de la date à laquelle le Secrétaire général de l'Organisation des Nations Unies aura communiqué la notification, un quart au moins des Parties contractantes lui signifient leur assentiment à la demande.

2.   Indépendamment de la procédure visée aux articles 19 et 20, une conférence de révision à laquelle seront invités toutes les Parties contractantes et tous les États visés au paragraphe 1 de l'article 10 sera convoquée également par le Secrétaire exécutif de la Commission économique pour l'Europe dès notification écrite d'une requête à cet effet du Comité d'administration. Le Comité d'administration décidera s'il y a lieu de formuler une telle requête à la majorité de ses membres présents et votants dans le Comité.

3.   Si une conférence est convoquée en application des dispositions des paragraphes 1 ou 2 du présent article, le Secrétaire exécutif de la Commission économique pour l'Europe invitera les Parties contractantes à soumettre, dans un délai de trois mois, les propositions qu'elles voudraient voir examinées par la conférence.

4.   Le Secrétaire exécutif de la Commission économique pour l'Europe fera tenir à toutes les Parties contractantes et à tous les États visés au paragraphe 1 de l'article 10 l'ordre du jour provisoire de la conférence et les textes de ces propositions six mois au moins avant la date d'ouverture de la conférence.

Article 23

Dépositaire

Le Secrétaire général de l'Organisation des Nations Unies est le dépositaire du présent Accord.

EN FOI DE QUOI les soussignés, à ce dûment autorisés, ont signé le présent Accord.

FAIT à Genève, le vingt-six mai deux mille, en un seul exemplaire, en langues allemande, anglaise, française et russe pour le texte de l'Accord proprement dit et en langue française pour le Règlement annexé, les quatre textes faisant également foi pour l'Accord proprement dit.

Le Secrétaire général de l'Organisation des Nations Unies est invité à établir une traduction du Règlement annexé en langues anglaise et russe.

Le Secrétaire général de la Commission centrale pour la navigation du Rhin est invité à établir une traduction du Règlement annexé en langue allemande.

RÈGLEMENT ANNEXÉ

PARTIE 1

Dispositions générales

CHAPITRE 1.1

CHAMP D'APPLICATION ET APPLICABILITÉ

1.1.1 **Structure**

Le Règlement annexé à l'ADN regroupe 9 parties. Chaque partie est subdivisée en chapitres et chaque chapitre en sections et sous-sections (voir table des matières). À l'intérieur de chaque partie le numéro de la partie est incorporé dans les numéros de chapitres, sections et sous-sections; par exemple la section 1 du chapitre 2 de la partie 2 est numérotée "2.2.1".

1.1.2 **Champ d'application**

1.1.2.1   Aux fins de l'article 2, paragraphe 2 a) et de l'article 4 de l'ADN, le Règlement annexé précise:

a)   les marchandises dangereuses dont le transport international est exclu;

b)   les marchandises dangereuses dont le transport international est autorisé et les conditions imposées à ces marchandises (y compris les exemptions), notamment en ce qui concerne:

– la classification des marchandises, y compris les critères de classification et les méthodes d'épreuves y relatifs;

– l'utilisation des emballages (y compris l'emballage en commun);

– l'utilisation des citernes (y compris leur remplissage);

– les procédures d'expédition (y compris le marquage et l'étiquetage des colis, la signalisation des véhicules ou des wagons embarqués, la signalisation des bateaux ainsi que la documentation et les renseignements prescrits);

– les dispositions relatives à la construction, l'épreuve et l'agrément des emballages et des citernes;

– l'utilisation des moyens de transport (y compris le chargement, le chargement en commun et le déchargement).

1.1.2.2   Aux fins de l'article 5 de l'ADN, la section 1.1.3 du présent chapitre précise les cas où les transports de marchandises dangereuses sont partiellement ou totalement exemptés des conditions de transport fixées par l'ADN.

1.1.2.3   Aux fins de l'article 7 de l'ADN, le chapitre 1.5 de la présente partie précise les règles relatives aux dérogations, autorisations spéciales et équivalences prévues par ledit article.

1.1.2.4   Aux fins de l'article 8 de l'ADN, le chapitre 1.6 de la présente partie précise les mesures transitoires relatives à l'application du Règlement annexé à l'ADN.

1.1.2.5   Les dispositions de l'ADN s'appliquent également aux bateaux vides ou aux bateaux qui ont été déchargés aussi longtemps que les cales, les citernes à cargaison ou les récipients ou citernes admis à bord ne sont pas exempts de matières ou gaz dangereux, sauf exemptions prévues à la section 1.1.3 du présent Règlement.

1.1.3   **Exemptions**

1.1.3.1   *Exemptions liées à la nature de l'opération de transport*

Les prescriptions de l'ADN ne s'appliquent pas:

a)   au transport de marchandises dangereuses effectué par des particuliers lorsque les marchandises en question sont conditionnées pour la vente au détail et sont destinées à leur usage personnel ou domestique ou à leurs activités de loisir ou sportives à condition que des mesures soient prises pour empêcher toute fuite de contenu dans des conditions normales de transport. Lorsque ces marchandises sont des liquides inflammables transportés dans des récipients rechargeables remplis par, ou pour, un particulier, la quantité totale ne doit pas dépasser 60 litres par récipient et 240 litres par engin de transport. Les marchandises dangereuses en GRV, grands emballages ou citernes ne sont pas considérées comme étant emballées pour la vente au détail;

b)   *(Supprimé)*

c)   au transport effectué par des entreprises mais accessoirement à leur activité principale, tels qu'approvisionnement de chantiers de bâtiments ou de génie civil, ou pour les trajets du retour à partir de ces chantiers, ou pour des travaux de mesure, de réparations et de maintenance, en quantités ne dépassant pas 450 litres par emballage, y compris les grands récipients pour vrac (GRV) et les grands emballages, ni les quantités maximales totales spécifiées au 1.1.3.6. Des mesures doivent être prises pour éviter toute fuite dans des conditions normales de transport. Ces exemptions ne s'appliquent pas à la classe 7.

Les transports effectués par de telles entreprises pour leur approvisionnement ou leur distribution externe ou interne ne sont toutefois pas concernés par la présente exemption;

d)   aux transports effectués par les autorités compétentes pour les interventions d'urgence ou sous leur contrôle, dans la mesure où ceux-ci sont nécessaires en relation avec des interventions d'urgence, en particulier les transports effectués pour contenir, récupérer et déplacer, dans le lieu sûr approprié le plus proche, les marchandises dangereuses impliquées dans un incident ou un accident;

e)   aux transports d'urgence sous la supervision des autorités compétentes, destinés à sauver des vies humaines ou à protéger l'environnement à condition que toutes les mesures soient prises afin que ces transports s'effectuent en toute sécurité;

f)   au transport de réservoirs fixes de stockage, vides, non nettoyés, qui ont contenu des gaz de la classe 2 des groupes A, O ou F, des matières des groupes d'emballages II ou III des classes 3 ou 9, ou des pesticides des groupes d'emballages II ou III de la classe 6.1, aux conditions suivantes:

Toutes les ouvertures, à l'exception des dispositifs de décompression (lorsqu'ils sont installés), sont hermétiquement fermées;

Des mesures ont été prises pour empêcher toute fuite de contenu dans des conditions normales de transport; et

Le chargement est fixé sur des berceaux ou dans des harasses ou dans tout autre dispositif de manutention ou fixé au véhicule, conteneur ou bateau de façon à ne pas pouvoir prendre du jeu ou se déplacer dans des conditions normales de transport.

Cette exemption ne s'applique pas aux réservoirs fixes de stockage ayant contenu des matières explosibles désensibilisées ou des matières dont le transport est interdit par l'ADN.

NOTA: Pour les matières radioactives, voir également sous 1.7.1.4.

1.1.3.2   *Exemptions liées au transport de gaz*

Les prescriptions de l'ADN ne s'appliquent pas au transport:

a)   *(Réservé)*

b)   *(Réservé)*

c)   des gaz des groupes A et O (conformément au 2.2.2.1), si leur pression dans le récipient ou la citerne, à une température de 20 °C, ne dépasse pas 200 kPa (2 bar) et si le gaz n'est pas un gaz liquéfié ni un gaz liquéfié réfrigéré. Cela vaut pour tous les types de récipient ou de citerne, par exemple, également pour les différentes parties des machines ou de l'appareillage;

   NOTA: Cette exemption ne s'applique pas aux lampes. Pour les lampes, voir 1.1.3.10.

d)   des gaz contenus dans l'équipement utilisé pour le fonctionnement des bateaux (par exemple les extincteurs), y compris dans des pièces de rechange;

e)   *(Réservé)*

f)   des gaz contenus dans les denrées alimentaires (à l'exception du No ONU 1950), y compris les boissons gazéifiées;

g)   des gaz contenus dans les ballons destinés à être utilisés dans un cadre sportif; et

h)   *(Supprimé)*

1.1.3.3   *Exemptions relatives aux marchandises dangereuses utilisées pour la propulsion des bateaux, véhicules, wagons ou engins mobiles non routiers transportés, pour le fonctionnement de leurs équipements spéciaux, pour l'entretien ou pour la sécurité*

Les prescriptions de l'ADN ne s'appliquent pas aux marchandises dangereuses utilisées:

-     pour la propulsion des bateaux, véhicules, wagons ou engins mobiles non routiers transportés[1];

-     pour l'entretien des bateaux;

-     pour le fonctionnement ou pour l'entretien de leurs équipements spéciaux installés à demeure;

---

[1]   *Pour la définition d'engin mobile non-routier, voir l'article 2.7 de la Résolution d'ensemble sur la Construction des Véhicules (R.E.3) (document des Nations Unies ECE/TRANS/WP.29/78/Rev.3) ou l'article 2 de la directive 97/68/CE du Parlement Européen et du Conseil du 16 décembre 1997 sur le rapprochement des législations des États membres relatives aux mesures contre les émissions de gaz et de particules polluants provenant des moteurs à combustion interne destinés aux engins mobiles non routiers, publiée au Journal officiel des Communautés européennes No L 059, en date du 27 février 1998.*

-   pour le fonctionnement ou pour l'entretien de leurs équipements spéciaux mobiles, utilisés durant le transport ou destinés à être utilisés durant le transport; ou

-   pour assurer la sécurité,

et qui sont transportées à bord dans l'emballage, le récipient ou le réservoir prévu pour une utilisation à ces fins.

1.1.3.4   *Exemptions liées à des dispositions spéciales ou aux marchandises dangereuses emballées en quantités limitées ou en quantités exceptées*

NOTA: Pour les matières radioactives voir également sous 1.7.1.4.

1.1.3.4.1   Certaines dispositions spéciales du chapitre 3.3 exemptent partiellement ou totalement le transport de marchandises dangereuses spécifiques des prescriptions de l'ADN. L'exemption s'applique lorsque la disposition spéciale est indiquée dans la colonne (6) du tableau A du chapitre 3.2 en regard des marchandises dangereuses de la rubrique concernée.

1.1.3.4.2   Certaines marchandises dangereuses peuvent faire l'objet d'exemptions sous réserve que les conditions du chapitre 3.4 soient satisfaites.

1.1.3.4.3   Certaines marchandises dangereuses peuvent faire l'objet d'exemptions sous réserve que les conditions du chapitre 3.5 soient satisfaites.

1.1.3.5   *Exemptions liées aux emballages vides non nettoyés*

Les emballages vides (y compris les GRV et les grands emballages), non nettoyés, ayant renfermé des matières des classes 2, 3, 4.1, 5.1, 6.1, 8 et 9 ne sont pas soumis aux prescriptions de l'ADN si des mesures appropriées ont été prises afin de compenser les dangers éventuels. Les dangers sont compensés si des mesures ont été prises pour éliminer tous les dangers des classes 1 à 9.

1.1.3.6   *Exemptions liées aux quantités transportées à bord des bateaux*

1.1.3.6.1   En cas de transport de marchandises dangereuses en colis, les dispositions de l'ADN autres que celles du paragraphe 1.1.3.6.2 ne sont pas applicables lorsque la masse brute de toutes les marchandises dangereuses transportées ne dépasse pas 3 000 kg et, pour les différentes classes, ne dépasse pas la quantité indiquée dans le tableau ci-dessous:

Classe	*Matières ou objets en colis*	*Quantités exemptées en kg*
Toutes	***Transport en citernes de toute classe***	**0**
1	Matières et objets de la classe 1	0
2	Matières et objets de la classe 2, groupes T, TF, TC, TO, TFC ou TOC selon le paragraphe 2.2.2.1.3 et Aérosols des groupes C, CO, FC, T, TF, TC, TO, TFC et TOC selon le paragraphe 2.2.2.1.6	0
	Matières et objets de la classe 2 du groupe F selon le paragraphe 2.2.2.1.3 ou Aérosols du groupe F selon le paragraphe 2.2.2.1.6	300
	Toute autre matière de la classe 2	3 000
3	Matières et objets de la classe 3, groupe d'emballage I	300
	Toute autre matière de la classe 3	3 000

Classe	Matières ou objets en colis	Quantités exemptées en kg	
4.1	Matières et objets de la classe 4.1 pour lesquelles une étiquette de danger du modèle n° 1 est requise à la colonne (5) du tableau A du chapitre 3.2		0
	Toute autre matière et tout autre objet de la classe 4.1, groupe d'emballage I		300
	Toute autre matière et tout autre objet de la classe 4.1	3 000	
4.2	Matières et objets de la classe 4.2, groupe d'emballage I		300
	Toute autre matière et tout autre objet de la classe 4.2	3 000	
4.3	Matières et objets de la classe 4.3, groupe d'emballage I		300
	Toute autre matière et tout autre objet de la classe 4.3	3 000	
5.1	Matières et objets de la classe 5.1, groupe d'emballage I		300
	Toute autre matière et tout autre objet de la classe 5.1	3 000	
5.2	Matières et objets de la classe 5.2 pour lesquels une étiquette de danger du modèle n° 1 est requise à la colonne (5) du tableau A du chapitre 3.2		0
	Toute autre matière et tout autre objet de la classe 5.2	3 000	
6.1	Matières et objets de la classe 6.1, groupe d'emballage I		0
	Toute autre matière et tout autre objet de la classe 6.1	3 000	
6.2	Matières et objets de la classe 6.2, catégorie A		0
	Toute autre matière et tout autre objet de la classe 6.2	3 000	
7	Matières et objets de la classe 7 pour les numéros ONU 2908, 2909, 2910 et 2911	3 000	
	Toute autre matière et tout autre objet de la classe 7		0
8	Matières et objets de la classe 8, groupe d'emballage I		300
	Toute autre matière et tout autre objet de la classe 8	3 000	
9	Toutes les matières et tous les objets de la classe 9	3 000	

1.1.3.6.2   Le transport des quantités exemptées selon le 1.1.3.6.1 est toutefois soumis aux conditions suivantes:

a)   L'obligation de déclaration conformément au 1.8.5 reste applicable;

b)   Les prescriptions des sections 1.10.1, 1.10.2 et 1.10.3 s'appliquent aux colis portant les Nos ONU 2910 et 2911 de la classe 7 si le niveau d'activité (par colis) dépasse la valeur A_2.

c)   Les colis, à l'exception des véhicules et des conteneurs (y compris les caisses mobiles), doivent répondre aux prescriptions relatives aux emballages visées aux parties 4 et 6 de l'ADR ou du RID; les dispositions du chapitre 5.2 relatives au marquage et à l'étiquetage sont applicables;

d)   Les documents suivants doivent être à bord:

-    les documents de transport (voir 5.4.1.1); ils doivent porter sur toutes les marchandises dangereuses transportées à bord;

-       le plan de chargement (voir 7.1.4.11.1);

e)   Les marchandises doivent être entreposées dans les cales.

Cette disposition ne s'applique pas aux marchandises chargées dans:

-       des conteneurs fermés;

-       des véhicules couverts ou wagons couverts;

f)   Les marchandises des différentes classes doivent être séparées par une distance horizontale minimale de 3,00 m. Elles ne doivent pas être arrimées les unes sur les autres.

Cette disposition ne s'applique pas:

-       aux conteneurs fermés;

-       aux véhicules couverts ou wagons couverts;

g)   Pour les navires de mer et les bateaux de navigation intérieure, si ces derniers ne transportent que des conteneurs, on considérera que les prescriptions sous e) et f) ci-dessus sont respectées si les dispositions du code IMDG en matière d'arrimage et de séparation sont satisfaites et que mention en est faite dans le document de transport.

1.1.3.6.3 et   *Réservés*
1.1.3.6.4

1.1.3.6.5   Aux fins de la présente sous-section, les marchandises dangereuses qui sont exemptées conformément aux 1.1.3.1 a), b) et d) à f), 1.1.3.2 à 1.1.3.5, 1.1.3.7, 1.1.3.9 et 1.1.3.10 ne doivent pas être prises en compte.

1.1.3.7   *Exemptions liées au transport des dispositifs de stockage et de production d'énergie électrique*

Les prescriptions de l'ADN ne s'appliquent pas aux dispositifs de stockage et de production d'énergie électrique (par exemple, piles au lithium, condensateurs électriques, condensateurs asymétriques, dispositif de stockage à hydrure métallique et piles à combustible):

a)   installés dans un moyen de transport effectuant une opération de transport et qui sont destinés à sa propulsion ou au fonctionnement d'un de ses équipements;

b)   contenus dans un équipement pour le fonctionnement de cet équipement utilisé ou destiné à une utilisation durant le transport (par exemple, un ordinateur portable) à l'exception des équipements tels que les enregistreurs de données et les dispositifs de suivi des cargaisons, qui sont attachés ou placés dans des colis, des suremballages ou des conteneurs ou compartiments de charge pour lesquels seules les prescriptions du 5.5.4 s'appliquent.

1.1.3.8   *(Réservé)*

1.1.3.9   *Exemptions relatives aux marchandises dangereuses utilisées comme agents de réfrigération ou de conditionnement pendant le transport*

Les marchandises dangereuses, qui ne sont qu'asphyxiantes (c'est-à-dire qui diluent ou remplacent l'oxygène présent normalement dans l'atmosphère) ne sont, lorsqu'elles sont utilisées dans des véhicules ou conteneurs aux fins de réfrigération ou de conditionnement, soumises qu'aux dispositions de la section 5.5.3.

1.1.3.10   *Exemptions liées au transport de lampes contenant des marchandises dangereuses*

Les lampes suivantes ne sont pas soumises à l'ADN à condition qu'elles ne contiennent ni matières radioactives ni mercure en quantité supérieure aux quantités spécifiées dans la disposition spéciale 366 du chapitre 3.3:

a)   les lampes qui sont collectées directement auprès des particuliers et des ménages lorsqu'elles sont transportées vers un point de collecte ou de recyclage;

       NOTA: *Ceci comprend également les lampes apportées par des particuliers à un premier point de collecte puis transportées vers un autre point de collecte, de traitement intermédiaire ou de recyclage.*

b)   les lampes ne contenant pas plus de 1 g de marchandises dangereuses chacune et emballées de manière à ce qu'il n'y ait pas plus de 30 g de marchandises dangereuses par colis, à condition:

       i)   que les lampes soient fabriquées selon un programme d'assurance de la qualité certifié;

            NOTA: La norme ISO 9001 peut être utilisée à cette fin.

       et

       ii)   que les lampes soient, soit emballées individuellement dans des emballages intérieurs séparés par des séparateurs, soit chacune entourée de matériau de rembourrage la protégeant, puis qu'elles soient emballées dans un emballage extérieur résistant répondant aux dispositions générales du 4.1.1.1 de l'ADR et pouvant résister à une épreuve de chute d'une hauteur de 1,2 m au minimum;

c)   les lampes usagées, endommagées ou défectueuses ne dépassant pas 1 g de marchandises dangereuses par lampe et 30 g de marchandises dangereuses par colis lorsqu'elles sont transportées depuis un point de collecte ou de recyclage. Les lampes doivent être emballées dans des emballages extérieurs suffisamment résistants pour éviter une fuite du contenu dans les conditions normales de transport, répondant aux dispositions générales du 4.1.1.1 de l'ADR et pouvant résister à une épreuve de chute d'une hauteur de 1,2 m;

d)   les lampes contenant uniquement des gaz des groupes A et O (conformément au 2.2.2.1), à condition qu'elles soient emballées de telle sorte que les effets de projection liés à une rupture de la lampe soient confinés à l'intérieur du colis.

NOTA: Les lampes contenant des matières radioactives sont traitées au 2.2.7.2.2.2 b).

1.1.4   **Applicabilité d'autres règlements**

1.1.4.1   *Généralités*

Les prescriptions suivantes sont applicables aux colis:

a)   S'il s'agit d'emballages (y compris grands emballages et grands récipients pour vrac (GRV)), il doit être satisfait aux prescriptions applicables d'une des réglementations internationales (voir également parties 4 et 6);

b)   S'il s'agit de conteneurs, conteneurs-citernes, citernes mobiles, conteneurs à gaz à éléments multiples (CGEM), il doit être satisfait aux prescriptions applicables de l'ADR, du RID ou du Code IMDG (voir également parties 4 et 6);

c) S'il s'agit de véhicules ou de wagons, les véhicules ou wagons et leur chargement doivent satisfaire aux prescriptions applicables de l'ADR ou du RID, suivant le cas.

NOTA: Pour le marquage, l'étiquetage, le placardage et la signalisation orange, voir également les chapitres 5.2 et 5.3.

1.1.4.2 **_Transport dans une chaîne de transport comportant un parcours maritime, routier, ferroviaire ou aérien_**

1.1.4.2.1 Les colis, les conteneurs, les conteneurs pour vrac, les citernes mobiles et les conteneurs-citernes et les CGEM qui ne répondent pas entièrement aux prescriptions d'emballage, d'emballage en commun, de marquage et d'étiquetage des colis ou de placardage et de signalisation orange de l'ADN, mais qui sont conformes aux prescriptions du Code IMDG ou des Instructions techniques de l'OACI sont admis pour les transports dans une chaîne de transport comportant un parcours maritime ou aérien aux conditions suivantes:

a) Les colis doivent porter des marques et étiquettes de danger conformément aux dispositions du Code IMDG ou des Instructions techniques de l'OACI si les marques et les étiquettes ne sont pas conformes à l'ADN;

b) Les dispositions du Code IMDG ou des Instructions techniques de l'OACI sont applicables pour l'emballage en commun dans un colis;

c) Pour les transports dans une chaîne de transport comportant un parcours maritime, les conteneurs, les conteneurs pour vrac, les citernes mobiles et les conteneurs-citernes et les CGEM, s'ils ne portent pas de plaques-étiquettes et de signalisation orange conformément au chapitre 5.3 du présent Règlement, doivent porter des plaques-étiquettes et des marques conformément au chapitre 5.3 du Code IMDG. Dans ce cas, seul le paragraphe 5.3.2.1.1 du présent Règlement s'applique à la signalisation du véhicule. Pour les citernes mobiles et les conteneurs-citernes et les CGEM vides, non nettoyés, cette disposition s'applique jusque et y compris le transfert subséquent vers une station de nettoyage.

Cette dérogation ne vaut pas pour les marchandises classées comme dangereuses dans les classes 1 à 9 de l'ADN, et considérées comme non dangereuses conformément aux dispositions applicables du Code IMDG ou des Instructions techniques de l'OACI.

1.1.4.2.2 Lorsqu'une opération de transport maritime, routier, ferroviaire ou aérien suit ou précède le transport par voies de navigation intérieures, le document de transport utilisé ou à utiliser pour le transport maritime, routier, ferroviaire ou aérien peut être utilisé à la place du document de transport prescrit en 5.4.1 à condition que les informations qui y figurent soient conformes respectivement aux prescriptions applicables du Code IMDG, de l'ADR, du RID ou des Instructions techniques de l'OACI sauf que, lorsque des renseignements supplémentaires sont exigés par l'ADN, ceux-ci doivent être ajoutés ou indiqués à l'endroit approprié.

NOTA: Pour le transport conformément au 1.1.4.2.1, voir aussi 5.4.1.1.7. Pour le transport dans des conteneurs, voir aussi 5.4.2.

1.1.4.3 *Utilisation de citernes mobiles de type OMI approuvées pour les transports maritimes*

Les citernes mobiles de type OMI (types 1, 2, 5 et 7) qui ne répondent pas aux prescriptions des chapitres 6.7 ou 6.8, mais qui ont été construites et approuvées avant le 1er janvier 2003 conformément aux dispositions du Code IMDG (Amendement 29-98) pourront continuer à être utilisées si elles répondent aux prescriptions en matière d'épreuves et de contrôles périodiques applicables du Code IMDG[2]. En outre, elles doivent répondre aux dispositions correspondant aux instructions des colonnes (10) et (11) du Tableau A du chapitre 3.2 et du chapitre 4.2 de l'ADR. Voir aussi le 4.2.0.1 du Code IMDG.

1.1.4.4 et *(Réservés)*
1.1.4.5

1.1.4.6 *Autres règlements applicables au transport par voies de navigation intérieures*

1.1.4.6.1 Conformément à l'article 9 de l'ADN, les transports restent soumis aux "prescriptions locales, régionales ou internationales applicables, de façon générale, aux transports de marchandises par voies de navigation intérieures.

1.1.4.6.2 Dans le cas où les prescriptions du présent Règlement sont en contradiction avec les prescriptions visées au 1.1.4.6.1, les prescriptions visées au 1.1.4.6.1 ne s'appliquent pas.

1.1.5 **Application de normes**

Lorsque l'application d'une norme est requise et s'il y a un quelconque conflit entre cette norme et les dispositions de l'ADN, les dispositions de l'ADN prévalent. Les prescriptions de la norme qui n'entrent pas en conflit avec l'ADN doivent être appliquées de la manière spécifiée, y compris les prescriptions de toute autre norme, ou partie de norme, citée en référence normative dans cette norme.

---

[2] *L'Organisation maritime internationale (OMI) a publié la circulaire CCC.1/Circ.3, intitulée "Revised guidance on the continued use of existing IMO type portable tanks and road tank vehicles for the transport of dangerous goods" (Indications révisées concernant la poursuite de l'utilisation des citernes mobiles et des véhicules-citernes routiers de type OMI existants pour le transport des marchandises dangereuses). Le texte de cette directive est disponible en anglais sur le site Internet de l'OMI à l'adresse suivante: www.imo.org.*

CHAPITRE 1.2

DÉFINITIONS ET UNITÉS DE MESURE

1.2.1   **Définitions**

NOTA: Dans cette section figurent toutes les définitions d'ordre général ou spécifique.

Dans le présent Règlement on entend par:

A

ADR:
l'Accord relatif au transport international des marchandises dangereuses par route;

Aérosol ou générateur d'aérosols:
un objet constitué d'un récipient non rechargeable répondant aux prescriptions du 6.2.6 de l'ADR, fait de métal, de verre ou de matière plastique, contenant un gaz comprimé, liquéfié ou dissous sous pression, avec ou non un liquide, une pâte ou une poudre, et munis d'un dispositif de prélèvement permettant d'expulser le contenu en particules solides ou liquides en suspension dans un gaz, ou sous la forme de mousse, de pâte ou de poudre, ou encore à l'état liquide ou gazeux;

AIEA:
l'Agence internationale de l'énergie atomique (AIEA), (AIEA, P.O. Box 100, A-1400 Vienne);

Appareil de protection respiratoire (appareil à filtre dépendant de l'air ambiant):
un appareil qui protège la personne qui le porte quand elle travaille dans une atmosphère dangereuse grâce à un filtre de respiration approprié. Pour ces appareils voir par exemple la norme européenne EN 136:1998. Pour les filtres utilisés voir par exemple la norme européenne EN 14387:2004 + A1:2008;

Appareil respiratoire (autonome):
un appareil qui fournit un air respirable à la personne qui le porte quand elle travaille dans une atmosphère dangereuse, grâce à une réserve autonome d'air sous pression ou à une alimentation extérieure par un tuyau. Pour ces appareils voir par exemple la norme européenne EN 137:2006 ou EN 138:1994;

Approbation, agrément:

Approbation multilatérale ou agrément multilatéral:
pour le transport des matières radioactives, l'approbation ou l'agrément donné par l'autorité compétente du pays d'origine de l'expédition ou du modèle, selon le cas, et par l'autorité compétente de chaque pays sur le territoire duquel l'envoi doit être transporté;

Agrément unilatéral:
pour le transport des matières radioactives, l'agrément d'un modèle qui doit être donné seulement par l'autorité compétente du pays d'origine du modèle. Si le pays d'origine n'est pas une Partie contractante à l'ADN, l'agrément implique une validation par l'autorité compétente d'un pays Partie contractante à l'ADN (voir 6.4.22.8 de l'ADR);

Assurance de la conformité (matière radioactive):
un programme systématique de mesures appliqué par une autorité compétente et visant à garantir que les dispositions de l'ADN sont respectées dans la pratique;

Assurance de la qualité:
un programme systématique de contrôles et d'inspections appliqué par toute organisation ou tout organisme et visant à donner une garantie adéquate que les prescriptions de sécurité de l'ADN sont respectées dans la pratique;

ASTM:
l'American Society for Testing and Materials, (ASTM International, 100 Barr Harbor Drive, PO Box C700, West Conshohocken, PA, 19428-2959, États-Unis d'Amérique);

Atmosphère explosible:
un mélange d'air et de gaz, vapeurs ou brouillards inflammables sous conditions atmosphériques, dans lequel, après inflammation, le processus de combustion se propage à l'ensemble du mélange non consumé (voir EN 13237:2011);

Autorité compétente:
l'(les) autorité(s) ou tout(s) autre(s) organisme(s) désigné(s) en tant que tel(s) dans chaque État et dans chaque cas particulier selon le droit national;

B

Bateau:
un bateau de navigation intérieure ou un navire de mer;

Bateau avitailleur:
un bateau-citerne du type N ouvert d'un port en lourd jusqu'à 300 tonnes, construit et aménagé pour le transport et la remise à d'autres bateaux de produits destinés à l'exploitation des bateaux;

Bateau-citerne:
un bateau destiné au transport de matières dans des citernes à cargaison;

Bateau déshuileur:
un bateau-citerne du type N ouvert d'un port en lourd jusqu'à 300 tonnes, construit et aménagé pour la réception et le transport de déchets huileux et graisseux survenant lors de l'exploitation des bateaux. Les bateaux sans citernes à cargaison sont considérés comme des bateaux soumis aux chapitres 9.1 ou 9.2;

Bateau d'évacuation:
bateau avec équipage, spécialement équipé, et qui est appelé pour venir secourir les personnes en danger ou les évacuer dans les temps compte tenu de la durée de sécurité spécifique à un refuge ou une zone de sécurité;

Bidon (jerricane):
un emballage en métal ou en matière plastique, de section rectangulaire ou polygonale, muni d'un ou de plusieurs orifices;

Bobine (classe 1):
un dispositif en plastique, en bois, en carton, en métal ou en tout autre matériau convenable, et formé d'un axe central et, le cas échéant, de parois latérales à chaque extrémité de l'axe. Les objets et les matières doivent pouvoir être enroulés sur l'axe et peuvent être retenus par les parois latérales;

Boil-off:
la vapeur produite au-dessus de la surface d'une cargaison en ébullition due à l'évaporation. Elle est provoquée par un apport de chaleur ou une chute de la pression;

Boîte à gaz sous pression:
voir *Aérosols*;

Boues d'hydrocarbures:
les hydrocarbures résiduaires issus de l'exploitation normale de navires de mer, par exemple les résidus issus du traitement de combustible ou d'huiles de graissage pour les machines principales ou auxiliaires, les huiles usées obtenues par séparation provenant des installations de filtrage des hydrocarbures, les résidus huileux recueillis dans des gattes et les résidus d'huiles hydrauliques et lubrifiantes.

NOTA: Dans l'ADN, la définition de MARPOL inclut aussi les résidus issus du traitement de l'eau de fond de cale à bord de navires de mer;

Bouteille:
un récipient à pression transportable d'une contenance en eau ne dépassant pas 150 *l* (voir aussi *Cadre de bouteilles*);

Bouteille surmoulée:
une bouteille destinée au transport de GPL d'une capacité en eau ne dépassant pas 13 *l* constituée d'une bouteille intérieure en acier soudé revêtue, protégée par une enveloppe surmoulée de matériau plastique cellulaire collée de manière indissociable à la paroi extérieure de la bouteille en acier;

C

Cadre de bouteilles:
un ensemble de bouteilles attachées entre elles et reliées par un tuyau collecteur et transportées en tant qu'ensemble indissociable. La contenance totale en eau ne doit pas dépasser 3 000 *l*; sur les cadres destinés au transport de gaz toxique de la classe 2 (groupes commençant par la lettre T conformément au 2.2.2.1.3), cette capacité est limitée à 1 000 *l*;

Caisse:
un emballage à faces pleines rectangulaires ou polygonales, en métal, bois, contre-plaqué, bois reconstitué, carton, plastique ou autre matériau approprié. De petits orifices peuvent y être pratiqués pour faciliter la manutention ou l'ouverture, ou répondre aux critères de classement, à condition de ne pas compromettre l'intégrité de l'emballage pendant le transport;

Caisse mobile citerne:
un engin qui doit être considéré comme un conteneur-citerne;

Caisse mobile:
voir *Conteneur*;

Cale:
partie du bateau, couverte ou non par des panneaux d'écoutille, limitée à l'avant et à l'arrière par des cloisons et destinée à recevoir des marchandises en colis ou en vrac. La cale est limitée vers le haut par le bord supérieur de l'hiloire du panneau d'écoutille. La cargaison se trouvant au-delà de l'hiloire du panneau d'écoutille est considérée comme chargée sur le pont;

Cale (déchargée):
une cale qui, après déchargement, peut contenir des restes de cargaison sèche;

Cale (vide):
une cale qui, après déchargement, ne contient pas des restes de cargaison sèche (balayée);

Canot de service (c'est-à-dire le canot de bateau):
un canot embarqué destiné au transport, au sauvetage, au repêchage et au travail;

Capacité d'un réservoir ou d'un compartiment de réservoir:
pour les citernes, le volume intérieur total du réservoir ou du compartiment de réservoir exprimé en litres ou mètres cubes. Lorsqu'il est impossible de remplir complètement le

réservoir ou le compartiment du réservoir du fait de sa forme ou de sa construction, cette capacité réduite doit être utilisée pour la détermination du degré de remplissage et pour le marquage de la citerne;

Cargaison restante:
cargaison liquide restant dans la citerne à cargaison ou les tuyauteries après le déchargement sans que le système d'assèchement ait été utilisé;

Carter de coupe-flammes:
la partie d'un coupe flammes dont la fonction principale consiste à former une enveloppe appropriée de l'élément coupe-flammes et à permettre la liaison mécanique à d'autres systèmes;

Cartouche à gaz:
voir *Récipient de faible capacité contenant du gaz*;

Catégorie d'équipements (voir la directive 2014/34/UE[1]):
la classification des équipements à utiliser dans les zones de risque d'explosion, déterminant le niveau de protection à assurer.

La catégorie d'équipements 1 comprend les équipements conçus pour pouvoir fonctionner conformément aux paramètres opérationnels établis par le fabricant et assurer un très haut niveau de protection.

Les équipements de cette catégorie sont destinés à un environnement dans lequel une atmosphère explosive consistant en un mélange avec l'air de gaz, vapeurs, brouillards ou en un mélange d'air et de poussières est présente en permanence, pendant de longues périodes ou fréquemment.

Les équipements de cette catégorie doivent assurer le niveau de protection requis, même dans le cas de défauts de fonctionnement rares, et présentent par conséquent des moyens de protection contre les explosions tels que:

- En cas de défaillance d'un des moyens de protection, au moins un second moyen indépendant assure le niveau de protection requis; ou

- Dans le cas de l'apparition de deux défauts indépendants l'un de l'autre, le niveau de protection requis soit assuré.

Les équipements de la catégorie 1 selon la directive 2014/34/UE[1] sont marqués II 1 G. Ils correspondent à l'EPL[2] "Ga" selon la norme CEI 60079-0.

Les équipements de la catégorie 1 conviennent pour une utilisation dans les zones 0, 1 et 2.

La catégorie d'équipements 2 comprend les équipements conçus pour pouvoir fonctionner conformément aux paramètres opérationnels établis par le fabricant et assurer un haut niveau de protection.

Les équipements de cette catégorie sont destinés à un environnement dans lequel une atmosphère explosive consistant en un mélange avec l'air de gaz, vapeurs, brouillards ou en un mélange d'air et de poussières est présente occasionnellement.

Les moyens de protection relatifs aux équipements de cette catégorie assurent le niveau de protection requis, même dans le cas de dérangement fréquent ou des défauts de fonctionnement des équipements dont il faut habituellement tenir compte.

---

[1]   *Journal officiel de l'Union européenne No L 96 du 29 mars 2014, p. 309.*
[2]   *Les lettres EPL signifient: Equipment Protection Level.*

Les équipements de la catégorie 2, selon la directive 2014/34/UE[1], sont marqués II 2 G. Ils correspondent à l'EPL[2] "Gb" selon la norme CEI 60079-0.

Les équipements de la catégorie 2 conviennent pour une utilisation dans les zones 1 et 2.

La catégorie d'équipements 3 comprend les équipements conçus pour pouvoir fonctionner conformément aux paramètres opérationnels établis par le fabricant et assurer un niveau normal de protection.

Les équipements de cette catégorie sont destinés à être utilisés dans les emplacements où une atmosphère explosive consistant en un mélange avec l'air de gaz, vapeurs, brouillards ou en un mélange d'air et de poussières n'est pas susceptible de se former et dans lesquels, si elle se forme néanmoins, tel ne sera le cas que rarement et sur une courte période.

Les équipements de cette catégorie assurent le niveau de protection requis lors d'un fonctionnement normal.

Les équipements de la catégorie 3, selon la directive 2014/34/UE[1], sont marqués II 3 G. Ils correspondent à l'EPL[2] "Gc". selon la norme CEI 60079-0.

Les équipements de la catégorie 3 conviennent pour une utilisation dans la zone 2;

CDNI:
Convention relative à la collecte, au dépôt et à la réception des déchets survenant en navigation rhénane et intérieure;

CEE-ONU:
la Commission Économique des Nations Unies pour l'Europe, (CEE-ONU, Palais des Nations, 8-14 avenue de la Paix, CH-1211 Genève 10, Suisse);

CEI:
la Commission Électrotechnique Internationale;

CEVNI:
Code Européen des Voies de Navigation Intérieure;

CGA:
Compressed Gas Association, (CGA, 14501 George Carter Way, Suite 103, Chantilly, VA 20151, États-Unis d'Amérique);

CGEM:
voir *Conteneur à gaz à éléments multiples;*

Chambre des pompes à cargaison:
un local de service dans lequel sont installées les pompes à cargaison et pompes d'assèchement des citernes à cargaison avec leur équipement de service;

Chargement:
toutes les actions effectuées par le chargeur conformément à la définition de chargeur;

Chargement complet:
tout chargement provenant d'un seul expéditeur auquel est réservé l'usage exclusif d'un véhicule, d'un wagon ou d'un grand conteneur et pour lequel toutes les opérations de

---

[1]   *Journal officiel de l'Union européenne No L 96 du 29 mars 2014, p. 309.*
[2]   *Les lettres EPL signifient: Equipment Protection Level.*

chargement et de déchargement sont effectuées conformément aux instructions de l'expéditeur ou du destinataire;

NOTA: *Le terme correspondant pour les matières radioactives est "utilisation exclusive";*

Chargeur:
l'entreprise qui:

a)   charge les marchandises dangereuses emballées, les petits conteneurs ou les citernes mobiles dans ou sur un moyen de transport ou un conteneur; ou

b)   charge un conteneur, un conteneur pour vrac, un CGEM, un conteneur-citerne ou une citerne mobile sur un moyen de transport; ou

c)   charge un véhicule ou un wagon dans ou sur un bateau.

Chaussures de protection (ou bottes de protection):
des chaussures ou bottes qui protègent les pieds du porteur lors de travaux dans une zone de danger. Le choix des chaussures de protection ou bottes de protection appropriées doit correspondre aux dangers susceptibles de survenir, notamment en raison de charge/décharge électrostatique, selon les normes internationales ISO 20345:2012 ou ISO 20346:2014;

Chemin de repli:
voie permettant de se mettre à l'abri d'un danger ou de rejoindre un autre moyen d'évacuation;

CIM:
les Règles uniformes concernant le contrat de transport international ferroviaire des marchandises (Appendice B à la Convention relative aux transports internationaux ferroviaires (COTIF)), telles que modifiées;

Citerne:
un réservoir, muni de ses équipements de service et de structure. Lorsque le mot est employé seul, il couvre les conteneurs-citernes, citernes mobiles, citernes démontables, citernes amovibles, citernes fixes, wagons-citernes, tels que définis dans la présente section ainsi que les citernes qui constituent des éléments de véhicules-batteries, wagons-batteries ou de CGEM;

NOTA: *Pour les citernes mobiles, voir sous 6.7.4.1 de l'ADR;*

Citerne à cargaison:
une citerne fixée de façon permanente au bateau destinée à transporter des marchandises dangereuses;

Conception des citernes à cargaison:

a)   *Citerne à cargaison à pression:*

        une citerne à cargaison indépendante de la coque du bateau, construite selon des normes spécialisées reconnues pour une pression de service ≥400 kPa;

b)   *Citerne à cargaison fermée:*

        une citerne à cargaison reliée à l'atmosphère par un dispositif empêchant les surpressions ou dépressions internes inadmissibles;

c)   *Citerne à cargaison ouverte avec coupe-flammes:*

une citerne à cargaison reliée à l'atmosphère par un dispositif équipé d'un coupe-flammes;

d)   *Citerne à cargaison ouverte:*

une citerne à cargaison mise directement à l'atmosphère;

Types des citernes à cargaison:

a)   *Citerne à cargaison indépendante:*

une citerne à cargaison incorporée de façon permanente mais qui est indépendante de la structure du bateau;

b)   *Citerne à cargaison intégrale:*

une citerne à cargaison qui est constituée par la structure du bateau elle-même et qui a pour enveloppe la coque extérieure ou des parois distinctes de la coque extérieure;

c)   *Citerne à cargaison avec parois indépendantes de la coque extérieure:*

une citerne à cargaison intégrale dont le fond et les parois latérales ne constituent pas la coque extérieure du bateau ou une citerne à cargaison indépendante;

d)   *Citerne à membrane:*

une citerne à cargaison constituée d'une mince couche (membrane) étanche aux liquides et aux gaz et d'une isolation supportée par la coque intérieure adjacente et la structure de fond intérieure adjacente d'un bateau à double coque.

Citerne à cargaison (déchargée):
une citerne à cargaison, qui, après déchargement, peut contenir de la cargaison restante;

Citerne à cargaison (vide):
une citerne à cargaison, qui, après le déchargement, ne contient pas de la cargaison restante mais peut être non dégazée;

Citerne à cargaison (dégazée):
une citerne à cargaison, qui, après le déchargement, ne contient ni de la cargaison restante ni de concentration mesurable de gaz ou de vapeurs dangereux;

Citerne à déchets opérant sous vide:
une citerne fixe ou une citerne démontable principalement utilisée pour le transport de déchets dangereux, construite ou équipée de manière spéciale pour faciliter le remplissage et le déchargement des déchets selon les prescriptions du chapitre 6.10 de l'ADR.

Une citerne qui satisfait intégralement aux prescriptions des chapitres 6.7 ou 6.8 de l'ADR n'est pas considérée comme citerne à déchets opérant sous vide;

Citerne amovible:
une citerne qui, construite pour s'adapter aux dispositifs spéciaux d'un wagon, ne peut cependant en être retirée qu'après démontage de ses moyens de fixation;

Citerne démontable:
une citerne d'une capacité supérieure à 450 litres, autre qu'une citerne fixe, une citerne mobile, un conteneur-citerne ou un élément de véhicule-batterie ou de CGEM qui n'est pas conçue pour le transport des marchandises sans rupture de charge et qui normalement ne peut être manutentionnée que si elle est vide;

Citerne fermée hermétiquement: une citerne qui:

-   n'est pas équipée de soupapes de sécurité, de disques de rupture, d'autres dispositifs semblables de sécurité ou de soupapes de dépression; ou

-   est équipée de soupapes de sécurité précédées d'un disque de rupture conformément au 6.8.2.2.10 de l'ADR, mais n'est pas équipée de soupapes de dépression.

Une citerne destinée au transport de liquides ayant une pression de calcul d'au moins 4 bar ou destinée au transport de matières solides (pulvérulentes ou granulaires) quelle que soit sa pression de calcul, est aussi considérée comme étant fermée hermétiquement si:

-   elle est équipée de soupapes de sécurité précédées d'un disque de rupture conformément au 6.8.2.2.10 de l'ADR, et de soupapes de dépression conformément aux prescriptions du 6.8.2.2.3 de l'ADR; ou

-   elle n'est pas équipée de soupapes de sécurité, de disques de rupture ou d'autres dispositifs semblables de sécurité, mais est équipée de soupapes de dépression conformément aux prescriptions du 6.8.2.2.3 de l'ADR;

Citerne fixe:
une citerne d'une capacité supérieure à 1 000 litres fixée à demeure sur un véhicule (qui devient alors un véhicule-citerne) ou sur un wagon (qui devient alors un wagon-citerne) ou faisant partie intégrante du châssis d'un tel véhicule ou wagon;

Citerne mobile:
une citerne multimodale conforme aux définitions du chapitre 6.7 de l'ADR ou du Code IMDG, indiquée par une instruction de transport en citerne mobile (code T) dans la colonne (10) du tableau A du chapitre 3.2 de l'ADR, et ayant, lorsqu'elle est utilisée pour le transport de gaz tels qu'ils sont définis au 2.2.2.1.1, une capacité supérieure à 450 litres;

Citerne pour produits résiduaires.
une citerne fixée à demeure destinée à recueillir des cargaisons restantes, des eaux de lavage, des résidus de cargaison ou des slops pompables;

Classe de température:
classement des gaz inflammables et des vapeurs de liquides inflammables selon leur température d'auto-inflammation ainsi que des matériels électriques destinés à être utilisés dans des atmosphères explosibles correspondantes selon la température maximale de leur surface extérieure (voir EN 13237:2011);

Classement des zones de risque d'explosion (voir Directive 1999/92/CE[3]):

Zone 0:   emplacement dans lequel une atmosphère explosive de gaz, vapeurs ou brouillards est présente en permanence ou pendant de longues périodes;

Zone 1:   emplacement dans lequel une atmosphère explosive de gaz, vapeurs ou brouillards est susceptible de se former en fonctionnement normal;

Zone 2:   emplacement dans lequel une atmosphère explosive de gaz, vapeurs ou brouillards n'est pas susceptible de se former en fonctionnement normal et où une telle formation, si elle se produit, ne peut subsister que pendant une courte période;

Voir aussi *Classement en zones;*

---

[3]   *Journal officiel des Communautés européennes No L 23 du 28 janvier 2000, p. 57.*

Classement en zones:

ce classement (voir schéma) s'applique aux bateaux citernes dont la liste des matières du bateau selon 1.16.1.2.5 contient des matières pour lesquelles une protection contre les explosions est exigée à la colonne (17) du tableau C du chapitre 3.2.

Zone 0: elle comprend:

– L'intérieur de toutes les citernes à cargaison, citernes pour produits résiduaires, récipients pour produits résiduaires et récipients pour slops ainsi que des conduites contenant de la cargaison ou des vapeurs de cargaison, y compris leurs équipements ainsi que les pompes et les compresseurs.

Zone 1: elle comprend:

– Tous les locaux situés au-dessous du pont dans la zone de cargaison qui n'appartiennent pas à la zone 0;

– Les locaux fermés sur le pont dans la zone de cargaison;

– Le pont dans la zone de cargaison sur toute la largeur du bateau jusqu'aux cloisons extérieures de cofferdam;

– Jusqu'à une distance de 1,60 m au moins des "plans limites de la zone de cargaison", la hauteur au-dessus du pont est de 2,50 m, mais de 1,50 m au moins au-dessus des tuyauteries les plus élevées contenant de la cargaison ou des vapeurs de cargaison.

Puis (vers l'avant et vers l'arrière), jusqu'à la cloison extérieure de la citerne à cargaison, la hauteur est de 0,25 m au-dessus du pont.

Si le bateau comporte des espaces de cales ou si le cofferdam ou une partie du cofferdam sont aménagés en local de service, la hauteur (vers l'avant et vers l'arrière) jusqu'au "plan limite de la zone de cargaison" est de 1,00 m au-dessus du pont (voir schéma);

– Chaque ouverture dans la zone 0, à l'exception des soupapes de dégagement à grande vitesse/soupapes de sécurité de la citerne à cargaison à pression, doit être entourée par un anneau cylindrique dont le rayon intérieur est celui de l'ouverture, le rayon extérieur est égal à celui de l'ouverture plus 2,50 m et la hauteur est égale à 2,50 m au-dessus du pont et 1,50 m au-dessus des tuyauteries.

Pour les ouvertures d'un diamètre inférieur à 0,026 m (1"), la distance par rapport à la cloison extérieure de cofferdam peut être réduite à 0,50 m, à condition que de telles ouvertures ne soient pas ouvertes à l'air libre dans ce périmètre;

– Autour des soupapes de dégagement à grande vitesse ou soupapes de sécurité des citernes à cargaison à pression, une zone inscrite dans un cylindre ayant un rayon de 3,00 m jusqu'à une hauteur de 4,00 m au-dessus de l'orifice de dégagement de la soupape de dégagement à grande vitesse ou de la soupape de sécurité des citernes à cargaison à pression;

– Autour des orifices de ventilation de locaux de service munis d'un système de ventilation qui sont situés dans la zone de cargaison, une zone inscrite dans une portion de sphère d'un rayon de 1,00 m.

Zone 2: elle comprend:

– Sur le pont dans la zone de cargaison, une zone s'étendant sur 1,00 m dans le sens de la hauteur et 1,00 m horizontalement à partir de la zone 1 dans le sens de la longueur;

– Sur le pont avant et sur le pont arrière, une zone d'une longueur de 7,50 m s'étendant sur toute la largeur du bateau et rejoignant le "plan limite de la zone de cargaison". Entre le bordage latéral et la cloison de protection, la longueur et la hauteur de cette zone équivaut aux dimensions du côté latéral de cette cloison de protection. Ailleurs, la hauteur de la zone 2 est de 0,50 m.

– Cette zone ne fait pas partie de la zone 2 si la cloison de protection s'étend d'un bordage à l'autre du bateau et qu'elle est dépourvue d'ouvertures;

– Une zone s'étendant sur 3,00 m autour de la zone 1 entourant les soupapes de dégagement à grande vitesse ou les soupapes de sécurité des citernes à cargaison à pression;

– Autour des orifices de ventilation de locaux de service munis d'un système de ventilation qui sont situés dans la zone de cargaison, une zone inscrite dans une couronne sphérique d'une largeur de 1,00 m autour de la zone 1;

Classement en zones pour les bateaux-citernes

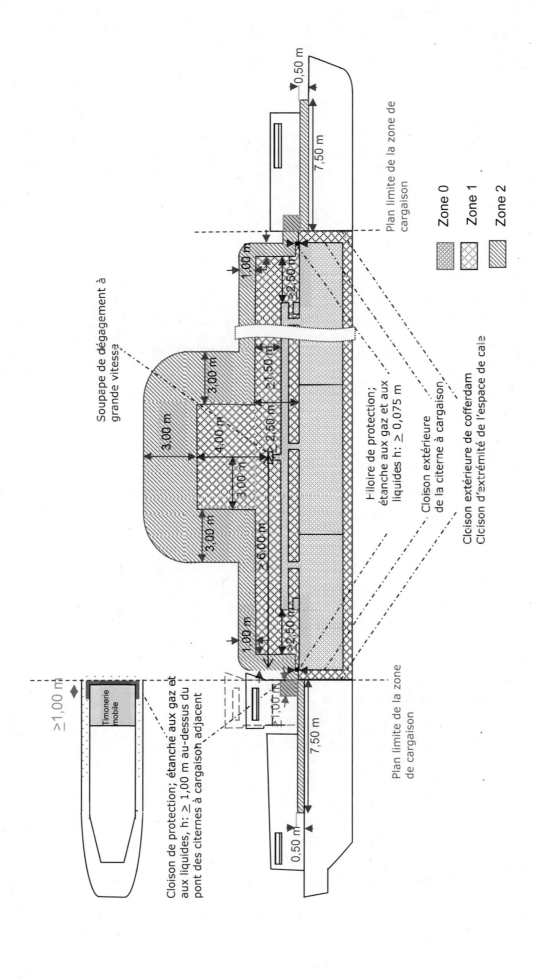

Soupape de dégagement à grande vitesse

Hiloire de protection; étanche aux gaz et aux liquides h: ≥ 0,075 m

Cloison extérieure de la citerne à cargaison

Cloison extérieure de cofferdam

Cloison d'extrémité de l'espace de cale

Cloison de protection; étanche aux gaz et aux liquides, h: ≥ 1,00 m au-dessus du pont des citernes à cargaison adjacent

Timonerie mobile

≥1,00 m

0,50 m

7,50 m

Plan limite de la zone de cargaison

0,50 m

7,50 m

Plan limite de la zone de cargaison

≥2,50 m

1,00 m

3,00 m

3,00 m

4,00 m

3,00 m

3,00 m

≥6,00 m

≥2,50 m

≥1,50 m

1,00 m

≥2,50 m

≥1,00 m

Zone 0

Zone 1

Zone 2

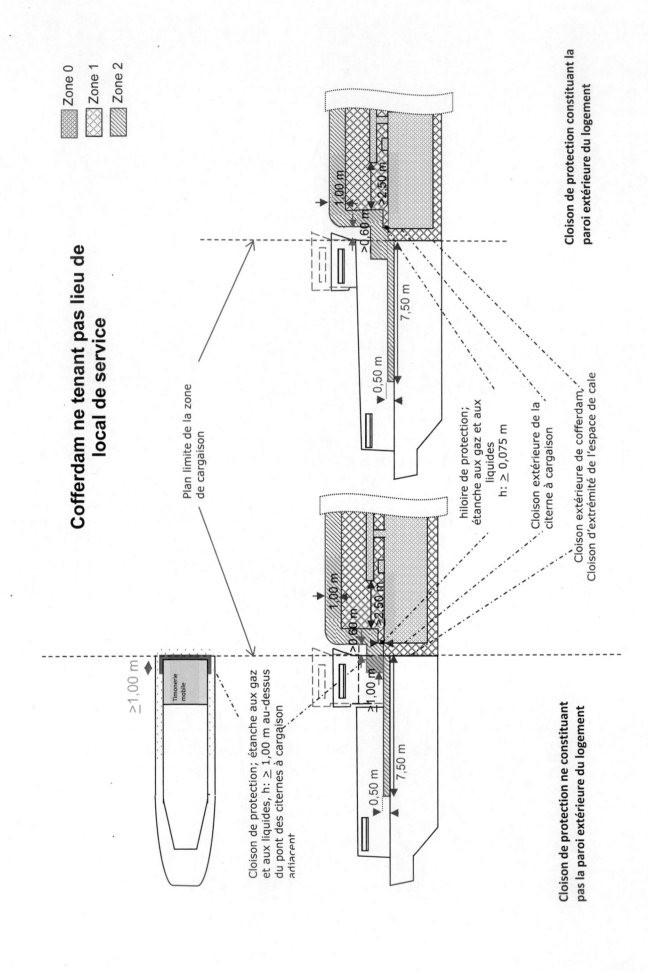

Cofferdam ne tenant pas lieu de local de service

Zone 0
Zone 1
Zone 2

Plan limite de la zone de cargaison

≥1,00 m

Timonerie mobile

1,00 m
≥0,60 m
≥2,50 m

0,50 m

7,50 m

1,00 m
≥0,60 m
≥2,50 m

0,50 m

7,50 m

≥1
≥1,00 m

Cloison de protection; étanche aux gaz et aux liquides, h: ≥ 1,00 m au-dessus du pont des citernes à cargaison adjacent

hiloire de protection; étanche aux gaz et aux liquides
h: ≥ 0,075 m

Cloison extérieure de la citerne à cargaison

Cloison extérieure de cofferdam;
Cloison d'extrémité de l'espace de cale

Cloison de protection constituant la paroi extérieure du logement

Cloison de protection ne constituant pas la paroi extérieure du logement

-26-

Bateau-citerne avec espace de cale / local de service dans le Cofferdam

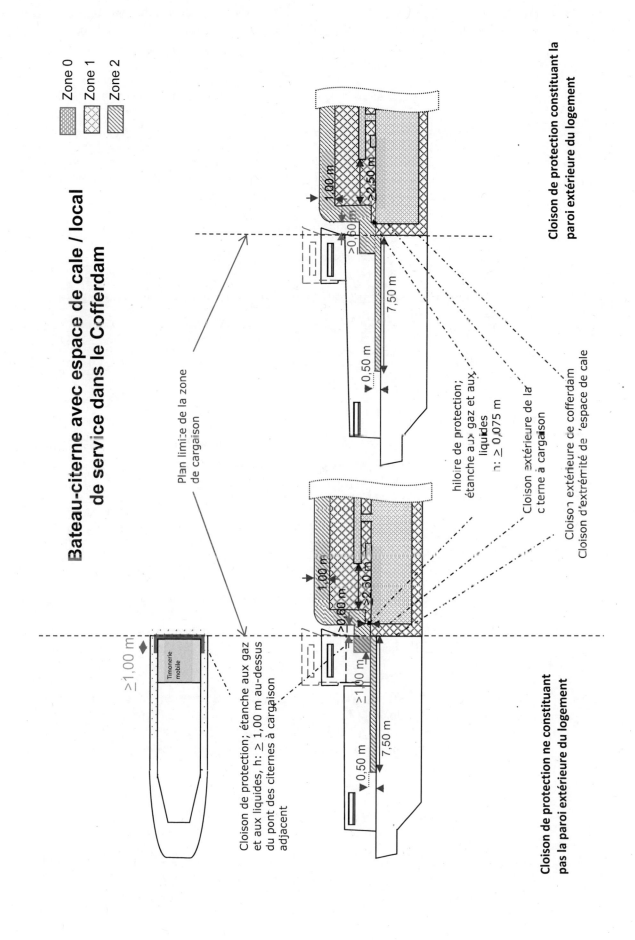

Zone 0
Zone 1
Zone 2

Plan limite de la zone de cargaison

1,00 m

2,50 m

0,60 m

7,50 m

0,50 m

Timonerie mobile

≥1,00 m

≥1,00 m

Cloison de protection; étanche aux gaz et aux liquides, h: ≥ 1,00 m au-dessus du pont des citernes à cargaison adjacent

hiloire de protection; étanche aux gaz et aux liquides h: ≥ 0,075 m

Cloison extérieure de la citerne à cargaison

Cloison extérieure de cofferdam
Cloison d'extrémité de 'espace de cale

Cloison de protection constituant la paroi extérieure du logement

Cloison de protection ne constituant pas la paroi extérieure du logement

-27-

Cloison:
une paroi métallique, généralement verticale, située à l'intérieur du bateau et qui est limitée par le fond, le bordé, un pont, la couverture des écoutilles ou une autre cloison;

Cloison de protection, étanche aux gaz et aux liquides:
une cloison étanche aux gaz et aux liquides, sur le pont, à la hauteur du plan limite de la zone de cargaison, qui empêche les gaz de pénétrer dans les zones en dehors de la zone de cargaison;

Cloison (étanche à l'eau):

–	dans un bateau à cargaison sèche: cloison construite de telle façon qu'elle résiste à une pression correspondant à une colonne d'eau de 1,00 m au-dessus du pont mais toutefois jusqu'à l'arête supérieure de l'hiloire du panneau d'écoutille;

–	dans un bateau-citerne: cloison construite pour supporter une pression d'eau de 1,00 m au-dessus du niveau du pont;

CMNI:
La Convention relative au contrat de transport de marchandises en navigation intérieure (Budapest, 22 juin 2001).

CMR:
la Convention relative au contrat de transport international de marchandises par route (Genève, 19 mai 1956), telle que modifiée;

Code IMDG:
le Code maritime international des marchandises dangereuses, règlement d'application du Chapitre VII, Partie A de la Convention internationale de 1974 pour la sauvegarde de la vie humaine en mer (Convention SOLAS), publié par l'Organisation maritime internationale (OMI) à Londres;

Code IMSBC:
Le Code maritime international des cargaisons solides en vrac de l'Organisation Maritime Internationale (OMI);

Cofferdam:
un compartiment transversal qui est délimité par des cloisons étanches à l'eau et peut être inspecté. Le cofferdam s'étend sur toute la surface des cloisons d'extrémité des citernes à cargaison. La cloison qui n'est pas face à la zone de cargaison (cloison extérieure de cofferdam) s'étend d'un bordage à l'autre du bateau et du fond au pont sur un seul plan;

Colis:
le produit final de l'opération d'emballage prêt pour l'expédition, constitué par l'emballage ou le grand emballage ou le GRV lui-même avec son contenu. Le terme comprend les récipients à gaz tels que définis dans la présente section ainsi que les objets qui, de par leur taille, masse ou configuration, peuvent être transportés non emballés ou dans des berceaux, harasses ou des dispositifs de manutention;

Excepté pour le transport des matières radioactives, le terme ne s'applique pas aux marchandises transportées en vrac dans les cales des bateaux ni aux matières transportées en citernes dans des bateaux-citernes;

À bord des bateaux, le terme inclut aussi les véhicules, les wagons, les conteneurs (y compris les caisses mobiles), les conteneurs-citernes, les citernes mobiles, les véhicules-batteries, les wagons-batteries, les véhicules-citernes, les wagons-citernes et les conteneurs à gaz à éléments multiples (CGEM).

NOTA: Pour les matières radioactives, voir sous 2.2.7.2, 4.1.9.1.1 et chapitre 6.4 de l'ADR;

Composants inflammables (pour les aérosols), des liquides inflammables, solides inflammables ou gaz ou mélanges de gaz inflammables tels que définis dans le Manuel d'épreuves et de critères, Partie III, sous-section 31.1.3, Notas 1 à 3. Cette désignation ne comprend pas les matières pyrophoriques, les matières auto-échauffantes et les matières qui réagissent au contact de l'eau. La chaleur chimique de combustion doit être déterminée avec une des méthodes suivantes ASTM D 240, ISO/FDIS 13943:1999 (E/F) 86.1 à 86.3 ou NFPA 30B;

Conducteur:
une personne répondant à la définition de l'article 1.02 du Code européen des voies de navigation intérieure (CEVNI);

Conduite d'évacuation de gaz (à bord):
Une conduite installée à bord du bateau reliant une ou plusieurs citernes à cargaison à la conduite de retour de gaz pendant le chargement ou le déchargement. Cette conduite est munie de soupapes de sécurité protégeant les citernes à cargaison contre des surpressions ou dépressions internes inadmissibles;

Conduite de retour de gaz (à terre):
Une conduite de l'installation à terre reliée pendant le chargement ou le déchargement à la conduite d'évacuation de gaz du bateau;

Conseiller à la sécurité:
une personne qui, dans une entreprise dont l'activité comporte le transport de marchandises dangereuses par voies de navigation intérieure ou les opérations d'emballage, de chargement, de remplissage ou de déchargement liées à ces transports, est chargée d'aider à la prévention des risques inhérents au transport des marchandises dangereuses;

Contenance maximale:
le volume intérieur maximum des récipients ou des emballages y compris des grands emballages et des grands récipients pour vrac (GRV), exprimé en mètres cubes ou litres;

Conteneur:
un engin de transport (cadre ou autre engin analogue)

–   ayant un caractère permanent et étant de ce fait suffisamment résistant pour permettre son usage répété;

–   spécialement conçu pour faciliter le transport de marchandises, sans rupture de charge, par un ou plusieurs modes de transport;

–   muni de dispositifs facilitant l'arrimage et la manutention, notamment lors de son transbordement d'un moyen de transport à un autre;

–   conçu de façon à faciliter le remplissage et la vidange.

–   d'un volume intérieur d'au moins 1 m³, à l'exception des conteneurs pour le transport des matières radioactives.

En outre:

Grand conteneur:

a)   un conteneur qui ne répond pas à la définition de petit conteneur;

b)   au sens de la CSC, un conteneur de dimensions telles que la surface délimitée par les quatre angles inférieurs extérieurs soit:

i)   d'au moins 14 m² (150 pieds carrés) ou

ii)   d'au moins 7 m² (75 pieds carrés) s'il est pourvu de pièces de coin aux angles supérieurs;

Petit conteneur:
un conteneur dont le volume intérieur est inférieur ou égal à 3 m^3;

Conteneur bâché:
un conteneur ouvert muni d'une bâche pour protéger la marchandise chargée;

Conteneur fermé:
un conteneur totalement fermé, ayant un toit rigide, des parois latérales rigides, des parois d'extrémité rigides et un plancher. Le terme englobe les conteneurs à toit ouvrant pour autant que le toit soit fermé pendant le transport;

Conteneur ouvert:
un conteneur à toit ouvert ou un conteneur de type plate-forme;

Une caisse mobile est un conteneur qui selon la norme EN 283:1991 présente les caractéristiques suivantes:

–   · elle a une résistance mécanique conçue uniquement pour le transport sur un wagon ou un véhicule en trafic terrestre ou par navire roulier;

–   elle n'est pas gerbable;

–   elle peut être transférée du véhicule sur des béquilles et rechargée par les propres moyens à bord du véhicule;

NOTA: *Le terme conteneur ne concerne ni les emballages usuels, ni les grands récipients pour vrac (GRV), ni les conteneurs-citernes, ni les véhicules, ni les wagons. Néanmoins, un conteneur peut être utilisé comme emballage pour le transport des matières radioactives.*

*Conteneur à gaz à éléments multiples (*CGEM*):*
un engin de transport comprenant des éléments qui sont reliés entre eux par un tuyau collecteur et montés dans un cadre. Les éléments suivants sont considérés comme des éléments d'un conteneur à gaz à éléments multiples: les bouteilles, les tubes, les fûts à pression, et les cadres de bouteilles ainsi que les citernes d'une capacité supérieure à 450 litres pour les gaz tels qu'ils sont définis au 2.2.2.1.1;

NOTA: *Pour les CGEM de l'ONU, voir le chapitre 6.7 de l'ADR.*

Conteneur pour vrac:
une enceinte de rétention (y compris toute doublure ou revêtement) destinée au transport de matières solides qui sont directement en contact avec l'enceinte de rétention. Le terme ne comprend pas les emballages, les grands récipients pour vrac (GRV), les grands emballages ni les citernes.

Les conteneurs pour vrac sont:

–   de caractère permanent et étant de ce fait suffisamment résistants pour permettre un usage répété;

–   spécialement conçus pour faciliter le transport de marchandises sans rupture de charge par un ou plusieurs moyens de transport;

–   munis de dispositifs le rendant facile à manutentionner;

–   d'une capacité d'au moins 1,0 m^3.

Les conteneurs pour vrac peuvent être, par exemple, des conteneurs, des conteneurs pour vrac offshore, des bennes, des bacs pour vrac, des caisses mobiles, des conteneurs trémie, des conteneurs à rouleaux, des compartiments de charge de véhicules ou de wagons;

NOTA: *Cette définition s'applique uniquement aux conteneurs pour vrac répondant aux prescriptions du chapitre 6.11 de l'ADR.*

Conteneur pour vrac bâché:
un conteneur pour vrac à toit ouvert avec fond (y compris les fonds du type trémie) et parois latérales et d'extrémité rigides et couverture non rigide.

Conteneur pour vrac fermé:
un conteneur pour vrac entièrement fermé ayant un toit, des parois latérales, des parois d'extrémité et un plancher rigides (y compris les fonds du type trémie). Ce terme englobe des conteneurs pour vrac à toit, parois latérales ou d'extrémité ouvrants pouvant être fermés pendant le transport. Les conteneurs pour vrac fermés peuvent être équipés d'ouvertures permettant l'évacuation de vapeurs et de gaz par aération et de prévenir, dans les conditions normales de transport, la perte de matières solides et la pénétration d'eau de projection ou de pluie;

Conteneur pour vrac souple:
un conteneur souple d'une capacité ne dépassant pas 15 m^3 et comprenant les doublures, ainsi que les dispositifs de manutention et les équipements de services fixés à celui-ci;

Conteneur pour vrac bâché, voir Conteneur pour vrac;

Conteneur pour vrac fermé, voir Conteneur pour vrac;

Conteneur pour vrac souple, voir Conteneur pour vrac;

Conteneur pour vrac offshore:
un conteneur pour vrac spécialement conçu pour servir de manière répétée en provenance ou à destination d'installations offshore ou entre de telles installations. Il doit être conçu et construit selon les règles relatives à l'agrément des conteneurs offshore manutentionnés en haute mer énoncées dans le document MSC/Circ.860 publié par l'Organisation Maritime Internationale (OMI);

Conteneur-citerne:
un engin de transport répondant à la définition du conteneur et comprenant un réservoir et des équipements, y compris les équipements permettant les déplacements du conteneur-citerne sans changement notable d'assiette, utilisé pour le transport de matières gazeuses, liquides, pulvérulentes ou granulaires et ayant une capacité supérieure à 0,45 m^3 (450 litres), lorsqu'il est destiné au transport de gaz tels qu'ils sont définis au 2.2.2.1.1;

NOTA: *Les grands récipients pour vrac (GRV) qui satisfont aux dispositions du chapitre 6.5 de l'ADR ne sont pas considérés comme des conteneurs-citernes*;

Contenu radioactif:
pour le transport des matières radioactives, les matières radioactives ainsi que tout solide, liquide ou gaz contaminé ou activé se trouvant à l'intérieur de l'emballage;

Corps (pour toutes les catégories de GRV autres que les GRV composites):
le récipient proprement dit, y compris les orifices et leurs fermetures, à l'exclusion de l'équipement de service;

Coupe-flammes:
Un dispositif monté à l'orifice d'une partie d'installation ou dans la tuyauterie de liaison d'un système d'installations dont la fonction consiste à permettre le passage du flux mais à empêcher le passage d'une flamme. Le coupe-flammes doit être éprouvé selon la norme

ISO 16852:2016[4] et la preuve de sa conformité aux exigences applicables doit être apportée (par ex. procédure d'évaluation de la conformité au sens de la directive 2014/34/UE[1], le système IECEx[5] ou le document ECE/TRADE/391[6] ou au moins l'équivalent);

CSC:

la Convention internationale sur la sécurité des conteneurs (Genève, 1972) telle que modifiée et publiée par l'Organisation maritime internationale (OMI), à Londres;

D

Débit de dose:
l'équivalent de dose ambiant ou l'équivalent de dose directionnel, suivant le cas, par unité de temps, mesuré au point d'intérêt;

Déchargement:
toutes les actions effectuées par le déchargeur conformément à la définition de déchargeur;

Déchargeur:
l'entreprise qui:

a)   enlève un conteneur, un conteneur pour vrac, un CGEM, un conteneur-citerne ou une citerne mobile d'un moyen de transport; ou

b)   décharge des marchandises dangereuses emballées, des petits conteneurs ou des citernes mobiles d'un moyen de transport ou d'un conteneur; ou

c)   décharge des marchandises dangereuses d'une citerne à cargaison, un véhicule-citerne, une citerne amovible, une citerne démontable, une citerne mobile ou un conteneur-citerne; ou d'un wagon-batterie, un véhicule-batterie, une MEMU ou un CGEM; ou d'un moyen de transport pour le transport en vrac; ou d'un grand conteneur ou d'un petit conteneur pour le transport en vrac ou d'un conteneur pour vrac; ou

d)   enlève un véhicule ou un wagon d'un bateau;

Déchets:
des matières, solutions, mélanges ou objets qui ne peuvent pas être utilisés tels quels, mais qui sont transportés pour être retraités, déposés dans une décharge ou éliminés par incinération ou par une autre méthode;

Déchets huileux et graisseux survenant lors de l'exploitation du bateau:
huiles usagées, eaux de fond de cale et autres déchets huileux ou graisseux, tels que graisses usagées, filtres usagés, chiffons usagés, récipients et emballages de ces déchets;

Déflagration:
explosion qui se propage à une vitesse subsonique (voir EN 13237:2011);

Dégazage:
opération ayant pour but de diminuer la concentration de gaz et de vapeurs dangereux dans une citerne à cargaison vide ou déchargée en les émettant dans l'atmosphère ou en les envoyant dans une station de réception;

---

[4]   *Identique à EN ISO 16852:2016.*

[1]   *Journal officiel de l'Union européenne No L 96 du 29 mars 2014, p. 309.*

[5]   *http://iecex.com/rules*

[6]   *A Common Regulatory Framework for Equipment Used in Environments with an Explosive Atmosphere, United Nations 2011.*

Densité relative:
le rapport de la masse volumique d'une substance à la masse volumique de l'eau pure à
3,98 °C (1 000 kg/m³); il s'agit d'une grandeur sans dimension;

Dépression de conception:
la dépression sur la base de laquelle la citerne à cargaison ou la citerne pour restes de cargaison
a été conçue et réalisée;

Destinataire:
le destinataire selon le contrat de transport. Si le destinataire désigne un tiers conformément
aux dispositions applicables au contrat de transport, ce dernier est considéré comme le
destinataire au sens de l'ADN. Si le transport s'effectue sans contrat de transport, l'entreprise
qui prend en charge les marchandises dangereuses à l'arrivée doit être considérée comme le
destinataire;

Détecteur de gaz:
un appareil portatif permettant de mesurer toute concentration significative de gaz
inflammables, sous la LIE, et indiquant clairement la concentration de ces gaz. Les détecteurs
de gaz peuvent être conçus en tant que détecteurs individuels ou en tant qu'appareils de
mesures combinés pour la mesure de gaz inflammables et d'oxygène. L'équipement doit être
conçu de manière à ce que les mesures puissent également être effectuées sans qu'il soit
nécessaire de pénétrer dans les locaux à contrôler.

Le niveau de détection des capteurs doit être au maximum 5 % de la LIE de la matière la plus
critique de la liste des matières du bateau pour les bateaux-citernes ou de la cargaison pour les
bateaux à cargaison sèche. Le détecteur de gaz inflammables doit être éprouvé selon la norme
CEI/EN[7] 60079-29-1:2016. S'il est utilisé dans des zones de risque d'explosion, il doit en outre
satisfaire aux exigences pour une utilisation dans la zone concernée et la preuve de sa
conformité aux exigences applicables doit être apportée (par ex. procédure d'évaluation de la
conformité au sens de la directive 2014/34/UE[1], le système IECEx[5], ou le document
ECE/TRADE/391[6] ou au moins l'équivalent);

Détecteur de rayonnement neutronique:
un dispositif de détection de rayonnement neutronique. Dans un tel dispositif, un gaz peut être
contenu dans un tube électronique de transducteur hermétiquement scellé qui convertit le
rayonnement neutronique en un signal électrique mesurable;

Détonation:
explosion qui se propage à une vitesse supersonique, caractérisée par une onde de choc
(voir EN 13237:2011);

Diamètre (pour les réservoirs de citernes):
le diamètre intérieur du réservoir;

Difficilement inflammable:
un matériau difficilement inflammable en soi ou dont au moins la surface extérieure est
difficilement inflammable et qui restreint de manière appropriée la propagation d'un incendie.

Pour la détermination du caractère d'inflammabilité sont reconnues la procédure de l'OMI,
Résolution A.653(16) ou toutes prescriptions équivalentes d'un État partie contractante;

---

[7] *Les lettres CEI/EN signifient: la norme est disponible à la fois en tant que norme CEI et en tant que norme EN.*
[1] *Journal officiel de l'Union européenne No L 96 du 29 mars 2014, p. 309.*
[5] *http://iecex.com/rules*
[6] *A Common Regulatory Framework for Equipment Used in Environments with an Explosive Atmosphere, United
Nations 2011.*

Directive CE:
des dispositions décidées par les institutions compétentes de la Communauté européenne et qui lient tout État membre destinataire quant aux résultats à atteindre, tout en laissant aux instances nationales la compétence quant à la forme et aux moyens;

Dispositif de décompression en toute sécurité des citernes à cargaison:
un dispositif à commande manuelle ou à distance qui est monté de telle façon que la décompression des citernes à cargaison soit possible en toute sécurité. Lorsque la liste des matières du bateau selon 1.16.1.2.5 contient des matières pour lesquelles la protection contre les explosions est exigée à la colonne (17) du tableau C du chapitre 3.2, le dispositif de décompression en toute sécurité des citernes à cargaison doit être conçu pour résister à la déflagration et au feu continu pour la matière la plus critique de la liste des matières du bateau. La résistance à la déflagration doit être éprouvée conformément à la norme ISO 16852:2016[4] et la preuve de sa conformité aux exigences applicables doit être apportée (par ex. procédure d'évaluation de la conformité au sens de la directive 2014/34/UE[1] le système IECEx[5] ou le document ECE/TRADE/391[6] ou au moins l'équivalent). La résistance à la déflagration peut être assurée par un élément coupe-flammes intégré résistant au feu continu ou un coupe-flammes résistant au feu continu (protection contre les déflagrations);

Dispositif de manutention (pour les GRV souples):
tout élingue, sangle, boucle ou cadre fixé au corps du GRV ou constituant la continuation du matériau avec lequel il est fabriqué;

Dispositif de prise d'échantillon de type fermé:
un dispositif qui assure le passage à travers la paroi de la citerne à cargaison ou par les tuyauteries de chargement et déchargement mais qui fait néanmoins partie d'un système fermé, conçu de manière que pendant la prise d'échantillons il n'y ait pas de fuite de gaz ou de liquides des citernes à cargaison;

Dispositif de prise d'échantillons de type partiellement fermé:
un dispositif qui assure le passage à travers la paroi de la citerne à cargaison ou par les tuyauteries de chargement et déchargement, conçu de manière que pendant la prise d'échantillons seule une quantité minime de cargaison sous forme gazeuse ou liquide s'échappe à l'air libre. Tant qu'il n'est pas utilisé le dispositif doit être totalement fermé;

Dispositif de sauvetage (approprié):
un appareil respiratoire de protection, facile à mettre, couvrant la bouche, le nez et les yeux, et servant à s'échapper d'une zone dangereuse. Pour ces appareils voir par exemple la Norme Européenne EN 13794:2002, EN 402: 2003, EN 403: 2004 ou EN 1146:2005;

Dispositif de stockage à hydrure métallique:
un dispositif de stockage de l'hydrogène, unique, complet, comprenant un récipient, un hydrure métallique, un dispositif de décompression, un robinet d'arrêt, un équipement de service et des composants internes utilisé pour le transport de l'hydrogène uniquement;

Dossier de bateau:
signifie un dossier qui contient toutes les informations techniques importantes concernant un bateau ou une barge, telles que les plans de construction et les documents relatifs à l'équipement;

---

[4] *Identique à EN ISO 16852:2016.*
[1] *Journal officiel de l'Union européenne No L 96 du 29 mars 2014, p. 309.*
[5] *http://iecex.com/rules*
[6] *A Common Regulatory Framework for Equipment Used in Environments with an Explosive Atmosphere, United Nations 2011.*

Dossier de citerne:
un dossier qui contient toutes les informations techniques importantes concernant une citerne, un véhicule-batterie, un wagon-batterie ou un CGEM, telles que les attestations et certificats mentionnés aux 6.8.2.3, 6.8.2.4 et 6.8.3.4 de l'ADR;

Doublure:
une gaine tubulaire ou un sac placé à l'intérieur mais ne faisant pas partie intégrante d'un emballage, y compris d'un grand emballage ou d'un GRV, y compris les moyens d'obturation de ses ouvertures;

Durée de service:
pour les bouteilles et les tubes composites, le nombre d'années autorisées pour le maintien en service de la bouteille ou du tube;

Durée de vie nominale:
pour les bouteilles et les tubes composites, la durée de vie maximale (en nombre d'années) pour laquelle la bouteille ou le tube est conçu et approuvé conformément à la norme applicable;

E

Eau de fond de cale:
eau huileuse provenant des fonds de cale de la salle des machines, du peak, des cofferdams et des espaces de double coque;

Élément coupe-flammes:
la partie d'un coupe-flammes dont la fonction principale consiste à empêcher le passage d'une flamme;

Emballage:
un ou plusieurs récipients et tous les autres éléments ou matériaux nécessaires pour permettre aux récipients de remplir leur fonction de rétention et toute autre fonction de sûreté (voir aussi *Grand emballage* et *Grand récipient pour vrac* (GRV));

Emballage combiné:
une combinaison d'emballages destinée au transport, constituée par un ou plusieurs emballages intérieurs assujettis dans un emballage extérieur comme il est prescrit au 4.1.1.5 de l'ADR;

NOTA: *Le terme "emballage intérieur" rapporté à un emballage combiné ne doit pas être confondu avec le terme "récipient intérieur" rapporté à un emballage composite;*

Emballage composite:
un emballage constitué d'un emballage extérieur et d'un récipient intérieur construits de telle manière qu'ils constituent ensemble un emballage intégré. Une fois assemblé, cet emballage demeure un tout indissociable; il est rempli, entreposé, transporté et vidé en tant que tel;

NOTA: *Le terme "récipient intérieur" rapporté à un emballage composite ne doit pas être confondu avec le terme "emballage intérieur" rapporté à un emballage combiné. Par exemple l'élément intérieur d'un emballage composite de type 6HA1 (matière plastique) est un récipient intérieur de ce genre, étant donné qu'il n'est normalement pas conçu pour remplir une fonction de rétention sans son emballage extérieur et qu'il ne s'agit donc pas d'un emballage intérieur.*

Lorsqu'un matériau est mentionné entre parenthèses après le terme "emballage composite", il se réfère au récipient intérieur;

Emballage de secours:
un emballage spécial dans lequel des colis de marchandises dangereuses endommagés, défectueux, présentant des fuites ou non conformes, ou des marchandises dangereuses qui se sont répandues ou qui ont fui de leur emballage sont placés pour le transport en vue de leur récupération ou élimination;

Emballage étanche aux pulvérulents:
un emballage ne laissant pas passer des contenus secs, y compris les matières solides finement pulvérisées produites au cours du transport;

Emballage extérieur:
la protection extérieure d'un emballage composite ou d'un emballage combiné, avec les matériaux absorbants, matériaux de rembourrage et tous autres éléments nécessaires pour contenir et protéger les récipients intérieurs ou les emballages intérieurs;

Emballage intérieur:
un emballage qui doit être muni d'un emballage extérieur pour le transport;

Emballage intermédiaire:
un emballage placé entre des emballages intérieurs, ou des objets, et un emballage extérieur;

Emballage métallique léger:
un emballage à section circulaire, elliptique, rectangulaire ou polygonale (également conique), ainsi qu'un emballage à chapiteau conique ou en forme de seau, en métal (par exemple fer blanc), ayant une épaisseur de parois inférieure à 0,5 mm, à fond plat ou bombé, muni d'un ou de plusieurs orifices et non visé par les définitions données pour le fût et le jerricane;

Emballeur:
l'entreprise qui remplit les marchandises dangereuses dans des emballages, y compris les grands emballages et les grands récipients pour vrac (GRV) et, le cas échéant, prépare les colis aux fins de transport;

Embarcation de sauvetage:
bateau spécialement équipé et directement accessible pour faire face à tous les dangers identifiés liés à la cargaison et pour évacuer les personnes en cas de nécessité;

EN (Norme):
une norme européenne publiée par le Comité européen de normalisation (CEN), (CEN- Avenue Marnix 17, B-1000 Bruxelles);

Engin de transport:
un véhicule, un wagon, un conteneur, un conteneur-citerne, une citerne mobile ou un CGEM;

Entreprise:
toute personne physique, toute personne morale avec ou sans but lucratif, toute association ou tout groupement de personnes sans personnalité juridique et avec ou sans but lucratif, ainsi que tout organisme relevant de l'autorité publique, qu'il soit doté d'une personnalité juridique propre ou qu'il dépende d'une autorité ayant cette personnalité;

Enveloppe de confinement:
pour le transport des matières radioactives, l'assemblage des composants de l'emballage qui, d'après les spécifications du concepteur, visent à assurer le confinement des matières radioactives pendant le transport;

Envoi:
un ou plusieurs colis, ou un chargement de marchandises dangereuses présentés au transport par un expéditeur;

Équipement (voir la directive 2014/34/UE[1]):
les machines électriques ou non électriques, les matériels, les dispositifs fixes ou mobiles, les organes de commande, l'instrumentation et les systèmes de détection et de prévention qui, seuls ou combinés, sont destinés à la production, au transport, au stockage, à la mesure, à la régulation, à la conversion d'énergie et/ou à la transformation de matériau et qui, par les sources potentielles d'inflammation qui leur sont propres, risquent de provoquer le déclenchement d'une explosion.

N'en font pas partie les équipements et objets auxquels est affecté un numéro ONU et qui sont transportés en tant que cargaison;

Équipement destiné à être utilisé dans des zones de risque d'explosion:
équipement, électrique ou non, pour lequel des mesures sont prises afin d'éviter que ses propres sources d'inflammation ne deviennent effectives. De tels équipements doivent être conformes aux exigences applicables pour une utilisation dans la zone concernée. Ils doivent être éprouvés en fonction de leur type de protection et la preuve de sa conformité aux exigences applicables doit être apportée (par ex. procédure d'évaluation de la conformité au sens de la directive 2014/34/UE[1], le système IECEx[5], ou le document ECE/TRADE/391[6] ou au moins l'équivalent);

Espace de cale:
une partie fermée du bateau limitée à l'avant et à l'arrière par des cloisons étanches à l'eau et qui est destinée à transporter uniquement des citernes à cargaison indépendantes de la coque du bateau;

Étanche à l'eau:
un élément de construction ou un dispositif aménagé pour empêcher la pénétration de l'eau;

Étanche aux intempéries:
un élément de construction ou un dispositif aménagé pour que dans les conditions normales il ne laisse passer qu'une quantité d'eau insignifiante;

Expéditeur:
l'entreprise qui expédie pour elle-même ou pour un tiers des marchandises dangereuses. Lorsque le transport est effectué sur la base d'un contrat de transport, l'expéditeur selon ce contrat est considéré comme l'expéditeur. Dans le cas d'un bateau-citerne dont les citernes à cargaison sont vides ou viennent d'être déchargées, le conducteur est réputé être l'expéditeur aux fins des documents de transport;

Exploitant d'un conteneur-citerne ou d'une citerne mobile:
toute entreprise au nom de laquelle le conteneur-citerne ou la citerne mobile sont exploités;

Explosion:
réaction soudaine d'oxydation ou de décomposition avec augmentation de la température, de la pression, ou des deux en même temps (voir EN 13237:2011);

F

Fermeture:
un dispositif servant à fermer l'ouverture d'un récipient;

---

[1] *Journal officiel de l'Union européenne No L 96 du 29 mars 2014, p. 309.*
[5] *http://iecex.com/rules.*
[6] *A Common Regulatory Framework for Equipment Used in Environments with an Explosive Atmosphere, United Nations 2011.*

Feu continu:
combustion stabilisée pour une durée indéterminée (voir ISO 16852:2016[4]);

Film d'eau:
un noyage par l'eau pour éviter la rupture fragile;

Formation:
enseignement, cours ou apprentissages dispensés par un organisateur agréé par l'autorité compétente;

Fût:
un emballage cylindrique à fond plat ou bombé, en métal, carton, matière plastique, contre-plaqué ou autre matériau approprié. Cette définition englobe les emballages ayant d'autres formes, par exemple les emballages ronds à chapiteau conique ou les emballages en forme de seau. Les *tonneaux en bois* et les *jerricanes* ne sont pas concernés par cette définition;

Fût à pression:
un récipient à pression transportable de construction soudée d'une contenance en eau supérieure à 150 *l* mais ne dépassant pas 1 000 *l* (par exemple, un récipient cylindrique équipé de cercles de roulage, des sphères sur patins);

G

Gants de protection:
des gants qui protègent les mains du porteur lors de travaux dans une zone de danger. Le choix des gants appropriés doit correspondre aux dangers susceptibles de survenir (voir par exemple les normes européennes EN 374-1:2016, EN 374-2:2015 ou EN 374-4:2013). Au cas où il y aurait des dangers dus aux charges/décharges électrostatiques, ils doivent être conformes à la norme européenne EN 16350:2015;

Gaz (au sens de la classe 2):
une matière qui:

a)   à 50 °C exerce une pression de vapeur supérieure à 300 kPa (3 bar); ou

b)   est entièrement gazeuse à 20 °C à la pression normale de 101,3 kPa;

Au sens général, le terme "gaz" désigne les gaz et les vapeurs;

Gaz de pétrole liquéfié (GPL):
Un gaz liquéfié à faible pression contenant un ou plusieurs hydrocarbures légers qui sont affectés aux Nos ONU 1011, 1075, 1965, 1969 ou 1978 seulement et qui est principalement constitué de propane, de propène, de butane, des isomères du butane, de butène avec des traces d'autres gaz d'hydrocarbures;

NOTA 1: *Les gaz inflammables affectés à d'autres numéros ONU ne sont pas considérés comme GPL.*

2: Pour le No ONU 1075, voir le NOTA 2 sous 2F, No ONU 1965 dans le tableau pour les gaz liquéfiés du 2.2.2.3.

Gaz naturel liquéfié (GNL):
un gaz mis sous forme liquide par réfrigération composé de gaz naturel à forte teneur en méthane auquel a été attribué le No ONU 1972;

---

[4]   *Identique à EN ISO 16852:2016.*

Gaz naturel comprimé (GNC):
un gaz comprimé composé de gaz naturel à forte teneur en méthane auquel a été attribué le No ONU 1971;

Générateur d'aérosols:
voir *Aérosol ou générateur d'aérosols;*

GESAMP:
Joint Group of Experts on the Scientific Aspects of Marine Environmental Protection. Publication de l'OMI: "The Revised GESAMP Hazard Evaluation Procedure for Chemical Substances Carried by Ships", GESAMP Reports and Studies No. 64, IMO, London, 2002.

En appliquant le modèle GESAMP aux fins du présent Règlement, la température de référence pour la densité relative, la pression de vapeur et la solubilité dans l'eau est de 20 °C. La densité relative de référence à retenir pour différencier les matières flottantes ("Floater") des matières coulantes ("Sinker") est de 1,000 (correspondant à la masse volumique de l'eau des voies de navigation intérieure, à savoir 1 000 kg/m^3);

Grand conteneur:
voir *Conteneur;*

Grand emballage:
un emballage qui consiste en un emballage extérieur contenant des objets ou des emballages intérieurs et qui:

a)   est conçu pour une manutention mécanique;

b)   a une masse nette supérieure à 400 kg ou une contenance supérieure à 450 litres, mais dont le volume ne dépasse pas 3 m^3;

Grand emballage de secours:
un emballage spécial qui:

a)   est conçu pour une manutention mécanique; et

b)   a une masse nette supérieure à 400 kg ou une contenance supérieure à 450 l, mais dont le volume ne dépasse pas 3 m^3;

dans lequel des colis de marchandises dangereuses endommagés, défectueux, présentant des fuites ou non conformes, ou des marchandises dangereuses qui se sont répandues ou qui ont fui de leur emballage sont placés pour le transport en vue de leur récupération ou élimination;

Grand emballage reconstruit:
un grand emballage métallique, ou un grand emballage en plastique rigide:

a)   résultant de la production d'un type ONU conforme à partir d'un type non conforme; ou

b)   résultant de la transformation d'un type ONU conforme en un autre type conforme.

Les grands emballages reconstruits sont soumis aux même dispositions de l'ADR qu'un grand emballage neuf du même type (voir aussi la définition du modèle type au 6.6.5.1.2 de l'ADR);

Grand emballage réutilisé:
un grand emballage destiné à être rempli à nouveau qui, après examen, a été déclaré exempt de défectuosités pouvant affecter son aptitude à subir les épreuves fonctionnelles; ce terme inclut notamment les grands emballages remplis à nouveau de marchandises identiques ou analogues et compatibles, et transporté dans le circuit de distribution dépendant de l'expéditeur;

Grand récipient pour vrac (GRV):
un emballage transportable rigide ou souple autre que ceux qui sont spécifiés au chapitre 6.1 de l'ADR

a)   d'une contenance:

   i)   ne dépassant pas 3 m^3, pour les matières solides et liquides des groupes d'emballage II et III;

   ii)   ne dépassant pas 1,5 m^3, pour les matières solides du groupe d'emballage I emballées dans des GRV souples, en plastique rigide, composites, en carton ou en bois;

   iii)   ne dépassant pas 3 m^3, pour les matières solides du groupe d'emballage I emballées dans des GRV métalliques;

   iv)   ne dépassant pas 3 m^3 pour les matières radioactives de la classe 7;

b)   conçu pour une manutention mécanique;

c)   pouvant résister aux sollicitations produites lors de la manutention et du transport, ce qui doit être confirmé par les épreuves spécifiées au chapitre 6.5 de l'ADR;

NOTA 1: *Les citernes mobiles ou conteneurs-citernes qui satisfont aux prescriptions des chapitres 6.7 ou 6.8 de l'ADR respectivement ne sont pas considérés comme étant des grands récipients pour vrac (GRV);*

   2: *Les grands récipients pour vrac (GRV) qui satisfont aux prescriptions du chapitre 6.5 de l'ADR ne sont pas considérés comme des conteneurs au sens de l'ADN;*

Groupe d'emballage:
aux fins d'emballage, un groupe auquel sont affectées certaines matières en fonction du degré de danger qu'elles présentent pour le transport. Les groupes d'emballage ont les significations suivantes qui sont précisées dans la partie 2:

   groupe d'emballage I: matières très dangereuses;
   groupe d'emballage II: matières moyennement dangereuses;
   groupe d'emballage III: matières faiblement dangereuses;

NOTA: *Certains objets contenant des matières dangereuses sont également affectés à un groupe d'emballage;*

Groupe/sous-groupe d'explosion:
classement des gaz et des vapeurs inflammables suivant leur interstice expérimental maximal de sécurité (largeur de l'interstice de sécurité déterminée dans des conditions spécifiées) et leur courant minimal d'inflammation, ainsi que des matériels électriques destinés à être utilisés dans les atmosphères explosives (voir EN CEI 60079-0:2012), installations, équipements et systèmes de protection autonomes. Pour les systèmes de protection autonomes, le groupe d'explosion II B est subdivisé en sous-groupes;

GRV composite avec récipient intérieur en plastique:
un GRV se composant d'éléments d'ossature sous forme d'enveloppe extérieure rigide entourant un récipient intérieur en matière plastique, comprenant tout équipement de service ou autre équipement de structure. Il est confectionné de telle manière qu'une fois assemblé, enveloppe extérieure et récipient intérieur constituent un tout indissociable qui est utilisé comme tel pour les opérations de remplissage, de stockage, de transport ou de vidange;

NOTA: Le terme matière plastique, lorsqu'il est utilisé à propos des GRV composites en relation avec les récipients intérieurs, couvre d'autres matériaux polymérisés tels que le caoutchouc.

GRV en bois:
un GRV se composant d'un corps en bois, rigide ou pliable, avec revêtement intérieur (mais pas d'emballages intérieurs) et de l'équipement de service et de l'équipement de structure appropriés;

GRV en carton:
un GRV se composant d'un corps en carton avec ou sans couvercle supérieur et inférieur indépendant, si nécessaire d'un revêtement intérieur (mais pas d'emballages intérieurs), et de l'équipement de service et de l'équipement de structure appropriés;

GRV en plastique rigide:
un GRV se composant d'un corps en plastique rigide, qui peut comporter une ossature et être doté d'un équipement de service approprié;

GRV métallique:
un GRV se composant d'un corps métallique ainsi que de l'équipement de service et de l'équipement de structure appropriés;

GRV protégé (pour les GRV métalliques):
un GRV muni d'une protection supplémentaire contre les chocs. Cette protection peut prendre, par exemple, la forme d'une paroi multicouches (construction sandwich) ou d'une double paroi, ou d'un bâti avec enveloppe, en treillis métallique;

GRV souple:
un GRV se composant d'un corps constitué de film, de tissu ou de tout autre matériau souple ou encore de combinaisons de matériaux de ce genre, et, si nécessaire, d'un revêtement intérieur ou d'une doublure, assorti des équipements de service et des dispositifs de manutention appropriés;

H

Habits de protection:
des habits qui protègent le corps du porteur lors de travaux dans une zone de danger. Le choix des habits appropriés doit correspondre aux dangers susceptibles de survenir. Pour les habits de protection, voir par exemple la norme ISO 13688:2013. En cas de risque de charge ou décharge électrostatique, voir aussi la norme européenne EN 1149-5:2008;

Harasse:
un emballage extérieur à parois à claire-voie;

Hiloire antidéversement:
une hiloire située sur le pont, parallèle au bordage et munie d'orifices pouvant être fermés, qui empêche le déversement de liquides hors du bateau. Les jointures entre les hiloires antidéversement et les hiloires de protection, le cas échéant, doivent être étanches aux liquides;

Hiloire de protection, étanche aux liquides:
une hiloire étanche aux liquides située sur le pont à la hauteur de la cloison extérieure de la citerne à cargaison (voir le schéma de zonage), mais à une distance maximale de 0,60 m à l'intérieur de la cloison extérieure de cofferdam ou des cloisons d'extrémité de l'espace de cale, qui empêche les liquides de pénétrer dans les parties avant et arrière du bateau. Les jointures avec les hiloires antidéversement doivent être étanches aux liquides;

I

IMDG:
voir *Code IMDG;*

Indice de sûreté-criticité (CSI*) d'un colis, d'un suremballage ou d'un conteneur contenant des matières fissiles:
pour le transport des matières radioactives, un nombre qui sert à limiter l'accumulation de colis, suremballages ou conteneurs contenant des matières fissiles;

Indice de transport (TI**) d'un colis, d'un suremballage ou d'un conteneur, ou d'une matière LSA-I, d'un SCO-I ou d'un SCO-III non emballé:
pour le transport des matières radioactives, un nombre qui sert à limiter l'exposition aux rayonnements;

Installation d'approvisionnement (système de soutage):
une installation pour l'approvisionnement en carburants liquides pour bateaux;

Installation d'aspersion:
une installation à bord, qui, par une distribution uniforme d'eau, protège toutes les surfaces verticales extérieures de la coque avant et arrière du bateau, toutes les surfaces verticales de superstructures et de surfaces de ponts ainsi que les surfaces sur le pont au-dessus de superstructures, salles des machines et locaux dans lesquels sont stockées des matières inflammables. La puissance de l'installation d'aspersion pour les surfaces à protéger doit être d'au moins 10 litres par m^2 et par minute. L'installation d'aspersion doit être conçue pour pouvoir être utilisée pendant toute l'année. L'installation d'aspersion doit pouvoir être mise en service depuis la timonerie et la zone de sécurité;

Installation de détection de gaz:
une installation de mesure stationnaire avec capteurs à mesure directe fonctionnant en continu qui permet de détecter à temps des concentrations significatives de gaz inflammables sous leur LIE et peut déclencher une alarme en cas de dépassement d'une valeur limite. Elle doit être étalonnée au moins pour le n-hexane. Le seuil de déclenchement des capteurs doit être réglé à une valeur n'excédant pas 10 % de la LIE du n-hexane.

Elle doit être éprouvée selon la norme CEI/EN[7] 60079-29-1:2016 ainsi que, s'il s'agit d'une installation à fonctionnement électronique, selon la norme EN 50271:2010. Si elle est utilisée dans des zones de risque d'explosion, elle doit en outre satisfaire aux exigences pour une utilisation dans la zone concernée et la preuve de sa conformité aux exigences applicables doit être apportée (par ex. procédure d'évaluation de la conformité au sens de la directive 2014/34/UE[1], le système IECEx[5] ou le document ECE/TRADE/391[6] ou au moins l'équivalent);

Installation de mesure de l'oxygène:
une installation de mesure stationnaire fonctionnant en continu qui permet de détecter à temps une baisse significative de la teneur en oxygène de l'air et peut déclencher une alarme si la concentration en oxygène atteint 19,5 % en volume.

Elle doit être éprouvée selon la norme CEI/EN[7] 50104:2010 Si elle est utilisée dans des zones de risque d'explosion, elle doit en outre satisfaire aux exigences pour une utilisation dans la zone concernée et la preuve de sa conformité aux exigences applicables doit être apportée (par ex. procédure d'évaluation de la conformité au sens de la directive 2014/34/UE[1], le système IECEx[5], ou le document ECE/TRADE/391[6] ou au moins l'équivalent).

Une installation de mesure de l'oxygène peut aussi être conçue comme une installation combinée mesurant à la fois l'oxygène et les gaz inflammables;

Installations et équipements électriques à risque limité d'explosion:
soit des installations et équipements électriques pour lesquels le fonctionnement normal ne produit pas d'étincelles et ne conduit pas à des températures de surface excédant 200 °C.

Font partie de ces installations et équipements électriques par exemple:

– les moteurs à rotor à cage en courant alternatif,

– les génératrices sans balai avec excitation sans contact,

– les fusibles à fusion enfermée,

– les matériels électroniques sans contact,

soit des installations et équipements électriques munis au moins d'une enveloppe protégée contre les jets d'eau (indice de protection IP55 ou supérieur), conçus de telle manière que leur température de surface n'excède pas 200 °C dans les conditions normales de fonctionnement;

Instance d'inspection:
une instance indépendante de contrôle et de vérification agréée par l'autorité compétente;

Instruction:
la transmission d'un savoir-faire, l'enseignement de la manière de faire quelque chose ou d'agir. Cette transmission et cet enseignement peuvent être dispensés sur le plan interne par le propre personnel;

Instructions techniques de l'OACI,:
les Instructions techniques pour la sécurité du transport aérien des marchandises dangereuses en complément à l'Annexe 18 à la Convention de Chicago relative à l'aviation civile internationale (Chicago, 1944), publiées par l'Organisation de l'aviation civile internationale (OACI) à Montréal;

Instrument de chargement:
Un instrument de chargement se compose d'un ordinateur (matériel informatique) et d'un programme (logiciel) qui offrent la possibilité d'assurer que dans tous les cas de ballastage ou de chargement:

- les valeurs maximales admissibles en matière de résistance longitudinale et de tirant d'eau ne sont pas dépassées; et

- la stabilité du bateau est conforme aux prescriptions applicables au bateau. La stabilité à l'état intact et la stabilité après avarie doivent être calculées à cet effet.

---

[7] *Les lettres CEI/EN signifient: la norme est disponible à la fois en tant que norme CEI et en tant que norme EN.*
[1] *Journal officiel de l'Union européenne No L 96 du 29 mars 2014, p. 309.*
[5] *http://iecex.com/rules.*
[6] *A Common Regulatory Framework for Equipment Used in Environments with an Explosive Atmosphere, United Nations 2011.*

ISO (Norme):
une norme internationale publiée par l'Organisation internationale de normalisation (ISO), (ISO, 1 rue de Varembé, CH-1204, Genève 20);

J

Jerricane:
voir *Bidon;*

K

L

LIE:
voir *Limite inférieure d'explosivité;*

Limite inférieure d'explosivité (LIE):
concentration la plus faible de la plage d'explosivité à laquelle peut se produire une explosion;

Limite supérieure d'explosivité (LSE):
concentration la plus forte de la plage d'explosivité à laquelle peut se produire une explosion;

Liquide:
une matière qui, à 50 °C, a une tension de vapeur d'au plus 300 kPa (3 bar) et, n'étant pas complètement gazeuse à 20 °C et 101,3 kPa, qui

a)   a un point de fusion ou un point de fusion initial égal ou inférieur à 20 °C à une pression de 101,3 kPa; ou

b)   est liquide selon la méthode d'épreuve ASTM D 4359-90; ou

c)   n'est pas pâteuse selon les critères applicables à l'épreuve de détermination de la fluidité (épreuve du pénétromètre) décrite au 2.3.4;

NOTA: *Est considéré comme transport à l'état liquide au sens des prescriptions pour les citernes:*

–   *le transport de liquides selon la définition ci-dessus;*

–   *le transport de matières solides remises au transport à l'état fondu;*

Local de service:
un local accessible pendant le service, qui ne fait partie ni des logements ni d'une citerne à cargaison, à l'exception du coqueron avant et du coqueron arrière, pour autant qu'aucun équipement n'y a été installé;

Logements:
les locaux destinés aux personnes vivant normalement à bord, y compris les cuisines, les locaux à provisions, les W.-C., les lavabos, les salles de bains, les buanderies, les vestibules, les couloirs, etc., mais à l'exclusion de la timonerie;

LSE:
voir *Limite supérieure d'explosivité;*

Lumière non protégée:
une lumière générée par une flamme qui n'est pas enfermée dans une enveloppe de protection contre les explosions;

Lunettes de protection, masques de protection:
des lunettes ou une protection de visage qui protègent les yeux ou le visage du porteur lors de travaux dans une zone de danger. Le choix des lunettes ou des masques appropriés doit correspondre aux dangers susceptibles de survenir. Pour les lunettes ou les masques de protection voir par exemple la norme européenne EN 166:2001;

M

Manuel d'épreuves et de critères:
la septième édition révisée de la publication des Nations Unies intitulée " *Manuel d'épreuves et de critères"* (ST/SG/AC.10/11/Rev.7);

Marchandises dangereuses:
les matières et objets dont le transport est interdit selon l'ADN ou autorisé uniquement dans les conditions qui y sont prévues;

Masse brute maximale admissible:

a)   (pour les GRV), la somme de la masse du GRV et de tout équipement de service ou de structure et de la masse nette maximale;

b)   (pour les citernes), la tare de la citerne et le plus lourd chargement dont le transport est autorisé;

NOTA: *Pour les citernes mobiles, voir chapitre 6.7 de l'ADR;*

Masse d'un colis:
sauf indication contraire, la masse brute du colis. La masse des conteneurs et des citernes, des véhicules et des wagons utilisés pour le transport des marchandises n'est pas comprise dans les masses brutes;

Masse nette de matières explosibles:
la masse totale des matières explosibles, sans emballages, enveloppes, etc. (Les termes *"quantité nette de matières explosibles"*, *"contenu net de matières explosibles"*, *"poids net de matières explosibles"* ou *"masse nette en kilogrammes des contenus de matières explosibles"* sont souvent utilisés dans le même sens.);

Masse nette maximale:
la masse nette maximale du contenu d'un emballage unique ou masse combinée maximale des emballages intérieurs et de leur contenu, exprimée en kilogrammes;

Masse volumique:
la masse volumique est indiquée en kg/m^3. En cas de répétition seul le nombre est indiqué;

Matériel animal:
des carcasses d'animaux, des parties de corps d'animaux ou des denrées alimentaires ou des aliments d'origine animale;

Matériel électrique protégé contre les jets d'eau:
un matériel construit de telle façon que l'eau projetée à l'aide d'une lance dans n'importe quelle direction n'ait pas d'effet nuisible. Les conditions d'essai sont spécifiées dans la publication 60529 de la CEI, type de protection minimum IP55;

Matières plastiques recyclées:
des matières récupérées à partir d'emballages industriels usagés qui ont été nettoyés et préparés pour être transformés en emballages neufs;

MEMU:
voir Unité mobile de fabrication d'explosifs;

Modèle:

pour le transport des matières radioactives, la description d'une matière fissile exceptée en vertu du 2.2.7.2.3.5 f), d'une matière radioactive sous forme spéciale, d'une matière radioactive faiblement dispersable, d'un colis ou d'un emballage qui permet d'identifier l'article avec précision. La description peut comporter des spécifications, des plans, des rapports de conformité aux prescriptions réglementaires et d'autres documents pertinents;

Moteur pile à combustible:

un dispositif utilisé pour faire fonctionner un équipement et consistant en une pile à combustible et sa réserve de carburant, intégrée avec la pile à combustible ou séparée, et comprenant tous les accessoires nécessaires pour remplir sa fonction;

Moyen d'évacuation:

tout moyen permettant aux personnes de se mettre en sécurité en cas de danger comme suit.

Les dangers à prendre en compte sont les suivants:

-   Pour les matières de la classe 3 du groupe d'emballage III, relevant du No. ONU 1202, deuxième et troisième rubriques, ainsi que pour les classes 4.1, 8 et 9 à bord des bateaux-citernes: fuite au niveau de la traverse de chargement ou collecteur de déchargement;

-   Pour les autres matières de la classe 3 et de la classe 2 ainsi que pour les matières inflammables de la classe 8 à bord des bateaux-citernes: incendie dans la zone de la traverse de chargement ou collecteur de déchargement sur le pont et liquide enflammé sur l'eau;

-   Pour les matières de la classe 5.1 à bord des bateaux-citernes: la combinaison de matières comburantes et de liquides inflammables peut provoquer une explosion;

-   Pour les matières de la classe 6.1 à bord des bateaux-citernes: présence, au vent, de gaz toxiques autour de la traverse de chargement ou collecteur de déchargement;

-   Pour les matières dangereuses à bord des bateaux à cargaison sèche: dangers émanant des marchandises présentes dans les cales;

Moyen de transport:

pour le transport par voie navigable, un moyen de transport désigne un bateau, une cale ou une zone réservée du pont d'un bateau; pour le transport routier ou ferroviaire, ce terme désigne un véhicule ou un wagon;

N

Niveau de protection des équipements (EPL[2] (voir CEI 60079-0)):
niveau de protection attribué à l'équipement en fonction de la probabilité qu'il devienne une source d'inflammation.

EPL "Ga":

Équipements à "très haut" niveau de protection. Ils correspondent à la catégorie d'appareils 1 selon la directive 2014/34/UE[1].

Les équipements qui présentent le niveau de protection des équipements "Ga" conviennent pour une utilisation dans les zones 0, 1 et 2.

---

[2]   *Les lettres EPL signifient: Equipment Protection Level.*
[1]   *Journal officiel de l'Union européenne No L 96 du 29 mars 2014, p. 309.*

EPL "Gb":

Équipements à "haut" niveau de protection. Ils correspondent à la catégorie d'appareils 2 selon la directive 2014/34/UE[1].

Les équipements qui présentent le niveau de protection des équipements "Gb" conviennent pour une utilisation dans les zones 1 et 2.

EPL "Gc":

Équipements à niveau de protection "renforcé". Ils correspondent à la catégorie d'appareils 3 selon la directive 2014/34/UE[1].

Les équipements qui présentent le niveau de protection des équipements "Gc" conviennent pour une utilisation dans la zone 2;

Nom technique:
un nom chimique reconnu, le cas échéant un nom biologique reconnu, ou un autre nom utilisé couramment dans les manuels, les revues et les textes scientifiques et techniques (voir 3.1.2.8.1.1);

N.S.A.:
voir *Rubrique n.s.a.;*

Numéro d'identification:
le numéro d'identification d'une matière à laquelle un No ONU n'est pas attribué ou qui ne peut pas être classée sous une rubrique collective portant un No ONU.

Ces numéros à quatre chiffres commencent par le chiffre 9;

Numéro ONU ou *No ONU:*
le numéro d'identification à quatre chiffres des matières ou objets extrait du Règlement Type de l'ONU;

O

OACI:
l'Organisation de l'aviation civile internationale, (OACI, 999 University Street, Montréal, Québec H3C 5H7, Canada)

OMI:
l'Organisation maritime internationale, (OMI, 4 Albert Embankment, Londres SE1 7SR, Royaume-Uni);

Orifice de jaugeage:
un orifice de la citerne à restes de cargaison pouvant être fermé et d'un diamètre de 0,10 m au maximum. L'orifice de jaugeage doit être conçu de manière à ce que le degré de remplissage puisse être mesuré au moyen d'une perche à sonder;

Orifice de prise d'échantillon:
un orifice de la citerne à cargaison pouvant être fermé et d'un diamètre de 0,30 m au maximum. Lorsque la liste des matières du bateau selon 1.16.1.2.5 contient des matières pour lesquelles la protection contre les explosions est exigée selon la colonne (17) du tableau C du chapitre 3.2, il doit être conçu pour résister à la déflagration et au feu continu pour la matière la plus critique de la liste des matières du bateau, permettre une durée d'ouverture aussi courte

---

[1]   *Journal officiel de l'Union européenne No L 96 du 29 mars 2014, p. 309.*

que possible et être conçu de manière à ne pas pouvoir rester ouvert sans intervention extérieure.

La résistance à la déflagration doit être éprouvée conformément à la norme ISO 16852:2016[4] et la preuve de sa conformité aux exigences applicables doit être apportée (par ex. procédure d'évaluation de la conformité au sens de la directive 2014/34/UE[1], le système IECEx[5] ou le document ECE/TRADE/391[6] ou au moins l'équivalent). La résistance à la déflagration peut être assurée par un élément coupe-flammes intégré résistant au feu continu ou un coupe-flammes résistant au feu continu (protection contre les déflagrations);

OTIF:
l'Organisation intergouvernementale pour les transports internationaux ferroviaires (OTIF Gryphenhübeliweg 30, CH-3006 Berne);

Oxygène-mètre:
un appareil portatif permettant de mesurer toute diminution significative de la teneur en oxygène de l'air. Un oxygène-mètre peut soit être un dispositif individuel, soit faire partie d'un dispositif de mesure combiné utilisable à la fois pour l'oxygène et les gaz inflammables. L'équipement doit être conçu de manière à ce que les mesures puissent également être effectuées sans qu'il soit nécessaire de pénétrer dans les locaux à contrôler. Il doit être éprouvé selon la norme CEI/EN[7] 50104:2010. S'il est utilisé dans des zones de risque d'explosion, il doit en outre satisfaire aux exigences pour une utilisation dans la zone concernée et la preuve de sa conformité aux exigences applicables doit être apportée (par ex. procédure d'évaluation de la conformité au sens de la directive 2014/34/UE[1], le système IECEx[5], ou le document ECE/TRADE/391[6] ou au moins l'équivalent);

P

Petit conteneur:
voir Conteneur;

Pile à combustible:
un dispositif électrochimique convertissant l'énergie chimique d'un carburant en énergie électrique, chaleur et produits de réaction;

Plage d'explosivité:
la plage de concentration dans l'air d'une matière ou d'un mélange de matières inflammables, à l'intérieur de laquelle peut se produire une explosion, ou la plage de concentration dans l'air ou dans un gaz inerte d'une matière ou d'un mélange de matières inflammables, à l'intérieur de laquelle peut se produire une explosion, cette plage étant définie dans des conditions d'essai précises;

Plan de sécurité en cas d'avarie:
le plan de sécurité en cas d'avarie reproduit le compartimentage étanche à l'eau servant de base au calcul de stabilité en cas de voie d'eau, les indications relatives aux dispositifs d'équilibrage en cas de gîte résultant d'un envahissement d'eau ainsi que tous les dispositifs de fermeture qui doivent être tenus fermés pendant la navigation;

Plateau (classe 1):
une feuille en métal, en plastique, en carton ou en tout autre matériau convenable, placé dans les emballages intérieurs, intermédiaires ou extérieurs et qui permet un rangement serré dans

---

[4]   *Identique à EN ISO 16852:2016.*

[1]   *Journal officiel de l'Union européenne No L 96 du 29 mars 2014, p. 309.*

[5]   *http://iecex.com/rules*

[6]   *A Common Regulatory Framework for Equipment Used in Environments with an Explosive Atmosphere, United Nations 2011.*

[7]   *Les lettres CEI/EN signifient: la norme est disponible à la fois en tant que norme CEI et en tant que norme EN.*

ces emballages. La surface du plateau peut être façonnée de façon que les emballages ou les objets puissent être insérés, maintenus en sécurité et séparés les uns des autres;

Point d'éclair (Pe):
la température la plus basse d'un liquide à laquelle ses vapeurs forment avec l'air un mélange inflammable;

Possibilité de chauffage de la cargaison:
une installation de chauffage de la cargaison dans les citernes à cargaison à l'aide d'un calorifuge. Le chauffage du calorifuge peut avoir lieu au moyen d'une chaudière à bord du bateau-citerne (installation de chauffage de la cargaison conforme au 9.3.2.42 ou 9.3.3.42) ou à partir de la terre;

Première cote:
la première cote est affectée à un bateau dont:

–   la coque, y compris l'appareil à gouverner et l'équipement de manœuvre ainsi que les ancres et les chaînons d'ancre sont conformes aux règles et règlements établis par une société de classification agréée et a été construite et éprouvée sous son contrôle;

–   l'appareil de propulsion ainsi que les machines auxiliaires, l'équipement mécanique et électrique, nécessaires aux services à bord, ont été fabriqués et éprouvés conformément aux règles de la société de classification et ont été installés sous son contrôle; l'unité dans son ensemble aura subi avec succès un essai après installation;

Pressions:
pour les citernes, toutes les pressions (par exemple pression de service, pression d'ouverture des soupapes de dégagement à grande vitesse, pression d'épreuve) sont données en kPa (bar) de pression manométrique, la pression de vapeur des matières étant toutefois donnée en kPa (bar) de pression absolue;

Pression de conception:
la pression sur la base de laquelle la citerne à cargaison ou la citerne pour restes de cargaison a été conçue et réalisée;

Pression d'épreuve:
la pression à laquelle une citerne à cargaison, une citerne pour restes de cargaison, un cofferdam ou les tuyauteries de chargement et de déchargement doivent être éprouvés avant la première mise en service et régulièrement dans les délais prescrits;

Pression d'ouverture:
la pression mentionnée à la colonne (10) du tableau C du chapitre 3.2 à laquelle les soupapes de surpression/soupapes de dégagement à grande vitesse s'ouvrent. Pour les citernes à pression la pression d'ouverture de la soupape de sûreté doit être fixée conformément aux prescriptions de l'autorité compétente ou d'une société de classification agréée;

Pression de remplissage:
la pression maximale effectivement développée dans la citerne lors du remplissage sous pression;

Pression de service:
la pression stabilisée d'un gaz comprimé à la température de référence de 15 °C dans un récipient à pression plein;

NOTA: *Pour les citernes, voir Pression maximale de service;*

Pression d'utilisation normale maximale:
pour le transport des matières radioactives, la pression maximale au-dessus de la pression atmosphérique au niveau moyen de la mer qui serait atteinte à l'intérieur de l'enveloppe de confinement au cours d'une année dans les conditions de température et de rayonnement solaire correspondant aux conditions environnementales en l'absence d'aération, de refroidissement extérieur au moyen d'un système auxiliaire ou d'opérations prescrites pendant le transport;

Pression maximale de service:
la pression maximale survenant dans une citerne à cargaison ou une citerne pour restes de cargaison, lors de l'exploitation. Cette pression est égale à la pression d'ouverture des soupapes de dégagement à grande vitesse ou des soupapes de surpression;

Pression stabilisée:
La pression atteinte par le contenu d'un récipient à pression en équilibre thermique et de diffusion;

Protection contre les explosions:
l'ensemble des exigences à remplir et des mesures à prendre pour prévenir les dommages occasionnés par des explosions.

En font partie:

Des mesures organisationnelles telles que par exemple:

a) Détermination des zones de risque d'explosion (classement en zones) dans lesquelles une atmosphère explosive consistant en un mélange avec l'air de gaz, vapeurs ou brouillards inflammables est susceptible de se former:

(i) En permanence, pendant de longues périodes ou fréquemment (zone 0);

(ii) Occasionnellement en fonctionnement normal (zone 1); ou

(iii) Exceptionnellement ou que brièvement (zone 2);

(voir la directive 1999/92/CE[3])

b) Mesures pour éviter les sources d'inflammation (emploi d'outils à main produisant peu d'étincelles, interdiction de fumer, utilisation d'équipements de protection individuelle tels que des chaussures dissipatrices, des gants non isolants, etc.);

c) Élaboration d'instructions de travail.

Et des exigences techniques telles que par exemple:

a) Utilisation d'installations et d'équipements dont il est prouvé qu'ils conviennent pour une utilisation dans les différentes zones de risque d'explosion;

b) Utilisation de systèmes de protection autonomes;

c) Surveillance de l'atmosphère potentiellement explosive au moyen d'installations de détection de gaz et de détecteurs de gaz inflammables;

---

[3] *Journal officiel des Communautés européennes No L 23 du 28 janvier 2000, p. 57.*

R

Raccord de tuyau:
tout raccordement ou élément de connexion d'un tuyau.

Réaction dangereuse:

a) une combustion ou un dégagement de chaleur considérable;

b) l'émanation de gaz inflammables, asphyxiants, comburants ou toxiques;

c) la formation de matières corrosives;

d) la formation de matières instables;

e) une élévation dangereuse de la pression (pour les citernes et les citernes à cargaison seulement);

Récipient:
une enceinte de rétention destinée à recevoir ou à contenir des matières ou objets, y compris les moyens de fermeture quels qu'ils soient. Cette définition ne s'applique pas aux réservoirs;

Récipient (pour la classe 1):
une caisse, une bouteille, une boîte, un fût, une jarre ou un tube ainsi que leurs moyens de fermeture quelle qu'en soit la nature, utilisé en tant qu'emballage intérieur ou intermédiaire;

Récipient à pression:
un terme générique pour une bouteille, un tube, un fût à pression, un récipient cryogénique fermé, un dispositif de stockage à hydrure métallique, un cadre de bouteilles ou un récipient à pression de secours;

Récipient à pression de secours:
un récipient à pression d'une contenance en eau ne dépassant pas 3 000 litres dans lequel un ou des récipients à pression endommagés, défectueux, présentant des fuites ou non conformes sont placés pour le transport en vue de leur récupération ou de leur élimination par exemple;

Récipient cryogénique:
un récipient transportable isolé thermiquement pour le transport de gaz liquéfiés réfrigérés, d'une contenance en eau ne dépassant pas 1 000 *l;*

Récipient cryogénique ouvert:
un récipient transportable isolé thermiquement pour le transport de gaz liquéfiés réfrigérés, maintenu à la pression atmosphérique par ventilation continue du gaz liquéfié réfrigéré;

Récipient de faible capacité contenant du gaz (cartouche à gaz):
un récipient non rechargeable ayant une capacité en eau ne dépassant pas 1 000 ml pour les récipients en métal et ne dépassant pas 500 ml pour les récipients en matériaux synthétique ou en verre, contenant, sous pression, un gaz ou un mélange de gaz. Il peut être muni d'une valve;

Récipient intérieur rigide (pour les GRV composites):
un récipient qui conserve sa forme générale lorsqu'il est vide sans que les fermetures soient en place et sans le soutien de l'enveloppe extérieure. Tout récipient intérieur qui n'est pas rigide est considéré comme souple;

Récipient intérieur:
un récipient qui doit être muni d'un emballage extérieur pour remplir sa fonction de rétention;

Récipient pour produits résiduaires:
un grand récipient pour vracs (GRV), un conteneur-citerne ou une citerne mobile destiné à recueillir des cargaisons restantes, des eaux de lavage, des résidus de cargaison ou des slops pompables. Les récipients doivent être agréés conformément à l'ADR, au RID ou au Code IMDG et être admis pour le produit concerné. La contenance maximale admissible de grands récipients pour vrac est de 3 m³, celle de conteneurs-citerne ou de citernes mobiles est de 12 m³;

Récipient pour slops:
un récipient résistant au feu et pouvant être fermé par un couvercle, destiné à recueillir des slops non pompables. Les récipients doivent être agréés conformément à l'ADR, au RID ou au Code IMDG et être admis pour le produit concerné. La contenance maximale admissible est de 450 l. Il doit être facile à manipuler et porter la mention "SLOP" (hauteur des caractères: 0,10 m);

Recueil IBC:
le Recueil international de règles relatives à la construction et à l'équipement des navires transportant des produits chimiques dangereux en vrac de l'Organisation maritime internationale (OMI);

Refuge:
module (fixe ou flottant) facile d'accès, identifiable, désigné et capable de protéger toutes les personnes à bord contre les dangers identifiés liés à la cargaison pendant au moins soixante minutes au cours desquelles il est possible d'entrer en communication avec les services d'urgence et de secours. Un refuge peut être intégré à la timonerie ou aux logements. Il peut être évacué pendant un incident. La présence d'un refuge à bord n'est pas acceptable en cas de risque avéré d'explosion. Un refuge à bord et un refuge flottant en dehors du bateau sont homologués par une société de classification agréée. À terre, un refuge est construit selon les lois locales;

Règlement de transport des matières radioactives de l'AIEA:
l'une des éditions de ce Règlement, comme suit:

a)   Pour les éditions de 1985 et de 1985 (telle que modifiée en 1990): No 6 de la Collection Sécurité de l'AIEA;

b)   Pour l'édition de 1996: No. ST-1 de la Collection des Normes de Sûreté de l'AIEA;

c)   Pour l'édition de 1996 (révisée): No. TS-R-1 (ST-1, révisée) de la Collection des Normes de Sûreté de l'AIEA;

d)   Pour les éditions de 1996 (telle que modifiée en 2003), 2005 et 2009: No. TS-R-1 (ST-1, révisée) de la Collection des Normes de Sûreté de l'AIEA;

e)   Pour l'édition de 2012: No. SSR-6 de la Collection des Normes de Sûreté de l'AIEA;

f)   Pour l'édition de 2018: No. SSR–6 (Rev.1) de la Collection des Normes de Sûreté de l'AIEA;

Règlement ONU:
un Règlement annexé à l'Accord concernant l'adoption de prescriptions techniques uniformes applicables aux véhicules à roues, aux équipements et aux pièces susceptibles d'être montés ou utilisés sur un véhicule à roues et les conditions de reconnaissance réciproque des homologations délivrées conformément à ces prescriptions (Accord de 1958, tel que modifié);

Règlement type de l'ONU:
le Règlement type annexé à la vingt-et-unièmeédition révisée des Recommandations relatives au transport de marchandises dangereuses publiée par l'Organisation des Nations Unies (ST/SG/AC.10/1/Rev.21);

Règlementation internationale:
l'ADR, le Code IMSBC, les Instructions techniques de l'OACI, le Code IMDG ou le RID;

Remplisseur:
l'entreprise:

a)   qui remplit les marchandises dangereuses dans une citerne (véhicule-citerne, wagon-citerne, citerne démontable, citerne-amovible, citerne mobile, conteneur-citerne) ou dans un véhicule-batterie, wagon-batterie ou CGEM; ou

b)   qui remplit les marchandises dangereuses dans une citerne à cargaison; ou

c)   qui remplit les marchandises dangereuses dans un bateau, un véhicule, un wagon, un grand conteneur ou petit conteneur pour vrac;

Résidus de cargaison:
cargaison liquide qui ne peut être évacuée des citernes à cargaison ou des tuyauteries par le système d'assèchement;

Revêtement protecteur (pour les citernes):
revêtement ou doublure protégeant le matériau métallique de la citerne des matières à transporter;

NOTA: *Cette définition ne s'applique pas au revêtement servant uniquement à protéger la matière à transporter.*

RID:
le Règlement concernant le transport international ferroviaire des marchandises dangereuses, appendice C de la COTIF (Convention relative aux transports internationaux ferroviaires);

Rubrique collective:
un groupe défini de matières ou d'objets (voir 2.1.1.2, B, C et D);

Rubrique n.s.a. (non spécifié par ailleurs):
une rubrique collective à laquelle peuvent être affectés des matières, mélanges, solutions ou objets, qui:

a)   ne sont pas nommément mentionnés au tableau A du Chapitre 3.2; et

b)   présentent des propriétés chimiques, physiques ou dangereuses qui correspondent à la classe, au code de classification, au groupe d'emballage et au nom et à la description de la rubrique n.s.a.;

S

Sac:
emballage souple en papier, film de matière plastique, textile, matériau tissé ou autre matériau approprié;

SGH:
le Système Général Harmonisé de classification et d'étiquetage des produits chimiques, huitième édition révisée, publié par l'Organisation des Nations Unies sous la cote ST/SG/AC.10/30/Rev.8;

Slops:
mélange de résidus de cargaison, avec des restes d'eau de lavage, de la rouille ou de la boue, apte ou non à être pompé;

Société de classification agréée:
une société de classification agréée par les autorités compétentes conformément aux dispositions du chapitre 1.15;

SOLAS:
la Convention internationale pour la sauvegarde de la vie humaine en mer de 1974 telle que modifiée;

Solide:

a)   une matière dont le point de fusion ou le point de fusion initial est supérieur à 20 °C à une pression de 101,3 kPa, ou

b)   une matière qui n'est pas liquide selon la méthode d'épreuve ASTM D 4359-90 ou qui est pâteuse selon les critères applicables à l'épreuve de détermination de la fluidité (épreuve du pénétromètre) décrite sous 2.3.4;

Soupape de dégagement à grande vitesse:
une soupape de surpression conçue pour avoir des vitesses de débit nominal supérieures à la vitesse de propagation de flamme d'un mélange explosif, empêchant ainsi le retour de flamme. Lorsque la liste des matières du bateau selon 1.16.1.2.5 contient des matières pour lesquelles la protection contre les explosions est exigée selon la colonne (17) du tableau C du chapitre 3.2, une telle installation doit être éprouvée selon la norme ISO 16852:2016[4] et la preuve de sa conformité aux exigences applicables doit être apportée (par ex. procédure d'évaluation de la conformité au sens de la directive 2014/34/UE[1], le système IECEx[5] ou le document ECE/TRADE/391[6] ou au moins l'équivalent);

Soupape de dépression:
une soupape de sécurité fonctionnant automatiquement pour protéger la citerne à cargaison contre une dépression intérieure inadmissible. Lorsque la liste des matières du bateau selon 1.16.1.2.5 contient des matières pour lesquelles la protection contre les explosions est exigée selon la colonne (17) du tableau C du chapitre 3.2, elle doit résister à la déflagration due à une explosion atmosphérique pour la matière la plus critique de la liste des matières du bateau. La résistance à la déflagration doit être éprouvée conformément à la norme ISO 16852:2016[4] et la preuve de sa conformité aux exigences applicables doit être apportée (par ex. procédure d'évaluation de la conformité au sens de la directive 2014/34/UE[1], le système IECEx[5] ou le document ECE/TRADE/391[6] ou au moins l'équivalent). La résistance à la déflagration peut être assurée par un élément coupe-flammes intégré ou un coupe-flammes (protection contre les déflagrations);

Soupape de sécurité:
un dispositif à ressort sensible à la pression fonctionnant automatiquement, pour protéger la citerne à cargaison contre une surpression intérieure ou une dépression intérieure inadmissible (voir aussi *Soupape de surpression*, *Soupape de dégagement à grande vitesse* et *Soupape de dépression*);

---

[4]   *Identique à EN ISO 16852:2016.*

[1]   *Journal officiel de l'Union européenne No L 96 du 29 mars 2014, p. 309.*

[5]   *http://iecex.com/rules*

[6]   *A Common Regulatory Framework for Equipment Used in Environments with an Explosive Atmosphere, United Nations 2011.*

Soupape de surpression:
une soupape de sécurité fonctionnant automatiquement, pour protéger la citerne à cargaison contre une surpression intérieure inadmissible;

Station de réception:
une installation fixe ou mobile destinée à recueillir les gaz et les vapeurs pendant le dégazage des citernes à cargaison vides ou déchargées et des tuyauteries de chargement et de déchargement;

STCW:
Convention internationale sur les normes de formation des gens de mer, de délivrance des brevets et de veille de 1978, telle que modifiée;

Suremballage:
une enveloppe utilisée (dans le cas des matières radioactives, par un même expéditeur) pour contenir un ou plusieurs colis et en faire une unité plus facile à manutentionner et à arrimer au cours du transport.

Exemples de suremballages:

a)   un plateau de chargement, tel qu'une palette sur laquelle plusieurs colis sont placés ou gerbés et assujettis par une bande de plastique, une housse de film rétractable ou étirable ou par d'autres moyens adéquats; ou

b)   un emballage extérieur de protection tel qu'une caisse ou une harasse;

Sur le territoire:
pour le transport des matières radioactives, le territoire des pays à travers ou dans lesquels un envoi est transporté, à l'exclusion expresse de leurs espaces aériens dans lesquels un envoi peut être transporté, à condition qu'aucune escale ne soit prévue dans ces pays;

Système d'assèchement:
un système selon l'Appendice II de la CDNI permettant de vider aussi complètement que possible les citernes à cargaison et les tuyauteries à cargaison sauf pour ce qui est des résidus de cargaison;

Système de détection des rayonnements:
un appareil qui contient des détecteurs de rayonnement comme composants;

Système d'isolement:
pour le transport des matières radioactives, l'assemblage des composants de l'emballage et des matières fissiles spécifié par le concepteur et approuvé ou agréé par l'autorité compétente pour assurer la sûreté-criticité;

Système de management:
pour le transport des matières radioactives, un ensemble d'éléments interdépendants ou interactifs (système) qui sert à définir les politiques et les objectifs et permet d'atteindre les objectifs de façon efficiente et efficace;

Systèmes de protection autonomes:
tous les dispositifs dont la fonction est d'arrêter immédiatement les explosions naissantes et/ou de limiter la zone affectée par une explosion et qui sont mis à disposition séparément sur le marché comme systèmes autonomes. En font partie les coupe-flammes, soupapes de dégagement à grande vitesse, soupapes de dépression résistant à une déflagration et les dispositifs de décompression en toute sécurité des citernes à cargaison résistant à une déflagration (voir aussi, Coupe-flammes, Soupape de dégagement à grande vitesse, Soupape de dépression, Dispositif de décompression en toute sécurité des citernes à cargaison et Déflagration);

T

Taux de remplissage:
le rapport entre la masse de gaz et la masse d'eau à 15 °C qui remplirait intégralement un réservoir à pression prêt à l'emploi (capacité);

Taux de remplissage (citerne à cargaison):
lorsqu'un taux de remplissage est indiqué pour une citerne à cargaison, il désigne le pourcentage du volume de la citerne à cargaison qui peut être rempli de liquide lors du chargement;

TDAA:
voir *Température de décomposition auto-accélérée;*

Température critique:

a)   la température à laquelle des procédures doivent être mises en œuvre lorsqu'il y a défaillance du système de régulation de température; ou

b)   (au sens des dispositions relatives au gaz), la température au-dessus de laquelle une matière ne peut pas exister à l'état liquide;

Température d'auto-inflammation (EN 13237:2011):
la température la plus basse déterminée sous des conditions d'épreuve prescrites, d'une surface chaude à laquelle a lieu l'inflammation d'une matière inflammable sous forme de mélange gaz/air ou vapeur/air;

Température de décomposition auto-accélérée (TDAA):
la température la plus basse à laquelle une décomposition auto-accélérée peut se produire dans une matière dans l'emballage, le GRV ou la citerne servant au transport. Elle s'obtient en appliquant les procédures d'épreuve indiquées à la section 28 de la deuxième partie du Manuel d'épreuves et de critères;

Température de polymérisation auto-accélérée (TPAA):
la température la plus basse à laquelle une polymérisation auto-accélérée peut se produire pour une matière dans l'emballage, le GRV ou la citerne tel que remis au transport. Elle s'obtient en appliquant les mêmes procédures d'épreuve que pour déterminer la température de décomposition auto-accélérée des matières autoréactives, conformément à la section 28 de la deuxième partie du Manuel d'épreuves et de critères.

Température de régulation:
la température maximale à laquelle un peroxyde organique, une matière auto-réactive ou une matière qui polymérise peut être transporté en sécurité;

Temps de retenue:
le temps qui s'écoule entre le moment où la citerne atteint son état de remplissage initial et le moment où la pression atteint, sous l'effet du flux de chaleur, la pression minimum assignée aux limiteurs de pression dans les citernes servant au transport de gaz liquéfiés réfrigérés.

NOTA: Pour les citernes mobiles, voir la sous-section 6.7.4.1 de l'ADR.

Tonneau en bois:
un emballage en bois naturel, de section circulaire, à paroi bombée, constitué de douves et de fonds et muni de cercles;

Toximètre:
un appareil portable ou transportable permettant de mesurer toute concentration significative de gaz et de vapeurs toxiques. Le toximètre doit être conforme aux normes

EN 45544-1:2015, EN 45544-2:2015, EN 45544-3:2015 et EN 45544-4:2016, ou à la norme ISO 17621:2015.

Si cet appareil est utilisé dans des zones de danger d'explosion, il faut aussi qu'il se prête à l'utilisation dans de telles zones et l'application des prescriptions pertinentes doit être prouvée (notamment la procédure d'évaluation de la conformité prévue dans la directive 2014/34/UE[1], le système IECEx[5], dans le document ECE/TRADE/391[6] ou dans un document au moins équivalent).

Cet appareil doit être conçu de manière à ce que les mesures puissent également être effectuées sans qu'il soit nécessaire de pénétrer dans les locaux à contrôler;

TPAA:
voir *Température de polymérisation auto-accélérée*

Transport:
le changement de lieu des marchandises dangereuses, y compris les arrêts nécessités par les conditions de transport et y compris le séjour des marchandises dangereuses dans les bateaux, véhicules, wagons, citernes et conteneurs nécessités par les conditions de trafic avant, pendant et après le changement de lieu.

La présente définition englobe également le séjour temporaire intermédiaire des marchandises dangereuses aux fins de changement de mode ou de moyen de transport (transbordement). Cela s'applique à condition que les documents de transport desquels ressortent le lieu d'envoi et le lieu de réception soient présentés sur demande et à condition que les colis et les citernes ne soient pas ouverts pendant le séjour intermédiaire, excepté aux fins de contrôle par les autorités compétentes;

Transport en vrac:
le transport d'une matière solide sans emballage, pouvant être déversée;

NOTA: *Au sens de l'ADN, le transport en vrac visé dans l'ADR ou dans le RID est considéré comme transport en colis;*

Transporteur:
l'entreprise qui effectue le transport avec ou sans contrat de transport;

Treuil de sauvetage:
un dispositif permettant de remonter une personne se trouvant dans une citerne à cargaison, un cofferdam ou un espace de double coque. L'appareil doit pouvoir être actionné par une seule personne;

Tube:
un récipient à pression transportable, sans soudure ou de construction composite d'une contenance en eau supérieure à 150 *l* mais ne dépassant pas 3 000 *l;*

Tuyau flexible:
tout produit flexible, tubulaire et semi-fini en élastomère, en résine thermoplastique ou en acier inoxydable, comprenant un ou plusieurs revêtements et des garnitures;

---

[1] *Journal officiel de l'Union européenne No L 96 du 29 mars 2014, p. 309.*
[5] *http://iecex.com/rules*
[6] *A Common Regulatory Framework for Equipment Used in Environments with an Explosive Atmosphere, United Nations 2011.*

Tuyauteries de chargement et de déchargement (tuyauteries à cargaison):
toutes les tuyauteries dans lesquelles peut se trouver la cargaison liquide ou gazeuse, y compris les tuyauteries rigides, les tuyauteries flexibles, pompes, filtres et dispositifs de fermeture correspondants;

Tuyauterie flexible:
tout tuyau flexible rattaché à ses deux extrémités, notamment au moyen de soudures, à des raccords de tuyaux; les raccords de tuyaux doivent être assemblés de manière qu'ils ne puissent être desserrés qu'à l'aide d'un outil;

Types de bateaux:

Type G: un bateau-citerne destiné au transport de gaz sous pression ou à l'état réfrigéré;

Type C: un bateau-citerne destiné au transport de liquides.

   Le bateau doit être construit avec un pont plat et une coque en enveloppe double, c'est-à-dire à double-muraille et double-fond et sans trunk. Les citernes à cargaison peuvent être constituées par la paroi intérieure de la double coque du bateau ou être installées dans les cales en tant que citernes indépendantes;

Type N: un bateau-citerne destiné au transport de liquides;

Type N fermé: un bateau-citerne destiné au transport de liquides dans des citernes à cargaison fermées;

Type N ouvert: un bateau-citerne destiné au transport de liquides dans des citernes à cargaison ouverte;

Type N ouvert avec coupe-flammes: un bateau-citerne destiné au transport de liquides dans des citernes à cargaison ouvertes dont les orifices vers l'atmosphère sont munis de coupe-flammes résistant à un feu continu;

Schémas (à titres d'exemples)

Type G:

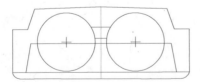

Type G   Conception des citernes à
           cargaison 1,
Type des citernes à cargaison 1
(également en cas de pont plat)

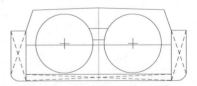

Type G   Conception des citernes à
           cargaison 1,
Type des citernes à cargaison 1
(également en cas de pont plat)

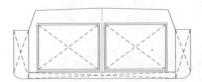

Type G   Conception des citernes à,
           cargaison 2
Type des citernes à cargaison 1
(également en cas de pont plat)

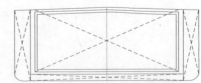

Type G   Conception des citernes à
           à cargaison 2
Type des citernes à cargaison 4

-58-

Type C:

Type C   Conception des citernes
        à cargaison 2,
Type des citernes à cargaison 2

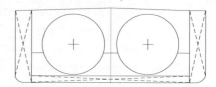

Type C   Conception des citernes à
        cargaison 1,
Type des citernes à cargaison 1

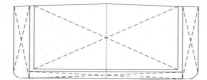

Type C   Conception des citernes à cargaison 2
        Type des citernes à cargaison 1

Type N:

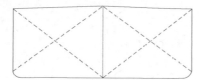

Type N   Conception des citernes à
        cargaison 2, 3 ou 4
Type des citernes à cargaison 2

Type N   Conception des citernes à
        cargaison 2, 3 ou 4
Type des citernes à cargaison 2

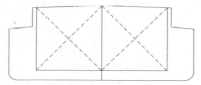

Type N   Conception des citernes à
        cargaison 2, 3 ou 4
Type des citernes à cargaison 1
(également en cas de pont plat)

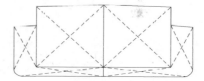

Type N   Conception des citernes à
        cargaison 2, 3 ou 4
Type des citernes à cargaison 3
(également en cas de pont plat)

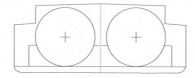

Type N   Conception des citernes à cargaison 2, 3 ou 4
        Type des citernes à cargaison 1
        (également en cas de pont plat)

Types de protection:
Équipements électriques (voir CEI 60079-0:2014 ou au moins l'équivalent);

    EEx (d): enveloppe antidéflagrante (CEI 60079-1:2014 ou au moins l'équivalent);

    EEx (e): sécurité augmentée (CEI 60079-7:2016 ou au moins l'équivalent);

    EEx (ia) et EEx (ib): sécurité intrinsèque (CEI 60079-11:2012 ou au moins l'équivalent);

    EEx (m): encapsulage (CEI 60079-18:2014 ou au moins l'équivalent);

EEx (p): surpression interne (CEI 60079-2:2015 ou au moins l'équivalent);

EEx (q): protection par remplissage pulvérulent (CEI 60079-5:2015 ou au moins l'équivalent);

Équipements non-électriques (voir ISO 80079-36:2016 ou au moins l'équivalent);

EEx (fr): enveloppe à circulation limitée (EN 13463-2:2005 ou au moins l'équivalent);

EEx (d): enveloppe antidéflagrante (EN 13463-3:2005 ou au moins l'équivalent);

EEx (c): sécurité de construction (ISO 80079-37:2016 ou au moins l'équivalent);

EEx (b): contrôle de la source d'inflammation (EN 13463-6:2005 ou au moins l'équivalent);

EEx (k): immersion dans un liquide: (EN 13463-8:2003 ou au moins l'équivalent);

U

UIC:
l'Union Internationale des Chemins de Fer, (UIC, 16 rue Jean Rey, F-75015 Paris, France);

Unité de transport:
un véhicule à moteur auquel n'est attelée aucune remorque ou un ensemble constitué par un véhicule à moteur et la remorque qui y est attelée;

Unité mobile de fabrication d'explosifs (MEMU)[*], une unité, ou un véhicule monté avec une unité, pour la fabrication des explosifs à partir de marchandises dangereuses qui ne sont pas des explosifs et leur chargement dans les trous de mine. L'unité est composée de différents conteneurs pour vrac et citernes et d'équipements pour la fabrication d'explosifs ainsi que de pompes et de leurs accessoires. La MEMU peut comporter des compartiments spéciaux pour des explosifs emballés.

***NOTA:** Même si la définition d'une MEMU contient les mots "pour la fabrication des explosifs et leur chargement dans les trous de mine", les prescriptions pour les MEMU ne s'appliquent qu'au transport et non à la fabrication d'explosifs ou au chargement d'explosifs dans les trous de mine;*

Utilisation exclusive:
pour le transport des matières radioactives, l'utilisation par un seul expéditeur d'un moyen de transport ou d'un grand conteneur, pour laquelle toutes les opérations initiales, intermédiaires et finales de chargement et de déchargement et d'expédition se font conformément aux instructions de l'expéditeur ou du destinataire, lorsque cela est prescrit par l'ADN;

V

Véhicule:
un véhicule visé par la définition du terme "véhicule" dans l'ADR (voir *Véhicule-batterie*, *Véhicule bâché*, *Véhicule couvert*, *Véhicule découvert* et *Véhicule-citerne*);

Véhicule bâché:
un véhicule découvert muni d'une bâche pour protéger la marchandise chargée;

Véhicule-batterie:
un véhicule comprenant des éléments qui sont reliés entre eux par un tuyau collecteur et fixés à demeure à ce véhicule. Les éléments suivants sont considérés comme des éléments d'un véhicule-batterie: les bouteilles, les tubes, les fûts à pression et les cadres de bouteilles ainsi

---

[*] *L'acronyme "MEMU" correspond au terme anglais "Mobile Explosives Manufacturing Unit".*

que les citernes d'une capacité supérieure à 450 litres pour les gaz tels qu'ils sont définis au 2.2.2.1.1;

Véhicule-citerne:
un véhicule construit pour transporter des liquides, des gaz, ou des matières pulvérulentes ou granulaires et comportant une ou plusieurs citernes fixes. Outre le véhicule proprement dit ou les éléments de train roulant en tenant lieu, un véhicule-citerne comprend un ou plusieurs réservoirs, leurs équipements et les pièces de liaison au véhicule ou aux éléments de train roulant;

Véhicule couvert:
un véhicule dont la carrosserie est constituée par une caisse qui peut être fermée;

Véhicule découvert:
un véhicule dont la plate-forme est nue ou munie seulement de ridelles et d'un hayon;

W

Wagon:
un véhicule ferroviaire non pourvu de moyens de traction, apte à circuler sur ses propres roues sur des voies ferrées et destiné à transporter des marchandises (voir aussi *wagon bâché, wagon-batterie, wagon-citerne, wagon couvert et wagon découvert*);

Wagon bâché:
un wagon découvert muni d'une bâche pour protéger la marchandise chargée;

Wagon-batterie:
un wagon comprenant des éléments qui sont reliés entre eux par un tuyau collecteur et fixés à demeure à un wagon. Les éléments suivants sont considérés comme des éléments d'un wagon-batterie: les bouteilles, les tubes, les fûts à pression et les cadres de bouteilles ainsi que les citernes d'une capacité supérieure à 450 litres pour les gaz de la classe 2;

Wagon-citerne:
un wagon utilisé pour le transport de matières liquides, gazeuses, pulvérulentes ou granulaires et comprenant une superstructure, qui comporte une ou plusieurs citernes et leurs équipements, et un châssis muni de ses propres équipements (roulement, suspension, choc, traction, frein et inscriptions);

NOTA: *Les wagons avec citernes amovibles sont considérés également comme des wagons-citernes;*

Wagon couvert:
un wagon à parois et toit fixes ou amovibles;

Wagon découvert:
un wagon avec ou sans parois frontales ou latérales dont la surface de chargement est ouverte;

X

Y

Z

Zone de cargaison:
l'ensemble des espaces suivants à bord de bateaux-citernes:

Espace situé au-dessous du pont:

L'espace situé entre deux plans verticaux perpendiculaires à la ligne centrale du bateau, comprenant les citernes à cargaison, les cales, les cofferdams, les compartiments de double coque et les doubles fonds, ces plans coïncidant normalement avec les cloisons extérieures de cofferdam ou d'extrémité de l'espace de cale.

Espace situé au-dessus du pont: l'espace qui est délimité:

- Dans le sens transversal du bateau, par des plans verticaux correspondant aux bordés,

- Dans le sens longitudinal du bateau, par des plans verticaux, à hauteur des cloisons extérieures de cofferdam /des cloisons d'extrémité de l'espace de cale,

- Dans le sens de la hauteur, par un plan horizontal situé à 2,50 m au-dessus du pont.

Les plans limites dans le sens longitudinal du bateau sont appelés "plans limites de la zone de cargaison";

Zones de risque d'explosion:

zones dans lesquelles une atmosphère explosible peut survenir dans une ampleur telle que des mesures particulières de protection sont nécessaires au maintien de la sécurité et de la santé des personnes concernées (voir Directive 1999/92/CE[3]). Les zones de risque d'explosion sont classées en zones selon la fréquence d'apparition et la durée de présence d'une atmosphère explosive. Voir aussi *Classement des zones de risque d'explosion, Protection contre les explosions, Classement en zones* - pour les bateaux-citernes et *Zone protégée* - pour les bateaux à cargaison sèche;

Zone de sécurité:

zone identifiable désignée en dehors de la zone de cargaison, qui est facile d'accès pour toutes les personnes à bord. La zone de sécurité assure une protection par une installation d'aspersion d'eau pendant au moins soixante minutes contre les dangers identifiés liés à la cargaison. Elle peut être évacuée pendant un incident. Elle n'est pas acceptable en cas de risque avéré d'explosion;

Zone protégée:

l'ensemble des espaces suivants à bord des bateaux à cargaison sèche:

a)   la ou les cales (lorsque la protection contre les explosions est exigée, zone 1);

b)   l'espace situé au-dessus du pont (lorsque la protection contre les explosions est exigée, zone 2) et délimité:

  i)   dans le sens transversal du bateau, par des plans verticaux correspondant aux bordés;

  ii)   dans le sens longitudinal, par des plans verticaux correspondant aux cloisons d'extrémité des cales;

  iii)   dans le sens de la hauteur, par un plan horizontal situé à 2,00 m au-dessus du niveau supérieur de la cargaison mais au moins par un plan horizontal situé à 3,00 m au-dessus du pont.

---

[3]   *Journal officiel des Communautés européennes No L 23 du 28 janvier 2000, p. 57.*

1.2.2 Unités de mesure

1.2.2.1   Les unités de mesure [a] suivantes sont applicables dans l'ADN:

Grandeur	Unité SI [b]	Unité supplémentaire admise	Relation entre les unités
Longueur	m (mètre)	-	-
Superficie	m^2 (mètre carré)	-	-
Volume	m^3 (mètre cube)	l [c] (litre)	$1 l = 10^{-3}\ m^3$
Temps	s (seconde)	min (minute)	1 min = 60 s
		h (heure)	1 h = 3 600 s
		d (jour)	1 d = 86 400 s
Masse	kg (kilogramme)	g (gramme)	$1 g = 10^{-3}\ kg$
		t (tonne)	$1\ t = 10^3\ kg$
Masse volumique	kg/m^3	kg/l	$1\ kg/l = 10^3\ kg/m^3$
Température	K (kelvin)	°C (degré Celsius)	0 °C = 273,15 K
Différence de température	K (kelvin)	°C (degré Celsius)	1 °C = 1 K
Force	N (newton)	-	$1\ N = 1\ kg.m/s^2$
Pression	Pa (pascal)	bar (bar)	$1\ Pa = 1\ N/m^2$
			$1\ bar = 10^5\ Pa$
Contrainte	N/m^2	N/mm^2	$1\ N/mm^2 = 1\ MPa$
Travail		kWh (kilowattheure)	1 kWh = 3,6 MJ
Energie	J (joule)		1 J = 1 N.m = 1 W.s
Quantité de chaleur		eV (électronvolt)	$1\ eV = 0,1602\ .10^{-18} J$
Puissance	W (watt)	-	1 W = 1 J/s = 1 N.m/s
Viscosité cinématique	m^2/s	mm^2/s	$1\ mm^2/s = 10^{-6}\ m^2/s$
Viscosité dynamique	Pa.s	mPa.s	$1\ mPa.s = 10^{-3}\ Pa.s$
Activité	Bq (becquerel)		
Equivalent de dose	Sv (sievert)		

[a]   *Les valeurs arrondies suivantes sont applicables pour la conversion des unités utilisées jusqu'à maintenant en unités SI:*

Force
1 kgf   = 9,807 N
1 N   = 0,102 kgf

Contrainte
1 kg/mm² = 9,807 N/mm²
1 N/mm² =   0,102 kg/mm²

Pression
1 Pa   = 1 N/m²   = 10⁻⁵ bar   = 1,02 . 10⁻⁵ kg/cm²   = 0,75 . 10⁻² torr
1 bar   = 10⁵ Pa   = 1,02 kg/cm²   = 750 torr
1 kg/cm²   = 9,807 . 10⁴ Pa   = 0,9807 bar   = 736 torr
1 torr   = 1,33 . 10² Pa   = 1,33 . 10⁻³ bar   = 1,36 . 10⁻³ kg/cm²

Travail, énergie, quantité de chaleur
1 J   = 1 N.m   = 0,278 . 10⁻⁶ kWh = 0,102 kgm   = 0,239 . 10⁻³ kcal
1 kWh   = 3,6 . 10⁶ J   = 367 . 10³ kgm   = 860 kcal
1 kgm   = 9,807 J   = 2,72 . 10⁻⁶ kWh = 2,34 . 10⁻³ kcal
1 kcal   = 4,19 . 10³ J   = 1,16 . 10⁻³ kWh = 427 kgm

Puissance
1 W   = 0,102 kgm/s   = 0,86 kcal/h
1 kgm/s   = 9,807 W   = 8,43 kcal/h
1 kcal/h   = 1,16 W   = 0,119 kgm/s

Viscosité cinématique
1 m²/s   = 10^4 St (stokes)
1 St   = 10^{-4} m²/s

Viscosité dynamique

1 Pa . s	= 1 N.s/m²	= 10 P (Poise)	= 0,102 kg.s/m²
1 P	= 0,1 Pa . s	= 0,1 N.s/m²	= 1,02 . 10^{-2} kg.s/m²
1 kg.s/m²	= 9,807 Pa . s	= 9,807 N.s/m²	= 98,07 P

b   *Le Système international d'unités (SI) est le résultat des décisions de la Conférence générale des poids et mesures (adresse: Pavillon de Breteuil, Parc de St-Cloud, F-92 310 Sèvres).*

c   *L'abréviation "L" pour litre est également autorisée, à la place de l'abréviation "l", en cas d'utilisation de la machine à écrire.*

Les multiples et sous-multiples décimaux d'une unité peuvent être formés au moyen des préfixes ou des symboles suivants, placés devant le nom ou devant le symbole de l'unité:

Facteur		Préfixe	Symbole
1 000 000 000 000 000 000 =	10^{18} Trillion	exa	E
1 000 000 000 000 000 =	10^{15} Billiard	péta	P
1 000 000 000 000 =	10^{12} Billion	téra	T
1 000 000 000 =	10^{9} Milliard	giga	G
1 000 000 =	10^{6} Million	méga	M
1 000 =	10^{3} Mille	kilo	k
100 =	10^{2} Cent	hecto	h
10 =	10^{1} Dix	déca	da
0,1 =	10^{-1} Dixième	déci	d
0,01 =	10^{-2} Centième	centi	c
0,001 =	10^{-3} Millième	milli	m
0,000 001 =	10^{-6} Millionième	micro	μ
0,000 000 001 =	10^{-9} Milliardième	nano	n
0,000 000 000 001 =	10^{-12} Billionième	pico	p
0,000 000 000 000 001 =	10^{-15} Billiardième	femto	f
0,000 000 000 000 000 000 001 =	10^{-18} Trillionième	atto	a

1.2.2.2   Sauf indication explicite contraire, le signe "%" représente dans l'ADN:

     a)   pour les mélanges de matières solides ou de matières liquides, ainsi que pour les solutions et pour les matières solides mouillées par un liquide, la partie de masse indiquée en pourcentage rapporté à la masse totale du mélange, de la solution ou de la matière mouillée;

     b)   pour les mélanges de gaz comprimés, dans le cas d'un remplissage à la pression, la partie de volume indiquée en pourcentage rapporté au volume total du mélange gazeux, ou, dans le cas d'un remplissage à la masse, la partie de masse indiquée en pourcentage rapporté à la masse totale du mélange;

     c)   pour les mélanges de gaz liquéfiés ainsi que de gaz dissous, la partie de masse indiquée en pourcentage rapporté à la masse totale du mélange.

1.2.2.3   Les pressions de tout genre concernant les récipients (par exemple pression d'épreuve, pression intérieure, pression d'ouverture des soupapes de sécurité) sont toujours indiquées comme pression manométrique (excès de pression par rapport à la pression atmosphérique); par contre, la pression de vapeur est toujours exprimée comme pression absolue.

1.2.2.4   Lorsque l'ADN prévoit un degré de remplissage pour les récipients, celui-ci se rapporte toujours à une température des matières de 15 °C, pour autant qu'une autre température ne soit pas indiquée.

CHAPITRE 1.3

FORMATION DES PERSONNES INTERVENANT DANS LE TRANSPORT DES MARCHANDISES DANGEREUSES

1.3.1 **Champ d'application**

Les personnes employées par les intervenants cités au chapitre 1.4, dont le domaine d'activité comprend le transport de marchandises dangereuses, doivent être formées de manière répondant aux exigences que leur domaine d'activité et de responsabilité impose lors du transport de marchandises dangereuses. Les employés doivent être formés conformément au 1.3.2 avant d'assumer des responsabilités et ne peuvent assurer des fonctions pour lesquelles ils n'ont pas encore reçu la formation requise que sous la surveillance directe d'une personne formée. La formation doit aussi traiter des dispositions spécifiques s'appliquant à la sûreté du transport des marchandises dangereuses telles qu'elles sont énoncées dans le chapitre 1.10.

NOTA   1: En ce qui concerne la formation du conseiller à la sécurité, voir 1.8.3 au lieu de la présente section.

2: En ce qui concerne la formation des experts, voir chapitre 8.2 au lieu de la présente section.

3: Pour la formation concernant la classe 7, voir aussi sous 1.7.2.5.

1.3.2 **Nature de la formation**

Cette formation doit avoir le contenu suivant, selon les responsabilités et les fonctions de la personne concernée.

1.3.2.1 *Sensibilisation générale*

Le personnel doit bien connaître les prescriptions générales de la réglementation relative au transport de marchandises dangereuses.

1.3.2.2 *Formation spécifique*

1.3.2.2.1 Le personnel doit avoir reçu une formation détaillée, exactement adaptée à ses fonctions et responsabilités, portant sur les prescriptions de la réglementation relative au transport de marchandises dangereuses. Dans les cas où le transport de marchandises dangereuses fait intervenir une opération de transport multimodal, le personnel doit être au courant des prescriptions relatives aux autres modes de transport.

1.3.2.2.2 L'équipage doit être familiarisé avec la manipulation des installations d'extinctions d'incendie et des extincteurs.

1.3.2.2.3 L'équipage doit être familiarisé avec la manipulation de l'équipement spécial visé au 8.1.5.

1.3.2.2.4 Les personnes portant un appareil respiratoire autonome doivent être aptes du point de vue de la santé à supporter les contraintes supplémentaires.

Elles doivent:

-   pour les appareils alimentés par de l'air incorporé sous pression, être formées à la manipulation et à la maintenance de tels appareils;

-   pour les appareils alimentés par de l'air sous pression apporté par un tuyau, être instruites à la manipulation et à la maintenance de tels appareils. Les instructions doivent être complétées par des exercices pratiques.

1.3.2.2.5   Le conducteur doit porter les consignes écrites visées au 5.4.3 à la connaissance des autres personnes à bord de manière que celles-ci soient à même de les appliquer.

1.3.2.3   *Formation en matière de sécurité*

Le personnel doit avoir reçu une formation traitant des risques et dangers présentés par les marchandises dangereuses, qui doit être adaptée à la gravité du risque de blessure ou d'exposition résultant d'un incident au cours du transport de marchandises dangereuses, y compris au cours du chargement et du déchargement.

La formation dispensée aura pour but de sensibiliser le personnel aux procédures à suivre pour la manutention dans des conditions de sécurité et les interventions d'urgence.

1.3.2.4   La formation doit être complétée périodiquement par des cours de recyclage pour tenir compte des changements intervenus dans la réglementation.

1.3.2.5   *Instructions de travail concernant la protection contre les explosions*

La formation en matière de sécurité visée au 1.3.2.3 doit être complétée par des instructions de travail concernant la protection contre les explosions.

1.3.3   **Documentation**

Des relevés des formations reçues conformément au présent chapitre doivent être tenus par l'employeur et communiqués à l'employé ou à l'autorité compétente sur demande. Les relevés doivent être conservés par l'employeur pour une période fixée par l'autorité compétente. Les relevés des formations reçues doivent être vérifiés au commencement d'un nouvel emploi.

CHAPITRE 1.4

OBLIGATIONS DE SÉCURITÉ DES INTERVENANTS

1.4.1   **Mesures générales de sécurité**

1.4.1.1   Les intervenants dans le transport de marchandises dangereuses doivent prendre les mesures appropriées selon la nature et l'ampleur des dangers prévisibles, afin d'éviter des dommages et, le cas échéant, d'en minimiser leurs effets. Ils doivent, en tout cas, respecter les prescriptions de l'ADN, en ce qui les concerne.

1.4.1.2   Lorsque la sécurité publique risque d'être directement mise en danger, les intervenants doivent aviser immédiatement les forces d'intervention et de sécurité et doivent mettre à leur disposition les informations nécessaires à leur action.

1.4.1.3   L'ADN peut préciser certaines des obligations incombant aux différents intervenants.

Si une Partie contractante estime que cela n'entraîne aucune diminution de sécurité, elle peut dans sa législation nationale transférer les obligations incombant à un intervenant nommé à un ou plusieurs autres intervenants, à condition que les obligations du 1.4.2 et 1.4.3 soient respectées. Ces dérogations doivent être communiquées par la Partie contractante au secrétariat de la Commission économique des Nations Unies pour l'Europe qui les portera à la connaissance des Parties contractantes.

Les prescriptions sous 1.2.1, 1.4.2 et 1.4.3 relatives aux définitions des intervenants et de leurs obligations respectives ne touchent pas les dispositions du droit national concernant les conséquences juridiques (pénalité, responsabilité, etc.) découlant du fait que l'intervenant respectif est par exemple une personne morale, une personne travaillant pour son propre compte, un employeur ou un employé.

1.4.2   **Obligations des principaux intervenants**

> ***NOTA 1:***   *Plusieurs intervenants auxquels des obligations de sécurité sont attribuées dans cette section peuvent être une seule et même entreprise. De même, les activités et les obligations de sécurité correspondantes d'un intervenant peuvent être assumées par plusieurs entreprises.*
>
>   ***2:***   *Pour les matières radioactives, voir aussi 1.7.6.*

1.4.2.1   *Expéditeur*

1.4.2.1.1   L'expéditeur de marchandises dangereuses a l'obligation de remettre au transport un envoi conforme aux prescriptions de l'ADN. Dans le cadre du 1.4.1, il doit notamment:

         a)   s'assurer que les marchandises dangereuses soient classées et autorisées au transport conformément à l'ADN;

         b)   fournir au transporteur les renseignements et informations de manière traçable et, le cas échéant, les documents de transport et les documents d'accompagnement (autorisations, agréments, notifications, certificats, etc.) exigés, tenant notamment compte des dispositions du chapitre 5.4 et des tableaux de la Partie 3;

         c)   n'utiliser que des emballages, grands emballages, grands récipients pour vrac (GRV) et citernes (véhicules-citernes, citernes démontables, véhicules-batteries, CGEM, citernes mobiles, conteneurs-citernes, wagons-citernes et wagons-batterie) agréés et aptes au transport des marchandises concernées et portant les marques prescrites par l'une des Réglementations internationales, et n'utiliser que des bateaux ou bateaux-citernes agréés et aptes au transport des marchandises concernées;

d) observer les prescriptions sur le mode d'envoi et sur les restrictions d'expédition;

e) veiller à ce que même les citernes vides, non nettoyées et non dégazées (véhicules-citernes, citernes démontables, véhicules-batteries, CGEM, citernes mobiles, conteneurs-citernes, wagons-citernes et wagons-batterie), ou les véhicules, wagons et conteneurs pour vrac vides, non nettoyés, portent les plaques-étiquettes, marques et étiquettes conformément au chapitre 5.3 et que les citernes vides, non nettoyées, soient fermées et présentent les mêmes garanties d'étanchéité que si elles étaient pleines.

1.4.2.1.2 Au cas où l'expéditeur fait appel aux services d'autres intervenants (emballeur, chargeur, remplisseur, etc.), il doit prendre des mesures appropriées pour qu'il soit garanti que l'envoi répond aux prescriptions de l'ADN. Il peut toutefois, dans les cas du 1.4.2.1.1 a), b), c) et e) se fier aux informations et données qui lui ont été mises à disposition par d'autres intervenants.

1.4.2.1.3 Lorsque l'expéditeur agit pour un tiers, celui-ci doit signaler par écrit à l'expéditeur qu'il s'agit de marchandises dangereuses et mettre à sa disposition tous les renseignements et documents nécessaires à l'exécution de ses obligations.

1.4.2.2 *Transporteur*

1.4.2.2.1 Dans le cadre du 1.4.1, le cas échéant, le transporteur doit notamment:

a) vérifier que les marchandises dangereuses à transporter sont autorisées au transport conformément à l'ADN;

b) s'assurer que toutes les informations prescrites dans l'ADN concernant les marchandises dangereuses à transporter ont été transmises par l'expéditeur avant le transport, que la documentation prescrite se trouve à bord du bateau ou, si des techniques de traitement électronique de l'information (TEI) ou d'échange de données informatisées (EDI) sont utilisées, que les données sont disponibles pendant le transport d'une manière au moins équivalente à celle de la documentation papier;

c) s'assurer visuellement que le bateau et le chargement ne présentent pas de défauts manifestes, de fuites ou de fissures, qu'ils ne manquent pas de dispositifs d'équipements, etc.;

d) s'assurer qu'un second moyen d'évacuation en cas d'urgence est prévu le long du bateau lorsque les installations à terre ne sont pas équipées du second moyen d'évacuation nécessaire;

NOTA: Avant le chargement ou le déchargement, le transporteur doit vérifier la disponibilité des moyens d'évacuation en concertation avec l'exploitant de l'installation à terre;

e) vérifier que les bateaux ne sont pas surchargés;

f) s'assurer que ne sont utilisés dans les zones de risque d'explosion à bord du bateau que des installations et équipements électriques et non électriques qui satisfont aux exigences pour une utilisation dans la zone concernée;

g) fournir au conducteur les consignes écrites et s'assurer que les équipements prescrits dans les consignes écrites se trouvent à bord du bateau;

h) s'assurer qu'il est satisfait aux prescriptions relatives à la signalisation du bateau;

i) s'assurer que pendant le chargement, le transport, le déchargement et toute autre manutention de marchandises dangereuses dans les cales ou dans les citernes à cargaison, les prescriptions particulières sont observées;

j) s'assurer que la liste des matières transportables par le bateau selon 1.16.1.2.5 est en accord avec le tableau C du chapitre 3.2 compte tenu des amendements qui y ont été apportés;

k) remplir sa partie de la liste de contrôle visée au 7.2.3.7.2.2 avant le dégazage d'une citerne vide ou déchargée et le raccordement des tuyauteries destinées au chargement et au déchargement des bateaux-citernes dans une station de réception;

l) remplir sa partie de la liste de contrôle visée au 7.2.4.10 avant le chargement et le déchargement des citernes à cargaison d'un bateau-citerne.

Ceci doit être fait, le cas échéant, sur la base des documents de transport et des documents d'accompagnement par un examen visuel du bateau ou des conteneurs et, le cas échéant, du chargement.

1.4.2.2.2 Le transporteur peut toutefois, dans les cas des 1.4.2.2.1 a) et b), se fier aux informations et données qui lui ont été mises à disposition, par d'autres intervenants. Dans le cas du 1.4.2.2.1 c), il peut se fier aux attestations du "certificat d'empotage du conteneur ou du véhicule" fourni conformément au 5.4.2.

1.4.2.2.3 Si le transporteur constate selon 1.4.2.2.1, une infraction aux prescriptions de l'ADN, il ne doit pas acheminer l'envoi jusqu'à la mise en conformité.

1.4.2.2.4 *(Réservé)*

1.4.2.2.5 *(Réservé)*

1.4.2.3 *Destinataire*

1.4.2.3.1 Le destinataire a l'obligation de ne pas différer sans motif impératif l'acceptation de la marchandise, et de vérifier avant, pendant ou après le déchargement, que les prescriptions le concernant de l'ADN sont respectées.

Dans le cadre du 1.4.1, il doit notamment:

a) *(Supprimé)*

b) effectuer dans les cas prévus par l'ADN le nettoyage et la décontamination prescrits des bateaux;

c) *(Supprimé)*

d) *(Supprimé)*

e) *(Supprimé)*

f) *(Supprimé)*

g) *(Supprimé)*

h) *(Supprimé)*

1.4.2.3.2 *(Supprimé)*

1.4.2.3.3 *(Supprimé)*

1.4.3 **Obligations des autres intervenants**

Les autres intervenants et leurs obligations respectives sont listés ci-après de manière non exhaustive. Les obligations de ces autres intervenants découlent de la section 1.4.1 ci-dessus pour autant qu'ils sachent ou auraient dû savoir que leurs missions s'exercent dans le cadre d'un transport soumis à l'ADN.

1.4.3.1 *Chargeur*

1.4.3.1.1 Dans le cadre du 1.4.1, le chargeur a notamment les obligations suivantes:

a) Il ne doit remettre des marchandises dangereuses au transporteur que si celles-ci sont autorisées au transport conformément à l'ADN;

b) Il doit vérifier, lors de la remise au transport de marchandises dangereuses emballées ou d'emballages vides non nettoyés, si l'emballage est endommagé. Il ne peut remettre au transport un colis dont l'emballage est endommagé, notamment non étanche, et qu'il y a ainsi fuite ou possibilité de fuite de la marchandise dangereuse, que lorsque le dommage a été réparé; cette même obligation est valable pour les emballages vides non nettoyés;

c) Il doit observer les prescriptions particulières relatives au chargement et à la manutention;

d) Il doit, après avoir chargé des marchandises dangereuses dans un conteneur, respecter les prescriptions relatives au placardage, au marquage et à la signalisation orange conformément au chapitre 5.3;

e) Il doit, lorsqu'il charge des colis, observer les interdictions de chargement en commun en tenant également compte des marchandises dangereuses déjà présentes dans le bateau, le véhicule, le wagon ou le grand conteneur, ainsi que les prescriptions concernant la séparation des denrées alimentaires, autres objets de consommation ou aliments pour animaux;

f) Il doit s'assurer que les installations à terre sont équipées d'un ou deux moyens d'évacuation du bateau en cas d'urgence;

g) (*Réservé*)

1.4.3.1.2 Le chargeur peut toutefois, dans le cas des 1.4.3.1.1 a), d) et e), se fier aux informations et données qui lui ont été mises à disposition par d'autres intervenants.

1.4.3.2 *Emballeur*

Dans le cadre du 1.4.1, l'emballeur doit notamment observer:

a) les prescriptions relatives aux conditions d'emballage, aux conditions d'emballage en commun; et

b) lorsqu'il prépare les colis aux fins de transport, les prescriptions concernant les marques et étiquettes de danger sur les colis.

1.4.3.3 *Remplisseur*

Dans le cadre du 1.4.1, le remplisseur a notamment les obligations suivantes:

Obligations relatives au remplissage de citernes (véhicules-citernes, véhicules batteries, citernes démontables, citernes mobiles, conteneurs-citernes, CGEM, wagons-citernes, wagons-batteries):

a)   Il doit s'assurer avant le remplissage des citernes que celles-ci et leurs équipements se trouvent en bon état technique;

b)   Il doit s'assurer que la date du prochain contrôle pour les citernes n'est pas dépassée;

c)   Il ne doit remplir les citernes qu'avec les marchandises dangereuses autorisées au transport dans ces citernes;

d)   Il doit, lors du remplissage de la citerne, respecter les dispositions relatives aux marchandises dangereuses dans des compartiments contigus;

e)   Il doit, lors du remplissage de la citerne, respecter le taux de remplissage admissible ou la masse admissible du contenu par litre de capacité pour la marchandise de remplissage;

f)   Il doit, après le remplissage de la citerne, s'assurer que toutes les fermetures sont en position fermée et qu'il n'y a pas de fuite;

g)   Il doit veiller à ce qu'aucun résidu dangereux de la marchandise de remplissage n'adhère à l'extérieur des citernes qui ont été remplies par lui;

h)   Il doit, lorsqu'il prépare les marchandises dangereuses aux fins de transport, veiller à ce que les plaques-étiquettes, marques, panneaux orange et étiquettes soient apposées conformément au chapitre 5.3;

Obligations relatives au chargement de marchandises dangereuses solides en vrac dans des véhicules, wagons ou conteneurs:

i)   Il doit s'assurer, avant le chargement, que les véhicules, wagons et conteneurs, et le cas échéant leur équipement sont en bon état technique et que le transport en vrac des marchandises dangereuses concernées dans ces véhicules, wagons ou conteneurs est autorisé;

j)   Il doit veiller après le chargement à ce que la signalisation orange et les plaques-étiquettes ou étiquettes prescrites soient apposées conformément aux prescriptions du chapitre 5.3 applicables à ces véhicules, wagons ou conteneurs;

k)   Il doit, lors du remplissage de véhicules, wagons ou conteneurs avec des marchandises dangereuses en vrac, s'assurer de l'application des dispositions pertinentes du chapitre 7.3 de l'ADR ou du RID;

Obligations relatives au remplissage des citernes à cargaison:

l)   *(Réservé)*

m)   Il doit remplir sa partie de la liste de contrôle visée au 7.2.4.10 avant le chargement des citernes à cargaison d'un bateau-citerne;

n)   Il ne doit remplir les citernes à cargaison qu'avec des marchandises dangereuses admises dans ces citernes;

o)   Il doit, lorsque cela est nécessaire, remettre une instruction de chauffage en cas de transport de matières dont le point de fusion est supérieur ou égal à 0 °C;

p)   Il doit s'assurer que lors du chargement le déclencheur du dispositif automatique permettant d'éviter un surremplissage interrompt la ligne électrique établie et alimentée par l'installation à terre et qu'il puisse prendre les mesures contre un surremplissage;

q)   Il doit s'assurer que les installations à terre sont équipées d'un ou deux moyens d'évacuation du bateau en cas d'urgence;

r)   Il doit s'assurer que dans la conduite de retour de gaz, lorsqu'elle est prescrite au 7.2.4.25.5 et lorsque la protection contre les explosions est exigée selon la colonne (17) du tableau C du chapitre 3.2, il y ait un coupe-flammes protégeant le bateau contre les détonations et les passages de flammes provenant du côté terre;

s)   Il doit s'assurer que les débits de chargement sont conformes aux instructions relatives aux débits de chargement et de déchargement visées au 9.3.2.25.9 ou 9.3.3.25.9 et que la pression au point de raccordement de la conduite d'évacuation de gaz et de la conduite de retour de gaz n'est pas supérieure à la pression d'ouverture de la soupape de surpression/soupape de dégagement à grande vitesse;

t)   Il doit s'assurer que les joints qu'il a mis à disposition pour l'étanchéification des raccords entre les tuyauteries de chargement et de déchargement du bateau et de la terre sont en un matériau qui ne soit pas attaqué par la cargaison, ni ne cause de décomposition de celle-ci ni ne provoque de réaction nocive ou dangereuse avec celle-ci;

u)   Il doit s'assurer que pour toute la durée du chargement une surveillance permanente et appropriée est assurée;

Obligations relatives au chargement de marchandises dangereuses solides en vrac dans des bateaux:

v)   Lorsqu'il applique la disposition spéciale 803, doit garantir et documenter par une procédure appropriée que la température maximale admissible de la cargaison n'est pas dépassée et doit remettre des instructions sous forme traçable au conducteur;

w)   Il ne doit charger dans le bateau que des marchandises dangereuses dont le transport en vrac dans ce bateau est autorisé;

x)   Il doit s'assurer que les installations à terre sont équipées d'un ou deux moyens d'évacuation du bateau en cas d'urgence.

1.4.3.4   *Exploitant d'un conteneur-citerne ou d'une citerne mobile*

Dans le cadre du 1.4.1, l'exploitant d'un conteneur-citerne ou d'une citerne mobile doit notamment veiller:

a)   à l'observation des prescriptions relatives à la construction, à l'équipement, aux contrôles et épreuves et au marquage;

b)   à ce que l'entretien des réservoirs et de leurs équipements soit effectué d'une manière qui garantisse que le conteneur-citerne ou la citerne mobile, soumis aux sollicitations normales d'exploitation réponde aux prescriptions de l'ADR, du RID ou du Code IMDG, jusqu'au prochain contrôle;

c)   à faire effectuer un contrôle exceptionnel lorsque la sécurité du réservoir ou de ses équipements peut être compromise par une réparation, une modification ou un accident.

1.4.3.5 et   *(Réservés)*
1.4.3.6

1.4.3.7   *Déchargeur*

1.4.3.7.1   Dans le cadre du 1.4.1, le déchargeur doit notamment:

a)   s'assurer que les marchandises sont bien celles à décharger, en comparant les informations y relatives dans le document de transport avec les informations sur le colis, le conteneur, la citerne, la MEMU, le CGEM ou le moyen de transport;

b)   vérifier, avant et pendant le déchargement, si les emballages, la citerne, le moyen de transport ou le conteneur ont été endommagés à un point qui pourrait mettre en péril les opérations de déchargement. Si tel est le cas, s'assurer que le déchargement n'est pas effectué tant que des mesures appropriées n'ont pas été prises;

c)   respecter toutes les prescriptions applicables au déchargement et à la manutention;

d)   immédiatement après le déchargement de la citerne, du moyen de transport ou du conteneur:

   i)   enlever tout résidu dangereux qui aurait pu adhérer à l'extérieur de la citerne, du moyen de transport ou du conteneur pendant le déchargement; et

   ii)   pendant le déchargement des colis, veiller à la fermeture des vannes et des ouvertures d'inspection;

e)   veiller à ce que le nettoyage et la décontamination prescrits des moyens de transport ou des conteneurs soient effectués;

f)   veiller à ce que les conteneurs, véhicules et wagons une fois entièrement déchargés, nettoyés et décontaminés, ne portent plus les plaques-étiquettes, les marques et la signalisation orange qui avaient été apposées conformément au chapitre 5.3;

g)   s'assurer que les installations à terre sont équipées d'un ou deux moyens d'évacuation du bateau en cas d'urgence;

Obligations additionnelles relatives au déchargement des citernes à cargaison

h)   remplir sa partie de la liste de contrôle visée au 7.2.4.10 avant le déchargement des citernes à cargaison d'un bateau-citerne;

i)   s'assurer que dans la conduite de retour de gaz, lorsqu'un raccordement à la conduite d'évacuation de gaz est exigé et lorsque la protection contre les explosions est exigée selon la colonne (17) du tableau C du chapitre 3.2, il y ait un coupe-flammes protégeant le bateau contre les détonations et les passages de flammes provenant du côté terre;

j)   s'assurer que les débits de déchargement sont conformes aux instructions relatives aux débits de chargement et de déchargement visées au 9.3.2.25.9 ou 9.3.3.25.9 et que la pression au point de raccordement de la conduite d'évacuation de gaz et de la conduite de retour de gaz n'est pas supérieure à la pression d'ouverture de la soupape de surpression/soupape de dégagement à grande vitesse;

k)   s'assurer que les joints qu'il a mis à disposition pour l'étanchéification des raccords entre les tuyauteries de chargement et de déchargement du bateau et de la terre sont en un matériau qui ne soit pas attaqué par la cargaison, ni ne cause de décomposition de celle-ci ni ne provoque de réaction nocive ou dangereuse avec celle-ci;

l)   s'assurer que pour toute la durée du déchargement une surveillance permanente et appropriée est assurée;

m)   s'assurer que, durant le déchargement au moyen de la pompe de bord, celle-ci puisse être mise à l'arrêt à partir de l'installation à terre.

1.4.3.7.2   Si le déchargeur fait appel aux services d'autres intervenants (nettoyeur, station de décontamination, etc.), ou utilise les pompes du bateau il doit prendre des mesures appropriées pour assurer que les prescriptions de l'ADN ont été respectées.

1.4.3.8   *Exploitant de la station de réception*

1.4.3.8.1   Dans le cadre du 1.4.1, l'exploitant de la station de réception doit en particulier:

a)   remplir sa partie de la liste de contrôle visée au 7.2.3.7.2.2 avant le dégazage de citernes vides ou déchargées et le raccordement des tuyauteries destinées au chargement et au déchargement des bateaux-citernes;

b)   s'assurer que, lorsque cette prescription est indiquée au 7.2.3.7.2.3, le conduit de la station de réception qui est relié au bateau en cours de dégazage soit muni d'un coupe-flammes afin de protéger le bateau contre les détonations et les passages de flammes provenant de la station de réception.

CHAPITRE 1.5

RÈGLES SPÉCIALES, DÉROGATIONS

1.5.1   **Accords bilatéraux et multilatéraux**

1.5.1.1   Conformément au paragraphe 1 de l'article 7 de l'ADN, les autorités compétentes des Parties contractantes peuvent convenir directement entre elles d'autoriser certains transports sur leur territoire en dérogation temporaire aux prescriptions de l'ADN, à condition toutefois que la sécurité n'en soit pas compromise. Ces dérogations doivent être communiquées par l'autorité qui a pris l'initiative de la dérogation particulière au secrétariat de la Commission économique des Nations Unies pour l'Europe qui les portera à la connaissance des Parties contractantes.

> *NOTA: L'"arrangement spécial" selon 1.7.4 n'est pas considéré comme une dérogation temporaire selon la présente section.*

1.5.1.2   La durée de la dérogation temporaire ne doit pas dépasser cinq ans à compter de la date de son entrée en vigueur. La dérogation temporaire expire automatiquement au moment de l'entrée en vigueur d'une modification pertinente du présent Règlement annexé.

1.5.1.3   Les transports sur la base de ces accords sont des transports selon l'ADN.

1.5.2   **Autorisations spéciales relatives au transport en bateaux-citernes**

1.5.2.1   *Autorisations spéciales*

1.5.2.1.1   Conformément au paragraphe 2 de l'article 7 de l'ADN, l'autorité compétente a le droit de délivrer à un transporteur ou à un expéditeur des autorisations spéciales pour le transport international en bateaux-citernes de matières dangereuses, y compris les mélanges, dont le transport en bateaux-citernes n'est pas autorisé selon les prescriptions du présent Règlement, conformément aux dispositions suivantes.

1.5.2.1.2   L'autorisation spéciale est valable pour les Parties contractantes sur le territoire desquelles le transport aura lieu, compte tenu des prescriptions qui y sont mentionnées, pendant deux ans au plus, sauf abrogation antérieure. Avec l'accord des autorités compétentes de ces Parties contractantes, l'autorisation spéciale peut être renouvelée pour une période d'un an au maximum.

1.5.2.1.3   L'autorisation spéciale doit comprendre une clause relative à son abrogation antérieure et doit être conforme au modèle figurant à la sous-section 3.2.4.1.

1.5.2.2   *Procédure*

1.5.2.2.1   Le transporteur ou l'expéditeur s'adresse à l'autorité compétente d'une Partie contractante sur le territoire de laquelle le transport aura lieu, en vue de la délivrance d'une autorisation spéciale.

Le demande doit être conforme au modèle figurant à la sous-section 3.2.4.2. Le pétitionnaire est responsable de l'exactitude des indications.

1.5.2.2.2   L'autorité compétente examine la demande du point de vue technique et de sécurité. En l'absence de réserves, l'autorité compétente établit une autorisation spéciale conformément aux critères figurant à la sous-section 3.2.4.3 et en informe les autres autorités concernées par le transport en question. L'autorisation spéciale est délivrée lorsque les autorités concernées ont donné leur accord au transport ou ne font pas connaître leur opposition dans un délai de deux mois après la réception de l'information. Le pétitionnaire est destinataire de l'original de l'autorisation spéciale, et doit en garder une copie à bord du (des) bateau(x) concerné(s) par le transport en question. L'autorité compétente communique immédiatement au Comité d'administration les demandes d'autorisations spéciales, les demandes rejetées et les autorisations spéciales accordées.

1.5.2.2.3   Si l'autorisation spéciale n'est pas délivrée parce qu'il y a des doutes ou des oppositions, le Comité d'administration décide de la délivrance ou non d'une autorisation spéciale.

1.5.2.3   *Mise à jour de la liste des matières admises au transport en bateaux-citernes*

1.5.2.3.1   Le Comité d'administration examine toutes les autorisations spéciales et demandes qui lui sont communiquées et décide de l'inscription de la marchandise dans la liste des matières du présent Règlement autorisées au transport en bateaux citernes.

1.5.2.3.2   Si le Comité d'administration émet des réserves du point de vue technique et de sécurité quant à l'inscription de la marchandise dans la liste des matières du présent Règlement autorisées au transport en bateaux citernes ou quant à certaines conditions, l'autorité compétente en est informée. L'autorité compétente doit immédiatement retirer ou le cas échéant modifier l'autorisation spéciale.

1.5.3   **Équivalences et dérogations (paragraphe 3 de l'article 7 de l'ADN)**

1.5.3.1   *Procédure pour les équivalences*

Lorsque les dispositions du présent Règlement prescrivent pour un bateau l'utilisation ou la présence à bord de certains matériaux, installations ou équipements ou l'adoption de certaines mesures relatives à la construction ou de certains agencements, l'autorité compétente peut admettre pour ce bateau l'utilisation ou la présence à bord d'autres matériaux, installations ou équipements ou l'adoption d'autres mesures relatives à la construction ou d'autres agencements si, en conformité avec les recommandations établies par le Comité d'administration, ils sont reconnus équivalents.

1.5.3.2   *Dérogations à titre d'essai*

L'autorité compétente peut, sur la base d'une recommandation du Comité d'administration, délivrer un certificat d'agrément à titre d'essai et pour un délai limité à un bateau déterminé présentant des dispositions techniques nouvelles dérogeant aux prescriptions du présent Règlement, pour autant que ces dispositions présentent une sécurité suffisante.

1.5.3.3   *Mention des équivalences et dérogations*

Les équivalences et dérogations visées aux 1.5.3.1 et 1.5.3.2 doivent être mentionnées au certificat d'agrément.

CHAPITRE 1.6

MESURES TRANSITOIRES

1.6.1 **Généralités**

1.6.1.1 Sauf prescription contraire, les matières et objets de l'ADN peuvent être transportés jusqu'au 30 juin 2021 selon les prescriptions de l'ADN qui leur sont applicables jusqu'au 31 décembre 2020.

1.6.1.2 *(Supprimé)*

1.6.1.3 Les mesures transitoires des 1.6.1.3 et 1.6.1.4 de l'ADR et du RID ou celles visées au 4.1.5.19 du code IMDG, relatives à l'emballage des matières et objets de la classe 1, sont également valables pour les transports soumis à l'ADN.

1.6.1.4 *(Supprimé)*

1.6.1.5 à
1.6.1.7 *(Réservés)*

1.6.1.8 Les panneaux orange encore existants, qui satisfont aux prescriptions de la sous-section 5.3.2.2 applicables jusqu'au 31 décembre 2004, pourront encore être utilisés à condition que les prescriptions des 5.3.2.2.1 et 5.3.2.2.2 stipulant que le panneau, les chiffres et les lettres doivent rester apposés quelle que soit l'orientation du véhicule ou wagon soient respectées.

1.6.1.9 *(Réservé)*

1.6.1.10 *(Supprimé)*

1.6.1.11 et
1.6.1.12 *(Réservés)*

1.6.1.13 *(Supprimé)*

1.6.1.14 Les GRV fabriqués avant le 1er janvier 2011 et conformes à un modèle type qui n'a pas satisfait à l'épreuve de vibration du 6.5.6.13 de l'ADR ou qui n'avait pas à répondre aux critères du 6.5.6.9.5 d) de l'ADR au moment où il a été soumis à l'épreuve de chute, peuvent continuer à être utilisés.

1.6.1.15 Il n'est pas nécessaire d'apposer la marque de la charge maximale autorisée conformément au 6.5.2.2.2 de l'ADR sur les GRV fabriqués, reconstruits ou réparés avant le 1er janvier 2011. Ces GRV ne portant pas la marque conformément au 6.5.2.2.2 de l'ADR pourront encore être utilisés après le 31 décembre 2010 mais la marque conformément au 6.5.2.2.2 de l'ADR devra y être apposée s'ils sont reconstruits ou réparés après cette date. Les GRV fabriqués, reconstruits ou réparés entre le 1er janvier 2011 et le 31 décembre 2016 et portant la marque de la charge maximale autorisée conformément au 6.5.2.2.2 de l'ADR applicable jusqu'au 31 décembre 2014 pourront encore être utilisés.

1.6.1.16 à
1.6.1.20 *(Supprimés)*

1.6.1.21 à
1.6.1.23 *(Réservés)*

1.6.1.24 et
1.6.1.25 *(Supprimés)*

1.6.1.26	Les grands emballages fabriqués ou reconstruits avant le 1er janvier 2014 et qui ne sont pas conformes aux prescriptions du 6.6.3.1 de l'ADR en ce qui concerne la taille des lettres, chiffres et symboles applicables à partir du 1er janvier 2013 pourront encore être utilisés. Il n'est pas nécessaire d'apposer la marque de la charge maximale autorisée conformément au 6.6.3.3 de l'ADR sur les grands emballages fabriqués ou reconstruits avant le 1er janvier 2015. Ces grands emballages ne portant pas la marque conformément au 6.6.3.3 de l'ADR pourront encore être utilisés après le 31 décembre 2014 mais la marque conformément au 6.6.3.3 de l'ADR devra y être apposée s'ils sont reconstruits après cette date. Les grands emballages fabriqués ou reconstruits entre le 1er janvier 2011 et le 31 décembre 2016 et portant la marque de la charge maximale autorisée conformément au 6.6.3.3 de l'ADR applicable jusqu'au 31 décembre 2014 pourront encore être utilisés.
1.6.1.27	Les moyens de confinement intégrés dans du matériel ou dans une machine, contenant des combustibles liquides des Nos ONU 1202, 1203, 1223, 1268, 1863 et 3475, construits avant le 1er juillet 2013, qui ne sont pas conformes aux prescriptions du paragraphe a) de la disposition spéciale 363 du chapitre 3.3 applicables à partir du 1er janvier 2013, pourront encore être utilisés.
1.6.1.28	*(Supprimé)*
1.6.1.29	Les piles et batteries au lithium fabriquées conformément à un type répondant aux prescriptions de la sous-section 38.3 de la troisième édition révisée du Manuel d'épreuves et de critères, Amendement 1 ou de toute édition révisée ultérieure ainsi que des amendements applicables à la date où le type est éprouvé peuvent encore être transportées, à moins qu'il n'en soit spécifié autrement dans l'ADN.
	Les piles et batteries au lithium fabriquées avant le 1er juillet 2003 répondant aux prescriptions de la troisième édition révisée du Manuel d'épreuves et de critères peuvent encore être transportées si toutes les autres prescriptions applicables sont respectées.
1.6.1.30 à 1.6.1.32	*(Supprimés)*
1.6.1.33	Il n'est pas nécessaire d'apposer la marque de la capacité de stockage d'énergie en Wh requise à l'alinéa e) de la disposition spéciale 361 du chapitre 3.3 sur les condensateurs électriques à double couche du No ONU 3499 fabriqués avant le 1er janvier 2014.
1.6.1.34	Il n'est pas nécessaire d'apposer la marque de la capacité de stockage d'énergie en Wh requise à l'alinéa c) de la disposition spéciale 372 du chapitre 3.3 sur les condensateurs électriques asymétriques du No ONU 3508 fabriqués avant le 1er janvier 2016.
1.6.1.35 à 1.6.1.37	*(Réservés)*
1.6.1.38	Les Parties contractantes peuvent continuer à délivrer des certificats de formation pour les conseillers à la sécurité conformes au modèle en vigueur jusqu'au 31 décembre 2016, en lieu et place des certificats conformes aux prescriptions du 1.8.3.18 applicables à partir du 1 janvier 2017, jusqu'au 31 décembre 2018. Lesdits certificats pourront continuer à être utilisés jusqu'au terme de leur validité de cinq ans.
1.6.1.39 et 1.6.1.40	*(Supprimés)*

1.6.1.41   Nonobstant les prescriptions de l'ADN applicables à partir du 1er janvier 2017, les grands emballages satisfaisant au niveau d'épreuve du groupe d'emballage III conformément à la disposition spéciale L2 de l'instruction d'emballage LP02 du 4.1.4.3 de l'ADR applicable jusqu'au 31 décembre 2016 pourront encore être utilisés jusqu'au 31 décembre 2022 pour le No ONU 1950.

1.6.1.42   *(Supprimé)*

1.6.1.43   Les véhicules immatriculés ou mis en service avant le 1er juillet 2017, tels que définis dans les dispositions spéciales 388 et 669 du chapitre 3.3, et leur équipement destiné à une utilisation durant le transport, conformes aux prescriptions de l'ADN applicables jusqu'au 31 décembre 2016 mais contenant des piles et batteries au lithium qui ne sont pas conformes aux dispositions du 2.2.9.1.7 pourront encore être transportés en tant que chargement selon les prescriptions de la disposition spéciale 666 du chapitre 3.3.

1.6.1.44   Les entreprises qui participent au transport de marchandises dangereuses seulement en tant qu'expéditeurs et qui n'avaient pas l'obligation de désigner un conseiller à la sécurité sur la base des dispositions applicables jusqu'au 31 décembre 2018 devront, par dérogation aux dispositions du 1.8.3.1 applicables à partir du 1er janvier 2019, désigner un conseiller à la sécurité au plus tard le 31 décembre 2022.

1.6.1.45   Les Parties contractantes pourront, jusqu'au 31 décembre 2020, continuer à délivrer des certificats de formation pour les conseillers à la sécurité conformes au modèle applicable jusqu'au 31 décembre 2018, en lieu et place des certificats conformes aux prescriptions du paragraphe 1.8.3.18 applicables à partir du 1er janvier 2019. Ces certificats pourront continuer à être utilisés jusqu'au terme de leur validité de cinq ans.

1.6.1.46   Le transport de machines et matériels non spécifiés dans la présente annexe et qui comportent accessoirement des marchandises dangereuses dans leur structure ou leur circuit de fonctionnement et qui sont donc affectés aux Nos ONU 3363, 3537, 3538, 3539, 3540, 3541, 3542, 3543, 3544, 3545, 3546, 3547 ou 3548, qui était exempté des dispositions de l'ADN conformément au 1.1.3.1 b) applicable jusqu'au 31 décembre 2018, pourra encore être exempté des dispositions de l'ADN jusqu'au 31 décembre 2022, à condition que des mesures aient été prises pour empêcher toute fuite de contenu dans des conditions normales de transport.

1.6.1.47   *(Supprimé)*

1.6.2   Récipients à pression et récipients pour la classe 2

Les mesures transitoires de la section 1.6.2 de l'ADR et du RID sont également valables pour les transports soumis à l'ADN.

1.6.3   Citernes fixes (véhicules-citernes et wagons-citernes), citernes démontables/amovibles, véhicules-batteries et wagons-batteries

Les mesures transitoires de la section 1.6.3 de l'ADR ou du RID sont également valables pour les transports soumis à l'ADN

1.6.4   Conteneurs-citernes, citernes mobiles et CGEM

Les mesures transitoires des sections 1.6.4 de l'ADR, du RID ou de la section 4.2.0 du Code IMDG, suivant le cas, sont également valables pour les transports soumis à l'ADN.

1.6.5   **Véhicules**

Les mesures transitoires de la section 1.6.5 de l'ADR sont également valables pour les transports soumis à l'ADN.

1.6.6   **Classe 7**

Les mesures transitoires des sections 1.6.6 de l'ADR ou du RID ou de la section 6.4.24 du Code IMDG sont également valables pour les transports soumis à l'ADN.

1.6.7   **Dispositions transitoires relatives aux bateaux**

1.6.7.1   *Généralités*

1.6.7.1.1   Aux fins de l'article 8 de l'ADN, la section 1.6.7 contient en 1.6.7.2 des dispositions transitoires générales (voir article 8, paragraphes 1, 2 et 4) et en 1.6.7.3 des dispositions transitoires supplémentaires (voir article 8, paragraphe 3).

1.6.7.1.2   Dans la présente section:

a)   le terme "bateau en service" signifie:

-          Un bateau selon l'article 8, paragraphe 2, de l'ADN;

-          Un bateau pour lequel a déjà été délivré un certificat d'agrément conformément aux 8.6.1.1 à 8.6.1.4;

Dans les deux cas sont exclus les bateaux qui, à compter du 31 décembre 2014, étaient dépourvus d'un certificat d'agrément en cours de validité depuis plus de douze mois.

b)   le terme "N.R.T." signifie que la prescription ne s'applique pas aux bateaux en service sauf si les parties concernées sont remplacées ou transformées, c'est-à-dire que la prescription ne s'applique qu'aux bateaux **n**eufs (à partir de la date indiquée), aux parties **r**emplacées et aux parties **t**ransformées après la date indiquée; la date de présentation pour la première visite aux fins de la délivrance d'un certificat d'agrément est déterminante pour la nomination en tant que bateau neuf; si des parties existantes sont remplacées par des pièces de rechange ou de renouvellement, de même technique et fabrication, il ne s'agit pas d'un remplacement "R" au sens des présentes dispositions transitoires.

Par transformation on entend également la modification d'un type de bateau-citerne, d'un type de citerne à cargaison ou d'une conception de citerne à cargaison existant en un autre type ou conception plus élevé.

Lorsque dans les dispositions transitoires générales du 1.6.7.2 aucune date n'est indiquée après "N.R.T.", il s'agit de N.R.T. après le 26 mai 2000. Lorsque dans les dispositions transitoires supplémentaires du 1.6.7.3 aucune date n'est indiquée, il s'agit de N.R.T. après le 26 mai 2000.

c)   "Renouvellement du certificat d'agrément après le ..." signifie que lorsqu'un bateau a bénéficié de la mesure transitoire prévue au paragraphe b) la prescription doit être remplie lors du prochain renouvellement du certificat d'agrément intervenant après cette date indiquée. Si le certificat d'agrément expire dans la première année après la date d'application du présent Règlement, la prescription n'est toutefois obligatoire qu'après l'expiration de cette première année.

d)   Les prescriptions du chapitre 1.6.7 applicables à bord des bateaux en service ne sont valables que si le N.R.T. n'est pas applicable.

1.6.7.2 *Dispositions transitoires générales*

1.6.7.2.1 *Dispositions transitoires générales pour les bateaux à cargaison sèche*

1.6.7.2.1.1 Les bateaux en service doivent répondre:

a) aux prescriptions des paragraphes mentionnés dans le tableau ci-dessous dans les délais qui sont fixés;

b) aux prescriptions des paragraphes non mentionnés dans le tableau ci-dessous à la date d'application du présent Règlement.

La construction et l'équipement des bateaux en service doivent être maintenus au moins au niveau de sécurité antérieur.

1.6.7.2.1.1	Tableau des dispositions transitoires générales - Cargaisons sèches	
Paragraphes	Objet	Délai et observations
7.1.2.19.1	Bateaux nécessaires pour assurer la propulsion Adaptation aux nouvelles prescriptions des 9.1.0.12.4, 9.1.0.40.2, 9.1.0.51 et 9.1.0.52	N.R.T. à partir du 1er janvier 2019 Renouvellement du certificat d'agrément après le 31 décembre 2034 Jusqu'à cette échéance, les prescriptions suivantes sont applicables à bord des bateaux en service: Dans un convoi poussé ou une formation à couple, tous les bateaux doivent être munis d'un certificat d'agrément approprié lorsqu'au moins un bateau dudit convoi ou de ladite formation à couple doit être muni d'un certificat d'agrément pour le transport de marchandises dangereuses. Les bateaux qui ne transportent pas de marchandises dangereuses doivent satisfaire aux prescriptions des sections, sous-sections et paragraphes ci-après: 1.16.1.1, 1.16.1.2, 1.16.1.3, 7.1.2.5, 8.1.5, 8.1.6.1, 8.1.6.3, 8.1.7, 9.1.0.0, 9.1.0.12.3, 9.1.0.12.5, 9.1.0.17.2, 9.1.0.17.3, 9.1.0.31, 9.1.0.32, 9.1.0.34, 9.1.0.41, 9.1.0.52.7, 9.1.0.56, 9.1.0.71 et 9.1.0.74.
7.1.3.41	Fait de fumer	N.R.T. à partir du 1er janvier 2019 Renouvellement du certificat d'agrément après le 31 décembre 2020
7.1.3.51.1	Installations et équipements non électriques	N.R.T. à partir du 1er janvier 2019 Renouvellement du certificat d'agrément après le 31 décembre 2024
7.1.3.51.5	Arrêt des installations et équipements marqués en rouge	N.R.T. à partir du 1er janvier 2019 Renouvellement du certificat d'agrément après le 31 décembre 2034
7.1.3.51.5	Installations et équipements qui donnent lieu à des températures de surface supérieures à 200 °C	N.R.T. à partir du 1er janvier 2019 Renouvellement du certificat d'agrément après le 31 décembre 2034
7.1.4.53	Appareils d'éclairage dans les zones de risque d'explosion de la zone 2	N.R.T. à partir du 1er janvier 2019 Renouvellement du certificat d'agrément après le 31 décembre 2022
8.1.2.2 e) – h)	Documents devant se trouver à bord	N.R.T. à partir du 1er janvier 2019 Renouvellement du certificat d'agrément après le 31 décembre 2020
8.6.1.1 8.6.1.2	Modification du certificat d'agrément	N.R.T. à partir du 1er janvier 2019 Renouvellement du certificat d'agrément après le 31 décembre 2018

1.6.7.2.1.1	Tableau des dispositions transitoires générales - Cargaisons sèches	
Paragraphes	Objet	Délai et observations
9.1.0.12.1	Ventilation des cales	N.R.T. Renouvellement du certificat d'agrément après le 31 décembre 2018 Jusqu'à cette échéance les prescriptions suivantes sont applicables à bord des bateaux en service: Chaque cale doit être aérée de manière appropriée de manière naturelle ou artificielle; en cas de transport de matières de la classe 4.3 chaque cale doit être munie d'une ventilation forcée; les dispositifs utilisés à cette fin doivent être construits de manière que l'eau ne puisse pénétrer dans la cale.
9.1.0.12.3	Ventilation des logements et de la timonerie	N.R.T. à partir du 1er janvier 2019 Renouvellement du certificat d'agrément après le 31 décembre 2034
9.1.0.12.3	Ventilation des locaux de service	N.R.T Renouvellement du certificat d'agrément après le 31 décembre 2018
9.1.0.12.3	Équipement des logements, de la timonerie et des locaux de service dans lesquels les températures de surface peuvent être plus élevées que celles mentionnées sous 9.1.0.51 ou dans lesquels sont utilisés des installations et équipements électriques qui ne sont pas conformes aux exigences du 9.1.0.52.1	N.R.T. à partir du 1er janvier 2019 Renouvellement du certificat d'agrément après le 31 décembre 2034
9.1.0.12.4	Orifices de ventilation	N.R.T. à partir du 1er janvier 2019 Renouvellement du certificat d'agrément après le 31 décembre 2034
9.1.0.12.5	Ventilateurs utilisés dans la zone protégée et ventilateurs de cales qui sont disposés dans le flux d'air: classe de température et groupe d'explosion	N.R.T. à partir du 1er janvier 2019 Renouvellement du certificat d'agrément après le 31 décembre 2034
9.1.0.17.2	Ouvertures étanches aux gaz lorsqu'elles sont face aux cales	N.R.T Renouvellement du certificat d'agrément après le 31 décembre 2018 Jusqu'à cette échéance les prescriptions suivantes sont applicables à bord des bateaux en service: Les ouvertures des logements et de la timonerie ouvrant vers les cales doivent pouvoir être bien fermées.
9.1.0.17.3	Accès et orifices à la zone protégée	N.R.T. Renouvellement du certificat d'agrément après le 31 décembre 2018 Jusqu'à cette échéance les prescriptions suivantes sont applicables à bord des bateaux en service: Les ouvertures des salles des machines et des locaux de service ouvrant vers les cales doivent pouvoir être bien fermées.

1.6.7.2.1.1	Tableau des dispositions transitoires générales - Cargaisons sèches	
Paragraphes	Objet	Délai et observations
9.1.0.31.2	Orifices d'aspiration des moteurs	N.R.T. Renouvellement du certificat d'agrément après le 31 décembre 2034
9.1.0.32.2	Orifices des tuyaux d'aération à 0,50 m au moins au-dessus du pont découvert	N.R.T. Renouvellement du certificat d'agrément après le 31 décembre 2018
9.1.0.34.1	Position des tuyaux d'échappement	N.R.T. Renouvellement du certificat d'agrément après le 31 décembre 2018
9.1.0.35	Pompes d'assèchement dans la zone protégée	N.R.T. Renouvellement du certificat d'agrément après le 31 décembre 2018 Jusqu'à cette échéance les prescriptions suivantes sont applicables à bord des bateaux en service: En cas de transport de matières de la classe 4.1, No ONU 3175, de toutes les matières de la classe 4.3 en vrac ou sans emballage et des polymères expansibles en granulés de la classe 9, No ONU 2211), l'assèchement des cales ne peut être effectué qu'à l'aide d'une installation d'assèchement située dans la zone protégée. L'installation d'assèchement située au-dessus de la salle des machines doit être bridée.
9.1.0.40.1	Moyens de lutte contre l'incendie, deux pompes etc.	N.R.T. Renouvellement du certificat d'agrément après le 31 décembre 2018
9.1.0.40.2	Installations d'extinction d'incendie fixées à demeure dans la salle des machines	N.R.T. Renouvellement du certificat d'agrément après le 31 décembre 2034
9.1.0.41 en liaison avec 7.1.3.41	Feu et lumière non protégée	N.R.T. Renouvellement du certificat d'agrément après le 31 décembre 2018 Jusqu'à cette échéance les prescriptions suivantes sont applicables à bord des bateaux en service: Les orifices des cheminées doivent être situés à 2,00 m au moins du point le plus proche des écoutilles des cales. Les installations de chauffage et de cuisson ne sont admises que dans les logements et les timoneries à fondation métallique. Toutefois: - Dans la salle des machines sont admises des installations de chauffage fonctionnant avec un combustible liquide dont le point d'éclair est supérieur à 55 °C; - Des chaudières de chauffage central fonctionnant avec un combustible solide sont admises dans un local situé sous le pont et accessible uniquement depuis le pont.
9.1.0.51	Températures des surfaces extérieures des moteurs ainsi que de leurs circuits de ventilation et de gaz d'échappement	N.R.T. à partir du 1er janvier 2019 Renouvellement du certificat d'agrément après le 31 décembre 2034

1.6.7.2.1.1	Tableau des dispositions transitoires générales - Cargaisons sèches	
Paragraphes	Objet	Délai et observations
9.1.0.52.1	Installations, équipements et matériel d'équipement électriques situés à l'extérieur de la zone protégée	N.R.T. à partir du 1er janvier 2019 Renouvellement du certificat d'agrément après le 31 décembre 2034 Jusqu'à cette échéance les prescriptions suivantes sont applicables à bord des bateaux en service: Les équipements électriques situés dans la zone protégée doivent pouvoir être mis hors tension par des interrupteurs disposés dans un endroit central, sauf si – Dans les cales ils sont de type "certifié de sécurité" correspondant au minimum à la classe de température T4 et au groupe d'explosion II B; et – Dans la zone protégée sur le pont ils sont du type "à risque limité d'explosion". Les circuits électriques correspondants doivent être munis de lampes témoins indiquant s'ils sont ou non sous tension. Les interrupteurs doivent être protégés contre une connexion inopinée non autorisée. Les prises utilisées dans cette zone doivent être conçues de sorte que la connexion ou déconnexion ne soit possible que lorsqu'elles sont hors tension. Les pompes immergées installées ou utilisées dans les cales doivent être du type "certifié de sécurité" au moins pour la classe de température T4 et le groupe d'explosion II B.
9.1.0.52.1	Installations électriques en fonctionnement pendant le séjour à proximité immédiate ou à l'intérieur d'une zone assignée à terre	N. R. T. à partir du 1er janvier 2019 Renouvellement du certificat d'agrément après le 31 décembre 2034
9.1.0.52.2	Installations et équipements marqués en rouge	N.R.T. à partir du 1er janvier 2019 Renouvellement du certificat d'agrément après le 31 décembre 2034
9.1.0.52.5	Pannes d'alimentation de l'équipement de contrôle et de sécurité	N.R.T. à partir du 1er janvier 2019 Renouvellement du certificat d'agrément après le 31 décembre 2024
9.1.0.53.5	Câbles électriques mobiles (gaines du type H 07 RN-F)	N.R.T. à partir du 1er janvier 2019 Renouvellement du certificat d'agrément après le 31 décembre 2034 Jusqu'à cette échéance les prescriptions suivantes sont applicables à bord des bateaux en service: jusqu'à cette échéance les câbles électriques mobiles (gaines du type H 07 RN-F) doivent être conformes à la norme CEI 60245-4:1994
9.1.0.53.6	Installations et équipements non électriques dans la zone protégée	N.R.T. à partir du 1er janvier 2019 Renouvellement du certificat d'agrément après le 31 décembre 2034
9.2.0.31.2	Orifices d'aspiration des moteurs	N.R.T. Renouvellement du certificat d'agrément après le 31 décembre 2034
9.2.0.34.1	Position des tuyaux d'échappement	N.R.T. Renouvellement du certificat d'agrément après le 31 décembre 2018

1.6.7.2.1.1	Tableau des dispositions transitoires générales - Cargaisons sèches	
Paragraphes	Objet	Délai et observations
9.2.0.41 en liaison avec 7.1.3.41	Feu et lumière non protégée	N.R.T. Renouvellement du certificat d'agrément après le 31 décembre 2018 Jusqu'à cette échéance les prescriptions suivantes sont applicables à bord des bateaux en service: Les orifices des cheminées doivent être situés à 2,00 m au moins du point le plus proche des écoutilles des cales. Les installations de chauffage et de cuisson ne sont admises que dans les logements et les timoneries à fondation métallique. Toutefois: - Dans la salle des machines sont admises des installations de chauffage fonctionnant avec un combustible liquide dont le point d'éclair est supérieur à 55 °C; - Des chaudières de chauffage central fonctionnant avec un combustible solide sont admises dans un local situé sous le pont et accessible uniquement depuis le pont.

1.6.7.2.1.2 et   (*Supprimés*)
1.6.7.2.1.3

1.6.7.2.1.4   Pour un bateau ou une barge dont la quille a été posée avant le 1er juillet 2017 et qui n'est pas conforme aux prescriptions du 9.x.0.1 relatives au dossier du bateau, la conservation des documents pour le dossier du bateau doit commencer au plus tard à la date du prochain renouvellement du certificat d'agrément.

1.6.7.2.2   *Dispositions transitoires générales pour les bateaux-citernes*

1.6.7.2.2.1   Les bateaux en service doivent répondre:

a)   aux prescriptions des paragraphes mentionnés dans le tableau ci-dessous dans les délais qui sont fixés;

b)   aux prescriptions des paragraphes non mentionnés dans le tableau ci-dessous à la date d'application du présent Règlement.

La construction et l'équipement des bateaux en service doivent être maintenus au moins au niveau de sécurité antérieur.

| 1.6.7.2.2.2   Tableau des dispositions transitoires générales - Bateaux-citernes |||
Paragraphes	Objet	Délai et observations
1.2.1	Classement en zones Zone 1 Étendue spatiale	N.R.T. à partir du 1er janvier 2019 Renouvellement du certificat d'agrément après le 31 décembre 2034 Jusqu'à cette échéance sont applicables pour les bateaux en service les prescriptions suivantes: l'étendue spatiale de la zone 1 correspond à un tronc de pyramide rectangulaire aux dimensions suivantes: Surface au sol: de bord à bord et de cloison extérieure de cofferdam à cloison extérieure de cofferdam Angle d'inclinaison des côtés étroits: 45° Angle d'inclinaison des côtés longs: 90° Hauteur: 3,00 m
	Zone 2 Étendue spatiale	N.R.T. à partir du 1er janvier 2019 Renouvellement du certificat d'agrément après le 31 décembre 2034
1.2.1	Coupe-flammes Épreuve selon la norme ISO 16852:2016 ou EN ISO 16852:2016	N.R.T. à partir du 1er janvier 2019 Renouvellement du certificat d'agrément après le 31 décembre 2034 Jusqu'à cette échéance les prescriptions suivantes sont applicables à bord des bateaux en service: Les coupe-flammes doivent: - être éprouvés conformément à la norme ISO 16852:2010 ou à la norme EN ISO 16852:2010 s'ils ont été remplacés à compter du 1er janvier 2015 ou si les bateaux ont été construits ou transformés à compter du 1er janvier 2015. - être éprouvés conformément à la norme EN 12874:2001 s'ils ont été remplacés à compter du 1er janvier 2001 ou si les bateaux ont été construits ou transformés à compter du 1er janvier 2001. - être d'un type agréé par l'autorité compétente pour l'usage prévu s'ils ont été remplacés à avant le 1er janvier 2001 ou si les bateaux ont été construits ou transformés avant le 1er janvier 2001.

1.6.7.2.2.2	Tableau des dispositions transitoires générales - Bateaux-citernes	
Paragraphes	Objet	Délai et observations
1.2.1	Coupe-flammes Preuve "conforme aux exigences applicables"	N.R.T. à partir du 1er janvier 2019 Renouvellement du certificat d'agrément après le 31 décembre 2034
1.2.1	Détecteur de gaz Épreuve selon la norme CEI 60079-29-1:2016	N.R.T. à partir du 1er janvier 2019 Renouvellement du certificat d'agrément après le 31 décembre 2020
1.2.1	Dispositif de décompression en toute sécurité des citernes à cargaison Résistance à la déflagration Épreuve selon la norme ISO 16852: 2016 /Preuve "conforme aux exigences applicables"	N.R.T. à partir du 1er janvier 2019 Renouvellement du certificat d'agrément après le 31 décembre 2034 La résistance à la déflagration doit être éprouvée conformément à la norme EN 12874:2001, y compris la confirmation que doit fournir le fabricant conformément à la directive 94/9/CE à bord des bateaux construits ou transformés à compter du 1er janvier 2001 ou si le dispositif permettant de décompresser en toute sécurité les citernes à cargaison a été remplacé à compter du 1er janvier 2001. Dans les autres cas, ils doivent être d'un type agréé par l'autorité compétente pour l'usage prévu.
1.2.1	Espace de cale	N.R.T. Pour les bateaux du type N ouvert dont les espaces de cales contiennent des installations auxiliaires et ne transportent que des matières de la classe 8, avec observation 30 à la colonne (20) du tableau C du chapitre 3.2. Renouvellement du certificat d'agrément après le 1er décembre 2038
1.2.1	Installation de détection de gaz Épreuve selon la norme CEI 60079-29-1:2016 et la norme EN 50271:2010	N.R.T. à partir du 1er janvier 2019 Renouvellement du certificat d'agrément après le 31 décembre 2024
1.2.1	Installation de mesure de l'oxygène Épreuve selon la norme EN 50104:2010	N.R.T. à partir du 1er janvier 2019 Renouvellement du certificat d'agrément après le 31 décembre 2020
1.2.1	Matériel électrique du type à risque limité d'explosion	N.R.T. Renouvellement du certificat d'agrément après le 31 décembre 2034 Jusqu'à cette échéance les prescriptions suivantes sont applicables à bord des bateaux en service: Un matériel électrique à risque limité d'explosion est: - Soit un matériel électrique pour lequel le fonctionnement normal ne produit pas d'étincelles et ne conduit pas à des températures de surface excédant 200 °C; - Soit un matériel électrique à enveloppe protégée contre les jets d'eau construit de façon à ce que sa température de surface n'excède pas 200 °C sous les conditions normales de service.

1.6.7.2.2.2	Tableau des dispositions transitoires générales - Bateaux-citernes	
Paragraphes	Objet	Délai et observations
1.2.1	Orifice de prise d'échantillons Résistance à la déflagration Épreuve selon la norme ISO 16852: 2016 ou EN ISO 16852: 2016/Preuve "conforme aux exigences applicables"	N.R.T. à partir du 1er janvier 2019 Renouvellement du certificat d'agrément après le 31 décembre 2034 La résistance à la déflagration de l'orifice de prise d'échantillons doit: - être éprouvée conformément à la norme ISO 16852:2010 ou EN ISO 16852:2010, y compris l'attestation du fabricant au sens de la directive 94/9/CE ou équivalent, si les orifices de prise d'échantillons ont été remplacés à compter du 1er janvier 2015 ou si les bateaux ont été construits ou transformés à compter du 1er janvier 2015. - être éprouvée conformément à la norme EN 12874:2001 y compris l'attestation du fabricant au sens de la directive 94/9/CE ou équivalent, si les orifices de prise d'échantillons ont été remplacés à compter du 1er janvier 2001 ou si les bateaux ont été construits ou transformés à compter du 1er janvier 2001. - être d'un type agréé par l'autorité compétente pour l'usage prévu si les orifices de prise d'échantillons ont été remplacés avant le 1er janvier 2001 ou si les bateaux ont été construits ou transformés avant le 1er janvier 2001.
1.2.1	Oxygène-mètre Épreuve selon EN 50104:2010	N.R.T. à partir du 1er janvier 2019 Renouvellement du certificat d'agrément après le 31 décembre 2020
1.2.1	Soupape de dégagement à grande vitesse Épreuve selon la norme ISO 16852:2016 ou EN ISO 16852: 2016/Preuve conforme aux exigences applicables	N.R.T. à partir du 1er janvier 2019 Renouvellement du certificat d'agrément après le 31 décembre 2034 Jusqu'à cette échéance les prescriptions suivantes sont applicables à bord des bateaux en service: Les soupapes de dégagement à grande vitesse doivent: - être éprouvées conformément à la norme ISO 16852:2010 ou EN ISO 16852:2010, y compris l'attestation du fabricant au sens de la directive 94/9/CE ou équivalent, si elles ont été remplacées à compter du 1er janvier 2015 ou si les bateaux ont été construits ou transformés à compter du 1er janvier 2015. - être éprouvées conformément à la norme EN 12874:2001 y compris l'attestation du fabricant au sens de la directive 94/9/CE ou équivalent, si elles ont été remplacées à compter du 1er janvier 2001 ou si les bateaux ont été construits ou transformés à compter du 1er janvier 2001. - être d'un type agréé par l'autorité compétente pour l'usage prévu si elles ont été remplacées avant le 1er janvier 2001 ou si les bateaux ont été construits ou transformés avant le 1er janvier 2001.

	1.6.7.2.2.2 Tableau des dispositions transitoires générales - Bateaux-citernes	
Paragraphes	Objet	Délai et observations
1.2.1	Soupape de dépression Résistance à la déflagration Épreuve selon la norme ISO 16852:2016 Preuve: « conforme aux exigences applicables »	N.R.T. à partir du 1er janvier 2019 Renouvellement du certificat d'agrément après le 31 décembre 2034 La résistance à la déflagration doit être éprouvée conformément à la norme EN 12874:2001, y compris la confirmation que doit fournir le fabricant conformément à la directive 94/9/CE ou équivalent, à bord des bateaux construits ou transformés à compter du 1er janvier 2001 ou si la soupape de dépression a été remplacée à compter du 1er janvier 2001. Dans les autres cas, elles doivent être d'un type agréé par l'autorité compétente pour l'usage prévu.
1.2.1	Zone de cargaison Étendue spatiale au-dessus du pont	N.R.T. à partir du 1er janvier 2019 Renouvellement du certificat d'agrément après le 31 décembre 2034 Jusqu'à cette échéance les prescriptions suivantes sont applicables à bord des bateaux en service: L'étendue spatiale correspond à un tronc de pyramide rectangulaire aux dimensions suivantes: Surface au sol: de bord à bord et de cloison extérieure de cofferdam à cloison extérieure de cofferdam Angle d'inclinaison des côtés étroits: 45° Angle d'inclinaison des côtés longs: 90° Hauteur: 3,00 m L'étendue spatiale de la zone 1 correspond à la zone de cargaison au-dessus du pont
7.2.2.6	Étalonnage des installations de détection de gaz pour le n-hexane	N.R.T. à partir du 1er janvier 2019 Renouvellement du certificat d'agrément après le 31 décembre 2020

1.6.7.2.2.2	Tableau des dispositions transitoires générales - Bateaux-citernes	
Paragraphes	Objet	Délai et observations
7.2.2.19.3	Bateaux utilisés pour la propulsion Adaptation aux nouvelles prescriptions Prescriptions des 9.3.3.12.4, 9.3.3.51 et 9.3.3.52.1 à 9.3.3.52.8	N.R.T. à partir du 1er janvier 2019 Renouvellement du certificat d'agrément après le 31 décembre 2034 Jusqu'à cette échéance, les prescriptions suivantes sont applicables à bord des bateaux en service: Les bateaux utilisés pour la propulsion dans un convoi poussé ou une formation à couple doivent satisfaire aux prescriptions des sections, sous-sections et paragraphes ci-après: 1.16.1.1, 1.16.1.2, 1.16.1.3, 7.2.2.5, 8.1.4, 8.1.5, 8.1.6.1, 8.1.6.3, 8.1.7, 9.3.3.0.1, 9.3.3.0.3.1, 9.3.3.0.5, 9.3.3.10.1, 9.3.3.10.4, 9.3.3.12.4 a) à l'exception de la timonerie, 9.3.3.12.4 b) à l'exception du temps de réponse t90, 9.3.3.12.4 c), 9.3.3.12.6, 9.3.3.16, 9.3.3.17.1 à 9.3.3.17.4, 9.3.3.31.1 à 9.3.3.31.5, 9.3.3.32.2, 9.3.3.34.1, 9.3.3.34.2, 9.3.3.40.1 (toutefois, une seule pompe à incendie ou de ballastage suffit), 9.3.3.40.2, 9.3.3.41, 9.3.3.50.1 c), 9.3.3.50.2, 9.3.3.51, 9.3.3.52.6, 9.3.3.52.7, 9.3.3.52.8, 9.3.3.56.5, 9.3.3.71 et 9.3.3.74, lorsqu'au moins un bateau dudit convoi ou de ladite formation à couple transporte des marchandises dangereuses. La prescription du 9.3.3.10.4 peut être remplie par l'installation de parois de protection verticales d'une hauteur minimale de 0,50 m. Les bateaux utilisés seulement pour la propulsion de bateaux-citernes de type N ouvert n'ont pas à satisfaire aux prescriptions des paragraphes 9.3.3.10.1, 9.3.3.10.4 et 9.3.3.12.6. Ces dérogations doivent être inscrites dans le certificat d'agrément ou le certificat d'agrément provisoire comme suit: « Dérogations admises »: « Dérogation aux 9.3.3.10.1, 9.3.3.10.4 et 9.3.3.12.6; le bateau peut uniquement déplacer des bateaux-citernes de type N ouvert ».
7.2.2.19.4	Bateaux de la formation pour lesquels est exigée la protection contre les explosions	N.R.T. à partir du 1er janvier 2019 Renouvellement du certificat d'agrément après le 31 décembre 2034
7.2.3.20.1	Eau de ballastage Interdiction de remplir d'eau les cofferdams	N.R.T. Renouvellement du certificat d'agrément après le 31 décembre 2038 Jusqu'à cette échéance les prescriptions suivantes sont applicables à bord des bateaux en service: Les cofferdams peuvent être remplis d'eau lors du déchargement pour donner de l'assiette et pour permettre un assèchement si possible exempt de restes. Pendant que le bateau fait route, les cofferdams ne peuvent être remplis d'eau de ballastage que lorsque les citernes à cargaison sont vides.
7.2.3.20.1	Preuve de la stabilité en cas de voie d'eau en liaison avec l'eau de ballastage	N.R.T. pour les bateaux du type G et du type N. Renouvellement du certificat d'agrément après le 31 décembre 2044.

1.6.7.2.2.2	Tableau des dispositions transitoires générales - Bateaux-citernes	
Paragraphes	Objet	Délai et observations
7.2.3.31.2	Véhicules à moteur uniquement en dehors de la zone de cargaison	N.R.T. pour les bateaux du type N ouvert Renouvellement du certificat d'agrément après le 31 décembre 2034 Jusqu'à cette échéance les prescriptions suivantes sont applicables à bord des bateaux en service: Le véhicule ne doit pas être mis en marche à bord.
7.2.3.41	Fait de fumer	N.R.T. à partir du 1er janvier 2019 Renouvellement du certificat d'agrément après le 31 décembre 2020
7.2.3.51.4	Arrêt des installations et équipements non électriques marqués en rouge	N.R.T. à partir du 1er janvier 2019 Renouvellement du certificat d'agrément après le 31 décembre 2034
7.2.3.51.5	Température de surface lorsque T4, T5 ou T6 sont exigés	N.R.T. à partir du 1er janvier 2019 Renouvellement du certificat d'agrément après le 31 décembre 2020
7.2.4.22.3	Prise d'échantillons	N.R.T. pour les bateaux du type N ouvert Renouvellement du certificat d'agrément après le 31 décembre 2018 Jusqu'à cette échéance les prescriptions suivantes sont applicables à bord des bateaux en service: Les couvercles des citernes à cargaison peuvent être ouverts pendant le chargement pour les contrôles et les prises d'échantillons.
8.1.2.3 r), s), t), v)	Documents devant se trouver à bord	N.R.T. à partir du 1er janvier 2019 Renouvellement du certificat d'agrément après le 31 décembre 2020 Jusqu'à cette échéance doivent se trouver à bord des bateaux en service, outre les documents requis conformément aux prescriptions visées au 1.1.4.6, les documents ci-après: a) Un plan indiquant les limites de la zone de cargaison et l'emplacement des équipements électriques installés dans cette zone; b) Une liste des machines, appareils ou autres équipements électriques visés à l'alinéa a) ci-dessus, avec les renseignements suivants: Machine ou appareil, emplacement, type de protection, mode de protection contre les explosions, service ayant exécuté les épreuves et numéro d'agrément; c) Une liste ou un plan schématique indiquant les équipements situés en dehors de la zone de cargaison qui peuvent être utilisés lors du chargement, du déchargement ou du dégazage. Les documents énumérés ci-dessus doivent porter le visa de l'autorité compétente ayant délivré le certificat d'agrément.

1.6.7.2.2.2	Tableau des dispositions transitoires générales - Bateaux-citernes	
Paragraphes	Objet	Délai et observations
8.1.2.3 u)	Documents devant se trouver à bord Plan avec le classement en zones	N.R.T. à partir du 1er janvier 2019 Renouvellement du certificat d'agrément après le 31 décembre 2034
8.1.6.3	Vérification de l'installation de mesure de l'oxygène	N.R.T. à partir du 1er janvier 2019 Renouvellement du certificat d'agrément après le 31 décembre 2020
8.1.7.2	Installations, équipements, systèmes de protection autonomes, contrôle des installations, équipements et systèmes de protection autonomes, ainsi que conformité des documents visés au 8.1.2.3, r) à v) par rapport à la situation à bord	N.R.T. à partir du 1er janvier 2019 Renouvellement du certificat d'agrément après le 31 décembre 2020
8.1.7.2	Marquage des installations et équipements destinés à une utilisation dans les zones de risque d'explosion ainsi que des systèmes de protection autonomes	N.R.T. à partir du 1er janvier 2019 Renouvellement du certificat d'agrément après le 31 décembre 2024
8.6.1.3 8.6.1.4	Modification du certificat d'agrément	N.R.T. à partir du 1er janvier 2019 Renouvellement du certificat d'agrément après le 31 décembre 2018
9.3.2.0.1 c) 9.3.3.0.1 c)	Protection des conduites d'évacuation de gaz contre la corrosion	N.R.T. à partir du 1er janvier 2001 Renouvellement du certificat d'agrément après le 31 décembre 2034
9.3.1.0.3 d) 9.3.2.0.3 d) 9.3.3.0.3 d)	Matériaux des logements et de la timonerie difficilement inflammables	N.R.T. Renouvellement du certificat d'agrément après le 31 décembre 2034
9.3.3.8.1	Maintien de la classe	N.R.T. pour les bateaux du type N ouvert avec coupe-flammes et les bateaux du type N ouvert Renouvellement du certificat d'agrément après le 31 décembre 2044 Jusqu'à cette échéance les prescriptions suivantes sont applicables à bord des bateaux en service: Sauf disposition contraire, le type de construction, la solidité, le compartimentage, l'équipement et le gréement du bateau doivent être conformes ou équivalents aux prescriptions de construction pour le classement dans la plus haute classe d'une société de classification agréée.
9.3.1.10.1 9.3.2.10.1 9.3.3.10.1	Pénétration de gaz et de liquides dans la timonerie Fenêtres ouvrables	N.R.T. à partir du 1er janvier 2019 Renouvellement du certificat d'agrément après le 31 décembre 2024
9.3.1.10.2 9.3.2.10.2 9.3.3.10.2	Hauteur de l'hiloire de protection	N.R.T. à partir du 1er janvier 2019 Renouvellement du certificat d'agrément après le 31 décembre 2020

1.6.7.2.2.2	Tableau des dispositions transitoires générales - Bateaux-citernes	
Paragraphes	Objet	Délai et observations
9.3.1.10.3 9.3.2.10.3 9.3.3.10.3	Cloison de protection	N.R.T. à partir du 1er janvier 2019 Renouvellement du certificat d'agrément après le 31 décembre 2024
9.3.1.10.4 9.3.2.10.4 9.3.3.10.4	Seuil des portes, etc.	N.R.T. Renouvellement du certificat d'agrément après le 31 décembre 2034 Jusqu'à cette échéance les prescriptions suivantes sont applicables, à l'exception de ceux du type N ouvert, à bord des bateaux en service: Cette prescription peut être remplie par l'installation de parois de protection verticales d'une hauteur minimale de 0,50 m. Jusqu'à cette échéance, à bord des bateaux en service d'une longueur inférieure à 50,00 m, la hauteur de 0,50 m peut être portée à 0,30 m aux passages vers le pont.
9.3.1.11.1 b)	Rapport longueur/diamètre des citernes à cargaison à pression	N.R.T. Renouvellement du certificat d'agrément après le 31 décembre 2044
9.3.3.11.1 d)	Limitation de la longueur des citernes à cargaison	N.R.T. Renouvellement du certificat d'agrément après le 31 décembre 2044
9.3.1.11.2 a)	Disposition des citernes à cargaison Intervalle entre les citernes à cargaison et les parois latérales Hauteur des berceaux	N.R.T. pour les bateaux du type G dont la quille a été posée avant le 1er janvier 1977 Renouvellement du certificat d'agrément après le 31 décembre 2044

1.6.7.2.2.2	Tableau des dispositions transitoires générales - Bateaux-citernes	
Paragraphes	Objet	Délai et observations
9.3.1.11.2 a)	Disposition des citernes à cargaison Intervalle entre les citernes à cargaison et les parois latérales Hauteur des berceaux	N.R.T. Renouvellement du certificat d'agrément après le 31 décembre 2044 Jusqu'à cette échéance les prescriptions suivantes sont applicables pour les bateaux en service dont la quille a été posée après le 31 décembre 1976: Si les citernes ont un volume supérieur à 200 m³ ou si le rapport de la longueur au diamètre est inférieur à 7 mais supérieur à 5, la coque doit être de nature telle dans la zone des citernes qu'au cours d'une collision les citernes restent autant que possible intactes. Cette condition est considérée comme remplie lorsque le bateau dans la zone des citernes - est à muraille double avec un intervalle de 80 cm au moins entre le bordé extérieur et la cloison longitudinale, - ou bien lorsqu'il est construit comme suit: a) Entre le plat-bord et l'arête supérieure des varangues sont disposées des serres à intervalles réguliers de 60 cm au plus; b) Les serres sont supportées par des porques distants entre eux de 2,00 m au plus. La hauteur de ces porques est au moins égale à 10 % du creux au livet sans être inférieure toutefois à 30 cm. Ils sont munis d'une semelle constituée par un plat de 15 cm² de section au moins; c) Les serres visées sous a) ont la même hauteur que les porques et sont munies d'une semelle en acier constituée par un plat de 7,5 cm² de section au moins.
9.3.1.11.2 a)	Distance entre puisard et varangues	N.R.T. Renouvellement du certificat d'agrément après le 31 décembre 2044
9.3.1.11.2 b) 9.3.2.11.2 b) 9.3.3.11.2 a)	Fixation des citernes à cargaison	N.R.T. Renouvellement du certificat d'agrément après le 31 décembre 2044
9.3.1.11.2 c) 9.3.2.11.2 c) 9.3.3.11.2 b)	Volume du puisard	N.R.T. Renouvellement du certificat d'agrément après le 31 décembre 2044
9.3.1.11.2 d) 9.3.2.11.2 d)	Etais entre la coque et les citernes à cargaison	N.R.T. à partir du 1er janvier 2001 Renouvellement du certificat d'agrément après le 31 décembre 2044
9.3.3.11.2 d)	Étais entre la coque et les citernes à cargaison	N.R.T. à partir du 1er janvier 2019 Renouvellement du certificat d'agrément après le 31 décembre 2044
9.3.1.11.3 a)	Cloisons d'extrémité de la zone de cargaison avec isolation "A-60" Distance de 0,50 m des citernes à cargaison par rapport aux cloisons d'extrémité des espaces de cales	N.R.T. Renouvellement du certificat d'agrément après le 31 décembre 2044

1.6.7.2.2.2	Tableau des dispositions transitoires générales - Bateaux-citernes	
Paragraphes	Objet	Délai et observations
9.3.2.11.3 a) 9.3.3.11.3 a)	Largeur des cofferdams de 0,60 m Espaces de cales avec cofferdams ou cloisons isolées "A-60" Distance de 0,50 m des citernes à cargaison dans l'espace de cale	N.R.T. Renouvellement du certificat d'agrément après le 31 décembre 2044 Jusqu'à cette échéance les prescriptions suivantes sont applicables à bord des bateaux en service: Type C: Largeur minimale des cofferdams: 0,50 m; Type N: Largeur minimale des cofferdams: 0,50 m à bord des bateaux d'un port en lourd jusqu'à 150 t: 0,40 m; Type N ouvert: Les cofferdams ne sont pas exigés sur les bateaux avec un port en lourd jusqu'à 150 t et pour les bateaux déshuileurs. La distance entre les citernes à cargaison et les cloisons d'extrémité des espaces de cales doit être au moins de 0,40 m.
9.3.3.11.4	Passages à travers les cloisons d'extrémités des espaces de cales	N.R.T à partir du 1er janvier 2005 pour les bateaux du type N ouvert dont la quille a été posée avant le 1er janvier 1977 Renouvellement du certificat d'agrément après le 31 décembre 2044
9.3.3.11.4	Distance des tuyauteries par rapport au fond	N.R.T. à partir du 1er janvier 2005 Renouvellement du certificat d'agrément après le 31 décembre 2038
9.3.3.11.4	Dispositifs de fermeture des tuyauteries de chargement et de déchargement dans la citerne à cargaison d'où ils proviennent	N.R.T. à partir du 1er janvier 2005 Renouvellement du certificat d'agrément après le 31 décembre 2018
9.3.3.11.6 a)	Forme du cofferdam aménagé comme chambre des pompes	N.R.T. pour les bateaux du type N dont la quille a été posée avant le 1er janvier 1977 Renouvellement du certificat d'agrément après le 31 décembre 2044
9.3.3.11.7	Distance entre les citernes à cargaison et la paroi extérieure du bateau	N.R.T. après le 1er janvier 2001 Renouvellement du certificat d'agrément après le 31 décembre 2038
9.3.3.11.7	Largeur de la double coque	N.R.T. après le 1er janvier 2007 Renouvellement du certificat d'agrément après le 31 décembre 2038
9.3.3.11.7	Distance entre le puisard et les structures du fond	N.R.T. après le 1er janvier 2003 Renouvellement du certificat d'agrément après le 31 décembre 2038
9.3.3.11.8	Aménagement des locaux de service installés dans la zone de cargaison sous le pont	N.R.T. pour les bateaux du type N ouvert Renouvellement du certificat d'agrément après le 31 décembre 2038
9.3.1.11.8 9.3.3.11.9	Dimensions des ouvertures d'accès à des locaux dans la zone de cargaison	N.R.T. Renouvellement du certificat d'agrément après le 31 décembre 2018
9.3.1.11.8 9.3.2.11.10 9.3.3.11.9	Intervalle entre les renforcements	N.R.T. Renouvellement du certificat d'agrément après le 31 décembre 2044

1.6.7.2.2.2	Tableau des dispositions transitoires générales - Bateaux-citernes	
Paragraphes	Objet	Délai et observations
9.3.2.12.1 9.3.3.12.1	Ouverture de ventilation des espaces de cale	N.R.T. à partir du 1er janvier 2003 Renouvellement du certificat d'agrément après le 31 décembre 2018
9.3.1.12.2 9.3.3.12.2	Système de ventilation des espaces de double coque et doubles fonds	N.R.T. Renouvellement du certificat d'agrément après le 31 décembre 2018
9.3.1.12.3 9.3.2.12.3 9.3.3.12.3	Distance au-dessus du pont de l'orifice d'arrivée d'air pour les locaux de service situés sous le pont	N.R.T. Renouvellement du certificat d'agrément après le 31 décembre 2018
9.3.1.12.4 9.3.2.12.4 9.3.3.12.4	Ventilation de la timonerie	N.R.T. à partir du 1er janvier 2019 Renouvellement du certificat d'agrément après le 31 décembre 2024
9.3.1.12.4 9.3.2.12.4 9.3.3.12.4	Équipement des logements, de la timonerie et des locaux de service dans lesquels les températures de surface peuvent être plus élevées que celles mentionnées sous 9.3.x.51 a)	N.R.T. à partir du 1er janvier 2019 Renouvellement du certificat d'agrément après le 31 décembre 2034
9.3.1.12.4 9.3.2.12.4 9.3.3.12.4	Équipement de la timonerie lorsque les températures de surface peuvent être plus élevées que celles mentionnées sous 9.3.x.51 a) ou lorsque sont utilisés des équipements électriques qui ne sont pas conformes aux exigences du 9.3.x.52.1	N.R.T. à partir du 1er janvier 2019 Renouvellement du certificat d'agrément après le 31 décembre 2034
9.3.1.12.4 9.3.3.12.4	Installations et équipements électriques en fonctionnement pendant le chargement, le déchargement, le dégazage ou le séjour à proximité immédiate ou à l'intérieur d'une zone assignée à terre.	N.R.T. à partir du 1er janvier 2019 Renouvellement du certificat d'agrément après le 31 décembre 2034 Jusqu'à cette échéance, à bord des bateaux en service du type G et N dont la quille a été posée avant le 1er janvier 1977, tous les équipements électriques à l'exception des installations d'éclairage dans les logements, des Installations de radiotéléphonie dans les logements et dans la timonerie ainsi que des appareils de contrôle des moteurs à combustion doivent répondre aux conditions suivantes: Générateurs, moteurs, etc.: indice de protection IP13 Tableaux de distribution, interrupteurs placés à proximité de l'entrée aux logements etc.: indice de protection IP23 Matériel d'équipement, etc.: indice de protection IP55
9.3.1.12.4 9.3.2.12.4 9.3.3.12.4	Installations et équipements non électriques en fonctionnement pendant le chargement, le déchargement, le dégazage ou le séjour à proximité immédiate ou à l'intérieur d'une zone assignée à terre.	N.R.T. à partir du 1er janvier 2019 Renouvellement du certificat d'agrément après le 31 décembre 2034
9.3.1.12.4 b) 9.3.2.12.4 b) 9.3.3.12.4 b)	Installation de détection de gaz: temps T90	N.R.T. à partir du 1er janvier 2019 Renouvellement du certificat d'agrément après le 31 décembre 2034

1.6.7.2.2.2	Tableau des dispositions transitoires générales - Bateaux-citernes	
Paragraphes	Objet	Délai et observations
9.3.1.12.4 9.3.2.12.4 9.3.3.12.4	Alarmes non acquittées	N.R.T. à partir du 1er janvier 2019 Renouvellement du certificat d'agrément après le 31 décembre 2024
9.3.1.12.6 9.3.2.12.6 9.3.3.12.6	Distance entre les orifices de ventilation des logements et des locaux de service et la zone de cargaison	N.R.T. à partir du 1er janvier 2003 Renouvellement du certificat d'agrément après le 31 décembre 2034
9.3.1.12.6 9.3.2.12.6 9.3.3.12.6	Dispositifs fixés à demeure selon 9.3.x.40.2.2 c)	N.R.T. à partir du 1er janvier 2003 Renouvellement du certificat d'agrément après le 31 décembre 2018
9.3.1.12.6 9.3.2.12.6 9.3.3.12.6	Distance entre les orifices de ventilation de la timonerie et la zone de cargaison	N.R.T. à partir du 1er janvier 2019 Renouvellement du certificat d'agrément après le 31 décembre 2034
9.3.1.13 9.3.3.13	Stabilité (généralités)	N.R.T. Renouvellement du certificat d'agrément après le 31 décembre 2044
9.3.3.13.3 alinéa 2	Stabilité (généralités)	N.R.T. à partir du 1er janvier 2007 Renouvellement du certificat d'agrément après le 31 décembre 2044
9.3.1.14 9.3.3.14	Stabilité (à l'état intact)	N.R.T. Renouvellement du certificat d'agrément après le 31 décembre 2044
9.3.1.15	Stabilité (après avarie)	N.R.T. Renouvellement du certificat d'agrément après le 31 décembre 2044
9.3.3.15	Stabilité (après avarie)	N.R.T. après le 1er janvier 2007 Renouvellement du certificat d'agrément après le 31 décembre 2044
9.3.1.16.1 9.3.3.16.1	Distance des ouvertures des salles des machines de la zone de cargaison	N.R.T. Renouvellement du certificat d'agrément après le 31 décembre 2044
9.3.3.16.1	Moteurs à combustion interne en dehors de la zone de cargaison	N.R.T. pour les bateaux du type N ouvert Renouvellement du certificat d'agrément après le 31 décembre 2034
9.3.1.16.2 9.3.3.16.2	Charnières de portes du côté de la zone de cargaison	N.R.T. pour les bateaux dont la quille a été posée avant le 1er janvier 1977 lorsque la transformation entraverait d'autres accès importants Renouvellement du certificat d'agrément après le 31 décembre 2034
9.3.3.16.2	Salles des machines accessibles depuis le pont	N.R.T. pour les bateaux du type N ouvert Renouvellement du certificat d'agrément après le 31 décembre 2034

1.6.7.2.2.2	Tableau des dispositions transitoires générales - Bateaux-citernes	
Paragraphes	Objet	Délai et observations
9.3.1.17.1 9.3.3.17.1	Logements et timonerie en dehors de la zone de cargaison	N.R.T. pour les bateaux dont la quille a été posée avant le 1er janvier 1977 à condition qu'il n'y ait pas de liaison entre la timonerie et d'autres locaux fermés Renouvellement du certificat d'agrément après le 31 décembre 2044 Renouvellement du certificat d'agrément après le 31 décembre 2044 pour les bateaux d'une longueur jusqu'à 50 m dont la quille a été posée avant le 1er janvier 1977 et dont la timonerie est située dans la zone de cargaison même si elle constitue l'entrée d'un autre local fermé à condition que la sécurité soit assurée par des prescriptions de service appropriées de l'autorité compétente.
9.3.3.17.1	Logements et timonerie en dehors de la zone de cargaison	N.R.T. pour les bateaux du type N ouvert Renouvellement du certificat d'agrément après le 31 décembre 2044
9.3.1.17.2 9.3.2.17.2 9.3.3.17.2	Aménagement des accès et orifices de superstructures à l'avant du bateau	N.R.T. Renouvellement du certificat d'agrément après le 31 décembre 2044
9.3.1.17.2 9.3.2.17.2 9.3.3.17.2	Accès tournés vers la zone de cargaison	N.R.T. pour les bateaux d'une longueur jusqu'à 50 m dont la quille a été posée avant le 1er janvier 1977 à condition que des écrans contre les gaz soient installés Renouvellement du certificat d'agrément après le 31 décembre 2044
9.3.3.17.2	Accès et orifices	N.R.T. pour les bateaux du type N ouvert Renouvellement du certificat d'agrément après le 31 décembre 2044
9.3.1.17.4 9.3.3.17.4	Distance des orifices de la zone de cargaison	N.R.T. Renouvellement du certificat d'agrément après le 31 décembre 2044
9.3.3.17.5 b), c)	Agrément des passages d'arbres et affichage des instructions	N.R.T. pour les bateaux du type N ouvert Renouvellement du certificat d'agrément après le 31 décembre 2018

9.3.1.17.6
9.3.3.17.6
	Chambre de pompes sous pont	N.R.T.
		
		Renouvellement du certificat d'agrément après le 31 décembre 2018
		
		Jusqu'à cette échéance, les prescriptions suivantes sont applicables à bord des bateaux en service:
		
		Les chambres des pompes sous pont doivent:
		
		- répondre aux prescriptions pour les locaux de service:
		  - pour les bateaux du type G: 9.3.1.12.3;
		  - pour les bateaux du type N: 9.3.3.12.3;
		- être munies d'un système de détection de gaz visé au 9.3.1.17.6 ou 9.3.3.17.6.

9.3.1.17.6 9.3.2.17.6 9.3.3.17.6	Distance entre orifices d'aération de la chambre des pompes et la timonerie	N.R.T. à partir du 1er janvier 2019 Renouvellement du certificat d'agrément après le 31 décembre 2034

Paragraphes	Objet	Délai et observations
1.6.7.2.2.2 Tableau des dispositions transitoires générales - Bateaux-citernes		
9.3.1.17.6 9.3.2.17.6 9.3.3.17.6	Installation de mesure de l'oxygène Valeur limite minimale pour l'alarme	N.R.T. à partir du 1er janvier 2019 Renouvellement du certificat d'agrément après le 31 décembre 2020
9.3.1.17.6 9.3.2.17.6 9.3.3.17.6	Alarmes non acquittées	N.R.T. à partir du 1er janvier 2019 Renouvellement du certificat d'agrément après le 31 décembre 2024
9.3.2.20.1 9.3.3.20.1	Accès aux cofferdams ou aux compartiments de cofferdams	N.R.T. à partir du 1er janvier 2015 Renouvellement du certificat d'agrément après le 31 décembre 2034
9.3.2.20.2 9.3.3.20.2	Soupape de remplissage	N.R.T. Renouvellement du certificat d'agrément après le 31 décembre 2018
9.3.3.20.2	Remplissage des cofferdams avec une pompe	N.R.T. pour les bateaux du type N ouvert Renouvellement du certificat d'agrément après le 31 décembre 2018
9.3.2.20.2 9.3.3.20.2	Remplissage des cofferdams en 30 minutes	N.R.T. Renouvellement du certificat d'agrément après le 31 décembre 2018
9.3.2.20.4 9.3.3.20.4	Groupe/sous-groupe d'explosion	N.R.T. à partir du 1er janvier 2019 Renouvellement du certificat d'agrément après le 31 décembre 2020
9.3.3.21.1 b)	Indicateur de niveau	N.R.T. à partir du 1er janvier 2005 pour les bateaux du type N ouvert avec coupe-flammes et ceux du type N ouvert Renouvellement du certificat d'agrément après le 31 décembre 2018 Jusqu'à cette échéance, à bord des bateaux en service munis d'orifices de jaugeage, ces orifices doivent: - Être aménagés de manière à ce que le degré de remplissage puisse être mesuré au moyen d'une perche à sonder; - Être munis d'un couvercle à fermeture automatique.
9.3.3.21.1 g)	Ouverture de prise d'échantillons	N.R.T. pour les bateaux du type N ouvert Renouvellement du certificat d'agrément après le 31 décembre 2018
9.3.2.21.1 g) 9.3.3.21.1 g)	Groupe/sous-groupe d'explosion	N.R.T. à partir du 1er janvier 2019 Renouvellement du certificat d'agrément après le 31 décembre 2020
9.3.1.21.3 9.3.2.21.3 9.3.3.21.3	Repère sur chaque indicateur de niveau de tous les niveaux maximum de remplissage admissibles des citernes à cargaison	N.R.T. à partir du 1er janvier 2015 Renouvellement du certificat d'agrément après le 31 décembre 2018
9.3.1.21.4 9.3.2.21.4 9.3.3.21.4	Avertisseur de niveau indépendant de l'indicateur de niveau	N.R.T. Renouvellement du certificat d'agrément après le 31 décembre 2018

Paragraphes	Objet	Délai et observations
1.6.7.2.2.2 Tableau des dispositions transitoires générales - Bateaux-citernes		
9.3.1.21.5 a) 9.3.2.21.5 a) 9.3.3.21.5 a)	Prise à proximité des raccords à terre des tuyauteries de chargement et de déchargement et coupure de la pompe de bord	N.R.T. Renouvellement du certificat d'agrément après le 31 décembre 2018
9.3.1.21.7 9.3.2.21.7 9.3.3.21.7	Alarmes pour dépression ou surpression dans les citernes à cargaison en cas de transport de matières sans l'observation 5 dans la colonne (20) du tableau C du chapitre 3.2.	N.R.T. à partir du 1er janvier 2001 Renouvellement du certificat d'agrément après le 31 décembre 2018
9.3.1.21.7 9.3.2.21.7 9.3.3.21.7	Alarmes pour la température dans les citernes à cargaison	N.R.T. à partir du 1er janvier 2001 Renouvellement du certificat d'agrément après le 31 décembre 2018
9.3.1.21.7 9.3.2.21.7 9.3.3.21.7	Alarmes non acquittées	N.R.T. à partir du 1er janvier 2019 Renouvellement du certificat d'agrément après le 31 décembre 2024
9.3.1.22.1 b)	Distance des orifices des citernes à cargaison au-dessus du pont	N.R.T. Renouvellement du certificat d'agrément après le 31 décembre 2044
9.3.3.22.1 b)	Orifices des citernes à cargaison à 0,50 m au-dessus du pont	N.R.T. Renouvellement du certificat d'agrément après le 31 décembre 2044 pour les bateaux dont la quille a été posée avant le 1er janvier 1977
9.3.1.22.4	Prévention de la formation d'étincelles des dispositifs de fermeture	N.R.T. à partir du 1er janvier 2003 Renouvellement du certificat d'agrément après le 31 décembre 2018
9.3.1.22.3 9.3.2.22.4 a) 9.3.3.22.4 a)	Emplacement des orifices de dégagement des soupapes de surpression/soupapes de dégagement à grande vitesse au-dessus du pont	N.R.T. Renouvellement du certificat d'agrément après le 31 décembre 2018
9.3.2.22.4 a) 9.3.3.22.4 e)	Pression de tarage de la soupape de surpression/soupape de dégagement à grande vitesse	N.R.T. Renouvellement du certificat d'agrément après le 31 décembre 2018
9.3.2.22.4 e) 9.3.3.22.4 d)	Groupe/sous-groupe d'explosion	N.R.T. à partir du 1er janvier 2019 Renouvellement du certificat d'agrément après le 31 décembre 2020
9.3.3.23.2	Pression d'épreuve des citernes à cargaison	N.R.T. pour les bateaux dont la quille a été posée avant le 1er janvier 1977 pour lesquels une pression d'épreuve de 15 kPa (0,15 bar) est exigée Renouvellement du certificat d'agrément après le 31 décembre 2044 Jusqu'à cette échéance, une pression d'épreuve de 10 kPa (0,10 bar) suffit.
9.3.3.23.2	Pression d'épreuve des citernes à cargaison	N.R.T. pour les bateaux déshuileurs en service avant le 1er janvier 1999 Renouvellement du certificat d'agrément après le 31 décembre 2044 Jusqu'à cette échéance, une pression d'épreuve de 5 kPa (0,05 bar) est suffisante.

1.6.7.2.2.2	Tableau des dispositions transitoires générales - Bateaux-citernes	
Paragraphes	Objet	Délai et observations
9.3.3.23.3	Pression d'épreuve des tuyauteries de chargement et de déchargement	N.R.T. pour les bateaux déshuileurs en service avant le 1er janvier 1999 Renouvellement du certificat d'agrément après le 1er janvier 2039 au plus tard Jusqu'à cette échéance, une pression d'épreuve de 400 kPa (4 bar) est suffisante.
9.3.2.25.1 9.3.3.25.1	Arrêt des pompes à cargaison	N.R.T. Renouvellement du certificat d'agrément après le 31 décembre 2018
9.3.1.25.1 9.3.2.25.1 9.3.3.25.1	Distance des pompes, etc., de logements, etc.	N.R.T. Renouvellement du certificat d'agrément après le 31 décembre 2044
9.3.1.25.2 d) 9.3.2.25.2 d)	Position des tuyauteries de chargement et de déchargement sur le pont	N.R.T. Renouvellement du certificat d'agrément après le 31 décembre 2044
9.3.1.25.2 e) 9.3.2.25.2 e) 9.3.3.25.2 e)	Distance des prises de raccordement à terre des logements, etc.	N.R.T. Renouvellement du certificat d'agrément après le 31 décembre 2034
9.3.2.25.2 i)	Les tuyauteries de chargement et de déchargement ainsi que les conduites d'évacuation de gaz ne doivent pas avoir de raccordements flexibles munis de joints coulissants	N.R.T. à partir du 1er janvier 2009 Les bateaux en service ayant des raccordements avec joints coulissants ne peuvent plus transporter de matières ayant un critère de toxicité ou de corrosivité (voir dangers 6.1 et 8 à la colonne (5) du tableau C du chapitre 3.2) après le renouvellement du certificat d'agrément après le 31 décembre 2008. Les bateaux en service ne doivent pas avoir de raccordements flexibles munis de joints coulissants après le renouvellement du certificat d'agrément après le 31 décembre 2018.
9.3.3.25.2 h)	Les tuyauteries de chargement et de déchargement ainsi que les conduites d'évacuation de gaz ne doivent pas avoir de raccordements flexibles munis de joints coulissants	N.R.T. à partir du 1er janvier 2009 Les bateaux en service ayant des raccordements avec joints coulissants ne peuvent plus transporter de matières ayant un critère de corrosivité (voir danger 8 à la colonne (5) du tableau C du chapitre 3.2) après le renouvellement du certificat d'agrément après le 31 décembre 2008. Les bateaux en service ne doivent pas avoir de raccordements flexibles munis de joints coulissants après le renouvellement du certificat d'agrément après le 31 décembre 2018.
9.3.2.25.8 a)	Tuyauteries d'aspiration pour le ballastage situées dans la zone de cargaison mais à l'extérieur des citernes à cargaison	N.R.T. Renouvellement du certificat d'agrément après le 31 décembre 2018
9.3.2.25.9 9.3.3.25.9	Débit de chargement et de déchargement	N.R.T. à partir du 1er janvier 2003 Renouvellement du certificat d'agrément après le 31 décembre 2018

1.6.7.2.2.2	Tableau des dispositions transitoires générales - Bateaux-citernes	
Paragraphes	Objet	Délai et observations
9.3.3.25.12	9.3.3.25.1 a) et c), 9.3.3.25.2 e), 9.3.3.25.3 et 9.3.3.25.4 a) ne sont pas applicables au type N ouvert à l'exception du type N ouvert transportant des matières à caractère corrosif (voir chapitre 3.2, Tableau C, colonne (5), risque 8)	N.R.T. Renouvellement du certificat d'agrément après le 31 décembre 2018 Ce délai ne concerne que les bateaux du type N ouvert transportant des matières à caractère corrosif (voir chapitre 3.2, tableau C, colonne (5), risque 8).
9.3.2.26.2 9.3.3.26.2 b)	Groupe/sous-groupe d'explosion	N.R.T. à partir du 1er janvier 2019 Renouvellement du certificat d'agrément après le 31 décembre 2020
9.3.1.31.2 9.3.2.31.2 9.3.3.31.2	Distance des orifices d'aspiration des moteurs de la zone de cargaison	N.R.T. Renouvellement du certificat d'agrément après le 31 décembre 2044
9.3.1.31.5 9.3.2.31.5 9.3.3.31.5	Température dans la salle des machines	N.R.T. Renouvellement du certificat d'agrément après le 31 décembre 2018 Jusqu'à cette échéance, les prescriptions suivantes sont applicables à bord des bateaux en service; La température dans la salle des machines ne doit pas dépasser 45 °C.
9.3.3.34.1	Tuyaux d'échappement	N.R.T. Renouvellement du certificat d'agrément après le 31 décembre 2018
9.3.1.35.1 9.3.3.35.1	Pompes d'assèchement et de ballastage dans la zone de cargaison	N.R.T. Renouvellement du certificat d'agrément après le 31 décembre 2034
9.3.3.35.3	Tuyauterie d'aspiration pour le ballastage située dans la zone de cargaison mais à l'extérieur des citernes à cargaison	N.R.T. Renouvellement du certificat d'agrément après le 31 décembre 2018
9.3.1.35.4	Installation d'assèchement de la chambre des pompes en dehors de la chambre des pompes	N.R.T. à partir du 1er janvier 2003 Renouvellement du certificat d'agrément après le 31 décembre 2018
9.3.1.40.1 9.3.2.40.1 9.3.3.40.1	Installation d'extinction d'incendie, deux pompes, etc.	N.R.T. Renouvellement du certificat d'agrément après le 31 décembre 2018
9.3.1.40.2 9.3.2.40.2 9.3.3.40.2	Installation d'extinction d'incendie fixée à demeure dans la salle des machines	N.R.T. Renouvellement du certificat d'agrément après le 31 décembre 2034
9.3.1.41.1 9.3.3.41.1	Orifices des cheminées à 2,00 m au moins en dehors de la zone de cargaison	N.R.T. Renouvellement du certificat d'agrément après le 31 décembre 2044 pour les bateaux dont la quille a été posée avant le 1er janvier 1977
9.3.3.41.1	Orifice des cheminées	N.R.T. au plus tard le 1er janvier 2039 pour les bateaux déshuileurs

1.6.7.2.2.2	Tableau des dispositions transitoires générales - Bateaux-citernes	
Paragraphes	Objet	Délai et observations
9.3.3.42.2	Installation de chauffage de la cargaison	N.R.T. pour les bateaux du type N ouvert Renouvellement du certificat d'agrément après le 31 décembre 2034 Jusqu'à cette échéance, les prescriptions suivantes sont applicables à bord des bateaux en service: Ceci peut être réalisé par un séparateur d'huile monté sur le retour de l'eau condensée vers la chaudière.
9.3.1.51 a) 9.3.2.51 a) 9.3.3.51 a)	La température de surface des installations et équipements non-électriques ne doit pas dépasser 200 °C	N.R.T. à partir du 1er janvier 2019 Renouvellement du certificat d'agrément après le 31 décembre 2034
9.3.1.51 b) 9.3.2.51 b) 9.3.3.51 b)	Température des surfaces extérieures des moteurs ainsi que de leurs circuits de ventilation et de gaz d'échappement	N.R.T. Renouvellement du certificat d'agrément après le 31 décembre 2018 Jusqu'à cette échéance, les prescriptions suivantes sont applicables à bord des bateaux en service: La température des surfaces extérieures ne doit pas dépasser 300 °C.
9.3.1.52.1 9.3.2.52.1 9.3.3.52.1	Installations et équipements électriques du type "à risque limité d'explosion"	N.R.T. Renouvellement du certificat d'agrément après le 31 décembre 2034 Jusqu'à cette échéance sont applicables pour les équipements électriques utilisés pendant le chargement, le déchargement et le dégazage de bateaux en service dont la quille a été posée après le 1er janvier 1995 les prescriptions des 9.3.1.52.3, 9.3.2.52.3 et 9.3.3.52.3 de la version de l'ADN en vigueur jusqu'au 31 décembre 2018.
9.3.1.52.1 9.3.3.52.1	Installations et équipements électriques du type "à risque limité d'explosion"	N.R.T. Renouvellement du certificat d'agrément après le 31 décembre 2034 Jusqu'à cette échéance, à bord des bateaux en service dont la quille a été posée avant le 1er janvier 1977, tous les équipements électriques à l'exception des installations d'éclairage dans les logements, des installations de radiotéléphonie dans les logements et dans la timonerie ainsi que des appareils de contrôle des moteurs à combustion en fonctionnement pendant le chargement, le déchargement et le dégazage doivent répondre aux conditions suivantes: Générateurs, moteurs, tableaux de distribution, appareils d'éclairage, etc.: indice de protection IP13 Matériel d'équipement, etc.: indice de protection IP55

1.6.7.2.2.2 Tableau des dispositions transitoires générales - Bateaux-citernes		
Paragraphes	Objet	Délai et observations
9.3.3.52.1	Installations et équipements électriques en fonctionnement pendant le séjour à proximité immédiate ou à l'intérieur d'une zone assignée à terre.	N.R.T. à partir 1er janvier 2019 pour les bateaux de type N ouvert Renouvellement du certificat d'agrément après le 31 décembre 2034
9.3.3.52.2	Installations et équipements électriques/émetteurs de sonar	N.R.T. pour les bateaux du type N ouvert Renouvellement du certificat d'agrément après le 31 décembre 2034
9.3.3.52.3	Marque rouge sur les installations et équipements électriques	N.R.T. à partir du 1er janvier 2019 pour les bateaux de type N ouvert Renouvellement du certificat d'agrément après le 31 décembre 2034
9.3.1.52.3 9.3.2.52.3 9.3.3.52.3 dernière phrase	Déconnexion de ces installations et équipements électriques depuis un emplacement centralisé	N.R.T. Renouvellement du certificat d'agrément après le 31 décembre 2034
9.3.1.52.4 9.3.2.52.4 9.3.3.52.4	Avertisseur optique et acoustique	N.R.T. Renouvellement du certificat d'agrément après le 31 décembre 2034
9.3.3.52.6	Interrupteur multipolaire de coupure du générateur entraîné en permanence	N.R.T. pour les bateaux du type N ouvert Renouvellement du certificat d'agrément après le 31 décembre 2034
9.3.3.52.9	Prises fixées à demeure	N.R.T. pour les bateaux du type N ouvert Renouvellement du certificat d'agrément après le 31 décembre 2034
9.3.3.52.10	Accumulateurs situés en dehors de la zone de cargaison	N.R.T. pour les bateaux du type N ouvert Renouvellement du certificat d'agrément après le 31 décembre 2034
9.3.1.53.1 9.3.2.53.1 9.3.3.53.1	Type et emplacement des installations et équipements électriques destinés à être utilisés dans des zones de risque d'explosion Zone 0, Zone 1	N.R.T. à partir du 1er janvier 2019 Renouvellement du certificat d'agrément après le 31 décembre 2034 Jusqu'à cette échéance les prescriptions suivantes sont applicables: a) Dans les citernes à cargaison ainsi que dans les tuyauteries de chargement et de déchargement ne sont admis que les appareils de mesure, de réglage et d'alarme du type de protection EEx (ia); b) Les équipements électriques sur le pont dans la zone de cargaison et les appareils de mesure, de réglage et d'alarme, les moteurs entraînant les équipements indispensables tels que les pompes de ballastage dans les cofferdams, espaces de double coque, doubles fonds, espaces de cales et locaux de service situés sous le pont dans la zone de cargaison doivent être contrôlés et agréés par l'autorité compétente en ce qui concerne la sécurité de fonctionnement dans une atmosphère explosive, par exemple, matériel à sécurité intrinsèque, matériel à enveloppe antidéflagrante, matériel protégé par surpression

1.6.7.2.2.2	Tableau des dispositions transitoires générales - Bateaux-citernes	
Paragraphes	Objet	Délai et observations
		interne, matériel protégé par remplissage pulvérulent, matériel protégé par encapsulage, matériel à sécurité augmentée; c) Dans les cofferdams, espaces de double coque, doubles fonds, espaces de cales et locaux de service situés sous le pont dans la zone de cargaison, les appareils d'éclairage doivent répondre au type de protection "enveloppe antidéflagrante" ou "surpression interne"; d) Les appareils de commande et de protection des équipements énumérés aux alinéas a), b) et c) ci-dessus doivent être situés en dehors de la zone de cargaison s'ils ne sont pas à sécurité intrinsèque. Pour sélectionner ces équipements électriques on doit prendre en considération les groupes d'explosion et les classes de température affectés aux matières transportées dans la liste des matières (voir colonnes (15) et (16) du tableau C du chapitre 3.2). Jusqu'à cette échéance les prescriptions suivantes sont applicables pour les bateaux en service dont la quille a été posée avant le 1er janvier 1977: Jusqu'à cette échéance, les conditions suivantes doivent être remplies pendant le chargement, le déchargement et le dégazage à bord des bateaux dont une ouverture de timonerie non verrouillable de manière étanche aux gaz (par exemple portes, fenêtres, etc.) débouche dans la zone de cargaison: a) tous les équipements électriques à utiliser dans la timonerie doivent être d'un type "à risque limité d'explosion", c'est-à-dire que ces équipements électriques doivent être conçus de manière à ce qu'ils ne produisent pas d'étincelles et que leur température de surface ne puisse pas excéder 200 °C en fonctionnement normal, ou que ces équipements électriques sont d'un type protégé contre les jets d'eau et conçu de manière à ce que leur température de surface ne puisse pas excéder 200 °C en fonctionnement normal; b) les équipements électriques qui ne remplissent pas les conditions de a) ci-dessus doivent être marqués en rouge et pouvoir être déconnectés par un interrupteur principal.
9.3.1.53.1 9.3.2.53.1 9.3.3.53.1	Type et emplacement des installations et équipements électriques destinés à être utilisés dans des zones de risque d'explosion Zone 2	N.R.T. à partir du 1er janvier 2019 Renouvellement du certificat d'agrément après le 31 décembre 2034
9.3.1.53.1 9.3.2.53.1 9.3.3.53.1	Classe de température et groupe d'explosion des installations et équipements non électriques	N.R.T. à partir du 1er janvier 2019 Renouvellement du certificat d'agrément après le 31 décembre 2034

1.6.7.2.2.2	Tableau des dispositions transitoires générales - Bateaux-citernes	
Paragraphes	Objet	Délai et observations
9.3.1.53.1 9.3.2.53.1 9.3.3.53.1	Classe de température et groupe d'explosion des installations et équipements électriques	N.R.T. à partir du 1er janvier 2019 Renouvellement du certificat d'agrément après le 31 décembre 2034
9.3.1.53.2 9.3.3.53.2	Gaine métallique pour tous les câbles électriques dans la zone de cargaison	N.R.T. pour les bateaux dont la quille a été posée avant le 1er janvier 1977 Renouvellement du certificat d'agrément après le 31 décembre 2034
9.3.3.53.2	Gaine métallique pour tous les câbles électriques dans la zone de cargaison	N.R.T. au plus tard le 1er janvier 2039 pour les bateaux déshuileurs
9.3.1.53.5 9.3.2.53.5 9.3.3.53.5	Câbles électriques mobiles (gaines du type H 07 RN-F)	N.R.T. à partir du 1er janvier 2019 Renouvellement du certificat d'agrément après le 31 décembre 2034 Jusqu'à cette échéance les prescriptions suivantes sont applicables à bord des bateaux en service: jusqu'à cette échéance les câbles électriques mobiles (gaines du type H 07 RN-F) doivent être conformes à la norme CEI 60245-4:1994.
9.3.1.60 9.3.2.60 9.3.3.60	Un clapet antiretour à ressort doit être installé. L'eau doit être de la qualité de l'eau potable disponible à bord.	N.R.T. Renouvellement du certificat d'agrément après le 31 décembre 2018

1.6.7.2.2.3   Dispositions transitoires relatives à l'application des prescriptions du tableau C du chapitre 3.2 au transport de marchandises en bateaux-citernes.

1.6.7.2.2.3.1 à   *(Supprimés)*
1.6.7.2.2.3.3

1.6.7.2.2.4   *(Supprimé)*

1.6.7.2.2.5   Pour un bateau ou une barge dont la quille a été posée avant le 1er juillet 2017 et qui n'est pas conforme aux prescriptions du 9.3.x.1 relatives au dossier du bateau, la conservation des documents pour le dossier du bateau doit commencer au plus tard à la date du prochain renouvellement du certificat d'agrément.

1.6.7.3   *Dispositions transitoires supplémentaires applicables sur des voies de navigation intérieures spécifiques*

Les bateaux en service pour lesquels il est fait usage des dispositions transitoires de la présente sous-section doivent répondre:

–   aux prescriptions des paragraphes et alinéas mentionnés dans le tableau ci-dessous et dans les tableaux des dispositions transitoires générales (voir 1.6.7.2.1.1 et 1.6.7.2.2.1) dans les délais qui y sont fixés;

–   aux prescriptions des paragraphes et alinéas non mentionnés dans le tableau ci-dessous ou dans le tableau des dispositions transitoires générales à la date d'application du présent Règlement.

La construction et l'équipement des bateaux en service doivent être maintenus au moins au niveau de sécurité antérieur.

Paragraphe	Objet	Délai et observations
	Tableau des dispositions transitoires supplémentaires	
9.1.0.11.1 b)	Cales, cloisons communes avec des réservoirs à combustible	N.R.T. Les prescriptions suivantes sont applicables à bord des bateaux en service: Les cales peuvent avoir une cloison commune avec des réservoirs à combustible, à condition que la marchandise transportée ou son emballage ne réagisse pas chimiquement avec le combustible.
9.1.0.92	Issue de secours	N.R.T. Les prescriptions suivantes sont applicables à bord des bateaux en service: Les locaux dont les accès ou sorties sont en partie ou en totalité immergés en cas d'avarie doivent comporter une issue de secours située à au moins 0,075 m au-dessus de la ligne de flottaison après avarie.
9.1.0.95.1 c)	Hauteur des ouvertures au-dessus de la ligne de flottaison après avarie	N.R.T. Les prescriptions suivantes sont applicables à bord des bateaux en service: Le bord inférieur de toute ouverture non étanche (par exemple porte, fenêtre, panneaux d'accès) doit, au stade final de l'envahissement, être situé à au moins 0,075 m au-dessus de la ligne de flottaison après avarie.
9.1.0.95.2 9.3.2.15.2	Étendue du schéma de stabilité (après avarie)	N.R.T. Les prescriptions suivantes sont applicables à bord des bateaux en service: Au stade final de l'envahissement, l'angle d'inclinaison ne doit pas dépasser: 20° avant que des mesures soient prises pour redresser le bateau; 12° après que des mesures aient été prises pour redresser le bateau.
9.3.3.8.1	Classification des bateaux	N.R.T. pour les bateaux du type N ouvert avec coupe-flammes et du type N ouvert Renouvellement du certificat d'agrément après le 31 décembre 2044
9.3.1.11.1 a) 9.3.2.11.1 a) 9.3.3.11.1 a)	Contenance maximale des citernes à cargaison	N.R.T. Les prescriptions suivantes sont applicables à bord des bateaux en service: La contenance maximale admissible d'une citerne à cargaison est de 760 m^3.
9.3.1.12.3 9.3.2.12.3 9.3.3.12.3	Emplacement des prises d'air	N.R.T. Les prescriptions suivantes sont applicables à bord des bateaux en service: Les prises d'air doivent être situées à 5,00 m au moins des orifices de dégagement des soupapes de sûreté.
9.3.2.11.1 d)	Longueur des citernes à cargaison	N.R.T. Les prescriptions suivantes sont applicables à bord des bateaux en service: La longueur d'une citerne à cargaison peut dépasser 10,00 m et 0,20 L.

Tableau des dispositions transitoires supplémentaires		
Paragraphe	Objet	Délai et observations
9.3.2.15.1 c)	Hauteur des ouvertures au-dessus de la ligne de flottaison après avarie	N.R.T. Les prescriptions suivantes sont applicables à bord des bateaux en service: Le bord inférieur de toute ouverture non étanche (par exemple porte, fenêtre, panneau d'accès) doit, au stade final de l'envahissement, être situé à au moins 0,075 m au-dessus de la ligne de flottaison après avarie.
9.3.2.20.2 9.3.3.20.2	Remplissage des cofferdams	N.R.T. Les prescriptions suivantes sont applicables à bord des bateaux en service: Les cofferdams doivent être équipés d'un système de remplissage avec de l'eau ou un gaz inerte.
9.3.1.92 9.3.2.92	Issue de secours	N.R.T. Les prescriptions suivantes sont applicables à bord des bateaux en service: Les locaux dont les accès ou sorties sont en partie ou en totalité immergés en cas d'avarie doivent être munis d'une issue de secours située à au moins 0,075 m au-dessus de la ligne de flottaison après avarie.

1.6.7.4 *Prescriptions transitoires relatives au transport de matières dangereuses pour l'environnement ou pour la santé*

1.6.7.4.1 *Prescriptions transitoires: bateaux*

Les bateaux avitailleurs et les bateaux déshuileurs en service au 1er janvier 2009 d'un port en lourd au 1er janvier 2007 inférieur à 300 t peuvent continuer à transporter les matières qu'ils étaient admis à transporter au 31 décembre 2008 jusqu'au 31 décembre 2038.

1.6.7.4.2 *(Supprimé)*

1.6.7.5 *Dispositions transitoires concernant la modification des bateaux-citernes*

1.6.7.5.1 Pour les bateaux dont la modification de la zone de cargaison afin d'obtenir un bateau à double coque de type N a été accompli avant le 31 décembre 2018, les conditions suivantes s'appliquent:

a) La zone de cargaison modifiée ou nouvelle doit être conforme aux dispositions du présent Règlement. Les dispositions transitoires du paragraphe 1.6.7.2.2 ne doivent pas s'appliquer pour la zone de cargaison;

b) Les parties du bateau situées en dehors de la zone de cargaison doivent être conformes aux dispositions du présent Règlement. Cependant, les dispositions transitoires suivantes au titre du paragraphe 1.6.7.2.2, applicables jusqu'au 31 décembre 2018, peuvent être appliquées: 1.2.1, 9.3.3.0.3 d), 9.3.3.51.3 et 9.3.3.52.4, dernière phrase;

c) Si les marchandises nécessitant une protection contre les explosions sont énumérées dans la liste des matières du bateau conformément au paragraphe 1.16.1.2.5, les logements et les timoneries doivent être équipés d'un système d'alarme incendie conformément au 9.3.3.40.2.3;

d) L'application de la présente sous-section doit être consignée dans le certificat d'agrément sous le numéro 13 (observations supplémentaires).

1.6.7.5.2 Les bateaux modifiés peuvent continuer à être exploités au-delà du 31 décembre 2018. Les délais stipulés dans les dispositions transitoires appliquées au titre du paragraphe 1.6.7.2.2

relatif aux paragraphes 1.2.1, 9.3.3.0.3 d), 9.3.3.51.3 et 9.3.3.52.4, dernière phase, dans la version applicable jusqu'au 31 décembre 2018, doivent être respectés.

1.6.7.6   *Dispositions transitoires concernant le transport de gaz en bateaux-citernes*

Les bateaux-citernes en service le 1er janvier 2011, dont la chambre des pompes se trouve sous le pont, peuvent continuer à transporter les matières énumérées dans le tableau suivant jusqu'au renouvellement du certificat d'agrément après le 1er janvier 2045.

No ONU ou No d'identification de la matière	Classe et classification	Nom et description
1005	2, 2TC	AMMONIAC ANHYDRE
1010	2, 2F	BUTADIÈNE-1, 2, STABILISÉ
1010	2, 2F	BUTADIÈNE-1, 3, STABILISÉ
1010	2, 2F	BUTADIÈNES STABILISÉS ou BUTADIÈNES ET HYDROCARBURES EN MÉLANGE STABILISÉ, qui, à 70 °C a une pression de vapeur ne dépassant pas 1,1 MPa (11 bar) et dont la masse volumique à 50 °C n'est pas inférieure à 0,525 kg/l
1011	2, 2F	BUTANE
1012	2, 2F	BUTYLÈNE-1
1020	2,2A	CHLOROPENTAFLUOROÉTHANE (GAZ RÉFRIGÉRANT R 115)
1030	2,2F	DIFLUORO-1,1 ÉTHANE (GAZ RÉFRIGÉRANT R 152a)
1033	2,2F	ÉTHER MÉTHYLIQUE
1040	2,2TF	OXYDE D'ÉTHYLÈNE AVEC DE L'AZOTE jusqu'à une pression totale de 1 MPa (10 bar) à 50 °C
1055	2,2F	ISOBUTYLÈNE
1063	2,2F	CHLORURE DE MÉTHYLE (GAZ RÉFRIGÉRANT R 40)
1077	2,2F	PROPYLÈNE
1083	2,2F	TRIMÉTHYLAMINE ANHYDRE
1086	2,2F	CHLORURE DE VINYLE STABILISÉ
1912	2,2F	CHLORURE DE MÉTHYLE ET CHLORURE DE MÉTHYLÈNE EN MÉLANGE
1965	2,2F	HYDROCARBURES GAZEUX EN MÉLANGE LIQUÉFIÉ, N.S.A., (MÉLANGE A)
1965	2,2F	HYDROCARBURES GAZEUX EN MÉLANGE LIQUÉFIÉ, N.S.A., (MÉLANGE A0)
1965	2,2F	HYDROCARBURES GAZEUX EN MÉLANGE LIQUÉFIÉ, N.S.A., (MÉLANGE A01)
1965	2,2F	HYDROCARBURES GAZEUX EN MÉLANGE LIQUÉFIÉ, N.S.A., (MÉLANGE A02)
1965	2,2F	HYDROCARBURES GAZEUX EN MÉLANGE LIQUÉFIÉ, N.S.A., (MÉLANGE A1)
1965	2,2F	HYDROCARBURES GAZEUX EN MÉLANGE LIQUÉFIÉ, N.S.A., (MÉLANGE B)
1965	2,2F	HYDROCARBURES GAZEUX EN MÉLANGE LIQUÉFIÉ, N.S.A., (MÉLANGE B1)
1965	2,2F	HYDROCARBURES GAZEUX EN MÉLANGE LIQUÉFIÉ, N.S.A., (MÉLANGE B2)
1965	2,2F	HYDROCARBURES GAZEUX EN MÉLANGE LIQUÉFIÉ, N.S.A., (MÉLANGE C)
1969	2,2F	ISOBUTANE
1978	2,2F	PROPANE
9000		AMMONIAC, FORTEMENT RÉFRIGÉRÉ

1.6.8   **Dispositions transitoires relatives à la formation de l'équipage**

1.6.8.1   Le conducteur responsable et la personne responsable du chargement ou déchargement d'une barge doivent être en possession avant le 31 décembre 2019 d'une attestation d'expert portant la mention: "Le titulaire de ce certificat a participé à un cours de formation en matière de stabilité de huit leçons".

La condition pour que cette mention puisse être portée au certificat est la participation du titulaire au cours de formation de base prescrit dans le Règlement en vigueur le 1er janvier 2013 ou la participation à un cours de recyclage de base qui, par exception aux dispositions du 8.2.2.5, comprend 24 leçons de 45 minutes, dont 8 leçons consacrées à la stabilité.

Jusqu'au 31 décembre 2018, l'expert sur le transport des gaz (visé au paragraphe 8.2.1.5) ne doit pas obligatoirement être le conducteur responsable (visé au paragraphe 7.2.3.15) mais peut être n'importe quel membre de l'équipage lorsqu'un bateau-citerne du type G ne transporte que le No ONU 1972. Dans ce cas, le conducteur responsable doit avoir participé à un cours de spécialisation "gaz" et il doit avoir suivi une formation supplémentaire sur le transport de gaz naturel liquéfié (GNL) selon le 1.3.2.2.

1.6.8.2   À la place des attestations relatives aux connaissances particulières de l'ADN conformes au 8.2.2.8.2 et au 8.6.2, les Parties contractantes peuvent délivrer jusqu'au 31 décembre 2021, des attestations conformes au modèle en vigueur jusqu'au 31 décembre 2018. Ces attestations pourront être utilisées jusqu'à l'expiration de leur durée de validité de cinq ans.

1.6.9   **Dispositions transitoires concernant la reconnaissance des sociétés de classification**

1.6.9.1   *(Supprimé)*

CHAPITRE 1.7

DISPOSITIONS GÉNÉRALES RELATIVES AUX MATIÈRES RADIOACTIVES

1.7.1   **Champ d'application**

> *NOTA 1:*   *En cas d'urgence nucléaire ou radiologique en cours de transport de matières radioactives, les dispositions prévues par les organismes nationaux ou internationaux compétents doivent être observées afin de protéger les personnes, les biens et l'environnement. Ceci inclut un dispositif de préparation et d'intervention conforme aux prescriptions nationales et/ou internationales et établi de manière cohérente et coordonnée avec les dispositifs nationaux et/ou internationaux pour les situations d'urgence.*
>
> *2:*   *Le dispositif de préparation et d'intervention est de type progressif et tient compte des dangers recensés et de leurs conséquences potentielles, notamment de la possibilité de formation d'autres matières dangereuses qui pourrait résulter de la réaction entre le contenu d'un envoi et l'environnement en cas d'urgence nucléaire ou radiologique. On trouvera des directives pour la mise en place de tels dispositifs dans les ouvrages suivants: Préparation et intervention en cas de situation d'urgence nucléaire ou radiologique, collection Normes de sûreté de l'AIEA, No. GSR, partie 7, AIEA, Vienne (2015); Critères à utiliser pour la préparation et la conduite des interventions en cas d'urgence nucléaire ou radiologique, collection Normes de sûreté de l'AIEA, No. GSG-2, IAEA, Vienne (2011); Arrangements for Preparedness for a Nuclear or Radiological Emergency, IAEA Safety Standards Series No. GS-G-2.1, IAEA, Vienne (2007), et Arrangements for the Termination of a Nuclear or Radiological Emergency, IAEA Safety Standards Series No. GSG-11, IAEA, Vienne (2018).*

1.7.1.1   L'ADN fixe des normes de sécurité permettant une maîtrise, à un niveau acceptable, des dangers radiologiques, des dangers de criticité et des dangers thermiques auxquels sont exposés les personnes, les biens et l'environnement du fait du transport de matières radioactives. Ces normes sont fondées sur l'édition de 2018 du Règlement de transport des matières radioactives de l'AIEA. Les notes d'information figurent dans le document *Advisory Material for the IAEA Regulations for the Safe Transport of Radioactive Material (2018 Edition)*, collection Normes de sûreté de l'AIEA, n° SSG-26 (Rev.1), AIEA, Vienne (2019).

1.7.1.2   L'ADN a pour objectif d'énoncer les prescriptions devant être satisfaites en vue d'assurer la sécurité et de protéger les personnes, les biens et l'environnement contre les effets nocifs des rayonnements ionisants au cours du transport de matières radioactives. Cette protection est assurée par:

     a)   le confinement du contenu radioactif;

     b)   la maîtrise du débit de dose externe;

     c)   la prévention de la criticité;

     d)   la prévention des dommages causés par la chaleur.

Il est satisfait à ces exigences: premièrement, en modulant les limites de contenu pour les colis et les véhicules ainsi que les normes de performance appliquées aux modèles de colis suivant le danger que présente le contenu radioactif; deuxièmement, en imposant des conditions pour la conception et l'exploitation des colis et pour l'entretien des emballages, en tenant compte de la nature du contenu radioactif; troisièmement, en prescrivant des contrôles administratifs, y compris, le cas échéant, une approbation par les autorités compétentes. Enfin, une protection supplémentaire est assurée par la prise de dispositions pour la planification et la préparation des interventions d'urgence pour protéger les personnes, les biens et l'environnement.

1.7.1.3   L'ADN s'applique au transport de matières radioactives par voies de navigation intérieures, y compris le transport accessoire à l'utilisation des matières radioactives. Le transport comprend toutes les opérations et conditions associées au mouvement des matières radioactives, telles que la conception des emballages, leur fabrication, leur entretien et leur réparation, et la préparation, l'envoi, le chargement, l'acheminement, y compris l'entreposage en transit, le déchargement et la réception au lieu de destination final des chargements de matières radioactives et de colis. On applique une approche graduée pour spécifier les normes de performance dans le présent Règlement qui se distinguent selon trois degrés généraux de sévérité:

a)   Conditions de transport de routine (pas d'incident);

b)   Conditions normales de transport (incidents mineurs);

c)   Conditions accidentelles de transport.

1.7.1.4   Les dispositions de l'ADN ne s'appliquent à aucun des objets et matières suivants:

a)   Matières radioactives qui font partie intégrante du moyen de transport;

b)   Matières radioactives déplacées à l'intérieur d'un établissement soumis au règlement de sûreté approprié en vigueur dans cet établissement et dans lequel le mouvement ne s'effectue pas par des routes ou des voies ferrées publiques;

c)   Matières radioactives implantées ou incorporées dans l'organisme d'une personne ou d'un animal vivant à des fins diagnostiques ou thérapeutiques;

d)   Matières radioactives se trouvant dans l'organisme ou sur le corps d'une personne qui doit être transportée pour un traitement médical après avoir absorbé accidentellement ou délibérément des matières radioactives ou après avoir été contaminée;

e)   Matières radioactives contenues dans des produits de consommation agréés par les autorités compétentes, après leur vente à l'utilisateur final;

f)   Matières naturelles et minerais contenant des radionucléides naturels qui ont pu être traités, à condition que l'activité massique de ces matières ne dépasse pas dix fois les valeurs indiquées au tableau 2.2.7.2.2.1 ou calculées conformément au 2.2.7.2.2.2 a) et aux 2.2.7.2.2.3 à 2.2.7.2.2.6. Pour les matières naturelles et les minerais contenant des radionucléides naturels qui ne sont pas en équilibre séculaire, le calcul de l'activité massique se fait conformément au 2.2.7.2.2.4;

g)   Objets solides non radioactifs pour lesquels les quantités de matières radioactives présentes sur une surface quelconque ne dépassent pas la limite visée dans la définition de "contamination" au 2.2.7.1.2.

1.7.1.5   *Dispositions spécifiques au transport des colis exceptés*

1.7.1.5.1   Les colis exceptés pouvant contenir des matières radioactives en quantités limitées, des appareils ou des objets manufacturés ou des emballages vides comme indiqué au 2.2.7.2.4.1 sont soumis uniquement aux dispositions des parties 5 à 7 énumérées ci-après:

a)   prescriptions applicables énoncées aux 5.1.2.1, 5.1.3.2, 5.1.5.2.2, 5.1.5.2.3, 5.1.5.4, 5.2.1.10, 5.4.1.2.5.1 f) i) et ii), 5.4.1.2.5.1 i), 7.1.4.14.7.3.1, 7.1.4.14.7.4.3, 7.1.4.14.7.5.1 à 7.1.4.14.7.5.4 et 7.1.4.14.7.7; et

b)   prescriptions pour les colis exceptés énoncées au 6.4.4 de l'ADR;

sauf lorsque les matières radioactives ont d'autres propriétés dangereuses et doivent être classées dans une classe autre que la classe 7 conformément aux dispositions spéciales 290 ou 369 du chapitre 3.3, auquel cas les dispositions énoncées aux alinéas a) et b) ci-dessus s'appliquent uniquement si elles sont pertinentes et en sus de celles relatives à la classe prépondérante.

1.7.1.5.2 Les colis exceptés sont soumis aux dispositions appropriées de toutes les autres parties de l'ADN.

1.7.2 Programme de protection radiologique

1.7.2.1 Le transport des matières radioactives doit être régi par un programme de protection radiologique, qui est un ensemble de dispositions systématiques dont le but est de faire en sorte que les mesures de protection radiologique soient dûment prises en considération.

1.7.2.2 Les doses individuelles doivent être inférieures aux limites de doses pertinentes. La protection et la sûreté doivent être optimisées de façon que la valeur des doses individuelles, le nombre de personnes exposées et la probabilité de subir une exposition soient maintenus aussi bas que raisonnablement possible, compte tenu des facteurs économiques et sociaux, avec cette restriction que les doses individuelles sont soumises aux contraintes de dose. Il faut adopter une démarche rigoureuse et systématique prenant en compte les interactions entre le transport et d'autres activités.

1.7.2.3 La nature et l'ampleur des mesures à mettre en oeuvre dans ce programme doivent être en rapport avec la valeur et la probabilité des expositions aux rayonnements. Le programme doit englober les dispositions des 1.7.2.2, 1.7.2.4, 1.7.2.5 et 7.5.11 CV33 (1.1) de l'ADR. La documentation relative au programme doit être mise à disposition, sur demande, pour inspection par l'autorité compétente concernée.

1.7.2.4 Dans le cas des expositions professionnelles résultant des activités de transport, lorsque l'on estime que la dose efficace:

a) se situera probablement entre 1 et 6 mSv en un an, il faut appliquer un programme d'évaluation des doses par le biais d'une surveillance des lieux de travail ou d'une surveillance individuelle;

b) dépassera probablement 6 mSv en un an, il faut procéder à une surveillance individuelle.

Lorsqu'il est procédé à une surveillance des lieux de travail ou une surveillance individuelle, il faut tenir des dossiers appropriés.

NOTA: Dans le cas des expositions professionnelles résultant des activités de transport, lorsque l'on estime que la dose effective ne dépassera pas, selon toute probabilité, 1 mSv en un an, il n'est pas nécessaire d'appliquer des procédures de travail spéciales, de procéder à une surveillance poussée, de mettre en œuvre des programmes d'évaluation des doses ou de tenir des dossiers individuels.

1.7.2.5 Les travailleurs (voir 7.1.4.14.7, NOTA 3) doivent être formés de manière appropriée sur la radioprotection, y compris les précautions à prendre pour restreindre leur exposition au travail et l'exposition des autres personnes qui pourraient subir les effets de leurs actions.

1.7.3 Système de management

1.7.3.1 Un système de management fondé sur des normes internationales, nationales ou autres qui sont acceptables pour l'autorité compétente doit être établi et appliqué pour toutes les activités relevant de l'ADN, telles qu'indiquées au 1.7.1.3, pour garantir la conformité avec les dispositions applicables de l'ADN. Une attestation indiquant que les spécifications du modèle ont été pleinement respectées doit être tenue à la disposition de l'autorité compétente. Le fabricant, l'expéditeur ou l'utilisateur doit être prêt à:

a) fournir les moyens de faire des inspections pendant la fabrication et l'utilisation; et

b)   prouver à l'autorité compétente qu'il observe l'ADN.

Lorsque l'agrément ou l'approbation de l'autorité compétente est requis, cet agrément ou cette approbation doit tenir compte et dépendre de l'adéquation du système de management.

1.7.4   Arrangement spécial

1.7.4.1   Par arrangement spécial, on entend les dispositions approuvées par l'autorité compétente, en vertu desquelles peuvent être transportés les envois qui ne satisfont pas à toutes les prescriptions l'ADN applicables aux matières radioactives.

NOTA: L'arrangement spécial n'est pas considéré comme une dérogation temporaire selon 1.5.1.

1.7.4.2   Les envois pour lesquels il n'est pas possible de se conformer à l'une quelconque des dispositions applicables aux matières radioactives ne peuvent être transportés que sous arrangement spécial. Après s'être assurée qu'il n'est pas possible de se conformer aux dispositions relatives aux matières radioactives de l'ADN et que le respect des normes de sécurité requises fixées par l'ADN a été démontré par d'autres moyens que les autres dispositions de l'ADN, l'autorité compétente peut approuver des opérations de transport en vertu d'un arrangement spécial pour un envoi unique ou une série d'envois multiples prévus. Le niveau général de sécurité pendant le transport doit être au moins équivalent à celui qui serait assuré si toutes les prescriptions applicables de l'ADN étaient respectées. Pour les envois internationaux de ce type, une approbation multilatérale est nécessaire.

1.7.5   Matière radioactive ayant d'autres propriétés dangereuses

Outre les propriétés radioactives et fissiles, il faudra aussi tenir compte de tout danger subsidiaire présenté par le contenu du colis tel qu'explosibilité, inflammabilité, pyrophoricité, toxicité chimique et corrosivité dans la documentation, l'emballage, l'étiquetage, le marquage, le placardage, l'entreposage, la ségrégation et le transport, afin de respecter toutes les dispositions pertinentes de l'ADN applicables aux marchandises dangereuses.

1.7.6   Non-conformité

1.7.6.1   En cas de non-conformité à l'une quelconque des limites de l'ADN qui est applicable au débit de dose ou à la contamination:

a)   l'expéditeur, le transporteur, le destinataire et, le cas échéant, tout organisme intervenant dans le transport qui pourrait en subir les effets doivent être informés de cette non-conformité par:

i)   le transporteur si la non-conformité est constatée au cours du transport; ou

ii)   le destinataire si la non-conformité est constatée à la réception;

b)   l'expéditeur, le transporteur ou le destinataire, selon le cas, doit:

i)   prendre des mesures immédiates pour atténuer les conséquences de la non-conformité;

ii)   enquêter sur la non-conformité et sur ses causes, ses circonstances et ses conséquences;

iii)   prendre des mesures appropriées pour remédier aux causes et aux circonstances à l'origine de la non-conformité et pour empêcher la réapparition de causes et de circonstances analogues à celles qui sont à l'origine de la non-conformité; et

iv) faire connaître à l'autorité (aux autorités) compétente(s) les causes de la non-conformité et les mesures correctives ou préventives qui ont été prises ou qui doivent l'être; et

c) la non-conformité doit être portée dès que possible à la connaissance de l'expéditeur et de l'autorité (des autorités) compétente(s) concernée(s), respectivement, et elle doit l'être immédiatement quand une situation d'exposition d'urgence s'est produite ou est en train de se produire.

CHAPITRE 1.8

MESURES DE CONTRÔLE ET AUTRES MESURES DE SOUTIEN VISANT À L'OBSERVATION DES PRESCRIPTIONS DE SÉCURITÉ

1.8.1   **Contrôle de l'observation des prescriptions**

1.8.1.1   *Généralités*

1.8.1.1.1   Conformément au paragraphe 3 de l'article 4 de l'ADN, les Parties contractantes assurent qu'une proportion représentative des transports de marchandises dangereuses sur les voies de navigation intérieures est soumise aux contrôles visés au présent chapitre afin de vérifier le respect des prescriptions relatives aux transports de marchandises dangereuses, y compris les exigences du 1.10.1.5.

1.8.1.1.2   Les intervenants dans le transport des marchandises dangereuses (voir chapitre 1.4) doivent dans le cadre de leurs obligations respectives, donner sans délai aux autorités compétentes et à leurs mandataires les renseignements nécessaires pour faciliter les contrôles.

1.8.1.2   *Procédure de contrôle*

1.8.1.2.1   Pour effectuer les contrôles prévus au paragraphe 3 de l'article 4 de l'ADN, les Parties contractantes doivent utiliser la liste de contrôle élaborée par le Comité d'administration*. Un exemplaire de cette liste doit être remis au conducteur. Les autorités compétentes d'autres Parties contractantes peuvent décider de simplifier d'autres contrôles ultérieurs ou de les éviter si un exemplaire de cette liste leur est présenté. Le présent paragraphe ne préjuge pas du droit des Parties contractantes d'effectuer des actions spécifiques ou des contrôles plus poussés.

1.8.1.2.2   Les contrôles sont effectués par sondage et couvrent dans toute la mesure du possible une partie étendue du réseau des voies de navigation intérieures.

1.8.1.2.3   Lorsqu'elles exercent ce droit de contrôle, les autorités feront tout pour éviter qu'un bateau soit indûment immobilisé ou retardé.

1.8.1.2.4   Les listes de contrôle utilisées par les autorités des Parties contractantes doivent être rédigées au moins dans la langue de l'État qui les délivre ainsi que, si cette langue n'est pas l'allemand, l'anglais ou le français, en allemand, anglais ou français[1].

1.8.1.3   *Infractions aux prescriptions*

Sans préjudice d'autres sanctions qui pourraient être appliquées, lorsqu'une ou plusieurs infractions ont été constatées au cours de transports de marchandises dangereuses par voies de navigation intérieures, les bateaux concernés peuvent être immobilisés à un endroit désigné à cet effet par les autorités de contrôle, et obligés de se mettre en conformité avant de poursuivre leur voyage, ou faire l'objet d'autres mesures appropriées en fonction des circonstances ou des impératifs de sécurité.

1.8.1.4   *Contrôles dans les entreprises ainsi que sur les lieux de chargement et de déchargement*

1.8.1.4.1   Des contrôles peuvent être effectués dans les entreprises à titre préventif ou lorsque des infractions mettant en danger la sécurité du transport de marchandises dangereuses auront été constatées au cours d'un voyage.

---

*   *Note du secrétariat: Les modèles de la liste de contrôle peuvent être consultés sur le site web de la Commission économique des Nations Unies pour l'Europe (http://www.unece.org/trans/danger/danger.html).*

[1]   *La liste de contrôle ne fait pas partie des documents qui doivent être conservés à bord, en vertu du paragraphe 8.1.2.1.*

1.8.1.4.2   Ces contrôles doivent viser à assurer que les conditions de sécurité dans lesquelles s'effectuent les transports de marchandises dangereuses par voies de navigation intérieures sont conformes à la législation applicable en la matière.

1.8.1.4.3   *Échantillonnage*

Le cas échéant, et à condition que cela ne constitue pas un danger pour la sécurité, des prises d'échantillon des produits transportés peuvent être effectuées en vue de leur examen par des laboratoires désignés par l'autorité compétente.

1.8.1.4.4   *Coopération des autorités compétentes*

1.8.1.4.4.1   Les Parties contractantes s'accordent mutuellement assistance pour la bonne application des présentes prescriptions.

1.8.1.4.4.2   Les infractions graves ou répétées mettant en danger la sécurité du transport des marchandises dangereuses, commises par un bateau étranger ou une entreprise étrangère, doivent être signalées aux autorités compétentes de la Partie contractante où a été délivré le certificat d'agrément ou de celle où l'entreprise est établie.

1.8.1.4.4.3   L'autorité compétente de la Partie contractante où une infraction grave ou répétée a été constatée peut demander à l'autorité compétente de la Partie contractante où a été délivré le certificat d'agrément ou de celle où l'entreprise est établie que des mesures appropriées soient prises à l'encontre du ou des contrevenants.

1.8.1.4.4.4   Cette dernière communique aux autorités compétentes de la Partie contractante où les infractions ont été constatées les mesures prises, le cas échéant, à l'encontre du ou des contrevenants.

1.8.2   **Entraide administrative lors du contrôle d'un bateau étranger**

Si lors d'un contrôle d'un bateau étranger les constatations effectuées donnent des raisons d'estimer qu'il a été commis des infractions graves ou répétées qui ne sont pas décelables au cours de ce contrôle en l'absence des éléments nécessaires, les autorités compétentes des Parties contractantes concernées s'accordent mutuellement assistance en vue de clarifier la situation.

1.8.3   **Conseiller à la sécurité**

1.8.3.1   Chaque entreprise dont les activités comprennent l'expédition ou le transport de marchandises dangereuses par voies de navigation intérieures, ou les opérations connexes d'emballage, de chargement, de remplissage ou de déchargement, désigne un ou plusieurs conseillers à la sécurité, nommés ci-après "conseillers", pour le transport de marchandises dangereuses, chargés d'aider à la prévention des risques pour les personnes, les biens ou l'environnement, inhérents à ces activités.

NOTA: Cette obligation ne s'applique pas aux exploitants de stations de réception.

1.8.3.2   Les autorités compétentes des Parties contractantes peuvent prévoir que les prescriptions ne s'appliquent pas aux entreprises:

a)   dont les activités concernées portent sur:

i)   le transport de marchandises dangereuses totalement ou partiellement exemptées conformément aux dispositions de l'alinéa 1.7.1.4 ou des chapitres 3.3, 3.4 ou 3.5;

ii)   des quantités limitées pour chaque unité de transport, wagon ou conteneur, ne dépassant pas les seuils mentionnés au 1.1.3.6 de l'ADR ou du RID;

iii)   lorsque l'alinéa ii) ci-dessus ne s'applique pas, des quantités pour chaque bateau ne dépassant pas les seuils mentionnés au 1.1.3.6 du présent Règlement.

b)   qui n'effectuent pas, à titre d'activité principale ou accessoire, des transports de marchandises dangereuses ou des opérations d'emballage, de remplissage, de chargement ou de déchargement liées à ces transports, mais qui effectuent occasionnellement des transports nationaux de marchandises dangereuses ou des opérations d'emballage, de remplissage, de chargement ou de déchargement liées à ces transports, présentant un degré de danger ou de pollution minimal.

1.8.3.3   Sous la responsabilité du chef d'entreprise, le conseiller a pour mission essentielle de rechercher tout moyen et de promouvoir toute action, dans les limites des activités concernées de l'entreprise, afin de faciliter l'exécution de ces activités dans le respect des dispositions applicables et dans des conditions optimales de sécurité. Ses tâches, adaptées aux activités de l'entreprise, sont en particulier les suivantes:

–   examiner le respect des prescriptions relatives au transport de marchandises dangereuses;

–   conseiller l'entreprise dans les opérations concernant le transport de marchandises dangereuses;

–   assurer la rédaction d'un rapport annuel destiné à la direction de l'entreprise ou, le cas échéant, à une autorité publique locale, sur les activités de cette entreprise relatives au transport de marchandises dangereuses. Le rapport est conservé pendant 5 ans et mis à la disposition des autorités nationales, à leur demande;

Les tâches du conseiller comprennent, en outre, notamment l'examen des pratiques et procédures suivantes relatives aux activités concernées:

–   les procédés visant au respect des prescriptions relatives à l'identification des marchandises dangereuses transportées;

–   la pratique de l'entreprise concernant la prise en compte dans l'achat des moyens de transport de tout besoin particulier relatif aux marchandises dangereuses transportées;

–   les procédés permettant de vérifier le matériel utilisé pour le transport des marchandises dangereuses ou pour les opérations d'emballage, de remplissage, de chargement ou de déchargement;

–   le fait que les employés concernés de l'entreprise ont reçu une formation appropriée, y compris à propos des modifications à la réglementation, et que cette formation est inscrite sur leur dossier;

–   la mise en œuvre de procédures d'urgence appropriées aux accidents ou incidents éventuels pouvant porter atteinte à la sécurité pendant le transport de marchandises dangereuses ou pendant les opérations d'emballage, de remplissage, de chargement ou de déchargement;

–   le recours à des analyses et, si nécessaire, la rédaction de rapports concernant les accidents, les incidents ou les infractions graves constatées au cours du transport de marchandises dangereuses, ou pendant les opérations d'emballage, de remplissage, de chargement ou de déchargement;

- la mise en place de mesures appropriées pour éviter la répétition d'accidents, d'incidents ou d'infractions graves;

- la prise en compte des prescriptions législatives et des besoins particuliers relatifs au transport de marchandises dangereuses concernant le choix et l'utilisation de sous-traitants ou autres intervenants;

- la vérification que le personnel affecté à l'expédition, au transport des marchandises dangereuses ou à l'emballage, au remplissage, au chargement ou au déchargement de ces marchandises dispose de procédures d'exécution et de consignes détaillées;

- la mise en place d'actions pour la sensibilisation aux risques liés au transport des marchandises dangereuses ou à l'emballage, au remplissage, au chargement ou au déchargement de ces marchandises;

- la mise en place de procédés de vérification afin d'assurer la présence, à bord des moyens de transport, des documents et des équipements de sécurité devant accompagner les transports, et la conformité de ces documents et de ces équipements avec la réglementation;

- la mise en place de procédés de vérification afin d'assurer le respect des prescriptions relatives aux opérations d'emballage, de remplissage, de chargement et de déchargement;

- l'existence du plan de sûreté prévu au 1.10.3.2.

1.8.3.4   La fonction de conseiller à la sécurité peut être assurée par le chef d'entreprise, par une personne qui exerce d'autres tâches dans l'entreprise ou par une personne n'appartenant pas à cette dernière, à condition que l'intéressé soit effectivement en mesure de remplir ses tâches de conseiller.

1.8.3.5   Toute entreprise concernée communique, si la demande lui en est faite, l'identité de son conseiller à l'autorité compétente ou à l'instance désignée à cet effet par chaque Partie contractante.

1.8.3.6   Lorsqu'un accident ayant porté atteinte aux personnes, aux biens ou à l'environnement est survenu au cours d'un transport ou d'une opération d'emballage, de remplissage, de chargement ou de déchargement effectués par l'entreprise concernée, le conseiller à la sécurité assure la rédaction d'un rapport d'accident destiné à la direction de l'entreprise, ou, le cas échéant, à une autorité publique locale, après avoir recueilli tous les renseignements utiles à cette fin. Ce rapport ne saurait remplacer les rapports rédigés par la direction de l'entreprise qui seraient exigés par toute autre législation internationale ou nationale.

1.8.3.7   Le conseiller à la sécurité doit être titulaire d'un certificat de formation professionnelle valable pour le transport par voies de navigation intérieures. Ce certificat est délivré par l'autorité compétente ou par l'instance désignée à cet effet par chaque Partie contractante.

1.8.3.8   Pour l'obtention du certificat, le candidat doit recevoir une formation sanctionnée par la réussite d'un examen agréé par l'autorité compétente de la Partie contractante.

1.8.3.9   La formation a pour objectif essentiel de fournir au candidat une connaissance suffisante des risques inhérents aux transports, à l'emballage, au remplissage, au chargement ou au déchargement de marchandises dangereuses, une connaissance suffisante des dispositions législatives, réglementaires et administratives applicables, ainsi qu'une connaissance suffisante des tâches définies sous 1.8.3.3.

1.8.3.10   L'examen est organisé par l'autorité compétente ou par un organisme examinateur désigné par elle. L'organisme examinateur ne doit pas être un organisme de formation.

La désignation de l'organisme examinateur se fait sous forme écrite. Cet agrément peut avoir une durée limitée et est fondée sur les critères suivants:

– compétence de l'organisme examinateur;

– spécifications des modalités de l'examen proposées par l'organisme examinateur, y compris, si nécessaire, de l'infrastructure et de l'organisation des examens électroniques conformément au paragraphe 1.8.3.12.5, si ceux-ci doivent être effectués;

– mesures destinées à assurer l'impartialité des examens;

– indépendance de l'organisme par rapport à toute personne physique ou morale employant des conseillers.

1.8.3.11 L'examen a pour but de vérifier si les candidats possèdent le niveau de connaissances nécessaire pour exercer les tâches de conseiller à la sécurité prévues sous 1.8.3.3, afin d'obtenir le certificat prévu par le 1.8.3.7 et doit porter au moins sur les matières suivantes:

a) connaissance des types de conséquences pouvant être engendrées par un accident impliquant des marchandises dangereuses et la connaissance des principales causes d'accident;

b) dispositions découlant de la législation nationale, de conventions et d'accords internationaux, concernant notamment:

– la classification des marchandises dangereuses (procédure de classification des solutions et mélanges, structure de la liste des matières, classes de marchandises dangereuses et principes de leur classification, nature des marchandises dangereuses transportées, propriétés physico-chimiques et toxicologiques des marchandises dangereuses);

– les dispositions générales pour les emballages, les citernes et les conteneurs-citernes (types, codification, marquage, construction, épreuves et inspections initiales et périodiques);

– le marquage, l'étiquetage, le placardage et la signalisation orange (marquage et étiquetage des colis, apposition et enlèvement des plaques-étiquettes et de la signalisation orange);

– les mentions dans le document de transport (renseignements exigés);

– le mode d'envoi, les restrictions d'expédition (chargement complet, transport en vrac, transport en grands récipients pour vrac, transport en conteneurs, transport en citernes fixes ou démontables);

– le transport de passagers;

– les interdictions et précautions de chargement en commun;

– la séparation des marchandises;

– la limitation des quantités transportées et les quantités exemptées;

– la manutention et l'arrimage (emballage, remplissage, chargement et déchargement – taux de remplissage, arrimage et séparation);

– le nettoyage et/ou le dégazage avant emballage, remplissage, chargement et après déchargement;

–   l'équipage et la formation professionnelle;

–   les documents de bord (documents de transport, consignes écrites, certificat d'agrément du bateau, attestation de formation aux matières dangereuses ADN, copie de toute dérogation, autres documents);

–   les consignes écrites (mise en application des consignes et équipement de protection de l'équipage);

–   les obligations de surveillance (stationnement);

–   les règles et restrictions de circulation;

–   les rejets opérationnels ou fuites accidentelles des matières polluantes;

–   les prescriptions relatives au matériel de transport (bateaux).

1.8.3.12   *Examen*

1.8.3.12.1   L'examen consiste en une épreuve écrite qui peut être complétée par un examen oral.

1.8.3.12.2   L'autorité compétente ou un organisme examinateur désigné par elle doit surveiller tous les examens. Toute possibilité de manipulation ou de fraude doit être exclue autant que possible. L'authentification du candidat doit être assurée. L'utilisation pour l'épreuve écrite de documents autres que des règlements internationaux ou nationaux est interdite. Tous les documents d'examen doivent être enregistrés et conservés sous forme imprimée ou dans un fichier électronique.

1.8.3.12.3   Des dispositifs électroniques ne peuvent être utilisés que s'ils sont fournis par l'organisme examinateur. Le candidat ne pourra en aucun cas introduire des données supplémentaires dans le dispositif électronique; il ne pourra que répondre aux questions posées.

1.8.3.12.4   L'épreuve écrite consiste en deux parties:

a)   Un questionnaire est soumis au candidat. Il est composé, au minimum, de 20 questions ouvertes portant au moins sur les matières visées dans la liste figurant sous 1.8.3.11. Toutefois, il est possible d'utiliser des questions à choix multiples. Dans ce cas, deux questions à choix multiples comptent pour une question ouverte. Parmi ces matières, une attention particulière doit être accordée aux matières suivantes:

–   mesures générales de prévention et de sécurité;

–   classification des marchandises dangereuses;

–   dispositions générales d'emballage, y compris les citernes, conteneurs-citernes, véhicules-citernes, etc.;

–   les marques, plaques-étiquettes et étiquettes de danger;

–   les mentions dans le document de transport;

–   la manutention et l'arrimage;

–   la formation professionnelle de l'équipage;

–   les documents de bord et certificats de transport;

–   les consignes écrites;

–   les prescriptions relatives aux bateaux.

b)   Les candidats réalisent une étude de cas en rapport avec les tâches du conseiller visées au 1.8.3.3 afin de démontrer qu'ils disposent des qualifications requises pour remplir la tâche de conseiller.

1.8.3.12.5   Les examens écrits peuvent être effectués, en tout ou partie, sous forme d'examens électroniques, les réponses étant enregistrées et évaluées à l'aide de techniques de traitement électronique de l'information (TEI), pour autant que les conditions suivantes soient remplies:

a)   Le matériel informatique et le logiciel doivent être vérifiés et acceptés par l'autorité compétente ou par un organisme examinateur désigné par elle;

b)   Le bon fonctionnement technique doit être assuré. Des dispositions doivent être prises en ce qui concerne les modalités de poursuite de l'examen en cas de dysfonctionnement des dispositifs et applications. Les périphériques de saisie ne doivent disposer d'aucun système d'assistance (comme par exemple une fonction de recherche électronique); l'équipement fourni conformément au 1.8.3.12.3 ne doit pas permettre aux candidats de communiquer avec tout autre appareil pendant l'examen;

c)   Les contributions finales de chaque candidat doivent être enregistrées. La détermination des résultats doit être transparente.

1.8.3.13   Les Parties contractantes peuvent disposer que les candidats qui entendent travailler pour des entreprises, spécialisées dans le transport de certains types de marchandises dangereuses ne soient questionnés que sur les matières liées à leur activité. Ces types de marchandises sont:

–   classe 1;

–   classe 2;

–   classe 7;

–   classes 3, 4.1, 4.2, 4.3, 5.1, 5.2, 6.1, 6.2, 8 et 9;

–   Nos ONU 1202, 1203, 1223, 3475 et le carburant aviation classé sous les Nos ONU 1268 ou 1863.

Le certificat prévu sous 1.8.3.7 doit clairement indiquer qu'il n'est valable que pour des types de marchandises dangereuses visés dans la présente sous-section et sur lesquels le conseiller a été questionné, dans les conditions définies au 1.8.3.12.

1.8.3.14   L'autorité compétente ou l'organisme examinateur établit au fur et à mesure un recueil des questions qui ont été incluses dans l'examen.

1.8.3.15   Le certificat prévu sous 1.8.3.7 est établi conformément au modèle figurant au 1.8.3.18 et est reconnu par toutes les Parties contractantes.

1.8.3.16   *Durée de validité et renouvellement du certificat*

1.8.3.16.1   Le certificat a une durée de validité de cinq ans. La validité du certificat est renouvelée pour des périodes de cinq ans si son titulaire a réussi un examen durant l'année précédant l'échéance de son certificat. L'examen doit être agréé par l'autorité compétente.

1.8.3.16.2   L'examen a pour but de vérifier si le titulaire possède les connaissances nécessaires pour exercer les tâches visées au 1.8.3.3. Les connaissances nécessaires sont définies au 1.8.3.11 b) et doivent inclure les modifications qui ont été apportées à la législation depuis l'obtention du dernier certificat. L'examen doit être organisé et supervisé selon les critères énoncés aux

1.8.3.10 et 1.8.3.12 à 1.8.3.14. Cependant, il n'est pas nécessaire que le titulaire réalise l'étude de cas mentionnée au 1.8.3.12.4 b).

1.8.3.17   Il est réputé satisfait aux dispositions des 1.8.3.1 à 1.8.3.16 si les conditions appropriées de la directive 96/35/CE du Conseil du 3 juin 1996 concernant la désignation ainsi que la qualification professionnelle de conseillers à la sécurité pour le transport par route, par rail ou par voie navigable de marchandises dangereuses [2] et de la directive 2000/18/CE du Parlement européen et du Conseil du 17 avril 2000 relative aux exigences minimales applicables à l'examen des conseillers à la sécurité pour le transport par route, par rail ou par voie navigable de marchandises dangereuses [3] sont appliquées.

[2]   *Journal officiel des Communautés européennes, No L 145 du 19 juin 1996, page 10.*
[3]   *Journal officiel des Communautés européennes, No L 118 du 19 mai 2000, page 41.*

1.8.3.18 *Modèle de certificat*

Certificat de formation pour les conseillers à la sécurité
pour le transport de marchandises dangereuses

Certificat No: ....

Signe distinctif de l'État délivrant le certificat: ....

Nom: ....

Prénom(s): ....

Date et lieu de naissance: ....

Nationalité: ....

Signature du titulaire: ....

Valable jusqu'au (date): ....

pour les entreprises de transport de marchandises dangereuses ainsi que pour les entreprises effectuant des opérations d'expédition, d'emballage, de remplissage, de chargement ou de déchargement liées à ce transport:

☐ par route ☐ par chemin de fer ☐ par voie navigable

Délivré par: ....

Date: .... Signature: ....

1.8.3.19   *Extension du certificat*

Lorsqu'un conseiller étend le champ d'application de son certificat pendant sa durée de validité, en répondant aux prescriptions du 1.8.3.16.2, la durée de validité du nouveau certificat reste celle du certificat précédent.

1.8.4   **Liste des autorités compétentes et organismes désignés par elles**

Les Parties contractantes communiquent au secrétariat de la Commission économique des Nations Unies pour l'Europe les adresses des autorités et des organismes désignés par elles qui sont compétents selon le droit national pour l'application de l'ADN, en mentionnant pour chaque cas la disposition de l'ADN concernée, ainsi que les adresses auxquelles il y a lieu de soumettre les demandes y relatives.

Le secrétariat de la Commission économique des Nations Unies pour l'Europe établit à partir des informations reçues une liste et la tient à jour. Il communique cette liste et ses modifications aux Parties contractantes.

1.8.5   **Déclaration des événements impliquant des marchandises dangereuses**

1.8.5.1   Si un accident ou un incident grave se produit lors du chargement, du remplissage, du transport ou du déchargement de marchandises dangereuses ou pendant le dégazage d'un bateau-citerne, sur le territoire d'une Partie contractante, le chargeur, le remplisseur, le transporteur, le déchargeur, le destinataire ou l'exploitant de la station de réception, doivent respectivement s'assurer qu'un rapport établi selon le modèle prescrit au 1.8.5.4 soit soumis à l'autorité compétente de la Partie contractante concernée dans un délai d'un mois après que l'événement s'est produit.

1.8.5.2   Cette Partie contractante doit de son côté, si nécessaire, transmettre un rapport au secrétariat de la Commission économique des Nations Unies pour l'Europe aux fins d'information des autres Parties contractantes.

1.8.5.3   Il y a *événement entraînant une obligation de rapport* conformément au 1.8.5.1 si des marchandises dangereuses se sont répandues ou s'il y a eu un risque imminent de perte de produit, dommage corporel, matériel ou à l'environnement ou si les autorités sont intervenues, et que un ou plusieurs des critères ci-après sont satisfaits:

Un événement ayant entraîné un dommage corporel est un événement dans le cadre duquel un décès ou des blessures sont directement liés aux marchandises dangereuses transportées et où les blessures

a)   nécessitent un traitement médical intensif;

b)   nécessitent un séjour à l'hôpital d'au moins une journée; ou

c)   entraînent une incapacité de travailler pendant au moins trois jours consécutifs.

Il y a "*perte de produit*", lorsque se sont répandues des marchandises dangereuses:

a)   des classes 1 ou 2 ou du groupe d'emballage I ou d'autres matières qui ne sont pas affectées à un groupe d'emballage, dans des quantités égales ou supérieures à 50 kg ou 50 litres;

b)   du groupe d'emballage II dans des quantités égales ou supérieures à 333 kg ou 333 litres; ou

c)   du groupe d'emballage III dans des quantités égales ou supérieures à 1 000 kg ou 1 000 litres.

Le critère de perte de produit s'applique aussi s'il y a eu un risque imminent de perte de produit dans les quantités susmentionnées. En règle générale, cette condition est réputée satisfaite si, en raison de dommages structurels, l'enceinte de rétention ne convient plus pour poursuivre le transport ou si, pour toute autre raison, un niveau de sécurité suffisant n'est plus assuré (par exemple du fait de la déformation des citernes ou conteneurs, du retournement d'une citerne ou de la présence d'un incendie dans le voisinage immédiat).

Si des marchandises dangereuses de la classe 6.2 sont impliquées, l'obligation de faire rapport s'applique indépendamment des quantités.

Dans un événement impliquant des matières radioactives, les critères de perte de produit sont les suivants:

a)   toute libération de matières radioactives à l'extérieur des colis;

b)   exposition conduisant à un dépassement des limites fixées dans les règlements touchant la protection des travailleurs et du public contre les rayonnements ionisants (*"Radioprotection et sûreté des sources de rayonnements: normes fondamentales internationales de sûreté"*, collection Normes de sûreté de l'AIEA, nº GSR Part 3, AIEA, Vienne (2014)); ou

c)   fait qu'il y a lieu de penser qu'il y a eu une dégradation sensible d'une quelconque fonction assurée par un colis sur le plan de la sécurité (rétention, protection, protection thermique ou criticité) qui a rendu l'emballage impropre à la poursuite du transport sans mesures de sécurité complémentaires.

NOTA: *Voir les prescriptions du 7.1.4.14.7.7 pour les envois non livrables.*

Il y a *"dommage matériel ou dommage à l'environnement"*, lorsque des marchandises dangereuses, indépendamment de la quantité, se sont répandues et que le montant estimé des dommages dépasse 50 000 euros. Il n'est pas tenu compte à cette fin des dommages subis par tout moyen de transport directement impliqué contenant des marchandises dangereuses ou par l'infrastructure modale.

Il y a *"intervention des autorités"* lorsque, dans le cadre de l'événement impliquant des marchandises dangereuses, il y a intervention directe des autorités ou services d'urgence et que l'on a procédé à l'évacuation de personnes ou à la fermeture de voies destinées à la circulation publique (routes/voies ferrées/voies de navigation intérieure) pendant au moins trois heures en raison du danger présenté par les marchandises dangereuses.

En cas de besoin, l'autorité compétente peut demander des informations supplémentaires.

1.8.5.4 *Modèle de rapport sur des événements survenus pendant le transport de marchandises dangereuses*

Rapport sur des événements survenus pendant le transport de marchandises dangereuses, conformément à la section 1.8.5 de l'ADN

Numéro du rapport:

Transporteur/Remplisseur/Destinataire/Chargeur: ....

Numéro officiel du bateau: ....

Bateau à marchandises sèches (coque simple, double coque): ....

Bateau-citerne (type): ....

Adresse: ....

Nom de la personne à contacter: .... N° de téléphone: ....

N° de télécopie/E-mail: ....

(L'autorité compétente enlèvera cette page de couverture avant de transmettre le rapport)

1. Mode	
Voie navigable:	Numéro officiel du bateau / Nom du bateau (facultatif) ....

2. Date et lieu de l'événement

Année: .... Mois: .... Jour: .... Heure: ....

☐ Port ☐ Installation de chargement/déchargement/transbordement Lieu / Pays: .... ou ☐ Secteur libre Désignation du secteur: .... Point kilométrique: .... ou ☐ Ouvrage tel que pont ou mur-guide	Observations relatives à la description du lieu: ....

3. Conditions de la voie navigable

Cote à l'échelle (Echelle de référence): ....

Vitesse estimée par rapport à l'eau: ....

☐ Hautes eaux

☐ Basses eaux

4. Conditions météorologiques particulières

☐ Pluie

☐ Neige

☐ Brouillard

☐ Orage

☐ Tempête

Température: .... °C

5. Description de l'événement

☐ Collision avec la rive, un ouvrage ou une installation d'accostage

☐ Collision avec un autre bateau à marchandises (collision/choc)

☐ Collision avec un bateau à passagers (collision/choc)

☐ Contact avec le fond sans/avec échouage

☐ Incendie

☐ Explosion

☐ Fuite / Situation et ampleur du dommage (avec description additionnelle)

☐ Naufrage

☐ Chavirage

☐ Défectuosité technique (facultatif)

☐ Erreur humaine (facultatif)

Autres détails de l'événement:

....

....

....

....

6. Marchandises dangereuses impliquées

N° ONU [1] ou Numéro d'identification	Classe	Groupe d'emballage si connu	Quantité estimée de produits perdus (kg ou l)[2]	Moyen de rétention selon 1.2.1 de l'ADN[3]	Matériau du moyen de rétention	Type de défaut du moyen de rétention[4]

[1] Indiquer également le nom technique dans le cas des marchandises dangereuses relevant d'une rubrique collective à laquelle s'applique la disposition spéciale 274.

[2] Pour la classe 7, indiquer les valeurs conformément aux critères énoncés sous 1.8.5.3.

[3] Indiquer le numéro approprié:
  1 Emballage
  2 GRV
  3 Grand emballage
  4 Petit conteneur
  5 Wagon
  6 Véhicule
  7 Wagon-citerne
  8 Véhicule-citerne
  9 Wagon-batterie
  10 Véhicule-batterie
  11 Wagon avec citernes amovibles
  12 Citerne démontable
  13 Grand conteneur
  14 Conteneur-citerne
  15 CGEM
  16 Citerne mobile
  17 Bateau à marchandises sèches – coque simple/double coque
  18 Bateau-citerne – type:

[4] Indiquer le numéro approprié:
  1 Perte
  2 Incendie
  3 Explosion
  4 Défaut de structure

7. Cause de l'événement (si elle ne fait pas de doute) (facultatif)

☐ Défectuosité technique
☐ Arrimage non conforme
☐ Cause d'exploitation
☐ Autres: ....

8. Conséquences de l'événement

Dommage corporel lié aux marchandises dangereuses:

☐ Morts (nombre: ....)

☐ Blessés (nombre: ....)

Perte de produit:

☐ oui
☐ non
☐ Risque imminent de perte de produit

Dommages matériels ou à l'environnement:

☐ Montant estimé du dommage ≤ 50.000 Euros
☐ Montant estimé du dommage > 50.000 Euros

Intervention des autorités:
☐ oui   ☐ Evacuation des personnes pendant au moins trois heures en raison de la présence des marchandises dangereuses
          ☐ Fermeture des voies de circulation pendant au moins trois heures en raison de la présence des marchandises dangereuses
☐ non

En cas de besoin, l'autorité compétente peut demander des informations supplémentaires.

CHAPITRE 1.9

RESTRICTIONS DE TRANSPORT PAR LES AUTORITÉS COMPÉTENTES

1.9.1   En application de l'article 6, paragraphe 1 de l'ADN, l'entrée des marchandises dangereuses sur le territoire des Parties contractantes peut faire l'objet de règlements ou d'interdictions imposés pour des raisons autres que la sécurité lors du transport. Ces règlements ou interdictions doivent être publiées sous forme appropriée.

1.9.2   Sous réserve des dispositions du 1.9.3, une Partie contractante peut appliquer aux bateaux effectuant un transport international de marchandises dangereuses par voies de navigation intérieures sur son territoire certaines dispositions supplémentaires qui ne sont pas prévues dans l'ADN, sous réserve que ces dispositions ne contredisent pas celles du paragraphe 2 de l'article 4 de l'ADN, qu'elles figurent dans sa législation nationale et soient applicables également aux bateaux effectuant un transport national de marchandises dangereuses par voies de navigation intérieures sur le territoire de ladite Partie contractante.

1.9.3   Les dispositions supplémentaires visées au 1.9.2 sont:

a)   Des conditions ou restrictions de sécurité supplémentaires concernant les bateaux empruntant certains ouvrages d'art tels que des ponts ou des tunnels, ou les bateaux arrivant dans des ports ou autres terminaux de transport spécifiés ou les quittant;

b)   Des conditions précisant l'itinéraire à suivre par les bateaux afin d'éviter des zones commerciales, résidentielles ou écologiquement sensibles, des zones industrielles où se trouvent des installations dangereuses ou des voies de navigation intérieures présentant des dangers physiques importants;

c)   Des conditions exceptionnelles précisant l'itinéraire à suivre ou les dispositions à respecter pour le stationnement des bateaux transportant des marchandises dangereuses, en cas de conditions atmosphériques extrêmes, de tremblements de terre, d'accidents, de manifestations syndicales, de troubles civils ou de soulèvements armés;

d)   Des restrictions concernant la circulation des bateaux transportant des marchandises dangereuses certains jours de la semaine ou de l'année.

1.9.4   L'autorité compétente de la Partie contractante appliquant sur son territoire des dispositions supplémentaires visées aux alinéas a) et d) du 1.9.3 ci-dessus informera desdites dispositions le Secrétariat de la Commission Economique des Nations Unies pour l'Europe qui les portera à la connaissance des Parties contractantes.

CHAPITRE 1.10

DISPOSITIONS CONCERNANT LA SÛRETÉ

NOTA: Aux fins du présent chapitre, on entend par "sûreté" les mesures ou les précautions à prendre pour minimiser le vol ou l'utilisation impropre de marchandises dangereuses pouvant mettre en danger des personnes, des biens ou l'environnement.

1.10.1 **Dispositions générales**

1.10.1.1 Toutes les personnes participant au transport de marchandises dangereuses doivent tenir compte des prescriptions de sûreté énoncées dans ce chapitre relevant de leur compétence.

1.10.1.2 Les marchandises dangereuses ne doivent être remises au transport qu'à des transporteurs dûment identifiés.

1.10.1.3 Les aires de stationnement dans les zones de transbordement de marchandises dangereuses doivent être correctement sécurisées, bien éclairées et, si possible lorsque cela est approprié, non accessibles au public.

1.10.1.4 Pour chaque membre de l'équipage d'un bateau transportant des marchandises dangereuses, un document d'identification portant sa photographie doit être à bord pendant le transport.

1.10.1.5 Les contrôles de sécurité suivant le 1.8.1 doivent aussi porter sur l'application des mesures de sûreté.

1.10.1.6 L'autorité compétente doit maintenir des registres à jour de tous les attestations d'experts prévues au 8.2.1, en cours de validité, délivrés par elle ou par un organisme reconnu.

1.10.2 **Formation en matière de sûreté**

1.10.2.1 La formation initiale et le recyclage visés au chapitre 1.3 doivent aussi comprendre des éléments de sensibilisation à la sûreté. Les cours de recyclage sur la sûreté ne doivent pas nécessairement être uniquement liés aux modifications réglementaires.

1.10.2.2 La formation de sensibilisation à la sûreté doit porter sur la nature des risques pour la sûreté, la façon de les reconnaître et les méthodes à utiliser pour les réduire ainsi que les mesures à prendre en cas d'infraction à la sûreté. Elle doit inclure la sensibilisation aux plans de sûreté éventuels compte tenu des responsabilités et fonctions de chacun dans l'application des ces plans.

1.10.2.3 Cette formation de sensibilisation doit être dispensée, dès leur entrée en fonction, aux personnes travaillant dans le transport des marchandises dangereuses, à moins qu'il ne soit prouvé qu'elles l'ont déjà suivie. Par la suite, une formation de recyclage sera périodiquement assurée.

1.10.2.4 Des relevés des formations reçues en matière de sûreté doivent être tenus par l'employeur et communiqués à l'employé ou à l'autorité compétente sur demande. Les relevés doivent être conservés par l'employeur pour une période fixée par l'autorité compétente.

1.10.3 **Dispositions concernant les marchandises dangereuses à haut risque**

NOTA: En plus des dispositions de sûreté de l'ADN, les autorités compétentes peuvent mettre en œuvre d'autres dispositions de sûreté pour des raisons autres que la sécurité pendant le transport (voir également l'article 4 paragraphe 1 de l'Accord). Afin de ne pas entraver le transport international et multimodal par différentes marques de sûreté des explosifs, il est recommandé que le format de ces marques soient conformes à une norme harmonisée au niveau international (par exemple directive 2008/43/CE de la Commission européenne).

1.10.3.1 *Définition des marchandises dangereuses à haut risque*

1.10.3.1.1 Par marchandises dangereuses à haut risque, on entend les marchandises dangereuses qui risquent d'être utilisées à mauvais escient par des terroristes et qui, dans cette hypothèse, pourraient provoquer de nombreuses pertes en vies humaines, des destructions massives ou, notamment dans le cas de la classe 7, des bouleversements socioéconomiques.

1.10.3.1.2 Les marchandises dangereuses à haut risque dans les classes autres que la classe 7 sont celles qui sont mentionnées dans le tableau 1.10.3.1.2 ci-dessous et qui sont transportées en quantités supérieures à celles qui y sont indiquées.

Tableau 1.10.3.1.2: **Liste des marchandises dangereuses à haut risque**

Classe	Division	Matières ou objets	Quantité		
			Citerne ou citerne à cargaison (litres) [c]	Vrac[*] (kg) [d]	Marchandises dans emballages (kg)
1	1.1	Matières et objets explosibles	[a]	[a]	0
	1.2	Matières et objets explosibles	[a]	[a]	0
	1.3	Matières et objets explosibles du groupe de compatibilité C	[a]	[a]	0
	1.4	Matières et objets explosibles des Nos ONU 0104, 0237, 0255, 0267, 0289, 0361, 0365, 0366, 0440, 0441, 0455, 0456, 0500, 0512 et 0513	[a]	[a]	0
	1.5	Matières et objets explosibles	0	[a]	0
	1.6	Objets explosibles	[a]	[a]	0
2		Gaz inflammables, non toxiques, (codes de classification comprenant uniquement les lettres F ou FC)	3 000	[a]	[b]
		Gaz toxiques (codes de classification comprenant la/les lettre(s) T, TF, TC, TO TFC ou TOC) à l'exclusion des aérosols	0	[a]	0
3		Liquides inflammables des groupes d'emballage I et II	3 000	[a]	[b]
		Liquides explosibles désensibilisés	0	[a]	0
4.1		Matières explosibles désensibilisées	[a]	[a]	0
4.2		Matières du groupe d'emballage I	3 000	[a]	[b]
4.3		Matières du groupe d'emballage I	3 000	[a]	[b]
5.1		Liquides comburants du groupe d'emballage I	3 000	[a]	[b]
		Perchlorates, nitrate d'ammonium, engrais au nitrate d'ammonium et nitrate d'ammonium en émulsion, suspension ou gel	3 000	3 000	[b]
6.1		Matières toxiques du groupe d'emballage I	0	[a]	0
6.2		Matières infectieuses de la catégorie A (Nos ONU 2814 et 2900, à l'exception du matériel animal) et déchets médicaux de la catégorie A (No ONU 3549)	[a]	0	0
8		Matières corrosives du groupe d'emballage I	3 000	[a]	[b]

[*] Par vrac, on entend vrac dans le bateau, vrac dans un véhicule ou dans un conteneur.

[a] Sans objet.

[b] Les dispositions du 1.10.3 ne sont pas applicables, quelle que soit la quantité.

[c] Une valeur indiquée dans cette colonne ne s'applique que si le transport en citernes est autorisé conformément à la colonne 10 ou 12 du Tableau A du chapitre 3.2 de l'ADR ou RID ou si la lettre "T"

est indiquée dans la colonne 8 du Tableau A du chapitre 3.2 de l'ADN. Pour les matières qui ne sont pas autorisées au transport en citernes, l'indication dans cette colonne est sans objet.

^d *Une valeur indiquée dans cette colonne ne s'applique que si le transport en vrac est autorisé conformément à la colonne 10 ou 17 du Tableau A du chapitre 3.2 de l'ADR ou RID ou si la lettre " B " est indiquée dans la colonne 8 du Tableau A du chapitre 3.2 de l'ADN. Pour les matières qui ne sont pas autorisées au transport en vrac, l'indication dans cette colonne est sans objet.*

1.10.3.1.3   Pour les marchandises dangereuses de la classe 7, on entend par matières radioactives à haut risque celles dont l'activité est égale ou supérieure à un seuil de sûreté pour le transport de 3 000 A_2 par colis (voir aussi 2.2.7.2.2.1), à l'exception des radionucléides ci-après dont le seuil de sûreté pour le transport est défini dans le tableau 1.10.3.1.3 ci-dessous.

Tableau 1.10.3.1.3: Seuils de sûreté pour le transport de certains radionucléides

Élément	Radionucléide	Seuil de sûreté pour le transport (TBq)
Américium	Am-241	0,6
Or	Au-198	2
Cadmium	Cd-109	200
Californium	Cf-252	0,2
Curium	Cm-244	0,5
Cobalt	Co-57	7
Cobalt	Co-60	0,3
Césium	Cs-137	1
Fer	Fe-55	8000
Germanium	Ge-68	7
Gadolinium	Gd-153	10
Iridium	Ir-192	0,8
Nickel	Ni-63	600
Palladium	Pd-103	900
Prométhium	Pm-147	400
Polonium	Po-210	0,6
Plutonium	Pu-238	0,6
Plutonium	Pu-239	0,6
Radium	Ra-226	0,4
Ruthénium	Ru-106	3
Sélénium	Se-75	2
Strontium	Sr-90	10
Thallium	Tl-204	200
Thulium	Tm-170	200
Ytterbium	Yb-169	3

1.10.3.1.4   Pour ce qui est des mélanges de radionucléides, on détermine si le seuil de sûreté a été atteint ou dépassé en faisant la somme des taux obtenus en divisant l'activité de chaque radionucléide par le seuil de sûreté pour le radionucléide concerné. Si la somme des taux est inférieure à 1, on considère que le seuil de radioactivité du mélange n'a pas été atteint ni dépassé.

Les calculs s'effectuent au moyen de la formule ci-dessous:

$$\sum_i \frac{A_i}{T_i} < 1$$

Où:

A_i = activité du radionucléide i présent dans le colis (TBq)

T_i = seuil de sûreté du transport pour le radionucléide i (TBq)

1.10.3.1.5   Lorsque la matière radioactive présente des dangers subsidiaires d'autres classes, les critères du tableau 1.10.3.1.2 doivent aussi être pris en considération (voir aussi 1.7.5).

1.10.3.2   *Plans de sûreté*

1.10.3.2.1   Les transporteurs, les expéditeurs et les autres intervenants mentionnés au 1.4.2. et 1.4.3. intervenant dans le transport des marchandises dangereuses à haut risque (voir tableau 1.10.3.1.2) ou des matières radioactives à haut risque (voir 1.10.3.1.3) doivent adopter et appliquer effectivement des plans de sûreté comprenant au moins les éléments définis au 1.10.3.2.2.

1.10.3.2.2   Tout plan de sûreté doit inclure au moins les éléments suivants:

a)   Attribution spécifique des responsabilités en matière de sûreté à des personnes présentant les compétences et qualifications et ayant l'autorité requises;

b)   Relevé des marchandises dangereuses ou des types de marchandises dangereuses concernés;

c)   Évaluation des opérations courantes et des risques pour la sûreté qui en résultent incluant les arrêts nécessités par les conditions de transport, le séjour des marchandises dangereuses dans les bateaux, citernes et conteneurs nécessités par les conditions de trafic avant, pendant et après le changement de lieu, et le séjour temporaire intermédiaire des marchandises dangereuses aux fins de changement de mode ou de moyen de transport (transbordement), comme approprié;

d)   Énoncé clair des mesures qui doivent être prises pour réduire les risques relevant de la sûreté compte tenu des responsabilités et fonctions de l'intervenant, y compris en ce qui concerne les points suivants:

–   Formation;

–   Politiques de sûreté (par exemple concernant les mesures en cas de menace aggravée, le contrôle en cas de recrutement d'employés ou d'affectation d'employés à certains postes, etc.);

–   Pratiques d'exploitation (par exemple choix et utilisation des itinéraires lorsqu'ils sont déjà connus, accès aux marchandises dangereuses en séjour temporaire intermédiaire (tel que défini à l'alinéa c)), proximité d'ouvrages d'infrastructure vulnérables, etc.);

–   Équipements et ressources à utiliser pour réduire les risques;

e)   Procédures efficaces et actualisées pour signaler les menaces, violations de la sûreté ou incidents connexes et y faire face;

f)   Procédures d'évaluation et de mise à l'épreuve des plans de sûreté et procédures d'examen et d'actualisation périodiques des plans;

g)   Mesures en vue d'assurer la sûreté physique des informations relatives au transport contenues dans le plan de sûreté; et

h)   Mesures en vue d'assurer que la distribution de l'information concernant les opérations de transport contenues dans le plan de sûreté est limitée à ceux qui ont besoin de l'avoir. Ces mesures ne doivent pas faire obstacle cependant à la communication des informations prescrites par ailleurs dans l'ADN.

NOTA: *Les transporteurs, les expéditeurs et les destinataires devraient collaborer entre eux ainsi qu'avec les autorités compétentes pour échanger des renseignements concernant d'éventuelles menaces, appliquer des mesures de sûreté appropriées et réagir aux incidents mettant en danger la sûreté.*

1.10.3.3   Des mesures d'exploitation ou techniques doivent être prises sur les bateaux transportant des marchandises dangereuses à haut risque (voir tableau 1.10.3.1.2) ou des matières radioactives à haut risque (voir 1.10.3.1.3) afin d'empêcher l'utilisation impropre du bateau et des marchandises dangereuses. L'application de ces mesures de protection ne doit pas compromettre les interventions de secours d'urgence.

NOTA: *Lorsque cette mesure est utile et que les équipements nécessaires sont déjà en place, des systèmes de télémétrie ou d'autres méthodes ou dispositifs permettant de suivre les mouvements des marchandises dangereuses à haut risque (voir tableau 1.10.3.1.2) ou des matières radioactives à haut risque (voir 1.10.3.1.3) devraient être utilisés.*

1.10.4   À l'exception des matières radioactives portant les Nos ONU 2910 et 2911, si le niveau d'activité (par colis) dépasse la valeur A_2, les prescriptions des 1.10.1, 1.10.2 et 1.10.3 ne s'appliquent pas lorsque les quantités transportées par bateau ne sont pas supérieures à celles prévues au 1.1.3.6.1. En outre, les dispositions du présent chapitre ne s'appliquent pas au transport du No ONU 2912 MATIÈRES RADIOACTIVES DE FAIBLE ACTIVITÉ SPÉCIFIQUE (LSA-I) et du No ONU 2913 MATIÈRES RADIOACTIVES, OBJETS CONTAMINÉS SUPERFICIELLEMENT (SCO-I).

1.10.5   Pour les matières radioactives, les dispositions du présent chapitre sont considérées comme satisfaites lorsque les dispositions de la Convention sur la protection physique des matières nucléaires[1] et de la circulaire de l'AIEA sur "Recommandations de sécurité nucléaire sur la protection physique des matières nucléaires et des installations nucléaires[2]" sont appliquées.

---

[1]   *IAEACIRC/274/Rev.1, AIEA, Vienne (1980).*
[2]   *INFCIRC/225/Rev.5, AIEA, Vienne (2011).*

CHAPITRES 1.11 à 1.14

(Réservés)

(Réservés)

CHAPITRE 1.15

AGRÉMENT DES SOCIÉTÉS DE CLASSIFICATION

1.15.1   Généralités

Dans le cas où un accord international portant réglementation, de manière plus générale, de la navigation de bateaux par voies de navigation intérieures viendrait à être conclu et comporterait des dispositions relatives au champ complet des activités des sociétés de classification et à leur agrément, toute disposition du présent chapitre qui serait en contradiction avec l'une quelconque des dispositions de cet accord international serait, dans les rapports entre les Parties au présent accord devenues parties à l'accord international, et à dater du jour de l'entrée en vigueur de celui-ci, automatiquement abolie et remplacée ipso facto par la disposition y relative de l'accord international. Ce chapitre deviendra caduc une fois l'accord international en vigueur si toutes les Parties au présent Accord deviennent parties à l'accord international.

1.15.2   Procédure d'agrément des sociétés de classification

1.15.2.1   Une société de classification désirant être recommandée pour agrément au sens du présent Accord pose sa candidature à l'agrément conformément aux dispositions du présent chapitre auprès de l'autorité compétente d'une Partie contractante.

La société de classification doit préparer l'information pertinente en conformité avec les dispositions du présent chapitre. Elle doit la fournir dans au moins une langue officielle de l'État où la demande est soumise et en anglais. La Partie contractante transmet la demande au Comité d'administration sauf si elle considère que les conditions et les critères visés au 1.15.3 ne sont manifestement pas remplis.

1.15.2.2   Le Comité d'administration nomme un comité d'experts dont il définit la composition et le règlement intérieur. Ce comité d'experts examine la demande, détermine si la société de classification répond aux conditions et critères visés au 1.15.3 et formule une recommandation au Comité d'administration dans un délai de six mois.

1.15.2.3   Le Comité d'administration, après étude du rapport des experts, décide, conformément à la procédure visée au paragraphe 7 c) de l'article 17, dans un délai d'un an au maximum, de recommander ou non aux Parties contractantes d'agréer la société de classification requérante. Il établit une liste des sociétés de classification recommandées aux fins d'agrément par des Parties contractantes.

1.15.2.4   Chaque Partie contractante peut décider, uniquement sur la base de la liste visée au 1.15.2.3, d'agréer ou non les sociétés de classification y figurant. Elle communique cette décision au Comité d'administration et aux autres Parties contractantes.

Le Secrétariat du Comité d'administration tient à jour la liste des agréments accordés par les Parties contractantes.

1.15.2.5   Si une Partie contractante estime qu'une société de classification figurant sur la liste ne répond pas aux conditions et critères fixés au 1.15.3, elle peut soumettre au Comité d'administration une proposition de retrait de la liste des sociétés recommandées aux fins d'agrément. Une telle proposition devra être documentée par des informations concrètes permettant de conclure à un manquement.

1.15.2.6   Le Comité d'administration institue à cet effet un nouveau comité d'experts, conformément à la procédure définie au 1.15.2.2, lequel doit adresser un rapport au Comité d'administration, dans un délai de six mois. Le Comité d'experts doit informer la société de classification et l'inviter à commenter les conclusions.

1.15.2.7   Si elle n'est pas en mesure de remplir les conditions et critères au paragraphe 1.15.3, le Comité d'administration peut décider que la société de classification a la possibilité de soumettre un plan permettant de surmonter dans un délai de six mois le manquement relevé et d'éviter toute récidive, ou, conformément au paragraphe (7) c) de l'article 17, de retirer le nom de la société en question de la liste des sociétés recommandées pour agrément.

Dans un cas pareil, la société en question en est immédiatement avisée. Le Comité d'administration informe toutes les Parties contractantes que la société de classification en question ne répond plus aux exigences pour agir en tant que société de classification agréée dans le cadre de l'Accord et les invite à prendre les mesures qui s'imposent pour rester en conformité avec les exigences de l'Accord.

1.15.3   **Conditions et critères à remplir par les sociétés de classification aux fins d'agrément**

Une société de classification demandant à être agréée dans le cadre du présent Accord doit répondre à l'ensemble des conditions et critères suivants:

1.15.3.1   La société de classification est en mesure de justifier d'une connaissance et d'une expérience étendues dans le domaine de l'évaluation, de la conception et de la construction des bateaux de navigation intérieure. La société devrait disposer des règles et règlements exhaustifs sur la conception, la construction et les visites périodiques de bateaux. Ces règles et règlements doivent être publiés, continuellement mis à jour et améliorés au moyen de programmes de recherche et de développement.

1.15.3.2   Le registre des bateaux classés par la société de classification est publié annuellement.

1.15.3.3   La société de classification ne doit pas être sous le contrôle d'armateurs ou de constructeurs de bateaux, ou d'autres personnes exerçant des activités commerciales dans le domaine de la fabrication, de l'équipement, de la réparation ou de l'exploitation des bateaux. Les recettes de la société de classification ne doivent pas dépendre de manière significative d'une seule entreprise commerciale.

1.15.3.4   Le siège ou une succursale de la société de classification ayant pouvoir et capacité de statuer et d'agir dans tous les domaines qui lui incombent dans le cadre des règlements qui régissent la navigation intérieure est situé dans l'une des Parties contractantes.

1.15.3.5   La société de classification ainsi que ses experts ont une bonne renommée dans la navigation intérieure; ceux-ci peuvent justifier de leurs capacités professionnelles.

1.15.3.6   La société de classification:

–   dispose d'un nombre suffisant de collaborateurs et d'ingénieurs pour les tâches techniques de surveillance et d'inspection ainsi que pour les tâches de direction, de soutien et de recherche, proportionné aux tâches et au nombre des bateaux classés et suffisant en outre pour le maintien à jour des prescriptions et pour leur développement conforme aux exigences de qualité;

–   maintient des experts dans au moins deux Parties contractantes.

1.15.3.7   La société de classification est régie par un code de déontologie.

1.15.3.8   La société de classification a élaboré, a mis en œuvre et maintient un système efficace de qualité interne fondé sur les aspects pertinents des normes de qualité internationalement reconnues et conforme aux normes EN ISO/IEC 17020:2012 (sauf clause 8.1.3) (organismes de contrôle) et ISO 9001 ou EN ISO 9001:2015. Ce système est certifié par un corps indépendant de vérificateurs reconnus par l'administration de l'État dans lequel il est implanté.

1.15.4   Obligations des sociétés de classification recommandées

1.15.4.1   Les sociétés de classification recommandées s'engagent à coopérer entre elles de manière à garantir l'équivalence, du point de vue du niveau de sécurité de leurs normes techniques qui sont concernées par la mise en œuvre des dispositions du présent Accord.

1.15.4.2   Elles échangent leurs expériences au moins une fois par année lors de réunions communes et rendent compte annuellement au Comité de sécurité. Il y a lieu d'informer le secrétariat du Comité de sécurité de la tenue de ces réunions, ainsi que de donner aux Parties contractantes la possibilité d'y participer en qualité d'observateurs.

1.15.4.3   Les sociétés de classification recommandées s'engagent à appliquer les dispositions présentes et futures de l'Accord en tenant compte de leur date d'entrée en vigueur. Les sociétés de classification recommandées fournissent à la demande de l'autorité compétente tous les renseignements pertinents au sujet de leurs prescriptions techniques.

CHAPITRE 1.16

PROCÉDURE DE DÉLIVRANCE DU CERTIFICAT D'AGRÉMENT

1.16.0 Aux fins du présent chapitre, "propriétaire" signifie "le propriétaire ou son représentant désigné, ou, si le bateau est opéré par un opérateur, l'opérateur ou son représentant désigné".

1.16.1 **Certificats d'agrément**

1.16.1.1 *Généralités*

1.16.1.1.1 Les bateaux à marchandises sèches transportant des marchandises dangereuses en quantités supérieures aux quantités exemptées, les bateaux visés au 7.1.2.19.1, les bateaux-citernes transportant des marchandises dangereuses et les bateaux visés au 7.2.2.19.3 doivent être munis d'un certificat d'agrément approprié

1.16.1.1.2 Le certificat d'agrément est valable au plus pendant cinq ans, sous réserve des dispositions du 1.16.11.

1.16.1.2 *Format du certificat d'agrément, mentions à y apporter.*

1.16.1.2.1 Le certificat d'agrément doit être conforme au modèle prévu au 8.6.1.1 ou 8.6.1.3 quant au fond, à la forme et à la présentation, et porter les indications qui y sont requises, comme il convient. La date d'expiration du délai de validité doit y être mentionnée.

Ses dimensions sont celles du format A4 (210 mm x 297 mm). Les pages peuvent être utilisées recto verso.

Il doit être rédigé dans une langue ou l'une des langues de l'État qui le délivre. Si cette langue n'est pas l'allemand, l'anglais ou le français, l'intitulé du certificat et chacune des rubriques 5, 9 et 10 du certificat d'agrément de bateaux à marchandises sèches (8.6.1.1) ou chacune des rubriques 12, 16 et 17 du certificat d'agrément de bateau-citerne (8.6.1.3) doit aussi être établie en allemand, en anglais ou en français.

1.16.1.2.2 Le certificat d'agrément doit attester que le bateau a été inspecté et que sa construction et son équipement sont totalement conformes aux prescriptions applicables du présent Règlement.

1.16.1.2.3 Toutes les mentions ou modifications du certificat d'agrément prévues par le présent Règlement et par les autres prescriptions établies d'un commun accord par les Parties contractantes peuvent y être apportées par l'autorité compétente.

1.16.1.2.4 Dans le certificat d'agrément des bateaux à double coque qui satisfont aux prescriptions supplémentaires des 9.1.0.80 à 9.1.0.95 ou 9.2.0.80 à 9.2.0.95, l'autorité compétente doit porter la mention suivante:

"Le bateau répond aux prescriptions supplémentaires des bateaux à double coque des 9.1.0.80 à 9.1.0.95" ou "Le bateau répond aux prescriptions supplémentaires des bateaux à double coque des 9.2.0.80 à 9.2.0.95"

1.16.1.2.5 Pour les bateaux-citernes, le certificat d'agrément doit être complété par une liste de toutes les matières dangereuses admises au transport dans le bateau-citerne établie par la société de classification agréée qui a classé le bateau (liste des matières transportables par le bateau). Dans la mesure exigée par la sécurité du transport, la liste doit contenir des réserves applicables à certaines matières dangereuses en ce qui concerne:

– les critères de résistance et de stabilité du bateau, et

–   la compatibilité entre les matières dangereuses acceptées et les matériaux de construction du bateau, y compris les installations et équipement qui entrent en contact avec la cargaison.

Les sociétés de classification doivent mettre à jour la liste des matières transportables par le bateau à chaque renouvellement de la classe du bateau, sur la base du Règlement annexé applicable à ce moment. Les sociétés de classification doivent informer le propriétaire du bateau des amendements au tableau C du chapitre 3.2 qui sont devenus pertinents entre temps. Si ces amendements nécessitent une mise à jour de la liste des matières transportables par le bateau, le propriétaire doit demander à la société de classification agréée de la mettre à jour. Cette liste des matières transportables par le bateau doit être délivrée dans la période prévue au 1.6.1.1.

La liste des matières transportables par le bateau doit être retirée en totalité par la société de classification agréée dans les délais prévus au paragraphe 1.6.1.1 au cas où, en raison d'amendements apportés au présent Règlement ou en raison de modifications dans la classification, des matières qui y sont mentionnées ne sont plus admises au transport dans le bateau.

La société de classification agréée doit sans délai, après la délivrance à son bénéficiaire du certificat d'agrément, transmettre une copie de la liste des matières transportables par le bateau à l'autorité chargée de délivrer le certificat d'agrément en l'informant des modifications ou du retrait.

NOTA: *Si la liste des matières transportables est sous forme électronique, voir 5.4.0.2.*

1.16.1.2.6   (*Supprimé*)

1.16.1.3   ***Certificats d'agrément provisoires***

1.16.1.3.1   Pour un bateau qui n'est pas muni d'un certificat d'agrément, un certificat d'agrément provisoire de durée limitée peut être délivré dans les cas suivants sous réserve des conditions indiquées ci-après:

a)   Le bateau répond aux prescriptions applicables du présent Règlement, mais le certificat normal ne pouvait être obtenu en temps utile. Le certificat d'agrément provisoire sera valable pour une durée appropriée ne devant toutefois pas excéder trois mois;

b)   Le bateau n'est pas conforme avec toutes les dispositions applicables du présent Règlement, mais la sécurité du transport n'en est pas altérée, selon l'appréciation de l'autorité compétente.

Le certificat d'agrément provisoire ne doit être délivré qu'une seule fois et pour une durée de validité appropriée permettant la mise en conformité du bateau avec les dispositions qui lui sont applicables, cette période ne devant pas excéder trois mois.

L'autorité compétente peut exiger la fourniture de rapports supplémentaires, en plus du rapport de visite, et peut formuler des exigences additionnelles.

NOTA: Pour la délivrance du certificat d'agrément de plein exercice selon le 1.16.1.2, un nouveau rapport de visite selon le 1.16.3.1, confirmant la conformité avec les prescriptions du présent Règlement jusqu'alors non satisfaites, doit être préparé.

c)   Après avoir subi une avarie, le bateau ne répond pas à toutes les prescriptions applicables du présent Règlement. Dans ce cas, le certificat d'agrément provisoire ne sera valable que pour un seul voyage et pour une cargaison spécifiée. L'autorité compétente peut imposer des prescriptions supplémentaires.

1.16.1.3.2   Le certificat d'agrément provisoire doit être conforme au modèle prévu au 8.6.1.2 ou 8.6.1.4 quant au fond, à la forme et à la présentation, ou à un modèle de certificat unique combinant un certificat provisoire de bateau et le certificat provisoire d'agrément à condition que ce modèle de certificat unique contienne les mêmes éléments d'information que le modèle du 8.6.1.2 ou 8.6.1.4 et soit agréé par l'autorité compétente. Ses dimensions sont celles du format A4 (210 mm x 297 mm). Les pages peuvent être utilisées recto verso.

Il doit être rédigé dans une langue ou l'une des langues de l'État qui le délivre. Si cette langue n'est pas l'allemand, l'anglais ou le français, l'intitulé du certificat et la rubrique 5 du certificat d'agrément provisoire de bateaux à marchandises sèches (8.6.1.2) ou la rubrique 13 du certificat d'agrément provisoire de bateau-citerne (8.6.1.4) doivent aussi être établis en allemand, en anglais ou en français.

1.16.1.3.3   Pour les bateaux-citernes, la pression d'ouverture des soupapes de sûreté ou des soupapes de dégagement à grande vitesse doit être indiquée dans le certificat d'agrément.

Si un bateau a des citernes à cargaison dont les pressions d'ouverture des soupapes sont différentes, la pression d'ouverture de chaque citerne doit être indiquée dans le certificat d'agrément.

1.16.1.4   *Annexe au certificat d'agrément*

1.16.1.4.1   Le certificat d'agrément et le certificat d'agrément provisoire conformément au 1.16.1.3.1 a) doivent être accompagnés d'une annexe conforme au modèle prévu au 8.6.1.5.

1.16.1.4.2   L'annexe au certificat d'agrément doit préciser la date à partir de laquelle les dispositions transitoires visées au 1.6.7 peuvent s'appliquer. Cette date est:

a)   Pour les bateaux visés au paragraphe 2 de l'article 8 de l'ADN pour lesquels il peut être établi qu'ils étaient déjà agréés pour le transport de marchandises dangereuses sur le territoire d'une Partie contractante avant le 26 mai 2000, le 26 mai 2000;

b)   Pour les bateaux visés au paragraphe 2 de l'article 8 de l'ADN pour lesquels il ne peut pas être établi qu'ils étaient déjà agréés pour le transport de marchandises dangereuses sur le territoire d'une Partie contractante avant le 26 mai 2000, la date avérée de la première visite aux fins de la délivrance d'un agrément pour le transport de marchandises dangereuses sur le territoire d'une Partie contractante ou, si cette date est inconnue, la date de la délivrance du premier agrément avéré pour le transport de marchandises dangereuses sur le territoire d'une Partie contractante;

c)   Pour tous les autres bateaux, la date avérée de la première visite aux fins de la délivrance d'un certificat d'agrément au sens de l'ADN ou, si cette date est inconnue, la date de délivrance du premier certificat d'agrément au sens de l'ADN;

d)   Par dérogation aux alinéas a) à c) ci-dessus, la date d'une nouvelle première visite effectuée conformément au 1.16.8 si le bateau ne possédait plus de certificat d'agrément en cours de validité à compter du 31 décembre 2014 depuis plus de douze mois.

1.16.1.4.3   Tous les agréments pour le transport de marchandises dangereuses délivrés sur le territoire d'une Partie contractante qui sont valables à compter de la date visée au 1.16.1.4.2 et tous les certificats d'agrément et certificats d'agrément provisoires ADN conformément au 1.16.1.3.1 a) doivent être consignés dans l'annexe au certificat d'agrément.

Les certificats d'agrément délivrés avant la délivrance de l'annexe au certificat d'agrément doivent être consignés par l'autorité compétente qui délivre l'annexe au certificat d'agrément.

1.16.2   **Délivrance et reconnaissance des certificats d'agrément**

1.16.2.1   Le certificat d'agrément visé au 1.16.1 est délivré par l'autorité compétente de la Partie contractante où le bateau est immatriculé ou, à défaut, de la Partie contractante où il a son port d'attache ou, à défaut, de la Partie contractante où le propriétaire est établi ou, à défaut, par l'autorité compétente choisie par le propriétaire.

Les autres Parties contractantes reconnaissent ce certificat d'agrément.

Les Parties contractantes communiquent au secrétariat de la Commission économique des Nations Unies pour l'Europe (CEE-ONU) les coordonnées des autorités et des organismes désignés par elles qui sont compétents selon le droit national pour la délivrance des certificats d'agrément.

Le secrétariat de la CEE-ONU les porte à la connaissance des Parties contractantes par le biais de son site web.

1.16.2.2   L'autorité compétente de l'une quelconque des Parties contractantes peut demander à toute autre autorité compétente d'une Partie contractante de délivrer à sa place un certificat d'agrément.

1.16.2.3   L'autorité compétente de l'une quelconque des Parties contractantes peut déléguer le pouvoir de délivrer le certificat d'agrément à un organisme de visite tel que défini au 1.16.4.

1.16.2.4   Le certificat d'agrément provisoire visé au 1.16.1.3 est délivré par l'autorité compétente de l'une des Parties contractantes pour les cas qui y sont visés et dans les conditions qui y sont fixées.

Les autres Parties contractantes reconnaissent ce certificat d'agrément provisoire.

1.16.2.5   L'annexe au certificat d'agrément est délivrée par l'autorité compétente de la Partie contractante. Les Parties contractantes se prêtent mutuellement assistance lors de la délivrance. Elles reconnaissent cette annexe au certificat d'agrément. Chaque nouveau certificat d'agrément ou certificat d'agrément provisoire délivré conformément au 1.16.1.3.1 a) doit être consigné dans l'annexe au certificat d'agrément. Si l'annexe au certificat d'agrément est remplacée (par exemple, en cas de détérioration ou de perte), toutes les écritures existantes doivent être transférées.

1.16.2.6   L'annexe au certificat d'agrément doit être retirée et une nouvelle annexe au certificat d'agrément doit être délivrée si, conformément au 1.16.8, une nouvelle première visite est effectuée parce que la validité du dernier certificat d'agrément est expirée, à compter du 31 décembre 2014, depuis plus de douze mois.

La date qui fait foi est le jour de la réception de la demande par l'autorité compétente. Dans ce cas, seuls les certificats d'agrément délivrés après la nouvelle première visite doivent être consignés.

1.16.3   **Procédure de la visite**

1.16.3.1   L'autorité compétente de la Partie contractante effectue la supervision de la visite du bateau. Au titre de cette procédure, la visite peut être effectuée par un organisme de visite désigné par la Partie contractante ou par une société de classification agréée selon le chapitre 1.15. L'organisme de visite ou la société de classification agréée délivre un rapport de visite certifiant la conformité partielle ou totale du bateau avec les prescriptions applicables du présent Règlement se rapportant à la construction et à l'équipement du bateau.

1.16.3.2   Ce rapport de visite doit comprendre les éléments suivants:

–   Nom et adresse de l'organisme de visite ou de la société de classification agréée qui a effectué la visite;

–   Demandeur;

–   Le lieu et la date de la visite;

–   Type de bateau inspecté;

–   Identification du bateau (nom, numéro d'immatriculation, numéro ENI, etc.);

–   Déclaration certifiant la conformité partielle ou totale du bateau avec les dispositions applicables de l'ADN en ce qui concerne sa construction et son équipement (selon la version applicable au moment de la visite ou à la date estimée de la délivrance du certificat d'agrément si celle-ci est postérieure à celle de la visite);

–   Indication (liste, description et renvois à l'ADN) des éventuels défauts de conformité;

–   Dispositions transitoires appliquées;

–   Équivalences et dérogations appliquées, avec renvoi à la recommandation pertinente du Comité d'administration de l'ADN;

–   Date de délivrance du rapport de visite;

–   Signature et cachet officiel de l'organisme de visite ou de la société de classification agréée.

Si le rapport de visite ne permet pas d'établir que toutes les prescriptions pertinentes visées au 1.16.3.1 ont été respectées, l'autorité compétente peut demander toute information supplémentaire nécessaire avant de délivrer un certificat d'agrément provisoire conformément à l'alinéa b) du 1.16.1.3.1.

L'autorité qui délivre le certificat d'agrément peut demander des informations concernant l'identité du bureau et des inspecteurs ayant effectué la visite, y compris leur adresse électronique et leur numéro de téléphone, mais ces informations ne feront pas partie du dossier du bateau.

1.16.3.3   Le rapport de visite doit être écrit dans une langue acceptée par l'autorité compétente et doit comprendre toutes les informations nécessaires à l'établissement du certificat.

1.16.3.4   Les dispositions des 1.16.3.1, 1.16.3.2 et 1.16.3.3 sont applicables à la première visite visée au 1.16.8, à la visite spéciale visée au 1.16.9 et à la visite périodique visée au 1.16.10.

1.16.3.5   Lorsque le rapport de visite est établi par une société de classification agréée, il peut inclure le certificat visé au 9.1.0.88.1, au 9.2.0.88.1, au 9.3.1.8.1, au 9.3.2.8.1 ou au 9.3.3.8.1.

La présence à bord des certificats et attestations délivrés par la société de classification pour les besoins du 8.1.2.3 f) et du 8.1.2.3 o) demeure obligatoire.

1.16.4   Organisme de visite

1.16.4.1   Les organismes de visite sont subordonnés à la reconnaissance par l'administration de la Partie contractante de la qualité d'organisme expert en matière de construction et de visite des bateaux de navigation intérieure et d'organisme expert en matière de transport des marchandises dangereuses par voies de navigation intérieures. Ils doivent répondre aux critères suivants:

–   observance par l'organisme des exigences en matière d'impartialité;

–   existence d'une structure et d'un personnel qui démontrent de manière objective l'aptitude et l'expérience professionnelles de l'organisme;

–   conformité avec le contenu matériel de la norme EN ISO/IEC 17020:2012 (sauf clause 8.1.3) avec à l'appui l'existence de procédures détaillées d'inspection.

1.16.4.2   Les organismes de visite peuvent être assistés par des experts (par exemple un expert en installations électriques) ou par des organismes spécialisés selon les dispositions nationales applicables (par exemple sociétés de classification).

1.16.4.3   Le Comité d'administration doit tenir à jour une liste des organismes de visite désignés.

1.16.5   Demande de délivrance d'un certificat d'agrément

Le propriétaire d'un bateau doit déposer une demande de délivrance de certificat d'agrément auprès de l'autorité compétente visée au 1.16.2.1. L'autorité compétente détermine quels sont les documents devant lui être présentés. Pour l'obtention d'un certificat d'agrément il faut au minimum que soient joints à la demande un certificat de bateau valable, le rapport de visite visé au 1.16.3.1 et le certificat visé au 9.1.0.88.1, au 9.2.0.88.1, au 9.3.1.8.1, au 9.3.2.8.1 ou au 9.3.3.8.1.

1.16.6   Modifications au certificat d'agrément

1.16.6.1   Le propriétaire d'un bateau doit porter tout changement de nom du bateau ainsi que tout changement de numéro officiel ou de numéro d'immatriculation à la connaissance de l'autorité compétente et doit lui faire parvenir le certificat d'agrément en vue de sa modification.

1.16.6.2   Toutes les modifications du certificat d'agrément prévues par le présent Règlement et par les autres prescriptions établies d'un commun accord par les Parties contractantes peuvent y être apportées par l'autorité compétente.

1.16.6.3   Lorsque le propriétaire du bateau fait immatriculer le bateau dans une autre Partie contractante, il doit demander un nouveau certificat d'agrément auprès de l'autorité compétente de cette autre Partie contractante. L'autorité compétente peut délivrer le nouveau certificat pour la période restante de la durée de validité du certificat actuel sans procéder à une nouvelle visite du bateau, à condition que l'état et les spécifications techniques du bateau n'aient subi aucune modification.

1.16.6.4   En cas de transfert de la compétence à une autre autorité compétente conformément au 1.16.6.3, l'autorité compétente à laquelle le dernier certificat d'agrément a été retourné doit faire parvenir sur demande l'annexe au certificat conformément au 1.16.1.4 à l'autorité compétente pour la délivrance du nouveau certificat d'agrément.

1.16.7   Présentation du bateau à la visite

1.16.7.1   Le propriétaire doit présenter le bateau à la visite à l'état lège, nettoyé et gréé; il est tenu de prêter l'assistance nécessaire à la visite, telle que fournir un canot approprié et du personnel, découvrir les parties de la coque ou des installations qui ne sont pas directement accessibles ou visibles.

1.16.7.2   L'organisme de visite ou la société de classification agréée peut exiger une visite à sec lors d'une première visite, d'une visite spéciale ou d'une visite périodique.

1.16.8   **Première visite**

Lorsqu'un bateau n'est pas encore en possession d'un certificat d'agrément ou que la validité du certificat d'agrément est expirée depuis plus de douze mois, le bateau doit être soumis à une première visite.

1.16.9   **Visite spéciale**

Si la coque ou l'équipement du bateau a subi des modifications pouvant compromettre la sécurité en ce qui concerne le transport des marchandises dangereuses ou une avarie affectant cette sécurité, le bateau doit, sans délai, être soumis par le propriétaire à une nouvelle visite.

1.16.10   **Visite périodique et renouvellement du certificat d'agrément**

1.16.10.1   En vue du renouvellement du certificat d'agrément, le propriétaire du bateau doit soumettre le bateau à une visite périodique. Le propriétaire d'un bateau peut demander une visite à tout moment.

1.16.10.2   Lorsque la demande de visite périodique est faite pendant la dernière année avant l'expiration de la validité du certificat d'agrément, la durée de validité du nouveau certificat d'agrément commencera à l'expiration de la validité du certificat d'agrément précédent.

1.16.10.3   Une visite périodique peut également être demandée pendant un délai de douze mois après l'expiration du certificat d'agrément. Passé ce délai, le bateau doit être soumis à une première visite conformément au 1.16.8.

1.16.10.4   L'autorité compétente fixe la durée de validité du nouveau certificat d'agrément sur la base de cette visite périodique.

1.16.11   **Prolongation du certificat d'agrément sans visite**

Par dérogation au 1.16.10, sur demande motivée du propriétaire, l'autorité compétente ayant délivré le certificat d'agrément pourra accorder, sans visite, une prolongation de validité du certificat d'agrément n'excédant pas un an. Cette prolongation sera donnée par écrit et devra se trouver à bord du bateau. Cette prolongation ne peut être accordée qu'une fois sur deux périodes de validité.

1.16.12   **Visite d'office**

1.16.12.1   Si l'autorité compétente d'une Partie contractante a des raisons de penser qu'un bateau qui se trouve sur son territoire peut constituer un danger, lié au transport de marchandises dangereuses, pour les personnes se trouvant à bord, pour la navigation ou pour l'environnement, elle peut ordonner une visite du bateau conformément au 1.16.3.

1.16.12.2   Lorsqu'elles exercent ce droit de visite, les autorités font tout pour éviter qu'un bateau ne soit indûment immobilisé ou retardé. Rien dans le présent Accord n'affecte les droits relatifs à l'indemnisation en cas d'immobilisation ou de délai indus. Pour toute plainte faisant état d'immobilisation ou de délai indus, la charge de la preuve incombe au propriétaire du bateau.

1.16.13   **Retrait, rétention et restitution du certificat d'agrément**

1.16.13.1   Le certificat d'agrément peut être retiré soit pour défaut d'entretien, soit si la construction ou l'équipement du bateau ne sont plus conformes aux règles applicables du présent Règlement, soit si le bateau ne bénéficie plus de la première cote de classification selon le 9.2.0.88.1, le 9.3.1.8.1, le 9.3.2.8.1 ou le 9.3.3.8.1.

1.16.13.2   Seule l'autorité qui a délivré le certificat d'agrément est qualifiée pour le retirer.

Toutefois, dans les cas visés au 1.16.9, et au 1.16.13.1 ci-dessus, l'autorité compétente de l'État où se trouve le bateau peut interdire son utilisation pour le transport de marchandises dangereuses nécessitant le certificat. Elle peut à cet effet retenir le certificat jusqu'au moment où le bateau satisfait à nouveau aux prescriptions applicables du présent Règlement. Dans ce cas, elle avise l'autorité compétente ayant délivré le certificat.

1.16.13.3   Par dérogation au 1.16.2.2 ci-dessus, toute autorité compétente peut amender ou retirer le certificat d'agrément sur la demande du propriétaire du bateau à condition d'en aviser l'autorité compétente qui l'a délivré.

1.16.13.4   Lorsqu'un organisme de visite ou une société de classification agréée constate, lors d'une visite, qu'un bateau ou son gréement présente des imperfections graves ayant un rapport avec les marchandises dangereuses qui soient de nature à compromettre la sécurité des personnes se trouvant à bord ou celle de la navigation ou à constituer un danger pour l'environnement, ou si le bateau ne bénéficie plus de la première cote de classification, il (elle) en avise aussitôt l'autorité compétente pour le compte de laquelle il (elle) agit pour décision de rétention du certificat d'agrément.

Si l'autorité qui a retenu le certificat n'est pas celle qui l'a délivré, elle doit en informer aussitôt cette dernière, et le cas échéant le lui renvoyer si elle présume que les imperfections ne pourront pas être éliminées dans un délai rapproché.

1.16.13.5   Lorsque l'organisme de visite ou la société de classification agréée visé(e) au 1.16.13.4 ci-dessus a vérifié, par une visite spéciale conformément au 1.16.9, qu'il a été remédié aux dites imperfections, le certificat d'agrément est restitué par l'autorité compétente au propriétaire.

Cette visite peut être effectuée, à la demande du propriétaire, par un autre organisme de visite ou une autre société de classification agréée. Dans ce cas, la restitution du certificat d'agrément est effectuée par l'intermédiaire de l'autorité compétente dont relève cet organisme de visite ou cette société de classification agréée.

1.16.13.6   Lorsqu'un bateau est définitivement immobilisé ou déchiré, le propriétaire doit renvoyer le certificat d'agrément à l'autorité compétente qui l'a délivré.

1.16.14   Duplicata

En cas de perte, de vol, de destruction du certificat d'agrément ou lorsqu'il est devenu inutilisable pour quelqu'autre motif, une demande de duplicata, accompagnée des justificatifs adéquats, doit être adressée à l'autorité compétente qui a délivré ledit certificat.

Celle-ci délivrera un duplicata du certificat d'agrément qui sera désigné comme tel.

1.16.15   Registre des certificats d'agrément

1.16.15.1   Les autorités compétentes attribuent un numéro d'ordre aux certificats d'agrément qu'elles délivrent. Elles tiennent un registre de tous les certificats d'agrément qu'elles délivrent.

1.16.15.2   Les autorités compétentes conservent des copies de tous les certificats qu'elles ont délivrés ainsi que des listes des marchandises transportables par les bateaux respectifs établies par les sociétés de classification agréées et des modifications, retraits, nouvelles délivrances et déclarations d'annulation de ces documents.

PARTIE 2

Classification

(Voir Volume II)

PARTIE 3

Liste des marchandises dangereuses, dispositions spéciales et exemptions relatives aux quantités limitées et aux quantités exceptées

CHAPITRE 3.1

GÉNÉRALITÉS

(Voir Volume II)

CHAPITRE 3.2

LISTE DES MARCHANDISES DANGEREUSES

3.2.1   **Tableau A: Liste des marchandises dangereuses par ordre numérique**

(Voir Volume II)

3.2.2   **Tableau B: Liste des marchandises dangereuses par ordre alphabétique**

(Voir Volume II)

3.2.3   **Tableau C: Liste des marchandises dangereuses admises au transport en bateaux-citernes par ordre numérique**

3.2.3.1   *Explications concernant le tableau C*

En règle générale, chaque ligne du tableau C concerne la ou les matières correspondant à un numéro ONU spécifique ou à un numéro d'identification de la matière. Toutefois, si des matières ou des objets du même numéro ONU ou du même numéro d'identification de la matière ont des propriétés chimiques, des propriétés physiques ou des conditions de transport différentes, plusieurs lignes consécutives peuvent être utilisées pour ce numéro ONU ou ce numéro d'identification de la matière.

Chaque colonne du tableau C est consacrée à un sujet spécifique comme indiqué dans les notes explicatives ci-après. À l'intersection des colonnes et des lignes (case) on trouve des informations concernant la question traitée dans cette colonne, pour la ou les matières de cette ligne:

–   les quatre premières cases indiquent la ou les matières appartenant à cette ligne;

–   les cases suivantes indiquent les dispositions spéciales applicables, sous forme d'information complète ou de code. Les codes renvoient à des informations détaillées qui figurent dans les numéros indiqués dans les notes explicatives ci-après. Une case vide indique qu'il n'y a pas de disposition spéciale et que seules les prescriptions générales sont applicables ou que la restriction de transport indiquée dans les notes explicatives est en vigueur;

–   si une case contient un astérisque, "*", les prescriptions applicables doivent être déterminées conformément au 3.2.3.3. Ce mode de détermination doit primer sur l'utilisation des rubriques de mélanges dans lesquelles on ne dispose pas de données suffisantes.

Les prescriptions générales applicables ne sont pas mentionnées dans les cases correspondantes.

Notes explicatives pour chaque colonne:

Colonne (1)   "Numéro ONU/Numéro d'identification de la matière"

Contient le numéro ONU ou le numéro d'identification:

–   de la matière dangereuse si un numéro ONU spécifique ou un numéro d'identification de la matière a été affecté à cette matière, ou

–   de la rubrique générique ou n.s.a. à laquelle les matières dangereuses non nommément mentionnées doivent être affectées conformément aux critères ("diagrammes de décision") de la partie 2.

Colonne (2)   "Nom et description"

Contient, en majuscules, le nom de la matière si un numéro ONU spécifique ou un numéro d'identification de la matière a été affecté à cette matière ou de la rubrique générique ou n.s.a. à laquelle les matières dangereuses ont été affectées conformément aux critères ("diagrammes de décision") de la partie 2. Ce nom doit être utilisé comme désignation officielle de transport ou, le cas échéant, comme partie de la désignation officielle de transport (voir complément d'informations sur la désignation officielle de transport au 3.1.2).

Un texte descriptif en minuscules est ajouté après la désignation officielle de transport pour préciser le champ d'application de la rubrique si la classification ou les conditions de transport de la matière peuvent être différents dans certaines conditions.

Colonne (3a)   "Classe"

Contient le numéro de la classe dont le titre correspond à la matière dangereuse. Ce numéro de classe est attribué conformément aux procédures et aux critères de la partie 2.

Colonne (3b)   "Code de classification"

Contient le code de classification de la matière dangereuse.

–   Pour les matières dangereuses de la classe 2, le code se compose d'un chiffre et d'une ou des lettres représentant le groupe de propriétés dangereuses qui sont expliqués aux 2.2.2.1.2 et 2.2.2.1.3.

–   Pour les matières dangereuses des classes 3, 4.1, 6.1 et 9, les codes sont expliqués au 2.2.x.1.2; [1]

–   Pour les matières ou objets dangereux de la classe 8, les codes sont expliqués au 2.2.8.1.4.1.

Colonne (4)   "Groupe d'emballage"

Indique le ou les numéros de groupe d'emballage (I, II ou III) affectés à la matière dangereuse. Ces numéros de groupes d'emballage sont attribués en fonction des procédures et des critères de la partie 2. Il n'est pas attribué de groupe d'emballage à certaines matières.

Colonne (5)   "Dangers"

Cette colonne contient des informations concernant les dangers de la matière dangereuse. Ces dangers sont repris en général sur la base des étiquettes de danger du tableau A, colonne 5.

Lorsqu'il s'agit d'une matière chimiquement instable, ces indications sont complétées par le code 'inst.'.

_____

[1]   *x =le numéro de classe de la matière ou de l'objet dangereux, sans point de séparation le cas échéant.*

Lorsqu'il s'agit d'une matière ou d'un mélange avec des caractéristiques CMR, ces indications sont complétées par le code "CMR".

Ce code désigne les matières ayant des effets à long terme sur la santé (*cancérigènes, mutagènes ou toxiques pour la reproduction*, matières des catégories 1A et 1B selon les critères des chapitres 3.5, 3.6 et 3.7 du SGH).

Lorsqu'il s'agit d'une matière ou d'un mélange dangereux pour le milieu aquatique, ces indications sont complétées par le code "N1", "N2" ou "N3" (voir 2.2.9.1.10).

Lorsqu'il s'agit d'une matière ou d'un mélange qui surnage à la surface de l'eau, ne s'évapore pas et est difficilement soluble dans l'eau ou qui sombre au fond de l'eau et est difficilement soluble, ces indications sont complétées respectivement par le code 'F' (pour le terme anglais 'Floater') ou 'S' (pour le terme anglais 'Sinker').

Pour les indications entre parenthèses concernant des dangers ne doivent être utilisés que les codes pertinents pour la matière transportée.

Colonne (6)   "Type de bateau-citerne"

Contient le type de bateau-citerne, Type G, C ou N.

Colonne (7)   "Conception de la citerne à cargaison"

Contient des informations concernant la conception de la citerne à cargaison:

1   Citerne à cargaison à pression

2   Citerne à cargaison fermée

3   Citerne à cargaison ouverte avec coupe-flammes

4   Citerne à cargaison ouverte

Colonne (8)   "Type de citerne à cargaison"

Contient des informations concernant le type de la citerne à cargaison:

1   Citerne à cargaison indépendante

2   Citerne à cargaison intégrale

3   Citerne à cargaison avec parois indépendantes de la coque extérieure

4   Citerne à membrane

Colonne (9)   "Équipement de la citerne à cargaison"

Contient des informations concernant l'équipement de la citerne à cargaison:

1   Installation de réfrigération

2   Possibilité de chauffage de la cargaison

	3	Installation de pulvérisation d'eau
	4	Installation de chauffage de la cargaison à bord

Colonne (10)   "Pression d'ouverture de la soupape de surpression/soupape de dégagement à grande vitesse en kPa"

Contient des informations concernant la pression d'ouverture de la soupape de surpression/soupape de dégagement à grande vitesse en kPa.

Colonne (11)   "Degré maximum de remplissage en %"

Contient des informations concernant le degré maximum de remplissage des citernes à cargaison en %.

Colonne (12)   "Densité relative"

Contient des informations concernant la densité relative de la marchandise à 20 °C. Les données relatives à la densité n'ont qu'un caractère informatif.

Colonne (13)   "Type de dispositif de prise d'échantillons"

Contient des informations concernant le type de dispositif de prise d'échantillons prescrit:

1   Dispositif de prise d'échantillons de type fermé

2   Dispositif de prise d'échantillons de type partiellement fermé

3   Orifice de prise d'échantillons

Colonne (14)   "Chambre de pompes sous pont admise "

Contient l'indication si une chambre de pompes sous pont est admise:

Oui   Chambre de pompes sous pont admise

Non   Chambre de pompes sous pont non admise

Colonne (15)   "Classe de température"

Contient la classe de température de la matière.

Colonne (16)   "Groupe d'explosion"

Contient le groupe d'explosion de la matière.

Les valeurs entre crochets sont l'indication des sous-groupes du groupe d'explosion II B pour le choix des systèmes de protection autonomes correspondants (coupe-flammes, soupapes de dépression, soupapes de surpression/soupapes de dégagement à grande vitesse et dispositifs de décompression en toute sécurité des citernes à cargaison avec élément coupe-flammes intégré).

NOTA:

En présence de systèmes de protection autonomes du sous-groupe d'explosion II B peuvent être transportés des produits pour lesquels

s'appliquent les groupes d'explosion II A ou II B, y compris les sous-groupes II B3, II B2, II B1.

En présence de systèmes de protection autonomes du sous-groupe d'explosion II B3 peuvent être transportés des produits pour lesquels s'appliquent les sous-groupes d'explosion II B3, II B2, II B1 ou le groupe d'explosion II A.

En présence de systèmes de protection autonomes du sous-groupe d'explosion II B2 peuvent être transportés des produits pour lesquels s'appliquent les sous-groupes d'explosion II B2, II B1 ou le groupe d'explosion II A.

En présence de systèmes de protection autonomes du sous-groupe d'explosion II B1 peuvent être transportés des produits pour lesquels s'appliquent le sous-groupe d'explosion II B1 ou le groupe d'explosion II A.

Colonne (17)	"Protection contre les explosions exigée"

Contient des informations relatives à la protection contre les explosions:

oui   protection contre les explosions est exigée

non   protection contre les explosions non exigée

Colonne (18)	"Equipement exigé"

Cette colonne contient les codes alphanumériques relatifs à l'équipement exigé pour le transport de la matière dangereuse (voir 8.1.5).

Colonne (19)	"Nombre de cônes/feux bleus"

Cette colonne contient le nombre de cônes/feux devant constituer la signalisation du bateau lors du transport de cette matière dangereuse.

Colonne (20)	"Exigences supplémentaires/Observations"

Cette colonne contient les exigences supplémentaires/observations applicables au bateau.

Les exigences supplémentaires ou observations sont:

1.   L'ammoniac anhydre peut provoquer des fissures de corrosion sous contrainte dans les citernes à cargaison et les systèmes de réfrigération en acier au carbone-manganèse ou acier-nickel.

Pour limiter au maximum les risques d'apparition de fissures de corrosion sous contrainte, les mesures suivantes doivent être prises:

a)   Si de l'acier au carbone-manganèse est utilisé, les citernes à cargaison, les citernes à pression des systèmes de réfrigération et les tuyauteries de chargement ou de déchargement doivent être réalisés en acier à grain fin avec une limite nominale minimale d'élasticité inférieure ou égale à 355 N/mm². La limite d'élasticité actuelle ne doit pas dépasser 440 N/mm². Une des mesures de construction ou de service suivantes doit en outre être prise:

.1 Il faut utiliser un matériau à faible résistance à la rupture ($R_m < 410$ N/mm^2), ou

.2 Les citernes à cargaison etc. doivent faire l'objet, après les opérations de soudure, d'un traitement à la chaleur en vue de supprimer les contraintes, ou

.3 La température de transport doit de préférence se situer près de la température d'évaporation de la cargaison de -33 °C mais en aucun cas elle ne doit être tenue supérieure à -20 °C, ou

.4 L'ammoniac ne doit pas contenir moins de 0,1 % d'eau en masse.

b) En cas d'utilisation d'aciers au carbone-manganèse avec une limite d'élasticité supérieure à celle qui est mentionnée à l'alinéa a) ci-dessus, les citernes, sections de tuyauteries etc. réalisées doivent faire l'objet, après les opérations de soudure, d'un traitement à la chaleur en vue de supprimer les contraintes.

c) Les citernes à pression des systèmes de réfrigération et les systèmes de tuyauteries de la partie condensation de l'installation de réfrigération constitués d'acier au carbone-manganèse ou en acier au nickel, doivent faire l'objet, après les opérations de soudure, d'un traitement à la chaleur en vue de supprimer les contraintes.

d) La limite d'élasticité et la résistance à la dilatation des matériaux utilisés pour les soudures ne peuvent dépasser que dans la plus petite mesure possible les valeurs correspondantes des matériaux des citernes et des tuyauteries.

e) Les aciers au nickel contenant plus de 5 % de nickel et d'aciers au carbone-manganèse qui ne remplissent pas les exigences visées aux alinéas a) et b) ne doivent pas être utilisés pour les citernes à cargaison et les systèmes de tuyauteries.

f) Les aciers au nickel ne contenant pas plus de 5 % de nickel peuvent être utilisés lorsque la température de transport est dans les limites visées à l'alinéa a) ci-dessus.

g) La teneur en oxygène dissous dans l'ammoniac ne doit pas dépasser la valeur figurant au tableau ci-dessous:

t en °C	O$_2$ en %
- 30 et en dessous	0,90
- 20	0,50
- 10	0,28
0	0,16
10	0,10
20	0,05
30	0,03

2. Avant le chargement l'air doit être chassé et suffisamment maintenu éloigné des citernes à cargaison et des tuyauteries correspondantes au moyen de gaz inerte (voir aussi 7.2.4.18).

3. Des mesures doivent être prises pour assurer que la cargaison est suffisamment stabilisée pour éviter toute réaction en cours de transport. Le document de transport doit contenir les indications supplémentaires suivantes:

   a) Désignation et quantité de stabilisateur ajouté;

   b) Date à laquelle le stabilisateur a été ajouté et durée normale prévisible de son efficience;

   c) Limites de températures influençant le stabilisateur.

   Lorsque la stabilisation est assurée uniquement par couverture au moyen d'un gaz inerte, il suffit que la désignation du gaz inerte utilisé soit mentionnée dans le document de transport. Lorsque la stabilisation est assurée par une autre mesure, par exemple pureté particulière de la matière, cette mesure doit être mentionnée dans le document de transport.

4. La matière ne doit pas se solidifier; la température de transport doit être maintenue au-dessus du point de fusion. Pour le cas où des installations de chauffage de la cargaison sont nécessaires, celles-ci doivent être conçues de manière qu'une polymérisation par échauffement soit exclue à quelque partie que ce soit dans la citerne à cargaison. Pour le cas où la température de serpentins de chauffage à la vapeur pourrait causer un suréchauffement des systèmes de chauffage indirect à température plus basse doivent être prévus.

5. Cette matière peut le cas échéant obturer la conduite d'évacuation de gaz et ses accessoires ou les accessoires des citernes à cargaison. Il convient d'assurer une bonne surveillance.

   Si, pour le transport de cette matière, une citerne à cargaison fermée et une protection contre les explosions sont exigées ou si la matière pour laquelle une protection contre les explosions est exigée est transportée dans une citerne à cargaison fermée, la citerne à cargaison doit être conforme au 9.3.2.22.4 ou au 9.3.3.22.4 ou la conduite d'évacuation de gaz doit être conforme respectivement au 9.3.2.22.5 a) ou au 9.3.2.22.5 b) ou conforme au 9.3.3.22.5 a) ou 9.3.3.22.5 b).

   Cette prescription ne s'applique pas lorsque les citernes à cargaison et les tuyauteries correspondantes sont inertisées conformément au 7.2.4.18.

6. Lorsque la température extérieure atteint ou descend sous la valeur mentionnée à la colonne (20), le transport de cette matière ne peut être effectué que dans des bateaux-citernes munis d'une possibilité de chauffage de la cargaison.

   En outre, en cas de transport dans une citerne à cargaison fermée, la conduite d'évacuation de gaz, les soupapes de sécurité et les coupe-flammes doivent être chauffables.

La température de la conduite d'évacuation de gaz, des soupapes de sécurité et des coupe-flammes doit être maintenue au moins au-dessus du point de fusion de la matière.

7. Si, pour le transport de cette matière, une citerne à cargaison fermée est exigée ou si cette matière est transportée dans une citerne à cargaison fermée, les conduites d'évacuation, les soupapes de sécurité et les coupe-flammes doivent être chauffables.

La température des conduites d'évacuation de gaz, des soupapes de sécurité et des coupe-flammes doit être maintenue au moins au-dessus du point de fusion de la matière.

8. Les espaces de double coque, doubles-fonds et serpentins de chauffage ne doivent pas contenir d'eau.

9. a) Pendant le transport la phase gazeuse au-dessus du niveau du liquide doit être maintenue couverte par un gaz inerte.

b) Les tuyauteries de chargement et les tuyauteries d'aération doivent être indépendantes des tuyauteries correspondantes pour d'autres cargaisons.

c) Les soupapes de sécurité doivent être en acier inoxydable.

10. *(Réservé)*

11. a) Les aciers inoxydables des types 416 et 442 et la fonte ne peuvent être utilisés pour les citernes à cargaison et les tuyauteries de chargement et de déchargement.

b) La cargaison ne peut être déchargée qu'au moyen de pompes immergées ou au moyen de vidange sous pression par un gaz inerte. Toute pompe doit être agencée de manière que la cargaison ne soit trop chauffée en cas de fermeture ou de blocage de la tuyauterie sous pression de la pompe.

c) La cargaison doit être réfrigérée et maintenue à une température inférieure à 30 °C.

d) Les soupapes de sécurité doivent être réglées à une pression non inférieure à 550 kPa (5,5 bar). La pression de réglage maximale doit être expressément agréée.

e) Pendant le transport l'espace libre au-dessus de la cargaison doit être comblé avec de l'azote (voir aussi le 7.2.4.18). Une alimentation automatique en azote doit être installée de manière que la surpression à l'intérieur de la citerne à cargaison ne tombe sous 7 kPa (0,07 bar) lorsque la température de la cargaison baisse par suite d'une chute de la température extérieure ou pour une autre cause. Pour garantir la régulation automatique de la pression une quantité suffisante d'azote doit être emmenée à bord. Il faut utiliser de l'azote avec un degré de pureté commerciale de 99,9 % en volume. Une batterie de bouteilles d'azote reliée aux citernes à cargaison par un détendeur de pression peut être considéré comme "automatique" à cet effet.

La courbe d'azote nécessaire doit être telle que la concentration d'azote dans la phase gazeuse des citernes à cargaison ne descende jamais sous 45 %.

f) La citerne à cargaison et les tuyauteries correspondantes doivent être inertisées au moyen de l'azote avant le chargement et aussi longtemps qu'elle contient cette matière à l'état liquide ou gazeux.

g) Le système d'aspersion d'eau doit pouvoir être télécommandé depuis le timonerie ou, le cas échéant, de la salle de contrôle.

h) Une installation de transbordement doit être prévue permettant le transbordement d'urgence de l'oxyde d'éthylène en cas de réaction spontanée.

12. a) La matière doit être exempte d'acétylène.

b) Les citernes à cargaison qui n'ont pas fait l'objet d'un nettoyage approprié ne doivent pas être utilisées pour le transport de ces matières si l'une de leurs trois cargaisons précédentes était constituée d'une matière connue pour favoriser la polymérisation, telles que:

.1 acides minéraux (p. ex. acide sulfurique, acide chlorhydrique, acide nitrique);

.2 acides et anhydrides carboxyliques (p. ex. acide formique, acide acétique);

.3 acides carboxyliques halogénés (p. ex. acide chloracétique);

.4 acides sulfoniques (p. ex. benzène sulfonique);

.5 alcalis caustiques (p. ex. hydroxyde de sodium, hydroxyde de potassium);

.6 ammoniac et solutions ammoniacales;

.7 amines et solutions d'amines;

.8 matières comburantes.

c) Avant le chargement les citernes à cargaison et les tuyauteries correspondantes doivent être nettoyées efficacement à fond de manière à éliminer toute trace de cargaisons précédentes sauf lorsque la toute dernière cargaison était constituée d'oxyde de propylène ou d'un mélange d'oxyde d'éthylène et d'oxyde de propylène. Des précautions particulières doivent être prises dans le cas de l'ammoniac dans des citernes à cargaison construites en acier autre que l'acier inoxydable.

d) Dans tous les cas l'efficacité du nettoyage des citernes à cargaisons et des tuyauteries correspondantes doit être contrôlée au moyen d'essais ou d'inspections appropriés pour vérifier qu'il ne reste aucune trace de matière acide ou alcaline pouvant présenter un danger en présence de ces matières.

e) Avant chaque chargement de ces matières les citernes à cargaison doivent être visitées et inspectées afin de vérifier l'absence de contamination, de dépôts de rouille importants et de défauts de structure visibles.

Lorsque des citernes à cargaison sont installées dans des bateaux-citernes du type C, avec une conception de citerne à cargaison 1 et un type de citerne à cargaison 1, et qu'elles sont affectées en permanence au transport de ces matières, ces inspections doivent être effectuées au minimum tous les deux ans et demi.

Lorsque des citernes à cargaison sont installées dans des bateaux-citernes de type G, avec une conception de citerne à cargaison 1 et un type de citerne à cargaison 1, et qu'elles sont affectées en permanence au transport de ces matières, ces inspections doivent être effectuées lors de la visite périodique pour le renouvellement du certificat d'agrément, selon la procédure du 1.16.10.

f) Les citernes à cargaison ayant contenu ces matières peuvent être réutilisées pour d'autres cargaisons après qu'elles et les tuyauteries correspondantes auront été nettoyées à fond par lavage et rinçage au gaz inerte.

g) Les matières doivent être chargées et déchargées de telle manière qu'un dégagement de gaz dans l'atmosphère soit exclu. Si pendant le chargement le retour des gaz est effectué vers l'installation à terre, le système de retour des gaz relié aux citernes à cargaison contenant cette matière doit être indépendant de toutes les autres citernes à cargaison.

h) Pendant les opérations de déchargement une surpression supérieure à 7 kPa (0,07 bar) doit être maintenue dans la citerne à cargaison.

i) La cargaison ne doit être déchargée que par des pompes immergées (deepwell) ou des pompes hydrauliques submergées ou par pression au moyen d'un gaz inerte. Chaque pompe doit être agencée de sorte que la matière ne s'échauffe pas de manière sensible en cas de fermeture ou autre blocage de la tuyauterie à pression de la pompe.

j) Chaque citerne à cargaison dans laquelle ces matières sont transportées doit être ventilée par un dispositif indépendant des dispositifs de ventilation d'autres citernes à cargaison transportant d'autres marchandises.

k) Les tuyauteries flexibles de chargement utilisées pour ces matières doivent être marquées comme suit:

"À utiliser uniquement pour le transfert d'oxyde d'alkylène"

l) (*Réservé*)

m) Lorsque le système contient ces matières il faut s'assurer que l'air ne puisse pénétrer dans la pompe de chargement, dans les tuyauteries de chargement et de déchargement.

n) Avant le débranchement des liaisons avec la terre les tuyauteries contenant des liquides ou des gaz doivent être mises hors pression au raccordement à terre au moyen de dispositifs appropriés.

o) Le système de chargement et de déchargement de citernes à cargaison qui doivent être chargées de telles matières doit être séparé des systèmes de chargement et de déchargement de toutes les autres citernes à cargaison, y compris celles qui sont vides. Si le système de chargement et de déchargement des citernes à cargaison qui doivent être chargées de telles matières n'est pas indépendant, la séparation exigée doit être réalisée par démontage de manchettes de raccordement, de dispositifs de sectionnement ou d'autres tronçons de tuyauteries et l'installation à leur place de brides d'obturation. La séparation exigée concerne toutes les tuyauteries contenant des liquides ou des gaz et toutes les autres liaisons possibles comme par exemple les tuyauteries communes d'alimentation en gaz inerte.

p) Ces matières ne peuvent être transportées que conformément à des programmes de manutention approuvés par une autorité compétente.

Chaque processus de chargement doit faire l'objet d'un programme distinct de manutention de la cargaison. L'ensemble du système de chargement et de déchargement ainsi que les emplacements où doivent être placées les brides d'obturation nécessaires à la réalisation de la séparation visée ci-dessus doivent être indiqués dans les programmes de manutention. Un exemplaire de chaque programme de manutention doit se trouver à bord du bateau. Il doit être fait mention des programmes de manutention approuvés dans le certificat d'agrément.

q) Avant tout chargement de ces matières et avant toute reprise de tels transports il doit être attesté par une personne qualifiée, agréée par l'autorité compétente que la séparation prescrite des tuyauteries a été effectuée; cette attestation doit se trouver à bord du bateau. Chaque raccord entre une bride d'obturation et un dispositif de sectionnement de la tuyauterie doit être muni d'un fil plombé de manière à empêcher tout démontage de la bride par inadvertance.

r) Pendant le voyage la cargaison doit être recouverte d'azote. Un système automatique d'approvisionnement en azote doit être installé de manière que la surpression dans la citerne ne descende pas sous 7 kPa (0,07 bar) lorsque la température de la cargaison baisse en raison de la température extérieure ou pour quelque autre raison. Pour assurer la régulation automatique de la pression une quantité suffisante d'azote doit se trouver à bord. Pour la couverture il faut utiliser de l'azote d'un degré de pureté commercial (99,9 % en volume). Une batterie de bouteilles d'azote reliée aux citernes à cargaison par un détendeur peut être considérée comme un système "automatique".

s)   La phase gazeuse des citernes à cargaison doit être contrôlée avant et après chaque chargement pour s'assurer que la teneur en oxygène est inférieure ou égale à 2 % en volume.

t)   Débit de chargement

Le débit de chargement (L_R) des citernes à cargaison ne doit pas dépasser la valeur suivante:

$$L_R = 3600 \times U/t \ (m^3/h)$$

Dans cette formule

U = le volume libre (m^3) à l'état de chargement correspondant au déclenchement du dispositif contre les excès de remplissage;

t = le temps (s) nécessaire entre le déclenchement du dispositif contre les excès de remplissage et l'arrêt total de flux de cargaison dans la citerne à cargaison;

Le temps est la somme des temps partiels nécessaires aux opérations successives comme par exemple temps de réaction du personnel de service, temps nécessaire à l'arrêt des pompes et temps de fermeture des dispositifs de sectionnement;

Le débit de chargement doit en outre tenir compte de la pression de construction du système de tuyauteries.

13.   S'il n'y a pas d'apport de stabilisateur ou si cet apport est insuffisant, la teneur en oxygène dans la phase gazeuse ne doit pas dépasser 0,1 %. Dans les citernes à cargaison une surpression doit être maintenue en permanence. Cette prescription s'applique également aux voyages sous ballast ou à vide avec citernes à cargaison non nettoyées situés entre les transports de cargaison.

14.   Les matières suivantes ne peuvent être transportées à bord d'un bateau de type N:

–   matières dont la température d'auto-inflammation ≤ 200 °C;

–   matières dont le point d'éclair < 23 °C et dont le domaine d'explosivité > 15 points de pourcentage;

–   mélanges contenant des hydrocarbures halogénés;

–   mélanges contenant plus de 10 % de benzène;

–   matières et mélanges transportés à l'état stabilisé.

15.   Il doit être assuré que des matières alcalines ou acides telles que la soude caustique ou l'acide sulfurique ne puissent souiller la cargaison.

16. Lorsqu'en raison d'une surchauffe locale de la cargaison dans la citerne à cargaison ou dans la tuyauterie correspondante la possibilité d'une réaction dangereuse se présente, telle que par exemple polymérisation, décomposition, instabilité thermique ou formation de gaz, la cargaison doit être chargée et transportée suffisamment éloignée d'autres matières dont la température est suffisante pour déclencher une telle réaction. Les serpentins de chauffage dans les citernes à cargaison contenant cette cargaison doivent être bridés ou protégés par un dispositif équivalent.

17. Le point de fusion de la cargaison doit être mentionné dans le document de transport.

18. *(Réservé)*

19. Il doit être assuré que la cargaison ne puisse entrer en contact avec de l'eau. En outre, les dispositions suivantes sont applicables:

    La cargaison ne peut être transportée dans des citernes à cargaison avoisinant des citernes à restes ou des citernes à cargaison contenant de l'eau de ballastage, des résidus (slops) ou une autre cargaison contenant de l'eau. Les pompes, tuyauteries et conduites d'aération reliées à de telles citernes doivent être séparées des installations correspondantes des citernes à cargaison contenant cette cargaison. Les tuyauteries de citernes à résidus (slops) et les tuyauteries pour le ballastage ne doivent pas traverser des citernes à cargaison contenant cette cargaison pour autant qu'elles ne sont pas placées dans une gaine formant tunnel.

20. La température de transport maximale admissible mentionnée dans la colonne (20) ne doit pas être dépassée.

21. *(Réservé)*

22. La densité relative de la cargaison doit être mentionnée dans le document de transport.

23. Lorsque la pression interne atteint 40 kPa (0,4 bar) l'installation pour la mesure de la surpression doit déclencher l'alarme de celle-ci. L'installation de pulvérisation d'eau doit être immédiatement mise en service et le rester jusqu'à ce que la pression interne tombe à 30 kPa (0,3 bar).

24. Les matières à point d'éclair supérieur à 60 °C remises au transport ou transportées à une température située à moins de 15 K du point d'éclair doivent être transportées sous les conditions applicables au numéro 9001.

25. Le type de citerne à cargaison 3 peut être utilisé pour le transport de ces matières pour autant que la construction de la citerne à cargaison a été admise pour la température maximale de transport par une société de classification agréée.

26. Le type de citerne à cargaison 2 peut être utilisé pour le transport de ces matières pour autant que la construction de la citerne à cargaison a été admise pour la température maximale de transport par une société de classification agréée.

27.   Les prescriptions du 3.1.2.8.1 sont applicables.

28.   a)   En cas de transport du No ONU 2448 SOUFRE FONDU la ventilation forcée des citernes à cargaison doit être mise en service au plus tard lorsque la concentration de sulfure d'hydrogène atteint 1,0 % en volume.

       b)   Lorsque pendant le transport du No ONU 2448 SOUFRE FONDU la concentration de sulfure d'hydrogène dépasse 1,85 %, le conducteur doit en aviser immédiatement l'autorité compétente la plus proche.

             Lorsqu'une augmentation significative de la concentration de sulfure d'hydrogène dans un espace de cale laisse supposer une fuite de soufre, les citernes à cargaison doivent être déchargées dans les plus brefs délais. Un nouveau chargement ne pourra être pris à bord qu'après une nouvelle inspection par l'autorité qui a délivré le certificat d'agrément.

       c)   En cas de transport du No ONU 2448 SOUFRE FONDU la concentration de sulfure d'hydrogène doit être mesurée dans la phase gazeuse des citernes à cargaison et celles de dioxyde de soufre et de sulfure d'hydrogène dans les espaces de cales.

       d)   Les mesures prescrites à la lettre c) doivent être effectuées toutes les huit heures. Les résultats des mesures doivent être consignés par écrit.

29.   (*Supprimé*)

30.   En cas de transport de ces matières les espaces de cales de bateaux-citernes du type N ouvert peuvent contenir des installations auxiliaires.

31.   En cas de transport de ces matières le bateau doit être équipé d'une vanne à fermeture rapide placée directement au raccordement à terre.

32.   En cas de transport de cette matière les prescriptions supplémentaires suivantes sont applicables:

       a)   L'extérieur des citernes à cargaison doit être pourvu d'une isolation difficilement inflammable. Cette isolation doit être assez solide pour résister aux chocs et aux vibrations. Au-dessus du pont, l'isolation doit être protégée par une couverture.

             La température de cette couverture ne doit pas dépasser 70 °C à l'extérieur;

       b)   Les espaces de cale contenant les citernes à cargaison doivent être pourvus d'une aération. Des raccords pour une ventilation forcée doivent être prévus;

       c)   Les citernes à cargaison doivent être munies d'installations de ventilation forcée qui tiennent avec certitude, sous toutes les conditions de transport, la concentration d'acide sulfhydrique au-dessus de la phase liquide au-dessous de 1,85 % en volume.

Les installations de ventilation doivent être aménagées de façon à éviter le dépôt des marchandises à transporter;

La conduite d'évacuation de l'aération doit être aménagée de manière à ne pas constituer un danger pour les personnes;

d)   Les citernes à cargaison et les espaces de cales doivent être munis d'orifices et de tuyauteries pour la prise d'échantillons de gaz;

e)   Les orifices des citernes à cargaison doivent être situés à une hauteur telle que pour une assiette de 2° et une bande de 10°, du soufre ne puisse s'échapper. Tous les orifices doivent être situés au-dessus du pont à l'air libre. Chaque orifice des citernes doit être pourvu d'un dispositif de fermeture satisfaisant, attaché de façon permanente.

Un de ces dispositifs doit s'ouvrir pour une légère surpression à l'intérieur de la citerne;

f)   Les tuyauteries de chargement et de déchargement doivent être pourvues d'une isolation suffisante. Elles doivent pouvoir être chauffées;

g)   Le fluide calorifique doit être de nature telle qu'en cas de fuite dans une citerne, une réaction dangereuse avec le soufre ne soit pas à craindre.

33.   Les dispositions suivantes sont applicables pour le transport de cette matière:

Prescriptions de construction:

a)   Les peroxydes d'hydrogène en solution ne peuvent être transportés que dans des citernes à cargaison équipées de pompes immergées;

b)   Les citernes à cargaison et leurs équipements doivent être en acier massif inoxydable d'un type approprié aux peroxydes d'hydrogène en solution (par exemple 304, 304L, 316, 316L ou 316 Ti). Aucun des matériaux non métalliques utilisés pour le système des citernes à cargaison ne doit être attaqué par les peroxydes d'hydrogène en solution ni provoquer la décomposition de la matière;

c)   Les détecteurs de température doivent être installés dans les citernes à cargaison directement sous le pont et au fond. Des installations de télélecture de la température et de son contrôle doivent être prévues dans la timonerie;

d)   Des appareils de contrôle de l'oxygène (ou des tuyaux de prises d'échantillons de gaz) fixés à demeure doivent être installés dans les locaux contigus aux citernes à cargaison afin de pouvoir signaler des fuites dans ces locaux. Il y a lieu de prendre en considération l'augmentation de l'inflammabilité par suite d'enrichissement en oxygène. En outre, des téléindicateurs, des installations de surveillance permanente (si des tuyaux de prises d'échantillons sont en service une surveillance intermittente suffit) ainsi que des alarmes optiques et acoustiques sont à installer dans la timonerie à l'instar des dispositifs de mesure de la température. Les alarmes optiques et acoustiques doivent se déclencher lorsque la concentration d'oxygène dans ces locaux vides dépasse 30 % en volume. Deux oxygène-mètres additionnels doivent en outre être mis à disposition;

e) Les installations d'apport et d'extraction d'air des citernes à cargaison qui sont munies de filtres doivent être équipées de soupapes de surpression et de dépression appropriées à la ventilation en système fermé ainsi que d'une installation d'extraction pour le cas où la pression dans les citernes à cargaison viendrait à augmenter rapidement par suite d'une décomposition incontrôlée (voir sous m). Ces systèmes d'apport et d'extraction d'air doivent être conçus de manière que l'eau ne puisse entrer dans les citernes à cargaison. Pour la conception de l'installation d'extraction de secours il y a lieu de tenir compte de la pression de conception et de la grandeur des citernes à cargaison;

f) Une installation d'aspersion fixée à demeure doit être prévue afin que les peroxydes d'hydrogène en solution déversés sur le pont puissent être dilués et éloignés avec l'eau de lavage. La surface à atteindre par le jet d'eau doit comprendre les raccords à terre ainsi que le pont des citernes à cargaison destinées au transport de peroxydes d'hydrogène en solution.

Les exigences minimales suivantes doivent être respectées:

.1 La matière doit pouvoir être diluée de sa concentration habituelle à une concentration de 35 % en un délai de 5 minutes après déversement sur le pont;

.2 Le débit de déversement et la quantité estimée de cargaison déversée sur le pont doivent être déterminés compte tenu des débits maximum admissibles de chargement ou de déchargement, du temps nécessaire pour stopper le déversement en cas de débordement ou de défaillance de systèmes de tuyauteries rigides ou de tuyauteries flexibles ainsi que du temps nécessaire pour commencer la dilution après le déclenchement de l'alarme à la station de contrôle du chargement ou dans la timonerie;

g) Les orifices des soupapes de surpression doivent être situés à 2 m au moins des ponts de circulation si leur distance par rapport au pont de circulation est inférieure à 4 m;

h) Un détecteur de température doit être installé auprès de chaque pompe afin de pouvoir contrôler la température de la cargaison lors du déchargement pour constater une surchauffe due à une défectuosité à la pompe;

Prescriptions de service:

Transporteur

i)   Les peroxydes d'hydrogène en solution ne peuvent être transportés que dans des citernes à cargaison qui ont été nettoyées et passivées soigneusement conformément à la procédure visée sous j), de tous restes de cargaisons précédentes, de leurs gaz ou de leurs eaux de ballastage. Une attestation relative à l'observation de la procédure visée sous j) doit être à bord.

Une attention particulière est requise afin de garantir le transport sûr des peroxydes d'hydrogène en solution:

    .1   Lorsqu'un peroxyde d'hydrogène en solution est transporté aucune autre cargaison ne doit être transportée;

    .2   Les citernes à cargaison dans lesquelles des peroxydes d'hydrogène en solution ont été transportés peuvent être réutilisés pour d'autres cargaisons après nettoyage par des personnes ou firmes agréées à cet effet par l'autorité compétente;

    .3   Lors de la construction des citernes à cargaison il y a lieu de veiller à réduire au minimum les équipements dans les citernes à cargaison, à assurer un écoulement libre, à éviter les locaux enfermés et à assurer une bonne inspection visuelle;

j)   Procédés pour l'inspection, le nettoyage, la passivation et le chargement en vue du transport de peroxydes d'hydrogène en solution avec une concentration de 8 à 60 % dans des citernes à cargaison dans lesquelles d'autres cargaisons ont été transportées précédemment.

Avant leur réutilisation pour le transport de peroxydes d'hydrogène en solution, les citernes à cargaison dans lesquelles d'autres cargaisons que des peroxydes d'hydrogène ont été transportées précédemment doivent être inspectées, nettoyées et passivées. Les procédés visés aux .1 à .7 pour l'inspection et le nettoyage s'appliquent pour des citernes à cargaison en acier inoxydable. Le procédé pour passiver l'acier inoxydable est décrit au .8. A défaut d'autres instructions toutes les mesures s'appliquent aux citernes à cargaison et à tous leurs équipements qui ont été en contact avec d'autres cargaisons.

    .1   Après le déchargement de la cargaison précédente la citerne à cargaison doit être dégazée et inspectée en vue de déceler des restes, calamines et rouille;

    .2   Les citernes à cargaison et leur équipement doivent être lavées à l'eau claire filtrée. L'eau utilisée doit avoir au moins la qualité de l'eau potable et avoir une faible teneur en chlore;

.3 Les traces de résidus et les gaz de la cargaison précédente doivent être éliminés par traitement à la vapeur des citernes à cargaison et de leur équipement;

.4 Les citernes à cargaison et leur équipement doivent à nouveau être lavés avec de l'eau claire de la qualité visée au 2 et doivent être séchés à l'air filtré exempt d'huile;

.5 Des prises d'échantillons de l'atmosphère des citernes à cargaison doivent être effectuées et analysées quant à leur teneur en gaz organiques et en oxygène;

.6 La citerne à cargaison doit à nouveau être inspectée en vue de déceler des restes de la cargaison précédente, de la calamine ou de la rouille ou l'odeur de la cargaison précédente;

.7 Si l'inspection et les mesures indiquent la présence de restes de la cargaison précédente ou de ses gaz, les mesures visées aux .2 à .4 doivent être répétées;

.8 Les citernes à cargaison et leurs équipements en acier inoxydable qui ont contenu d'autres cargaisons que des peroxydes d'hydrogène en solution ou qui ont été réparés doivent, sans considération de passivations antérieures, être nettoyés et passivés selon le procédé suivant:

.8.1 Les nouvelles soudures et les autres parties réparées doivent être nettoyées et traitées à la brosse en acier inoxydable, au burin, au papier de verre, aux polisseurs. Les surfaces rugueuses doivent être lissées; finalement un polissage doit être effectué;

.8.2 Les résidus graisseux et huileux doivent être éliminés au moyen de solvants organiques ou de produits de nettoyage appropriés ajoutés à l'eau. L'utilisation de produits chlorés doit être évitée car ceux-ci peuvent entraver dangereusement la passivation;

.8.3 Les résidus doivent être éliminés. Ensuite un lavage doit être effectué;

k) Pendant le transbordement de peroxydes d'hydrogène en solution le système de tuyauteries concernées doit être séparé de tous les autres systèmes. Les tuyauteries de chargement et de déchargement utilisées pour le transbordement de peroxydes d'hydrogène en solution doivent être marquées comme suit:

"Uniquement pour le transbordement de peroxydes d'hydrogène en solution"

l)   Si la température dans les citernes à cargaison dépasse 35 °C les alarmes optiques et acoustiques doivent se déclencher dans la timonerie;

Conducteur

m)   Si l'augmentation de température est supérieure à 4 °C en deux heures ou si la température dans les citernes à cargaison dépasse 40 °C le conducteur doit se mettre directement en relation avec l'expéditeur en vue de pouvoir prendre les mesures éventuellement nécessaires;

Remplisseur

n)   Les peroxydes d'hydrogène en solution doivent être stabilisés en vue d'empêcher la décomposition. Le fabricant doit délivrer une attestation de stabilisation qui doit se trouver à bord et mentionnant:

.1   La date de la désintégration du stabilisateur et la durée de son efficience;

.2   Les mesures à prendre pour le cas où la matière deviendrait instable pendant le transport;

o)   Ne peuvent être transportés que des peroxydes d'hydrogène en solution dont le degré de décomposition à 25 °C est au maximum de 1,0 % par an. Une attestation du remplisseur certifiant que la matière répond à cette exigence doit être remise au conducteur et doit se trouver à bord. Une personne mandatée par le fabricant doit se trouver à bord pour superviser le chargement et pour vérifier la stabilité des peroxydes d'hydrogène en solution remis au transport. Elle doit attester au conducteur que la cargaison a été chargée à l'état stable;

34.   Dans le cas de transport en type N, les brides et presse-étoupe des tuyauteries de chargement et de déchargement doivent être munis d'un dispositif de protection contre les éclaboussures.

35.   Pour cette matière, seul un système indirect pour l'installation de réfrigération de la cargaison est admis. Les systèmes directs et combinés ne sont pas autorisés.

36.   *Fusionné avec l'observation 35.*

37.   Pour cette matière le système des citernes à cargaison doit pouvoir résister à la pression de vapeur de la cargaison aux températures ambiantes supérieures quel que soit le système adopté pour traiter le gaz d'évaporation.

38.   Pour un point d'ébullition initial supérieur à 60 °C et inférieur ou égal à 85 °C déterminé selon la norme ASTMD 86-01, les conditions de transport à appliquer sont identiques à celles prévues pour un point d'ébullition initial inférieur ou égal à 60 °C.

39. a) Les jointures, orifices de dégagement, dispositifs de fermeture et autres équipements techniques doivent être de telle sorte qu'il ne puisse y avoir de fuite lors des opérations normales de transport de dioxyde de carbone (froid, friabilité de matériaux, givrage de garnitures, d'orifices d'écoulement etc.).

b) La température de chargement (au poste de chargement) doit être mentionnée dans le document de transport.

c) Un oxygène-mètre doit se trouver à bord du bateau, accompagné d'une notice d'emploi qui peut être lue par chacun à bord. L'oxygène-mètre doit être utilisé comme moyen de preuve lors de la pénétration dans des cales, des chambres de pompes, des locaux situés en profondeur et lors de travaux effectués à bord.

d) À l'entrée du logement et d'autres locaux où séjourne l'équipage il doit y avoir un appareil de mesure qui déclenche une alarme en cas de teneur en oxygène trop basse ou de teneur en CO_2 trop élevée.

e) La température de chargement (établie après le chargement) et la durée maximum du voyage doivent être mentionnées dans le document de transport.

40. (*Supprimé*)

41. Le n-BUTYLBENZÈNE doit être affecté à la rubrique No ONU 2709 BUTYLBENZÈNES (n-BUTYLBENZÈNE).

42. Le chargement des gaz liquéfiés réfrigérés doit être exécuté de manière qu'il ne puisse se produire aucune augmentation de température inappropriée dans une citerne à cargaison, une tuyauterie ou un autre équipement accessoire quels qu'ils soient. Lors du calcul du temps de retenue (comme indiqué au 7.2.4.16.17), il faut s'assurer que le degré de remplissage n'est pas supérieur à 98 % afin d'empêcher l'ouverture des vannes de sécurité lorsque la citerne est remplie de liquide. Lorsqu'un des systèmes visés au 9.3.1.24.1 b) ou c) est utilisé lors du transport de gaz réfrigérés liquefiés, un système de réfrigération n'est pas exigé.

43. Il est possible que le mélange ait été classé "Floater" par mesure de précaution, parce que certains de ses composants remplissent les critères pertinents.

44. Une matière ne pourra être affectée à cette rubrique que s'il existe des données de mesure ou des informations vérifiées en conformité avec la norme CEI 60079-20-1 ou une norme équivalente permettant une affectation aux sous-groupes II B3, II B2 ou II B1 du groupe d'explosion II B ou du groupe d'explosion II A.

45. Durant la réception à partir de navires de mer de cette matière en tant que déchets liés à l'exploitation du bateau, des mesures appropriées doivent être prises à bord des bateaux pour éviter ou réduire autant que possible l'exposition du personnel à bord aux mélanges gaz-air qui s'échappent des citernes à cargaison du bateau récepteur lors du chargement et pour assurer la protection du

personnel à bord pendant ces activités. Un équipement de protection individuelle approprié doit être mis à la disposition des employés concernés et doit être porté pendant toute la durée de l'exposition accrue.

3.2.3.2 *Tableau C*

(1) N° ONU ou N° d'identification de la matière	(2) Nom et description	(3a) Classe	(3b) Code de classification	(4) Groupe d'emballage	(5) Dangers	(6) Type de bateau-citerne	(7) Conception de la citerne à cargaison	(8) Type de citerne à cargaison	(9) Équipement de la citerne à cargaison	(10) Pression d'ouverture de la soupape de surpression/soupape de dégagement à grande vitesse, en kPa	(11) Degré maximal de remplissage en %	(12) Densité relative à 20 °C	(13) Type de prise d'échantillon	(14) Chambre de pompes sous pont admise	(15) Classe de température	(16) Groupe d'explosion	(17) Protection contre les explosions exigée	(18) Équipement exigé	(19) Nombre de cônes/feux	(20) Exigences supplémentaires / Observations
(1)	3.1.2	2.2	2.2	2.1.1.3	5.2.2 / 3.2.3.1	1.2.1 / 7.2.2.0.1	3.2.3.1 / 1.2.1	3.2.3.1 / 1.2.1	3.2.3.1 / 1.2.1	3.2.3.1 / 1.2.1	7.2.4. 21	3.2.3.1	3.2.3.1 / 1.2.1	3.2.3.1 / 1.2.1	1.2.1	1.2.1 / 3.2.3.3	1.2.1 / 3.2.3.3	8.1.5	7.2.5	3.2.3.1
1005	AMMONIAC ANHYDRE	2	2TC		2.3+8+2.1+ N1	G	1	1	3		91		1	non	T1 [12]	II A	oui	PP, EP, EX, TOX, A	2	1; 2; 31
1010	BUTADIÈNES (BUTADIÈNE-1-2), STABILISÉ	2	2F		2.1+inst.	G	1	1			91		1	non	T2 [12]	II B [4]	oui	PP, EX, A	1	2; 3; 31
1010	BUTADIÈNES (BUTADIÈNE-1-3), STABILISÉ	2	2F		2.1+inst.+ CMR	G	1	1			91		1	non	T2 [12]	II B (II B2 [4])	oui	PP, EP, EX, TOX, A	1	2; 3; 31
1010	BUTADIÈNE-1-2, STABILISÉ, RÉFRIGÉRÉ	2	3F		2.1+inst.	G	2	4	1; 3		95		1	non	T2 [12]	II B [4]	oui	PP, EX, A	1	2; 3; 31
1010	BUTADIÈNE-1-3, STABILISÉ, RÉFRIGÉRÉ	2	3F		2.1 + inst. + CMR	G	2	4	1; 3		95		1	non	T2 [12]	II B (II B2 [4])	oui	PP, EP, EX, TOX, A	1	2; 3; 31
1010	BUTADIÈNES STABILISÉS ou BUTADIÈNES ET HYDROCARBURES EN MÉLANGE STABILISÉ, qui, à 70 °C, ont une pression de vapeur ne dépassant pas 1,1 MPa (11 bar) et dont la masse volumique à 50 °C n'est pas inférieure à 0,525 kg/l (contient moins de 0,1% de butadiène-1-3)	2	2F		2.1+inst.	G	1	1			91		1	non	T2 [12]	II B [4] (II B2 [4])	oui			
1010	BUTADIÈNES STABILISÉS ou BUTADIÈNES ET HYDROCARBURES EN MÉLANGE STABILISÉ, RÉFRIGÉRÉ, qui, à 70 °C, ont une pression de vapeur ne dépassant pas 1,1 MPa (11 bar) et dont la masse volumique à 50 °C n'est pas inférieure à 0,525 kg/l (contient moins de 0,1 % de butadiène-1-3)	2	3F		2.1+inst.	G	2	4	1; 3		95		1	non	T2 [12]	II B [4] (II B2 [4])	oui	PP, EX, A	1	2; 3; 31

(1) N° ONU ou N° d'identification de la matière	(2) Nom et description	(3a) Classe	(3b) Code de classification	(4) Groupe d'emballage	(5) Dangers	(6) Type de bateau-citerne	(7) Conception de la citerne à cargaison	(8) Type de citerne à cargaison	(9) Équipement de la citerne à cargaison	(10) Pression d'ouverture de la soupape de surpression/soupape de dégagement à grande vitesse, en kPa	(11) Degré maximal de remplissage en %	(12) Densité relative à 20 °C	(13) Type de prise d'échantillon	(14) Chambre de pompes sous pont admise	(15) Classe de température	(16) Groupe d'explosion	(17) Protection contre les explosions exigée	(18) Équipement exigé	(19) Nombre de cônes/feux	(20) Exigences supplémentaires / Observations
3.1.2	3.1.2	2.2	2.2	2.1.1.3	5.2.2 / 3.2.3.1	1.2.1 / 7.2.2.0.1	3.2.3.1 / 1.2.1	3.2.3.1 / 1.2.1	3.2.3.1 / 1.2.1	3.2.3.1 / 1.2.1	7.2.4.21	3.2.3.1	3.2.3.1 / 1.2.1	3.2.3.1 / 1.2.1	1.2.1	1.2.1 / 3.2.3.3	1.2.1 / 3.2.3.3	8.1.5	7.2.5	3.2.3.1
1010	BUTADIÈNES STABILISÉS ou BUTADIÈNES ET HYDROCARBURES EN MÉLANGE STABILISÉ, qui, à 70 °C, ont une pression de vapeur ne dépassant pas 1,1 MPa (11 bar) et dont la masse volumique à 50 °C n'est pas inférieure à 0,525 kg/l (contient 0,1 % ou plus de butadiène-1-3)	2	2F		2.1+inst.+ CMR	G	1	1			91		1	non	T2 [12]	II B[4] (II B2[4])	oui	PP, EP, EX, TOX, A	1	2; 3; 31
1010	BUTADIÈNES STABILISÉS ou BUTADIÈNES ET HYDROCARBURES EN MÉLANGE STABILISÉ, RÉFRIGÉRÉ, qui, à 70 °C, ont une pression de vapeur ne dépassant pas 1,1 MPa (11 bar) et dont la masse volumique à 50 °C n'est pas inférieure à 0,525 kg/l (contient 0,1% ou plus de butadiène-1-3)	2	3F		2.1 + inst. + CMR	G	2	4	1; 3		95		1	non	T2 [12]	II B[4] (II B2[4])	oui	PP, EP, EX, TOX, A	1	2; 3; 31
1011	BUTANE (contient moins de 0,1% de butadiène-1-3)	2	2F		2.1	G	1	1			91		1	non	T2 [12]	II A	oui	PP, EX, A	1	2; 31
1011	BUTANE, RÉFRIGÉRÉ (contient moins de 0,1% de butadiène-1-3)	2	3F		2.1	G	2	4	1; 3		95		1	non	T2 [12]	II A	oui	PP, EX, A	1	2; 31
1011	BUTANE (contient 0,1 % ou plus de butadiène-1-3)	2	2F		2.1+CMR	G	1	1			91		1	non	T2 [12]	II A	oui	PP, EP, EX, TOX, A	1	2; 31
1011	BUTANE, RÉFRIGÉRÉ (contient 0,1% ou plus de butadiène-1-3)	2	3F		2.1+CMR	G	2	4	1; 3		95		1	non	T2 [12]	II A	oui	PP, EP, EX, TOX, A	1	2; 31
1012	BUTYLÈNE-1	2	2F		2.1	G	1	1			91		1	non	T2 [12]	II A	oui	PP, EX, A	1	2; 31
1012	BUTYLÈNE-1, RÉFRIGÉRÉ	2	3F		2.1	G	2	4	1; 3		95		1	non	T2 [12]	II A	oui	PP, EX, A	1	2; 31

(1)	(2)	(3a)	(3b)	(4)	(5)	(6)	(7)	(8)	(9)	(10)	(11)	(12)	(13)	(14)	(15)	(16)	(17)	(18)	(19)	(20)
	Nom et description	Classe	Code de classification	Groupe d'emballage	Dangers	Type de bateau-citerne	Conception de la citerne à cargaison	Type de citerne à cargaison	Équipement de la citerne à cargaison	Pression d'ouverture de la soupape de surpression/soupape de dégagement à grande vitesse, en kPa	Degré maximal de remplissage en %	Densité relative à 20 °C	Type de prise d'échantillon	Chambre de pompes sous pont admise	Classe de température	Groupe d'explosion	Protection contre les explosions exigée	Équipement exigé	Nombre de cônes/feux	Exigences supplémentaires / Observations
	3.1.2	2.2	2.2	2.1.1.3	5.2.2 / 3.2.3.1	1.2.1 / 7.2.2.0.1	3.2.3.1 / 1.2.1	3.2.3.1 / 1.2.1	3.2.3.1 / 1.2.1	3.2.3.1 / 1.2.1	7.2.4.21	3.2.3.1	3.2.3.1 / 1.2.1	3.2.3.1 / 1.2.1	1.2.1	1.2.1 / 3.2.3.3	1.2.1 / 3.2.3.3	8.1.5	7.2.5	3.2.3.1
1020	CHLOROPENTAFLUORÉTHANE (gaz réfrigérant R 115)	2	2A		2.2	G	1	1			91		1	non			non	PP	0	31
1020	CHLOROPENTAFLUORÉTHANE, RÉFRIGÉRÉ (GAZ RÉFRIGÉRANT R 115)	2	3A		2.2	G	2	4	1; 3		95		1	non			non	PP	0	31
1030	DIFLUORO-1,1 ÉTHANE (GAZ RÉFRIGÉRANT R 152a)	2	2F		2.1	G	1	1			91		1	non	T1 [12]	II A	oui	PP, EX, A	1	2; 31
1030	DIFLUORO-1,1 ÉTHANE, RÉFRIGÉRÉ (GAZ RÉFRIGÉRANT R 152a)	2	3F		2.1	G	2	4	1; 3		95		1	non	T1 [12]	II A	oui	PP, EX, A	1	2; 31
1033	ÉTHER MÉTHYLIQUE	2	2F		2.1	G	1	1			91		1	non	T3	II B (II B2)	oui	PP, EX, A	1	2; 31
1033	ÉTHER MÉTHYLIQUE, RÉFRIGÉRÉ	2	3F		2.1	G	2	4	1; 3		95		1	non	T3	II B (II B 2)	oui	PP, EX, A	1	2; 31
1038	ÉTHYLÈNE LIQUIDE RÉFRIGÉRÉ	2	3F		2.1	G	1	1	1		95		1	non	T1 [12]	II B (II B3)	oui	PP, EX, A	1	2; 31; 42
1038	ÉTHYLÈNE LIQUIDE RÉFRIGÉRÉ	2	3F		2.1	G	2	4	1; 3		95		1	non	T1 [12]	II B (II B 3)	oui	PP, EX, A	1	2; 31; 42
1040	OXYDE D'ÉTHYLÈNE AVEC DE L'AZOTE jusqu'à une pression totale de 1 MPa (10 bar) à 50 °C	2	2TF		2.3+2.1	G	1	1			91		1	non	T2 [12]	II B (II B3)	oui	PP, EP, EX, TOX, A	2	2; 3; 11; 31; 35
1055	ISOBUTYLÈNE	2	2F		2.1	G	1	1			91		1	non	T2 [1), 12]	II A	oui	PP, EX, A	1	2; 31
1055	ISOBUTYLÈNE, RÉFRIGÉRÉ	2	3F		2.1	G	2	4	1; 3		95		1	non	T2 [1), 12]	II A	oui	PP, EX, A	1	2; 31
1063	CHLORURE DE MÉTHYLE (GAZ RÉFRIGÉRANT R 40)	2	2F		2.1	G	1	1			91		1	non	T1 [12]	II A	oui	PP, EX, A	1	2; 31
1063	CHLORURE DE MÉTHYLE, RÉFRIGÉRÉ (GAZ RÉFRIGÉRANT R 40)	2	3F		2.1	G	2	4	1; 3		95		1	non	T1 [12]	II A	oui	PP, EX, A	1	2; 31

(1) N° ONU ou N° d'identification de la matière	(2) Nom et description	(3a) Classe	(3b) Code de classification	(4) Groupe d'emballage	(5) Dangers	(6) Type de bateau-citerne	(7) Conception de la citerne à cargaison	(8) Type de citerne à cargaison	(9) Équipement de la citerne à cargaison	(10) Pression d'ouverture de la soupape de surpression/soupape de dégagement à grande vitesse, en kPa	(11) Degré maximal de remplissage en %	(12) Densité relative à 20 °C	(13) Type de prise d'échantillon	(14) Chambre de pompes sous pont admise	(15) Classe de température	(16) Groupe d'explosion	(17) Protection contre les explosions exigée	(18) Équipement exigé	(19) Nombre de cônes/feux	(20) Exigences supplémentaires / Observations
	3.1.2	2.2	2.2	2.1.1.3	5.2.2 / 3.2.3.1	1.2.1 / 7.2.2.0.1	3.2.3.1 / 1.2.1	3.2.3.1 / 1.2.1	3.2.3.1 / 1.2.1	3.2.3.1 / 1.2.1	7.2.4.21	3.2.3.1	3.2.3.1 / 1.2.1	3.2.3.1 / 1.2.1	1.2.1	1.2.1 / 3.2.3.3	1.2.1 / 3.2.3.3	8.1.5	7.2.5	3.2.3.1
1077	PROPYLÈNE	2	2F		2.1	G	1	1			91		1	non	T1 [12]	II A	oui	PP, EX, A	1	2; 31
1077	PROPYLÈNE, RÉFRIGÉRÉ	2	3F		2.1	G	2	4	1; 3		95		1	non	T1 [12]	II A	oui	PP, EX, A	1	2; 31
1083	TRIMÉTHYLAMINE ANHYDRE	2	2F		2.1	G	1	1			91		1	non	T4	II A	oui	PP, EX, A	1	2; 31
1086	CHLORURE DE VINYLE STABILISÉ	2	2F		2.1+inst.	G	1	1			91		1	non	T2 [12]	II A	oui	PP, EX, A	1	2; 3; 13; 31
1086	CHLORURE DE VINYLE STABILISÉ, RÉFRIGÉRÉ	2	3F		2.1+inst.	G	2	4	1; 3		95		1	non	T2 [12]	II A	oui	PP, EX, A	1	2; 3; 13; 31
1088	ACÉTAL	3	F1	II	3	N	2	2		10	97	0.83	3	oui	T3	II B [4]	oui	PP, EX, A	1	
1089	ACÉTALDÉHYDE (éthanal)	3	F1	I	3+N3	C	1	1			95	0.78	3	oui	T4	II A	oui	PP, EX, A	1	35
1090	ACÉTONE	3	F1	II	3	N	2	2		10	97	0.79	1	oui	T1 [12]	II A	oui	PP, EX, A	1	
1092	ACROLÉINE STABILISÉE	6.1	TF1	I	6.1+3+inst.+N1	C	2	2	3	50	95	0.84	1	non	T3 [2]	II B (II B3)	oui	PP, EP, EX, TOX, A	2	2; 3; 5; 23
1093	ACRYLONITRILE STABILISÉ	3	FT1	I	3+6.1+inst.+N2+CMR	C	2	2	3	50	95	0.8	1	non	T1 [12]	II B (II B2)	oui	PP, EP, EX, TOX, A	2	3; 5; 23
1098	ALCOOL ALLYLIQUE	6.1	TF1	I	6.1+3+N1	C	2	2		40	95	0.85	1	non	T2 [12]	II B (II B3)	oui	PP, EP, EX, TOX, A	2	
1100	CHLORURE D'ALLYLE	3	FT1	I	3+6.1+N1	C	2	2	3	50	95	0.94	1	non	T2 [12]	II A	oui	PP, EP, EX, TOX, A	2	23

(1) N° ONU ou N° d'identification de la matière	(2) Nom et description	(3a) Classe	(3b) Code de classification	(4) Groupe d'emballage	(5) Dangers	(6) Type de bateau-citerne	(7) Conception de la citerne à cargaison	(8) Type de citerne à cargaison	(9) Équipement de la citerne à cargaison	(10) Pression d'ouverture de la soupape de surpression/soupape de dégagement à grande vitesse, en kPa	(11) Degré maximal de remplissage en %	(12) Densité relative à 20 °C	(13) Type de prise d'échantillon	(14) Chambre de pompes sous pont admise	(15) Classe de température	(16) Groupe d'explosion	(17) Protection contre les explosions exigée	(18) Équipement exigé	(19) Nombre de cônes/feux	(20) Exigences supplémentaires / Observations
	3.1.2	2.2	2.2	2.1.1.3	5.2.2 / 3.2.3.1	1.2.1 / 7.2.2.0.1	3.2.3.1 / 1.2.1	3.2.3.1 / 1.2.1	3.2.3.1 / 1.2.1	3.2.3.1 / 1.2.1	7.2.4.21	3.2.3.1	3.2.3.1 / 1.2.1	3.2.3.1 / 1.2.1	1.2.1	1.2.1 / 3.2.3.3	1.2.1 / 3.2.3.3	8.1.5	7.2.5	3.2.3.1
1105	PENTANOLS (n-PENTANOL)	3	F1	III	3	N	3	2			97	0.81	3	oui	T2 $^{12)}$	II A	oui	PP, EX, A	0	
1106	AMYLAMINES (n-AMYLAMINE)	3	FC	II	3+8	C	2	2		40	95	0.76	2	oui	T4 $^{3)}$	II A $^{7)}$	oui	PP, EP, EX, A	1	
1107	CHLORURES D'AMYLE (1-CHLOROPENTANE)	3	F1	II	3	C	2	2		40	95	0.88	2	oui	T3	II A	oui	PP, EX, A	1	
1107	CHLORURES D'AMYLE (CHLORO-1 MÉTHYL-3 BUTANE)	3	F1	II	3	C	2	2		45	95	0.89	2	oui	T3	II A	oui	PP, EX, A	1	
1107	CHLORURES D'AMYLE (CHLORO-2 MÉTHYL-2 BUTANE)	3	F1	II	3	C	2	2		50	95	0.87	2	oui	T2 $^{12)}$	II A	oui	PP, EX, A	1	
1107	CHLORURES D'AMYLE (CHLORO-1 DIMÉTHYL-2,2 PROPANE)	3	F1	II	3	C	2	2		50	95	0.87	2	oui	T3 $^{2)}$	II A	oui	PP, EX, A	1	
1107	CHLORURES D'AMYLE	3	F1	II	3	C	1	1			95	0.9	1	oui	T3 $^{2)}$	II A	oui	PP, EX, A	1	27
1108	PENTÈNE-1 (n-amylène)	3	F1	I	3+N3	N	1	1	3		97	0.64	1	oui	T3	II B $^{4)}$	oui	PP, EX, A	1	
1114	BENZÈNE	3	F1	II	3+N3+C MR	C	2	2	2	50	95	0.88	2	oui	T1 $^{12)}$	II A	oui	PP, EP, EX, TOX, A	1	6: +10 °C; 17; 23
1120	BUTANOLS (ALCOOL BUTYLIQUE tertiaire)	3	F1	II	3	N	2	2		10	97	0.79	3	oui	T1 $^{12)}$	II A $^{7)}$	oui	PP, EX, A	1	7; 17
1120	BUTANOLS (ALCOOL BUTYLIQUE secondaire)	3	F1	III	3	N	3	2			97	0.81	3	oui	T2 $^{12)}$	II A	oui	PP, EX, A	0	
1120	BUTANOLS (ALCOOL n-BUTYLIQUE)	3	F1	III	3	N	3	2			97	0.81	3	oui	T2 $^{12)}$	II B (II B2)	oui	PP, EX, A	0	
1123	ACÉTATES DE BUTYLE (ACÉTATE DE sec-BUTYLE)	3	F1	II	3	N	2	2		10	97	0.86	3	oui	T2 $^{12)}$	II A $^{7)}$	oui	PP, EX, A	1	
1123	ACÉTATES DE BUTYLE (ACÉTATE DE n-BUTYLE)	3	F1	III	3+N3	N	3	2			97	0.86	3	oui	T2 $^{12)}$	II A	oui	PP, EX, A	0	

(1)	(2)	(3a)	(3b)	(4)	(5)	(6)	(7)	(8)	(9)	(10)	(11)	(12)	(13)	(14)	(15)	(16)	(17)	(18)	(19)	(20)
N° ONU ou N° d'identification de la matière	Nom et description	Classe	Code de classification	Groupe d'emballage	Dangers	Type de bateau-citerne	Conception de la citerne à cargaison	Type de citerne à cargaison	Équipement de la citerne à cargaison	Pression d'ouverture de la soupape de surpression/soupape de dégagement à grande vitesse, en kPa	Degré maximal de remplissage en %	Densité relative à 20 °C	Type de prise d'échantillon	Chambre de pompes sous pont admise	Classe de température	Groupe d'explosion	Protection contre les explosions exigée	Équipement exigé	Nombre de cônes/feux	Exigences supplémentaires / Observations
3.1.2	3.1.2	2.2	2.2	2.1.1.3	5.2.2 / 3.2.3.1	1.2.1 / 7.2.2.0.1	3.2.3.1 / 1.2.1	3.2.3.1 / 1.2.1	3.2.3.1 / 1.2.1	3.2.3.1 / 1.2.1	7.2.4.21	3.2.3.1	3.2.3.1 / 1.2.1	3.2.3.1 / 1.2.1	1.2.1	1.2.1 / 3.2.3.3	1.2.1 / 3.2.3.3	8.1.5	7.2.5	3.2.3.1
1125	n-BUTYLAMINE	3	FC	II	3+8-N3	C	2	2	3	50	95	0.75	2	oui	T2 [12]	II A	oui	PP, EP, EX, A	1	23
1127	CHLOROBUTANES (1-CHLOROBUTANE)	3	F1	II	3	C	2	2	3	50	95	0.89	2	oui	T3	II A	oui	PP, EX, A	1	23
1127	CHLOROBUTANES (2-CHLOROBUTANE)	3	F1	II	3	C	2	2	3	50	95	0.87	2	oui	T3	II A	oui	PP, EX, A	1	23
1127	CHLOROBUTANES (CHLORO-1 MÉTHYL-2 PROPANE)	3	F1	II	3	C	2	2	3	50	95	0.88	2	oui	T3	II A	oui	PP, EX, A	1	23
1127	CHLOROBUTANES (CHLORO-2 MÉTHYL-2 PROPANE)	3	F1	II	3	C	2	2	3	50	95	0.84	2	oui	T1 [12]	II A	oui	PP, EX, A	1	23
1127	CHLOROBUTANES	3	F1	II	3	C	1	1			95	0.89	1	oui	T4 [3]	II A	oui	PP, EX, A	1	27
1129	BUTYRALDÉHYDE (n-BUTYRALDÉHYDE)	3	F1	II	3+N3	C	2	2	3	50	95	0.8	2	oui	T4	II A	oui	PP, EX, A	1	15; 23
1131	DISULFURE DE CARBONE	3	FT1	I	3+6.1+N2	C	2	2	3	50	95	1.26	1	non	T6	II C	oui	PP, EP, EX, TOX, A	2	2; 9; 23
1134	CHLOROBENZÈNE (chlorure de phényle)	3	F1	III	3+N2+S	C	2	2		30	95	1.11	2	oui	T1 [12]	II A [8]	oui	PP, EX, TOX, A	0	
1135	MONOCHLORHYDRINE DU GLYCOL (2-CHLOROÉTHANOL)	6.1	TF1	I	6.1+3+N3	C	2	2		30	95	1.21	1	non	T2 [12]	II A [8]	oui	PP, EP, EX, TOX, A	2	
1143	ALDÉHYDE CROTONIQUE STABILISÉ (CROTONALDÉHYDE STABILISÉ)	6.1	TF1	I	6.1+3+inst.+N1	C	2	2		40	95	0.85	1	non	T3	II B (II B2)	oui	PP, EP, EX, TOX, A	2	3; 5; 15
1145	CYCLOHEXANE	3	F1	II	3+N1	C	2	2	3	50	95	0.78	2	oui	T3	II A	oui	PP, EX, A	1	6: +11 °C; 17
1146	CYCLOPENTANE	3	F1	II	3+N2	N	2	3		10	97	0.75	3	oui	T2 [12]	II A	oui	PP, EX, A	1	

(1) N° ONU ou N° d'identification de la matière	(2) Nom et description	(3a) Classe	(3b) Code de classification	(4) Groupe d'emballage	(5) Dangers	(6) Type de bateau-citerne	(7) Conception de la citerne à cargaison	(8) Type de citerne à cargaison	(9) Équipement de la citerne à cargaison	(10) Pression d'ouverture de la soupape de surpression/soupape de dégagement à grande vitesse, en kPa	(11) Degré maximal de remplissage en %	(12) Densité relative à 20 °C	(13) Type de prise d'échantillon	(14) Chambre de pompes sous pont admise	(15) Classe de température	(16) Groupe d'explosion	(17) Protection contre les explosions exigée	(18) Équipement exigé	(19) Nombre de cônes/feux	(20) Exigences supplémentaires / Observations
	3.1.2	2.2	2.2	2.1.1.3	5.2.2 / 3.2.3.1	1.2.1 / 7.2.2.0.1	3.2.3.1 / 1.2.1	3.2.3.1 / 1.2.1	3.2.3.1 / 1.2.1	3.2.3.1 / 1.2.1	7.2.4.21	3.2.3.1	3.2.3.1 / 1.2.1	3.2.3.1 / 1.2.1	1.2.1	1.2.1 / 3.2.3.3	1.2.1 / 3.2.3.3	8.1.5	7.2.5	3.2.3.1
1148	DIACÉTONE-ALCOOL	3	F1	III	3	N	3	2			97	0.93	3	oui	T1 12)	II A	oui	PP, EX, A	0	
1150	DICHLORO-1-2 ÉTHYLÈNE (cis-DICHLORO-1,2 ÉTHYLÈNE)	3	F1	II	3+N2	C	2	2	3	50	95	1.28	2	oui	T2 1), 12)	II A	oui	PP, EX, A	1	23
1150	DICHLORO-1-2 ÉTHYLÈNE (trans-DICHLORO-1,2 ÉTHYLÈNE)	3	F1	II	3+N2	C	2	2	3	50	95	1.26	2	oui	T2 12)	II A	oui	PP, EX, A	1	23
1153	ÉTHER DIÉTHYLIQUE DE L'ÉTHYLÈNEGLYCOL	3	F1	III	3	N	3	2			97	0.84	3	oui	T4	II B (II B2)	oui	PP, EX, A	0	
1154	DIÉTHYLAMINE	3	FC	II	3+8+N3	C	2	2	3	50	95	0.7	2	oui	T2 12)	II A	oui	PP, EP, EX, A	1	23
1155	ÉTHER DIÉTHYLIQUE	3	F1	I	3	C	1	1			95	0.71	1	oui	T4	II B (II B1)	oui	PP, EX, A	1	
1157	DIISOBUTYLCÉTONE	3	F1	III	3+N3+F	N	3	3			97	0.81	3	oui	T2 12)	II B (II B4)	oui	PP, EX, A	0	
1159	ÉTHER ISOPROPYLIQUE	3	F1	II	3+N2	C	2	2	3	50	95	0.72	2	oui	T2 12)	II A	oui	PP, EX, A	1	
1160	DIMÉTHYLAMINE EN SOLUTION AQUEUSE	3	FC	II	3+8+N3	C	2	2	3	50	95	0.82	2	oui	T2 12)	II A	oui	PP, EP, EX, A	1	23
1163	DIMÉTHYLHYDRAZINE ASYMÉTRIQUE	6.1	TFC	I	6.1+3+8+ N2+CMR	C	2	2	3	50	95	0.78	1	non	T3	II B (II B1)	oui	PP, EP, EX, TOX, A	2	23
1165	DIOXANNE	3	F1	II	3	N	2	2		10	97	1.03	3	oui	T2 12)	II B (II B3)	oui	PP, EX, A	1	6: +14 °C; 17
1167	ÉTHER VINYLIQUE STABILISÉ	3	F1	I	3+inst.	C	1	1			95	0.77	1	oui	T2 12)	II B	oui	PP, EX, A	1	2; 3
1170	ÉTHANOL (ALCOOL ÉTHYLIQUE) ou ÉTHANOL EN SOLUTION (ALCOOL ÉTHYLIQUE EN SOLUTION), solution	3	F1	II	3	N	2	2		10	97	0,79 - 0,87	3	oui	T2 12)	II B (II B1)	oui	PP, EX, A	1	

(1) N° ONU ou N° d'identification de la matière	(2) Nom et description	(3a) Classe	(3b) Code de classification	(4) Groupe d'emballage	(5) Dangers	(6) Type de bateau-citerne	(7) Conception de la citerne à cargaison	(8) Type de citerne à cargaison	(9) Équipement de la citerne à cargaison	(10) Pression d'ouverture de la soupape de surpression/soupape de dégagement à grande vitesse, en kPa	(11) Degré maximal de remplissage en %	(12) Densité relative à 20 °C	(13) Type de prise d'échantillon	(14) Chambre de pompes sous pont admise	(15) Classe de température	(16) Groupe d'explosion	(17) Protection contre les explosions exigée	(18) Équipement exigé	(19) Nombre de cônes/feux	(20) Exigences supplémentaires / Observations
	3.1.2	2.2	2.2	2.1.1.3	5.2.2 / 3.2.3.1	1.2.1 / 7.2.2.0.1	3.2.3.1 / 1.2.1	3.2.3.1 / 1.2.1	3.2.3.1 / 1.2.1	3.2.3.1 / 1.2.1	7.2.4.21	3.2.3.1	3.2.3.1 / 1.2.1	3.2.3.1 / 1.2.1	1.2.1	1.2.1 / 3.2.3.3	1.2.1 / 3.2.3.3	8.1.5	7.2.5	3.2.3.1
	aqueuse contenant plus de 70 % en volume d'alcool																			
1170	ÉTHANOL EN SOLUTION (ALCOOL ÉTHYLIQUE EN SOLUTION), solution aqueuse contenant plus de 24 % et au plus 70 % en volume d'alcool	3	F1	III	3	N	3	2			97	0,87 - 0,96	3	oui	T2[12]	II B (II B1[4])	oui	PP, EX, A	0	
1171	ÉTHER MONOÉTHYLIQUE DE L'ÉTHYLÈNEGLYCOL	3	F1	III	3+CMR	N	2	3	3	10	97	0.93	3	oui	T3	II B (II B2)	oui	PP, EP, EX, TOX, A	0	
1172	ACÉTATE DE L'ÉTHER MONOÉTHYLIQUE DE L'ÉTHYLÈNEGLYCOL	3	F1	III	3+N3+CMR	N	2	3	3	10	97	0.98	3	oui	T2[12]	II A	oui	PP, EP, EX, TOX, A	0	
1173	ACÉTATE D'ÉTHYLE	3	F1	II	3	N	2	2		10	97	0.9	3	oui	T1[12]	II A	oui	PP, EX, A	1	
1175	ÉTHYLBENZÈNE	3	F1	II	3+N3	N	2	2		10	97	0.87	3	oui	T2[12]	II A	oui	PP, EX, A	1	
1177	ACÉTATE DE 2-ÉTHYLBUTYLE	3	F1	III	3	N	3	2			97	0.88	3	oui	T3	II A[7]	oui	PP, EX, A	0	
1179	ÉTHER ÉTHYLBUTYLIQUE (ÉTHER ÉTHYL-tert-BUTYLIQUE)	3	F1	II	3+N3	N	2	2		10	97	0.74	3	oui	T2[12]	II A	oui	PP, EX, A	1	
1184	DICHLORURE D'ÉTHYLÈNE (dichloro-1,2-éthane)	3	FT1	II	3+6.1+CMR	C	2	2	3	50	95	1.25	2	non	T2[12]	II A	oui	PP, EP, EX, TOX, A	2	
1188	ÉTHER MONOMÉTHYLIQUE DE L'ÉTHYLÈNEGLYCOL	3	F1	III	3+CMR	N	2	3		10	97	0.97	3	oui	T3	II B (II B2)	oui	PP, EP, EX, TOX, A	0	
1191	ALDÉHYDES OCTYLIQUES (2-ÉTHYLCAPRONALDÉHYDE)	3	F1	III	3+N3+F	C	2	2		30	95	0.82	2	oui	T4	II A[7]	oui	PP, EX, A	0	
1191	ALDÉHYDES OCTYLIQUES (n-OCTALDÉHYDE)	3	F1	III	3+N3+F	N	3	3			97	0.82	3	oui	T3	II A	oui	PP, EX, A	0	

(1) N° ONU ou N° d'identification de la matière	(2) Nom et description	(3a) Classe	(3b) Code de classification	(4) Groupe d'emballage	(5) Dangers	(6) Type de bateau-citerne	(7) Conception de la citerne à cargaison	(8) Type de citerne à cargaison	(9) Équipement de la citerne à cargaison	(10) Pression d'ouverture de la soupape de surpression/soupape de dégagement à grande vitesse, en kPa	(11) Degré maximal de remplissage en %	(12) Densité relative à 20 °C	(13) Type de prise d'échantillon	(14) Chambre de pompes sous pont admise	(15) Classe de température	(16) Groupe d'explosion	(17) Protection contre les explosions exigée	(18) Équipement exigé	(19) Nombre de cônes/feux	(20) Exigences supplémentaires / Observations
	3.1.2	2.2	2.2	2.1.1.3	5.2.2 / 3.2.3.1	1.2.1 / 7.2.2.0.1	3.2.3.1 / 1.2.1	3.2.3.1 / 1.2.1	3.2.3.1 / 1.2.1	3.2.3.1 / 1.2.1	7.2.4. 21	3.2.3.1	3.2.3.1 / 1.2.1	3.2.3.1 / 1.2.1	1.2.1	1.2.1 / 3.2.3.3	1.2.1 / 3.2.3.3	8.1.5	7.2.5	3.2.3.1
1193	ÉTHYLMÉTHYLCÉTONE (méthyléthylcétone)	3	F1	II	3	N	2	2		10	97	0,8	3	oui	T1 [12]	II A	oui	PP, EX, A	1	
1198	FORMALDÉHYDE EN SOLUTION INFLAMMABLE	3	FC	III	3+8+N3	N	3	2			97	1,09	3	oui	T2 [12]	II B	oui	PP, EP, EX, A	0	34
1199	FURALDÉHYDES (a-FURALDÉHYDE) ou FURFURALDÉHYDES (a-FURFURYLALDÉHYDE)	6.1	TF1	II	6.1+3	C	2	2		25	95	1,16	2	non	T3 [2]	II B (II B1)	oui	PP, EP, EX, TOX, A	2	15
1202	CARBURANT DIESEL ou GAZOLE ou HUILE DE CHAUFFE, LÉGÈRE (point d'éclair ne dépassant pas 60 °C)	3	F1	III	3+(N1, N2, N3, CMR, F ou S)	*	*	*	*	*	*	< 0,85	*	oui			non	*	0	*voir 3.2.3.3
1202	CARBURANT DIESEL conforme à la norme EN 590:2013 + A1:2017 ou GAZOLE ou HUILE DE CHAUFFE, LÉGÈRE à point d'éclair défini dans la norme EN 590:2013 + A1:2017	3	F1	III	3+N2+F	N	4	3			97	0,82 - 0,85	3	oui			non	PP	0	
1202	CARBURANT DIESEL ou GAZOLE ou HUILE DE CHAUFFE, LÉGÈRE (point d'éclair supérieur à 60 °C mais pas plus que 100 °C)	3	F1	III	3+(N1, N2, N3, CMR, F ou S)	*	*	*	3	*	*	< 1,1	*	oui			non	*	0	*voir 3.2.3.3
1203	ESSENCE	3	F1	II	3+N2+ CMR+F	N	2	3	*	10	97	0,68 - 0,72 [10]	3	oui	T3	II A	oui	PP, EP, EX, TOX, A	1	
1203	ESSENCE CONTENANT PLUS DE 10 % DE BENZÈNE	3	F1	II	3+N2+ CMR+F	C	*	*	*	*	*		*	oui	T3	II A	oui	*	1	*voir 3.2.3.3
1203	ESSENCE CONTENANT PLUS DE 10 % DE BENZÈNE P. ÉBULLITION ≤ 60 °C	3	F1	II	3+N2+ CMR+F	C	1	1			95		1	oui	T3	II A	oui	PP, EP, EX, TOX, A	1	
1203	ESSENCE CONTENANT PLUS DE 10 % DE BENZÈNE 60 °C < P. ÉBULLITION ≤ 85 °C	3	F1	II	3+N2+ CMR+F	C	2	2	3	50	95		2	oui	T3	II A	oui	PP, EP, EX, TOX, A	1	23

(1) N° ONU ou N° d'identification de la matière	(2) Nom et description	(3a) Classe	(3b) Code de classification	(4) Groupe d'emballage	(5) Dangers	(6) Type de bateau-citerne	(7) Conception de la citerne à cargaison	(8) Type de citerne à cargaison	(9) Équipement de la citerne à cargaison	(10) Pression d'ouverture de la soupape de surpression/soupape de dégagement à grande vitesse, en kPa	(11) Degré maximal de remplissage en %	(12) Densité relative à 20 °C	(13) Type de prise d'échantillon	(14) Chambre de pompes sous pont admise	(15) Classe de température	(16) Groupe d'explosion	(17) Protection contre les explosions exigée	(18) Équipement exigé	(19) Nombre de cônes/feux	(20) Exigences supplémentaires / Observations
3.1.2	3.1.2	2.2	2.2	2.1.1.3	5.2.2 / 3.2.3.1	1.2.1 / 7.2.2.0.1	3.2.3.1 / 1.2.1	3.2.3.1 / 1.2.1	3.2.3.1 / 1.2.1	3.2.3.1 / 1.2.1	7.2.4.21	3.2.3.1	3.2.3.1 / 1.2.1	3.2.3.1 / 1.2.1	1.2.1	1.2.1 / 3.2.3.3	1.2.1 / 3.2.3.3	8.1.5	7.2.5	3.2.3.1
1203	ESSENCE CONTENANT PLUS DE 10 % DE BENZÈNE 85 °C < P. ÉBULLITION ≤ 115 °C	3	F1	II	3+N2+CMR+F	C	2	2		50	95		2	oui	T3	II A	oui	PP, EP, EX, TOX, A	1	
1203	ESSENCE CONTENANT PLUS DE 10 % DE BENZÈNE P. ÉBULLITION > 115 °C	3	F1	II	3+N2+CMR+F	C	2	2		35	95		2	oui	T3	II A	oui	PP, EP, EX, TOX, A	1	
1206	HEPTANES	3	F1	II	3+N1	C	2	2	3	50	95	0,67 – 0,70	2	oui	T3	II A	oui	PP, EX, A	1	
1208	HEXANES	3	F1	II	3+N2	N	2	3		50	97	0,65 – 0,70	2	oui	T3	II A	oui	PP, EX, A	1	
1208	HEXANES	3	F1	II	3+N2	N	2	3	3	10	97	0,65 – 0,70	3	oui	T3	II A	oui	PP, EX, A	1	
1212	ISOBUTANOL (alcool isobutylique)	3	F1	III	3	N	3	2			97	0.8	3	oui	T2 [12]	II A	oui	PP, EX, A	0	
1213	ACÉTATE D'ISOBUTYLE	3	F1	II	3+N3	N	2	2		10	97	0.87	3	oui	T2 [12]	II A [7]	oui	PP, EX, A	1	
1214	ISOBUTYLAMINE	3	FC	II	3+8+N3	C	2	2	3	50	95	0.73	2	oui	T2 [12]	II A [7]	oui	PP, EP, EX, A	1	23
1216	ISOOCTÈNES	3	F1	II	3+N2	N	2	3		10	97	0.73	3	oui	T3	II B (II B1)	oui	PP, EX, A	1	
1218	ISOPRÈNE STABILISÉ	3	F1	I	3+inst.+N2+CMR	N	1	1			95	0.68	1	oui	T3	II B (II B2)	oui	PP, EP, EX, TOX, A	1	2; 3; 5;16
1219	ISOPROPANOL (alcool isopropylique)	3	F1	II	3	N	2	2	3	50	97	0.78	3	oui	T2 [12]	II A	oui	PP, EX, A	1	
1220	ACÉTATE D'ISOPROPYLE	3	F1	II	3	N	2	2		10	97	0.88	3	oui	T2 [12]	II A [7]	oui	PP, EX, A	1	
1221	ISOPROPYLAMINE	3	FC	I	3+8+N3	C	1	1			95	0.69	1	oui	T2 [12]	II A [7]	oui	PP, EP, EX, A	1	

N° ONU ou N° d'identification de la matière (1)	Nom et description (2) 3.1.2	Classe (3a) 2.2	Code de classification (3b) 2.2	Groupe d'emballage (4) 2.1.1.3	Dangers (5) 5.2.2 / 3.2.3.1	Type de bateau-citerne (6) 1.2.1 / 7.2.2.0.1	Conception de la citerne à cargaison (7) 3.2.3.1 / 1.2.1	Type de citerne à cargaison (8) 3.2.3.1 / 1.2.1	Équipement de la citerne à cargaison (9) 3.2.3.1 / 1.2.1	Pression d'ouverture de la soupape de surpression/soupape de dégagement à grande vitesse, en kPa (10) 3.2.3.1 / 1.2.1	Degré maximal de remplissage en % (11) 7.2.4.21	Densité relative à 20 °C (12) 3.2.3.1	Type de prise d'échantillon (13) 3.2.3.1 / 1.2.1	Chambre de pompes sous pont admise (14) 3.2.3.1 / 1.2.1	Classe de température (15) 1.2.1	Groupe d'explosion (16) 1.2.1 / 3.2.3.3	Protection contre les explosions exigée (17) 1.2.1 / 3.2.3.3	Équipement exigé (18) 8.1.5	Nombre de cônes/feux (19) 7.2.5	Exigences supplémentaires / Observations (20) 3.2.3.1
1223	KÉROSÈNE	3	F1	III	3+N2+F	N	3	3			97	≤ 0,83	3	oui	T3	II A[7]	oui	PP, EX, A	0	14
1224	CÉTONES LIQUIDES, N.S.A.	3	F1	II	3+(N1, N2, N3, CMR, F ou S)	*	*	*	*	*	*		*	oui	T4[3]	II B[4]	oui	*	1	14; 27 *voir 3.2.3.3
1224	CÉTONES LIQUIDES, N.S.A.	3	F1	II	3+(N1, N2, N3, CMR, F ou S)	*	*	*	*	*	*		*	oui	T4[3]	II B[4] (II B3)	oui	*	1	14; 27; 44 *voir 3.2.3.3
1224	CÉTONES LIQUIDES, N.S.A.	3	F1	III	3+(N1, N2, N3, CMR, F ou S)	*	*	*	*	*	*		*	oui	T4[3]	II B[4]	oui	*	0	14; 27 *voir 3.2.3.3
1224	CÉTONES LIQUIDES, N.S.A.	3	F1	III	3+(N1, N2, N3, CMR, F ou S)	*	*	*	*	*	*		*	oui	T4[3]	II B[4] (II B3)	oui	*	0	14; 27; 44 *voir 3.2.3.3
1229	OXYDE DE MÉSITYLE	3	F1	III	3	N	3	2			97	0.85	3	oui	T2[12]	II A	oui	PP, EX, A	0	
1230	MÉTHANOL	3	FT1	II	3+6.1	N	2	2	3	50	95	0.79	2	oui	T2[12]	II A	oui	PP, EP, EX, TOX, A	2	23
1231	ACÉTATE DE MÉTHYLE	3	F1	II	3	N	2	2		10	97	0.93	3	oui	T1[12]	II A	oui	PP, EX, A	1	
1235	MÉTHYLAMINE EN SOLUTION AQUEUSE	3	FC	II	3+8+N3	C	2	2		50	95		2	oui	T2[12]	II A	oui	PP, EP, EX, A	1	
1243	FORMIATE DE MÉTHYLE	3	F1	I	3	C	1	1			95	0.97	1	oui	T2[12]	II A	oui	PP, EX, A	1	

(1)	(2)	(3a)	(3b)	(4)	(5)	(6)	(7)	(8)	(9)	(10)	(11)	(12)	(13)	(14)	(15)	(16)	(17)	(18)	(19)	(20)
N° ONU ou N° d'identification de la matière	Nom et description	Classe	Code de classification	Groupe d'emballage	Dangers	Type de bateau-citerne	Conception de la citerne à cargaison	Type de citerne à cargaison	Équipement de la citerne à cargaison	Pression d'ouverture de la soupape de surpression/soupape de dégagement à grande vitesse, en kPa	Degré maximal de remplissage en %	Densité relative à 20 °C	Type de prise d'échantillon	Chambre de pompes sous pont admise	Classe de température	Groupe d'explosion	Protection contre les explosions exigée	Équipement exigé	Nombre de cônes/feux	Exigences supplémentaires / Observations
	3.1.2	2.2	2.2	2.1.1.3	5.2.2 / 3.2.3.1	1.2.1 / 7.2.2.0.1	3.2.3.1 / 1.2.1	3.2.3.1 / 1.2.1	3.2.3.1 / 1.2.1	3.2.3.1 / 1.2.1	7.2.4.21	3.2.3.1	3.2.3.1 / 1.2.1	3.2.3.1 / 1.2.1	1.2.1	1.2.1 / 3.2.3.3	1.2.1 / 3.2.3.3	8.1.5	7.2.5	3.2.3.1
1244	MÉTHYLHYDRAZINE	6.1	TFC	I	6.1+3+8	C	2	2		45	95	0.88	1	non	T4	II C[5]	oui	PP, EP, EX, TOX, A	2	
1245	MÉTHYLISOBUTYLCÉTONE	3	F1	II	3	N	2	2		10	97	0.8	3	oui	T1[12]	II A	oui	PP, EX, A	1	
1247	MÉTHACRYLATE DE MÉTHYLE MONOMÈRE STABILISÉ	3	F1	II	3+inst.+N3	C	2	2		40	95	0.94	1	oui	T2[12]	II A	oui	PP, EX, A	1	3; 5; 16
1262	OCTANES	3	F1	II	3+N1	C	2	2		45	95	0,69 – 0,71	2	oui	T3	II A	oui	PP, EX, A	1	
1264	PARALDÉHYDE	3	F1	III	3	N	3	2			97	0.99	3	oui	T3	II A[7]	oui	PP, EX, A	0	6: +16 °C; 17
1265	PENTANES, liquides	3	F1	I	3+N2	*	*	*		*	*	*	*	oui	*	II A	oui	PP, EX, A	1	14; * voir 3.2.3.3
1265	PENTANES, liquides	3	F1	II	3+N2	*	*	*		*	*	*	*	oui	*	II A	oui	PP, EX, A	1	14; * voir 3.2.3.3
1265	PENTANES, liquides (MÉTHYL-2 BUTANE)	3	F1	I	3+N2	N	1	1		50	97	0.62	1	oui	T2[12]	II A	oui	PP, EX, A	1	
1265	PENTANES, liquides (n-PENTANE)	3	F1	II	3+N2	N	2	3		50	97	0.63	3	oui	T3	II A	oui	PP, EX, A	1	
1265	PENTANES, liquides (n-PENTANE)	3	F1	II	3+N2	N	2	3	3	10	97	0.63	3	oui	T3	II A	oui	PP, EX, A	1	
1267	PÉTROLE BRUT	3	F1	I	3+(N1, N2, N3, CMR, F)	*	x	*		*	*	*	*	oui	T4[3]	II B[4]	oui	*	1	14; * voir 3.2.3.3
1267	PÉTROLE BRUT	3	F1	I	3+(N1, N2, N3, CMR, F)	*	*	*		*	*	*	*	oui	T4[3]	II B[4] (II B3)	oui	*	1	14; 44 * voir 3.2.3.3

N° ONU ou N° d'identification de la matière (1)	Nom et description (2)	Classe (3a)	Code de classification (3b)	Groupe d'emballage (4)	Dangers (5)	Type de bateau-citerne (6)	Conception de la citerne à cargaison (7)	Type de citerne à cargaison (8)	Équipement de la citerne à cargaison (9)	Pression d'ouverture de la soupape de surpression/soupape de dégagement à grande vitesse, en kPa (10)	Degré maximal de remplissage en % (11)	Densité relative à 20 °C (12)	Type de prise d'échantillon (13)	Chambre de pompes sous pont admise (14)	Classe de température (15)	Groupe d'explosion (16)	Protection contre les explosions exigée (17)	Équipement exigé (18)	Nombre de cônes/feux (19)	Exigences supplémentaires / Observations (20)
3.1.2	3.1.2	2.2	2.2	2.1.1.3	5.2.2 / 3.2.3.1	1.2.1 / 7.2.2.0.1	3.2.3.1 / 1.2.1	3.2.3.1 / 1.2.1	3.2.3.1 / 1.2.1	3.2.3.1 / 1.2.1	7.2.4. 21	3.2.3.1	3.2.3.1 / 1.2.1	3.2.3.1 / 1.2.1	1.2.1	1.2.1 / 3.2.3.3	1.2.1 / 3.2.3.3	8.1.5	7.2.5	3.2.3.1
1267	PÉTROLE BRUT	3	F1	II	3+(N1, N2, N3, CMR, F)	*	*	*	*	*	*		*	oui	T4 [3]	II B [4]	oui	*	1	14; *voir 3.2.3.3
1267	PÉTROLE BRUT	3	F1	II	3+(N1, N2, N3, CMR, F)	*	*	*	*	*	*		*	oui	T4 [3]	II B [4] (II B3)	oui	*	1	14; 44 *voir 3.2.3.3
1267	PÉTROLE BRUT	3	F1	III	3+(N1, N2, N3, CMR, F)	*	*	*	*	*	*		*	oui	T4 [3]	II B [4]	oui	*	0	14; *voir 3.2.3.3
1267	PÉTROLE BRUT	3	F1	III	3+(N1, N2, N3, CMR, F)	*	*	*	*	*	*		*	oui	T4 [3]	II B [4] (II B3)	oui	*	0	14; 44 *voir 3.2.3.3
1267	PÉTROLE BRUT CONTENANT PLUS DE 10 % DE BENZÈNE	3	F1	I	3+CMR+ F+(N1, N2, N3)	C	*	*	*	*	*		*	oui	T4 [3]	II B [4]	oui	*	1	*voir 3.2.3.3
1267	PÉTROLE BRUT CONTENANT PLUS DE 10 % DE BENZÈNE	3	F1	I	3+CMR+ F+(N1, N2, N3)	C	*	*	*	*	*		*	oui	T4 [3]	II B [4] (II B3)	oui	*	1	44 *voir 3.2.3.3
1267	PÉTROLE BRUT CONTENANT PLUS DE 10 % DE BENZÈNE	3	F1	II	3+CMR+ F+(N1, N2, N3)	C	*	*	*	*	*		*	oui	T4 [3]	II B [4]	oui	*	1	*voir 3.2.3.3
1267	PÉTROLE BRUT CONTENANT PLUS DE 10 % DE BENZÈNE	3	F1	II	3+CMR+ F+(N1, N2, N3)	C	*	*	*	*	*		*	oui	T4 [3]	II B [4] (II B3)	oui	*	1	44 *voir 3.2.3.3
1267	PÉTROLE BRUT CONTENANT PLUS DE 10 % DE BENZÈNE	3	F1	III	3+CMR+ F+(N1, N2, N3)	C	*	*	*	*	*		*	oui	T4 [3]	II B [4]	oui	*	0	*voir 3.2.3.3
1267	PÉTROLE BRUT CONTENANT PLUS DE 10 % DE BENZÈNE	3	F1	III	3+CMR+ F+(N1, N2, N3)	C	*	*	*	*	*		*	oui	T4 [3]	II B [4] (II B3)	oui	*	0	44 *voir 3.2.3.3

(1)	(2)	(3a)	(3b)	(4)	(5)	(6)	(7)	(8)	(9)	(10)	(11)	(12)	(13)	(14)	(15)	(16)	(17)	(18)	(19)	(20)
N° ONU ou N° d'identification de la matière	Nom et description	Classe	Code de classification	Groupe d'emballage	Dangers	Type de bateau-citerne	Conception de la citerne à cargaison	Type de citerne à cargaison	Équipement de la citerne à cargaison	Pression d'ouverture de la soupape de surpression/soupape de dégagement à grande vitesse, en kPa	Degré maximal de remplissage en %	Densité relative à 20 °C	Type de prise d'échantillon	Chambre de pompes sous pont admise	Classe de température	Groupe d'explosion	Protection contre les explosions exigée	Équipement exigé	Nombre de cônes/feux	Exigences supplémentaires / Observations
	3.1.2	2.2	2.2	2.1.1.3	5.2.2 / 3.2.3.1	1.2.1 / 7.2.2.0.1	3.2.3.1 / 1.2.1	3.2.3.1 / 1.2.1	3.2.3.1 / 1.2.1	3.2.3.1 / 1.2.1	7.2.4.21	3.2.3.1	3.2.3.1 / 1.2.1	3.2.3.1 / 1.2.1	1.2.1	1.2.1 / 3.2.3.3	1.2.1 / 3.2.3.3	8.1.5	7.2.5	3.2.3.1
1267	PÉTROLE BRUT CONTENANT PLUS DE 10 % DE BENZÈNE POINT D'ÉBULLITION INITIAL ≤ 60 °C	3	F1	I	3+CMR+ F+(N1, N2, N3)	C	1	1			95		1	oui	T4 $^{3)}$	II B $^{4)}$	oui	PP, EP, EX, TOX, A	1	43
1267	PÉTROLE BRUT CONTENANT PLUS DE 10 % DE BENZÈNE POINT D'ÉBULLITION INITIAL ≤ 60 °C	3	F1	I	3+CMR+ F+(N1, N2, N3)	C	1	1			95		1	oui	T4 $^{3)}$	II B $^{4)}$ (II B3)	oui	PP, EP, EX, TOX, A	1	43; 44
1267	PÉTROLE BRUT CONTENANT PLUS DE 10 % DE BENZÈNE POINT D'ÉBULLITION INITIAL ≤ 60 °C	3	F1	II	3+CMR+ F+(N1, N2, N3)	C	1	1			95		1	oui	T4 $^{3)}$	II B $^{4)}$	oui	PP, EP, EX, TOX, A	1	
1267	PÉTROLE BRUT CONTENANT PLUS DE 10 % DE BENZÈNE POINT D'ÉBULLITION INITIAL ≤ 60 °C	3	F1	II	3+CMR+ F+(N1, N2, N3)	C	1	1			95		1	oui	T4 $^{3)}$	II B $^{4)}$ (II B3)	oui	PP, EP, EX, TOX, A	1	44
1267	PÉTROLE BRUT CONTENANT PLUS DE 10 % DE BENZÈNE POINT D'ÉBULLITION INITIAL ≤ 60 °C	3	F1	III	3+CMR+ F+(N1, N2, N3)	C	1	1			95		1	oui	T4 $^{3)}$	II B $^{4)}$	oui	PP, EP, EX, TOX, A	0	
1267	PÉTROLE BRUT CONTENANT PLUS DE 10 % DE BENZÈNE POINT D'ÉBULLITION INITIAL ≤ 60 °C	3	F1	III	3+CMR+ F+(N1, N2, N3)	C	1	1			95		1	oui	T4 $^{3)}$	II B $^{4)}$ (II B3)	oui	PP, EP, EX, TOX, A	0	44
1267	PÉTROLE BRUT CONTENANT PLUS DE 10 % DE BENZÈNE 60 °C < POINT D'ÉBULLITION INITIAL ≤ 85 °C	3	F1	II	3+CMR+ F+(N1, N2, N3)	C	2	2	3	50	95		2	oui	T4 $^{3)}$	II B $^{4)}$	oui	PP, EP, EX, TOX, A	1	23; 38
1267	PÉTROLE BRUT CONTENANT PLUS DE 10 % DE BENZÈNE	3	F1	II	3+CMR+ F+(N1, N2, N3)	C	2	2	3	50	95		2	oui	T4 $^{3)}$	II B $^{4)}$ (II B3)	oui	PP, EP, EX, TOX, A	1	23; 38; 44

(1) N° ONU ou N° d'identification de la matière	(2) Nom et description	(3a) Classe	(3b) Code de classification	(4) Groupe d'emballage	(5) Dangers	(6) Type de bateau-citerne	(7) Conception de la citerne à cargaison	(8) Type de citerne à cargaison	(9) Équipement de la citerne à cargaison	(10) Pression d'ouverture de la soupape de surpression/soupape de dégagement à grande vitesse, en kPa	(11) Degré maximal de remplissage en %	(12) Densité relative à 20 °C	(13) Type de prise d'échantillon	(14) Chambre de pompes sous pont admise	(15) Classe de température	(16) Groupe d'explosion	(17) Protection contre les explosions exigée	(18) Équipement exigé	(19) Nombre de cônes/feux	(20) Exigences supplémentaires / Observations
3.1.2	3.1.2	2.2	2.2	2.1.1.3	5.2.2 / 3.2.3.1	1.2.1 / 7.2.2.0.1	3.2.3.1 / 1.2.1	3.2.3.1 / 1.2.1	3.2.3.1 / 1.2.1	3.2.3.1 / 1.2.1	7.2.4.21	3.2.3.1	3.2.3.1 / 1.2.1	3.2.3.1 / 1.2.1	1.2.1	1.2.1 / 3.2.3.3	1.2.1 / 3.2.3.3	8.1.5	7.2.5	3.2.3.1
1267	PÉTROLE BRUT CONTENANT PLUS DE 10 % DE BENZÈNE 60 °C < POINT D'ÉBULLITION INITIAL ≤ 85 °C	3	F1	III	3+CMR+F+(N1, N2, N3)	C	2	2	3	50	95		2	oui	T4[3]	II B[4]	oui	PP, EP, EX, TOX, A	0	23; 38
1267	PÉTROLE BRUT CONTENANT PLUS DE 10 % DE BENZÈNE 60 °C < POINT D'ÉBULLITION INITIAL ≤ 85 °C	3	F1	III	3+CMR+F+(N1, N2, N3)	C	2	2	3	50	95		2	oui	T4[3]	II B[4] (II B3)	oui	PP, EP, EX, TOX, A	1	23; 38; 44
1267	PÉTROLE BRUT CONTENANT PLUS DE 10 % DE BENZÈNE 85 °C < POINT D'ÉBULLITION INITIAL ≤ 115 °C	3	F1	II	3+CMR+F+(N1, N2, N3)	C	2	2		50	95		2	oui	T4[3]	II B[4]	oui	PP, EP, EX, TOX, A	1	
1267	PÉTROLE BRUT CONTENANT PLUS DE 10 % DE BENZÈNE 85 °C < POINT D'ÉBULLITION INITIAL ≤ 115 °C	3	F1	II	3+CMR+F+(N1, N2, N3)	C	2	2		50	95		2	oui	T4[3]	II B[4] (II B3)	oui	PP, EP, EX, TOX, A	1	44
1267	PÉTROLE BRUT CONTENANT PLUS DE 10 % DE BENZÈNE 85 °C < POINT D'ÉBULLITION INITIAL ≤ 115 °C	3	F1	III	3+CMR+F+(N1, N2, N3)	C	2	2		50	95		2	oui	T4[3]	II B[4]	oui	PP, EP, EX, TOX, A	0	
1267	PÉTROLE BRUT CONTENANT PLUS DE 10 % DE BENZÈNE 85 °C < POINT D'ÉBULLITION INITIAL ≤ 115 °C	3	F1	III	3+CMR+F+(N1, N2, N3)	C	2	2		50	95		2	oui	T4[3]	II B[4] (II B3)	oui	PP, EP, EX, TOX, A	0	44
1267	PÉTROLE BRUT CONTENANT PLUS DE 10 % DE BENZÈNE POINT D'ÉBULLITION INITIAL > 115 °C	3	F1	II	3+CMR+F+(N1, N2, N3)	C	2	2		35	95		2	oui	T4[3]	II B[4]	oui	PP, EP, EX, TOX, A	1	

(1)	(2)	(3a)	(3b)	(4)	(5)	(6)	(7)	(8)	(9)	(10)	(11)	(12)	(13)	(14)	(15)	(16)	(17)	(18)	(19)	(20)
N° ONU ou N° d'identification de la matière	Nom et description	Classe	Code de classification	Groupe d'emballage	Dangers	Type de bateau-citerne	Conception de la citerne à cargaison	Type de citerne à cargaison	Équipement de la citerne à cargaison	Pression d'ouverture de la soupape de surpression/soupape de dégagement à grande vitesse, en kPa	Degré maximal de remplissage en %	Densité relative à 20 °C	Type de prise d'échantillon	Chambre de pompes sous pont admise	Classe de température	Groupe d'explosion	Protection contre les explosions exigée	Équipement exigé	Nombre de cônes/feux	Exigences supplémentaires / Observations
	3.1.2	2.2	2.2	2.1.1.3	5.2.2 / 3.2.3.1	1.2.1 / 7.2.2.0.1	3.2.3.1 / 1.2.1	3.2.3.1 / 1.2.1	3.2.3.1 / 1.2.1	3.2.3.1 / 1.2.1	7.2.4.21	3.2.3.1	3.2.3.1 / 1.2.1	3.2.3.1 / 1.2.1	1.2.1	1.2.1 / 3.2.3.3	1.2.1 / 3.2.3.3	8.1.5	7.2.5	3.2.3.1
1267	PÉTROLE BRUT CONTENANT PLUS DE 10 % DE BENZÈNE POINT D'ÉBULLITION INITIAL >115 °C	3	F1	II	3+CMR+F+(N1, N2, N3)	C	2	2		35	95		2	oui	T4 [3]	II B [4] (II B3)	oui	PP, EP, EX, TOX, A	1	44
1267	PÉTROLE BRUT CONTENANT PLUS DE 10 % DE BENZÈNE POINT D'ÉBULLITION INITIAL >115 °C	3	F1	III	3+CMR+F+(N1, N2, N3)	C	2	2		35	95		2	oui	T4 [3]	II B [4]	oui	PP, EP, EX, TOX, A	0	
1267	PÉTROLE BRUT CONTENANT PLUS DE 10 % DE BENZÈNE POINT D'ÉBULLITION INITIAL >115 °C	3	F1	III	3+CMR+F+(N1, N2, N3)	C	2	2		35	95		2	oui	T4 [3]	II B [4] (II B3)	oui	PP, EP, EX, TOX, A	0	44
1268	DISTILLATS DE PÉTROLE, N.S.A. ou PRODUITS PÉTROLIERS N.S.A.	3	F1	I	3+(N1, N2, N3, CMR, F)	*	*	*	*	*	*		*	oui	T4 [3]	II B [4]	oui	*	1	14; 27 *voir 3.2.3.3
1268	DISTILLATS DE PÉTROLE, N.S.A. ou PRODUITS PÉTROLIERS, N.S.A.	3	F1	I	3+(N1, N2, N3, CMR, F)	*	*	*	*	*	*		*	oui	T4 [3]	II B [4] (II B3)	oui	*	1	14; 27; 44 *voir 3.2.3.3
1268	DISTILLATS DE PÉTROLE, N.S.A. ou PRODUITS PÉTROLIERS N.S.A.	3	F1	II	3+(N1, N2, N3, CMR, F)	*	*	*	*	*	*		*	oui	T4 [3]	II B [4]	oui	*	1	14; 27 *voir 3.2.3.3
1268	DISTILLATS DE PÉTROLE, N.S.A. ou PRODUITS PÉTROLIERS, N.S.A.	3	F1	II	3+(N1, N2, N3, CMR, F)	*	*	*	*	*	*		*	oui	T4 [3]	II B [4] (II B3)	oui	*	1	14; 27; 44 *voir 3.2.3.3
1268	DISTILLATS DE PÉTROLE, N.S.A. ou PRODUITS PÉTROLIERS N.S.A.	3	F1	III	3+(N1, N2, N3, CMR, F)	*	*	*	*	*	*		*	oui	T4 [3]	II B [4]	oui	*	0	14; 27 *voir 3.2.3.3

(1)	(2)	(3a)	(3b)	(4)	(5)	(6)	(7)	(8)	(9)	(10)	(11)	(12)	(13)	(14)	(15)	(16)	(17)	(18)	(19)	(20)
	N° ONU ou N° d'identification de la matière	Classe	Code de classification	Groupe d'emballage	Dangers	Type de bateau-citerne	Conception de la citerne à cargaison	Type de citerne à cargaison	Équipement de la citerne à cargaison	Pression d'ouverture de la soupape de surpression/soupape de dégagement à grande vitesse, en kPa	Degré maximal de remplissage en %	Densité relative à 20 °C	Type de prise d'échantillon	Chambre de pompes sous pont admise	Classe de température	Groupe d'explosion	Protection contre les explosions exigée	Équipement exigé	Nombre de cônes/feux	Exigences supplémentaires / Observations
	3.1.2	2.2	2.2	2.1.1.3	5.2.2 / 3.2.3.1	1.2.1 / 7.2.2.0.1	3.2.3.1 / 1.2.1	3.2.3.1 / 1.2.1	3.2.3.1 / 1.2.1	3.2.3.1 / 1.2.1	7.2.4. 21	3.2.3.1	3.2.3.1 / 1.2.1	3.2.3.1 / 1.2.1	1.2.1	1.2.1 / 3.2.3.3	1.2.1 / 3.2.3.3	8.1.5	7.2.5	3.2.3.1
1268	DISTILLATS DE PÉTROLE, N.S.A. ou PRODUITS PÉTROLIERS, N.S.A.	3	F1	III	3+(N1, N2, N3, CMR, F)	*	*	*	*	*	*		*	oui	T4 3)	II B4) (II B3)	oui	*	0	14; 27; 44 *voir 3.2.3.3
1268	DISTILLATS DE PÉTROLE, N.S.A. ou PRODUITS PÉTROLIERS, N.S.A. CONTENANT PLUS DE 10 % DE BENZÈNE	3	F1	I	3+CMR+ F+ (N1, N2, N3)	C	*	*	*	*	*		*	oui	T4 3)	II B4)	oui	*	1	*voir 3.2.3.3
1268	DISTILLATS DE PÉTROLE, N.S.A. ou PRODUITS PÉTROLIERS, N.S.A. CONTENANT PLUS DE 10 % DE BENZÈNE	3	F1	I	3+CMR+ F+ (N1, N2, N3)	C	*	*	*	*	*		*	oui	T4 3)	II B4) (II B3)	oui	*	1	44 *voir 3.2.3.3
1268	DISTILLATS DE PÉTROLE, N.S.A. ou PRODUITS PÉTROLIERS, N.S.A. CONTENANT PLUS DE 10 % DE BENZÈNE	3	F1	II	3+CMR+ F+ (N1, N2, N3)	C	*	*	*	*	*		*	oui	T4 3)	II B4)	oui	*	1	*voir 3.2.3.3
1268	DISTILLATS DE PÉTROLE, N.S.A. ou PRODUITS PÉTROLIERS, N.S.A. CONTENANT PLUS DE 10 % DE BENZÈNE	3	F1	II	3+CMR+ F+ (N1, N2, N3)	C	*	*	*	*	44		*	oui	T4 3)	II B4) (II B3)	oui	*	1	44 *voir 3.2.3.3
1268	DISTILLATS DE PÉTROLE, N.S.A. ou PRODUITS PÉTROLIERS, N.S.A. CONTENANT PLUS DE 10 % DE BENZÈNE	3	F1	III	3+CMR+ F+ (N1, N2, N3)	C	*	*	*	*	*		*	oui	T4 3)	II B4)	oui	*	0	*voir 3.2.3.3
1268	DISTILLATS DE PÉTROLE, N.S.A. ou PRODUITS PÉTROLIERS, N.S.A. CONTENANT PLUS DE 10 % DE BENZÈNE	3	F1	III	3+CMR+ F+ (N1, N2, N3)	C	*	*	*	*	*		*	oui	T4 3)	II B4) (II B3)	oui	*	0	44 *voir 3.2.3.3
1268	DISTILLATS DE PÉTROLE, N.S.A. CONTENANT PLUS DE 10 % DE BENZÈNE ou PRODUITS PÉTROLIERS N.S.A. CONTENANT	3	F1	I	3+CMR+ F+(N1, N2, N3)	C	1	1			95		1	oui	T4 3)	II B4)	oui	PP, EP, EX, TOX, A	1	43

(1) N° ONU ou N° d'identification de la matière	(2) Nom et description	(3a) Classe	(3b) Code de classification	(4) Groupe d'emballage	(5) Dangers	(6) Type de bateau-citerne	(7) Conception de la citerne à cargaison	(8) Type de citerne à cargaison	(9) Équipement de la citerne à cargaison	(10) Pression d'ouverture de la soupape de surpression/soupape de dégagement à grande vitesse, en kPa	(11) Degré maximal de remplissage en %	(12) Densité relative à 20 °C	(13) Type de prise d'échantillon	(14) Chambre de pompes sous pont admise	(15) Classe de température	(16) Groupe d'explosion	(17) Protection contre les explosions exigée	(18) Équipement exigé	(19) Nombre de cônes/feux	(20) Exigences supplémentaires / Observations
		3.1.2	2.2	2.1.1.3	5.2.2 / 3.2.3.1	1.2.1 / 7.2.2.0.1	3.2.3.1 / 1.2.1	3.2.3.1 / 1.2.1	3.2.3.1 / 1.2.1	3.2.3.1 / 1.2.1	7.2.4. 21	3.2.3.1	3.2.3.1 / 1.2.1	3.2.3.1 / 1.2.1	1.2.1	1.2.1 / 3.2.3.3	1.2.1 / 3.2.3.3	8.1.5	7.2.5	3.2.3.1
	PLUS DE 10 % DE BENZÈNE POINT D'ÉBULLITION INITIAL ≤ 60 °C																			
1268	DISTILLATS DE PÉTROLE, N.S.A. ou PRODUITS PÉTROLIERS, N.S.A. CONTENANT PLUS DE 10 % DE BENZÈNE POINT D'ÉBULLITION INITIAL ≤ 60 °C	3	F1	I	3+CMR+ F+ (N1, N2, N3)	C	1	1			95		1	oui	T4 3)	II B4) (II B3)	oui	PP, EP, EX, TOX, A	1	43; 44
1268	DISTILLATS DE PÉTROLE, N.S.A. CONTENANT PLUS DE 10 % DE BENZÈNE ou PRODUITS PÉTROLIERS N.S.A. CONTENANT PLUS DE 10 % DE BENZÈNE POINT D'ÉBULLITION INITIAL ≤ 60 °C	3	F1	II	3+CMR+ F+(N1, N2, N3)	C	1	1			95		1	oui	T4 3)	II B4)	oui	PP, EP, EX, TOX, A	1	
1268	DISTILLATS DE PÉTROLE, N.S.A. ou PRODUITS PÉTROLIERS, N.S.A. CONTENANT PLUS DE 10 % DE BENZÈNE POINT D'ÉBULLITION INITIAL ≤ 60 °C	3	F1	II	3+CMR+ F+ (N1, N2, N3)	C	1	1			95		1	oui	T4 3)	II B4) (II B3)	oui	PP, EP, EX, TOX, A	1	44
1268	DISTILLATS DE PÉTROLE, N.S.A. CONTENANT PLUS DE 10 % DE BENZÈNE ou PRODUITS PÉTROLIERS N.S.A. CONTENANT PLUS DE 10 % DE BENZÈNE POINT D'ÉBULLITION 60 °C < POINT D'ÉBULLITION INITIAL ≤ 85 °C	3	F1	II	3+CMR+ F+(N1, N2, N3)	C	2	2	3	50	95		2	oui	T4 3)	II B4)	oui	PP, EP, EX, TOX, A	1	23; 38
1268	DISTILLATS DE PÉTROLE, N.S.A. ou PRODUITS PÉTROLIERS, N.S.A. CONTENANT PLUS DE 10 % DE	3	F1	II	3+CMR+ F+ (N1, N2, N3)	C	2	2	3	50	95		2	oui	T4 3)	II B4) (II B3)	oui	PP, EP, EX, TOX, A	1	23; 38; 44

(1)	(2)	(3a)	(3b)	(4)	(5)	(6)	(7)	(8)	(9)	(10)	(11)	(12)	(13)	(14)	(15)	(16)	(17)	(18)	(19)	(20)
N° ONU ou N° d'identification de la matière	Nom et description	Classe	Code de classification	Groupe d'emballage	Dangers	Type de bateau-citerne	Conception de la citerne à cargaison	Type de citerne à cargaison	Équipement de la citerne à cargaison	Pression d'ouverture de la soupape de surpression/soupape de dégagement à grande vitesse, en kPa	Degré maximal de remplissage en %	Densité relative à 20 °C	Type de prise d'échantillon	Chambre de pompes sous pont admise	Classe de température	Groupe d'explosion	Protection contre les explosions exigée	Équipement exigé	Nombre de cônes/feux	Exigences supplémentaires / Observations
	3.1.2	2.2	2.2	2.1.1.3	5.2.2 / 3.2.3.1	1.2.1 / 7.2.2.0.1	3.2.3.1 1.2.1	3.2.3.1 / 1.2.1	3.2.3.1 / 1.2.1	3.2.3.1 / 1.2.1	7.2.4. 21	3.2.3.1	3.2.3.1 / 1.2.1	3.2.3.1 / 1.2.1	1.2.1	1.2.1 / 3.2.3.3	1.2.1 / 3.2.3.3	8.1.5	7.2.5	3.2.3.1
	BENZÈNE 60 °C < POINT D'ÉBULLITION INITIAL ≤ 85 °C																			
1268	DISTILLATS DE PÉTROLE, N.S.A. CONTENANT PLUS DE 10 % DE BENZÈNE ou PRODUITS PÉTROLIERS N.S.A. CONTENANT PLUS DE 10 % DE BENZÈNE 85 °C < POINT D'ÉBULLITION INITIAL ≤ 115 °C	3	F1	II	3+CMR+F+(N1, N2, N3)	C	2	2		50	95		2	oui	T4 [3)]	II B[4)]	oui	PP, EP, EX, TOX, A	1	
1268	DISTILLATS DE PÉTROLE, N.S.A. ou PRODUITS PÉTROLIERS, N.S.A. CONTENANT PLUS DE 10 % DE BENZÈNE 85 °C < POINT D'ÉBULLITION INITIAL ≤ 115 °C	3	F1	II	3+CMR+F+(N1, N2, N3)	C	2	2		50	95		2	oui	T4 [3)]	II B[4)] (II B3)	oui	PP, EP, EX, TOX, A	1	44
1268	DISTILLATS DE PÉTROLE, N.S.A. CONTENANT PLUS DE 10 % DE BENZÈNE ou PRODUITS PÉTROLIERS N.S.A. CONTENANT PLUS DE 10 % DE BENZÈNE POINT D'ÉBULLITION INITIAL > 115 °C	3	F1	II	3+CMR+F+(N1, N2, N3)	C	2	2		35	95		2	oui	T4 [3)]	II B[4)]	oui	PP, EP, EX, TOX, A	1	
1268	DISTILLATS DE PÉTROLE, N.S.A. ou PRODUITS PÉTROLIERS, N.S.A. CONTENANT PLUS DE 10 % DE BENZÈNE POINT D'ÉBULLITION INITIAL > 115 °C	3	F1	II	3+CMR+ F+ (N1, N2, N3)	C	2	2		35	95		2	oui	T4 [3)]	II B[4)] (II B3)	oui	PP, EP, EX, TOX, A	1	44
1268	DISTILLATS DE PÉTROLE, N.S.A. ou PRODUITS PÉTROLIERS N.S.A. (NAPHTA) 110 kPa < pv50 ≤ 175 kPa	3	F1	II	3+N2+C MR+F	N	2	3		50	97	0,735	3	oui	T3	II A	oui	PP, EP, EX, TOX, A	1	14

(1)	(2)	(3a)	(3b)	(4)	(5)	(6)	(7)	(8)	(9)	(10)	(11)	(12)	(13)	(14)	(15)	(16)	(17)	(18)	(19)	(20)
N° ONU ou N° d'identification de la matière	Nom et description	Classe	Code de classification	Groupe d'emballage	Dangers	Type de bateau-citerne	Conception de la citerne à cargaison	Type de citerne à cargaison	Équipement de la citerne à cargaison	Pression d'ouverture de la soupape de surpression/soupape de dégagement à grande vitesse, en kPa	Degré maximal de remplissage en %	Densité relative à 20 °C	Type de prise d'échantillon	Chambre de pompes sous pont admise	Classe de température	Groupe d'explosion	Protection contre les explosions exigée	Équipement exigé	Nombre de cônes/feux	Exigences supplémentaires / Observations
	3.1.2	2.2	2.2	2.1.1.3	5.2.2/3.2.3.1	1.2.1/7.2.2.0.1	3.2.3.1/1.2.1	3.2.3.1/1.2.1	3.2.3.1/1.2.1	3.2.3.1/1.2.1	7.2.4.21	3.2.3.1	3.2.3.1/1.2.1	3.2.3.1/1.2.1	1.2.1	1.2.1/3.2.3.3	1.2.1/3.2.3.3	8.1.5	7.2.5	3.2.3.1
1268	DISTILLATS DE PÉTROLE, N.S.A. ou PRODUITS PÉTROLIERS N.S.A. (NAPHTA) 110 kPa < pv50 ≤ 150 kPa	3	F1	II	3+N2+C MR+F	N	2	3	3	10	97	0,735	3	oui	T3	II A	oui	PP, EP, EX, TOX, A	1	14
1268	DISTILLATS DE PÉTROLE, N.S.A. ou PRODUITS PÉTROLIERS N.S.A. (NAPHTA) pv50 ≤ 110 kPa	3	F1	II	3+N2+C MR+F	N	2	3		10	97	0,735	3	oui	T3	II A	oui	PP, EP, EX, TOX, A	1	14
1268	DISTILLATS DE PÉTROLE, N.S.A. ou PRODUITS PÉTROLIERS N.S.A. (HEART CUT DE BENZÈNE) pv50 ≤ 110 kPa	3	F1	II	3+N2+C MR+F	N	2	3		10	97	0,765	3	oui	T3	II A	oui	PP, EP, EX, TOX, A	1	14
1274	n-PROPANOL (alcool propylique normal)	3	F1	II	3	N	2	2		10	97	0.8	3	oui	T2 [12]	II B (II B1)	oui	PP, EX, A	1	
1274	n-PROPANOL (alcool propylique normal)	3	F1	III	3	N	3	2			97	0.8	3	oui	T2 [12]	II B (II B1)	oui	PP, EX, A	0	
1275	ALDÉHYDE PROPIONIQUE	3	F1	II	3+N3	C	2	2	3	50	95	0.81	2	oui	T4	II B (II B2)	oui	PP, EX, A	1	15; 23
1276	ACÉTATE DE n-PROPYLE	3	F1	II	3+N3	N	2	2		10	97	0.88	3	oui	T1 [12]	II A	oui	PP, EX, A	1	
1277	PROPYLAMINE (amino-1 propane)	3	FC	II	3+8	C	2	2	3	50	95	0.72	2	oui	T2 [12]	II A	oui	PP, EP, EX, A	1	23
1278	CHLORO-1 PROPANE (chlorure de propyle)	3	F1	II	3	C	2	2	3	50	95	0.89	2	oui	T1 [12]	II A	oui	PP, EX, A	1	23
1279	DICHLORO-1,2 PROPANE ou DICHLORURE DE PROPYLÈNE	3	F1	II	3+N2	C	2	2		45	95	1.16	2	oui	T1 [12]	II A [8]	oui	PP, EX, A	1	
1280	OXYDE DE PROPYLÈNE	3	F1	I	3+inst.+ N3+ CMR	C	1	1			95	0.83	1	oui	T2 [12]	II B (II B3)	oui	PP, EP, EX, TOX, A	1	2; 12; 31; 35

(1) N° ONU ou N° d'identification de la matière	(2) Nom et description	(3a) Classe	(3b) Code de classification	(4) Groupe d'emballage	(5) Dangers	(6) Type de bateau-citerne	(7) Conception de la citerne à cargaison	(8) Type de citerne à cargaison	(9) Équipement de la citerne à cargaison	(10) Pression d'ouverture de la soupape de surpression/soupape de dégagement à grande vitesse, en kPa	(11) Degré maximal de remplissage en %	(12) Densité relative à 20 °C	(13) Type de prise d'échantillon	(14) Chambre de pompes sous pont admise	(15) Classe de température	(16) Groupe d'explosion	(17) Protection contre les explosions exigée	(18) Équipement exigé	(19) Nombre de cônes/feux	(20) Exigences supplémentaires / Observations
	3.1.2	2.2	2.2	2.1.1.3	5.2.2 / 3.2.3.1	1.2.1 / 7.2.2.0.1	3.2.3.1 / 1.2.1	3.2.3.1 / 1.2.1	3.2.3.1 / 1.2.1	3.2.3.1 / 1.2.1	7.2.4.21	3.2.3.1	3.2.3.1 / 1.2.1	3.2.3.1 / 1.2.1	1.2.1	1.2.1 / 3.2.3.3	1.2.1 / 3.2.3.3	8.1.5	7.2.5	3.2.3.1
1282	PYRIDINE	3	F1	II	3+N3	N	2	2		10	97	0.98	3	oui	T1 12)	II A 8)	oui	PP, EX, A	1	
1289	MÉTHYLATE DE SODIUM EN SOLUTION dans l'alcool	3	FC	III	3+8	N	3	2			97	0.969	3	oui	T2 12)	II A	oui	PP, EP, EX, A	0	34
1294	TOLUÈNE	3	F1	II	3+N3	N	2	2		10	97	0.87	3	oui	T1 12)	II A	oui	PP, EX, A	1	
1296	TRIÉTHYLAMINE	3	FC	II	3+8+N3	C	2	2		50	95	0.73	2	oui	T3	II A 8)	oui	PP, EP, EX, A	1	
1300	SUCCÉDANÉ D'ESSENCE DE TÉRÉBENTHINE	3	F1	III	3+N2+F	N	3	3			97	0.78	3	oui	T3	II B 4)	oui	PP, EX, A	0	
1301	ACÉTATE DE VINYLE STABILISÉ	3	F1	II	3+inst.+N3	N	2	2		10	97	0.93	2	oui	T2 12)	II A	oui	PP, EX, A	1	3; 5; 16
1307	XYLÈNES (o-XYLÈNE)	3	F1	III	3+N2	N	3	3			97	0.88	3	oui	T1 12)	II A	oui	PP, EX, A	0	
1307	XYLÈNES (m-XYLÈNE)	3	F1	III	3+N2	N	3	3			97	0.86	3	oui	T1 12)	II A	oui	PP, EX, A	0	
1307	XYLÈNES (p-XYLÈNE)	3	F1	III	3+N2	N	3	3	2		97	0.86	3	oui	T1 12)	II A	oui	PP, EX, A	0	6: +17 °C; 17
1307	XYLÈNES (mélanges dont p.de fusion ≤ 0° C)	3	F1	II	3+N2	N	3	3			97		3	oui	T1 12)	II A	oui	PP, EX, A	1	
1307	XYLÈNES (mélanges dont p.de fusion ≤ 0° C)	3	F1	III	3+N2	N	3	3			97		3	oui	T1 12)	II A	oui	PP, EX, A	0	
1307	XYLÈNES (mélanges dont 0 °C < p. de fusion < 13° C)	3	F1	III	3+N2	N	3	3	2		97		3	oui	T1 12)	II A	oui	PP, EX, A	0	6: +17 °C; 17
1541	CYANHYDRINE D'ACÉTONE STABILISÉE	6.1	T1	I	6.1+inst.+N1	C	2	2		50	95	0.932	1	non			non	PP, EP, TOX, A	2	3
1545	ISOTHIOCYANATE D'ALLYLE STABILISÉ	6.1	TF1	II	6.1+3+inst.	C	2	2		30	95	1.02	1	non	T4 3)	II B 4)	oui	PP, EP, EX, TOX, A	2	2; 3

(1)	(2)	(3a)	(3b)	(4)	(5)	(6)	(7)	(8)	(9)	(10)	(11)	(12)	(13)	(14)	(15)	(16)	(17)	(18)	(19)	(20)
N° ONU ou N° d'identification de la matière	Nom et description	Classe	Code de classification	Groupe d'emballage	Dangers	Type de bateau-citerne	Conception de la citerne à cargaison	Type de citerne à cargaison	Équipement de la citerne à cargaison	Pression d'ouverture de la soupape de surpression/soupape de dégagement à grande vitesse, en kPa	Degré maximal de remplissage en %	Densité relative à 20 °C	Type de prise d'échantillon	Chambre de pompes sous pont admise	Classe de température	Groupe d'explosion	Protection contre les explosions exigée	Équipement exigé	Nombre de cônes/feux	Exigences supplémentaires / Observations
	3.1.2	2.2	2.2	2.1.1.3	5.2.2 / 3.2.3.1	1.2.1 / 7.2.2.0.1	3.2.3.1 / 1.2.1	3.2.3.1 / 1.2.1	3.2.3.1 / 1.2.1	3.2.3.1 / 1.2.1	7.2.4. 21	3.2.3.1	3.2.3.1 / 1.2.1	3.2.3.1 / 1.2.1	1.2.1	1.2.1 / 3.2.3.3	1.2.1 / 3.2.3.3	8.1.5	7.2.5	3.2.3.1
1547	ANILINE	6.1	T1	II	6.1–N1	C	2	2		25	95	1.02	2	non			non	PP, EP, TOX, A	2	
1578	CHLORONITROBENZÈNES, SOLIDES, FONDUS (p-CHLORONITROBENZÈNE)	6.1	T2	II	6.1+N2+S	C	2	1	2	25	95	1.37	2	non	T1 12)	II B (II B3 14))	oui	PP, EP, EX, TOX, A	2	7; 17; 26
1578	CHLORONITROBENZÈNES, SOLIDES, FONDUS (p-CHLORONITROBENZÈNE)	6.1	T2	II	6.1+N2+S	C	2	1	4	25	95	1.37	2	non			non	PP, EP, TOX, A	2	7; 17; 20:+112°C; 26
1591	o-DICHLOROBENZÈNE	6.1	T1	III	6.1+N1+S	C	2	2		25	95	1.32	2	non			non	PP, EP, TOX, A	0	
1593	DICHLOROMÉTHANE (chlorure du méthylène)	6.1	T1	III	6.1	C	2	2	3	50	95	1.33	2	non			non	PP, EP, TOX, A	0	23
1594	SULFATE DE DIÉTHYLE	6.1	T1	II	6.1+N2+CMR	C	2	2		25	95	1.18	2	non			non	PP, EP, TOX, A	2	
1595	SULFATE DE DIMÉTHYLE	6.1	TC1	I	6.1+3+N3+CMR	C	2	2		25	95	1.33	1	non			non	PP, EP, TOX, A	2	
1604	ÉTHYLÈNEDIAMINE	8	CF1	II	8+3–N3	N	3	2	2		97	0.9	3	oui	T2 12)	II A	oui	PP, EP, EX, A	1	6: +12 °C; 17; 34
1605	DIBROMURE D'ÉTHYLÈNE	6.1	T1	I	6.1+N2+CMR	C	2	2		30	95	2.18	1	non			non	PP, EP, TOX, A	2	6: +14 °C; 17
1648	ACÉTONITRILE (cyanure de méthyle)	3	F1	II	3	N	2	2	2	10	97	0.78	3	oui	T1 12)	II A	oui	PP, EX, A	1	6: +10°C; 17
1662	NITROBENZÈNE	6.1	T1	II	6.1+N2	C	2	2	2	25	95	1.21	2	non	T1 12)	II B (II B1)	oui	PP, EP, EX, TOX, A	2	6: +10°C; 17
1663	NITROPHÉNOLS	6.1	T2	III	6.1+N3+S	C	2	2	2	25	95		2	non	T1 12)	II B (II B3 14))	oui	PP, EP, EX, TOX, A	0	7; 17

(1)	(2)	(3a)	(3b)	(4)	(5)	(6)	(7)	(8)	(9)	(10)	(11)	(12)	(13)	(14)	(15)	(16)	(17)	(18)	(19)	(20)
N° ONU ou N° d'identification de la matière	Nom et description	Classe	Code de classification	Groupe d'emballage	Dangers	Type de bateau-citerne	Conception de la citerne à cargaison	Type de citerne à cargaison	Équipement de la citerne à cargaison	Pression d'ouverture de la soupape de surpression/soupape de dégagement à grande vitesse, en kPa	Degré maximal de remplissage en %	Densité relative à 20 °C	Type de prise d'échantillon	Chambre de pompes sous pont admise	Classe de température	Groupe d'explosion	Protection contre les explosions exigée	Équipement exigé	Nombre de cônes/feux	Exigences supplémentaires / Observations
	3.1.2	2.2	2.2	2.1.1.3	5.2.2 / 3.2.3.1	1.2.1 / 7.2.2.0.1	3.2.3.1 / 1.2.1	3.2.3.1 / 1.2.1	3.2.3.1 / 1.2.1	3.2.3.1 / 1.2.1	7.2.4. 21	3.2.3.1	3.2.3.1 / 1.2.1	3.2.3.1 / 1.2.1	1.2.1	1.2.1 / 3.2.3.3	1.2.1 / 3.2.3.3	8.1.5	7.2.5	3.2.3.1
1663	NITROPHÉNOLS	6.1	T2	III	6.1+N3+S	C	2	2	4	25	95		2	non			non	PP, EP, TOX, A	0	7; 17; 20: +65 °C
1664	NITROTOLUÈNES LIQUIDES (o-NITROTOLUÈNE)	6.1	T1	II	6.1+N2+CMR+S	C	2	2		25	95	1.16	2	non			non	PP, EP, TOX, A	2	
1708	TOLUIDINES LIQUIDES (o-TOLUIDINE)	6.1	T1	II	6.1+N1+CMR	C	2	2		25	95	1	2	non			non	PP, EP, TOX, A	2	
1708	TOLUIDINES LIQUIDES (m-TOLUIDINE)	6.1	T1	II	6.1+N1	C	2	2		25	95	1.03	2	non			non	PP, EP, TOX, A	2	
1710	TRICHLORÉTHYLÈNE	6.1	T1	III	6.1+N2+CMR	C	2	2		50	95	1.46	2	non			non	PP, EP, TOX, A	0	15
1715	ANHYDRIDE ACÉTIQUE	8	CF1	II	8+3	N	2	3		10	97	1.08	3	oui	T2 [12]	II A	oui	PP, EP, EX, A	1	34
1717	CHLORURE D'ACÉTYLE	3	FC	II	3+8	C	2	2	3	50	95	1.1	2	oui	T2 [12]	II A [8]	oui	PP, EP, EX, A	1	23
1718	PHOSPHATE ACIDE DE BUTYLE	8	C3	III	8+N3	N	4	3			97	0.98	3	oui			non	PP, EP	0	34
1719	LIQUIDE ALCALIN CAUSTIQUE, N.S.A.	8	C5	II	8+(N1, N2, N3, CMR, F ou S)	*	*	*	*	*	*		*	oui			non	*	0	27; 30; 34 *voir 3.2.3.3
1719	LIQUIDE ALCALIN CAUSTIQUE, N.S.A.	8	C5	III	8+(N1, N2, N3, CMR, F ou S)	*	*	*	*	*	*		*	oui			non	*	0	27; 30; 34 *voir 3.2.3.3
1738	CHLORURE DE BENZYLE	6.1	TC1	II	6.1+8+3+N3+CMR+S	C	2	2		25	95	1.1	2	non	T1 [12]	II A [8]	oui	PP, EP, EX, TOX, A	2	
1742	COMPLEXE DE TRIFLUORURE DE BORE ET D'ACIDE ACÉTIQUE, LIQUIDE	8	C3	II	8	N	4	2			97	1.35	3	oui			non	PP, EP	0	34

(1) N° ONU ou N° d'identification de la matière	(2) Nom et description	(3a) Classe	(3b) Code de classification	(4) Groupe d'emballage	(5) Dangers	(6) Type de bateau-citerne	(7) Conception de la citerne à cargaison	(8) Type de citerne à cargaison	(9) Équipement de la citerne à cargaison	(10) Pression d'ouverture de la soupape de surpression/soupape de dégagement à grande vitesse, en kPa	(11) Degré maximal de remplissage en %	(12) Densité relative à 20 °C	(13) Type de prise d'échantillon	(14) Chambre de pompes sous pont admise	(15) Classe de température	(16) Groupe d'explosion	(17) Protection contre les explosions exigée	(18) Équipement exigé	(19) Nombre de cônes/feux	(20) Exigences supplémentaires / Observations
	3.1.2	2.2	2.2	2.1.1.3	5.2.2 / 3.2.3.1	1.2.1 / 7.2.2.0.1	3.2.3.1 / 1.2.1	3.2.3.1 / 1.2.1	3.2.3.1 / 1.2.1	3.2.3.1 / 1.2.1	7.2.4. 21	3.2.3.1	3.2.3.1 / 1.2.1	3.2.3.1 / 1.2.1	1.2.1	1.2.1 / 3.2.3.3	1.2.1 / 3.2.3.3	8.1.5	7.2.5	3.2.3.1
1750	ACIDE CHLORACÉTIQUE EN SOLUTION	6.1	TC1	II	6.1+8+ N1	C	2	2	2	25	95	1.58	2	non	T1 12)	II A	oui	PP, EP, EX, TOX, A	2	7; 17
1750	ACIDE CHLORACÉTIQUE EN SOLUTION	6.1	TC1	II	6.1+8+ N1	C	2	1	4	25	95	1.58	2	non			non	PP, EP, TOX, A	2	7; 17; 20:+111° C; 26
1760	LIQUIDE CORROSIF, N.S.A.	8	C9	I	8+(N1, N2, N3, CMR, F ou S)	*	*	*	*	*	*		*	oui			non	*	0	27; 34 *voir 3.2.3.3
1760	LIQUIDE CORROSIF, N.S.A.	8	C9	II	8+(N1, N2, N3, CMR, F ou S)	*	*	*	*	*	*		*	oui			non	*	0	27; 34 *voir 3.2.3.3
1760	LIQUIDE CORROSIF, N.S.A.	8	C9	III	8+(N1, N2, N3, CMR, F ou S)	*	*	*	*	*	*		*	oui			non	*	0	27; 34 *voir 3.2.3.3
1760	LIQUIDE CORROSIF, N.S.A. (SEL SODIQUE DU MERCAPTOBENZOTHIAZOLE, 50 %, SOLUTION AQUEUSE)	8	C9	II	8+N1+F	C	2	2		40	95	1.25	2	oui			non	PP, EP	0	
1760	LIQUIDE CORROSIF, N.S.A. (ALCOOL GRAS C_{12}-C_{14})	8	C9	III	8+F	N	4	3			97	0.89	3	oui			non	PP, EP	0	34
1760	LIQUIDE CORROSIF, N.S.A. (SEL TÉTRASODIQUE DE L'ACIDE ÉTHYLÈNE DIAMINETÉTRACÉTIQUE, 40 %, SOLUTION AQUEUSE)	8	C9	III	8+N2	N	4	3			97	1.28	3	oui			non	PP, EP	0	34
1764	ACIDE DICHLOROACÉTIQUE	8	C3	II	8+N1	N	3	3			97	1.56	2	oui	T1 12)	II A	oui	PP, EP, EX, A	0	6:+13 °C; 17

N° ONU ou N° d'identification de la matière	Nom et description	Classe	Code de classification	Groupe d'emballage	Dangers	Type de bateau-citerne	Conception de la citerne à cargaison	Type de citerne à cargaison	Équipement de la citerne à cargaison	Pression d'ouverture de la soupape de surpression/soupape de dégagement à grande vitesse, en kPa	Degré maximal de remplissage en %	Densité relative à 20 °C	Type de prise d'échantillon	Chambre de pompes sous pont admise	Classe de température	Groupe d'explosion	Protection contre les explosions exigée	Équipement exigé	Nombre de cônes/feux	Exigences supplémentaires / Observations
(1)	(2)	(3a)	(3b)	(4)	(5)	(6)	(7)	(8)	(9)	(10)	(11)	(12)	(13)	(14)	(15)	(16)	(17)	(18)	(19)	(20)
	3.1.2	2.2	2.2	2.1.1.3	5.2.2/3.2.3.1	1.2.1/7.2.2.0.1	3.2.3.1/1.2.1	3.2.3.1/1.2.1	3.2.3.1/1.2.1	3.2.3.1/1.2.1	7.2.4.21	3.2.3.1	3.2.3.1/1.2.1	3.2.3.1/1.2.1	1.2.1	1.2.1/3.2.3.3	1.2.1/3.2.3.3	8.1.5	7.2.5	3.2.3.1
1778	ACIDE FLUOROSILICIQUE	8	C1	II	8+N3	N	2	3		10	97		3	oui			non	PP, EP	0	34
1779	ACIDE FORMIQUE contenant plus de 85 % (masse) d'acide	8	CF1	II	8+3+N3	N	2	3		10	97	1,22	3	oui	T1 [12)]	II A	oui	PP, EP, EX, A	1	6: +12 °C; 17; 34
1780	CHLORURE DE FUMARYLE	8	C3	II	8+N3	N	2	3		10	97	1,41	3	oui			non	PP, EP	0	8; 34
1783	HEXAMÉTHYLÈNEDIAMINE EN SOLUTION	8	C7	II	8+N3	N	3	2	2		97		3	oui	T4 [3)]	II A	oui	PP, EP, EX, A	0	7; 17; 34
1783	HEXAMÉTHYLÈNEDIAMINE EN SOLUTION	8	C7	III	8+N3	N	3	2	2		97		3	oui	T3	II A	oui	PP, EP, EX, A	0	7; 17; 34
1789	ACIDE CHLORHYDRIQUE	8	C1	II	8	N	2	3		10	97		3	oui			non	PP, EP	0	34
1789	ACIDE CHLORHYDRIQUE	8	C1	III	8	N	4	3			97		3	oui			non	PP, EP	0	34
1805	ACIDE PHOSPHORIQUE EN SOLUTION CONTENANT PLUS DE 80 % EN VOLUME D'ACIDE	8	C1	III	8	N	4	3	2		95	> 1,6	3	oui			non	PP, EP	0	7; 17; 22; 34
1805	ACIDE PHOSPHORIQUE EN SOLUTION CONTENANT 80 % EN VOLUME D'ACIDE OU MOINS	8	C1	III	8	N	4	3			97	1,00 - 1,6	3	oui			non	PP, EP	0	22; 34
1814	HYDROXYDE DE POTASSIUM EN SOLUTION	8	C5	II	8+N3	N	4	2			97		3	oui			non	PP, EP	0	30; 34
1814	HYDROXYDE DE POTASSIUM EN SOLUTION	8	C5	III	8+N3	N	4	2			97		3	oui			non	PP, EP	0	30; 34
1823	HYDROXYDE DE SODIUM, SOLIDE, FONDUE	8	C6	II	8+N3	N	4	1	4		95	2,13	3	oui			non	PP, EP	0	7; 17; 34
1824	HYDROXYDE DE SODIUM EN SOLUTION	8	C5	II	8+N3	N	4	2			97		3	oui			non	PP, EP	0	30; 34
1824	HYDROXYDE DE SODIUM EN SOLUTION	8	C5	III	8+N3	N	4	2			97		3	oui			non	PP, EP	0	30; 34
1830	ACIDE SULFURIQUE contenant plus de 51% d'acide	8	C1	II	8+N3	N	4	3			97	1,4 - 1,84	3	oui			non	PP, EP	0	8; 22; 30; 34

(1) N° ONU ou N° d'identification de la matière	(2) Nom et description	(3a) Classe	(3b) Code de classification	(4) Groupe d'emballage	(5) Dangers	(6) Type de bateau-citerne	(7) Conception de la citerne à cargaison	(8) Type de citerne à cargaison	(9) Équipement de la citerne à cargaison	(10) Pression d'ouverture de la soupape de surpression/soupape de dégagement à grande vitesse, en kPa	(11) Degré maximal de remplissage en %	(12) Densité relative à 20 °C	(13) Type de prise d'échantillon	(14) Chambre de pompes sous pont admise	(15) Classe de température	(16) Groupe d'explosion	(17) Protection contre les explosions exigée	(18) Équipement exigé	(19) Nombre de cônes/feux	(20) Exigences supplémentaires / Observations
		3.1.2	2.2	2.1.1.3	5.2.2 / 3.2.3.1	1.2.1 / 7.2.2.0.1	3.2.3.1 / 1.2.1	3.2.3.1 / 1.2.1	3.2.3.1 / 1.2.1	3.2.3.1 / 1.2.1	7.2.4. 21	3.2.3.1	3.2.3.1 / 1.2.1	3.2.3.1 / 1.2.1	1.2.1	1.2.1 / 3.2.3.3	1.2.1 / 3.2.3.3	8.1.5	7.2.5	3.2.3.1
1831	ACIDE SULFURIQUE FUMANT	8	CT1	I	8+6.1	C	2	2		50	95	1.94	1	non			non	PP, EP, TOX, A	2	8
1832	ACIDE SULFURIQUE RÉSIDUAIRE	8	C1	II	8	N	4	3	3		97		3	oui			non	PP, EP	0	8; 30; 34
1846	TÉTRACHLORURE DE CARBONE	6.1	T1	II	6.1+N2+S	C	2	2		50	95	1.59	2	non			non	PP, EP, TOX, A	2	23
1848	ACIDE PROPIONIQUE contenant au moins 10 % mais moins de 90 % (masse) d'acide	8	C3	III	8+N3	N	3	3			97	0.99	3	oui			non	PP, EP	0	34
1863	CARBURÉACTEUR	3	F1	I	3+(N1, N2, N3, CMR, F)	*	*	*	*	*	*		*	oui	T4[3]	II B[4]	oui	*	1	14;*voir 3.2.3.3
1863	CARBURÉACTEUR	3	F1	I	3+(N1, N2, N3, CMR, F)	*	*	*	*	*	*		*	oui	T4[3]	II B[4] (II B3)	oui	*	1	14; 44 *voir 3.2.3.3
1863	CARBURÉACTEUR	3	F1	II	3+(N1, N2, N3, CMR, F)	*	*	*	*	*	*		*	oui	T4[3]	II B[4]	oui	*	1	14; *voir 3.2.3.3
1863	CARBURÉACTEUR	3	F1	II	3+(N1, N2, N3, CMR, F)	*	*	*	*	*	*		*	oui	T4[3]	II B[4] (II B3)	oui	*	1	14; 44 *voir 3.2.3.3
1863	CARBURÉACTEUR	3	F1	III	3+(N1, N2, N3, CMR, F)	*	*	*	*	*	*		*	oui	T4[3]	II B[4]	oui	*	0	14; *voir 3.2.3.3
1863	CARBURÉACTEUR	3	F1	III	3+(N1, N2, N3, CMR, F)	*	*	*	*	*	*		*	oui	T4[3]	II B[4] (II B3)	oui	*	0	14; 44 *voir 3.2.3.3
1863	CARBURÉACTEUR CONTENANT PLUS DE 10 % DE BENZÈNE	3	F1	I	3+CMR+F+ (N1, N2, N3)	C	*	*	*	*	*		*	oui	T4[3]	II B[4]	oui	*	1	*voir 3.2.3.3

(1)	(2)	(3a)	(3b)	(4)	(5)	(6)	(7)	(8)	(9)	(10)	(11)	(12)	(13)	(14)	(15)	(16)	(17)	(18)	(19)	(20)
N° ONU ou N° d'identification de la matière	Nom et description	Classe	Code de classification	Groupe d'emballage	Dangers	Type de bateau-citerne	Conception de la citerne à cargaison	Type de citerne à cargaison	Équipement de la citerne à cargaison	Pression d'ouverture de la soupape de surpression/soupape de dégagement à grande vitesse, en kPa	Degré maximal de remplissage en %	Densité relative à 20 °C	Type de prise d'échantillon	Chambre de pompes sous pont admise	Classe de température	Groupe d'explosion	Protection contre les explosions exigée	Équipement exigé	Nombre de cônes/feux	Exigences supplémentaires / Observations
	3.1.2	2.2	2.2	2.1.1.3	5.2.2 / 3.2.3.1	1.2.1 / 7.2.2.0.1	3.2.3.1 / 1.2.1	3.2.3.1 / 1.2.1	3.2.3.1 / 1.2.1	3.2.3.1 / 1.2.1	7.2.4.21	3.2.3.1	3.2.3.1 / 1.2.1	3.2.3.1 / 1.2.1	1.2.1	1.2.1 / 3.2.3.3	1.2.1 / 3.2.3.3	8.1.5	7.2.5	3.2.3.1
1863	CARBURÉACTEUR CONTENANT PLUS DE 10 % DE BENZÈNE	3	F1	I	3+CMR+F+ (N1, N2, N3)	C	*	*	*	*	*		*	oui	T4[3]	II B[4] (II B3)	oui	*	1	44 *voir 3.2.3.3
*1863	CARBURÉACTEUR CONTENANT PLUS DE 10 % DE BENZÈNE	3	F1	II	3+CMR+F+ (N1, N2, N3)	C	*	*	*	*	*		*	oui	T4[3]	II B[4]	oui	*	1	*voir 3.2.3.3
1863	CARBURÉACTEUR CONTENANT PLUS DE 10 % DE BENZÈNE	3	F1	II	3+CMR+F+ (N1, N2, N3)	C	*	*	*	*	*		*	oui	T4[3]	II B[4] (II B3)	oui	*	1	*voir 3.2.3.3
*1863	CARBURÉACTEUR CONTENANT PLUS DE 10 % DE BENZÈNE	3	F1	III	3+CMR+F+ (N1, N2, N3)	C	*	*	*	*	*		*	oui	T4[3]	II B[4]	oui	*	0	44 *voir 3.2.3.3
1863	CARBURÉACTEUR CONTENANT PLUS DE 10 % DE BENZÈNE	3	F1	III	3+CMR+F+ (N1, N2, N3)	C	*	*	*	*	*		*	oui	T4[3]	II B[4] (II B3)	oui	*	0	*voir 3.2.3.3
1863	CARBURÉACTEUR CONTENANT PLUS DE 10 % DE BENZÈNE POINT D'ÉBULLITION INITIAL ≤ 60 °C	3	F1	I	3+CMR+F+(N1, N2, N3)	C	1	1			95		1	oui	T4[3]	II B[4]	oui	PP, EP, EX, TOX, A	1	43
1863	CARBURÉACTEUR CONTENANT PLUS DE 10 % DE BENZÈNE POINT D'ÉBULLITION INITIAL ≤ 60 °C	3	F1	I	3+CMR+F+ (N1, N2, N3)	C	1	1			95		1	oui	T4[3]	II B[4] (II B3)	oui	PP, EP, EX, TOX, A	1	43; 44
1863	CARBURÉACTEUR CONTENANT PLUS DE 10 % DE BENZÈNE POINT D'ÉBULLITION INITIAL ≤ 60 °C	3	F1	II	3+CMR+F+(N1, N2, N3)	C	1	1			95		1	oui	T4[3]	II B[4]	oui	PP, EP, EX, TOX, A	1	

(1) N° ONU ou N° d'identification de la matière	(2) Nom et description	(3a) Classe	(3b) Code de classification	(4) Groupe d'emballage	(5) Dangers	(6) Type de bateau-citerne	(7) Conception de la citerne à cargaison	(8) Type de citerne à cargaison	(9) Équipement de la citerne à cargaison	(10) Pression d'ouverture de la soupape de surpression/soupape de dégagement à grande vitesse, en kPa	(11) Degré maximal de remplissage en %	(12) Densité relative à 20 °C	(13) Type de prise d'échantillon	(14) Chambre de pompes sous pont admise	(15) Classe de température	(16) Groupe d'explosion	(17) Protection contre les explosions exigée	(18) Équipement exigé	(19) Nombre de cônes/feux	(20) Exigences supplémentaires / Observations
	3.1.2	2.2	2.2	2.1.1.3	5.2.2 / 3.2.3.1	1.2.1 / 7.2.2.0.1	3.2.3.1 / 1.2.1	3.2.3.1 / 1.2.1	3.2.3.1 / 1.2.1	3.2.3.1 / 1.2.1	7.2.4.21	3.2.3.1	3.2.3.1 / 1.2.1	3.2.3.1 / 1.2.1	1.2.1	1.2.1 / 3.2.3.3	1.2.1 / 3.2.3.3	8.1.5	7.2.5	3.2.3.1
1863	CARBURÉACTEUR CONTENANT PLUS DE 10 % DE BENZÈNE POINT D'ÉBULLITION INITIAL ≤ 60 °C	3	F1	II	3+CMR+F+(N1, N2, N3)	C	1	1			95		1	oui	T4 [3]	II B[4)]	oui	PP, EP, EX, TOX, A	1	44
1863	CARBURÉACTEUR CONTENANT PLUS DE 10 % DE BENZÈNE 60 °C < POINT D'ÉBULLITION INITIAL ≤ 85 °C	3	F1	III	3+CMR+F+(N1, N2, N3)	C	2	2	3	50	95		2	oui	T4 [3]	II B[4)]	oui	PP, EP, EX, TOX, A	0	23; 38
1863	CARBURÉACTEUR CONTENANT PLUS DE 10 % DE BENZÈNE 60 °C < POINT D'ÉBULLITION INITIAL ≤ 85 °C	3	F1	III	3+CMR+F+(N1, N2, N3)	C	2	2	3	50	95		2	oui	T4 [3]	II B[4)] (II B3)	oui	PP, EP, EX, TOX, A	0	23; 38; 44
1863	CARBURÉACTEUR CONTENANT PLUS DE 10 % DE BENZÈNE 85 °C < POINT D'ÉBULLITION INITIAL ≤ 115 °C	3	F1	III	3+CMR+F+(N1, N2, N3)	C	2	2		50	95		2	oui	T4 [3]	II B[4)]	oui	PP, EP, EX, TOX, A	0	
1863	CARBURÉACTEUR CONTENANT PLUS DE 10 % DE BENZÈNE 85 °C < POINT D'ÉBULLITION INITIAL ≤ 115 °C	3	F1	III	3+CMR+F+(N1, N2, N3)	C	2	2		50	95		2	oui	T4 [3]	II B[4)] (II B3)	oui	PP, EP, EX, TOX, A	0	44
1863	CARBURÉACTEUR CONTENANT PLUS DE 10 % DE BENZÈNE POINT D'ÉBULLITION INITIAL > 115 °C	3	F1	III	3+CMR+F+(N1, N2, N3)	C	2	2		35	95		2	oui	T4 [3]	II B[4)]	oui	PP, EP, EX, TOX, A	0	
1863	CARBURÉACTEUR CONTENANT PLUS DE 10 % DE BENZÈNE POINT D'ÉBULLITION INITIAL > 115 °C	3	F1	III	3+CMR+F+(N1, N2, N3)	C	2	2		35	95		2	oui	T4 [3]	II B[4)] (II B3)	oui	PP, EP, EX, TOX, A	0	44

(1)	(2)	(3a)	(3b)	(4)	(5)	(6)	(7)	(8)	(9)	(10)	(11)	(12)	(13)	(14)	(15)	(16)	(17)	(18)	(19)	(20)
N° ONU ou N° d'identification de la matière	Nom et description	Classe	Code de classification	Groupe d'emballage	Dangers	Type de bateau-citerne	Conception de la citerne à cargaison	Type de citerne à cargaison	Équipement de la citerne à cargaison	Pression d'ouverture de la soupape de surpression/soupape de dégagement à grande vitesse, en kPa	Degré maximal de remplissage en %	Densité relative à 20 °C	Type de prise d'échantillon	Chambre de pompes sous pont admise	Classe de température	Groupe d'explosion	Protection contre les explosions exigée	Équipement exigé	Nombre de cônes/feux	Exigences supplémentaires / Observations
(1)	3.1.2	2.2	2.2	2.1.1.3	5.2.2 / 3.2.3.1	1.2.1 / 7.2.2.0.1	3.2.3.1 / 1.2.1	3.2.3.1 / 1.2.1	3.2.3.1 / 1.2.1	3.2.3.1 / 1.2.1	7.2.4.21	3.2.3.1	3.2.3.1 / 1.2.1	3.2.3.1 / 1.2.1	1.2.1	1.2.1 / 3.2.3.3	1.2.1 / 3.2.3.3	8.1.5	7.2.5	3.2.3.1
1888	CHLOROFORME	6.1	T1	III	6.1+N2+CMR	C	2	2	3	50	95	1.48	2	non			non	PP, EP, TOX, A	0	23
1897	TÉTRACHLORÉTHYLÈNE	6.1	T1	III	6.1+N2+S	C	2	2		50	95	1.62	2	non			non	PP, EP, TOX, A	0	
1912	CHLORURE DE MÉTHYLE ET CHLORURE DE MÉTHYLÈNE EN MÉLANGE	2	2F		2.1	G	1	1			91		1	non	T1 [12]	II A [8]	oui	PP, EX, A	1	2; 31
1915	CYCLOHEXANONE	3	F1	III	3	N	3	2			97	0.95	3	oui	T2 [12]	II A	oui	PP, EX, A	0	
1917	ACRYLATE D'ÉTHYLE STABILISÉ	3	F1	II	3+inst.+N3	C	2	2		40	95	0.92	1	oui	T2 [12]	II B (II B1)	oui	PP, EX, A	1	3; 5
1918	ISOPROPYLBENZÈNE (cumène)	3	F1	III	3+N2	N	3	3			97	0.86	3	oui	T2 [12]	II A [8]	oui	PP, EX, A	0	
1919	ACRYLATE DE MÉTHYLE STABILISÉ	3	F1	II	3+inst.+N3	C	2	2	3	50	95	0.95	1	oui	T2 [12]	II B (II B1)	oui	PP, EX, A	1	3; 5; 23
1920	NONANES	3	F1	III	3+N2+F	N	3	3			97	0,70 - 0,75	3	oui	T3	II A	oui	PP, EX, A	0	
1922	PYRROLIDINE	3	FC	II	3+8	C	2	2		50	95	0.86	2	oui	T2 [12]	II A [7]	oui	PP, EP, EX, A	1	
1965	HYDROCARBURES GAZEUX EN MÉLANGE LIQUÉFIÉ, N.S.A.	2	2F		2.1 + CMR	G	1	1			91		1	non	T4 [3]	II B [4]	oui	PP, EX, A, EP, TOX	1	2; 31
1965	HYDROCARBURES GAZEUX EN MÉLANGE LIQUÉFIÉ, RÉFRIGÉRÉ, N.S.A.	2	3F		2.1 + CMR	G	2	4	1; 3		95		1	non	T4 [3]	II B [4]	oui	PP, EX, A, EP, TOX	1	2; 31
1965	HYDROCARBURES GAZEUX EN MÉLANGE LIQUÉFIÉ, N.S.A., (MÉLANGE A)	2	2F		2.1	G	1	1			91		1	non	T4 [3]	II B [4]	oui	PP, EX, A	1	2; 31

(1) N° ONU ou N° d'identification de la matière	(2) Nom et description	(3a) Classe	(3b) Code de classification	(4) Groupe d'emballage	(5) Dangers	(6) Type de bateau-citerne	(7) Conception de la citerne à cargaison	(8) Type de citerne à cargaison	(9) Équipement de la citerne à cargaison	(10) Pression d'ouverture de la soupape de surpression/soupape de dégagement à grande vitesse, en kPa	(11) Degré maximal de remplissage en %	(12) Densité relative à 20 °C	(13) Type de prise d'échantillon	(14) Chambre de pompes sous pont admise	(15) Classe de température	(16) Groupe d'explosion	(17) Protection contre les explosions exigée	(18) Équipement exigé	(19) Nombre de cônes/feux	(20) Exigences supplémentaires / Observations
	3.1.2	2.2	2.2	2.1.1.3	5.2.2 / 3.2.3.1	1.2.1 / 7.2.2.0.1	3.2.3.1 / 1.2.1	3.2.3.1 / 1.2.1	3.2.3.1 / 1.2.1	3.2.3.1 / 1.2.1	7.2.4. 21	3.2.3.1	3.2.3.1 / 1.2.1	3.2.3.1 / 1.2.1	1.2.1	1.2.1 / 3.2.3.3	1.2.1 / 3.2.3.3	8.1.5	7.2.5	3.2.3.1
1965	HYDROCARBURES GAZEUX EN MÉLANGE LIQUÉFIÉ, RÉFRIGÉRÉ, N.S.A., (MÉLANGE A)	2	3F		2.1	G	2	4	1;3		95		1	non	T4 [3]	II B [4]	oui	PP, EX, A	1	2;31
1965	HYDROCARBURES GAZEUX EN MÉLANGE LIQUÉFIÉ, N.S.A., (MÉLANGE A0)	2	2F		2.1	G	1	1			91		1	non	T4 [3]	II B [4]	oui	PP, EX, A	1	2;31
1965	HYDROCARBURES GAZEUX EN MÉLANGE LIQUÉFIÉ, RÉFRIGÉRÉ, N.S.A., (MÉLANGE A01)	2	3F		2.1	G	2	4	1;3		95		1	non	T4 [3]	II B [4]	oui	PP, EX, A	1	2;31
1965	HYDROCARBURES GAZEUX EN MÉLANGE LIQUÉFIÉ, N.S.A., (MÉLANGE A01)	2	2F		2.1	G	1	1			91		1	non	T4 [3]	II B [4]	oui	PP, EX, A	1	2;31
1965	HYDROCARBURES GAZEUX EN MÉLANGE LIQUÉFIÉ, RÉFRIGÉRÉ, N.S.A., (MÉLANGE A02)	2	3F		2.1	G	2	4	1;3		95		1	non	T4 [3]	II B [4]	oui	PP, EX, A	1	2;31
1965	HYDROCARBURES GAZEUX EN MÉLANGE LIQUÉFIÉ, N.S.A., (MÉLANGE A02)	2	2F		2.1	G	1	1			91		1	non	T4 [3]	II B [4]	oui	PP, EX, A	1	2;31
1965	HYDROCARBURES GAZEUX EN MÉLANGE LIQUÉFIÉ, RÉFRIGÉRÉ, N.S.A., (MÉLANGE A1)	2	3F		2.1	G	2	4	1;3		95		1	non	T4 [3]	II B [4]	oui	PP, EX, A	1	2;31
1965	HYDROCARBURES GAZEUX EN MÉLANGE LIQUÉFIÉ, N.S.A., (MÉLANGE A1)	2	2F		2.1	G	1	1			95		1	non	T4 [3]	II B [4]	oui	PP, EX, A	1	2;31
1965	HYDROCARBURES GAZEUX EN MÉLANGE LIQUÉFIÉ, RÉFRIGÉRÉ, N.S.A., (MÉLANGE A1)	2	3F		2.1	G	2	4	1;3		95		1	non	T4 [3]	II B [4]	oui	PP, EX, A	1	2;31
1965	HYDROCARBURES GAZEUX EN MÉLANGE LIQUÉFIÉ, N.S.A., (MÉLANGE B)	2	2F		2.1	G	1	1			91		1	non	T4 [3]	II B [4]	oui	PP, EX, A	1	2;31

(1) N° ONU ou N° d'identification de la matière	(2) Nom et description	(3a) Classe	(3b) Code de classification	(4) Groupe d'emballage	(5) Dangers	(6) Type de bateau-citerne	(7) Conception de la citerne à cargaison	(8) Type de citerne à cargaison	(9) Équipement de la citerne à cargaison	(10) Pression d'ouverture de la soupape de surpression/soupape de dégagement à grande vitesse, en kPa	(11) Degré maximal de remplissage en %	(12) Densité relative à 20 °C	(13) Type de prise d'échantillon	(14) Chambre de pompes sous pont admise	(15) Classe de température	(16) Groupe d'explosion	(17) Protection contre les explosions exigée	(18) Équipement exigé	(19) Nombre de cônes/feux	(20) Exigences supplémentaires / Observations
	3.1.2	2.2	2.2	2.1.1.3	5.2.2 / 3.2.3.1	1.2.1 / 7.2.2.0.1	3.2.3.1 / 1.2.1	3.2.3.1 / 1.2.1	3.2.3.1 / 1.2.1	3.2.3.1 / 1.2.1	7.2.4.21	3.2.3.1	3.2.3.1 / 1.2.1	3.2.3.1 / 1.2.1	1.2.1	1.2.1 / 3.2.3.3	1.2.1 / 3.2.3.3	8.1.5	7.2.5	3.2.3.1
1965	HYDROCARBURES GAZEUX EN MÉLANGE LIQUÉFIÉ, RÉFRIGÉRÉ, N.S.A., (MÉLANGE B)	2	3F		2.1	G	2	4	1; 3		95		1	non	T4[3]	II B[4]	oui	PP, EX, A	1	2; 31
1965	HYDROCARBURES GAZEUX EN MÉLANGE LIQUÉFIÉ, N.S.A., (MÉLANGE B1)	2	2F		2.1	G	1	1			91		1	non	T4[3]	II B[4]	oui	PP, EX, A	1	2; 31
1965	HYDROCARBURES GAZEUX EN MÉLANGE LIQUÉFIÉ, RÉFRIGÉRÉ, N.S.A., (MÉLANGE B1)	2	3F		2.1	G	2	4	1; 3		95		1	non	T4[3]	II B[4]	oui	PP, EX, A	1	2; 31
1965	HYDROCARBURES GAZEUX EN MÉLANGE LIQUÉFIÉ, N.S.A., (MÉLANGE B2)	2	2F		2.1	G	1	1			91		1	non	T4[3]	II B[4]	oui	PP, EX, A	1	2; 31
1965	HYDROCARBURES GAZEUX EN MÉLANGE LIQUÉFIÉ, RÉFRIGÉRÉ, N.S.A., (MÉLANGE B2)	2	3F		2.1	G	2	4	1; 3		95		1	non	T4[3]	II B[4]	oui	PP, EX, A	1	2; 31
1965	HYDROCARBURES GAZEUX EN MÉLANGE LIQUÉFIÉ, N.S.A., (MÉLANGE C)	2	2F		2.1	G	1	1			91		1	non	T4[3]	II B[4]	oui	PP, EX, A	1	2; 31
1965	HYDROCARBURES GAZEUX EN MÉLANGE LIQUÉFIÉ, RÉFRIGÉRÉ, N.S.A., (MÉLANGE C)	2	3F		2.1	G	2	4	1; 3		95		1	non	T4[3]	II B[4]	oui	PP, EX, A	1	2; 31
1969	ISOBUTANE (contient moins de 0,1% de butadiène-1-3)	2	2F		2.1	G	1	1			91		1	non	T2[1,12]	II A[7]	oui	PP, EX, A	1	2; 31
1969	ISOBUTANE (contient 0,1 % ou plus de butadiène-1-3)	2	2F		2.1+CMR	G	1	1			91		1	non	T2[1,12]	II A	oui	PP, EP, EX, TOX, A	1	2; 31
1972	MÉTHANE LIQUIDE RÉFRIGÉRÉ ou GAZ NATUREL (à haute teneur en méthane) LIQUIDE RÉFRIGÉRÉ	2	3F		2.1	G	1	1	1		95		1	non	T1[12]	IIA	oui	PP, EX, A	1	2; 31; 42

(1)	(2)	(3a)	(3b)	(4)	(5)	(6)	(7)	(8)	(9)	(10)	(11)	(12)	(13)	(14)	(15)	(16)	(17)	(18)	(19)	(20)
N° ONU ou N° d'identification de la matière	Nom et description	Classe	Code de classification	Groupe d'emballage	Dangers	Type de bateau-citerne	Conception de la citerne à cargaison	Type de citerne à cargaison	Équipement de la citerne à cargaison	Pression d'ouverture de la soupape de surpression/soupape de dégagement à grande vitesse, en kPa	Degré maximal de remplissage en %	Densité relative à 20 °C	Type de prise d'échantillon	Chambre de pompes sous pont admise	Classe de température	Groupe d'explosion	Protection contre les explosions exigée	Équipement exigé	Nombre de cônes/feux	Exigences supplémentaires / Observations
	3.1.2	2.2	2.2	2.1.1.3	5.2.2 / 3.2.3.1	1.2.1 / 7.2.2.0.1	3.2.3.1 / 1.2.1	3.2.3.1 / 1.2.1	3.2.3.1 / 1.2.1	3.2.3.1 / 1.2.1	7.2.4.21	3.2.3.1	3.2.3.1 / 1.2.1	3.2.3.1 / 1.2.1	1.2.1	1.2.1 / 3.2.3.3	1.2.1 / 3.2.3.3	8.1.5	7.2.5	3.2.3.1
1972	MÉTHANE LIQUIDE RÉFRIGÉRÉ ou GAZ NATUREL (à haute teneur en méthane) LIQUIDE RÉFRIGÉRÉ	2	3F		2.1	G	2	4	1;3		95		1	non	T1 [12]	IIA	oui	PP, EX, A	1	2; 31; 42
1978	PROPANE	2	2F		2.1	G	1	1			91		1	non	T1 [12]	II A	oui	PP, EX, A	1	2; 31
1978	PROPANE, RÉFRIGÉRÉ	2	3F		2.1	G	2	4	1;3		95		1	non	T1 [12]	II A	oui	PP, EX, A	1	2; 31
1986	ALCOOLS INFLAMMABLES, TOXIQUES, N.S.A.	3	FT1	I	3+6,1+ (N1, N2, N3, CMR, F ou S)	C	1	1	*	*	95		1	non	T4 [3]	II B[4]	oui	PP, EP, EX, TOX, A	2	27; *voir 3.2.3.3
1986	ALCOOLS INFLAMMABLES, TOXIQUES, N.S.A.	3	FT1	I	3+6,1+ (N1, N2, N3, CMR, F ou S)	C	1	1	*	*	95		1	non	T4 [3]	II B[4] (II B3)	oui	PP, EP, EX, TOX, A	2	27; 44 *voir 3.2.3.3
1986	ALCOOLS INFLAMMABLES, TOXIQUES, N.S.A.	3	FT1	I	3+6,1+ (N1, N2, N3, CMR, F ou S)	C	2	2	*	*	95		1	non	T4 [3]	II B[4]	oui	PP, EP, EX, TOX, A	2	27 *voir 3.2.3.3
1986	ALCOOLS INFLAMMABLES, TOXIQUES, N.S.A.	3	FT1	I	3+6,1+ (N1, N2, N3, CMR, F ou S)	C	2	2	*	*	95		1	non	T4 [3]	II B[4] (II B3)	oui	PP, EP, EX, TOX, A	2	27; 44 *voir 3.2.3.3

(1) N° ONU ou N° d'identification de la matière	(2) Nom et description	(3a) Classe	(3b) Code de classification	(4) Groupe d'emballage	(5) Dangers	(6) Type de bateau-citerne	(7) Conception de la citerne à cargaison	(8) Type de citerne à cargaison	(9) Équipement de la citerne à cargaison	(10) Pression d'ouverture de la soupape de surpression/soupape de dégagement à grande vitesse, en kPa	(11) Degré maximal de remplissage en %	(12) Densité relative à 20 °C	(13) Type de prise d'échantillon	(14) Chambre de pompes sous pont admise	(15) Classe de température	(16) Groupe d'explosion	(17) Protection contre les explosions exigée	(18) Équipement exigé	(19) Nombre de cônes/feux	(20) Exigences supplémentaires / Observations
	3.1.2	2.2	2.2	2.1.1.3	5.2.2 / 3.2.3.1	1.2.1 / 7.2.2.0.1	3.2.3.1 / 1.2.1	3.2.3.1 / 1.2.1	3.2.3.1 / 1.2.1	3.2.3.1 / 1.2.1	7.2.4.21	3.2.3.1	3.2.3.1 / 1.2.1	3.2.3.1 / 1.2.1	1.2.1	1.2.1 / 3.2.3.3	1.2.1 / 3.2.3.3	8.1.5	7.2.5	3.2.3.1
1986	ALCOOLS INFLAMMABLES, TOXIQUES, N.S.A.	3	FT1	II	3+6.1+ (N1, N2, N3, CMR, F ou S)	C	2	2	*	*	95		2	non	T4 $^{3)}$	II B $^{4)}$	oui	PP, EP, EX, TOX, A	2	27 *voir 3.2.3.3
1986	ALCOOLS INFLAMMABLES, TOXIQUES, N.S.A.	3	FT1	II	3+6.1+ (N1, N2, N3, CMR, F ou S)	C	2	2	*	*	95		2	non	T4 $^{3)}$	II B $^{4)}$ (II B3)	oui	PP, EP, EX, TOX, A	2	27; 44 *voir 3.2.3.3
1986	ALCOOLS INFLAMMABLES, TOXIQUES, N.S.A.	3	FT1	III	3+6.1+ (N1, N2, N3, CMR, F ou S)	C	2	2	*	*	95		2	non	T4 $^{3)}$	II B $^{4)}$	oui	PP, EP, EX, TOX, A	0	27 *voir 3.2.3.3
1986	ALCOOLS INFLAMMABLES, TOXIQUES, N.S.A.	3	FT1	III	3+6.1+ (N1, N2, N3, CMR, F ou S)	C	2	2	*	*	95		2	non	T4 $^{3)}$	II B $^{4)}$ (II B3)	oui	PP, EP, EX, TOX, A	0	27; 44 *voir 3.2.3.3
1987	ALCOOLS, N.S.A.	3	F1	II	3+(N1, N2, N3, CMR, F ou S)	*	*	*	*	*	*		*	oui	T4 $^{3)}$	II B $^{4)}$	oui	*	1	14; 27 *voir 3.2.3.3
1987	ALCOOLS, N.S.A.	3	F1	II	3+(N1, N2, N3, CMR, F ou S)	*	*	*	*	*	*		*	oui	T4 $^{3)}$	II B $^{4)}$ (II B3)	oui	*	1	14; 2744 *voir 3.2.3.3
1987	ALCOOLS, N.S.A.	3	F1	III	3+(N1, N2, N3, CMR, F ou S)	*	*	*	*	*	*		*	oui	T4 $^{3)}$	II B $^{4)}$	oui	*	0	14; 27 *voir 3.2.3.3

(1) N° ONU ou N° d'identification de la matière	(2) Nom et description	(3a) Classe	(3b) Code de classification	(4) Groupe d'emballage	(5) Dangers	(6) Type de bateau-citerne	(7) Conception de la citerne à cargaison	(8) Type de citerne à cargaison	(9) Équipement de la citerne à cargaison	(10) Pression d'ouverture de la soupape de surpression/soupape de dégagement à grande vitesse, en kPa	(11) Degré maximal de remplissage en %	(12) Densité relative à 20 °C	(13) Type de prise d'échantillon	(14) Chambre de pompes sous pont admise	(15) Classe de température	(16) Groupe d'explosion	(17) Protection contre les explosions exigée	(18) Équipement exigé	(19) Nombre de cônes/feux	(20) Exigences supplémentaires / Observations
3.1.2	3.1.2	2.2	2.2	2.1.1.3	5.2.2 / 3.2.3.1	1.2.1 / 7.2.2.0.1	3.2.3.1 / 1.2.1	3.2.3.1 / 1.2.1	3.2.3.1 / 1.2.1	3.2.3.1 / 1.2.1	7.2.4.21	3.2.3.1	3.2.3.1 / 1.2.1	3.2.3.1 / 1.2.1	1.2.1	1.2.1 / 3.2.3.3	1.2.1 / 3.2.3.3	8.1.5	7.2.5	3.2.3.1
1987	ALCOOLS, N.S.A.	3	F1	III	3+(N1, N2, N3, CMR, F ou S)	*	*	*	*	*	*		*	oui	T4 $^{3)}$	II B$^{4)}$ (II B3)	oui	*	0	14; 27; 44 *voir 3.2.3.3
1987	ALCOOLS, N.S.A. (CYCLOHEXANOL)	3	F1	III	3+N3+F	N	3	3	2			0.95	3	oui	T3	II A	oui	PP, EX, A	0	7; 17
1987	ALCOOLS, N.S.A. (CYCLOHEXANOL)	3	F1	III	3+N3+F	N	3	3	4		95	0.95	3	oui	T1 $^{12)}$	II A	non	PP	0	7; 17; 20: +46 °C
1987	ALCOOLS, N.S.A. (MÉLANGE DE 90 % EN MASSE DE tert-BUTANOL ET DE 10 % EN MASSE DE MÉTHANOL)	3	F1	II	3	N	2	2		10	97		3	oui	T1 $^{12)}$	II A	oui	PP, EX, A	1	
1989	ALDÉHYDES, N.S.A.	3	F1	II	3+(N1, N2, N3, CMR, F ou S)	*	*	*	*	*	*		*	oui	T4 $^{3)}$	II B$^{4)}$	oui	*	1	14; 27 *voir 3.2.3.3
1989	ALDÉHYDES, N.S.A.	3	F1	II	3+(N1, N2, N3, CMR, F ou S)	*	*	*	*	*	*		*	oui	T4 $^{3)}$	II B$^{4)}$ (II B3)	oui	*	1	14; 27 44 *voir 3.2.3.3
1989	ALDÉHYDES, N.S.A.	3	F1	III	3+(N1, N2, N3, CMR, F ou S)	*	*	*	*	*	*		*	oui	T4 $^{3)}$	II B$^{4)}$	oui	*	0	14; 27 *voir 3.2.3.3
1989	ALDÉHYDES, N.S.A.	3	F1	III	3+(N1, N2, N3, CMR, F ou S)	*	*	*	*	*	*		*	oui	T4 $^{3)}$	II B$^{4)}$ (II B3)	oui	*	0	14; 27; 44 *voir 3.2.3.3
1991	CHLOROPRÈNE STABILISÉ	3	FT1	I	3+6.1+inst.+CMR	C	2	2*	3	50	95	0.96	1	non	T2 $^{12)}$	II B (II B3)	oui	PP, EP, EX, TOX, A	2	3; 5; 23

(1) N° ONU ou N° d'identification de la matière	(2) Nom et description	(3a) Classe	(3b) Code de classification	(4) Groupe d'emballage	(5) Dangers	(6) Type de bateau-citerne	(7) Conception de la citerne à cargaison	(8) Type de citerne à cargaison	(9) Équipement de la citerne à cargaison	(10) Pression d'ouverture de la soupape de surpression/soupape de dégagement à grande vitesse, en kPa	(11) Degré maximal de remplissage en %	(12) Densité relative à 20 °C	(13) Type de prise d'échantillon	(14) Chambre de pompes sous pont admise	(15) Classe de température	(16) Groupe d'explosion	(17) Protection contre les explosions exigée	(18) Équipement exigé	(19) Nombre de cônes/feux	(20) Exigences supplémentaires / Observations
	3.1.2	2.2	2.2	2.1.1.3	5.2.2 / 3.2.3.1	1.2.1 / 7.2.2.0.1	3.2.3.1 / 1.2.1	3.2.3.1 / 1.2.1	3.2.3.1 / 1.2.1	3.2.3.1 / 1.2.1	7.2.4.21	3.2.3.1	3.2.3.1 / 1.2.1	3.2.3.1 / 1.2.1	1.2.1	1.2.1 / 3.2.3.3	1.2.1 / 3.2.3.3	8.1.5	7.2.5	3.2.3.1
1992	LIQUIDE INFLAMMABLE, TOXIQUE, N.S.A.	3	FT1	I	3+6.1+ (N1, N2, N3, CMR, F ou S)	C	1	1	*	*	95		1	non	T4 [3]	II B[4]	oui	PP, EP, EX, TOX, A	2	27 *voir 3.2.3.3
1992	LIQUIDE INFLAMMABLE, TOXIQUE, N.S.A.	3	FT1	I	3+6.1+ (N1, N2, N3, CMR, F ou S)	C	1	1	*	*	95		1	non	T4 [3]	II B[4] (II B3)	oui	PP, EP, EX, TOX, A	2	27; 44 *voir 3.2.3.3
1992	LIQUIDE INFLAMMABLE, TOXIQUE, N.S.A.	3	FT1	I	3+6.1+ (N1, N2, N3, CMR, F ou S)	C	2	2	*	*	95		1	non	T4 [3]	II B[4]	oui	PP, EP, EX, TOX, A	2	27 *voir 3.2.3.3
1992	LIQUIDE INFLAMMABLE, TOXIQUE, N.S.A.	3	FT1	I	3+6.1+ (N1, N2, N3, CMR, F ou S)	C	2	2	*	*	95		1	non	T4 [3]	II B[4] (II B3)	oui	PP, EP, EX, TOX, A	2	27; 44 *voir 3.2.3.3
1992	LIQUIDE INFLAMMABLE, TOXIQUE, N.S.A.	3	FT1	II	3+6.1+ (N1, N2, N3, CMR, F ou S)	C	2	2	*	*	95		2	non	T4 [3]	II B[4]	oui	PP, EP, EX, TOX, A	2	27 *voir 3.2.3.3
1992	LIQUIDE INFLAMMABLE, TOXIQUE, N.S.A.	3	FT1	II	3+6.1+ (N1, N2, N3, CMR, F ou S)	C	2	2	*	*	95		2	non	T4 [3]	II B[4] (II B3)	oui	PP, EP, EX, TOX, A	2	27; 44 *voir 3.2.3.3

(1) N° ONU ou N° d'identification de la matière	(2) Nom et description	(3a) Classe	(3b) Code de classification	(4) Groupe d'emballage	(5) Dangers	(6) Type de bateau-citerne	(7) Conception de la citerne à cargaison	(8) Type de citerne à cargaison	(9) Équipement de la citerne à cargaison	(10) Pression d'ouverture de la soupape de surpression/soupape de dégagement à grande vitesse, en kPa	(11) Degré maximal de remplissage en %	(12) Densité relative à 20 °C	(13) Type de prise d'échantillon	(14) Chambre de pompes sous pont admise	(15) Classe de température	(16) Groupe d'explosion	(17) Protection contre les explosions exigée	(18) Équipement exigé	(19) Nombre de cônes/feux	(20) Exigences supplémentaires / Observations
	3.1.2	2.2	2.2	2.1.1.3	5.2.2 / 3.2.3.1	1.2.1 / 7.2.2.0.1	3.2.3.1 / 1.2.1	3.2.3.1 / 1.2.1	3.2.3.1 / 1.2.1	3.2.3.1 / 1.2.1	7.2.4 / 21	3.2.3.1	3.2.3.1 / 1.2.1	3.2.3.1 / 1.2.1	1.2.1	1.2.1 / 3.2.3.3	1.2.1 / 3.2.3.3	8.1.5	7.2.5	3.2.3.1
1992	LIQUIDE INFLAMMABLE, TOXIQUE, N.S.A.	3	FT1	III	3+6.1+ (N1, N2, N3, CMR, F ou S)	C	2	2	*	*	95		2	non	T4 [3]	II B [4]	oui	PP, EP, EX, TOX, A	0	27 *voir 3.2.3.3
1992	LIQUIDE INFLAMMABLE, TOXIQUE, N.S.A.	3	FT1	III	3+6.1+ (N1, N2, N3, CMR, F ou S)	C	2	2	*	*	95		2	non	T4 [3]	II B [4] (II B3)	oui	PP, EP, EX, TOX, A	0	27; 44 *voir 3.2.3.3
1993	LIQUIDE INFLAMMABLE, N.S.A.	3	F1	I	3+(N1, N2, N3, CMR, F)	*	*	*	*	*	*		*	oui	T4 [3]	II B [4]	oui	*	1	14; 27 *voir 3.2.3.3
1993	LIQUIDE INFLAMMABLE, N.S.A.	3	F1	I	3+(N1, N2, N3, CMR, F)	*	*	*	*	*	*		*	oui	T4 [3]	II B [4] (II B3)	oui	*	1	14; 27; 44 *voir 3.2.3.3
1993	LIQUIDE INFLAMMABLE, N.S.A.	3	F1	II	3+(N1, N2, N3, CMR, F)	*	*	*	*	*	*		*	oui	T4 [3]	II B [4]	oui	*	1	14; 27 *voir 3.2.3.3
1993	LIQUIDE INFLAMMABLE, N.S.A.	3	F1	II	3+(N1, N2, N3, CMR, F)	*	*	*	*	*	*		*	oui	T4 [3]	II B [4] (II B3)	oui	*	1	14; 27; 44 *voir 3.2.3.3
1993	LIQUIDE INFLAMMABLE, N.S.A.	3	F1	III	3+(N1, N2, N3, CMR, F)	*	*	*	*	*	*		*	oui	T4 [3]	II B [4]	oui	*	0	14; 27 *voir 3.2.3.3
1993	LIQUIDE INFLAMMABLE, N.S.A.	3	F1	III	3+(N1, N2, N3, CMR, F)	*	*	*	*	*	*		*	oui	T4 [3]	II B [4] (II B3)	oui	*	0	14; 27; 44 *voir 3.2.3.3
1993	LIQUIDE INFLAMMABLE, N.S.A. CONTENANT PLUS DE 10 % DE BENZÈNE	3	F1	I	3+(N1, N2, N3, CMR, F)	C	*	*	*	*	*		*	oui	T4 [3]	II B [4]	oui	*	1	*voir 3.2.3.3

(1)	(2)	(3a)	(3b)	(4)	(5)	(6)	(7)	(8)	(9)	(10)	(11)	(12)	(13)	(14)	(15)	(16)	(17)	(18)	(19)	(20)
	Nom et description	Classe	Code de classification	Groupe d'emballage	Dangers	Type de bateau-citerne	Conception de la citerne à cargaison	Type de citerne à cargaison	Équipement de la citerne à cargaison	Pression d'ouverture de la soupape de surpression/soupape de dégagement à grande vitesse, en kPa	Degré maximal de remplissage en %	Densité relative à 20 °C	Type de prise d'échantillon	Chambre de pompes sous pont admise	Classe de température	Groupe d'explosion	Protection contre les explosions exigée	Équipement exigé	Nombre de cônes/feux	Exigences supplémentaires / Observations
N° ONU ou N° d'identification de la matière	3.1.2	2.2	2.2	2.1.1.3	5.2.2 / 3.2.3.1	1.2.1 / 7.2.2.0.1	3.2.3.1 / 1.2.1	3.2.3.1 / 1.2.1	3.2.3.1 / 1.2.1	3.2.3.1 / 1.2.1	7.2.4.21	3.2.3.1	3.2.3.1 / 1.2.1	3.2.3.1 / 1.2.1	1.2.1	1.2.1 / 3.2.3.3	1.2.1 / 3.2.3.3	8.1.5	7.2.5	3.2.3.1
1993	LIQUIDE INFLAMMABLE, N.S.A. CONTENANT PLUS DE 10 % DE BENZÈNE	3	F1	I	3+(N1, N2, N3, CMR, F)	C	*	*	*	*	*		*	oui	T4 3)	II B4) (II B3)	oui	*	1	44 *voir 3.2.3.3
1993	LIQUIDE INFLAMMABLE, N.S.A. CONTENANT PLUS DE 10 % DE BENZÈNE	3	F1	II	3+(N1, N2, N3, CMR, F)	C	*	*	*	*	*		*	oui	T4 3)	II B4)	oui	*	1	*voir 3.2.3.3
1993	LIQUIDE INFLAMMABLE, N.S.A. CONTENANT PLUS DE 10 % DE BENZÈNE	3	F1	II	3+(N1, N2, N3, CMR, F)	C	*	*	*	*	*		*	oui	T4 3)	II B4) (II B3)	oui	*	1	44 *voir 3.2.3.3
1993	LIQUIDE INFLAMMABLE, N.S.A. CONTENANT PLUS DE 10 % DE BENZÈNE	3	F1	III	3+(N1, N2, N3, CMR, F)	C	*	*	*	*	*		*	oui	T4 3)	II B4)	oui	*	0	*voir 3.2.3.3
1993	LIQUIDE INFLAMMABLE, N.S.A. CONTENANT PLUS DE 10 % DE BENZÈNE	3	F1	III	3+(N1, N2, N3, CMR, F)	C	*	*	*	*	*		*	oui	T4 3)	II B4) (II B3)	oui	*	0	44 *voir 3.2.3.3
1993	LIQUIDE INFLAMMABLE, N.S.A. CONTENANT PLUS DE 10 % DE BENZÈNE POINT D'ÉBULLITION INITIAL ≤ 60 °C	3	F1	I	3+(N1, N2, N3, CMR, F)	C	1	1			95		1	oui	T4 3)	II B4)	oui	PP, EP, EX, TOX, A	1	
1993	LIQUIDE INFLAMMABLE, N.S.A. CONTENANT PLUS DE 10 % DE BENZÈNE POINT D'ÉBULLITION INITIAL ≤ 60 °C	3	F1	I	3+(N1, N2, N3, CMR, F)	C	1	1			95		1	oui	T4 3)	II B4) (II B3)	oui	PP, EP, EX, TOX, A	1	44
1993	LIQUIDE INFLAMMABLE, N.S.A. CONTENANT PLUS DE 10 % DE BENZÈNE POINT D'ÉBULLITION INITIAL ≤ 60 °C	3	F1	II	3+(N1, N2, N3, CMR, F)	C	1	1			95		1	oui	T4 3)	II B4)	oui	PP, EP, EX, TOX, A	1	
1993	LIQUIDE INFLAMMABLE, N.S.A. CONTENANT PLUS DE 10 % DE BENZÈNE POINT D'ÉBULLITION INITIAL ≤ 60 °C	3	F1	II	3+(N1, N2, N3, CMR, F)	C	1	1			95		1	oui	T4 3)	II B4) (II B3)	oui	PP, EP, EX, TOX, A	1	44

(1) N° ONU ou N° d'identification de la matière	(2) Nom et description	(3a) Classe	(3b) Code de classification	(4) Groupe d'emballage	(5) Dangers	(6) Type de bateau-citerne	(7) Conception de la citerne à cargaison	(8) Type de citerne à cargaison	(9) Équipement de la citerne à cargaison	(10) Pression d'ouverture de la soupape de surpression/soupape de dégagement à grande vitesse, en kPa	(11) Degré maximal de remplissage en %	(12) Densité relative à 20 °C	(13) Type de prise d'échantillon	(14) Chambre de pompes sous pont admise	(15) Classe de température	(16) Groupe d'explosion	(17) Protection contre les explosions exigée	(18) Équipement exigé	(19) Nombre de cônes/feux	(20) Exigences supplémentaires / Observations
	3.1.2	2.2	2.2	2.1.1.3	5.2.2 / 3.2.3.1	1.2.1 / 7.2.2.0.1	3.2.3.1 / 1.2.1	3.2.3.1 / 1.2.1	3.2.3.1 / 1.2.1	3.2.3.1 / 1.2.1	7.2.4. 21	3.2.3.1	3.2.3.1 / 1.2.1	3.2.3.1 / 1.2.1	1.2.1	1.2.1 / 3.2.3.3	1.2.1 / 3.2.3.3	8.1.5	7.2.5	3.2.3.1
1993	LIQUIDE INFLAMMABLE, N.S.A. CONTENANT PLUS DE 10 % DE BENZÈNE POINT D'ÉBULLITION INITIAL ≤ 60 °C	3	F1	III	3+(N1, N2, N3, CMR, F)	C	1	1			95		1	oui	T4 3)	II B 4)	oui	PP, EP, EX, TOX, A	0	
1993	LIQUIDE INFLAMMABLE, N.S.A. CONTENANT PLUS DE 10 % DE BENZÈNE POINT D'ÉBULLITION INITIAL ≤ 60 °C	3	F1	III	3+(N1, N2, N3, CMR, F)	C	1	1			95		1	oui	T4 3)	II B 4) (II B3)	oui	PP, EP, EX, TOX, A	0	44
1993	LIQUIDE INFLAMMABLE, N.S.A. CONTENANT PLUS DE 10 % DE BENZÈNE 60 °C < POINT D'ÉBULLITION INITIAL ≤ 85 °C	3	F1	II	3+(N1, N2, N3, CMR, F)	C	2	2	3	50	95		2	oui	T4 3)	II B 4)	oui	PP, EP, EX, TOX, A	1	23; 38
1993	LIQUIDE INFLAMMABLE, N.S.A. CONTENANT PLUS DE 10 % DE BENZÈNE 60 °C < POINT D'ÉBULLITION INITIAL ≤ 85 °C	3	F1	II	3+(N1, N2, N3, CMR, F)	C	2	2	3	50	95		2	oui	T4 3)	II B 4) (II B3)	oui	PP, EP, EX, TOX, A	1	23; 38; 44
1993	LIQUIDE INFLAMMABLE, N.S.A. CONTENANT PLUS DE 10 % DE BENZÈNE 60 °C < POINT D'ÉBULLITION INITIAL ≤ 85 °C	3	F1	III	3+(N1, N2, N3, CMR, F)	C	2	2	3	50	95		2	oui	T4 3)	II B 4)	oui	PP, EP, EX, TOX, A	0	23; 38
1993	LIQUIDE INFLAMMABLE, N.S.A. CONTENANT PLUS DE 10 % DE BENZÈNE 60 °C < POINT D'ÉBULLITION INITIAL ≤ 85 °C	3	F1	III	3+(N1, N2, N3, CMR, F)	C	2	2	3	50	95		2	oui	T4 3)	II B 4) (II B3)	oui	PP, EP, EX, TOX, A	0	23; 38; 44
1993	LIQUIDE INFLAMMABLE, N.S.A. CONTENANT PLUS DE 10 % DE BENZÈNE 85 °C < POINT D'ÉBULLITION INITIAL ≤ 115 °C	3	F1	II	3+(N1, N2, N3, CMR, F)	C	2	2		50	95		2	oui	T4 3)	II B 4)	oui	PP, EP, EX, TOX, A	1	
1993	LIQUIDE INFLAMMABLE, N.S.A. CONTENANT PLUS DE 10 % DE	3	F1	II	3+(N1, N2, N3, CMR, F)	C	2	2		50	95		2	oui	T4 3)	II B 4) (II B3)	oui	PP, EP, EX, TOX, A	1	44

N° ONU ou N° d'identification de la matière (1)	Nom et description (2)	Classe (3a)	Code de classification (3b)	Groupe d'emballage (4)	Dangers (5)	Type de bateau-citerne (6)	Conception de la citerne à cargaison (7)	Type de citerne à cargaison (8)	Équipement de la citerne à cargaison (9)	Pression d'ouverture de la soupape de surpression/soupape de dégagement à grande vitesse, en kPa (10)	Degré maximal de remplissage en % (11)	Densité relative à 20 °C (12)	Type de prise d'échantillon (13)	Chambre de pompes sous pont admise (14)	Classe de température (15)	Groupe d'explosion (16)	Protection contre les explosions exigée (17)	Équipement exigé (18)	Nombre de cônes/feux (19)	Exigences supplémentaires / Observations (20)
	3.1.2	2.2	2.2	2.1.1.3	5.2.2 / 3.2.3.1	1.2.1 / 7.2.2.0.1	3.2.3.1 / 1.2.1	3.2.3.1 / 1.2.1	3.2.3.1 / 1.2.1	3.2.3.1 / 1.2.1	7.2.4.21	3.2.3.1	3.2.3.1 / 1.2.1	3.2.3.1 / 1.2.1	1.2.1	1.2.1 / 3.2.3.3	1.2.1 / 3.2.3.3	8.1.5	7.2.5	3.2.3.1
	BENZÈNE 85 °C < POINT D'ÉBULLITION INITIAL ≤ 115 °C																			
1993	LIQUIDE INFLAMMABLE, N.S.A. CONTENANT PLUS DE 10 % DE BENZÈNE 85 °C < POINT D'ÉBULLITION INITIAL ≤ 115 °C	3	F1	III	3+(N1, N2, N3, CMR, F)	C	2	2		50	95		2	oui	T4 [3)]	II B [4)]	oui	PP, EP, EX, TOX, A	0	
1993	LIQUIDE INFLAMMABLE, N.S.A. CONTENANT PLUS DE 10 % DE BENZÈNE 85 °C < POINT D'ÉBULLITION INITIAL ≤ 115 °C	3	F1	III	3+(N1, N2, N3, CMR, F)	C	2	2		50	95		2	oui	T4 [3)]	II B [4)] (II B3)	oui	PP, EP, EX, TOX, A	0	44
1993	LIQUIDE INFLAMMABLE, N.S.A. CONTENANT PLUS DE 10 % DE BENZÈNE POINT D'ÉBULLITION INITIAL > 115 °C	3	F1	II	3+(N1, N2, N3, CMR, F)	C	2	2		35	95		2	oui	T4 [3)]	II B [4)]	oui	PP, EP, EX, TOX, A	1	
1993	LIQUIDE INFLAMMABLE, N.S.A. CONTENANT PLUS DE 10 % DE BENZÈNE POINT D'ÉBULLITION INITIAL > 115 °C	3	F1	II	3+(N1, N2, N3, CMR, F)	C	2	2		35	95		2	oui	T4 [3)]	II B [4)] (II B3)	oui	PP, EP, EX, TOX, A	1	44
1993	LIQUIDE INFLAMMABLE, N.S.A. CONTENANT PLUS DE 10 % DE BENZÈNE POINT D'ÉBULLITION INITIAL > 115 °C	3	F1	III	3+(N1, N2, N3, CMR, F)	C	2	2		35	95		2	oui	T4 [3)]	II B [4)]	oui	PP, EP, EX, TOX, A	0	
1993	LIQUIDE INFLAMMABLE, N.S.A. CONTENANT PLUS DE 10 % DE BENZÈNE POINT D'ÉBULLITION INITIAL > 115 °C	3	F1	III	3+(N1, N2, N3, CMR, F)	C	2	2		35	95		2	oui	T4 [3)]	II B [4)] (II B3)	oui	PP, EP, EX, TOX, A	0	44
1993	LIQUIDE INFLAMMABLE, N.S.A. (MÉLANGE DE CYCLOHEXANONE/CYCLO-HEXANOL)	3	F1	III	3+F	N	3	3			97	0,95	3	oui	T3	II A	oui	PP, EX, A	0	

N° ONU ou N° d'identification de la matière (1)	Nom et description (2)	Classe (3a)	Code de classification (3b)	Groupe d'emballage (4)	Dangers (5)	Type de bateau-citerne (6)	Conception de la citerne à cargaison (7)	Type de citerne à cargaison (8)	Équipement de la citerne à cargaison (9)	Pression d'ouverture de la soupape de surpression/soupape de dégagement à grande vitesse, en kPa (10)	Degré maximal de remplissage en % (11)	Densité relative à 20 °C (12)	Type de prise d'échantillon (13)	Chambre de pompes sous pont admise (14)	Classe de température (15)	Groupe d'explosion (16)	Protection contre les explosions exigée (17)	Équipement exigé (18)	Nombre de cônes/feux (19)	Exigences supplémentaires / Observations (20)
		2.2	2.2	2.1.1.3	5.2.2 / 3.2.3.1	1.2.1 / 7.2.2.0.1	3.2.3.1 / 1.2.1	3.2.3.1 / 1.2.1	3.2.3.1 / 1.2.1	3.2.3.1 / 1.2.1	7.2.4. 21	3.2.3.1	3.2.3.1 / 1.2.1	3.2.3.1 / 1.2.1	1.2.1	1.2.1 / 3.2.3.3	1.2.1 / 3.2.3.3	8.1.5	7.2.5	3.2.3.1
1999	GOUDRONS LIQUIDES, y compris les liants routiers et les cutbacks bitumineux	3	F1	III	3+S	N	4	3	2		97		3	oui	T3	II A[7]	oui	PP, EX, A	0	
2014	PEROXYDE D'HYDROGÈNE EN SOLUTION AQUEUSE contenant au moins 20 % mais au maximum 60 % de peroxyde d'hydrogène (stabilisé selon les besoins)	5.1	OC1	II	5.1+8+ inst.	C	2	2		35	95	1.2	2	oui			non	PP, EP	0	3; 33
2021	CHLOROPHÉNOLS LIQUIDES (CHLORO-2 PHÉNOL)	6.1	T1	III	6.1+N2	C	2	2		25	95	1.23	2	non	T1[12]	II A[7]	oui	PP, EP, EX, TOX, A	0	6: +10 °C; 17
2022	ACIDE CRÉSYLIQUE	6.1	TC1	II	6.1+8+3+S	C	2	2		25	95	1.03	2	non	T1[12]	II A[7]	oui	PP, EP, EX, TOX, A	2	6: +16 °C; 17
2023	ÉPICHLORHYDRINE	6.1	TF1	II	6.1+3+N3	C	2	2		35	95	1.18	2	non	T2[12]	II B (II B3)	oui	PP, EP, EX, TOX, A	2	5
2031	ACIDE NITRIQUE, à l'exclusion de l'acide nitrique fumant rouge, contenant plus de 70 % d'acide nitrique	8	CO1	I	8+5.1+ N3	N	2	3		10	97	1,41 – 1,48	3	oui			non	PP, EP	0	34
2031	ACIDE NITRIQUE, à l'exclusion de l'acide nitrique fumant rouge, contenant au moins 65 %, mais au plus 70 % d'acide nitrique	8	CO1	II	8+5.1+ N3	N	2	3		10	97	1,39 – 1,41	3	oui			non	PP, EP	0	34
2031	ACIDE NITRIQUE, à l'exclusion de l'acide nitrique fumant rouge, contenant moins de 65 % d'acide nitrique	8	CO1	II	8+N3	N	2	3		10	97	1,02 – 1,39	3	oui			non	PP, EP	0	34
2032	ACIDE NITRIQUE FUMANT ROUGE	8	COT	I	8+5.1+ 6.1+N3	C	2	2		50	95	1,48 – 1,51	1	non			non	PP, EP, TOX, A	2	
2045	ISOBUTYRALDÉHYDE (ALDÉHYDE ISOBUTYRIQUE)	3	F1	II	3+N3	C	2	2	3	50	95	0.79	2	oui	T4	II A[7]	oui	PP, EX, A	1	15; 23

(1) N° ONU ou N° d'identification de la matière	(2) Nom et description	(3a) Classe	(3b) Code de classification	(4) Groupe d'emballage	(5) Dangers	(6) Type de bateau-citerne	(7) Conception de la citerne à cargaison	(8) Type de citerne à cargaison	(9) Équipement de la citerne à cargaison	(10) Pression d'ouverture de la soupape de surpression/soupape de dégagement à grande vitesse, en kPa	(11) Degré maximal de remplissage en %	(12) Densité relative à 20 °C	(13) Type de prise d'échantillon	(14) Chambre de pompes sous pont admise	(15) Classe de température	(16) Groupe d'explosion	(17) Protection contre les explosions exigée	(18) Équipement exigé	(19) Nombre de cônes/feux	(20) Exigences supplémentaires / Observations
	3.1.2	2.2	2.2	2.1.1.3	5.2.2 / 3.2.3.1	1.2.1 / 7.2.2.0.1	3.2.3.1 / 1.2.1	3.2.3.1 / 1.2.1	3.2.3.1 / 1.2.1	3.2.3.1 / 1.2.1	7.2.4.21	3.2.3.1	3.2.3.1 / 1.2.1	3.2.3.1 / 1.2.1	1.2.1	1.2.1 / 3.2.3.3	1.2.1 / 3.2.3.3	8.1.5	7.2.5	3.2.3.1
2046	CYMÈNES	3	F1	III	3+N2+F	N	3	3			97	0.88	3	oui	T2 [12]	II A [7]	oui	PP, EX, A	0	
2047	DICHLOROPROPÈNES (2,3-DICHLOROPROPÈNE-1)	3	F1	II	3+N2+CMR	C	2	2		45	95	1.2	2	oui	T1 [12]	II A [7]	oui	PP, EP, EX, TOX, A	1	
2047	DICHLOROPROPÈNES (MÉLANGES DE 2,3-DICHLOROPROPÈNE-1 et de 1,3-DICHLOROPROPÈNE)	3	F1	II	3+N1+CMR	C	2	2		45	95	1.23	2	oui	T2 [1], [12]	II A [7]	oui	PP, EP, EX, TOX, A	1	
2047	DICHLOROPROPÈNES (MÉLANGES DE 2,3-DICHLOROPROPÈNE-1 et de 1,3-DICHLOROPROPÈNE)	3	F1	III	3+N1+CMR	C	2	2		45	95	1.23	2	oui	T2 [1], [12]	II A [7]	oui	PP, EP, EX, TOX, A	0	
2047	DICHLOROPROPÈNES (1,3-DICHLOROPROPÈNE)	3	F1	III	3+N1+CMR	C	2	2		40	95	1.23	2	oui	T2 [1], [12]	II A [7]	oui	PP, EP, EX, TOX, A	0	
2048	DICYCLOPENTADIÈNE	3	F1	III	3+N2+F	N	3	3	2		95	0.94	3	oui	T1 [12]	II A	oui	PP, EX, A	0	7;17
2050	COMPOSÉS ISOMERIQUES DU DIISOBUTYLÈNE	3	F1	II	3+N2+F	N	2	3		10	97	0.72	3	oui	T3 [2]	II A [7]	oui	PP, EX, A	1	
2051	DIMÉTHYLAMINO-2 ÉTHANOL	8	CF1	II	8+3+N3	N	3	2			97	0.89	3	oui	T3	II A [7]	oui	PP, EP, EX, A	1	34
2053	ALCOOL MÉTHYLAMYLIQUE	3	F1	III	3	N	3	2			97	0.81	3	oui	T2 [12]	II A	oui	PP, EX, A	0	
2054	MORPHOLINE	8	CF1	I	8+3+N3	N	3	2			97	1	3	oui	T3	II A	oui	PP, EP, EX, A	1	34
2055	STYRÈNE MONOMÈRE STABILISÉ	3	F1	III	3+inst.+N3	N	3	2			97	0.91	3	oui	T1 [12]	II A	oui	PP, EX, A	0	3; 5; 16
2056	TÉTRAHYDROFURANNE	3	F1	II	3	N	2	2		10	97	0.89	3	oui	T3	II B (II B1)	oui	PP, EX, A	1	

(1) N° ONU ou N° d'identification de la matière	(2) Nom et description	(3a) Classe	(3b) Code de classification	(4) Groupe d'emballage	(5) Dangers	(6) Type de bateau-citerne	(7) Conception de la citerne à cargaison	(8) Type de citerne à cargaison	(9) Équipement de la citerne à cargaison	(10) Pression d'ouverture de la soupape de surpression/soupape de dégagement à grande vitesse, en kPa	(11) Degré maximal de remplissage en %	(12) Densité relative à 20 °C	(13) Type de prise d'échantillon	(14) Chambre de pompes sous pont admise	(15) Classe de température	(16) Groupe d'explosion	(17) Protection contre les explosions exigée	(18) Équipement exigé	(19) Nombre de cônes/feux	(20) Exigences supplémentaires / Observations
	3.1.2	2.2	2.2	2.1.1.3	5.2.2 / 3.2.3.1	1.2.1 / 7.2.2.0.1	3.2.3.1 / 1.2.1	3.2.3.1 / 1.2.1	3.2.3.1 / 1.2.1	3.2.3.1 / 1.2.1	7.2.4.21	3.2.3.1	3.2.3.1 / 1.2.1	3.2.3.1 / 1.2.1	1.2.1	1.2.1 / 3.2.3.3	1.2.1 / 3.2.3.3	8.1.5	7.2.5	3.2.3.1
2057	TRIPROPYLÈNE	3	F1	II	3+N1	C	2	2		35	95	0.744	2	oui	T3	II A	oui	PP, EX, A	1	
2057	TRIPROPYLÈNE	3	F1	III	3+N1	C	2	2		35	95	0.73	2	oui	T3	II A	oui	PP, EX, A	0	
2078	DIISOCYANATE DE TOLUÈNE (et mélanges isomères) (DIISOCYANATE DE TOLUÈNE-2,4)	6.1	T1	II	6.1+N2+S	C	2	2	2	25	95	1.22	2	non	T1 12)	II B (II B3 14))	oui	PP, EP, EX, TOX, A	2	2; 7; 8; 17
2078	DIISOCYANATE DE TOLUÈNE (et mélanges isomères) (DIISOCYANATE DE TOLUÈNE-2,4)	6.1	T1	II	6.1+N2+S	C	2	1	4	25	95	1.22	2	non			non	PP, EP, TOX, A	2	2; 7; 8; 17; 20:+112°C; 26
2079	DIÉTHYLÈNETRIAMINE	8	C7	II	8+N3	N	4	2	2		97	0.96	3	oui			non	PP, EP	0	34
2187	DIOXYDE DE CARBONE LIQUIDE RÉFRIGÉRÉ	2	3A		2.2	G	1	1	1		95		1	oui			non	PP	0	31, 39
2205	ADIPONITRILE	6.1	T1	III	6.1	C	2	2		25	95	0.96	2	non	T4	II B (II B3 14))	oui	PP, EP, EX, TOX, A	0	6: 6°C; 17
2206	ISOCYANATES TOXIQUES, N.S.A. (ISOCYANATE DE 4-CHLOROPHÉNYLE)	6.1	T1	II	6.1+S	C	2	2	4	25	95	1.25	2	non			non	PP, EP, TOX, A	2	7; 17
2209	FORMALDÉHYDE EN SOLUTION contenant au moins 25% de formaldéhyde	8	C9	III	8+N3	N	4	2	2		97	1.09	3	oui			non	PP, EP	0	15; 34
2215	ANHYDRIDE MALÉIQUE FONDU	8	C3	III	8+N3	N	3	3	2		95	0.93	3	oui	T2 12)	II B4)	oui	PP, EP, EX, A	0	7; 17; 25; 34
2215	ANHYDRIDE MALÉIQUE FONDU	8	C3	III	8+N3	N	3	1	4		95	0.93	3	oui			non	PP, EP	0	7; 17; 20: +88°C; 25; 34
2218	ACIDE ACRYLIQUE STABILISÉ	8	CF1	II	8+3+inst. +N1	C	2	2	4	30	95	1.05	1	oui	T2 12)	II B (II B1)	oui	PP, EP, EX, A	1	3; 4; 5; 17

(1)	(2)	(3a)	(3b)	(4)	(5)	(6)	(7)	(8)	(9)	(10)	(11)	(12)	(13)	(14)	(15)	(16)	(17)	(18)	(19)	(20)
N° ONU ou N° d'identification de la matière	Nom et description	Classe	Code de classification	Groupe d'emballage	Dangers	Type de bateau-citerne	Conception de la citerne à cargaison	Type de citerne à cargaison	Équipement de la citerne à cargaison	Pression d'ouverture de la soupape de surpression/soupape de dégagement à grande vitesse, en kPa	Degré maximal de remplissage en %	Densité relative à 20 °C	Type de prise d'échantillon	Chambre de pompes sous pont admise	Classe de température	Groupe d'explosion	Protection contre les explosions exigée	Équipement exigé	Nombre de cônes/feux	Exigences supplémentaires / Observations
3.1.2	3.1.2	2.2	2.2	2.1.1.3	5.2.2 / 3.2.3.1	1.2.1 / 7.2.2.0.1	3.2.3.1 / 1.2.1	3.2.3.1 / 1.2.1	3.2.3.1 / 1.2.1	3.2.3.1 / 1.2.1	7.2.4.21	3.2.3.1	3.2.3.1 / 1.2.1	3.2.3.1 / 1.2.1	1.2.1	1.2.1 / 3.2.3.3	1.2.1 / 3.2.3.3	8.1.5	7.2.5	3.2.3.1
2227	MÉTHACRYLATE DE n-BUTYLE STABILISÉ	3	F1	III	3+inst.+N3+F	C	2	2		25	95	0.9	1	oui	T3	II A	oui	PP, EX, A	0	3; 5
2238	CHLOROTOLUÈNES (m-CHLOROTOLUÈNE)	3	F1	III	3+N2+S	C	2	2		30	95	1.08	2	oui	T1 [12]	II A [7]	oui	PP, EX, A	0	
2238	CHLOROTOLUÈNES (o-CHLOROTOLUÈNE)	3	F1	III	3+N2+S	C	2	2		30	95	1.08	2	oui	T1 [12]	II A [7]	oui	PP, EX, A	0	
2238	CHLOROTOLUÈNES (p-CHLOROTOLUÈNE)	3	F1	III	3+N2+S	C	2	2		30	95	1.07	2	oui	T1 [12]	II A [7]	oui	PP, EX, A	0	6: +11 °C; 17
2241	CYCLOHEPTANE	3	F1	II	3+N2	N	3	3		10	97	0.81	3	oui	T4 [3]	II A [7]	oui	PP, EX, A	1	
2247	n-DÉCANE	3	F1	III	3+F	C	2	2		30	95	0.73	2	oui	T4	II A	oui	PP, EX, A	0	
2248	DI-n-BUTYLAMINE	8	CF1	II	8+3+N3	N	3	2				0.76	3	oui	T3	II A [7]	oui	PP, EP, EX, A	1	34
2259	TRIÉTHYLÈNETÉTRAMINE	8	C7	II	8+N2	N	3	3			97	0.98	3	oui	T2 [12]	II B (II B3 [14])	oui	PP, EP, EX, A	0	6: 16°C; 17; 34
2263	DIMÉTHYLCYCLOHEXANES (cis-1,4-DIMÉTHYLCYCLOHEXANE)	3	F1	II	3	C	2	2		35	95	0.78	2	oui	T4 [3]	II A [7]	oui	PP, EX, A	1	
2263	DIMÉTHYLCYCLOHEXANES (trans-1,4-DIMÉTHYLCYCLOHEXANE)	3	F1	II	3	C	2	2		35	95	0.76	2	oui	T4 [3]	II A [7]	oui	PP, EX, A	1	
2264	N,N-DIMETHYLCYCLO-HEXYLAMINE	8	CF1	II	8+3+N2	N	3	3	3		97	0.85	3	oui	T3	II B [4]	oui	PP, EP, EX, A	1	34
2265	N,N-DIMÉTHYLFORMAMIDE	3	F1	III	3+CMR	N	2	3	3	10	97	0.95	3	oui	T2 [12]	II A	oui	PP, EP, EX, TOX, A	0	23
2266	DIMÉTHYL-N-PROPYLAMINE	3	FC	II	3+8	C	2	2		50	95	0.72	2	oui	T4	II A [7]	oui	PP, EP, EX, A	1	
2276	ÉTHYL-2 HEXYLAMINE	3	FC	III	3+8+N3	N	3	2			97	0.79	3	oui	T3	II A [7]	oui	PP, EP, EX, A	0	34

(1)	(2)	(3a)	(3b)	(4)	(5)	(6)	(7)	(8)	(9)	(10)	(11)	(12)	(13)	(14)	(15)	(16)	(17)	(18)	(19)	(20)
N° ONU ou N° d'identification de la matière	Nom et description	Classe	Code de classification	Groupe d'emballage	Dangers	Type de bateau-citerne	Conception de la citerne à cargaison	Type de citerne à cargaison	Équipement de la citerne à cargaison	Pression d'ouverture de la soupape de surpression/soupape de dégagement à grande vitesse, en kPa	Degré maximal de remplissage en %	Densité relative à 20 °C	Type de prise d'échantillon	Chambre de pompes sous pont admise	Classe de température	Groupe d'explosion	Protection contre les explosions exigée	Équipement exigé	Nombre de cônes/feux	Exigences supplémentaires / Observations
	3.1.2	2.2	2.2	2.1.1.3	5.2.2 / 3.2.3.1	1.2.1 / 7.2.2.0.1	3.2.3.1 / 1.2.1	3.2.3.1 / 1.2.1	3.2.3.1 / 1.2.1	3.2.3.1 / 1.2.1	7.2.4.21	3.2.3.1	3.2.3.1 / 1.2.1	3.2.3.1 / 1.2.1	1.2.1	1.2.1 / 3.2.3.3	1.2.1 / 3.2.3.3	8.1.5	7.2.5	3.2.3.1
2278	n-HEPTÈNE	3	F1	II	3+N3	N	2	2		10	97	0.7	3	oui	T3	II B[4] (II B1)	oui	PP, EX, A	1	
2280	HEXAMÉTHYLÈNEDIAMINE SOLIDE, FONDUE	8	C8	III	8+N3	N	3	3	2		95	0.83	3	oui	T3	II B (II B3[14])	oui	PP, EP, EX, A	0	7; 17; 34
2280	HEXAMÉTHYLÈNEDIAMINE SOLIDE, FONDUE	8	C8	III	8+N3	N	3	3	4		95	0.83	3	oui			non	PP, EP	0	7; 17; 20: +66 °C; 34
2282	HEXANOLS	3	F1	III	3+N3	N	3	2			97	0.83	3	oui	T3	II A	oui	PP, EX, A	0	
2286	PENTAMÉTHYLHEPTANE	3	F1	III	3+F	N	3	3			97	0.75	3	oui	T2[12]	II A[7]	oui	PP, EX, A	0	
2288	ISOHEXÈNES	3	F1	II	3+inst.+N3	C	2	2	3	50	95	0.735	2	oui	T2[12]	II B[4]	oui	PP, EX, A	1	3; 23
2289	ISOPHORONEDIAMINE	8	C7	III	8+N2	N	3	3			97	0.92	3	oui	T2[12]	II A[7]	oui	PP, EP, EX, A	0	6: 14°C; 17; 34
2302	MÉTHYL-5-HEXANONE-2	3	F1	III	3	N	3	2			97	0.81	3	oui	T1[12]	II A	oui	PP, EX, A	0	
2303	ISOPROPÉNYLBENZÈNE	3	F1	III	3+N2+F	N	3	3			97	0.91	3	oui	T2[12]	II B (II B1)	oui	PP, EX, A	0	
2309	OCTADIÈNES (1,7-OCTADIÈNE)	3	F1	II	3+N2	N	2	2		10	97	0.75	3	oui	T3	II B (II B3)	oui	PP, EX, A	1	
2311	PHÉNÉTIDINES	6.1	T1	III	6.1	C	2	2		25	95	1.07	2	non			non	PP, EP, TOX, A	0	6: +7 °C; 17
2312	PHÉNOL FONDU	6.1	T1	II	6.1+N3+S	C	2	2	4	25	95	1.07	2	non	T1[12]	II A[8]	oui	PP, EP, EX, TOX, A	2	7; 17
2312	PHÉNOL FONDU	6.1	T1	II	6.1+N3+S	C	2	2	4	25	95	1.07	2	non			non	PP, EP, TOX, A	2	7; 17; 20: +67 °C

(1)	(2)	(3a)	(3b)	(4)	(5)	(6)	(7)	(8)	(9)	(10)	(11)	(12)	(13)	(14)	(15)	(16)	(17)	(18)	(19)	(20)
N° ONU ou N° d'identification de la matière	Nom et description	Classe	Code de classification	Groupe d'emballage	Dangers	Type de bateau-citerne	Conception de la citerne à cargaison	Type de citerne à cargaison	Équipement de la citerne à cargaison	Pression d'ouverture de la soupape de surpression/soupape de dégagement à grande vitesse, en kPa	Degré maximal de remplissage en %	Densité relative à 20 °C	Type de prise d'échantillon	Chambre de pompes sous pont admise	Classe de température	Groupe d'explosion	Protection contre les explosions exigée	Équipement exigé	Nombre de cônes/feux	Exigences supplémentaires / Observations
3.1.2	3.1.2	2.2	2.2	2.1.1.3	5.2.2 / 3.2.3.1	1.2.1 / 7.2.2.0.1	3.2.3.1 / 1.2.1	3.2.3.1 / 1.2.1	3.2.3.1 / 1.2.1	3.2.3.1 / 1.2.1	7.2.4. 21	3.2.3.1	3.2.3.1 / 1.2.1	3.2.3.1 / 1.2.1	1.2.1	1.2.1 / 3.2.3.3	1.2.1 / 3.2.3.3	8.1.5	7.2.5	3.2.3.1
2320	TÉTRAÉTHYLÈNEPENTAMINE	8	C7	III	8+N2	N	4	3			97	1	3	oui			non	PP, EP	0	34
2321	TRICHLOROBENZÈNES LIQUIDES (1,2,4-TRICHLOROBENZÈNE)	6.1	T1	III	6.1+N1+S	C	2	2	2	25	95	1.45	2	non	T1 [12]	II A [7]	oui	PP, EP, EX, TOX, A	0	7;17
2321	TRICHLOROBENZÈNES LIQUIDES (1,2,4-TRICHLOROBENZÈNE)	6.1	T1	III	6.1+N1+S	C	2	1	4	25	95	1.45	2	non			non	PP, EP, TOX, A	0	7; 17; 20: +95 °C; 26
2323	PHOSPHITE DE TRIÉTHYLE	3	F1	III	3	N	3	2			97	0.8	3	oui	T3	II B [4]	oui	PP, EX, A	0	
2324	TRIISOBUTYLÈNE	3	F1	III	3+N1+F	C	2	2		35	95	0.76	2	oui	T2 [12]	II B [4]	oui	PP, EX, A	0	
2325	TRIMÉTHYL-1,3,5 BENZÈNE	3	F1	III	3+N1	C	2	2		35	95	0.87	2	oui	T1 [12]	II A [7]	oui	PP, EX, A	0	
2333	ACÉTATE D'ALLYLE	3	FT1	II	3+6.1	C	2	2	3	40	95	0.93	2	non	T2 [12]	II A [7]	oui	PP, EP, EX, TOX, A	2	
2348	ACRYLATES DE BUTYLE, STABILISÉS (ACRYLATE DE n-BUTYLE STABILISÉ)	3	F1	III	3+inst.+N3	C	2	2		30	95	0.9	1	oui	T3	II B (II B1)	oui	PP, EX, A	0	3; 5
2350	ÉTHER BUTYLMÉTHYLIQUE	3	F1	II	3	N	2	2		10	97	0.74	3	oui	T4 [3]	II B [4]	oui	PP, EX, A	1	
2356	CHLORO-2 PROPANE	3	F1	I	3	C	2	2		50	95	0.86	2	oui	T1 [12]	II A	oui	PP, EX, A	1	23
2357	CYCLOHEXYLAMINE	8	CF1	II	8+3+N3	N	3	2			97	0.86	3	oui	T3	II A	oui	PP, EP, EX, A	1	34
2362	DICHLORO-1,1 ÉTHANE	3	F1	II	3+N2	C	2	2	3	50	95	1.17	2	oui	T2 [12]	II A	oui	PP, EX, A	1	23

(1) N° ONU ou N° d'identification de la matière	(2) Nom et description	(3a) Classe	(3b) Code de classification	(4) Groupe d'emballage	(5) Dangers	(6) Type de bateau-citerne	(7) Conception de la citerne à cargaison	(8) Type de citerne à cargaison	(9) Équipement de la citerne à cargaison	(10) Pression d'ouverture de la soupape de surpression/soupape de dégagement à grande vitesse, en kPa	(11) Degré maximal de remplissage en %	(12) Densité relative à 20 °C	(13) Type de prise d'échantillon	(14) Chambre de pompes sous pont admise	(15) Classe de température	(16) Groupe d'explosion	(17) Protection contre les explosions exigée	(18) Équipement exigé	(19) Nombre de cônes/feux	(20) Exigences supplémentaires / Observations
		2.2	2.2	2.1.1.3	5.2.2 / 3.2.3.1	1.2.1 / 7.2.2.0.1	3.2.3.1 / 1.2.1	3.2.3.1 / 1.2.1	3.2.3.1 / 1.2.1	3.2.3.1 / 1.2.1	7.2.4.21	3.2.3.1	3.2.3.1 / 1.2.1	3.2.3.1 / 1.2.1	1.2.1	1.2.1 / 3.2.3.3	1.2.1 / 3.2.3.3	8.1.5	7.2.5	3.2.3.1
2370	HEXÈNE-1	3	F1	II	3+N3	N	2	2		10	97	0.67	3	oui	T3	II B[4]	oui	PP, EX, A	1	
2381	DISULFURE DE DIMÉTHYLE	3	FT1	II	3+6.1	C	2	2		40	95	1.063	2	oui	T2[12]	II A	oui	PP, EP, EX, TOX, A	2	
2382	DIMÉTHYLHYDRAZINE SYMÉTRIQUE	6.1	TF1	I	6.1+3+CMR	C	2	2		50	95	0.83	1	non	T4[3]	II C[5]	oui	PP, EP, EX, TOX, A	2	
2383	DIPROPYLAMINE	3	FC	II	3+8+N3	C	2	2		35	95	0.74	2	oui	T3	II A	oui	PP, EP, EX, A	1	
2397	MÉTHYL-3 BUTANONE-2	3	F1	II	3	N	2	2		10	97	0.81	3	oui	T1[12]	II A[7]	oui	PP, EX, A	1	
2398	ÉTHER MÉTHYL tert-BUTYLIQUE	3	F1	II	3	N	2	2		10	97	0.74	3	oui	T1[12]	II A	oui	PP, EX, A	1	
2404	PROPIONITRILE	3	FT1	II	3+6.1	C	2	2		45	95	0.78	2	non	T1[9,12]	II A[7]	oui	PP, EP, EX, TOX, A	2	
2414	THIOPHÈNE	3	F1	II	3+N3+S	N	2	3		10	97	1.06	3	oui	T2[12]	II A	oui	PP, EX, A	1	
2430	ALKYLPHÉNOLS SOLIDES, N.S.A., (NONYLPHÉNOL, MÉLANGE D'ISOMÈRES, FONDU)	8	C4	II	8+N1+F	N	3	1	2		95	0.95	2	oui	T2[12]	II A[7]	oui	PP, EP, EX, A	0	7; 17
2430	ALKYLPHÉNOLS SOLIDES, N.S.A., (NONYLPHÉNOL, MÉLANGE D'ISOMÈRES, FONDU)	8	C4	II	8+N1+F	N	3	2	4		95	0.95	2	oui			non	PP, EP	0	7; 17; 20: +125°C
2432	N,N-DIÉTHYLANILINE	6.1	T1	III	6.1+N2	C	2	2		25	95	0.93	2	non			non	PP, EP, TOX, A	0	

(1) N° ONU ou N° d'identification de la matière	(2) Nom et description	(3a) Classe	(3b) Code de classification	(4) Groupe d'emballage	(5) Dangers	(6) Type de bateau-citerne	(7) Conception de la citerne à cargaison	(8) Type de citerne à cargaison	(9) Équipement de la citerne à cargaison	(10) Pression d'ouverture de la soupape de surpression/soupape de dégagement à grande vitesse, en kPa	(11) Degré maximal de remplissage en %	(12) Densité relative à 20 °C	(13) Type de prise d'échantillon	(14) Chambre de pompes sous pont admise	(15) Classe de température	(16) Groupe d'explosion	(17) Protection contre les explosions exigée	(18) Équipement exigé	(19) Nombre de cônes/feux	(20) Exigences supplémentaires / Observations
3.1.2	3.1.2	2.2	2.2	2.1.1.3	5.2.2 / 3.2.3.1	1.2.1 / 7.2.2.0.1	3.2.3.1 / 1.2.1	3.2.3.1 / 1.2.1	3.2.3.1 / 1.2.1	3.2.3.1 / 1.2.1	7.2.4.21	3.2.3.1	3.2.3.1 / 1.2.1	3.2.3.1 / 1.2.1	1.2.1	1.2.1 / 3.2.3.3	1.2.1 / 3.2.3.3	8.1.5	7.2.5	3.2.3.1
2448	SOUFRE FONDU	4.1	F3	III	4.1+S	N	4	1	4		95	2.07	3	oui			non	PP, EP, TOX*, A	0	*Toximètre pour H2S; 7; 17; 20:+150°C; 28; 32
2458	HEXADIÈNES	3	F1	II	3+N3	N	2	2		10	97	0.72	3	oui	T4 3)	II A 7)	oui	PP, EX, A	1	
2477	ISOTHIOCYANATE DE MÉTHYLE	6.1	TF1	I	6.1+3+N1	C	2	2	2	35	95	1,07 11)	1	non	T4 3)	II B 4)	oui	PP, EP, EX, TOX, A	2	7;17
2485	ISOCYANATE DE n-BUTYLE	6.1	TF1	I	6.1+3	C	2	2		35	95	0.89	1	non	T2 12)	II A	oui	PP, EP, EX, TOX, A	2	
2486	ISOCYANATE D'ISOBUTYLE	6.1	TF1	I	6.1+3	C	2	2		40	95		1	non	T4 3)	II A	oui	PP, EP, EX, TOX, A	2	
2487	ISOCYANATE DE PHÉNYLE	6.1	TF1	I	6.1+3	C	2	2		25	95	1.1	1	non	T1 12)	II A	oui	PP, EP, EX, TOX, A	2	
2490	ÉTHER DICHLOROISOPROPYLIQUE	6.1	T1	II	6.1	N	2	2		25	95	1.11	2	non			non	PP, EP, TOX, A	2	
2491	ÉTHANOLAMINE ou ÉTHANOLAMINE EN SOLUTION	8	C7	III	8+N3	N	3	2			97	1.02	3	oui	T2 12)	II A 7)	oui	PP, EP, EX, A	0	6: 14°C; 17; 34
2493	HEXAMÉTHYLÈNEIMINE	3	FC	II	3+8+N3	N	3	2			97	0.88	3	oui	T3 2)	II A	oui	PP, EP, EX, A	1	34
2496	ANHYDRIDE PROPIONIQUE	8	C3	III	8+N3	N	4	3			97	1.02	3	oui			non	PP, EP	0	34
2518	CYCLODODÉCATRIÈNE-1,5,9	6.1	T1	III	6.1+F	C	2	2		25	95	0.9	2	non			non	PP, EP, TOX, A	0	

(1) N° ONU ou N° d'identification de la matière	(2) Nom et description	(3a) Classe	(3b) Code de classification	(4) Groupe d'emballage	(5) Dangers	(6) Type de bateau-citerne	(7) Conception de la citerne à cargaison	(8) Type de citerne à cargaison	(9) Équipement de la citerne à cargaison	(10) Pression d'ouverture de la soupape de surpression/soupape de dégagement à grande vitesse, en kPa	(11) Degré maximal de remplissage en %	(12) Densité relative à 20 °C	(13) Type de prise d'échantillon	(14) Chambre de pompes sous pont admise	(15) Classe de température	(16) Groupe d'explosion	(17) Protection contre les explosions exigée	(18) Équipement exigé	(19) Nombre de cônes/feux	(20) Exigences supplémentaires / Observations
	3.1.2	2.2	2.2	2.1.1.3	5.2.2/3.2.3.1	1.2.1/7.2.2.0.1	3.2.3.1/1.2.1	3.2.3.1/1.2.1	3.2.3.1/1.2.1	3.2.3.1/1.2.1	7.2.4.21	3.2.3.1	3.2.3.1/1.2.1	3.2.3.1/1.2.1	1.2.1	1.2.1/3.2.3.3	1.2.1/3.2.3.3	8.1.5	7.2.5	3.2.3.1
2527	ACRYLATE D'ISOBUTYLE STABILISÉ	3	F1	III	3+inst.	C	2	2		30	95	0.89	1	oui	T2[12]	II B[9]	oui	PP, EX, A	0	3; 5
2528	ISOBUTYRATE D'ISOBUTYLE	3	F1	III	3+N3	N	3	2			97	0.86	3	oui	T2[12]	II A	oui	PP, EX, A	0	
2531	ACIDE MÉTHACRYLIQUE STABILISÉ	8	C3	II	8+inst.+N3	C	2	2	4	25	95	1.02	1	oui	T2[12]	II A	oui	PP, EP, EX, A	0	3; 4; 5; 7; 17
2564	ACIDE TRICHLORACÉTIQUE EN SOLUTION	8	C3	II	8+N1	C	2	2	2	25	95	1,62[11]	2	oui	T1[12]	II A[7]	oui	PP, EP, EX, A	0	7; 17; 22
2564	ACIDE TRICHLORACÉTIQUE EN SOLUTION	8	C3	III	8+N1	C	2	2	2	25	95	1,62[11]	2	oui			non	PP, EP	0	22
2574	PHOSPHATE DE TRICRÉSYLE avec plus de 3 % d'isomère ortho	6.1	T1	II	6.1+N1+S	C	2	2		25	95	1.18	2	non			non	PP, EP, TOX, A	2	
2579	PIPÉRAZINE FONDUE	8	C8	III	8+N2	N	3	3	2		95	0.9	3	oui			non	PP, EP	0	7; 17; 34
2582	CHLORURE DE FER III EN SOLUTION	8	C1	III	8	N	4	3			97	1.45	3	oui			non	PP, EP	0	22; 30; 34
2586	ACIDES ALKYLSULFONIQUES LIQUIDES ou ACIDES ARYLSULFONIQUES LIQUIDES ne contenant pas plus de 5 % d'acide sulfurique libre	8	C3	III	8	N	4	3			97		3	oui			non	PP, EP	0	34
2608	NITROPROPANES	3	F1	III	3	N	3	2			97	1	3	oui	T2[12]	II B[7] (II B2)	oui	PP, EX, A	0	
2615	ÉTHER ÉTHYLPROPYLIQUE	3	F1	II	3	N	2	2		10	97	0.73	3	oui	T4[3]	II A[7]	oui	PP, EX, A	1	
2618	VINYLTOLUÈNES STABILISÉS	3	F1	III	3+inst.+N2+F	C	2	2		25	95	0.92	1	oui	T1[12]	II A	oui	PP, EX, A	0	3; 5
2651	DIAMINO-4,4' DIPHÉNYLMÉTHANE	6.1	T2	III	6.1+N2+CMR+S	C	2	2	2	25	95	1	2	non			non	PP, EP, TOX, A	0	7; 17

(1) N° ONU ou N° d'identification de la matière	(2) Nom et description	(3a) Classe	(3b) Code de classification	(4) Groupe d'emballage	(5) Dangers	(6) Type de bateau-citerne	(7) Conception de la citerne à cargaison	(8) Type de citerne à cargaison	(9) Équipement de la citerne à cargaison	(10) Pression d'ouverture de la soupape de surpression/soupape de dégagement à grande vitesse, en kPa	(11) Degré maximal de remplissage en %	(12) Densité relative à 20 °C	(13) Type de prise d'échantillon	(14) Chambre de pompes sous pont admise	(15) Classe de température	(16) Groupe d'explosion	(17) Protection contre les explosions exigée	(18) Équipement exigé	(19) Nombre de cônes/feux	(20) Exigences supplémentaires / Observations
	3.1.2	2.2	2.2	2.1.1.3	5.2.2 / 3.2.3.1	1.2.1 / 7.2.2.0.1	3.2.3.1 / 1.2.1	3.2.3.1 / 1.2.1	3.2.3.1 / 1.2.1	3.2.3.1 / 1.2.1	7.2.4.21	3.2.3.1	3.2.3.1 / 1.2.1	3.2.3.1 / 1.2.1	1.2.1	1.2.1 / 3.2.3.3	1.2.1 / 3.2.3.3	8.1.5	7.2.5	3.2.3.1
2672	AMMONIAC EN SOLUTION aqueuse, densité relative comprise entre 0,880 et 0,957 à 15 °C, contenant plus de 10 % mais pas plus de 35 % d'ammoniac (plus de 25 % mais pas plus de 35 % d'ammoniac)	8	C5	III	8+N1	C	2	2	1	50	95	0,88[10]–0,96[10]	2	oui			non	PP, EP	0	
2672	AMMONIAC EN SOLUTION aqueuse, densité relative comprise entre 0,880 et 0,957 à 15 °C, contenant plus de 10 % mais pas plus de 35 % d'ammoniac (pas plus de 25 % d'ammoniac)	8	C5	III	8+N3	N	2	2		10	95	0,88[10]–0,96[10]	2	oui			non	PP, EP	0	34
2683	SULFURE D'AMMONIUM EN SOLUTION	8	CFT	II	8+3+6.1	C	2	2		50	95		2	non	T4[3]	II B[4]	oui	PP, EP, EX, TOX, A	2	15;16
2693	HYDROGÉNOSULFITES EN SOLUTION AQUEUSE, N.S.A.	8	C1	III	8	N	4	3			97		3	oui			non	PP, EP	0	27;34
2709	BUTYLBENZÈNES	3	F1	III	3+N1+F	C	2	3		35	97	0.87	2	oui	T2[12]	II A[7]	oui	PP, EX, A	0	41
2709	BUTYLBENZÈNES (n-BUTYLBENZÈNE)	3	F1	III	3+N1+F	N	3	3			97	0.87	2	oui	T2[12]	II A	oui	PP, EX, A	0	41
2733	AMINES INFLAMMABLES, CORROSIVES, N.S.A. ou POLYAMINES INFLAMMABLES, CORROSIVES, N.S.A. (2-AMINOBUTANE)	3	FC	II	3+8+N1	N	2	2	3	50	95	0.72	2	oui	T4[3]	II A[7]	oui	PP, EP, EX, A	1	23
2735	AMINES LIQUIDES CORROSIVES, N.S.A. ou POLYAMINES LIQUIDES CORROSIVES, N.S.A.	8	C7	I	8+(N1, N2, N3, CMR, F ou S)	*	*	*	*	*	*		*	oui			non	*	0	27;34 *voir 3.2.3.3

(1) N° ONU ou N° d'identification de la matière	(2) Nom et description	(3a) Classe	(3b) Code de classification	(4) Groupe d'emballage	(5) Dangers	(6) Type de bateau-citerne	(7) Conception de la citerne à cargaison	(8) Type de citerne à cargaison	(9) Équipement de la citerne à cargaison	(10) Pression d'ouverture de la soupape de surpression/soupape de dégagement à grande vitesse, en kPa	(11) Degré maximal de remplissage en %	(12) Densité relative à 20 °C	(13) Type de prise d'échantillon	(14) Chambre de pompes sous pont admise	(15) Classe de température	(16) Groupe d'explosion	(17) Protection contre les explosions exigée	(18) Équipement exigé	(19) Nombre de cônes/feux	(20) Exigences supplémentaires / Observations
	3.1.2	2.2	2.2	2.1.1.3	5.2.2 / 3.2.3.1	1.2.1 / 7.2.2.0.1	3.2.3.1 / 1.2.1	3.2.3.1 / 1.2.1	3.2.3.1 / 1.2.1	3.2.3.1 / 1.2.1	7.2.4.21	3.2.3.1	3.2.3.1 / 1.2.1	3.2.3.1 / 1.2.1	1.2.1	1.2.1 / 3.2.3.3	1.2.1 / 3.2.3.3	8.1.5	7.2.5	3.2.3.1
2735	AMINES LIQUIDES CORROSIVES, N.S.A. ou POLYAMINES LIQUIDES CORROSIVES, N.S.A.	8	C7	II	8+(N1, N2, N3, CMR, F ou S)	*	*	*	*	*	*		*	oui			non	*	0	27; 34 *voir 3.2.3.3
2735	AMINES LIQUIDES CORROSIVES, N.S.A. ou POLYAMINES LIQUIDES CORROSIVES, N.S.A.	8	C7	III	8+(N1, N2, N3, CMR, F ou S)	*	*	*	*	*	*		*	oui			non	*	0	27; 34 *voir 3.2.3.3
2754	N-ÉTHYLTOLUIDINES (N-ÉTHYL-o-TOLUIDINE)	6.1	T1	II	6.1-F	C	2	2		25	95	0.94	2	non			non	PP, EP, TOX, A	2	
2754	N-ÉTHYLTOLUIDINES (N-ÉTHYL-m-TOLUIDINE)	6.1	T1	II	6.1-F	C	2	2		25	95	0.94	2	non			non	PP, EP, TOX, A	2	
2754	N-ÉTHYLTOLUIDINES (MÉLANGES DE N-ÉTHYL-o-TOLUIDINE et N-ÉTHYL-m-TOLUIDINE)	6.1	T1	II	6.1-F	C	2	2		25	95	0.94	2	non			non	PP, EP, TOX, A	2	
2754	N-ÉTHYLTOLUIDINES (N-ÉTHYL-p-TOLUIDINE)	6.1	T1	II	6.1+F	C	2	2	2	25	95	0.94	2	non			non	PP, EP, TOX, A	2	7; 17
2785	4-THIAPENTANAL (3-MÉTHYLMERCAPTO-PROPIONALDÉHYDE)	6.1	T1	III	6.1	C	2	2		25	95	1.04	2	non			non	PP, EP, TOX, A	0	
2789	ACIDE ACÉTIQUE GLACIAL ou ACIDE ACÉTIQUE EN SOLUTION contenant plus de 80% (masse) d'acide	8	CF1	II	8+3	N	2	3	2	10	95	1,05 à 100% d'acide	3	oui	T1 [12]	II A [7]	oui	PP, EP, EX, A	1	7; 17; 34
2790	ACIDE ACÉTIQUE EN SOLUTION contenant au moins 50 % et au plus 80 % (masse) d'acide	8	C3	II	8	N	2	3		10	97		3	oui			non	PP, EP	0	34
2790	ACIDE ACÉTIQUE EN SOLUTION contenant plus de 10 % et moins de 50 % (masse) d'acide	8	C3	III	8	N	2	3		10	97		3	oui			non	PP, EP	0	34

(1) N° ONU ou N° d'identification de la matière	(2) Nom et description	(3a) Classe	(3b) Code de classification	(4) Groupe d'emballage	(5) Dangers	(6) Type de bateau-citerne	(7) Conception de la citerne à cargaison	(8) Type de citerne à cargaison	(9) Équipement de la citerne à cargaison	(10) Pression d'ouverture de la soupape de surpression/soupape de dégagement à grande vitesse, en kPa	(11) Degré maximal de remplissage en %	(12) Densité relative à 20 °C	(13) Type de prise d'échantillon	(14) Chambre de pompes sous pont admise	(15) Classe de température	(16) Groupe d'explosion	(17) Protection contre les explosions exigée	(18) Équipement exigé	(19) Nombre de cônes/feux	(20) Exigences supplémentaires / Observations
3.1.2	3.1.2	2.2	2.2	2.1.1.3	5.2.2 / 3.2.3.1	1.2.1 / 7.2.2.0.1	3.2.3.1 / 1.2.1	3.2.3.1 / 1.2.1	3.2.3.1 / 1.2.1	3.2.3.1 / 1.2.1	7.2.4.21	3.2.3.1	3.2.3.1 / 1.2.1	3.2.3.1 / 1.2.1	1.2.1	1.2.1 / 3.2.3.3	1.2.1 / 3.2.3.3	8.1.5	7.2.5	3.2.3.1
2796	ÉLECTROLYTE ACIDE POUR ACCUMULATEURS	8	C1	II	8+N3	N	4	3			97	1,00 - 1,84	3	oui			non	PP, EP	0	8; 22; 30; 34
2796	ACIDE SULFURIQUE ne contenant pas plus de 51 % d'acide	8	C1	II	8+N3	N	4	3			97	1,00 - 1,41	3	oui			non	PP, EP	0	8; 22; 30; 34
2797	ÉLECTROLYTE ALCALIN POUR ACCUMULATEURS	8	C5	II	8+N3	N	4	3			97	1,00 - 2,13	3	oui			non	PP, EP	0	22; 30; 34
2810	LIQUIDE ORGANIQUE TOXIQUE, N.S.A.	6.1	T1	I	6.1+(N1, N2, N3, CMR, F ou S)	C	2	2	*	*	95		1	non			non	PP, EP, TOX, A	2	27 *voir 3.2.3.3
2810	LIQUIDE ORGANIQUE TOXIQUE, N.S.A.	6.1	T1	II	6.1+(N1, N2, N3, CMR, F ou S)	C	2	2	*	*	95		2	non			non	PP, EP, TOX, A	2	27 *voir 3.2.3.3
2810	LIQUIDE ORGANIQUE TOXIQUE, N.S.A.	6.1	T1	III	6.1+(N1, N2, N3, CMR, F ou S)	C	2	2	*	*	95		2	non			non	PP, EP, TOX, A	0	27 *voir 3.2.3.3
2811	SOLIDE ORGANIQUE TOXIQUE, N.S.A. (1,2,3-TRICHLOROBENZÈNE FONDU)	6.1	T2	III	6.1+S	C	2	2	2	25	95		2	non	T4 [3]	II A [7]	oui	PP, EP, EX, TOX, A	0	7; 17; 22
2811	SOLIDE ORGANIQUE TOXIQUE, N.S.A. (1,2,3-TRICHLOROBENZÈNE FONDU)	6.1	T2	III	6.1+S	C	2	1	4	25	95		2	non			non	PP, EP, TOX, A	0	7; 17; 20: +92 °C; 22; 26
2811	SOLIDE ORGANIQUE TOXIQUE, N.S.A. (1,3,5-TRICHLOROBENZÈNE FONDU)	6.1	T2	III	6.1+S	C	2	2	2	25	95		2	non	T4 [3]	II A [7]	oui	PP, EP, EX, TOX, A	0	7; 17; 22
2811	SOLIDE ORGANIQUE TOXIQUE, N.S.A. (1,3,5-TRICHLOROBENZÈNE FONDU)	6.1	T2	III	6.1+S	C	2	1	4	25	95		2	non			non	PP, EP, TOX, A	0	7; 17; 20: +92 °C; 22; 26

(1)	(2)	(3a)	(3b)	(4)	(5)	(6)	(7)	(8)	(9)	(10)	(11)	(12)	(13)	(14)	(15)	(16)	(17)	(18)	(19)	(20)
N° ONU ou N° d'identification de la matière	Nom et description	Classe	Code de classification	Groupe d'emballage	Dangers	Type de bateau-citerne	Conception de la citerne à cargaison	Type de citerne à cargaison	Équipement de la citerne à cargaison	Pression d'ouverture de la soupape de surpression/soupape de dégagement à grande vitesse, en kPa	Degré maximal de remplissage en %	Densité relative à 20 °C	Type de prise d'échantillon	Chambre de pompes sous pont admise	Classe de température	Groupe d'explosion	Protection contre les explosions exigée	Équipement exigé	Nombre de cônes/feux	Exigences supplémentaires / Observations
3.1.2	3.1.2	2.2	2.2	2.1.1.3	5.2.2 / 3.2.3.1	1.2.1 / 7.2.2.0.1	3.2.3.1 / 1.2.1	3.2.3.1 / 1.2.1	3.2.3.1 / 1.2.1	3.2.3.1 / 1.2.1	7.2.4.21	3.2.3.1	3.2.3.1 / 1.2.1	3.2.3.1 / 1.2.1	1.2.1	1.2.1 / 3.2.3.3	1.2.1 / 3.2.3.3	8.1.5	7.2.5	3.2.3.1
2815	N-AMINOÉTHYL PIPERAZINE	8	C7	III	8+N2	N	4	3			97	0.98	3	oui			non	PP, EP	0	34
2820	ACIDE BUTYRIQUE	8	C3	III	8+N3	N	2	3		10	97	0.96	3	oui			non	PP, EP	0	34
2829	ACIDE CAPROÏQUE	8	C3	III	8+N3	N	4	3			97	0.92	3	oui			non	PP, EP	0	34
2831	TRICHLORO-1,1,1 ÉTHANE	6.1	T1	III	6.1+N2	C	2	2	3	50	95	1.34	2	non			non	PP, EP, TOX, A	0	23
2850	TÉTRAPROPYLÈNE	3	F1	III	3+N1+F	N	4	3			97	0.76	2	oui			non	PP	0	
2874	ALCOOL FURFURYLIQUE	6.1	T1	III	6.1+N3	C	2	2		25	95	1.13	2	non			non	PP, EP, TOX, A	0	
2904	PHÉNOLATES LIQUIDES	8	C9	III	8	N	4	2			97	1,13-1,18	3	oui			non	PP, EP	0	34
2920	LIQUIDE CORROSIF, INFLAMMABLE, N.S.A. (SOLUTION AQUEUSE DE CHLORURE DE DODÉCYLDIMÉTHYLAMMONIUM ET DE PROPANOL-2)	8	CF1	II	8+3+F	N	3	3			97	0.95	3	oui	T3	II A	oui	PP, EP, EX, A	1	34;
2920	LIQUIDE CORROSIF, INFLAMMABLE, N.S.A. (SOLUTION AQUEUSE DE CHLORURE D'HEXADÉCYLTRIMÉTHYLAMINE (50 %) ET D'ÉTHANOL (35 %))	8	CF1	II	8+3+F	N	2	3		10	95	0.9	3	oui	T2 12)	II B	oui	PP, EP, EX, A	1	6: +7 °C; 17; 34;
2920	LIQUIDE CORROSIF, INFLAMMABLE, N.S.A. (SOLUTION AQUEUSE DE CHLORURE D'HEXADÉCYLTRIMÉTHYLAMINE (50 %) ET D'ÉTHANOL (35 %))	8	CF1	II	8+3+F	N	2	3		10	95	0,9	3	oui	T2 12)	II B (II B3)	oui	PP, EP, EX, A	1	6: +7 °C; 17; 34; 44
2922	LIQUIDE CORROSIF, TOXIQUE, N.S.A.	8	CT1	I	8+6.1+ (N1, N2, N3, CMR, F ou S)	C	2	2	*	*	95		1	non			non	PP, EP, TOX, A	2	27 *voir 3.2.3.3

(1)	(2)	(3a)	(3b)	(4)	(5)	(6)	(7)	(8)	(9)	(10)	(11)	(12)	(13)	(14)	(15)	(16)	(17)	(18)	(19)	(20)
N° ONU ou N° d'identification de la matière	Nom et description	Classe	Code de classification	Groupe d'emballage	Dangers	Type de bateau-citerne	Conception de la citerne à cargaison	Type de citerne à cargaison	Équipement de la citerne à cargaison	Pression d'ouverture de la soupape de surpression/soupape de dégagement à grande vitesse, en kPa	Degré maximal de remplissage en %	Densité relative à 20 °C	Type de prise d'échantillon	Chambre de pompes sous pont admise	Classe de température	Groupe d'explosion	Protection contre les explosions exigée	Équipement exigé	Nombre de cônes/feux	Exigences supplémentaires / Observations
3.1.2	3.1.2	2.2	2.2	2.1.1.3	5.2.2 / 3.2.3.1	1.2.1 / 7.2.2.0.1	3.2.3.1 / 1.2.1	3.2.3.1 / 1.2.1	3.2.3.1 / 1.2.1	3.2.3.1 / 1.2.1	7.2.4. 21	3.2.3.1	3.2.3.1 / 1.2.1	3.2.3.1 / 1.2.1	1.2.1	1.2.1 / 3.2.3.3	1.2.1 / 3.2.3.3	8.1.5	7.2.5	3.2.3.1
2922	LIQUIDE CORROSIF, TOXIQUE, N.S.A.	8	CT1	II	8+6.1+(N1, N2, N3, CMR, F ou S)	C	2	2	*	*	95		2	non			non	PP, EP, TOX, A	2	27 *voir 3.2.3.3
2922	LIQUIDE CORROSIF, TOXIQUE, N.S.A.	8	CT1	III	8+6.1+(N1, N2, N3, CMR, F ou S)	C	2	2	*	*	95		2	non			non	PP, EP, TOX, A	0	27 *voir 3.2.3.3
2924	LIQUIDE INFLAMMABLE, CORROSIF, N.S.A.	3	FC	I	3+8+(N1, N2, N3, CMR, F ou S)	C	1	1	*	*	95		1	oui	T4 ³⁾	II B⁴⁾	oui	*	1	27 *voir 3.2.3.3
2924	LIQUIDE INFLAMMABLE, CORROSIF, N.S.A.	3	FC	I	3+8+(N1, N2, N3, CMR, F ou S)	C	1	1	*	*	95		1	oui	T4 ³⁾	II B⁴⁾ (II B3)	oui	*	1	27; 44 *voir 3.2.3.3
2924	LIQUIDE INFLAMMABLE, CORROSIF, N.S.A.	3	FC	I	3+8+(N1, N2, N3, CMR, F ou S)	C	2	2	*	*	95		1	oui	T4 ³⁾	II B⁴⁾	oui	*	1	27 *voir 3.2.3.3
2924	LIQUIDE INFLAMMABLE, CORROSIF, N.S.A.	3	FC	I	3+8+(N1, N2, N3, CMR, F ou S)	C	2	2	*	*	95		1	oui	T4 ³⁾	II B⁴⁾ (II B3)	oui	*	1	27; 44 *voir 3.2.3.3
2924	LIQUIDE INFLAMMABLE, CORROSIF, N.S.A.	3	FC	II	3+8+(N1, N2, N3, CMR, F ou S)	C	2	2	*	*	95		2	oui	T4 ³⁾	II B⁴⁾	oui	*	1	27 *voir 3.2.3.3

(1)	(2)	(3a)	(3b)	(4)	(5)	(6)	(7)	(8)	(9)	(10)	(11)	(12)	(13)	(14)	(15)	(16)	(17)	(18)	(19)	(20)
N° ONU ou N° d'identification de la matière	Nom et description	Classe	Code de classification	Groupe d'emballage	Dangers	Type de bateau-citerne	Conception de la citerne à cargaison	Type de citerne à cargaison	Équipement de la citerne à cargaison	Pression d'ouverture de la soupape de surpression/soupape de dégagement à grande vitesse, en kPa	Degré maximal de remplissage en %	Densité relative à 20 °C	Type de prise d'échantillon	Chambre de pompes sous pont admise	Classe de température	Groupe d'explosion	Protection contre les explosions exigée	Équipement exigé	Nombre de cônes/feux	Exigences supplémentaires / Observations
	3.1.2	2.2	2.2	2.1.1.3	5.2.2 / 3.2.3.1	1.2.1 / 7.2.2.0.1	3.2.3.1 / 1.2.1	3.2.3.1 / 1.2.1	3.2.3.1 / 1.2.1	3.2.3.1 / 1.2.1	7.2.4. 21	3.2.3.1	3.2.3.1 / 1.2.1	3.2.3.1 / 1.2.1	1.2.1	1.2.1 / 3.2.3.3	1.2.1 / 3.2.3.3	8.1.5	7.2.5	3.2.3.1
2924	LIQUIDE INFLAMMABLE, CORROSIF, N.S.A.	3	FC	II	3+8+(N1, N2, N3, CMR, F ou S)	C	2	2	*	*	95		2	oui	T4 3)	II B4) (II B3)	oui	*	1	27; 44 *voir 3.2.3.3
2924	LIQUIDE INFLAMMABLE, CORROSIF, N.S.A.	3	FC	III	3+8+(N1, N2, N3, CMR, F ou S)	*	*	*	*	*	*		*	oui	T4 3)	II B4)	oui	*	0	27; 34 *voir 3.2.3.3
2924	LIQUIDE INFLAMMABLE, CORROSIF, N.S.A.	3	FC	III	3+8+(N1, N2, N3, CMR, F ou S)	*	*	*	*	*	*		*	oui	T4 3)	II B4) (II B3)	oui	*	0	27; 34 *voir 3.2.3.3
2924	LIQUIDE INFLAMMABLE, CORROSIF, N.S.A. (SOLUTION AQUEUSE DE CHLORURE DE DIALKYLDIMÉTHYLAMMONIUM (C8 à C18) ET DE PROPANOL-2)	3	FC	II	3+8+F	C	2	2		50	95	0.88	2	oui	T2 12)	II A	oui	PP, EP, EX, A	1	
2927	LIQUIDE ORGANIQUE TOXIQUE, CORROSIF, N.S.A.	6.1	TC1	I	6.1+8+ (N1, N2, N3, CMR, F ou S)	C	2	2	*	*	95		1	non			non	PP, EP, TOX, A	2	27 *voir 3.2.3.3
2927	LIQUIDE ORGANIQUE TOXIQUE, CORROSIF, N.S.A.	6.1	TC1	II	6.1+8+ (N1, N2, N3, CMR, F ou S)	C	2	2	*	*	95		2	non			non	PP, EP, TOX, A	2	27 *voir 3.2.3.3
2929	LIQUIDE ORGANIQUE TOXIQUE, INFLAMMABLE, N.S.A.	6.1	TF1	I	6.1+3+ (N1, N2, N3, CMR, F ou S)	C	2	2	*	*	95		1	non	T4 3)	II B4)	oui	PP, EP, EX, TOX, A	2	27 *voir 3.2.3.3

(1) N° ONU ou N° d'identification de la matière	(2) Nom et description	(3a) Classe	(3b) Code de classification	(4) Groupe d'emballage	(5) Dangers	(6) Type de bateau-citerne	(7) Conception de la citerne à cargaison	(8) Type de citerne à cargaison	(9) Équipement de la citerne à cargaison	(10) Pression d'ouverture de la soupape de surpression/soupape de dégagement à grande vitesse, en kPa	(11) Degré maximal de remplissage en %	(12) Densité relative à 20 °C	(13) Type de prise d'échantillon	(14) Chambre de pompes sous pont admise	(15) Classe de température	(16) Groupe d'explosion	(17) Protection contre les explosions exigée	(18) Équipement exigé	(19) Nombre de cônes/feux	(20) Exigences supplémentaires / Observations
	3.1.2	2.2	2.2	2.1.1.3	5.2.2 / 3.2.3.1	1.2.1 / 7.2.2.0.1	3.2.3.1 / 1.2.1	3.2.3.1 / 1.2.1	3.2.3.1 / 1.2.1	3.2.3.1 / 1.2.1	7.2.4.21	3.2.3.1	3.2.3.1 / 1.2.1	3.2.3.1 / 1.2.1	1.2.1	1.2.1 / 3.2.3.3	1.2.1 / 3.2.3.3	8.1.5	7.2.5	3.2.3.1
2929	LIQUIDE ORGANIQUE TOXIQUE, INFLAMMABLE, N.S.A.	6.1	TF1	I	6.1+3+ (N1, N2, N3, CMR, F ou S)	C	2	2	*	*	95		1	non	T4 [3]	II B [4] (II B3)	oui	PP, EP, EX, TOX, A	2	27; 44 *voir 3.2.3.3
2929	LIQUIDE ORGANIQUE TOXIQUE, INFLAMMABLE, N.S.A.	6.1	TF1	II	6.1+3+ (N1, N2, N3, CMR, F ou S)	C	2	2	*	*	95		2	non	T4 [3]	II B [4] (II B3)	oui	PP, EP, EX, TOX, A	2	27 *voir 3.2.3.3
2929	LIQUIDE ORGANIQUE TOXIQUE, INFLAMMABLE, N.S.A.	6.1	TF1	II	6.1+3+ (N1, N2, N3, CMR, F ou S)	C	2	2	*	*	95		2	non	T4 [3]	II B [4] (II B3)	oui	PP, EP, EX, TOX, A	2	27; 44 *voir 3.2.3.3
2935	CHLORO-2 PROPIONATE D'ÉTHYLE	3	F1	III	3	C	2	2		30	95	1.08	2	oui	T4 [3]	II A	oui	PP, EX, A	0	
2947	CHLORACÉTATE D'ISOPROPYLE	3	F1	III	3	C	2	2		30	95	1.09	2	oui	T4 [3]	II A	oui	PP, EX, A	0	
2966	THIOGLYCOL	6.1	T1	II	6.1	C	2	2		25	95	1.12	2	non		II B	non	PP, EP, TOX, A	2	
2983	OXYDE D'ÉTHYLÈNE ET OXYDE DE PROPYLÈNE EN MÉLANGE, contenant au plus 30 % d'oxyde d'éthylène	3	FT1	I	3+6.1+ inst.	C	1	1	3		95	0.85	1	non	T2 [12]	II B (II B3)	oui	PP, EP, EX, TOX, A	2	2; 3; 12; 31; 35
2984	PEROXYDE D'HYDROGÈNE EN SOLUTION AQUEUSE contenant au minimum 8 %, mais moins de 20 % de peroxyde d'hydrogène (stabilisée selon les besoins)	5.1	O1	III	5.1+inst.	C	2	2		35	95	1.06	2	oui			non	PP	0	3; 33

N° ONU ou N° d'identification de la matière (1)	Nom et description (2) 3.1.2	Classe (3a) 2.2	Code de classification (3b) 2.2	Groupe d'emballage (4) 2.1.1.3	Dangers (5) 5.2.2/3.2.3.1	Type de bateau-citerne (6) 1.2.1/7.2.2.0.1	Conception de la citerne à cargaison (7) 3.2.3.1/1.2.1	Type de citerne à cargaison (8) 3.2.3.1/1.2.1	Équipement de la citerne à cargaison (9) 3.2.3.1/1.2.1	Pression d'ouverture de la soupape de surpression/soupape de dégagement à grande vitesse, en kPa (10) 3.2.3.1/1.2.1	Degré maximal de remplissage en % (11) 7.2.4	Densité relative à 20 °C (12) 3.2.3.1	Type de prise d'échantillon (13) 3.2.3.1/1.2.1	Chambre de pompes sous pont admise (14) 3.2.3.1/1.2.1	Classe de température (15) 1.2.1	Groupe d'explosion (16) 1.2.1/3.2.3.3	Protection contre les explosions exigée (17) 1.2.1/3.2.3.3	Équipement exigé (18) 8.1.5	Nombre de cônes/feux (19) 7.2.5	Exigences supplémentaires / Observations (20) 3.2.3.1
3077	MATIÈRE DANGEREUSE DU POINT DE VUE DE L'ENVIRONNEMENT, FONDUE, N.S.A. (ALKYLAMINE (C_{12} à C_{18}))	9	M7	III	9+F	N	4	3	2		95	0.79	3	oui			non	PP	0	7; 17
3079	MÉTHACRYLONITRILE STABILISÉ	6.1	TF1	I	6.1+3+inst.+N3	C	2	2		45	95	0.8	1	non	T1 [12]	II B [4]	oui	PP, EP, EX, TOX, A	2	3; 5
3082	MATIÈRE DANGEREUSE DU POINT DE VUE DE L'ENVIRONNEMENT, LIQUIDE, N.S.A.	9	M6	III	9+(N1, N2, CMR, F ou S)	*	*	*	*	*	*		*	oui			non	*	0	22; 27 * voir 3.2.3.3
3082	MATIÈRE DANGEREUSE DU POINT DE VUE DE L'ENVIRONNEMENT, LIQUIDE, N.S.A. (EAU DE FOND DE CALE, EXEMPTE DE BOUES D'HYDROCARBURES)	9	M6	III	9+N2+F	N	4	3			97		3	oui			non	PP	0	
3082	MATIÈRE DANGEREUSE DU POINT DE VUE DE L'ENVIRONNEMENT, LIQUIDE, N.S.A. (EAU DE FOND DE CALE, CONTIENT DES BOUES D'HYDROCARBURES)	9	M6	III	9+CMR+N1	N	2	3		10	97		3	oui			non	PP, EP TOX, A	0	45
3082	MATIÈRE DANGEREUSE DU POINT DE VUE DE L'ENVIRONNEMENT, LIQUIDE, N.S.A. (BOUES D'HYDROCARBURES)	9	M6	III	9+CMR+N:	N	2	3		10	97		3	oui			non	PP, EP, TOX, A	0	45
3082	MATIÈRES DANGEREUSES POUR L'ENVIRONNEMENT, LIQUIDES, N.S.A. (HUILE DE CHAUFFE LOURDE)	9	M6	III	9+CMR (N1, N2, F ou S)	N	2	3		10	97		3	oui			non	PP	0	
3092	MÉTHOXY-1 PROPANOL-2	3	F1	III	3	N	3	2			97	0.92	3	oui	T3	II B (II B1)	oui	PP, EX, A	0	

(1) N° ONU ou N° d'identification de la matière	(2) Nom et description	(3a) Classe	(3b) Code de classification	(4) Groupe d'emballage	(5) Dangers	(6) Type de bateau-citerne	(7) Conception de la citerne à cargaison	(8) Type de citerne à cargaison	(9) Équipement de la citerne à cargaison	(10) Pression d'ouverture de la soupape de surpression/soupape de dégagement à grande vitesse, en kPa	(11) Degré maximal de remplissage en %	(12) Densité relative à 20 °C	(13) Type de prise d'échantillon	(14) Chambre de pompes sous pont admise	(15) Classe de température	(16) Groupe d'explosion	(17) Protection contre les explosions exigée	(18) Équipement exigé	(19) Nombre de cônes/feux	(20) Exigences supplémentaires / Observations
	3.1.2	2.2	2.2	2.1.1.3	5.2.2 / 3.2.3.1	1.2.1 / 7.2.2.0.1	3.2.3.1 / 1.2.1	3.2.3.1 / 1.2.1	3.2.3.1 / 1.2.1	3.2.3.1 / 1.2.1	7.2.4. 21	3.2.3.1	3.2.3.1 / 1.2.1	3.2.3.1 / 1.2.1	1.2.1	1.2.1 / 3.2.3.3	1.2.1 / 3.2.3.3	8.1.5	7.2.5	3.2.3.1
3145	ALKYLPHÉNOLS LIQUIDES, N.S.A. (y compris les homologues C2 à C12)	8	C3	II	8+N3	N	4	3			97	0.95	3	oui			non	PP, EP	0	27; 34
3145	ALKYLPHÉNOLS LIQUIDES, N.S.A. (y compris les homologues C2 à C12)	8	C3	III	8+N3	N	4	3			97	0.95	3	oui			non	PP, EP	0	27; 34
3175	SOLIDES CONTENANT DU LIQUIDE INFLAMMABLE, N.S.A., FONDUS ayant un point d'éclair de 60 °C au plus, (CHLORURE DE DIALKYL (C12-C18) DIMÉTHYLAMMONIUM ET PROPANOL-2)	4.1	F1	II	4.1	N	3	3	4		95	0.86	3	oui	T2 [12]	II A [7]	oui	PP, EX, A	1	7; 17
3256	LIQUIDE TRANSPORTÉ À CHAUD, INFLAMMABLE, N.S.A., ayant un point d'éclair supérieur à 60 °C, à une température égale ou supérieure à son point d'éclair	3	F2	III	3+(N1, N2, N3, CMR, F ou S)	*	*	*	*	*	95		*	oui	T4 [3]	II B [4]	oui	*	0	7; 17; 27 *voir 3.2.3.3
3256	LIQUIDE TRANSPORTÉ À CHAUD, INFLAMMABLE, N.S.A., ayant un point d'éclair supérieur à 60 °C, à une température égale ou supérieure à son point d'éclair	3	F2	III	3+(N1, N2, N3, CMR, F ou S)	*	*	*	*	*	95		*	oui	T4 [3]	II B [4] (II B3)	oui	*	0	7; 17; 27; 44 *voir 3.2.3.3
3256	LIQUIDE TRANSPORTÉ À CHAUD, INFLAMMABLE, N.S.A., ayant un point d'éclair supérieur à 60 °C, à une température égale ou supérieure à son point d'éclair (CARBON BLACK REEDSTOCK) (HUILE DE PYROLYSE)	3	F2	III	3+F	N	3	3	2		95		3	oui	T1 [12]	II B	oui	PP, EX, A	0	7; 17

(1) N° ONU	(2) Nom et description	(3a) Classe	(3b) Code de classification	(4) Groupe d'emballage	(5) Dangers	(6) Type de bateau-citerne	(7) Conception de la citerne à cargaison	(8) Type de citerne à cargaison	(9) Équipement de la citerne à cargaison	(10) Pression d'ouverture de la soupape de surpression/soupape de dégagement à grande vitesse, en kPa	(11) Degré maximal de remplissage en %	(12) Densité relative à 20 °C	(13) Type de prise d'échantillon	(14) Chambre de pompes sous pont admise	(15) Classe de température	(16) Groupe d'explosion	(17) Protection contre les explosions exigée	(18) Équipement exigé	(19) Nombre de cônes/feux	(20) Exigences supplémentaires / Observations
		3.1.2	2.2	2.1.1.3	5.2.2 / 3.2.3.1	1.2.1 / 7.2.2.0.1	3.2.3.1 / 1.2.1	3.2.3.1 / 1.2.1	3.2.3.1 / 1.2.1	3.2.3.1 / 1.2.1	7.2.4. 21	3.2.3.1	3.2.3.1 / 1.2.1	3.2.3.1 / 1.2.1	1.2.1	1.2.1 / 3.2.3.3	1.2.1 / 3.2.3.3	8.1.5	7.2.5	3.2.3.1
3256	LIQUIDE TRANSPORTÉ À CHAUD, INFLAMMABLE, N.S.A., ayant un point d'éclair supérieur à 60 °C, à une température égale ou supérieure à son point d'éclair (HUILE DE PYROLYSE A)	3	F2	III	3+F	N	3	3	2		95		3	oui	T1 12)	II B	oui	PP, EX, A	0	7; 17
3256	LIQUIDE TRANSPORTÉ À CHAUD, INFLAMMABLE, N.S.A., ayant un point d'éclair supérieur à 60 °C, à une température égale ou supérieure à son point d'éclair (HUILE RÉSIDUELLE)	3	F2	III	3+F	N	3	3	2		95		3	oui	T1 12)	II B	oui	PP, EX, A	0	7; 17
3256	LIQUIDE TRANSPORTÉ À CHAUD, INFLAMMABLE, N.S.A., ayant un point d'éclair supérieur à 60 °C, à une température égale ou supérieure à son point d'éclair (MÉLANGE DE NAPHTALINE BRUTE)	3	F2	III	3+F	N	3	3	2		95		3	oui	T1 12)	II B	oui	PP, EX, A	0	7; 17
3256	LIQUIDE TRANSPORTÉ À CHAUD, INFLAMMABLE, N.S.A., ayant un point d'éclair supérieur à 60 °C, à une température égale ou supérieure à son point d'éclair (HUILE DE CRÉOSOTE)	3	F2	III	3+N1+F	C	2	2	2	10	95		2	oui	T2 12)	II B	oui	PP, EX, A	0	7; 17
3256	LIQUIDE TRANSPORTÉ À CHAUD, INFLAMMABLE, N.S.A., ayant un point d'éclair supérieur à 60 °C, à une température égale ou supérieure à son point d'éclair (Low QI Pitch)	3	F2	III	3+N2+ CMR+S	N	3	1	4		95	1,1-1,3	3	oui	T2 12)	II B (II B2)	oui	PP, EP, EX, TOX, A	0	7; 17
3257	LIQUIDE TRANSPORTÉ À CHAUD, N.S.A. (y compris métal fondu, sel fondu, etc.) à une température égale ou supérieure à 100 °C et inférieure à son point d'éclair	9	M9	III	9+(N1, N2, N3, CMR, F ou S)	*	*	*	*	*	95		*	oui			non	*	0	7; 17; 20;+115° C; 22; 24; 25; 27 *voir 3.2.3.3

N° ONU ou N° d'identification de la matière (1)	Nom et description (2) 3.1.2	Classe (3a) 2.2	Code de classification (3b) 2.2	Groupe d'emballage (4) 2.1.1.3	Dangers (5) 5.2.2/3.2.3.1	Type de bateau-citerne (6) 1.2.1/7.2.2.0.1	Conception de la citerne à cargaison (7) 3.2.3.1/1.2.1	Type de citerne à cargaison (8) 3.2.3.1/1.2.1	Équipement de la citerne à cargaison (9) 3.2.3.1/1.2.1	Pression d'ouverture de la soupape de surpression/soupape de dégagement à grande vitesse, en kPa (10) 3.2.3.1/1.2.1	Degré maximal de remplissage en % (11) 7.2.4.21	Densité relative à 20 °C (12) 3.2.3.1	Type de prise d'échantillon (13) 3.2.3.1/1.2.1	Chambre de pompes sous pont admise (14) 3.2.3.1/1.2.1	Classe de température (15) 1.2.1	Groupe d'explosion (16) 1.2.1/3.2.3.3	Protection contre les explosions exigée (17) 1.2.1/3.2.3.3	Équipement exigé (18) 8.1.5	Nombre de cônes/feux (19) 7.2.5	Exigences supplémentaires / Observations (20) 3.2.3.1
3257	LIQUIDE TRANSPORTÉ À CHAUD, N.S.A. (y compris métal fondu, sel fondu, etc.) à une température égale ou supérieure à 100 °C et inférieure à son point d'éclair	9	M9	III	9+(N1, N2, N3, CMR, F ou S)	*	*	*	*	*	95		*	oui			non	*	0	7; 17; 20:+225° C; 22; 24; 27 27 *voir 3.2.3.3
3257	LIQUIDE TRANSPORTÉ À CHAUD, N.S.A. (y compris métal fondu, sel fondu, etc.) à une température égale ou supérieure à 100 °C et inférieure à son point d'éclair	9	M9	III	9+(N1, N2, N3, CMR, F ou S)	*	*	*	*	*	95		*	oui			non	*	0	7; 17; 20:+250 ° C; 22; 24; 27 *voir 3.2.3.3
3259	AMINES SOLIDES CORROSIVES, N.S.A. (ACÉTATE DE MONOALKYLAMMONIUM (C12 à C18) FONDU)	8	C8	III	8	N	4	3	2		95	0.87	3	oui			non	PP, EP	0	7; 17; 34
3264	LIQUIDE INORGANIQUE CORROSIF, ACIDE, N.S.A.	8	C1	I	8+(N1, N2, N3, CMR, F ou S)	*	*	*	*	*	*		*	oui			non	*	0	27; 34 *voir 3.2.3.3
3264	LIQUIDE INORGANIQUE CORROSIF, ACIDE, N.S.A.	8	C1	II	8+(N1, N2, N3, CMR, F ou S)	*	*	*	*	*	*		*	oui			non	*	0	27; 34 *voir 3.2.3.3
3264	LIQUIDE INORGANIQUE CORROSIF, ACIDE, N.S.A.	8	C1	III	8+(N1, N2, N3, CMR, F ou S)	*	*	*	*	*	*		*	oui			non	*	0	27; 34 *voir 3.2.3.3
3264	LIQUIDE INORGANIQUE CORROSIF, ACIDE, N.S.A. (SOLUTION AQUEUSE D'ACIDE PHOSPHORIQUE ET D'ACIDE NITRIQUE)	8	C1	I	8	N	2	3		10	97		3	oui			non	PP, EP	0	34

(1) N° ONU ou N° d'identification de la matière	(2) Nom et description	(3a) Classe	(3b) Code de classification	(4) Groupe d'emballage	(5) Dangers	(6) Type de bateau-citerne	(7) Conception de la citerne à cargaison	(8) Type de citerne à cargaison	(9) Équipement de la citerne à cargaison	(10) Pression d'ouverture de la soupape de surpression/soupape de dégagement à grande vitesse, en kPa	(11) Degré maximal de remplissage en %	(12) Densité relative à 20 °C	(13) Type de prise d'échantillon	(14) Chambre de pompes sous pont admise	(15) Classe de température	(16) Groupe d'explosion	(17) Protection contre les explosions exigée	(18) Équipement exigé	(19) Nombre de cônes/feux	(20) Exigences supplémentaires / Observations
	3.1.2	2.2	2.2	2.1.1.3	5.2.2 / 3.2.3.1	1.2.1 / 7.2.2.0.1	3.2.3.1 / 1.2.1	3.2.3.1 / 1.2.1	3.2.3.1 / 1.2.1	3.2.3.1 / 1.2.1	7.2.4.21	3.2.3.1	3.2.3.1 / 1.2.1	3.2.3.1 / 1.2.1	1.2.1	1.2.1 / 3.2.3.3	1.2.1 / 3.2.3.3	8.1.5	7.2.5	3.2.3.1
3264	LIQUIDE INORGANIQUE CORROSIF, ACIDE, N.S.A. (SOLUTION AQUEUSE D'ACIDE PHOSPHORIQUE ET D'ACIDE NITRIQUE)	8	C1	II	8	N	4	3			97		3	oui			non	PP, EP	0	34
3264	LIQUIDE INORGANIQUE CORROSIF, ACIDE, N.S.A. (SOLUTION AQUEUSE D'ACIDE PHOSPHORIQUE ET D'ACIDE NITRIQUE)	8	C1	III	8	N	4	3			97		3	oui			non	PP, EP	0	34
3265	LIQUIDE ORGANIQUE CORROSIF, ACIDE, N.S.A.	8	C3	I	8+(N1, N2, N3, CMR, F ou S)	*	*	*	*	*	*		*	oui			non	*	0	27; 34 *voir 3.2.3.3
3265	LIQUIDE ORGANIQUE CORROSIF, ACIDE, N.S.A.	8	C3	II	8+(N1, N2, N3, CMR, F ou S)	*	*	*	*	*	*		*	oui			non	*	0	27; 34 *voir 3.2.3.3
3265	LIQUIDE ORGANIQUE CORROSIF, ACIDE, N.S.A.	8	C3	III	8+(N1, N2, N3, CMR, F ou S)	*	*	*	*	*	*		*	oui			non	*	0	27; 34 *voir 3.2.3.3
3266	LIQUIDE INORGANIQUE CORROSIF, BASIQUE, N.S.A.	8	C5	I	8-(N1, N2, N3, CMR, F ou S)	*	*	*	*	*	*		*	oui			non	*	0	27; 34 *voir 3.2.3.3
3266	LIQUIDE INORGANIQUE CORROSIF, BASIQUE, N.S.A.	8	C5	II	8+(N1, N2, N3, CMR, F ou S)	*	*	*	*	*	*		*	oui			non	*	0	27; 34 *voir 3.2.3.3

(1)	(2)	(3a)	(3b)	(4)	(5)	(6)	(7)	(8)	(9)	(10)	(11)	(12)	(13)	(14)	(15)	(16)	(17)	(18)	(19)	(20)
N° ONU ou N° d'identification de la matière	Nom et description	Classe	Code de classification	Groupe d'emballage	Dangers	Type de bateau-citerne	Conception de la citerne à cargaison	Type de citerne à cargaison	Équipement de la citerne à cargaison	Pression d'ouverture de la soupape de surpression/soupape de dégagement à grande vitesse, en kPa	Degré maximal de remplissage en %	Densité relative à 20 °C	Type de prise d'échantillon	Chambre de pompes sous pont admise	Classe de température	Groupe d'explosion	Protection contre les explosions exigée	Équipement exigé	Nombre de cônes/feux	Exigences supplémentaires / Observations
	3.1.2	2.2	2.2	2.1.1.3	5.2.2 / 3.2.3.1	1.2.1 / 7.2.2.0.1	3.2.3.1 / 1.2.1	3.2.3.1 / 1.2.1	3.2.3.1 / 1.2.1	3.2.3.1 / 1.2.1	7.2.4.21	3.2.3.1	3.2.3.1 / 1.2.1	3.2.3.1 / 1.2.1	1.2.1	1.2.1 / 3.2.3.3	1.2.1 / 3.2.3.3	8.1.5	7.2.5	3.2.3.1
3266	LIQUIDE INORGANIQUE CORROSIF, BASIQUE, N.S.A.	8	C5	III	8+(N1, N2, N3, CMR, F ou S)	*	*	*	*	*	*		*	oui			non	*	0	27; 34 *voir 3.2.3.3
3267	LIQUIDE ORGANIQUE CORROSIF, BASIQUE, N.S.A.	8	C7	I	8+(N1, N2, N3, CMR, F ou S)	*	*	*	*	*	*		*	oui			non	*	0	27; 34 *voir 3.2.3.3
3267	LIQUIDE ORGANIQUE CORROSIF, BASIQUE, N.S.A.	8	C7	II	8+(N1, N2, N3, CMR, F ou S)	*	*	*	*	*	*		*	oui			non	*	0	27; 34 *voir 3.2.3.3
3267	LIQUIDE ORGANIQUE CORROSIF, BASIQUE, N.S.A.	8	C7	III	8+(N1, N2, N3, CMR, F ou S)	*	*	*	*	*	*		*	oui			non	*	0	27; 34 *voir 3.2.3.3
3271	ÉTHERS, N.S.A.	3	F1	II	3+(N1, N2, N3, CMR, F ou S)	*	*	*	*	*	*		*	oui	T4 [3]	II B [4]	oui	*	1	14, 27 *voir 3.2.3.3
3271	ÉTHERS, N.S.A.	3	F1	II	3+(N1, N2, N3, CMR, F ou S)	*	*	*	*	*	*		*	oui	T4 [3]	II B [4] (II B3)	oui	*	1	14; 2744 *voir 3.2.3.3
3271	ÉTHERS, N.S.A. (ÉTHER AMYLMÉTHYLIQUE tertiaire)	3	F1	II	3+N1	C	2	2	3	50	95	0.77	2	oui	T2 [12]	II B [4]	oui	PP, EX, A	1	
3271	ÉTHERS, N.S.A.	3	F1	III	3+(N1, N2, N3, CMR, F ou S)	*	*	*	*	*	*		*	oui	T4 [3]	II B [4]	oui	*	0	14, 27 *voir 3.2.3.3

(1)	(2)	(3a)	(3b)	(4)	(5)	(6)	(7)	(8)	(9)	(10)	(11)	(12)	(13)	(14)	(15)	(16)	(17)	(18)	(19)	(20)
N° ONU ou N° d'identification de la matière	Nom et description	Classe	Code de classification	Groupe d'emballage	Dangers	Type de bateau-citerne	Conception de la citerne à cargaison	Type de citerne à cargaison	Équipement de la citerne à cargaison	Pression d'ouverture de la soupape de surpression/soupape de dégagement à grande vitesse, en kPa	Degré maximal de remplissage en %	Densité relative à 20 °C	Type de prise d'échantillon	Chambre de pompes sous pont admise	Classe de température	Groupe d'explosion	Protection contre les explosions exigée	Équipement exigé	Nombre de cônes/feux	Exigences supplémentaires / Observations
	3.1.2	2.2	2.2	2.1.1.3	5.2.2 / 3.2.3.1	1.2.1 / 7.2.2.0.1	3.2.3.1 / 1.2.1	3.2.3.1 / 1.2.1	3.2.3.1 / 1.2.1	3.2.3.1 / 1.2.1	7.2.4. 21	3.2.3.1	3.2.3.1 / 1.2.1	3.2.3.1 / 1.2.1	1.2.1	1.2.1 / 3.2.3.3	1.2.1 / 3.2.3.3	8.1.5	7.2.5	3.2.3.1
3271	ÉTHERS, N.S.A.	3	F1	III	3+(N1, N2, N3, CMR, F ou S)	*	*	*	*	*	*		*	oui	T4 [3]	II B [4] (II B3)	oui	*	0	14; 27; 44 *voir 3.2.3.3
3272	ESTERS, N.S.A.	3	F1	II	3+(N1, N2, N3, CMR, F ou S)	*	*	*	*	*	*		*	oui	T2 [12]	II B [4]	oui	*	1	14, 27 *voir 3.2.3.3
3272	ESTERS, N.S.A.	3	F1	II	3+(N1, N2, N3, CMR, F ou S)	*	*	*	*	*	*		*	oui	T2 [12]	II B [4] (II B3)	oui	*	1	14; 2744 *voir 3.2.3.3
3272	ESTERS, N.S.A.	3	F1	III	3+(N1, N2, N3, CMR, F ou S)	*	*	*	*	*	*		*	oui	T4 [3]	II B [4]	oui	*	0	14, 27 *voir 3.2.3.3
3272	ESTERS, N.S.A.	3	F1	III	3+(N1, N2, N3, CMR, F ou S)	*	*	*	*	*	*		*	oui	T4 [3]	II B [4] (II B3)	oui	*	0	14; 27; 44 *voir 3.2.3.3
3276	NITRILES TOXIQUES, LIQUIDES, N.S.A. (2-MÉTHYLGLUTARONITRILE)	6.1	T1	II	6.1	C	2	2	*	10	95	0.95	2	non			non	PP, EP, TOX, A	2	
3286	LIQUIDE INFLAMMABLE, TOXIQUE, CORROSIF, N.S.A.	3	FTC	I	3+6.1+8+ (N1, N2, N3, CMR, F ou S)	C	1	1	*	*	95		1	non	T4 [3]	II B [4]	oui	PP, EP, EX, TOX, A	2	27 *voir 3.2.3.3

(1)	(2)	(3a)	(3b)	(4)	(5)	(6)	(7)	(8)	(9)	(10)	(11)	(12)	(13)	(14)	(15)	(16)	(17)	(18)	(19)	(20)
N° ONU ou N° d'identification de la matière	Nom et description	Classe	Code de classification	Groupe d'emballage	Dangers	Type de bateau-citerne	Conception de la citerne à cargaison	Type de citerne à cargaison	Équipement de la citerne à cargaison	Pression d'ouverture de la soupape de surpression/soupape de dégagement à grande vitesse, en kPa	Degré maximal de remplissage en %	Densité relative à 20 °C	Type de prise d'échantillon	Chambre de pompes sous pont admise	Classe de température	Groupe d'explosion	Protection contre les explosions exigée	Équipement exigé	Nombre de cônes/feux	Exigences supplémentaires / Observations
	3.1.2	2.2	2.2	2.1.1.3	5.2.2 / 3.2.3.1	1.2.1 / 7.2.2.0.1	3.2.3.1 / 1.2.1	3.2.3.1 / 1.2.1	3.2.3.1 / 1.2.1	3.2.3.1 / 1.2.1	7.2.4. 21	3.2.3.1	3.2.3.1 / 1.2.1	3.2.3.1 / 1.2.1	1.2.1	1.2.1 / 3.2.3.3	1.2.1 / 3.2.3.3	8.1.5	7.2.5	3.2.3.1
3286	LIQUIDE INFLAMMABLE, TOXIQUE, CORROSIF, N.S.A.	3	FTC	I	3+6.1+8+ (N1, N2, N3, CMR, F ou S)	C	1	1	*	*	95		1	non	T4 [3]	II B [4] (II B3)	oui	PP, EP, EX, TOX, A	2	27; 44 *voir 3.2.3.3
3286	LIQUIDE INFLAMMABLE, TOXIQUE, CORROSIF, N.S.A.	3	FTC	I	3+6.1+8+ (N1, N2, N3, CMR, F ou S)	C	2	2	*	*	95		1	non	T4 [3]	II B [4]	oui	PP, EP, EX, TOX, A	2	27 *voir 3.2.3.3
3286	LIQUIDE INFLAMMABLE, TOXIQUE, CORROSIF, N.S.A.	3	FTC	I	3+6.1+8+ (N1, N2, N3, CMR, F ou S)	C	2	2	*	*	95		1	non	T4 [3]	II B [4] (II B3)	oui	PP, EP, EX, TOX, A	2	27; 44 *voir 3.2.3.3
3286	LIQUIDE INFLAMMABLE, TOXIQUE, CORROSIF, N.S.A.	3	FTC	II	3+6.1+8+ (N1, N2, N3, CMR, F ou S)	C	2	2	*	*	95		2	non	T4 [3]	II B [4]	oui	PP, EP, EX, TOX, A	2	27 *voir 3.2.3.3
3286	LIQUIDE INFLAMMABLE, TOXIQUE, CORROSIF, N.S.A.	3	FTC	II	3+6.1+8+ (N1, N2, N3, CMR, F ou S)	C	2	2	*	*	95		2	non	T4 [3]	II B [4] (II B3)	oui	PP, EP, EX, TOX, A	2	27; 44 *voir 3.2.3.3
3287	LIQUIDE INORGANIQUE TOXIQUE, N.S.A.	6.1	T4	I	6.1+(N1, N2, N3, CMR, F ou S)	C	2	2	*	*	95		1	non			non	PP, EP, TOX, A	2	27 *voir 3.2.3.3

(1)	(2)	(3a)	(3b)	(4)	(5)	(6)	(7)	(8)	(9)	(10)	(11)	(12)	(13)	(14)	(15)	(16)	(17)	(18)	(19)	(20)
N° ONU ou N° d'identification de la matière	Nom et description	Classe	Code de classification	Groupe d'emballage	Dangers	Type de bateau-citerne	Conception de la citerne à cargaison	Type de citerne à cargaison	Équipement de la citerne à cargaison	Pression d'ouverture de la soupape de surpression/soupape de dégagement à grande vitesse, en kPa	Degré maximal de remplissage en %	Densité relative à 20 °C	Type de prise d'échantillon	Chambre de pompes sous pont admise	Classe de température	Groupe d'explosion	Protection contre les explosions exigée	Équipement exigé	Nombre de cônes/feux	Exigences supplémentaires / Observations
	3.1.2	2.2	2.2	2.1.1.3	5.2.2 / 3.2.3.1	1.2.1 / 7.2.2.0.1	3.2.3.1 / 1.2.1	3.2.3.1 / 1.2.1	3.2.3.1 / 1.2.1	3.2.3.1 / 1.2.1	7.2.4 / 21	3.2.3.1	3.2.3.1 / 1.2.1	3.2.3.1 / 1.2.1	1.2.1	1.2.1 / 3.2.3.3	1.2.1 / 3.2.3.3	8.1.5	7.2.5	3.2.3.1
3287	LIQUIDE INORGANIQUE TOXIQUE, N.S.A.	6.1	T4	II	6.1+(N1, N2, N3, CMR, F ou S)	C	2	2	*	*	95		2	non			non	PP, EP, TOX, A	2	27 *voir 3.2.3.3
3287	LIQUIDE INORGANIQUE TOXIQUE, N.S.A.	6.1	T4	III	6.1+(N1, N2, N3, CMR, F ou S)	C	2	2	*	*	95		2	non			non	PP, EP, TOX, A	0	27 *voir 3.2.3.3
3287	LIQUIDE INORGANIQUE TOXIQUE, N.S.A. (SOLUTION DE DICHROMATE DE SODIUM)	6.1	T4	III	6.1+CMR	C	2	2	*	30	95	1.68	2	non			non	PP, EP, TOX, A	0	
3289	LIQUIDE INORGANIQUE TOXIQUE, CORROSIF, N.S.A. POINT D'ÉBULLITION > 115 °C	6.1	TC3	I	6.1+8+(N1, N2, N3, CMR, F ou S)	C	2	2	*	*	95		1	non			non	PP, EP, TOX, A	2	27 *voir 3.2.3.3
3289	LIQUIDE INORGANIQUE TOXIQUE, CORROSIF, N.S.A. POINT D'ÉBULLITION > 115 °C	6.1	TC3	II	6.1+8+(N1, N2, N3, CMR, F ou S)	C	2	2	*	*	95		2	non			non	PP, EP, TOX, A	2	27 *voir 3.2.3.3
3295	HYDROCARBURES LIQUIDES, N.S.A.	3	F1	I	3+(N1, N2, N3, CMR, F)	*	*	*	*	*	*		*	oui	T4[3]	II B[4]	oui	*	1	14; 27 *voir 3.2.3.3
3295	HYDROCARBURES LIQUIDES, N.S.A.	3	F1	I	3+(N1, N2, N3, CMR, F)	*	*	*	*	*	*		*	oui	T4[3]	II B[4] (II B3)	oui	*	1	14; 27; 44 *voir 3.2.3.3
3295	HYDROCARBURES LIQUIDES, N.S.A.	3	F1	II	3+(N1, N2, N3, CMR, F)	*	*	*	*	*	*		*	oui	T4[3]	II B[4]	oui	*	1	14; 27 *voir 3.2.3.3

N° ONU ou N° d'identification de la matière (1)	Nom et description (2) 3.1.2	Classe (3a) 2.2	Code de classification (3b) 2.2	Groupe d'emballage (4) 2.1.1.3	Dangers (5) 5.2.2/3.2.3.1	Type de bateau-citerne (6) 1.2.1/7.2.2.0.1	Conception de la citerne à cargaison (7) 3.2.3.1/1.2.1	Type de citerne à cargaison (8) 3.2.3.1/1.2.1	Équipement de la citerne à cargaison (9) 3.2.3.1/1.2.1	Pression d'ouverture de la soupape de surpression/soupape de dégagement à grande vitesse, en kPa (10) 3.2.3.1/1.2.1	Degré maximal de remplissage en % (11) 7.2.4.21	Densité relative à 20 °C (12) 3.2.3.1	Type de prise d'échantillon (13) 3.2.3.1/1.2.1	Chambre de pompes sous pont admise (14) 3.2.3.1/1.2.1	Classe de température (15) 1.2.1	Groupe d'explosion (16) 1.2.1/3.2.3.3	Protection contre les explosions exigée (17) 1.2.1/3.2.3.3	Équipement exigé (18) 8.1.5	Nombre de cônes/feux (19) 7.2.5	Exigences supplémentaires / Observations (20) 3.2.3.1
3295	HYDROCARBURES LIQUIDES, N.S.A.	3	F1	II	3+(N1, N2, N3, CMR, F)	*	*	*	*	*	*		*	oui	T4 ³⁾	II B⁴⁾ (II B3)	oui	*	1	14; 27; 44 *voir 3.2.3.3
3295	HYDROCARBURES LIQUIDES, N.S.A.	3	F1	III	3+(N1, N2, N3, CMR, F)	*	*	*	*	*	*		*	oui	T4 ³⁾	II B⁴⁾	oui	*	0	14; 27 *voir 3.2.3.3
3295	HYDROCARBURES LIQUIDES, N.S.A.	3	F1	III	3+(N1, N2, N3, CMR, F)	*	*	*	*	*	*		*	oui	T4 ³⁾	II B⁴⁾ (II B3)	oui	*	0	14; 27; 44 *voir 3.2.3.3
3295	HYDROCARBURES LIQUIDES, N.S.A. CONTENANT PLUS DE 10 % de BENZÈNE	3	F1	I	3+CMR+ (N1, N2, N3)	C	*	*	*	*	*		*	oui	T4 ³⁾	II B⁴⁾	oui	*	1	*voir 3.2.3.3
3295	HYDROCARBURES LIQUIDES, N.S.A. CONTENANT PLUS DE 10 % DE BENZÈNE	3	F1	I	3+CMR+ (N1, N2, N3)	C	*	*	*	*	*		*	oui	T4 ³⁾	II B⁴⁾	oui	*	1	44 *voir 3.2.3.3
3295	HYDROCARBURES LIQUIDES, N.S.A. CONTENANT PLUS DE 10 % DE BENZÈNE	3	F1	II	3+CMR+ (N1, N2, N3)	C	*	*	*	*	*		*	oui	T4 ³⁾	II B⁴⁾	oui	*	1	*voir 3.2.3.3
3295	HYDROCARBURES LIQUIDES, N.S.A. CONTENANT PLUS DE 10 % DE BENZÈNE	3	F1	II	3+CMR+ (N1, N2, N3)	C	*	*	*	*	*		*	oui	T4 ³⁾	II B⁴⁾ (II B3)	oui	*	1	44 *voir 3.2.3.3
3295	HYDROCARBURES LIQUIDES, N.S.A. CONTENANT PLUS DE 10 % DE BENZÈNE	3	F1	III	3+CMR+ (N1, N2, N3)	C	*	*	*	*	*		*	oui	T4 ³⁾	II B⁴⁾	oui	*	1	*voir 3.2.3.3
3295	HYDROCARBURES LIQUIDES, N.S.A. CONTENANT PLUS DE 10 % DE BENZÈNE	3	F1	III	3+CMR+ (N1, N2, N3)	C	*	*	*	*	*		*	oui	T4 ³⁾	II B⁴⁾ (II B3)	oui	*	0	44* voir 3.2.3.3
3295	HYDROCARBURES LIQUIDES, N.S.A. CONTENANT PLUS DE 10 % DE BENZÈNE POINT D'ÉBULLITION INITIAL ≤ 60 °C	3	F1	I	3+CMR+ (N1, N2, N3, F)	C	1	1			95		1	oui	T4 ³⁾	II B⁴⁾	oui	PP, EP, EX, TOX, A	1	

(1)	(2)	(3a)	(3b)	(4)	(5)	(6)	(7)	(8)	(9)	(10)	(11)	(12)	(13)	(14)	(15)	(16)	(17)	(18)	(19)	(20)
N° ONU ou N° d'identification de la matière	Nom et description	Classe	Code de classification	Groupe d'emballage	Dangers	Type de bateau-citerne	Conception de la citerne à cargaison	Type de citerne à cargaison	Équipement de la citerne à cargaison	Pression d'ouverture de la soupape de surpression/soupape de dégagement à grande vitesse, en kPa	Degré maximal de remplissage en %	Densité relative à 20 °C	Type de prise d'échantillon	Chambre de pompes sous pont admise	Classe de température	Groupe d'explosion	Protection contre les explosions exigée	Équipement exigé	Nombre de cônes/feux	Exigences supplémentaires / Observations
	3.1.2	2.2	2.2	2.1.1.3	5.2.2 / 3.2.3.1	1.2.1 / 7.2.2.0.1	3.2.3.1 / 1.2.1	3.2.3.1 / 1.2.1	3.2.3.1 / 1.2.1	3.2.3.1 / 1.2.1	7.2.4.21	3.2.3.1	3.2.3.1 / 1.2.1	3.2.3.1 / 1.2.1	1.2.1	1.2.1 / 3.2.3.3	1.2.1 / 3.2.3.3	8.1.5	7.2.5	3.2.3.1
3295	HYDROCARBURES LIQUIDES, N.S.A. CONTENANT PLUS DE 10 % DE BENZÈNE POINT D'ÉBULLITION INITIAL ≤ 60 °C	3	F1	I	3+CMR+(N1, N2, N3)	C	1	1			95		1	oui	T4 [3]	II B[4] (II B3)	oui	PP, EP, EX, TOX, A	1	44
3295	HYDROCARBURES LIQUIDES, N.S.A. CONTENANT PLUS DE 10 % DE BENZÈNE POINT D'ÉBULLITION INITIAL ≤ 60 °C	3	F1	II	3+CMR+(N1, N2, N3, F)	C	1	1			95		1	oui	T4 [3]	II B[4]	oui	PP, EP, EX, TOX, A	1	
3295	HYDROCARBURES LIQUIDES, N.S.A. CONTENANT PLUS DE 10 % DE BENZÈNE POINT D'ÉBULLITION INITIAL ≤ 60 °C	3	F1	II	3+CMR+(N1, N2, N3)	C	1	1			95		1	oui	T4 [3]	II B[4] (II B3)	oui	PP, EP, EX, TOX, A	1	44
3295	HYDROCARBURES LIQUIDES, N.S.A. CONTENANT PLUS DE 10 % DE BENZÈNE POINT D'ÉBULLITION INITIAL ≤ 60 °C	3	F1	III	3+CMR+(N1, N2, N3, F)	C	1	1			95		1	oui	T4 [3]	II B[4]	oui	PP, EP, EX, TOX, A	0	
3295	HYDROCARBURES LIQUIDES, N.S.A. CONTENANT PLUS DE 10 % DE BENZÈNE POINT D'ÉBULLITION INITIAL ≤ 60 °C	3	F1	III	3+CMR+(N1, N2, N3)	C	1	1			95		1	oui	T4 [3]	II B[4] (II B3)	oui	PP, EP, EX, TOX, A	0	44
3295	HYDROCARBURES LIQUIDES, N.S.A. CONTENANT PLUS DE 10 % DE BENZÈNE 60 °C < POINT D'ÉBULLITION INITIAL ≤ 85 °C	3	F1	II	3+CMR+(N1, N2, N3, F)	C	2	2	3	50	95		2	oui	T4 [3]	II B[4]	oui	PP, EP, EX, TOX, A	1	23; 38
3295	HYDROCARBURES LIQUIDES, N.S.A. CONTENANT PLUS DE 10 % DE BENZÈNE 60 °C < POINT D'ÉBULLITION INITIAL ≤ 85 °C	3	F1	II	3+CMR+(N1, N2, N3)	C	2	2	3	50	95		2	oui	T4 [3]	II B[4] (II B3)	oui	PP, EP, EX, TOX, A	1	23; 38; 44

(1)	(2)	(3a)	(3b)	(4)	(5)	(6)	(7)	(8)	(9)	(10)	(11)	(12)	(13)	(14)	(15)	(16)	(17)	(18)	(19)	(20)
N° ONU ou N° d'identification de la matière	Nom et description	Classe	Code de classification	Groupe d'emballage	Dangers	Type de bateau-citerne	Conception de la citerne à cargaison	Type de citerne à cargaison	Équipement de la citerne à cargaison	Pression d'ouverture de la soupape de surpression/soupape de dégagement à grande vitesse, en kPa	Degré maximal de remplissage en %	Densité relative à 20 °C	Type de prise d'échantillon	Chambre de pompes sous pont admise	Classe de température	Groupe d'explosion	Protection contre les explosions exigée	Équipement exigé	Nombre de cônes/feux	Exigences supplémentaires / Observations
		2.2	2.2	2.1.1.3	5.2.2/ 3.2.3.1	1.2.1/ 7.2.2.0.1	3.2.3.1/ 1.2.1	3.2.3.1/ 1.2.1	3.2.3.1/ 1.2.1	3.2.3.1/ 1.2.1	7.2.4. 21	3.2.3.1	3.2.3.1/ 1.2.1	3.2.3.1/ 1.2.1	1.2.1	1.2.1/ 3.2.3.3	1.2.1/ 3.2.3.3	8.1.5	7.2.5	3.2.3.1
3295	HYDROCARBURES LIQUIDES, N.S.A. CONTENANT PLUS DE 10 % DE BENZÈNE 60 °C < POINT D'ÉBULLITION INITIAL ≤85 °C	3	F1	III	3+CMR+ (N1, N2, N3, F)	C	2	2	3	50	95		2	oui	T4 3)	II B4)	oui	PP, EP, EX, TOX, A	0	23; 38
3295	HYDROCARBURES LIQUIDES, N.S.A. CONTENANT PLUS DE 10 % DE BENZÈNE 60 °C < POINT D'ÉBULLITION INITIAL ≤85 °C	3	F1	III	3+CMR+ (N1, N2, N3)	C	2	2	3	50	95		2	oui	T4 3)	II B4) (II B3)	oui	PP, EP, EX, TOX, A	0	23; 38; 44
3295	HYDROCARBURES LIQUIDES, N.S.A. CONTENANT PLUS DE 10 % DE BENZÈNE 85 °C < POINT D'ÉBULLITION INITIAL ≤115 °C	3	F1	II	3+CMR+ (N1, N2, N3, F)	C	2	2		50	95		2	oui	T4 3)	II B4)	oui	PP, EP, EX, TOX, A	1	
3295	HYDROCARBURES LIQUIDES, N.S.A. CONTENANT PLUS DE 10 % DE BENZÈNE 85 °C < POINT D'ÉBULLITION INITIAL ≤115 °C	3	F1	II	3+CMR+ (N1, N2, N3)	C	2	2		50	95		2	oui	T4 3)	II B4) (II B3)	oui	PP, EP, EX, TOX, A	1	44
3295	HYDROCARBURES LIQUIDES, N.S.A. CONTENANT PLUS DE 10 % DE BENZÈNE 85 °C < POINT D'ÉBULLITION INITIAL ≤115 °C	3	F1	III	3+CMR+ (N1, N2, N3, F)	C	2	2		50	95		2	oui	T4 3)	II B4)	oui	PP, EP, EX, TOX, A	0	
3295	HYDROCARBURES LIQUIDES, N.S.A. CONTENANT PLUS DE 10 % DE BENZÈNE 85 °C < POINT D'ÉBULLITION INITIAL ≤115 °C	3	F1	III	3+CMR+ (N1, N2, N3)	C	2	2		50	95		2	oui	T4 3)	II B4) (II B3)	oui	PP, EP, EX, TOX, A	0	44
3295	HYDROCARBURES LIQUIDES, N.S.A. CONTENANT PLUS DE 10 % DE BENZÈNE POINT D'ÉBULLITION INITIAL > 115 °C	3	F1	II	3+CMR+ (N1, N2, N3, F)	C	2	2		35	95		2	oui	T4 3)	II B4)	oui	PP, EP, EX, TOX, A	1	

(1) N° ONU ou N° d'identification de la matière	(2) Nom et description	(3a) Classe	(3b) Code de classification	(4) Groupe d'emballage	(5) Dangers	(6) Type de bateau-citerne	(7) Conception de la citerne à cargaison	(8) Type de citerne à cargaison	(9) Équipement de la citerne à cargaison	(10) Pression d'ouverture de la soupape de surpression/soupape de dégagement à grande vitesse, en kPa	(11) Degré maximal de remplissage en %	(12) Densité relative à 20 °C	(13) Type de prise d'échantillon	(14) Chambre de pompes sous pont admise	(15) Classe de température	(16) Groupe d'explosion	(17) Protection contre les explosions exigée	(18) Équipement exigé	(19) Nombre de cônes/feux	(20) Exigences supplémentaires / Observations
3.1.2	3.1.2	2.2	2.2	2.1.1.3	5.2.2 / 3.2.3.1	1.2.1 / 7.2.2.0.1	3.2.3.1 / 1.2.1	3.2.3.1 / 1.2.1	3.2.3.1 / 1.2.1	3.2.3.1 / 1.2.1	7.2.4.21	3.2.3.1	3.2.3.1 / 1.2.1	3.2.3.1 / 1.2.1	1.2.1	1.2.1 / 3.2.3.3	1.2.1 / 3.2.3.3	8.1.5	7.2.5	3.2.3.1
3295	HYDROCARBURES LIQUIDES, N.S.A. CONTENANT PLUS DE 10 % DE BENZÈNE POINT D'ÉBULLITION INITIAL > 115 °C	3	F1	II	3+CMR+(N1, N2, N3)	C	2	2		35	95		2	oui	T4[3]	II B[4] (II B3)	oui	PP, EP, EX, TOX, A	1	44
3295	HYDROCARBURES LIQUIDES, N.S.A. CONTENANT PLUS DE 10 % DE BENZÈNE POINT D'ÉBULLITION INITIAL > 115 °C	3	F1	III	3+CMR+(N1, N2, N3, F)	C	2	2		35	95		2	oui	T4[3]	II B[4]	oui	PP, EP, EX, TOX, A	0	
3295	HYDROCARBURES LIQUIDES, N.S.A. CONTENANT PLUS DE 10 % DE BENZÈNE POINT D'ÉBULLITION INITIAL > 115 °C	3	F1	III	3+CMR+(N1, N2, N3)	C	2	2		35	95		2	oui	T4[3]	II B[4] (II B3)	oui	PP, EP, EX, TOX, A	0	44
3295	HYDROCARBURES LIQUIDES, N.S.A. CONTENANT DE L'ISOPRÈNE ET DU PENTADIÈNE, STABILISÉ	3	F1	I	3+inst.+N2+CMR	C	2	2	3	50	95	0,678	1	oui	T4[3]	II B[4]	oui	PP, EX, A, EP, TOX	1	3
3295	HYDROCARBURES LIQUIDES, N.S.A. CONTENANT DE L'ISOPRÈNE ET DU PENTADIÈNE, STABILISÉ	3	F1	I	3+inst.+N2+CMR	C	2	2	3	50	95	0,678	1	oui	T4[3]	II B[4] (II B3)	oui	PP, EX, A	1	3; 44
3295	HYDROCARBURES LIQUIDES, N.S.A. (OCTÈNE-1)	3	F1	II	3+N2+F	N	2	3		10	97	0,71	3	oui	T3	II B[4]	oui	PP, EX, A	1	14
3295	HYDROCARBURES LIQUIDES, N.S.A. (MÉLANGE D'AROMATES POLYCYCLIQUES)	3	F1	III	3+CMR+F	N	2	3	3	10	97	1,08	3	oui	T1[12]	II A	oui	PP, EP, EX, TOX, A	0	14
3412	ACIDE FORMIQUE contenant au moins 10 % et au plus 85 % (masse) d'acide	8	C3	II	8+N3	N	2	3		10	97	1,22	3	oui	T1[12]	II A	oui	PP, EP, EX, A	0	6: +12 °C; 17; 34
3412	ACIDE FORMIQUE contenant au moins 5 % mais moins de 10 % (masse) d'acide	8	C3	III	8	N	2	3		10	97	1,22	3	oui	T1[12]	II A	oui	PP, EP, EX, A	0	6: +12 °C; 17; 34
3426	ACRYLAMIDE EN SOLUTION	6.1	T1	III	6.1	C	2	2		30	95	1,03	2	non			non	PP, EP, TOX, A	0	3; 5; 16

N° ONU ou N° d'identification de la matière (1)	Nom et description (2)	Classe (3a)	Code de classification (3b)	Groupe d'emballage (4)	Dangers (5)	Type de bateau-citerne (6)	Conception de la citerne à cargaison (7)	Type de citerne à cargaison (8)	Équipement de la citerne à cargaison (9)	Pression d'ouverture de la soupape de surpression/soupape de dégagement à grande vitesse, en kPa (10)	Degré maximal de remplissage en % (11)	Densité relative à 20 °C (12)	Type de prise d'échantillon (13)	Chambre de pompes sous pont admise (14)	Classe de température (15)	Groupe d'explosion (16)	Protection contre les explosions exigée (17)	Équipement exigé (18)	Nombre de cônes/feux (19)	Exigences supplémentaires / Observations (20)
	3.1.2	2.2	2.2	2.1.1.3	5.2.2 / 3.2.3.1	1.2.1 / 7.2.2.0.1	3.2.3.1 / 1.2.1	3.2.3.1 / 1.2.1	3.2.3.1 / 1.2.1	3.2.3.1 / 1.2.1	7.2.4.21	3.2.3.1	3.2.3.1 / 1.2.1	3.2.3.1 / 1.2.1	1.2.1	1.2.1 / 3.2.3.3	1.2.1 / 3.2.3.3	8.1.5	7.2.5	3.2.3.1
3429	CHLOROTOLUIDINES LIQUIDES	6.1	T1	III	6.1+S	C	2	2		25	95	1.15	2	non	T1 [12]	II A [7]	oui	PP, EP, EX, TOX, A	0	6: +6 °C; 17;
3446	NITROTOLUÈNES SOLIDES, FONDUS (p-NITROTOLUÈNE)	6.1	T2	II	6.1+N2+S	C	2	2	2	25	95	1.16	2	non	T2 [12]	II B (II B3 [14])	oui	PP, EP, EX, TOX, A	2	7; 17
3446	NITROTOLUÈNES SOLIDES, FONDUS (p-NITROTOLUÈNE)	6.1	T2	II	6.1+N2+S	C	2	1	4	25	95	1.16	2	non			non	PP, EP, TOX, A	2	7; 17; 20: +88 °C; 26
3451	TOLUIDINES SOLIDES, FONDUES (p-TOLUIDINE)	6.1	T2	II	6.1+N1	C	2	2	2	25	95	1.05	2	non	T1 [12]	II A [8]	oui	PP, EP, EX, TOX, A	2	7; 17
3451	TOLUIDINES SOLIDES, FONDUES (p-TOLUIDINE)	6.1	T2	II	6.1+N1	C	2	2	4	25	95	1.05	2	non			non	PP, EP, TOX, A	2	7; 17; 20: +60 °C
3455	CRÉSOLS SOLIDES, FONDUS	6.1	TC2	II	6.1+8+N3	C	2	2	2	25	95	1,03 - 1,05	2	non	T1 [12]	II A [8]	oui	PP, EP, EX, TOX, A	2	7; 17
3455	CRÉSOLS SOLIDES, FONDUS	6.1	TC2	II	6.1+8+N3	C	2	2	4	25	95	1,03 - 1,05	2	non			non	PP, EP, TOX, A	2	7; 17; 20: +66 °C
3463	ACIDE PROPIONIQUE contenant au moins 90 % (masse) d'acide	8	CF1	II	8+3+N3	N	3	3			97	0.99	3	oui	T1 [12]	II A [7]	oui	PP, EP, EX, A	1	34
3475	ÉTHANOL ET ESSENCE EN MÉLANGE ou ÉTHANOL ET ESSENCE POUR MOTEURS D'AUTOMOBILES, EN MÉLANGE, contenant plus de 10 % et pas plus de 90 % d'éthanol	3	F1	II	3+N2+CMR+F	N	2	3	3	10	97	0,69 - 0,78 [10]	3	oui	T3	II A	oui	PP, EP, EX, A	1	

(1)	(2)	(3a)	(3b)	(4)	(5)	(6)	(7)	(8)	(9)	(10)	(11)	(12)	(13)	(14)	(15)	(16)	(17)	(18)	(19)	(20)
N° ONU ou N° d'identification de la matière	Nom et description	Classe	Code de classification	Groupe d'emballage	Dangers	Type de bateau-citerne	Conception de la citerne à cargaison	Type de citerne à cargaison	Équipement de la citerne à cargaison	Pression d'ouverture de la soupape de surpression/soupape de dégagement à grande vitesse, en kPa	Degré maximal de remplissage en %	Densité relative à 20 °C	Type de prise d'échantillon	Chambre de pompes sous pont admise	Classe de température	Groupe d'explosion	Protection contre les explosions exigée	Équipement exigé	Nombre de cônes/feux	Exigences supplémentaires / Observations
	3.1.2	2.2	2.2	2.1.1.3	5.2.2 / 3.2.3.1	1.2.1 / 7.2.2.0.1	3.2.3.1 / 1.2.1	3.2.3.1 / 1.2.1	3.2.3.1 / 1.2.1	3.2.3.1 / 1.2.1	7.2.4. 21	3.2.3.1	3.2.3.1 / 1.2.1	3.2.3.1 / 1.2.1	1.2.1	1.2.1 / 3.2.3.3	1.2.1 / 3.2.3.3	8.1.5	7.2.5	3.2.3.1
3475	ÉTHANOL ET ESSENCE, EN MÉLANGE ou ÉTHANOL ET ESSENCE POUR MOTEURS D'AUTOMOBILES, EN MÉLANGE, contenant plus de 90 % d'éthanol	3	F1	II	3+N2+ CMR+F	N	2	3	3	10	97	0,78 - 0,79 [10]	3	oui	T2 [12]	II B (II B1)	oui	PP, EP, EX, TOX, A	1	
3494	PÉTROLE BRUT, ACIDE, INFLAMMABLE, TOXIQUE	3	FT1	I	3+6.1+ (N1, N2, N3, CMR, F)	C	*	*	*	*	95		1	non	T4 [3]	II B[4]	oui	PP, EP, EX, TOX, A	2	14 * voir 3.2.3.3
3494	PÉTROLE BRUT, ACIDE, INFLAMMABLE, TOXIQUE	3	FT1	I	3+6.1+ (N1, N2, N3, CMR, F)	C	*	*	*	*	95		1	non	T4 [3]	II B[4] (II B3)	oui	PP, EP, EX, TOX, A	2	14; 44 *voir 3.2.3.3
3494	PÉTROLE BRUT, ACIDE, INFLAMMABLE, TOXIQUE	3	FT1	II	3+6.1+ (N1, N2, N3, CMR, F)	C	*	*	*	*	95		2	non	T4 [3]	II B[4]	oui	PP, EP, EX, TOX, A	2	14 * voir 3.2.3.3
3494	PÉTROLE BRUT, ACIDE, INFLAMMABLE, TOXIQUE	3	FT1	II	3-6.1+ (N1, N2, N3, CMR, F)	C	*	*	*	*	95		2	non	T4 [3]	II B[4] (II B3)	oui	PP, EP, EX, TOX, A	2	14; 44 *voir 3.2.3.3
3494	PÉTROLE BRUT, ACIDE, INFLAMMABLE, TOXIQUE	3	FT1	III	3+6.1+ (N1, N2, N3, CMR, F)	C	*	*	*	*	95		2	non	T4 [3]	II B[4]	oui	PP, EP, EX, TOX, A	0	14 * voir 3.2.3.3
3494	PÉTROLE BRUT, ACIDE, INFLAMMABLE, TOXIQUE	3	FT1	III	3+6.1+ (N1, N2, N3, CMR, F)	C	*	*	*	*	95		2	non	T4 [3]	II B[4] (II B3)	oui	PP, EP, EX, TOX, A	0	14; 44 *voir 3.2.3.3

(1) N° ONU ou N° d'identification de la matière	(2) Nom et description	(3a) Classe	(3b) Code de classification	(4) Groupe d'emballage	(5) Dangers	(6) Type de bateau-citerne	(7) Conception de la citerne à cargaison	(8) Type de citerne à cargaison	(9) Équipement de la citerne à cargaison	(10) Pression d'ouverture de la soupape de surpression/soupape de dégagement à grande vitesse, en kPa	(11) Degré maximal de remplissage en %	(12) Densité relative à 20 °C	(13) Type de prise d'échantillon	(14) Chambre de pompes sous pont admise	(15) Classe de température	(16) Groupe d'explosion	(17) Protection contre les explosions exigée	(18) Équipement exigé	(19) Nombre de cônes/feux	(20) Exigences supplémentaires / Observations
	3.1.2	2.2	2.2	2.1.1.3	5.2.2 / 3.2.3.1	1.2.1 / 7.2.2.0.1	3.2.3.1 / 1.2.1	3.2.3.1 / 1.2.1	3.2.3.1 / 1.2.1	3.2.3.1 / 1.2.1	7.2.4.21	3.2.3.1	3.2.3.1 / 1.2.1	3.2.3.1 / 1.2.1	1.2.1	1.2.1 / 3.2.3.3	1.2.1 / 3.2.3.3	8.1.5	7.2.5	3.2.3.1
9000	AMMONIAC, FORTEMENT RÉFRIGÉRÉ	2	3TC		2.1+2.3+8+N1	G	1	1	1; 3		95		1	non	T1 12)	II A	oui	PP, EP, EX, TOX, A	2	1; 2; 31
9000	AMMONIAC ANHYDRE, FORTEMENT RÉFRIGÉRÉ	2	3TC		2.1+2.3+8+N1	G	2	4	1; 3		95		1	non	T1 12)	II A	oui	PP, EP, EX, TOX, A	2	1; 2; 31
9001	MATIÈRE DONT LE POINT D'ÉCLAIR EST SUPÉRIEUR À 60 °C, CHAUFFÉE jusqu'à 15 K en dessous du point d'éclair.	3	F4		3+(N1, N2, N3, CMR, F ou S)	*	*	*	*	*	*		*	oui	T4 3)	II B4)	oui	*	0	27 *voir 3.2.3.3
9001	MATIÈRE DONT LE POINT D'ÉCLAIR EST SUPÉRIEUR À 60 °C, CHAUFFÉE jusqu'à 15 K en dessous du point d'éclair.	3	F4		3+(N1, N2, N3, CMR, F ou S)	*	*	*	*	*	*		*	oui	T4 3)	II B4) (II B3)	oui	*	0	27; 44 *voir 3.2.3.3
9002	MATIÈRES AYANT UNE TEMPÉRATURE D'AUTO-INFLAMMATION ≤ 200 °C, N.S.A.	3	F5		3+(N1, N2, N3, CMR, F ou S)	C	1	1	*	*	95		1	oui	T4	II B4)	oui	*	0	27 *voir 3.2.3.3
9002	MATIÈRES AYANT UNE TEMPÉRATURE D'AUTO-INFLAMMATION ≤ 200 °C, N.S.A.	3	F5		3+(N1, N2, N3, CMR, F ou S)	C	1	1	*	*	95		1	oui	T4	II B4) (II B3)	oui	*	0	27; 44 *voir 3.2.3.3

(1) N° ONU ou N° d'identification de la matière	(2) Nom et description	(3a) Classe	(3b) Code de classification	(4) Groupe d'emballage	(5) Dangers	(6) Type de bateau-citerne	(7) Conception de la citerne à cargaison	(8) Type de citerne à cargaison	(9) Équipement de la citerne à cargaison	(10) Pression d'ouverture de la soupape de surpression/soupape de dégagement à grande vitesse, en kPa	(11) Degré maximal de remplissage en %	(12) Densité relative à 20 °C	(13) Type de prise d'échantillon	(14) Chambre de pompes sous pont admise	(15) Classe de température	(16) Groupe d'explosion	(17) Protection contre les explosions exigée	(18) Équipement exigé	(19) Nombre de cônes/feux	(20) Exigences supplémentaires / Observations
	3.1.2	2.2	2.2	2.1.1.3	5.2.2 / 3.2.3.1	1.2.1 / 7.2.2.0.1	3.2.3.1 / 1.2.1	3.2.3.1 / 1.2.1	3.2.3.1 / 1.2.1	3.2.3.1 / 1.2.1	7.2.4.21	3.2.3.1	3.2.3.1 / 1.2.1	3.2.3.1 / 1.2.1	1.2.1	1.2.1 / 3.2.3.3	1.2.1 / 3.2.3.3	8.1.5	7.2.5	3.2.3.1
9003	MATIÈRES DONT LE POINT D'ÉCLAIR EST SUPÉRIEUR À 60 °C MAIS INFÉRIEUR OU ÉGAL À 100 °C, qui ne sont pas affectées à une autre classe	9	M12		9+(N1, N2, N3, CMR, F ou S)	*	*	*	*	*	*		*	oui			non	*	0	27 *voir 3.2.3.3
9003	MATIÈRES DONT LE POINT D'ÉCLAIR EST SUPÉRIEUR À 60 °C MAIS INFÉRIEUR OU ÉGAL À 100 °C, qui ne sont pas affectées à une autre classe (ÉTHER MONOBUTYLIQUE DE L'ÉTHYLÈNEGLYCOL)	9	M12		9+N3+F	N	4	3			97	0.9	3	oui			non	PP	0	
9003	MATIÈRES DONT LE POINT D'ÉCLAIR EST SUPÉRIEUR À 60 °C MAIS INFÉRIEUR OU ÉGAL À 100 °C, qui ne sont pas affectées à une autre classe (ACRYLATE D'ÉTHYL-2 HEXYLE)	9	M12		9+N3+F	N	4	3			97	0.89	3	oui			non	PP	0	3; 5; 16;
9004	DIISOCYANATE DE DIPHÉNYLMÉTHANE-4,4'	9	M12		S	N	2	3	4	10	95	$1,21^{11)}$	3	oui			non	PP	0	7; 8; 17; 19
9005	MATIÈRE DANGEREUSE DU POINT DE VUE DE L'ENVIRONNEMENT, SOLIDE, FONDUE, N.S.A.	9	M12		9+(N2, N3, CMR, F ou S)	*	*	*	*	*	95		*	oui			non	*	0	27 *voir 3.2.3.3
9006	MATIÈRE DANGEREUSE DU POINT DE VUE DE L'ENVIRONNEMENT, LIQUIDE, N.S.A.	9	M12		9+(N2, N3, CMR, F ou S)	*	*	*	*	*	97		*	oui			non	*	0	27 *voir 3.2.3.3

Notes relatives au tableau C

1) Le point d'auto-inflammation n'a pas été déterminé selon une procédure de mesure normalisée, c'est pourquoi la matière est rangée provisoirement dans la classe de température T2 jugée sûre.

2) Le point d'auto-inflammation n'a pas été déterminé selon une procédure de mesure normalisée, c'est pourquoi la matière est rangée provisoirement dans la classe de température T3 jugée sûre.

3) Le point d'auto-inflammation n'a pas été déterminé selon une procédure de mesure normalisée, c'est pourquoi la matière est rangée provisoirement dans la classe de température T4 jugée sûre.

4) L'interstice maximal de sécurité n'a pas été mesuré selon une procédure normalisée, c'est pourquoi la matière est rangée dans le groupe d'explosion II B.

5) L'interstice maximal de sécurité n'a pas été mesuré selon une procédure normalisée, c'est pourquoi la matière est rangée dans le groupe d'explosion II C.

6) (*Supprimé*)

7) L'interstice maximal de sécurité n'a pas été mesuré selon une procédure normalisée, c'est pourquoi la matière est rangée dans le groupe d'explosion jugé sûr.

8) L'interstice maximal de sécurité n'a pas été mesuré selon une procédure normalisée, c'est pourquoi la matière est rangée dans le groupe d'explosion donné par CEI 60079-20-1.

9) Rangement selon le Recueil IBC de l'OMI.

10) Densité relative à 15 °C.

11) Densité relative à 25 °C.

12) Cette classe de température n'est pas utilisée pour le choix des installations et équipements protégés contre les explosions. La température de surface des installations et équipements protégés contre les explosions ne doit pas dépasser 200 °C.

13) (*Supprimé*)

14) L'interstice expérimental maximal de sécurité n'ayant pas été mesuré selon une procédure de mesure normalisée, la matière est provisoirement rangée dans le groupe d'explosion II B3, jugé sûr.

3.2.3.3 *Diagramme de décision, schémas et critères pour la détermination des prescriptions spéciales applicables (colonnes (6) à (20) du tableau C)*

Diagramme de décision pour la classification des liquides des classes 3, 6.1, 8 et 9 en navigation-citerne intérieure

- Point d'éclair ≤ 100 °C,
- Point d'éclair > 60 °C et chauffé à T ≤ 15 K du point d'éclair,
- Matières présentant un caractère de toxicité (voir 2.2.61),
- Matières présentant un caractère de corrosivité (voir 2.2.8),
- Liquide transporté à chaud à une température égale ou supérieure à 100 °C (No ONU 3257), ou
- Matières présentant un caractère de toxicité aquatique aiguë ou chronique LC/EC$_{50}$ ≤ 100 mg/L (critères selon 2.2.9.1.10.2).

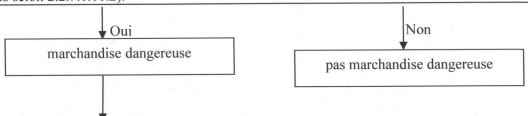

Oui → **marchandise dangereuse**

Non → **pas marchandise dangereuse**

- Point d'éclair < 23 °C et plage d'explosivité > 15 % à 20°C,
- Point d'éclair < 23 °C et caractère de corrosivité (voir 2.2.8),
- Température d'auto-inflammation ≤ 200 °C,
- Matières présentant un caractère de toxicité (voir 2.2.61),
- Hydrocarbures halogénés,
- Benzène et mélanges contenant plus de 10 % de benzène,
- Matières qui peuvent être transportées uniquement à l'état stabilisé, ou
- Matières présentant un caractère de toxicité aquatique aiguë ou chronique 1 (N1: critères selon 2.2.9.1.10.2) et une pression de vapeur à 50 °C ≥ 1 kPa

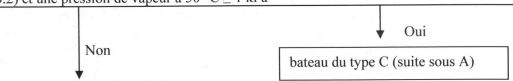

Non

Oui → **bateau du type C (suite sous A)**

- Point d'éclair < 23 °C et toxicité aquatique chronique 2 ou 3 (N2: critères selon 2.2.9.1.10.2),
- Point d'éclair < 23 °C et surnageant au-dessus de la surface de l'eau (Floater) ou tombant au fond de l'eau (Sinker) (critères selon 2.2.9.1.10.5),
- Matières corrosives (groupe d'emballage I ou II) avec pression de vapeur à 50 °C > 12,5 kPa,
- Matières corrosives réagissant dangereusement avec l'eau,
- Matières corrosives renfermant des gaz en solution,
- Matières présentant un caractère de toxicité aiguë ou chronique 1 (N1: critères selon 2.2.9.1.10.2), et une pression de vapeur à 50 °C < 1 kPa, ou
- Matières ayant des effets à long terme sur la santé – matières CMR (critères: catégories 1A et 1B des chapitres 3.5, 3.6 et 3.7 du SGH).

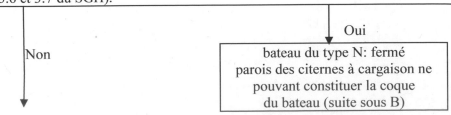

Non

Oui → **bateau du type N: fermé parois des citernes à cargaison ne pouvant constituer la coque du bateau (suite sous B)**

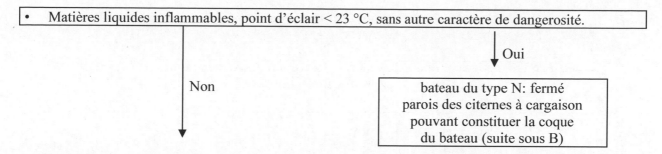

- Matières liquides inflammables, point d'éclair < 23 °C, sans autre caractère de dangerosité.

Non ↓

Oui ↓

bateau du type N: fermé
parois des citernes à cargaison
pouvant constituer la coque
du bateau (suite sous B)

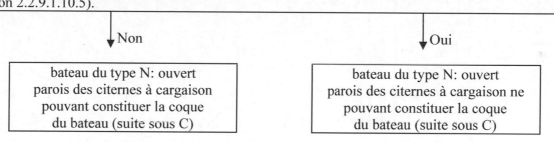

- Matières acides présentant un caractère de corrosivité (groupe d'emballage I ou II) ayant une pression de vapeur à 50 °C ≤ 12,5 kPa,
- Matières acides présentant un caractère de corrosivité (groupe d'emballage III) ayant une pression de vapeur à 50 °C > 6,0 kPa ou ayant un degré de corrosion de l'acier ou de l'aluminium ≥ 6,25 mm/an,
- Matières acides présentant un caractère de corrosivité, ayant un point de fusion > 0 °C et transportées à chaud,
- Matières présentant un caractère de toxicité aquatique chronique 2 ou 3 (N2: critères selon le 2.2.9.1.10.2) ou
- Matières surnageant à la surface de l'eau (Floater) ou tombant au fond de l'eau (Sinker) (critères selon 2.2.9.1.10.5).

Non ↓

Oui ↓

bateau du type N: ouvert
parois des citernes à cargaison
pouvant constituer la coque
du bateau (suite sous C)

bateau du type N: ouvert
parois des citernes à cargaison ne
pouvant constituer la coque
du bateau (suite sous C)

Matières transportées à chaud

Indépendamment des classifications susmentionnées, pour les matières devant être transportées à chaud le type de citerne à cargaison est déterminé en fonction de la température de transport selon le tableau suivant:

Température maximale de transport T en °C	Type N	Type C
T ≤ 80	citerne à cargaison intégrale	citerne à cargaison intégrale
80 < T ≤ 115	citerne à cargaison indépendante, observation 25	citerne à cargaison indépendante, observation 26
T > 115	citerne à cargaison indépendante	citerne à cargaison indépendante

Observation 25 = observation n° 25 à la colonne 20 de la liste des matières du chapitre 3.2, tableau C

Observation 26 = observation n° 26 à la colonne 20 de la liste des matières du chapitre 3.2, tableau C

Schéma A: Critères pour l'équipement des citernes à cargaison des bateaux du type C

Déterminer dans les trois premières colonnes les caractéristiques de la matière/citerne à cargaison qui sont pertinentes. Choisir la rangée qui convient dans la colonne correspondante. Les critères pour l'équipement des citernes à cargaison des bateaux de type C sont alors décrits sur cette ligne dans la quatrième colonne.

Caractéristiques de la matière/citerne à cargaison			Prescriptions
Pression interne maximale à une température du liquide de 30 °C et une température de la phase gazeuse de 37,8 °C > 50 kPa	Pression interne maximale à une température du liquide de 30 °C et une température de la phase gazeuse de 37,8 °C ≤ 50 kPa	Pression interne maximale non connue parce que certaines données font défaut	Équipement de la citerne à cargaison
Réfrigéré			Avec réfrigération (chiffre 1 à la colonne (9))
Non réfrigéré	Pression interne maximale à 50 °C > 50 kPa, sans pulvérisation	Point d'ébullition ≤ 60 °C	Citerne à pression (400 kPa)
	Pression interne maximale à 50 °C > 50 kPa, avec pulvérisation	60 °C < point d'ébullition ≤ 85 °C	Pression d'ouverture de la soupape de surpression/soupape de dégagement à grande vitesse: 50 kPa, avec installation de pulvérisation (chiffre 3 à la colonne (9))
			Pression d'ouverture de la soupape de surpression/soupape de dégagement à grande vitesse selon calculs, mais au moins 10 kPa
	Pression interne maximale à 50 °C ≤ 50 kPa	85 °C < point d'ébullition ≤ 115 °C	Pression d'ouverture de la soupape de surpression/soupape de dégagement à grande vitesse: 50 kPa
		Point d'ébullition > 115 °C	Pression d'ouverture de la soupape de surpression/soupape de dégagement à grande vitesse: 35 kPa

Schéma B: Critères pour l'équipement des bateaux du type N avec des citernes à cargaison fermées

Équipement de la citerne à cargaison	Classe 3, point d'éclair < 23 °C	Matières corrosives	Matières CMR
Citerne à pression (400 kPa)	175 kPa ≤ $P_{d\,50}$ < 300 kPa, sans réfrigération		
Pression d'ouverture de la soupape de surpression soupape de dégagement à grande vitesse: 50 kPa	175 kPa ≤ $P_{d\,50}$ < 300 kPa, avec réfrigération (chiffre 1 à la colonne (9)) 110 kPa ≤ $P_{d\,50}$ < 175 kPa, sans pulvérisation		
Pression d'ouverture de la soupape de surpression soupape de dégagement à grande vitesse: 10 kPa	110 kPa ≤ $P_{d\,50}$< 150 kPa, avec pulvérisation (chiffre 3 à la colonne (9)) $P_{d\,50}$ < 110 kPa	Groupe d'emballage I ou II avec $P_{d\,50}$ > 12,5 kPa ou réagissant dangereusement avec l'eau ou avec des gaz en solution	Pression d'ouverture de la soupape de surpression soupape de dégagement à grande vitesse: 10 kPa; avec pulvérisation lorsque la pression de vapeur > 10 kPa (calcul de la pression de vapeur selon la formule pour la colonne 10, avec toutefois Va = 0.03)

Schéma C: Critères pour l'équipement des bateaux du type N avec des citernes à cargaison ouvertes

Déterminer dans les trois premières colonnes les caractéristiques de la matière/citerne à cargaison qui sont pertinentes. Choisir la rangée qui convient dans la colonne correspondante. Les critères pour l'équipement des citernes à cargaison des bateaux de type N sont alors décrits sur cette ligne dans la quatrième colonne.

Caractéristiques de la matière			Prescriptions
			Équipement de la citerne à cargaison
	Matières inflammables	Matières corrosives	
Classes 3 et 9			
23 °C ≤ point d'éclair ≤ 60 °C	Point d'éclair > 60 °C, transportées à chaud ≤ 15 K sous le point d'éclair ou Point d'éclair > 60 °C, à leur point d'éclair ou au-dessus de leur point d'éclair	Acides, transportées à chaud ou inflammables	Avec coupe-flammes
60 °C < point d'éclair ≤ 100 °C ou matières transportées à chaud de la classe 9		Non inflammables	Sans coupe-flammes

-260-

Colonne (9): Équipement de la citerne à cargaison pour les matières transportées à l'état fondu

- **Possibilité de chauffage de la cargaison (chiffre 2 à la colonne 9)**

    Une possibilité de chauffage de la cargaison à bord est exigée:

    - Lorsque le point de fusion de la matière à transporter est supérieur ou égal à + 15 °C, ou

    - Lorsque le point de fusion de la matière à transporter est supérieur à 0 °C et inférieur à + 15 °C et que la température extérieure est au plus 4 K au-dessus du point de fusion. Dans la colonne 20 sera mentionnée l'observation n° 6 avec la température résultant de: point de fusion + 4 K.

- **Installation de chauffage à bord (chiffre 4 à la colonne 9)**

    Une installation de chauffage de la cargaison à bord est exigée:

    - Pour les matières qui ne doivent pas se solidifier car des réactions dangereuses ne sont pas à exclure lors du réchauffage, et

    - Pour les matières dont la température doit être maintenue avec garantie à au moins 15 K au-dessous du point d'éclair.

Colonne (10): Détermination de la pression d'ouverture des soupapes de dégagement à grande vitesse en kPa

Pour les bateaux du type C la pression d'ouverture de la soupape de dégagement à grande vitesse se détermine sur la base de la pression interne des citernes, arrondie à 5 kPa supérieurs.

Pour le calcu de la pression interne la formule suivante est utilisée:

$$P_{max} = P_{Ob\,max} + \frac{k \cdot v_a \left(P_0 - P_{Da}\right)}{v_a - \alpha \cdot \delta_t + \alpha \cdot \delta_t \cdot v_a} - P_o$$

$$k = \frac{T_{D\,max}}{T_a}$$

Dans cette formule:

P_{max}	:	Surpression interne maximale en kPa
P_{Obmax}	:	Pression de vapeur absolue à la température maximale de la surface du liquide en kPa
P_{Da}	:	Pression de vapeur absolue à la température de remplissage en kPa
P_0	:	Pression atmosphérique en kPa
v_a	:	Volume relatif libre à la température de remplissage par rapport au volume de la citerne à cargaison
α	:	Coefficient de dilatation cubique en K^{-1}
δ_t	:	Augmentation moyenne de température du liquide par réchauffage en K
T_{Dmax}	:	Température maximale de la phase gazeuse en K
T_a	:	Température de remplissage en K
k	:	Facteur de correction de température
t_{Ob}	:	Température maximale de la surface du liquide en °C

Dans la formule les données de bases suivantes sont utilisées:

P_{Obmax}	:	À 50 °C et 30 °C
P_{Da}	:	À 15 °C
P_0	:	101,3 kPa
v_a	:	5 % = 0,05
δ_t	:	5 K
T_{Dmax}	:	323 K et 310,8 K
T_a	:	288 K
t_{Ob}	:	50 °C et 30 °C

Colonne (11): Détermination du degré maximal de remplissage des citernes à cargaison

Si selon la disposition sous A ci-dessus:

– Il résulte un type G: 91 %; toutefois, en cas de matières fortement réfrigérées: 95 %

– Il résulte un type C: 95 %

– Il résulte un type N: 97 %; toutefois, en cas de matières à l'état fondu et en cas de liquides inflammables avec 175 kPa $\leq P_{v\,50}$ < 300 kPa: 95 %.

Colonne (12): Densité relative de la matière à 20 °C

Ces données n'ont qu'un caractère informatif.

Colonne (13): Détermination du type de prise d'échantillon

1 = fermé:
– Matières devant être transportées en citernes à cargaison à pression.

– Matières avec T dans la colonne 3 b) et affectées au groupe d'emballage I.

– Matières stabilisées devant être transportées sous gaz inerte.

2 = partiellement fermé:
– Toutes les autres matières pour lesquelles un type C est exigé.

3 = ouvert:
– Toutes les autres matières.

Colonne (14): Détermination si la chambre de pompes est admise sous le pont

Non
– Toutes les matières avec T dans la colonne 3 b) à l'exception des matières de la classe 2.

Oui
– Toutes les autres matières.

Colonne (15): Détermination de la classe de température

Les matières inflammables sont affectées à une classe de température sur la base de leur point d'auto-inflammation:

Classe de température	Température T d'auto-inflammation des liquides inflammables et des gaz en °C
T1	T > 450
T2	300 < T ≤ 450
T3	200 < T ≤ 300
T4	135 < T ≤ 200
T5	100 < T ≤ 135
T6	85 < T ≤ 100

Lorsque la protection contre les risques d'explosion est exigée et que la température d'auto-inflammation n'est pas connue la classe de température T4, estimée sûre, doit être mentionnée.

Colonne (16): Détermination du groupe d'explosion

Les matières inflammables sont affectées à un groupe d'explosion sur la base de leur interstice expérimental maximal.

La détermination de l'interstice expérimental maximal s'effectue selon CEI 60079-20-1.

On distingue les groupes d'explosion suivants:

Groupe d'explosion	Interstice expérimental maximal en mm
II A	> 0,9
II B	≥ 0,5 à ≤ 0,9
II C	< 0,5

En présence de systèmes de protection autonomes on distingue en plus pour le groupe d'explosion II B les sous-groupes suivants:

Groupe (sous-groupe) d'explosion	Interstice expérimental maximal en mm
II B1	> 0,85 à ≤ 0,9
II B2	> 0,75 à ≤ 0,85
II B3	> 0,65 à ≤ 0,75
II B	≥ 0,5 à ≤ 0,65

Lorsque la protection contre les risques d'explosion est exigée et que les données y relatives ne sont pas fournies, le groupe d'explosion II B, estimé sûr, doit être mentionné.

Colonne (17): Détermination si une protection contre les risques d'explosion est exigée

Oui
- Matières à point d'éclair ≤ 60 °C.

- Matières pour lesquelles un chauffage est exigé, en cours de transport, à une température de moins de 15 K en dessous du point d'éclair.

- Matières pour lesquelles un chauffage est exigé, en cours de transport, à une température inférieure de 15 K ou plus au point d'éclair, et pour lesquelles figure, dans la colonne (9) ("Équipement de la citerne à cargaison"), le code 2 ("Possibilité de chauffage de la cargaison"), mais pas le code 4 ("Installation de chauffage de la cargaison à bord").

– Gaz inflammables.

Non – Toutes les autres matières.

Colonne (18): Détermination si un équipement de protection individuel, un dispositif de sauvetage, un détecteur de gaz portatif, un toximètre portatif ou un appareil de protection respiratoire dépendant de l'air ambiant est exigé

- PP: Pour toutes les matières des classes 1 à 9;

- EP: Pour toutes les matières

    – De la classe 2 avec la lettre T ou la lettre C figurant dans le code de classification indiqué dans la colonne 3 b),

    – De la classe 3 avec la lettre T ou la lettre C figurant dans le code de classification indiqué dans la colonne 3 b),

    – De la classe 4.1,

    – De la classe 6.1, et

    – De la classe 8,

    – CMR des catégories 1A ou 1B selon les chapitres 3.5, 3.6 et 3.7 du SGH;

- EX: Pour toutes les matières, pour lesquelles la protection contre les explosions est exigée;

- TOX: Pour toutes les matières de la classe 6.1,

    Pour toutes les matières des autres classes avec T dans la colonne 3 b),

    Pour les matières CMR des catégories 1A ou 1B selon les chapitres 3.5, 3.6 et 3.7 du SGH;

- A: Pour toutes les matières pour lesquelles EX ou TOX est exigé.

Colonne (19): Détermination du nombre de cônes ou de feux bleus

Pour toutes les matières de la classe 2 avec la lettre F figurant dans le code de classification indiqué dans la colonne 3 b):	1 cône/ feu
Pour toutes les matières des classes 3 à 9 avec la lettre F figurant dans le code de classification indiqué dans la colonne 3 b) et affectées au groupe d'emballage I ou II:	1 cône/ feu
Pour toutes les matières de la classe 2 avec la lettre T figurant dans le code de classification indiqué dans la colonne 3 b):	2 cônes/ feux
Pour toutes les matières des classes 3 à 9 avec la lettre T figurant dans le code de classification indiqué dans la colonne 3 b) et affectées au groupe d'emballage I ou II:	2 cônes/ feux

Colonne (20): Détermination des exigences supplémentaires et observations

Observation 1: L'observation 1 doit être mentionnée dans la colonne (20) pour le transport de No ONU 1005 AMMONIAC ANHYDRE.

Observation 2: L'observation 2 doit être mentionnée dans la colonne (20) pour les matières stabilisées qui réagissent avec l'oxygène ainsi que pour les gaz pour lesquels le danger 2.1 est mentionné dans la colonne (5).

Observation 3:	L'observation 3 doit être mentionnée dans la colonne (20) pour les matières qui doivent être stabilisées.
Observation 4:	L'observation 4 doit être mentionnée dans la colonne (20) pour les matières qui ne doivent pas se rigidifier parce que le réchauffement peut conduire à des réactions dangereuses.
Observation 5:	L'observation 5 doit être mentionnée dans la colonne (20) pour les matières susceptibles de polymériser.
Observation 6:	L'observation 6 doit être mentionnée dans la colonne (20) pour les matières susceptibles de cristalliser et pour les matières pour lesquelles une installation de chauffage ou une possibilité de chauffage est exigée et dont la pression de vapeur à 20 °C est supérieure à 0,1 kPa.
Observation 7:	L'observation 7 doit être mentionnée dans la colonne (20) pour les matières dont le point de fusion est égal ou supérieur à + 15 °C.
Observation 8:	L'observation 8 doit être mentionnée dans la colonne (20) pour les matières qui réagissent dangereusement avec l'eau.
Observation 9:	L'observation 9 doit être mentionnée dans la colonne (20) pour le transport du No ONU 1131 DISULFURE DE CARBONE.
Observation 10:	*N'est plus à utiliser.*
Observation 11:	L'observation 11 doit être mentionnée dans la colonne (20) pour le transport du No ONU 1040 OXYDE D'ÉTHYLÈNE AVEC DE L'AZOTE.
Observation 12:	L'observation 12 doit être mentionnée dans la colonne (20) pour le transport du No ONU 1280 OXYDE DE PROPYLÈNE et du No ONU 2983 OXYDE D'ÉTHYLÈNE ET OXYDE DE PROPYLÈNE EN MÉLANGE.
Observation 13:	L'observation 13 doit être mentionnée dans la colonne (20) pour le transport du No ONU 1086 CHLORURE DE VINYLE STABILISÉ.
Observation 14:	L'observation 14 doit être mentionnée dans la colonne (20) pour les mélanges ou les positions N.S.A. qui ne sont pas clairement définis et pour lesquels le type N est prévu par les critères de classification.
Observation 15:	L'observation 15 doit être mentionnée dans la colonne (20) pour les matières qui réagissent dangereusement avec les matières alcalines ou acides telles que l'hydroxyde de sodium ou l'acide sulfurique.
Observation 16:	L'observation 16 doit être mentionnée dans la colonne (20) pour les matières pour lesquelles une réaction dangereuse peut se produire par chauffage local excessif.
Observation 17:	L'observation 17 doit être mentionnée dans la colonne (20) lorsque l'observation 4, l'observation 6 ou l'observation 7 est mentionnée.
Observation 18:	*N'est plus à utiliser.*
Observation 19:	L'observation 19 doit être mentionnée dans la colonne (20) pour les matières qui ne doivent en aucun cas venir en contact avec l'eau.
Observation 20:	L'observation 20 doit être mentionnée dans la colonne (20) pour les matières dont la température de transport ne doit pas excéder une température maximale en liaison avec les matériaux des citernes à cargaison. Cette température maximale admissible doit être mentionnée immédiatement après le chiffre 20.
Observation 21:	*N'est plus à utiliser.*

Observation 22: L'observation 22 doit être mentionnée dans la colonne (20) pour les matières pour lesquelles une plage ou aucune valeur de la densité n'est indiquée dans la colonne 12.

Observation 23: L'observation 23 doit être mentionnée dans la colonne (20) pour les matières qui ont une pression interne à 30 °C inférieure à 50 kPa et qui sont transportées avec pulvérisation d'eau.

Observation 24: L'observation 24 doit être mentionnée dans la colonne (20) pour le transport du No ONU 3257 LIQUIDE TRANSPORTÉ À CHAUD, N.S.A.

Observation 25: L'observation 25 doit être mentionnée dans la colonne (20) pour les matières qui doivent être transportées à chaud dans une citerne à cargaison du type 3.

Observation 26: L'observation 26 doit être mentionnée dans la colonne (20) pour les matières qui doivent être transportées à chaud dans une citerne à cargaison du type 2.

Observation 27: L'observation 27 doit être mentionnée dans la colonne (20) pour les matières pour lesquelles la mention N.S.A. ou une dénomination générique est portée dans la colonne (2) et pour lesquelles les désignations officielles de transport ne sont pas déjà complétées par le nom technique de la marchandise ou par les renseignements complémentaires concernant la teneur en benzène.

Observation 28: L'observation 28 doit être mentionnée dans la colonne (20) pour le transport du No ONU 2448 SOUFRE FONDU.

Observation 29: *N'est plus à utiliser.*

Observation 30: L'observation 30 doit être mentionnée dans la colonne (20) pour le transport des Nos ONU 1719, 1794, 1814, 1819, 1824, 1829, 1830, 1832, 1833, 1906, 2240, 2308, 2583, 2584, 2677, 2679, 2681, 2796, 2797, 2837, et 3320 sous les rubriques pour lesquelles un type N ouvert est exigé.

Observation 31: L'observation 31 doit être mentionnée dans la colonne (20) pour le transport de matières de la classe 2 et des Nos ONU 1280 OXYDE DE PROPYLÈNE et 2983 OXYDE D'ÉTHYLÈNE ET OXYDE DE PROPYLÈNE EN MÉLANGE de la classe 3.

Observation 32: L'observation 32 doit être mentionnée dans la colonne (20) pour le transport du No ONU 2448 SOUFRE FONDU de la classe 4.1.

Observation 33: L'observation 33 doit être mentionnée dans la colonne (20) pour le transport des Nos ONU 2014 et 2984 PEROXYDE D'HYDROGÈNE EN SOLUTION AQUEUSE de la classe 5.1.

Observation 34: L'observation 34 doit être mentionnée dans la colonne (20) pour le transport de matières pour lesquelles le danger 8 est mentionné dans la colonne 5 et le type N dans la colonne 6.

Observation 35: L'observation 35 doit être mentionnée dans la colonne (20) pour les matières pour lesquelles la réfrigération totale peut provoquer des réactions dangereuses en cas de compression. Ceci est également applicable si la réfrigération est partiellement réalisée par compression.

Observation 36: *N'est plus à utiliser.*

Observation 37: L'observation 37 doit être mentionnée dans la colonne (20) pour les matières pour lesquelles le système de stockage de la cargaison doit pouvoir résister à la pleine pression de vapeur de la cargaison aux limites supérieures des températures ambiantes de calcul quel que soit le système adopté pour traiter le gaz d'évaporation.

Observation 38:   L'observation 38 doit être mentionnée dans la colonne (20) pour les mélanges dont le point de début d'ébullition selon la norme ASTMD 86-01 est supérieur à 60 °C et inférieur ou égal à 85 °C.

Observation 39:   L'observation 39 doit être mentionnée dans la colonne (20) pour le transport du No ONU 2187 DIOXYDE DE CARBONE LIQUIDE RÉFRIGÉRÉ de la classe 2.

Observation 40:   *N'est plus à utiliser.*

Observation 41:   L'observation 41 doit être mentionnée dans la colonne (20) pour le No ONU 2709 BUTYLBENZÈNES (n-BUTYLBENZÈNE).

Observation 42:   L'observation 42 doit être mentionnée dans la colonne (20) pour le No ONU 1038 ÉTHYLÈNE LIQUIDE REFRIGÉRÉ et pour le No ONU 1972 MÉTHANE LIQUIDE RÉFRIGÉRÉ ou GAZ NATUREL (à haute teneur en méthane) LIQUIDE RÉFRIGÉRÉ.

Observation 43:   L'observation 43 doit être mentionnée dans la colonne (20) pour toutes les rubriques du groupe d'emballage I, pour lesquelles dans la colonne (3b), le code de classification contient un "F" (inflammable) et pour lesquelles dans la colonne (5) Dangers figure un "F" (Floater).

3.2.4   **Modalités d'application de la section 1.5.2 relative aux autorisations spéciales relatives au transport en bateaux-citernes**

3.2.4.1   **Modèle de l'autorisation spéciale en vertu de la section 1.5.2**

**Autorisation spéciale
en vertu du 1.5.2 de l'ADN**

En vertu du 1.5.2 de l'ADN, le transport de la matière spécifiée à l'annexe à la présente autorisation spéciale est autorisé dans des bateaux-citernes sous les conditions y mentionnées.

Avant de transporter la matière, le transporteur est tenu de la faire inscrire dans la liste mentionnée au 1.16.1.2.5 de l'ADN par une société de classification agréée.

Cette autorisation spéciale est valable ....

(lieux et/ou itinéraires de validité)

Elle est valable pendant deux ans à partir du jour de la signature, sauf abrogation antérieure.

État de délivrance: ……………………………………………..

Autorité compétente: …………………………………………..

Date: ....

Signature: ……………………………………………………

3.2.4.2   **Formule pour les demandes d'autorisations spéciales en vertu de la section 1.5.2**

Pour les demandes d'autorisations spéciales il convient de répondre aux questions suivantes ou aux points suivants[*]. Les données ne sont exploitées que pour des besoins administratifs et de manière confidentielle.

Pétitionnaire

....

(Nom)   (Firme)

....

(   ) ....

....

(Adresse)

---

[*]   *Pour les questions ne concernant pas l'objet de la demande, porter la mention "sans objet".*

Description sommaire de la demande

Admission au transport en bateaux-citernes de .... comme matière de la classe ....

Annexes

(avec description sommaire)

Demande effectuée:

À:

Date: ....

Signature: ....

(du responsable pour les données)

1.   Données générales relatives à la matière dangereuse

1.1   S'agit-il d'une matière pure ☐, d'un mélange ☐, d'une solution ☐ ?

1.2   Dénomination technique (si possible nomenclature ADN ou éventuellement le Recueil IBC)

1.3   Synonyme

1.4   Nom commercial

1.5   Formule de structure et pour les mélanges la composition et/ou la concentration

1.6   Classe de danger et le cas échéant code de classification, groupe d'emballage

1.7   No. ONU ou numéro d'identification de la matière (pour autant qu'il est connu)

2.   Caractéristiques physico-chimiques

2.1   État pendant le transport (par exemple gaz, liquide, en fusion, ...)

2.2   Densité relative du liquide à 20 °C ou à la température de transport si la matière doit être transportée à l'état chauffé ou réfrigéré

2.3   Température de transport (pour les matières transportées à l'état chauffé ou réfrigéré)

2.4   Point de fusion ou zone de fusion   °C

2.5   Point d'ébullition ou zone d'ébullition ...... °C

2.6   Pression de vapeur à 15 °C ...., 20 °C ...., 30 °C ...., 37,8 °C ...., 50 °C ...., (pour les gaz liquéfiés pression de vapeur à 70 °C ....), (pour les gaz permanents pression de chargement à 15 °C ....)

2.7   Coefficient de dilatation cubique ..... K^{-1}

2.8   Solubilité dans l'eau à 20 °C

         Indication de la concentration de saturation ..... mg/l

ou

Miscibilité dans l'eau à 15 °C?

☐ Entière ☐ partielle ☐ nulle

(Si possible, dans les cas de solutions et mélanges, indiquer la concentration)

2.9 Couleur

2.10 Odeur

2.11 Viscosité ..... mm²/s

2.12 Temps d'écoulement (ISO 2431-1996) ....s

2.13 Essai de séparation des solvants ....

2.14 pH de la matière ou de la solution aqueuse (indiquer la concentration)

2.15 Autres indications

3. Caractéristiques techniques de sécurité

3.1 Température d'auto-inflammation selon CEI 60079-20-1:2010, EN 14522:2005, DIN 51 794:2003 en °C; le cas échéant, indiquer la classe de température selon CEI 60079-20-1:2010.

3.2 Point d'éclair

Pour les points d'éclair jusqu'à 175 °C

Méthodes d'essai en creuset fermé – procédure de non équilibre:

Méthode ABEL: EN ISO 13736: 2008

Méthode ABEL-PENSKY: DIN 51755–1:1974 ou NF M T60-103:1968

Méthode PENSKY-MARTENS: EN ISO 2719:2012

Appareil LUCHAIRE norme française NF T60-103:1968

Méthode TAG: ASTM D56-05 (2010)

Méthodes d'essai en creuset fermé – procédure d'équilibre:

Procédure rapide d'équilibre: EN ISO 3679:2004; ASTM D3278-96 (2011)

Procédure d'équilibre en creuset fermé: EN ISO 1523:2002+AC1:2006; ASTM D3941-90 (2007)

Pour les points d'éclair supérieurs à 175 °C

Outre les méthodes susmentionnées, la méthode d'essai suivante en creuset ouvert est applicable

Méthode CLEVELAND: EN ISO 2592:2002; ASTM D92-12

3.3   Limites d'explosivité:

Détermination de la limite inférieure et de la limite supérieure d'explosivité selon EN 1839:2012

3.4   Interstice maximal de sécurité selon CEI 60079-20-1:2010 en mm

3.5   La matière est-elle transportée à l'état stabilisé? Le cas échéant, données relatives au stabilisateur:

....

3.6   Produits de décomposition en cas de combustion avec apport d'air ou d'influence d'un incendie extérieur:

3.7   La matière est-elle sujette à l'activation d'incendie?

3.8   Abrasion (corrosion) .... mm/an

3.9   La matière réagit-elle avec l'eau ou l'air humide avec dégagement de gaz inflammables ou toxiques? oui/non.   Gaz dégagés: ....

3.10   La matière réagit-elle dangereusement d'une autre manière?

3.11   La matière réagit-elle dangereusement lors du réchauffage?
        oui/non

4.   Dangers physiologiques

4.1   Valeur de la DL_{50} et/ou de la CL_{50}. Valeur de nécrose (le cas échéant autres critères de toxicité selon 2.2.61.1 de l'ADN)

Caractéristiques CMR selon les catégories 1A et 1B des chapitres 3.5, 3.6 et 3.7 du SGH

4.2   En cas de décomposition ou de réaction y a-t-il formation de matières présentant des dangers physiologiques? (Les indiquer pour autant qu'elles sont connues)

4.3   Caractéristiques écologiques: (voir 2.4.2.1 de l'ADN)

Toxicité aiguë:

CL_{50} 96 h pour les poissons ......mg/l

CE_{50} 48 h pour les crustacés .....mg/l

CEr_{50} 72 h pour les algues ....mg/l

Toxicité chronique:

CSEO ....mg/l

FBC ....mg/l sinon log K_{oe} ....

Facilement biodégradable ....oui/non

5.   **Données relatives au potentiel de danger**

5.1   Avec quels dommages concrets faut-il compter au cas où les caractéristiques de danger produisent leur effet ?

     ☐ Combustion

     ☐ Blessure

     ☐ Corrosion

     ☐ Intoxication en cas d'absorption dermique

     ☐ Intoxication en cas d'absorption par inhalation

     ☐ Dommage mécanique

     ☐ Destruction

     ☐ Incendie

     ☐ Abrasion (corrosion des métaux)

     ☐ Nuisance pour l'environnement

6.   **Données relatives au matériel de transport**

6.1   Des prescriptions particulières de chargement sont-elles prévues/nécessaires (lesquelles)?

7.   **Transport de matières dangereuses en citernes**

7.1   Avec quel matériau la matière à charger est-elle compatible?

8.   **Raisons techniques de sécurité**

8.1   Quelles mesures de sécurité, selon l'état de la science et de la technique, sont nécessaires au vu des dangers émanant de la matière ou susceptibles de se produire au cours du transport dans son ensemble?

8.2   Mesures de sécurité supplémentaires

     –   Mise en œuvre de techniques de mesures stationnaires ou mobiles pour mesurer les gaz inflammables et les vapeurs liquides inflammables,

     –   Mise en œuvre de techniques de mesures stationnaires ou mobiles (toximètres) pour mesurer la concentration de matières toxiques

3.2.4.3   **Critères d'affectation des matières**

A.   **Colonnes (6), (7) et (8): Détermination du type de bateau-citerne**

1.   **Gaz** (critères selon le 2.2.2 de l'ADN)

   −   Sans réfrigération: type G   pression

   −   Avec réfrigération: type G   réfrigéré

2.   **Hydrocarbures halogénés**

   Matières qui peuvent être transportées uniquement à l'état stabilisé

   Matières présentant un caractère de toxicité (voir 2.2.61.1 de l'ADN)

   Matières présentant un caractère d'inflammabilité (point d'éclair < 23 °C) et de corrosivité (voir 2.2.8 de l'ADN)

   Matières ayant une température d'auto-inflammation ≤ 200 °C

   Matières ayant un point d'éclair < 23 °C et une plage d'explosivité > 15 % à 20 °C

   Benzène et mélanges de matières ni toxiques ni corrosives contenant plus de 10 % de benzène

   Matières dangereuses du point de vue de l'environnement, des catégories de toxicité aquatique Aiguë 1 ou toxicité Chronique 1 (groupe N1 selon 2.2.9.1.10.2 de l'ADN) et pression de vapeur à 50 °C de ≥ 1 kPa

   −   Pression intérieure des citernes à cargaison > 50 kPa sous les températures suivantes: liquide 30 °C, phase gazeuse 37,8 °C

      •   Sans réfrigération: type C   pression (400 kPa)

      •   Avec réfrigération: type C   réfrigéré.

   −   Pression intérieure des citernes à cargaison ≤ 50 kPa sous les températures suivantes: liquide 30 °C, phase gazeuse 37,8 °C mais avec une pression intérieure des citernes à cargaison > 50 kPa à 50 °C:

      •   Sans pulvérisation d'eau: type C   pression (400 kPa)

      •   Avec pulvérisation d'eau: type C   avec pression d'ouverture de la soupape de surpression/soupape de dégagement à grande vitesse à 50 kPa

   −   Pression intérieure des citernes à cargaison ≤ 50 kPa sous les températures suivantes: liquide 30 °C, phase gazeuse 37,8 °C

      avec une pression intérieure des citernes à cargaison ≤ 50 kPa à 50 °C: type C   avec pression d'ouverture de la soupape de surpression/soupape de dégagement à grande vitesse selon calcul mais au moins 10 kPa

2.1   **Mélanges pour lesquels le type C est exigé en vertu des critères visés au point 2 ci-dessus mais pour lesquels certaines données font défaut:**

Pour le cas où la surpression interne de la citerne ne peut pas être calculée faute de données, les critères suivants peuvent être utilisés:

–	Début d'ébullition ≤ 60 °C	type C	(400 kPa)
–	60 °C < début d'ébullition ≤ 85 °C	type C	avec pression d'ouverture de la soupape de surpression/soupape de dégagement à grande vitesse à 50 kPa et avec pulvérisation d'eau
–	85 °C < début d'ébullition ≤ 115 °C	type C	avec pression d'ouverture de la soupape de surpression/soupape de dégagement à grande vitesse à 50 kPa
–	115 °C < début d'ébullition	type C	avec pression d'ouverture de la soupape de surpression/soupape de dégagement à grande vitesse à 35 kPa

3.   Matières ne présentant que le caractère d'inflammabilité (voir 2.2.3 de l'ADN)

– Point d'éclair < 23 °C
  avec 175 kPa ≤ Pv 50 < 300 kPa

●	Sans réfrigération:	type N fermé	pression (400 kPa)
●	Avec réfrigération:	type N fermé	réfrigéré avec pression d'ouverture de la soupape de surpression/soupape de dégagement à grande vitesse à 50 kPa

– Point d'éclair < 23 °C
  avec 150 kPa ≤ Pv 50 <175 kPa: type N fermé avec pression d'ouverture de la soupape de surpression/soupape de dégagement à grande vitesse à 50 kPa

– Point d'éclair < 23 °C
  avec 110 kPa ≤ Pv 50 < 150 kPa

●	Sans pulvérisation d'eau:	type N fermé	avec pression d'ouverture de la soupape de surpression/soupape de dégagement à grande vitesse à 50 kPa
●	Avec pulvérisation d'eau:	type N fermé	avec pression d'ouverture de la soupape de surpression/soupape de dégagement à grande vitesse à 10 kPa

– Point d'éclair < 23 °C
  avec Pv 50 < 110 kPa: type N fermé avec pression d'ouverture de la soupape de surpression/soupape de dégagement à grande vitesse à 10 kPa

– Point d'éclair ≥ 23 °C mais ≤ 60 °C:	type N ouvert	avec coupe-flammes
– Matières à point d'éclair > 60 °C chauffées à plus près que 15 K du point d'éclair, n.s.a. (...):	type N ouvert	avec coupe-flammes
– Matières à point d'éclair > 60 °C chauffées au ou au-dessus du point d'éclair, n.s.a. (...):	type N ouvert	avec coupe-flammes

4. **Matières présentant un caractère de corrosivité (voir sous 2.2.8 de l'ADN)**

– **Matières corrosives susceptibles de produire des vapeurs corrosives**

• Matières affectées aux groupes d'emballage I ou II de l'énumération des matières et ayant une pression de vapeur[2] supérieure à 12,5 kPa (125 mbar) à 50 °C ou	type N fermé	parois des citernes à cargaison ne pouvant constituer la coque du bateau; pression d'ouverture de la soupape de surpression/soupape de dégagement à grande vitesse: 10 kPa
• Matières susceptibles de réagir dangereusement avec l'eau (par exemple chlorures d'acides) ou		
• Matières renfermant des gaz en solution		

– **Matières acides présentant un caractère de corrosivité:**

• Matières affectées aux groupes d'emballage I ou II de l'énumération des matières et ayant une pression de vapeur[2] inférieure ou égale à 12,5 kPa (125 mbar) à 50 °C ou	type N ouvert	parois des citernes à cargaison ne pouvant constituer la coque du bateau
• Matières affectées au groupe d'emballage III de l'énumération des matières et ayant une pression de vapeur[2] supérieure à 6,0 kPa (60 mbar) à 50 °C ou	type N ouvert	parois des citernes à cargaison ne pouvant constituer la coque du bateau
• Matières affectées au groupe d'emballage III de l'énumération des matières en raison de leur degré de corrosion de l'acier ou de l'aluminium ou	type N ouvert	parois des citernes à cargaison ne pouvant constituer la coque du bateau

---

[2] *Si les données sont disponibles, la somme des pressions partielles des matières dangereuses peut être prise à la place de la pression de vapeur.*

• Matières ayant un point de fusion au-dessus de 0 °C et transportées sous chauffage	type N ouvert	parois des citernes à cargaison ne pouvant constituer la coque du bateau
• Inflammables	type N ouvert	avec coupe-flammes
• Transportées à chaud	type N ouvert	avec coupe-flammes
• Non inflammables	type N ouvert	sans coupe-flammes

   – **Toutes les autres matières corrosives**

• Inflammables	type N ouvert	avec coupe-flammes
• Non inflammables	type N ouvert	sans coupe-flammes

5.   Matières dangereuses du point de vue de l'environnement (voir sous 2.2.9.1 de l'ADN)

• Toxicité aquatique Aiguë 1 ou Chronique 1 (groupe N1 selon 2.2.9.1.10.2 de l'ADN) et pression de vapeur inférieure à 1 kPa à 50°C	type N fermé	les parois des citernes à cargaison ne pouvant constituer la coque du bateau
• Toxicité Chronique 2 et 3 (groupe N2 selon 2.2.9.1.10.2)	type N ouvert	les parois des citernes à cargaison ne pouvant constituer la coque du bateau
• Toxicité Aiguë 2 et 3 (groupe N3 selon 2.2.9.1.10.2)	type N ouvert	____

6.   Matières de la classe 9, No ONU 3257   type N ouvert   citernes à cargaison indépendantes

7.   Matières de la classe 9, No. d'identification 9003

Point d'éclair > 60 °C et ≤ 100 °C: type N ouvert   ____

8.   Matières devant être transportées à chaud

Pour les matières devant être transportées à chaud le type de citerne à cargaison est déterminé en fonction de la température de transport selon le tableau suivant:

Température maximale de transport T en °C	Type N	Type C
T ≤ 80	2	2
80 < T ≤ 115	1 + observation 25	1 + observation 26
T > 115	1	1

1 = type de citerne à cargaison: citerne indépendante

2 = type de citerne à cargaison: citerne intégrale

Observation 25 = observation n° 25 à la colonne (20) de la liste des matières du chapitre 3.2, tableau C

Observation 26 = observation n° 26 à la colonne (20) de la liste des matières du chapitre 3.2, tableau C

9. **Matières ayant des effets à long terme sur la santé – matières CMR (catégories 1A et 1B selon les critères des chapitres 3.5, 3.6 et 3.7 du SGH[3]), pour autant qu'elles sont déjà affectées aux classes 2 à 9 en vertu d'autres critères**

        C   cancérigènes
        M   mutagènes
        R   toxiques pour la reproduction

type N fermé	parois des citernes à cargaison ne pouvant constituer la coque du bateau; pression d'ouverture de la soupape de surpression/soupape de dégagement à grande vitesse à 10 kPa au minimum et avec installation de pulvérisation d'eau si la surpression interne des citernes est supérieure à 10 kPa (calcul de la pression de vapeur selon la formule pour la colonne 10, avec toutefois $v_a = 0,03$)

10. **Matières surnageant au-dessus de la surface de l'eau ('Floater') ou matières tombant au fond de l'eau ('Sinker') (critères selon 2.2.9.1.10.5) pour autant qu'elles sont déjà affectées aux classes 3 à 9 et qu'en vertu de l'affectation antérieure il résulte un type N:**

type N ouvert	parois des citernes à cargaison ne pouvant constituer la coque du bateau

B.   **Colonne (9): Détermination de l'équipement de la citerne à cargaison**

1)   Installation de réfrigération

Se détermine conformément à la lettre A

2)   Possibilité de chauffage de la cargaison

Une possibilité de chauffage de la cargaison à bord est exigée:

–   Lorsque le point de fusion de la matière à transporter est supérieur ou égal à + 15 °C; ou

–   Lorsque le point de fusion de la matière à transporter est supérieur à 0 °C et inférieur à + 15 °C et que la température extérieure est au plus 4 K au-dessus du point de fusion. Dans la colonne 20 sera mentionnée l'observation n° 6 avec la température résultant de: point de fusion + 4 K

3)   Installation de pulvérisation d'eau

Se détermine conformément à la lettre A

4)   Installation de chauffage de la cargaison à bord

Une installation de chauffage de la cargaison à bord est exigée:

–   Pour les matières qui ne doivent pas se solidifier car des réactions dangereuses ne sont pas à exclure lors du réchauffage et

---

[3]   *Étant donné qu'il n'existe pas encore de liste internationale officielle des matières CMR des catégories 1A et 1B, en attendant qu'une telle liste soit disponible, la liste des matières CMR des catégories 1A et 1B selon le Règlement (CE) n° 1272/2008 du Parlement européen et du Conseil, tel que modifié, est applicable.*

–   Pour les matières dont la température doit être maintenue avec garantie à au moins 15 K au dessous du point d'éclair

C.   **Colonne (10): Détermination de la pression d'ouverture des soupapes de dégagement à grande vitesse en kPa**

Pour les bateaux du type C la pression d'ouverture de la soupape de dégagement à grande vitesse se détermine sur la base de la pression interne des citernes, arrondie à 5 kPa supérieurs

Pour le calcul de la pression interne la formule suivante est utilisée:

$$P_{max} = P_{Ob\,max} + \frac{k \cdot v_a \left(P_0 - P_{Da}\right)}{v_a - \alpha \cdot \delta_t + \alpha \cdot \delta_t \cdot v_a} - P_o$$

$$k = \frac{T_{D\,max}}{T_a}$$

Dans cette formule:

P_{max} :   Surpression interne maximale en kPa

P_{Obmax}:   Pression de vapeur absolue à la température maximale de la surface du liquide en kPa

P_{Da} :   Pression de vapeur absolue à la température de remplissage en kPa

P_0 :   Pression atmosphérique en kPa

v_a :   Volume relatif libre à la température de remplissage par rapport au volume de la citerne à cargaison

α :   Coefficient de dilatation cubique en K^{-1}

δ_t :   Augmentation moyenne de température du liquide par réchauffage en K

T_{Dmax}:   Température maximale de la phase gazeuse en K

T_a :   Température de remplissage en K

k :   Facteur de correction de température

t_{Ob} :   Température maximale de la surface du liquide en °C

Dans la formule les données de bases suivantes sont utilisées:

P_{Obmax} : À 50 °C et 30 °C

P_{Da} :   À 15 °C

P_0 :   101,3 kPa

v_a :   5 % = 0,05

δ_t :   5 K

T_{Dmax}:   323 K et 310,8 K

T_a :   288 K

t_{Ob} :   50 °C et 30 °C

D. **Colonne (11): Détermination du degré maximal de remplissage des citernes à cargaison**

Si selon la disposition sous A ci-dessus:

- Il résulte un type G: 91 %   toutefois, en cas de matières fortement réfrigérées: 95 %

- Il résulte un type C: 95 %

- Il résulte un type N: 97 %   toutefois, en cas de matières à l'état fondu et en cas de liquides inflammables avec $175\ kPa \leq P_{v\ 50} < 300\ kPa$: 95 %.

E. **Colonne (13): Détermination du type de prise d'échantillon**

1 = fermé:
- Matières devant être transportées en citernes à cargaison à pression

- Matières avec la lettre T dans le code de classification indiqué dans la colonne 3 b) et affectées au groupe d'emballage I

- Matières stabilisées devant être transportées sous gaz inerte

2 = partiellement fermé:
- Toutes les autres matières pour lesquelles un type C est exigé

3 = ouvert:
- Toutes les autres matières

F. **Colonne (14): Détermination si la chambre de pompes est admise sous le pont**

Non
- Toutes les matières avec la lettre T dans le code de classification indiqué dans la colonne 3 b) à l'exception des matières de la classe 2

Oui
- Toutes les autres matières

G. **Colonne (15): Détermination de la classe de température**

Les matières inflammables sont affectées à une classe de température sur la base de leur point d'auto-inflammation:

Classe de température	Température T d'auto-inflammation des liquides inflammables et des gaz en °C
T1	$T > 450$
T2	$300 < T \leq 450$
T3	$200 < T \leq 300$
T4	$135 < T \leq 200$
T5	$100 < T \leq 135$
T6	$85 < T \leq 100$

Lorsque la protection contre les risques d'explosion est exigée et que la température d'auto-inflammation n'est pas connue la classe de température T4, estimée sûre, doit être mentionnée

H. **Colonne (16): Détermination du groupe d'explosion**

Les matières inflammables sont affectées à un groupe d'explosion sur la base de leur interstice expérimental maximal.

La détermination de l'interstice expérimental maximal s'effectue selon CEI 60079-20-1.

On distingue les groupes d'explosion suivants:

Groupe d'explosion	Interstice expérimental maximal en mm
II A	> 0,9
II B	≥ 0,5 à ≤ 0,9
II C	< 0,5

En présence de systèmes de protection autonomes on distingue en plus pour le groupe d'explosion II B les sous-groupes suivants:

Groupe (sous-groupe) d'explosion	Interstice expérimental maximal en mm
II B1	> 0,85 à ≤ 0,9
II B2	> 0,75 à ≤ 0,85
II B3	> 0,65 à ≤ 0,75
II B	≥ 0,5 à ≤ 0,65

Lorsque la protection contre les risques d'explosion est exigée et que les données y relatives ne sont pas fournies, le groupe d'explosion II B, estimé sûr, doit être mentionné.

I.   **Colonne (17): Détermination si une protection contre les risques d'explosion est exigée**

Oui   –   Matières à point d'éclair ≤ 60 °C.

–   Matières pour lesquelles un chauffage est exigé, en cours de transport, à une température de moins de 15 K en dessous du point d'éclair.

–   Matières pour lesquelles un chauffage est exigé, en cours de transport, à une température inférieure de 15 K ou plus au point d'éclair, et pour lesquelles figure, dans la colonne (9) ("Équipement de la citerne à cargaison"), le code 2 ("Possibilité de chauffage de la cargaison"), mais pas le code 4 ("Installation de chauffage de la cargaison à bord").

–   Gaz inflammables.

Non   –   Toutes les autres matières.

J.   **Colonne (18): Détermination si un équipement de protection individuel, un dispositif de sauvetage, un détecteur de gaz portatif, un toximètre portatif ou un appareil de protection respiratoire dépendant de l'air ambiant est exigé**

●   PP: Pour toutes les matières des classes 1 à 9

●   EP: Pour toutes les matières

–   De la classe 2 avec la lettre T ou la lettre C dans le code de classification indiqué dans la colonne (3 b)

–   De la classe 3 avec la lettre T ou la lettre C dans le code de classification indiqué dans la colonne (3 b)

–   De la classe 4.1

–   De la classe 6.1 et

> – De la classe 8
>
> – CMR des catégories 1A ou 1B selon les chapitres 3.5, 3.6 et 3.7 du SGH[3]

- EX: Pour toutes les matières pour lesquelles la protection contre les explosions est exigée

- TOX: Pour toutes les matières de la classe 6.1

  Pour toutes les matières des autres classes avec la lettre T dans le code de classification indiqué dans la colonne (3 b)

  Pour les matières CMR des catégories 1A ou 1B selon les chapitres 3.5, 3.6 et 3.7 du SGH[3]

- A: Pour toutes les matières pour lesquelles EX ou TOX est exigé

K. Colonne (19): Détermination du nombre de cônes ou de feux bleus

Pour toutes les matières de la classe 2 avec la lettre F dans le code
de classification indiqué dans la colonne (3 b):   1 cône/ feu

Pour toutes les matières des classes 3 à 9 avec la lettre F dans le code
de classification indiqué dans la colonne (3 b)
et affectées au groupe d'emballage I ou II: 1 cône/ feu

Pour toutes les matières de la classe 2 avec la lettre T dans le code
de classification indiqué dans la colonne (3 b):   2 cônes/ feux

Pour toutes les matières des classes 3 à 9 avec la lettre T dans le code
de classification indiqué dans la colonne (3 b)
et affectées au groupe d'emballage I ou II: 2 cônes/ feux

L. Colonne (20): Détermination des exigences supplémentaires et observations

Observation 1: L'observation 1 doit être mentionnée dans la colonne (20) pour le transport du No ONU 1005 AMMONIAC ANHYDRE.

Observation 2: L'observation 2 doit être mentionnée dans la colonne (20) pour les matières stabilisées qui réagissent avec l'oxygène ainsi que pour les gaz pour lesquels le danger 2.1 est mentionné dans la colonne (5).

Observation 3: L'observation 3 doit être mentionnée dans la colonne (20) pour les matières qui doivent être stabilisées.

Observation 4: L'observation 4 doit être mentionnée dans la colonne (20) pour les matières qui ne doivent pas se rigidifier parce que le réchauffement peut conduire à des réactions dangereuses.

Observation 5: L'observation 5 doit être mentionnée dans la colonne (20) pour les matières susceptibles de polymériser.

---

[3] *Étant donné qu'il n'existe pas encore de liste internationale officielle des matières CMR des catégories 1A et 1B, en attendant qu'une telle liste soit disponible, la liste des matières CMR des catégories 1A et 1B selon le Règlement (CE) n° 1272/2008 du Parlement européen et du Conseil, tel que modifié, est applicable.*

Observation 6: L'observation 6 doit être mentionnée dans la colonne (20) pour les matières susceptibles de cristalliser et pour les matières pour lesquelles une installation de chauffage ou une possibilité de chauffage est exigée et dont la pression de vapeur à 20 °C est supérieure à 0,1 kPa.

Observation 7: L'observation 7 doit être mentionnée dans la colonne (20) pour les matières dont le point de fusion est égal ou supérieur à + 15 °C.

Observation 8: L'observation 8 doit être mentionnée dans la colonne (20) pour les matières qui réagissent dangereusement avec l'eau.

Observation 9: L'observation 9 doit être mentionnée dans la colonne (20) pour le transport du No ONU 1131 DISULFURE DE CARBONE.

Observation 10: *N'est plus à utiliser.*

Observation 11: L'observation 11 doit être mentionnée dans la colonne (20) pour le transport du No ONU 1040 OXYDE D'ÉTHYLÈNE AVEC DE L'AZOTE.

Observation 12: L'observation 12 doit être mentionnée dans la colonne (20) pour le transport du No ONU 1280 OXYDE DE PROPYLÈNE et du No ONU 2983 OXYDE D'ÉTHYLÈNE ET OXYDE DE PROPYLÈNE EN MÉLANGE.

Observation 13: L'observation 13 doit être mentionnée dans la colonne (20) pour le transport du No ONU 1086 CHLORURE DE VINYLE STABILISÉ.

Observation 14: L'observation 14 doit être mentionnée dans la colonne (20) pour les mélanges ou les positions N.S.A. qui ne sont pas clairement définis et pour lesquels le type N est prévu par les critères de classification.

Observation 15: L'observation 15 doit être mentionnée dans la colonne (20) pour les matières qui réagissent dangereusement avec les matières alcalines ou acides telles que l'hydroxyde de sodium ou l'acide sulfurique.

Observation 16: L'observation 16 doit être mentionnée dans la colonne (20) pour les matières pour lesquelles une réaction dangereuse peut se produire par chauffage local excessif.

Observation 17: L'observation 17 doit être mentionnée dans la colonne (20) lorsque l'observation 4, l'observation 6 ou l'observation 7 est mentionnée.

Observation 18: *N'est plus à utiliser.*

Observation 19: L'observation 19 doit être mentionnée dans la colonne (20) pour les matières qui ne doivent en aucun cas venir en contact avec l'eau.

Observation 20: L'observation 20 doit être mentionnée dans la colonne (20) pour les matières dont la température de transport ne doit pas excéder une température maximale en liaison avec les matériaux des citernes à cargaison. Cette température maximale admissible doit être mentionnée immédiatement après le chiffre 20.

Observation 21: *N'est plus à utiliser.*

Observation 22: L'observation 22 doit être mentionnée dans la colonne (20) pour les matières pour lesquelles une plage ou aucune valeur de la densité n'est indiquée dans la colonne (12).

Observation 23: L'observation 23 doit être mentionnée dans la colonne (20) pour les matières qui ont une pression interne à 30 °C inférieure à 50 kPa et qui sont transportées avec pulvérisation d'eau.

Observation 24: L'observation 24 doit être mentionnée dans la colonne (20) pour le transport du No ONU 3257 LIQUIDE TRANSPORTÉ À CHAUD, N.S.A.

Observation 25:   L'observation 25 doit être mentionnée dans la colonne (20) pour les matières qui doivent être transportées à chaud dans une citerne à cargaison du type 3.

Observation 26:   L'observation 26 doit être mentionnée dans la colonne (20) pour les matières qui doivent être transportées à chaud dans une citerne à cargaison du type 2.

Observation 27:   L'observation 27 doit être mentionnée dans la colonne (20) pour les matières pour lesquelles la mention N.S.A. ou une dénomination générique est portée dans la colonne (2) et pour lesquelles les désignations officielles de transport ne sont pas déjà complétées par le nom technique de la marchandise ou par les renseignements complémentaires concernant la teneur en benzène.

Observation 28:   L'observation 28 doit être mentionnée dans la colonne (20) pour le transport du No ONU 2448 SOUFRE FONDU.

Observation 29:   *N'est plus à utiliser.*

Observation 30:   L'observation 30 doit être mentionnée dans la colonne (20) pour le transport des Nos ONU 1719, 1794, 1814, 1819, 1824, 1829, 1830, 1832, 1833, 1906, 2240, 2308, 2583, 2584, 2677, 2679, 2681, 2796, 2797, 2837, et 3320 sous les rubriques pour lesquelles un type N ouvert est exigé.

Observation 31:   L'observation 31 doit être mentionnée dans la colonne (20) pour le transport de matières de la classe 2 et des Nos ONU 1280 OXYDE DE PROPYLÈNE et 2983 OXYDE D'ÉTHYLÈNE ET OXYDE DE PROPYLÈNE EN MÉLANGE de la classe 3.

Observation 32:   L'observation 32 doit être mentionnée dans la colonne (20) pour le transport du No ONU 2448 SOUFRE FONDU de la classe 4.1.

Observation 33:   L'observation 33 doit être mentionnée dans la colonne (20) pour le transport des Nos ONU 2014 et 2984 PEROXYDE D'HYDROGÈNE EN SOLUTION AQUEUSE de la classe 5.1.

Observation 34:   L'observation 34 doit être mentionnée dans la colonne (20) pour le transport de matières pour lesquelles le danger 8 est mentionné dans la colonne 5 et le type N dans la colonne (6).

Observation 35:   L'observation 35 doit être mentionnée dans la colonne (20) pour les matières pour lesquelles la réfrigération totale peut provoquer des réactions dangereuses en cas de compression. Ceci est également applicable si la réfrigération est partiellement réalisée par compression.

Observation 36:   *N'est plus à utiliser.*

Observation 37:   L'observation 37 doit être mentionnée dans la colonne (20) pour les matières pour lesquelles le système de stockage de la cargaison doit pouvoir résister à la pleine pression de vapeur de la cargaison aux limites supérieures des températures ambiantes de calcul quel que soit le système adopté pour traiter le gaz d'évaporation.

Observation 38:   L'observation 38 doit être mentionnée dans la colonne (20) pour les mélanges dont le point de début d'ébullition selon la norme ASTMD 86-01 est supérieur à 60 °C et inférieur ou égal à 85 °C.

Observation 39:   L'observation 39 doit être mentionnée dans la colonne (20) pour le transport du No ONU 2187 DIOXYDE DE CARBONE LIQUIDE RÉFRIGÉRÉ de la classe 2.

Observation 40:   *N'est plus à utiliser.*

Observation 41:   L'observation 41 doit être mentionnée dans la colonne (20) pour le No ONU 2709 BUTYLBENZÈNES (n-BUTYLBENZÈNE).

Observation 42:   L'observation 42 doit être mentionnée dans la colonne (20) pour le No ONU 1038 ÉTHYLÈNE LIQUIDE REFRIGÉRÉ et pour le No ONU 1972 MÉTHANE LIQUIDE RÉFRIGÉRÉ ou GAZ NATUREL (à haute teneur en méthane) LIQUIDE RÉFRIGÉRÉ.

Observation 43:   L'observation 43 doit être mentionnée dans la colonne (20) pour toutes les rubriques du groupe d'emballage I, pour lesquelles dans la colonne (3b), le code de classification contient un "F" (inflammable) et pour lesquelles dans la colonne (5) Dangers figure un "F" (floater).

PARTIE 4

Dispositions relatives à l'utilisation des emballages, des citernes et engins de transport pour vrac

CHAPITRE 4.1

DISPOSITIONS GÉNÉRALES

4.1.1   Les emballages et les citernes doivent être utilisés conformément aux prescriptions de l'une des Réglementations internationales, compte tenu des indications qui figurent dans la liste des matières de ces Réglementations internationales, à savoir:

- Pour les emballages (y compris GRV et grands emballages): colonnes (8), (9a) et (9b) du tableau A du chapitre 3.2 du RID ou de l'ADR, ou de la liste des matières du chapitre 3.2 du Code IMDG ou des IT-OACI;

- Pour les citernes mobiles: colonnes (10) et (11) du tableau A du chapitre 3.2 du RID ou de l'ADR ou de la liste des matières du Code IMDG;

- Pour les citernes RID ou ADR: colonnes (12) et (13) du tableau A du chapitre du RID ou de l'ADR.

4.1.2   Les prescriptions à appliquer sont les suivantes:

- Pour les emballages (y compris GRV et grands emballages): chapitre 4.1 du RID, de l'ADR, du Code IMDG ou des IT-OACI;

- Pour les citernes mobiles: chapitre 4.2 du RID, de l'ADR ou du Code IMDG;

- Pour les citernes RID ou ADR: chapitre 4.3 du RID ou de l'ADR, et, le cas échéant, sections 4.2.5 ou 4.2.6 du Code IMDG;

- Pour les citernes en matière plastique renforcée de fibres: chapitre 4.4 de l'ADR;

- Pour les citernes à déchets opérant sous vide: chapitre 4.5 de l'ADR.

- Pour les unités mobiles de fabrication d'explosifs (MEMU): chapitre 4.7 de l'ADR.

4.1.3   Pour le transport en vrac de matières solides dans des véhicules, wagons, conteneurs ou conteneurs pour vrac, les prescriptions suivantes des Réglementations internationales doivent être respectées:

- Chapitre 4.3 du Code IMDG; ou

- Chapitre 7.3 de l'ADR, compte tenu des indications figurant aux colonnes (10) et (17) du tableau A du chapitre 3.2 de l'ADR, sauf que les véhicules bâchés et les conteneurs bâchés ne sont pas autorisés; ou

- Chapitre 7.3 du RID, compte tenu des indications figurant aux colonnes (10) et (17) du tableau A du chapitre 3.2 du RID, sauf que les wagons bâchés et les conteneurs bâchés ne sont pas autorisés.

4.1.4   Seuls peuvent être utilisés des emballages et citernes qui répondent aux prescriptions de la partie 6 de l'ADR ou du RID.

PARTIE 5

Procédures d'expédition

CHAPITRE 5.1

DISPOSITIONS GÉNÉRALES

5.1.1   **Application et dispositions générales**

La présente partie énonce les dispositions relatives à l'expédition de marchandises dangereuses en ce qui a trait au marquage, à l'étiquetage et à la documentation, et le cas échéant, à l'autorisation d'expédition et aux notifications préalables.

5.1.2   **Emploi de suremballages**

5.1.2.1   a)   À moins que les marques et les étiquettes prescrites au chapitre 5.2, à l'exception de celles prescrites aux 5.2.1.3 à 5.2.1.6, 5.2.1.7.2 à 5.2.1.7.8 et 5.2.1.10, représentatives de toutes les marchandises dangereuses contenues dans le suremballage soient visibles, celui-ci doit:

   i)   Porter une marque indiquant le mot "SUREMBALLAGE". Les lettres de la marque "SUREMBALLAGE" doivent mesurer au moins 12 mm de hauteur. La marque doit être dans une langue officielle du pays d'origine et également, si cette langue n'est pas l'anglais, le français ou l'allemand, en anglais, français ou allemand à moins que des accords conclus entre les pays intéressés au transport, s'il en existe, n'en disposent autrement;

   ii)   Porter une marque indiquant le numéro ONU, ainsi que les étiquettes et autres marques prescrites pour les colis au chapitre 5.2 à l'exception de celles prescrites aux 5.2.1.3 à 5.2.1.6, 5.2.1.7.2 à 5.2.1.7.8 et 5.2.1.10, pour chacune des marchandises dangereuses qu'il contient. Il est suffisant d'appliquer chaque marque et étiquette applicable une seule fois.

   Les suremballages contenant des matières radioactives doivent être étiquetés conformément au 5.2.2.1.11.

   b)   Les flèches d'orientation illustrées au 5.2.1.10 doivent être apposées sur deux côtés opposés des suremballages contenant des colis qui doivent être marqués conformément au 5.2.1.10.1, à moins que les marques demeurent visibles.

5.1.2.2   Chaque colis de marchandises dangereuses contenu dans un suremballage doit être conforme à toutes les dispositions applicables de l'ADN. La fonction prévue de chaque emballage ne doit pas être compromise par le suremballage.

5.1.2.3   Chaque colis portant les marques d'orientation prescrites au 5.2.1.10 et qui est suremballé ou placé dans un grand emballage doit être orienté conformément à ces marques.

5.1.2.4   Les interdictions de chargement en commun s'appliquent également à ces suremballages.

5.1.3   **Emballages (y compris les GRV et les grands emballages), citernes, MEMU, véhicules pour vrac, wagons pour vrac et conteneurs pour vrac, vides, non nettoyés**

5.1.3.1   Les emballages (y compris les GRV et les grands emballages), les citernes (y compris les véhicules-citernes, wagons-citernes, véhicules-batteries, wagons-batteries, citernes démontables, citernes amovibles, citernes mobiles, conteneurs-citernes, CGEM, MEMU), les véhicules, les wagons et les conteneurs pour vrac, vides, non nettoyés, ayant contenu des marchandises dangereuses de différentes classes autres que la classe 7, doivent être marqués et étiquetés comme s'ils étaient pleins.

NOTA: Pour la documentation, voir chapitre 5.4.

5.1.3.2	Les conteneurs, les citernes, les grands récipients pour vrac, ainsi que d'autres emballages et suremballages utilisés pour le transport de matières radioactives ne doivent pas servir à l'entreposage ou au transport d'autres marchandises à moins d'avoir été décontaminés de telle façon que le niveau d'activité soit inférieur à 0,4 Bq/cm^2 pour les émetteurs bêta et gamma et des émetteurs alpha de faible toxicité et à 0,04 Bq/cm^2 pour tous les autres émetteurs alpha.

5.1.4 Emballage en commun

Lorsque deux marchandises dangereuses ou plus sont emballées en commun dans un même emballage extérieur, le colis doit être étiqueté et marqué comme prescrit pour chaque matière ou objet. Lorsqu'une même étiquette est requise pour différentes marchandises, elle ne doit être appliquée qu'une fois.

5.1.5 Dispositions générales relatives à la classe 7

5.1.5.1 *Approbation des expéditions et notification*

5.1.5.1.1 *Généralités*

Outre l'agrément des modèles de colis décrit au chapitre 6.4 de l'ADR, l'approbation multilatérale des expéditions est aussi requise dans certains cas (5.1.5.1.2 et 5.1.5.1.3). Dans certaines circonstances, il est aussi nécessaire de notifier l'expédition aux autorités compétentes (5.1.5.1.4).

5.1.5.1.2 *Approbation des expéditions*

Une approbation multilatérale est requise pour:

a) l'expédition de colis du type B(M) non conformes aux prescriptions énoncées au 6.4.7.5 de l'ADR ou spécialement conçus pour permettre l'aération intermittente prescrite;

b) l'expédition de colis du type B(M) contenant des matières radioactives ayant une activité supérieure à 3 000 A_1 ou à 3 000 A_2, suivant le cas, ou à 1 000 TBq, la plus faible des deux valeurs étant retenue;

c) l'expédition de colis contenant des matières fissiles si la somme des indices de sûreté-criticité des colis dans un seul bateau, véhicule, wagon ou conteneur ou dans un seul moyen de transport dépasse 50;

d) les programmes de protection radiologique pour les expéditions par bateau d'utilisation spéciale, conformément au 7.1.4.14.7.3.7; et

e) l'expédition de SCO-III.

L'autorité compétente peut toutefois autoriser le transport sur le territoire relevant de sa compétence sans approbation de l'expédition, par une disposition explicite de l'agrément du modèle (voir sous 5.1.5.2.1).

5.1.5.1.3 *Approbation des expéditions par arrangement spécial*

Une autorité compétente peut approuver des dispositions en vertu desquelles un envoi qui ne satisfait pas à toutes les prescriptions applicables de l'ADN peut être transporté en application d'un arrangement spécial (voir sous 1.7.4).

5.1.5.1.4   *Notifications*

Une notification aux autorités compétentes est exigée:

a)   Avant la première expédition d'un colis nécessitant l'approbation de l'autorité compétente, l'expéditeur doit veiller à ce que des exemplaires de chaque certificat d'autorité compétente s'appliquant à ce modèle de colis aient été soumis à l'autorité compétente du pays d'origine de l'envoi et à l'autorité compétente de chacun des pays sur le territoire desquels l'envoi doit être transporté. L'expéditeur n'a pas à attendre d'accusé de réception de la part de l'autorité compétente et l'autorité compétente n'a pas à accuser réception du certificat;

b)   Pour toute expédition des types suivants:

   i)   Colis du type C contenant des matières radioactives ayant une activité supérieure à la plus faible des valeurs ci-après: 3 000 A_1 ou 3 000 A_2, suivant le cas, ou 1 000 TBq;

   ii)   Colis du type B(U) contenant des matières radioactives ayant une activité supérieure à la plus faible des valeurs ci-après: 3 000 A_1 ou 3 000 A_2, suivant le cas, ou 1 000 TBq;

   iii)   Colis du type B(M);

   iv)   Expédition sous arrangement spécial.

L'expéditeur doit adresser une notification à l'autorité compétente du pays d'origine de l'envoi et à l'autorité compétente de chacun des pays sur le territoire desquels l'envoi doit être transporté. Cette notification doit parvenir à chaque autorité compétente avant le début de l'expédition et, de préférence, au moins sept jours à l'avance;

c)   L'expéditeur n'est pas tenu d'envoyer une notification séparée si les renseignements requis ont été inclus dans la demande d'approbation de l'expédition (voir 6.4.23.2 de l'ADR);

d)   La notification d'envoi doit comprendre:

   i)   suffisamment de renseignements pour permettre l'identification du ou des colis, et notamment tous les numéros et cotes de certificats applicables;

   ii)   des renseignements sur la date de l'expédition, la date prévue d'arrivée et l'itinéraire prévu;

   iii)   le(s) nom(s) de la (des) matière(s) radioactive(s) ou du (des) nucléide(s);

   iv)   la description de l'état physique et de la forme chimique des matières radioactives ou l'indication qu'il s'agit de matières radioactives sous forme spéciale ou de matières radioactives faiblement dispersables; et

   v)   l'activité maximale du contenu radioactif pendant le transport exprimée en becquerels (Bq) avec le symbole du préfixe SI approprié (voir 1.2.2.1). Pour les matières fissiles, la masse de matière fissile (ou la masse de chaque nucléide fissile pour les mélanges le cas échéant) en grammes (g), ou en multiples du gramme, peut être indiquée au lieu de l'activité.

5.1.5.2   *Certificats délivrés par l'autorité compétente*

5.1.5.2.1   Des certificats délivrés par l'autorité compétente sont requis pour:

a)   Les modèles utilisés pour:

   i)   les matières radioactives sous forme spéciale;

   ii)   les matières radioactives faiblement dispersables;

   iii)   les matières fissiles exceptées en vertu du 2.2.7.2.3.5 f);

   iv)   les colis contenant 0,1 kg ou plus d'hexafluorure d'uranium;

   v)   les colis contenant des matières fissiles sous réserve des exceptions prévues au 2.2.7.2.3.5 de ce Règlement et aux 6.4.11.2 ou 6.4.11.3 de l'ADR;

   vi)   les colis du type B(U) et les colis du type B(M);

   vii)   les colis du type C;

b)   Les arrangements spéciaux;

c)   Certaines expéditions (voir sous 5.1.5.1.2);

d)   Le calcul des valeurs de base visées au 2.2.7.2.2.1 pour les radionucléides qui ne figurent pas dans la liste du tableau 2.2.7.2.2.1 (voir 2.2.7.2.2.2 a));

e)   Le calcul d'autres limites d'activité pour un envoi exempté portant sur des appareils ou des objets (voir 2.2.7.2.2.2 b)).

Les certificats doivent confirmer que les prescriptions pertinentes sont satisfaites et, pour les agréments de modèle, doivent attribuer une marque d'identification du modèle.

Les certificats relatifs à un modèle de colis et à une expédition peuvent être combinés en un seul certificat.

Les certificats et les demandes de certificat doivent se conformer aux prescriptions du 6.4.23 de l'ADR.

5.1.5.2.2   L'expéditeur doit avoir en sa possession un exemplaire de chacun des certificats.

5.1.5.2.3   Pour les modèles de colis pour lesquels un certificat d'agrément de l'autorité compétente n'est pas requis, l'expéditeur doit, sur demande, soumettre à l'examen de l'autorité compétente des documents prouvant que le modèle de colis est conforme aux prescriptions applicables.

5.1.5.3   *Détermination de l'indice de transport (TI) et de l'indice de sûreté-criticité (CSI)*

5.1.5.3.1   Le TI pour un colis, un suremballage ou un conteneur ou pour des matières LSA-I ou des objets SCO-I ou SCO III non emballés est le nombre obtenu de la façon suivante:

a)   On détermine le débit de dose maximal en millisieverts par heure (mSv/h) à une distance de 1 m des surfaces externes du colis, du suremballage ou du conteneur, ou des matières LSA-I et des objets SCO-I ou SCO-III non emballés. Le nombre obtenu doit être multiplié par 100. Pour les minerais et les concentrés d'uranium et de thorium, le débit de dose maximal en tout point situé à 1 m de la surface externe du chargement peut être considérée comme égal à:

0,4 mSv/h   pour les minerais et les concentrés physiques d'uranium et de thorium;

0,3 mSv/h   pour les concentrés chimiques de thorium;

0,02 mSv/h pour les concentrés chimiques d'uranium autres que l'hexafluorure d'uranium;

b)   Pour les citernes et les conteneurs, et les matières LSA-I et les SCO-I et SCO-III non emballés, le nombre obtenu à la suite de l'opération a) doit être multiplié par le facteur approprié du tableau 5.1.5.3.1;

c)   Le nombre obtenu à la suite des opérations a) et b) ci-dessus doit être arrondi à la première décimale supérieure (par exemple 1,13 devient 1,2), sauf qu'un nombre égal ou inférieur à 0,05 peut être ramené à zéro; et le nombre qui en résulte constitue le TI.

Tableau 5.1.5.3.1:   Facteurs de multiplication pour les citernes, les conteneurs et les matières LSA-I, les SCO-I et les SCO-III non emballés

Dimensions du chargement [a]	Facteur de multiplication
Jusqu'à 1 m^2	1
De plus de 1 à 5 m^2	2
De plus de 5 à 20 m^2	3
Plus de 20 m^2	10

[a]   *Aire de la plus grande section du chargement.*

5.1.5.3.2   Le TI pour chaque suremballage, bateau ou engin de transport doit être déterminé en additionnant les TI de tous les colis qu'ils contiennent. Dans le cas d'une expédition assurée par un seul expéditeur, ce dernier peut déterminer le TI en mesurant directement le débit de dose.

Le TI d'un suremballage non rigide ne doit être déterminé qu'en additionnant les TI de l'ensemble des colis contenus dans ledit suremballage.

5.1.5.3.3   Le CSI de chaque suremballage ou conteneur doit être déterminé en additionnant les CSI de tous les colis contenus. La même procédure doit être appliquée pour la détermination de la somme totale des CSI dans un envoi ou à bord d'un bateau ou engin de transport.

5.1.5.3.4   Les colis, les suremballages et les conteneurs doivent être classés dans l'une des catégories I-BLANCHE, II-JAUNE ou III-JAUNE, conformément aux conditions spécifiées au tableau 5.1.5.3.4 et aux prescriptions ci-après:

a)   Pour déterminer la catégorie dans le cas d'un colis, d'un suremballage ou d'un conteneur, il faut tenir compte à la fois du TI et du débit de dose en surface. Lorsque d'après le TI le classement devrait être fait dans une catégorie, mais que d'après le débit de dose en surface le classement devrait être fait dans une catégorie différente, le colis, le suremballage ou le conteneur est classé dans la plus élevée des deux catégories. À cette fin, la catégorie I-BLANCHE est considérée comme la catégorie la plus basse;

b)   Le TI doit être déterminé d'après les procédures spécifiées aux 5.1.5.3.1 et 5.1.5.3.2;

c)   Si le débit de dose est supérieur à 2 mSv/h, le colis ou le suremballage doit être transporté sous utilisation exclusive et compte tenu des dispositions du par 7.1.4.14.7.1.3 et 7.1.4.14.7.3.5 a), suivant le cas;

d) Un colis dont le transport est autorisé par arrangement spécial doit être classé dans la catégorie III-JAUNE suivant les prescriptions du 5.1.5.3.5;

e) Un suremballage ou un conteneur dans lequel sont rassemblés des colis transportés sous arrangement spécial doit être classé dans la catégorie III-JAUNE suivant les prescriptions du 5.1.5.3.5.

Tableau 5.1.5.3.4: Catégories de colis, de suremballages et de conteneurs

Conditions		Catégorie
TI	Débit de dose maximal en tout point de la surface externe	
0 [a]	Pas plus de 0,005 mSv/h	I-BLANCHE
Plus de 0 mais pas plus de 1 [a]	Plus de 0,005 mSv/h mais pas plus de 0,5 mSv/h	II-JAUNE
Plus de 1 mais pas plus de 10	Plus de 0,5 mSv/h mais pas plus de 2 mSv/h	III-JAUNE
Plus de 10	Plus de 2 mSv/h mais pas plus de 10 mSv/h	III-JAUNE [b]

[a] *Si le TI mesuré n'est pas supérieur à 0,05, sa valeur peut être ramenée à zéro, conformément au 5.1.5.3.1c).*

[b] *Doivent aussi être transportés sous utilisation exclusive excepté pour les conteneurs (voir tableau D au 7.1.4.14.7.3.3).*

5.1.5.3.5 Dans tous les cas de transport international de colis dont le modèle doit être agréé ou l'expédition approuvée par l'autorité compétente et pour lesquels différentes modalités d'agrément ou d'approbation s'appliquent dans les divers pays concernés par l'expédition, la catégorisation doit être conforme au certificat du pays d'origine du modèle.

5.1.5.4 *Dispositions applicables aux colis exceptés de matières radioactives de la classe 7*

5.1.5.4.1 Les colis exceptés de matières radioactives de la classe 7 doivent porter sur la surface externe de l'emballage, inscrits de manière lisible et durable:

a) le numéro ONU précédé des lettres "UN";

b) l'identification de l'expéditeur ou du destinataire ou des deux à la fois; et

c) l'indication de sa masse brute admissible si celle-ci est supérieure à 50 kg.

5.1.5.4.2 Les prescriptions relatives à la documentation qui figurent au chapitre 5.4 ne s'appliquent pas aux colis exceptés de matières radioactives de la classe 7, si ce n'est que:

a) le numéro ONU précédé des lettres "UN" et le nom et l'adresse de l'expéditeur et du destinataire, et, le cas échéant, la marque d'identification pour chaque certificat d'agrément d'une autorité compétente (voir sous 5.4.1.2.5.1 g)) doivent figurer sur un document de transport tel que connaissement, lettre de transport aérien ou lettre de voiture CMR, CIM ou CMNI;

b) le cas échéant, les prescriptions des 5.4.1.2.5.1 g), 5.4.1.2.5.3 et 5.4.1.2.5.4 doivent être respectées;

c) les prescriptions des 5.4.2 et 5.4.4 doivent être respectées.

5.1.5.4.3 Les prescriptions des 5.2.1.7.8 et 5.2.2.1.11.5 doivent être respectées, le cas échéant.

5.1.5.5   *Résumé des prescriptions d'agrément et de notification préalables*

NOTA 1: Avant la première expédition de tout colis pour lequel un agrément du modèle par l'autorité compétente est requis, l'expéditeur doit s'assurer qu'une copie du certificat d'agrément de ce modèle a été expédiée aux autorités compétentes de tous les pays traversés (voir sous 5.1.5.1.4 a).

2: La notification est requise si le contenu dépasse: 3×10^3 A_1, ou 3×10^3 A_2 ou 1 000 TBq (voir sous 5.1.5.1.4 b).

3: Une approbation multilatérale de l'expédition est requise si le contenu dépasse: 3×10^3 A_1 ou 3×10^3 A_2 ou 1 000 TBq, ou si une décompression intermittente est autorisée (voir sous 5.1.5.1).

4: Voir prescriptions d'agrément et notification préalable pour le colis applicable pour transporter cette matière.

Sujet	Numéro ONU	Agrément des autorités compétentes		Notification, avant tout transport, par l'expéditeur aux autorités compétentes du pays d'origine et des pays traversés[a]	Référence
		Pays d'origine	Pays traversés[a]		
Calcul des valeurs A_1 et A_2 non mentionnées	-	Oui	Oui	Non	2.2.7.2.2.2 a), 5.1.5.2.1 d)
Colis exceptés	2908, 2909, 2910, 2911				---
- Modèle		Non	Non	Non	
- Expédition		Non	Non	Non	
LSA[b] et SCO[b], colis industriels des types 1,2 ou 3, non fissiles et fissiles exceptés	2912, 2913, 3321, 3322				---
- Modèle		Non	Non	Non	
- Expédition		Non	Non	Non	
Colis du Type A[b], non fissiles et fissiles exceptés	2915, 3332				---
- Modèle		Non	Non	Non	
- Expédition		Non	Non	Non	
Colis du Type B(U)[b], non fissiles et fissiles exceptés	2916				5.1.5.1.4 b), 5.1.5.2.1 a) 6.4.22.2 (ADR)
- Modèle		Oui	Non	Voir Nota 1	
- Expédition		Non	Non	Voir Nota 2	
Colis du Type B(M)[b], non fissiles et fissiles exceptés	2917				5.1.5.1.4 b), 5.1.5.2.1 a), 5.1.5.1.2 6.4.22.3 (ADR)
- Modèle		Oui	Oui	Non	
- Expédition		Voir Nota 3	Voir Nota 3	Oui	
Colis du Type C[b], non fissiles et fissiles exceptés	3323				5.1.5.1.4 b), 5.1.5.2.1 a) 6.4.22.2 (ADR)
- Modèle		Oui	Non	Voir Nota 1	
- Expédition		Non	Non	Voir Nota 2	
Colis de matières fissiles	2977, 3324, 3325, 3326, 3327, 3328, 3329, 3330 3331, 3333				5.1.5.2.1 a), 5.1.5.1.2, 6.4.22.4 (ADR)
- Modèle		Oui[c]	Oui[c]	Non	
- Expédition:					
Somme des indices de sûreté-criticité ne dépassant pas 50		Non[d]	Non[d]	Voir Nota 2	
Somme des indices de sûreté-criticité supérieure à 50		Oui	Oui	Voir Nota 2	
Matière radioactive sous forme spéciale					1.6.6.4, 5.1.5.2.1 a) 6.4.22.5 (ADR)
- Modèle	-	Oui	Non	Non	
- Expédition	Voir Nota 4	Voir Nota 4	Voir Nota 4	Voir Nota 4	

Sujet	Numéro ONU	Agrément des autorités compétentes		Notification, avant tout transport, par l'expéditeur aux autorités compétentes du pays d'origine et des pays traversés[a]	Référence
		Pays d'origine	Pays traversés[a]		
Matière radioactive faiblement dispersable - Modèle - Expédition	- Voir Nota 4	Oui Voir Nota 4	Non Voir Nota 4	Non Voir Nota 4	5.1.5.2.1 a), 6.4.22.5 (ADR)
Colis contenant 0,1 kg ou plus d'hexafluorure d'uranium - Modèle - Expédition	- Voir Nota 4	Oui Voir Nota 4	Non Voir Nota 4	Non Voir Nota 4	5.1.5.2.1 a), 6.4.22.1 (ADR)
Arrangement spécial - Expédition	2919, 3331	Oui	Oui	Oui	1.7.4.2 5.1.5.2.1 b), 5.1.5.1.4 b)
Modèles de colis approuvés soumis aux mesures transitoires	-	Voir 1.6.6 (ADR)	Voir 1.6.6 (ADR)	Voir Nota 1	1.6.6.2 (ADR), 5.1.5.1.4 b), 5.1.5.2.1 a), 5.1.5.1.2 6.4.22.9 (ADR)
Limites alternatives d'activités pour un envoi exempté portant sur des appareils ou des objets	-	Oui	Oui	Non	5.1.5.2.1e), 6.4.22.7 (ADR)
Matières fissiles exceptées conformément au 2.2.7.2.3.5 f)	-	Oui	Oui	Non	5.1.5.2.1 a) iii), 6.4.22.6 (ADR)

[a]   *Pays à partir de, au travers de, ou vers lesquels l'envoi est transporté.*

[b]   *Si les contenus radioactifs sont des matières fissiles non exemptées des dispositions pour les colis de matières fissiles, les dispositions des colis de matières fissiles s'appliquent (voir sous 6.4.11 de l'ADR).*

[c]   *Les modèles de colis pour matières fissiles peuvent aussi devoir être approuvés suivant l'une des autres rubriques du tableau.*

[d]   *L'expédition peut cependant devoir être approuvée, suivant l'une des autres rubriques du tableau.*

CHAPITRE 5.2

MARQUAGE ET ÉTIQUETAGE

5.2.1 **Marquage des colis**

NOTA 1: Pour les marques concernant la construction, les épreuves et l'agrément des emballages, grands emballages, récipients à pression et GRV, voir dans la partie 6 de l'ADR.

2: Conformément au SGH, pendant le transport, un pictogramme SGH non exigé par l'ADN ne devrait apparaître que dans le cadre d'une étiquette SGH complète, et pas de manière indépendante (voir SGH, 1.4.10.4.4).

5.2.1.1　Sauf s'il en est disposé autrement, dans l'ADN, le numéro ONU correspondant aux marchandises contenues, précédé des lettres "UN", doit figurer de façon claire et durable sur chaque colis. Le numéro ONU et les lettres "UN" doivent mesurer au moins 12 mm de hauteur, sauf sur les colis d'une capacité de 30 *l* ou d'une masse nette de 30 kg au maximum et sauf sur les bouteilles d'une contenance en eau ne dépassant pas 60 *l*, où ils doivent mesurer au moins 6 mm de hauteur ainsi que sur les emballages d'une capacité ne dépassant pas 5 *l* ou d'une masse nette ne dépassant pas 5 kg, où ils doivent avoir des dimensions appropriées. Dans le cas d'objets non emballés la marque doit figurer sur l'objet, sur son berceau ou sur son dispositif de manutention, de stockage ou de lancement.

5.2.1.2　Toutes les marques prescrites dans ce chapitre:

a)　doivent être facilement visibles et lisibles;

b)　doivent pouvoir être exposées aux intempéries sans dégradation notable.

5.2.1.3　Les emballages de secours, y compris les grands emballages de secours, et récipients à pression de secours doivent en outre porter la marque **"EMBALLAGE DE SECOURS"**. Les lettres de la marque **"EMBALLAGE DE SECOURS"** doivent mesurer au moins 12 mm de hauteur.

5.2.1.4　Les grands récipients pour vrac d'une capacité supérieure à 450 litres et les grands emballages doivent porter les marques sur deux côtés opposés.

5.2.1.5 ***Dispositions supplémentaires pour les marchandises de la classe 1***

Pour les marchandises de la classe 1, les colis doivent en outre indiquer la désignation officielle de transport déterminée conformément au 3.1.2. La marque bien lisible et indélébile doit être rédigée dans une ou plusieurs langue(s), dont l'une doit être le français, l'allemand ou l'anglais, à moins que des accords conclus entre les pays intéressés au transport n'en disposent autrement.

5.2.1.6 ***Dispositions supplémentaires pour les marchandises de la classe 2***

Les récipients rechargeables doivent porter en caractères bien lisibles et durables les indications suivantes:

a)　le numéro ONU et la désignation officielle de transport du gaz ou du mélange de gaz, déterminée conformément au 3.1.2.

Pour les gaz affectés à une rubrique n.s.a., seul le nom technique[1] du gaz doit être indiqué en complément du numéro ONU.

---

[1]　*Au lieu de la désignation officielle de transport ou, le cas échéant, de la désignation officielle de transport de la rubrique n.s.a. suivie du nom technique, il est permis d'utiliser une des désignations ci-après:*

Pour les mélanges, il suffit d'indiquer les deux composants qui contribuent de façon prédominante aux dangers;

b)   pour les gaz comprimés qui sont chargés en masse et pour les gaz liquéfiés, soit la masse de remplissage maximale et la tare du récipient avec les organes et accessoires en place au moment du remplissage, soit la masse brute;

c)   la date (année) du prochain contrôle périodique.

Ces indications peuvent être soit gravées, soit indiquées sur une plaque signalétique ou une étiquette durable fixée au récipient, ou indiquées par une marque adhérente et bien visible, par exemple à la peinture ou par tout autre procédé équivalent.

NOTA 1: Voir aussi 6.2.2.7 de l'ADR.

2: Pour les récipients non rechargeables, voir 6.2.2.8 de l'ADR.

5.2.1.7   *Dispositions spéciales pour le marquage des matières radioactives*

5.2.1.7.1   Chaque colis doit porter sur la surface externe de l'emballage l'identification de l'expéditeur ou du destinataire ou des deux à la fois, marquée de manière lisible et durable. Chaque suremballage doit porter de manière lisible et durable sur sa surface externe l'identification de l'expéditeur ou du destinataire ou des deux à la fois, à moins que ces marques ne soient parfaitement visibles pour tous les colis à l'intérieur du suremballage.

5.2.1.7.2   Pour chaque colis, autre qu'un colis excepté, le numéro ONU précédé des lettres "UN" et la désignation officielle de transport doivent être marqués de manière lisible et durable sur la surface externe de l'emballage. Le marquage des colis exceptés doit être tel que prescrit au 5.1.5.4.1.

5.2.1.7.3   Chaque colis d'une masse brute supérieure à 50 kg doit porter sur la surface externe de l'emballage l'indication de sa masse brute admissible de manière lisible et durable.

5.2.1.7.4   Chaque colis conforme à:

a)   un modèle de colis du type IP-1, de colis du type IP-2 ou de colis du type IP-3 doit porter sur la surface externe de l'emballage la mention "TYPE IP-1", "TYPE IP-2" ou "TYPE IP-3", selon le cas, inscrite de manière lisible et durable;

b)   un modèle de colis du type A doit porter sur la surface externe de l'emballage la mention "TYPE A" inscrite de manière lisible et durable;

-      *pour le No ONU 1078 gaz frigorifique, n.s.a.: mélange F1, mélange F2, mélange F3;*
-      *pour le No ONU 1060 méthylacétylène et propadiène en mélange stabilisé: mélange P1, mélange P2;*
-      *pour le No ONU 1965 hydrocarbures gazeux liquéfiés, n.s.a.: mélange A ou butane, mélange A01 ou butane, mélange A02 ou butane, mélange A0 ou butane, mélange A1, mélange B1, mélange B2, mélange B, mélange C ou propane.*
-      *pour le No ONU 1010 Butadiènes stabilisés: Butadiène-1,2 stabilisé, Butadiène-1,3 stabilisé.*

c) un modèle de colis du type IP-2, de colis du type IP-3 ou de colis du type A doit porter sur la surface externe de l'emballage, inscrits de manière lisible et durable, le signe distinctif utilisé sur les véhicules en circulation routière internationale[2] du pays d'origine du modèle et, soit le nom du fabricant, soit tout autre moyen d'identification de l'emballage spécifié par l'autorité compétente du pays d'origine du modèle.

5.2.1.7.5 Chaque colis conforme à un modèle agréé en vertu d'un ou plusieurs des paragraphes 5.1.5.2.1 de ce Règlement, 1.6.6.2.1, 6.4.22.1 à 6.4.22.4 et 6.4.23.4 à 6.4.23.7 de l'ADR, doit porter de manière lisible et durable sur la surface externe du colis les inscriptions suivantes:

a) la cote attribuée à ce modèle par l'autorité compétente;

b) un numéro de série propre à chaque emballage conforme à ce modèle;

c) "TYPE B(U)", "TYPE B(M)" ou "TYPE C", dans le cas des modèles de colis du type B(U), du type B(M) ou du type C.

5.2.1.7.6 Chaque colis conforme à un modèle de colis du type B(U), du type B(M) ou du type C doit porter sur la surface externe du récipient extérieur résistant au feu et à l'eau, d'une manière apparente, le symbole du trèfle illustré par la figure suivante gravé, estampé ou reproduit par tout autre moyen de manière à résister au feu et à l'eau.

Trèfle symbolique. Les proportions sont basées sur un cercle central de rayon X.
La longueur minimale admissible de X est 4 mm.

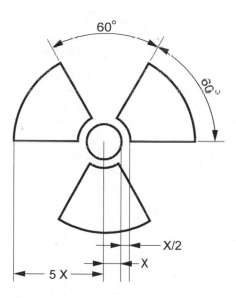

Toute marque apposée sur le colis conformément aux prescriptions du 5.2.1.7.4 a) et b) et 5.2.1.7.5 c) relatives au type de colis sans rapport avec le numéro ONU et la désignation officielle de transport attribués à l'envoi doit être enlevée ou couverte.

5.2.1.7.7 Lorsque des matières LSA-I ou des objets SCO-I sont contenus dans des récipients ou des matériaux d'empaquetage et sont transportés sous utilisation exclusive conformément au 4.1.9.2.4 de l'ADR, la surface externe de ces récipients ou matériaux d'empaquetage peut porter la mention "RADIOACTIVE LSA-I" ou "RADIOACTIVE SCO-I", selon le cas.

5.2.1.7.8 Dans tous les cas de transport international de colis dont le modèle doit être agréé ou l'expédition approuvée par l'autorité compétente et pour lesquels différentes modalités

---

[2] *Signe distinctif de l'Etat d'immatriculation utilisé sur les automobiles et les remorques en circulation routière internationale, par exemple en vertu de la Convention de Genève sur la circulation routière de 1949 ou de la Convention de Vienne sur la circulation routière de 1968.*

d'agrément ou d'approbation s'appliquent dans les divers pays concernés par l'expédition, le marquage doit être conforme au certificat du pays d'origine du modèle.

5.2.1.8 *Dispositions spéciales pour le marquage des matières dangereuses pour l'environnement*

5.2.1.8.1 Les colis renfermant des matières dangereuses pour l'environnement satisfaisant aux critères du 2.2.9.1.10 doivent porter, de manière durable, la marque "matière dangereuse pour l'environnement" présentée au 5.2.1.8.3, sauf s'il s'agit d'emballages simples ou d'emballages combinés ayant, par emballage simple ou par emballage intérieur d'emballage combiné suivant le cas:

- une quantité inférieure ou égale à 5 *l* pour les liquides; ou

- une masse nette inférieure ou égale à 5 kg pour les solides.

5.2.1.8.2 La marque "matière dangereuse pour l'environnement" doit être apposée à côté des marques prescrites au 5.2.1.1. Les prescriptions des 5.2.1.2 et 5.2.1.4 doivent être respectées.

5.2.1.8.3 La marque désignant une matière dangereuse pour l'environnement doit être conforme à celle représentée à la figure 5.2.1.8.3.

Figure 5.2.1.8.3

Marque désignant une matière dangereuse pour l'environnement

La marque doit avoir la forme d'un carré posé sur un sommet (en losange). Le symbole (un poisson et un arbre) doit être noir sur un fond blanc ou d'une couleur offrant un contraste suffisant. Les dimensions minimales doivent être de 100 mm x 100 mm et l'épaisseur minimale de la ligne formant le carré doit être de 2 mm. Si la taille du colis l'exige, les dimensions/l'épaisseur de la ligne peuvent être réduites, à condition que la marque reste bien visible. Lorsque les dimensions ne sont pas spécifiées, tous les éléments doivent respecter approximativement les proportions représentées.

NOTA: *Les dispositions d'étiquetage de 5.2.2 s'appliquent en complément de toute prescription requérant le marquage des colis avec la marque désignant une matière dangereuse pour l'environnement.*

5.2.1.9 *Marque pour les piles au lithium*

5.2.1.9.1 Les colis contenant des piles ou batteries au lithium préparés conformément à la disposition spéciale 188 du chapitre 3.3 doivent porter la marque présentée dans la figure 5.2.1.9.2.

5.2.1.9.2 Le numéro ONU précédé des lettres "UN", "UN 3090" pour les piles ou batteries au lithium métal ou "UN 3480" pour les piles ou batteries au lithium ionique, doit être indiqué sur la marque. Lorsque les piles ou batteries sont contenues dans ou emballées avec un équipement, le numéro ONU approprié précédé des lettres "UN", "UN 3091" ou "UN 3481", doit être indiqué. Lorsqu'un colis contient des piles ou batteries au lithium affectées à différents numéros ONU, tous les numéros ONU applicables doivent être indiqués sur une ou plusieurs marques.

Figure 5.2.1.9.2

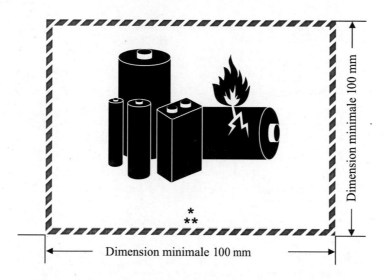

Marque pour les piles au lithium

*   Emplacement pour le ou les numéro(s) ONU

**   Emplacement pour un numéro de téléphone où l'on peut obtenir des informations complémentaires

La marque doit avoir la forme d'un rectangle ou d'un carré aux bords hachurés. Les dimensions minimales doivent être de 100 mm de largeur × 100 mm de hauteur de hauteur et l'épaisseur minimale de la ligne hachurée doit être de 5 mm. Le symbole (groupe de piles, l'une endommagée, avec une flamme, au-dessus du numéro ONU pour les piles ou batteries au lithium métal ou au lithium ionique) doit être noir sur un fond blanc ou d'une couleur offrant un contraste suffisant. Le hachurage doit être rouge. Si la taille du colis l'exige, les dimensions peuvent être réduites sans dépasser 100 mm de largeur × 70 mm de hauteur. Lorsque les dimensions ne sont pas spécifiées, tous les éléments doivent respecter approximativement les proportions représentées ci-dessus.

5.2.1.10   *Flèches d'orientation*

5.2.1.10.1   Sous réserve des dispositions du 5.2.1.10.2:

–   Les emballages combinés comportant des emballages intérieurs contenant des liquides;

–   Les emballages simples munis d'évents;

–   Les récipients cryogéniques conçus pour le transport de gaz liquéfié réfrigéré; et

–   les machines ou appareils contenant des marchandises dangereuses liquides, s'il est prescrit qu'ils doivent être maintenus dans une orientation déterminée lorsqu'ils contiennent des marchandises dangereuses liquides (voir disposition spéciale 301 du chapitre 3.3),

doivent être clairement marqués par des flèches d'orientation similaires à celles indiquées ci-après ou à celles conformes aux prescriptions de la norme ISO 780:1997. Elles doivent être apposées sur les deux côtés verticaux opposés du colis et pointer correctement vers le haut. Elles doivent s'inscrire dans un cadre rectangulaire et être de dimensions les rendant clairement visibles en fonction de la taille du colis. Les représenter dans un tracé rectangulaire est facultatif.

Figure 5.2.1.10.1.1　　　　　　　　　**Figure 5.2.1.10.1.2**

　　ou　　

Deux flèches noires ou rouges sur un fond de couleur blanche
ou d'une autre couleur suffisamment contrastée.
Le cadre rectangulaire est facultatif.
Tous les éléments doivent avoir des proportions proches de celles représentées.

5.2.1.10.2　　Les flèches d'orientation ne sont pas requises sur:

a)　Les emballages extérieurs contenant des récipients à pression, à l'exception des récipients cryogéniques;

b)　Les emballages extérieurs contenant des marchandises dangereuses placées dans des emballages intérieurs, chaque emballage intérieur contenant au plus 120 ml, avec suffisamment de matière absorbante entre les emballages intérieurs et l'emballage extérieur pour absorber totalement le contenu liquide;

c)　Les emballages extérieurs contenant des matières infectieuses de la classe 6.2 placées dans des récipients primaires, chaque récipient primaire contenant au plus 50 ml;

d)　Les colis de type IP-2, de type IP-3, de type A, de type B(U), de type B(M) ou de type C contenant des matières radioactives de la classe 7;

e)　Les emballages extérieurs contenant des objets qui sont étanches quelle que soit leur orientation (par exemple des thermomètres contenant de l'alcool ou du mercure, des aérosols, etc.); ou

f)　Les emballages extérieurs contenant des marchandises dangereuses placées dans des emballages intérieurs hermétiquement fermés, chaque emballage intérieur contenant au plus 500 ml.

5.2.1.10.3　　Des flèches placées à d'autres fins que pour indiquer l'orientation correcte du colis ne doivent pas être apposées sur un colis dont le marquage est conforme à la présente sous-section.

5.2.2　　　**Étiquetage des colis**

5.2.2.1　　*Dispositions relatives à l'étiquetage*

5.2.2.1.1　　Pour chaque matière ou objet mentionné au tableau A du chapitre 3.2, les étiquettes indiquées dans la colonne (5) doivent être apposées à moins qu'il n'en soit prévu autrement par une disposition spéciale dans la colonne (6).

5.2.2.1.2　　Les étiquettes peuvent être remplacées par des marques de danger indélébiles correspondant exactement aux modèles prescrits.

5.2.2.1.3 à　　*(Réservés)*
5.2.2.1.5

5.2.2.1.6   Sous réserve des dispositions du 5.2.2.2.1.2, toutes les étiquettes:

a)   doivent être apposées sur la même surface du colis, si les dimensions du colis le permettent; pour les colis des classes 1 et 7, près de la marque indiquant la désignation officielle de transport;

b)   doivent être placées sur le colis de façon telle qu'elles ne soient ni couvertes ni masquées par une partie ou un élément quelconque de l'emballage ou par toute autre étiquette ou marque; et

c)   doivent être placées l'une à côté de l'autre lorsque plus d'une étiquette est nécessaire.

Lorsqu'un colis est de forme trop irrégulière ou trop petit pour qu'une étiquette puisse être apposée de manière satisfaisante, celle-ci peut être attachée fermement au colis au moyen d'un cordon ou de tout autre moyen approprié.

5.2.2.1.7   Les grands récipients pour vrac d'une capacité supérieure à 450 litres et les grands emballages doivent porter des étiquettes sur deux côtés opposés.

5.2.2.1.8   *(Réservé)*

5.2.2.1.9   *Dispositions spéciales pour l'étiquetage des matières autoréactives et des peroxydes organiques*

a)   L'étiquette conforme au modèle No 4.1 indique en elle-même que le produit peut être inflammable, et une étiquette conforme au modèle No 3 n'est donc pas nécessaire. Par contre une étiquette conforme au modèle No 1 doit être appliquée pour les matières autoréactives du type B, à moins que l'autorité compétente n'accorde une dérogation pour un emballage spécifique, parce qu'elle juge que, d'après les résultats d'épreuve, la matière autoréactive, dans cet emballage, n'a pas un comportement explosif;

b)   L'étiquette conforme au modèle No 5.2 indique en elle-même que le produit peut être inflammable, et une étiquette conforme au modèle No 3 n'est donc pas nécessaire. En outre, les étiquettes ci-après doivent être apposées dans les cas suivants:

i)   une étiquette conforme au modèle No 1 pour les peroxydes organiques du type B, à moins que l'autorité compétente n'accorde une dérogation pour un emballage spécifique, parce qu'elle juge que, d'après les résultats d'épreuve, le peroxyde organique, dans cet emballage, n'a pas un comportement explosif;

ii)   une étiquette conforme au modèle No 8 si la matière répond aux critères des groupes d'emballage I ou II pour la classe 8.

Pour les matières autoréactives et les peroxydes organiques nommément cités, les étiquettes à apposer sont indiquées dans les listes du 2.2.41.4 et 2.2.52.4, respectivement.

5.2.2.1.10   *Dispositions spéciales pour l'étiquetage des colis de matières infectieuses*

Outre l'étiquette conforme au modèle No 6.2, les colis de matières infectieuses doivent porter toutes les autres étiquettes exigées par la nature du contenu.

5.2.2.1.11   *Dispositions spéciales pour l'étiquetage des matières radioactives*

5.2.2.1.11.1   Chaque colis, suremballage et conteneur renfermant des matières radioactives, excepté lorsque des modèles agrandis d'étiquettes sont utilisés conformément au 5.3.1.1.3, doit porter des étiquettes conformes aux modèles Nos 7A, 7B ou 7C selon la catégorie appropriée. Les étiquettes doivent être apposées à l'extérieur sur deux côtés opposés pour un colis ou suremballage et sur les quatre côtés pour un grand conteneur ou citerne. En outre, chaque emballage, suremballage et conteneur renfermant des matières fissiles autres que des matières fissiles exceptées selon les dispositions du 2.2.7.2.3.5 doit porter des étiquettes conformes au modèle No 7E; ces étiquettes doivent, le cas échéant, être apposées à côté des étiquettes conformes aux modèles Nos 7A, 7B ou 7C applicables. Les étiquettes ne doivent pas recouvrir les marques décrites en 5.2.1. Toute étiquette qui ne se rapporte pas au contenu doit être enlevée ou couverte.

5.2.2.1.11.2   Chaque étiquette conforme au modèle applicable No 7A, 7B ou 7C doit porter les renseignements suivants:

a)   *Contenu*:

   i)   sauf pour les matières LSA-I, le(s) nom(s) du (des) radionucléide(s) indiqué(s) au tableau 2.2.7.2.2.1, en utilisant les symboles qui y figurent. Dans le cas de mélanges de radionucléides, on doit énumérer les nucléides les plus restrictifs, dans la mesure où l'espace disponible sur la ligne le permet. La catégorie de LSA ou SCO doit être indiquée à la suite du (des) nom(s) du (des) radionucléide(s). Les mentions "LSA-II", "LSA-III", "SCO-I" et "SCO-II" doivent être utilisées à cette fin;

   ii)   pour les matières LSA-I, seule la mention "LSA-I" est nécessaire; il n'est pas obligatoire de mentionner le nom du radionucléide;

b)   *Activité:* l'activité maximale du contenu radioactif pendant le transport exprimée en becquerels (Bq) avec le symbole du préfixe SI approprié (voir 1.2.2.1). Pour les matières fissiles, la masse totale de nucléides fissiles en grammes (g), ou en multiples du gramme, peut être indiquée au lieu de l'activité;

c)   Pour les suremballages et les conteneurs, les rubriques "contenu" et "activité" figurant sur l'étiquette doivent donner les renseignements requis aux a) et b) ci-dessus, respectivement, additionnés pour la totalité du contenu du suremballage ou du conteneur, si ce n'est que, sur les étiquettes des suremballages et conteneurs où sont rassemblés des chargements mixtes de colis de radionucléides différents, ces rubriques peuvent porter la mention "Voir les documents de transport";

d)   *Indice de transport (TI)*: Le numéro déterminé conformément aux 5.1.5.3.1 et 5.1.5.3.2 (sauf pour la catégorie I-BLANCHE).

5.2.2.1.11.3   Chaque étiquette conforme au modèle No 7E doit porter l'indice de sûreté-criticité (CSI) indiqué dans le certificat d'approbation applicable aux pays à travers ou dans lesquels un envoi est transporté et délivré par l'autorité compétente, ou comme spécifié au 6.4.11.2 ou 6.4.11.3 de l'ADR.

5.2.2.1.11.4   Pour les suremballages et les conteneurs, l'étiquette conforme au modèle No 7E doit indiquer la somme des indices de sûreté-criticité (CSI) de tous les colis qu'ils contiennent.

5.2.2.1.11.5 Dans tous les cas de transport international de colis dont le modèle doit être agréé ou l'expédition approuvée par l'autorité compétente et pour lesquels différentes modalités d'agrément ou d'approbation s'appliquent dans les divers pays concernés par l'expédition, l'étiquetage doit être conforme au certificat du pays d'origine du modèle.

5.2.2.1.12 *Dispositions spéciales pour l'étiquetage des objets contenant des matières dangereuses transportés sous les numéros ONU 3537, 3538, 3539, 3540, 3541, 3542, 3543, 3544, 3545, 3546, 3547 et 3548*

5.2.2.1.12.1 Les colis contenant des objets ou les objets qui sont transportés non emballés doivent être étiquetés conformément au 5.2.2.1, en tenant compte des dangers définis au 2.1.5, sauf lorsque les objets contiennent en plus des piles au lithium, auquel cas une marque pour les piles au lithium ou une étiquette conforme au modèle No 9A n'est pas requise.

5.2.2.1.12.2 S'il est prescrit que les objets contenant des matières dangereuses liquides doivent être maintenus dans une position déterminée, des marques conformes au 5.2.1.10.1 indiquant l'orientation à respecter doivent être apposées de manière visible sur au moins deux faces verticales opposées du colis ou de l'objet non emballé, lorsque cela est possible, les flèches pointant vers le haut.

5.2.2.2 ***Dispositions relatives aux étiquettes***

5.2.2.2.1 Les étiquettes doivent satisfaire aux dispositions ci-dessous et être conformes, pour la couleur, les symboles et la forme générale, aux modèles d'étiquettes illustrés au 5.2.2.2.2. Les modèles correspondants requis pour les autres modes de transport, présentant des variations mineures qui n'affectent pas le sens évident de l'étiquette peuvent également être acceptés.

NOTA: Dans certains cas, les étiquettes du 5.2.2.2.2 sont montrées avec une bordure extérieure en trait discontinu, comme prévu au 5.2.2.2.1.1. Cette bordure n'est pas nécessaire si l'étiquette est appliquée sur un fond de couleur contrastante.

5.2.2.2.1.1 Les étiquettes doivent être conçues comme l'indique la figure 5.2.2.2.1.1.

Figure 5.2.2.2.1.1

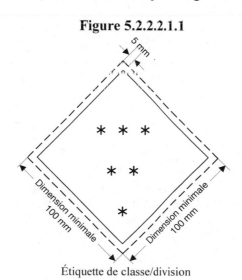

Étiquette de classe/division

* *La classe, le chiffre 4 pour les classes 4.1, 4.2 et 4.3 ou le chiffre 6 pour les classes 6.1 et 6.2 doit figurer dans l'angle inférieur.*

** *Les mentions, numéros, lettres ou signes conventionnels supplémentaires doivent (s'ils sont obligatoires)ou peuvent (s'ils sont facultatifs) apparaître dans la moitié inférieure.*

*** *Le symbole de la classe, ou le numéro de la division pour les divisions 1.4, 1.5 et 1.6, ou le mot "FISSILE" pour l'étiquette No 7E, doit apparaître dans la moitié supérieure.*

5.2.2.2.1.1.1   Les étiquettes doivent apparaître sur un fond de couleur offrant un contraste suffisant, ou être entourées d'une bordure en trait continu ou discontinu.

5.2.2.2.1.1.2   L'étiquette doit avoir la forme d'un carré posé sur un sommet (en losange). Les dimensions minimales doivent être de 100 mm x 100 mm. Il doit y avoir une ligne à l'intérieur du carré qui doit être parallèle au bord de l'étiquette et située approximativement à 5 mm de distance de ce bord. La ligne tracée à l'intérieur de la moitié supérieure de l'étiquette doit être de la même couleur que le symbole, et la ligne tracée à l'intérieur de la moitié inférieure doit être de la même couleur que le numéro de la classe ou de la division qui figure dans le coin inférieur. Lorsque les dimensions ne sont pas spécifiées, tous les éléments doivent respecter approximativement les proportions représentées.

5.2.2.2.1.1.3   Si la taille du colis l'exige, les dimensions peuvent être réduites proportionnellement, à condition que le symbole et les autres éléments de l'étiquette restent bien visibles. Les dimensions des étiquettes pour bouteilles doivent être conformes aux dispositions du paragraphe 5.2.2.2.1.2.

5.2.2.2.1.2   Les bouteilles contenant des gaz de la classe 2 peuvent, si cela est nécessaire à cause de leur forme, de leur position et de leur système de fixation pour le transport, porter des étiquettes semblables à celles que prescrit cette section et la marque "matière dangereuse pour l'environnement" le cas échéant, mais de dimension réduite conformément à la norme ISO 7225:2005 *"Bouteilles à gaz – Étiquettes informatives"* pour pouvoir être apposées sur la partie non cylindrique (ogive) de ces bouteilles.

NOTA: Lorsque la bouteille est d'un diamètre trop petit pour permettre d'apposer des étiquettes de dimensions réduites sur sa partie supérieure non cylindrique, des étiquettes de dimensions réduites peuvent être apposées sur sa partie cylindrique.

Nonobstant les prescriptions du 5.2.2.1.6 les étiquettes et la marque "matière dangereuse pour l'environnement" (voir 5.2.1.8.3) peuvent se recouvrir dans la mesure prévue dans la norme ISO 7225:2005. Cependant, les étiquettes pour le danger principal et les chiffres figurant sur toutes les étiquettes de danger doivent être complètement visibles et les signes conventionnels doivent demeurer reconnaissables.

Les récipients à pression pour les gaz de la classe 2, vides, non nettoyés, peuvent être transportés munis d'étiquettes périmées ou endommagées aux fins du remplissage ou de l'examen, selon le cas, et de l'apposition d'une nouvelle étiquette conformément aux règlements en vigueur, ou de l'élimination du récipient à pression.

5.2.2.2.1.3   Sauf pour les étiquettes des divisions 1.4, 1.5 et 1.6 de la classe 1, la moitié supérieure des étiquettes doit contenir le signe conventionnel, et la moitié inférieure doit contenir:

a)   pour les classes 1, 2, 3, 5.1, 5.2, 7, 8 et 9, le numéro de la classe;

b)   pour les classes 4.1, 4.2 et 4.3, le chiffre 4;

c)   pour les classes 6.1 et 6.2, le chiffre 6.

Toutefois, pour l'étiquette du modèle No 9A, la moitié supérieure de l'étiquette ne doit contenir que les sept lignes verticales du signe conventionnel et la moitié inférieure doit contenir le groupe de piles du signe conventionnel et le numéro de la classe.

Sauf pour le modèle No 9A, les étiquettes peuvent contenir du texte comme le numéro ONU ou des mots décrivant le danger (par exemple "inflammable") conformément au 5.2.2.2.1.5 à condition que ce texte ne masque pas ou ne diminue pas l'importance des autres informations devant figurer sur l'étiquette.

5.2.2.2.1.4   De plus, sauf pour les divisions 1.4, 1.5 et 1.6, les étiquettes de la classe 1 doivent porter dans leur moitié inférieure, au-dessus du numéro de la classe, le numéro de la division et la lettre du groupe de compatibilité de la matière ou de l'objet. Les étiquettes des divisions 1.4, 1.5 et 1.6 doivent porter dans leur moitié supérieure le numéro de la division, et dans leur moitié inférieure le numéro de la classe et la lettre du groupe de compatibilité.

5.2.2.2.1.5   Sur les étiquettes autres que celles de la classe 7, l'espace situé au-dessous du signe conventionnel ne doit pas contenir (en dehors du numéro de la classe) d'autre texte que des indications facultatives sur la nature du danger et les précautions à prendre pour la manutention.

5.2.2.2.1.6   Les signes conventionnels, le texte et les numéros doivent être bien lisibles et indélébiles et doivent figurer en noir sur toutes les étiquettes, sauf:

a)   l'étiquette de la classe 8, sur laquelle le texte éventuel et le numéro de la classe doivent figurer en blanc;

b)   les étiquettes à fond vert, rouge ou bleu, sur lesquelles le signe conventionnel, le texte et le numéro peuvent figurer en blanc;

c)   l'étiquette de la classe 5.2, sur laquelle le signe conventionnel peut figurer en blanc; et

d)   l'étiquette conforme au modèle no 2.1 apposée sur les bouteilles et cartouches à gaz pour les gaz de pétrole liquéfiés, sur laquelle ils peuvent figurer dans la couleur du récipient si le contraste est suffisant.

5.2.2.2.1.7   Toutes les étiquettes doivent pouvoir être exposées aux intempéries sans dégradation notable.

5.2.2.2 Modèles d'étiquettes

No du modèle d'étiquette	Division ou Catégorie	Signe conventionnel et couleur du signe	Fond	Chiffre figurant dans le coin inférieur (et couleur du chiffre)	Modèles d'étiquettes	Nota
Danger de classe 1: Matières et objets explosibles						
1	Divisions 1.1, 1.2 et 1.3	Bombe explosant: noir	Orange	1 (noir)		** Indication de la division – à laisser en blanc si les propriétés explosives constituent le danger subsidiaire * Indication du groupe de compatibilité – à laisser en blanc si les propriétés explosives constituent le danger subsidiaire
1.4	Division 1.4	1.4: noir Les chiffres doivent mesurer environ 30 mm de haut et 5 mm d'épaisseur (pour une étiquette de 100 mm x 100 mm)	Orange	1 (noir)		* Indication du groupe de compatibilité
1.5	Division 1.5	1.5: noir Les chiffres doivent mesurer environ 30 mm de haut et 5 mm d'épaisseur (pour une étiquette de 100 mm x 100 mm)	Orange	1 (noir)		* Indication du groupe de compatibilité
1.6	Division 1.6	1.6: noir Les chiffres doivent mesurer environ 30 mm de haut et 5 mm d'épaisseur (pour une étiquette de 100 mm x 100 mm)	Orange	1 (noir)		* Indication du groupe de compatibilité

No du modèle d'étiquette	Division ou Catégorie	Signe conventionnel et couleur du signe	Fond	Chiffre figurant dans le coin inférieur (et couleur du chiffre)	Modèles d'étiquettes	Nota
Danger de classe 2: Gaz						
2.1	Gaz inflammables	Flamme: noir ou blanc (sauf selon 5.2.2.1.6 d))	Rouge	2 (noir ou blanc) (sauf selon 5.2.2.1.6 d))		-
2.2	Gaz ininflammables, non toxiques	Bouteille à gaz: noir ou blanc	Vert	2 (noir ou blanc)		-
2.3	Gaz toxiques	Tête de mort sur deux tibias: noir	Blanc	2 (noir)		-
Danger de classe 3: Liquides inflammables						
3	-	Flamme: noir ou blanc	Rouge	3 (noir ou blanc)		-

No du modèle d'étiquette	Division ou Catégorie	Signe conventionnel et couleur du signe	Fond	Chiffre figurant dans le coin inférieur (et couleur du chiffre)	Modèles d'étiquettes	Nota
Danger de classe 4.1: Matières solides inflammables, matières autoréactives, matières qui polymérisent et matières solides explosibles désensibilisées						
4.1	-	Flamme: noir	Blanc, barré de sept bandes verticales rouge	4 (noir)		-
Danger de classe 4.2: Matières sujettes à l'inflammation spontanée						
4.2	-	Flamme: noir	Moitié supérieure: blanc; Moitié inférieure: rouge	4 (noir)		-
Danger de classe 4.3: Matières qui, au contact de l'eau, dégagent des gaz inflammables						
4.3	-	Flamme: noir ou blanc	Bleu	4 (noir ou blanc)		-
Danger de classe 5.1: Matières comburantes						
5.1	-	Flamme au-dessus d'un cercle: noir	Jaune	5.1 (noir)		-

No du modèle d'étiquette	Division ou Catégorie	Signe conventionnel et couleur du signe	Fond	Chiffre figurant dans le coin inférieur (et couleur du chiffre)	Modèles d'étiquettes	Nota
Danger de classe 5.2: Peroxydes organiques						
5.2	-	Flamme: noir ou blanc	Moitié supérieure: rouge; Moitié inférieure: jaune	5.2 (noir)		-
Danger de classe 6.1: Matières toxiques						
6.1	-	Tête de mort sur deux tibias: noir	Blanc	6 (noir)		-
Danger de classe 6.2: Matières infectieuses						
6.2	-	Trois croissants sur un cercle: noir	Blanc	6 (noir)		La moitié inférieure de l'étiquette peut porter les mentions: "MATIÈRES INFECTIEUSES" et "En cas de dommage ou de fuite avertir immédiatement les autorités de la santé publique" en noir.

Danger de classe 7: Matières radioactives

No du modèle d'étiquette	Division ou Catégorie	Signe conventionnel et couleur du signe	Fond	Chiffre figurant dans le coin inférieur (et couleur du chiffre)	Modèles d'étiquettes	Nota
7A	Catégorie I – BLANCHE	Trèfle: noir	Blanc	7 (noir)		Texte (obligatoire), en noir dans la moitié inférieure de l'étiquette: "RADIOACTIVE" "CONTENTS..." "ACTIVITY..." Le mot "RADIOACTIVE" doit être suivi d'une barre verticale rouge.
7B	Catégorie II – JAUNE	Trèfle: noir	Jaune avec bordure blanche (moitié supérieure) et blanc (moitié inférieure)	7 (noir)		Texte (obligatoire), en noir dans la moitié inférieure de l'étiquette: "RADIOACTIVE" "CONTENTS..." "ACTIVITY..." Dans un encadré à bord noir: "TRANSPORT INDEX". Le mot "RADIOACTIVE" doit être suivi de deux barres verticales rouges.
7C	Catégorie III – JAUNE	Trèfle: noir	Jaune avec bordure blanche (moitié supérieure) et blanc (moitié inférieure)	7 (noir)		Texte (obligatoire), en noir dans la moitié inférieure de l'étiquette: "RADIOACTIVE" "CONTENTS..." "ACTIVITY..." Dans un encadré à bord noir: "TRANSPORT INDEX". Le mot "RADIOACTIVE" doit être suivi de trois barres verticales rouges.
7E	Matières fissiles	-	Blanc	7 (noir)		Texte (obligatoire): en noir dans la moitié supérieure de l'étiquette: "FISSILE" Dans un encadré noir à la partie inférieure de l'étiquette: "CRITICALITY SAFETY INDEX"

No du modèle d'étiquette	Division ou Catégorie	Signe conventionnel et couleur du signe	Fond	Chiffre figurant dans le coin inférieur (et couleur du chiffre)	Modèles d'étiquettes	Nota
Danger de classe 8: Matières corrosives						
8	-	Liquides déversés de deux tubes à essai en verre et attaquant une main et un métal: noir	Blanc (moitié supérieure) et noir avec bordure blanche (moitié inférieure)	8 (blanc)		-
Danger de classe 9: Matières et objets dangereux divers, y compris les matières dangereuses pour l'environnement						
9	-	7 lignes verticales dans la moitié supérieure: noir	Blanc	9 souligné (noir)		-
9A	-	7 lignes verticales dans la moitié supérieure: noir; Dans la moitié inférieure un groupe de piles et batteries, l'une endommagée, avec une flamme: noir	Blanc	9 souligné (noir)		-

-315-

CHAPITRE 5.3

PLACARDAGE ET SIGNALISATION ORANGE DES CONTENEURS, CONTENEURS POUR VRAC, CGEM, MEMU, CONTENEURS-CITERNES, CITERNES MOBILES, VÉHICULES ET WAGONS

NOTA 1: Pour la signalisation et le placardage des conteneurs, CGEM, conteneurs pour vrac, conteneurs-citernes et citernes mobiles dans le cas d'un transport faisant partie d'une chaîne de transport comprenant un parcours maritime, voir aussi 1.1.4.2.1. Si les dispositions du 1.1.4.2.1 c) sont applicables, seuls les 5.3.1.3 et 5.3.2.1.1 du présent chapitre s'appliquent.

2: Conformément au SGH, pendant le transport, un pictogramme SGH non exigé par l'ADN ne devrait apparaître que dans le cadre d'une étiquette SGH complète, et pas de manière indépendante (voir SGH, 1.4.10.4.4).

5.3.1   **Placardage**

5.3.1.1   *Dispositions générales*

5.3.1.1.1   Des plaques-étiquettes doivent être apposées sur les parois extérieures des conteneurs, conteneurs pour vrac, CGEM, MEMU, conteneurs-citernes, citernes mobiles, véhicules et wagons selon les prescriptions de la présente section. Les plaques-étiquettes doivent correspondre aux étiquettes prescrites dans la colonne (5) et, le cas échéant, la colonne (6) du tableau A du chapitre 3.2 pour les marchandises dangereuses contenues dans le conteneur, le conteneur pour vrac, CGEM, MEMU, le conteneur-citerne, la citerne mobile, le véhicule ou le wagon et être conformes aux spécifications du 5.3.1.7. Les plaques-étiquettes doivent être appliquées sur un fond de couleur contrastante, ou être entourées d'une bordure en trait continu ou discontinu. Les plaques-étiquettes doivent résister aux intempéries et elles doivent permettre de garantir la présence de la signalisation pendant toute la durée du transport.

5.3.1.1.2   Pour la classe 1, les groupes de compatibilité ne seront pas indiqués sur les plaques-étiquettes si le véhicule, le wagon ou le conteneur ou les compartiments spéciaux des MEMU contiennent des matières ou objets relevant de plusieurs groupes de compatibilité. Les véhicules, les wagons ou conteneurs ou compartiments spéciaux des MEMU contenant des matières ou objets appartenant à différentes divisions ne porteront que des plaques-étiquettes conformes au modèle de la division la plus dangereuse, l'ordre étant le suivant:

1.1 (la plus dangereuse), 1.5, 1.2, 1.3, 1.6, 1.4 (la moins dangereuse).

Lorsque des matières de la division 1.5, groupe de compatibilité D, sont transportées avec des matières ou objets de la division 1.2, le véhicule, le wagon ou le conteneur doit porter des plaques-étiquettes indiquant la division 1.1.

Les plaques-étiquettes ne sont pas exigées pour le transport des matières et objets explosibles de la division 1.4, groupe de compatibilité S.

5.3.1.1.3   Pour la classe 7, la plaque-étiquette de danger primaire doit être conforme au modèle No 7D spécifié au 5.3.1.7.2. Cette plaque-étiquette n'est pas exigée pour les véhicules, les wagons ou conteneurs transportant des colis exceptés ni pour les petits conteneurs.

S'il est prescrit d'apposer sur les véhicules, wagons, conteneurs, CGEM, conteneurs-citernes ou citernes mobiles à la fois des étiquettes et des plaques-étiquettes de la classe 7, il est possible d'apposer uniquement des étiquettes agrandies correspondant aux étiquettes prescrites des modèles 7A, 7B ou 7C, qui feront office à la fois des étiquettes prescrites et des plaques-étiquettes du modèle No 7D. Dans ce cas, les dimensions ne doivent pas être inférieures à 250 mm par 250 mm.

5.3.1.1.4 Pour la classe 9, la plaque-étiquette doit être conforme au modèle No 9 du 5.2.2.2.2; l'étiquette du modèle No 9A ne doit pas être utilisée aux fins de placardage.

5.3.1.1.5 Il n'est pas nécessaire d'apposer une plaque-étiquette de danger subsidiaire sur les conteneurs, CGEM, MEMU, conteneurs-citernes, citernes mobiles, véhicules et wagons qui contiennent des marchandises appartenant à plus d'une classe si le danger correspondant à cette plaque-étiquette est déjà indiqué par une plaque-étiquette de danger principal ou subsidiaire.

5.3.1.1.6 Les plaques-étiquettes qui ne se rapportent pas aux marchandises dangereuses transportées, ou aux restes de ces marchandises, doivent être ôtées ou recouvertes.

5.3.1.1.7 Lorsque le placardage est apposé sur des dispositifs à volets rabattables, ceux-ci doivent être conçus et assurés de façon à exclure tout rabattement ou détachement de leur support pendant le transport (notamment résultant de chocs ou d'actes non intentionnels).

5.3.1.2 *Placardage des conteneurs, conteneurs pour vrac, CGEM, conteneurs-citernes et citernes mobiles*

NOTA: La présente sous-section ne s'applique pas aux caisses mobiles, à l'exception des caisses mobiles citernes, transportées sur des véhicules portant la signalisation orange prescrite au 5.3.2.

Les plaques-étiquettes doivent être apposées des deux côtés et à chaque extrémité du conteneur, du conteneur pour vrac, du CGEM, du conteneur-citerne ou de la citerne mobile et sur deux côtés opposés dans le cas des conteneurs pour vrac souples.

Quand le CGEM, le conteneur-citerne ou la citerne mobile comporte plusieurs compartiments et transporte deux ou plus de deux marchandises dangereuses, les plaques-étiquettes appropriées doivent être apposées des deux côtés en correspondance des compartiments en question et une plaque-étiquette, pour chaque modèle apposé sur chaque côté, aux deux extrémités. Si tous les compartiments doivent porter les mêmes plaques-étiquettes, il est possible de ne les apposer qu'une fois de chaque côté et à chaque extrémité du conteneur citerne ou de la citerne mobile.

5.3.1.3 *Placardage des véhicules et des wagons transportant des conteneurs, conteneurs pour vrac, CGEM, conteneurs-citernes ou citernes mobiles*

NOTA: La présente sous-section ne s'applique pas aux caisses mobiles, à l'exception des caisses mobiles citernes, transportées sur des véhicules portant la signalisation orange prescrite au 5.3.2.

Si les plaques-étiquettes apposées sur les conteneurs, les conteneurs pour vrac, CGEM, conteneurs-citernes ou citernes mobiles ne sont pas visibles de l'extérieur du véhicule ou du wagon transporteur, les mêmes plaques-étiquettes seront apposées en outre sur les deux côtés latéraux et à l'arrière du véhicule ou sur les deux côtés du wagon. À cette exception près, il n'est pas nécessaire d'apposer de plaques-étiquettes sur le véhicule ou le wagon transporteur.

5.3.1.4 *Placardage des véhicules pour vrac, wagons pour vrac, véhicules-citernes, wagons-citernes, véhicules-batteries, wagons-batteries, MEMU, véhicules à citernes démontables et wagons avec citernes amovibles*

5.3.1.4.1 Les plaques-étiquettes doivent être apposées sur les deux côtés latéraux et à l'arrière du véhicule, ou pour les wagons, sur les deux côtés latéraux.

Lorsque le véhicule-citerne, le wagon-citerne, la citerne démontable transportée sur le véhicule ou la citerne amovible transportée sur le wagon comporte plusieurs compartiments et transporte deux ou plus de deux marchandises dangereuses, les plaques-étiquettes appropriées doivent être apposées des deux côtés en correspondance des compartiments en question et (véhicules seulement) une plaque-étiquette, pour chaque modèle apposé sur chaque côté, à l'arrière du véhicule. Si les mêmes plaques-étiquettes doivent être apposées sur tous les compartiments, elles seront apposées une fois seulement des deux côtés et (véhicules seulement) à l'arrière du véhicule.

Lorsque plusieurs plaques-étiquettes sont requises pour le même compartiment, ces plaques-étiquettes doivent être apposées l'une à côté de l'autre.

NOTA: Si une semi-remorque-citerne est séparée de son tracteur pour être chargée à bord d'un navire ou d'un bateau, les plaques-étiquettes doivent aussi être apposées à l'avant de la semi-remorque.

5.3.1.4.2   Les MEMU transportant des citernes et des conteneurs pour vrac doivent porter des plaques-étiquettes conformément au 5.3.1.4.1 pour les matières qui y sont contenues. Pour les citernes d'une capacité inférieure à 1 000 l, les plaques étiquettes peuvent être remplacées par des étiquettes conformes au 5.2.2.2.

5.3.1.4.3   Pour les MEMU qui transportent des colis contenant des matières ou objets de la classe 1 (autres que ceux de la division 1.4, groupe de compatibilité S), les plaques-étiquettes doivent être apposées des deux côtés et à l'arrière de la MEMU.

Les compartiments spéciaux pour explosifs doivent porter des plaques-étiquettes conformément aux dispositions du 5.3.1.1.2. La dernière phrase du 5.3.1.1.2 ne s'applique pas.

5.3.1.5   *Placardage des véhicules et wagons ne transportant que des colis*

NOTA: La présente sous-section s'applique aussi aux véhicules ou wagons transportant des caisses mobiles chargées de colis.

5.3.1.5.1   Les véhicules transportant des colis qui contiennent des matières ou objets de la classe 1 (autre que ceux de la division 1.4, groupe de compatibilité S), doivent porter des plaques-étiquettes sur les deux côtés et à l'arrière.

5.3.1.5.2   Les véhicules transportant des matières radioactives de la classe 7 dans des emballages ou des GRV (autres que des colis exceptés), doivent porter des plaques-étiquettes sur les deux côtés et à l'arrière du véhicule.

NOTA: Si un véhicule transportant des colis qui contiennent des marchandises dangereuses d'autres classes que les classes 1 et 7 est chargé sur un bateau pour un trajet soumis à l'ADN précédant un trajet maritime, des plaques-étiquettes doivent être apposées sur les deux côtés et à l'arrière du véhicule. De telles plaques-étiquettes peuvent rester apposées sur un véhicule pour un trajet ADN suivant une traversée maritime.

5.3.1.5.3   Les wagons chargés de colis doivent porter des plaques-étiquettes correspondant aux marchandises transportées sur les deux côtés latéraux.

5.3.1.6   *Placardage des véhicules-citernes, wagons-citernes, véhicules avec citerne démontable, wagons avec citerne amovible, véhicules-batteries, wagons-batteries, MEMU, conteneurs-citernes, CGEM et citernes mobiles vides et des véhicules, wagons et conteneurs pour le transport en vrac, vides*

5.3.1.6.1   Les véhicules-citernes, wagons-citernes, véhicules avec citerne démontable, wagons avec citerne amovible, les véhicules-batteries, wagons batteries, les conteneurs-citernes, les CGEM, MEMU et les citernes mobiles vides non nettoyés et non dégazés ainsi que les véhicules, les wagons et les conteneurs pour transport en vrac vides, non nettoyés, doivent continuer à porter les plaques-étiquettes requises pour le chargement précédent.

5.3.1.7   *Caractéristiques des plaques-étiquettes*

5.3.1.7.1   Sauf en ce qui concerne la classe 7, comme indiqué au paragraphe 5.3.1.7.2 et, en ce qui concerne la marque "matière dangereuse pour l'environnement", comme indiqué au 5.3.6.2, une plaque-étiquette doit être conçue de la manière indiquée à la figure 5.3.1.7.1.

Figure 5.3.1.7.1

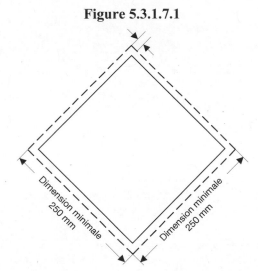

Plaque-étiquette (sauf en ce qui concerne la classe 7)

La plaque-étiquette doit avoir la forme d'un carré posé sur un sommet (en losange).

Les dimensions minimales doivent être de 250 mm x 250 mm (jusqu'au bord de la plaque-étiquette). La ligne intérieure doit être parallèle au bord de la plaque-étiquette et s'en trouver distante de 12,5 mm. Le symbole et la ligne tracée à l'intérieur de la plaque-étiquette doivent être de la même couleur que l'étiquette de la classe ou de la division dont font partie les matières dangereuses en question. Le symbole/chiffre correspondant à la classe ou à la division doit être placé et proportionné conformément aux prescriptions respectives du 5.2.2.2 pour les matières dangereuses en question. La plaque-étiquette doit porter le numéro de la classe ou de la division (et pour les matières de la classe 1, la lettre correspondant au groupe de compatibilité) des matières dangereuses en question, de la manière prescrite au 5.2.2.2 pour l'étiquette correspondante, la hauteur des caractères ne devant pas être inférieure à 25 mm. Lorsque les dimensions ne sont pas spécifiées, tous les éléments doivent respecter approximativement les proportions représentés. Les variations couvertes par les 5.2.2.2.1, deuxième phrase, 5.2.2.2.1.3, troisième phrase, et 5.2.2.2.1.5 pour les étiquettes de danger s'appliquent également aux plaques-étiquettes.

5.3.1.7.2   Pour la classe 7, la plaque-étiquette doit avoir 250 mm sur 250 mm au moins avec une ligne de bordure noire en retrait de 5 mm et parallèle au côté et, pour le reste, l'aspect représenté par la figure ci-après (modèle No 7D). Le chiffre "7" doit avoir une hauteur minimale de 25 mm. Le fond de la moitié supérieure de la plaque-étiquette est jaune et celui de la moitié inférieure est blanc; le trèfle et le texte sont noirs. L'emploi du mot "RADIOACTIVE" dans la moitié inférieure est facultatif de sorte que cet espace peut être utilisé pour apposer le numéro ONU relatif à l'envoi.

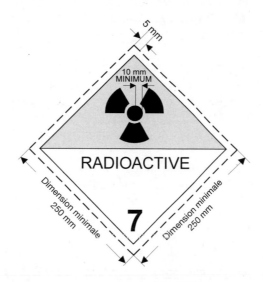

(No 7D)

Signe conventionnel (trèfle). noir, fond. moitié supérieure jaune,
avec bordure blanche, moitié inférieure blanche;
le mot "RADIOACTIVE" ou, à sa place, le numéro ONU approprié
doit figurer dans la moitié inférieure; chiffre "7" dans le coin inférieur

5.3.1.7.3   Pour les citernes d'une contenance ne dépassant pas 3 m3 et pour les petits conteneurs, les plaques-étiquettes peuvent être remplacées par des étiquettes conformes au 5.2.2.2. Si ces étiquettes ne sont pas visibles de l'extérieur du véhicule ou wagon porteur, des plaques-étiquettes conformes aux dispositions du 5.3.1.7.1 seront également apposées sur les deux côtés latéraux du wagon ou sur les deux côtés et à l'arrière du véhicule.

5.3.1.7.4   Pour les classes 1 et 7, si la taille et la construction du véhicule sont telles que la surface disponible est insuffisante pour fixer les plaques-étiquettes prescrites, leurs dimensions peuvent être ramenées à 100 mm de côté. Pour les wagons, les plaques-étiquettes pourront être réduites à 150 mm x 150 mm. Dans ce cas, les autres dimensions fixées pour les trèfles, lignes, chiffres et lettres ne sont pas applicables.

5.3.2   Signalisation orange

5.3.2.1   *Dispositions générales relatives à la signalisation orange*

5.3.2.1.1   Les unités de transport transportant des marchandises dangereuses doivent avoir, disposés dans un plan vertical, deux panneaux rectangulaires de couleur orange conformes au 5.3.2.2.1. Ils doivent être fixés, l'un à l'avant de l'unité de transport, et l'autre à l'arrière, perpendiculairement à l'axe longitudinal de celle-ci. Ils doivent être bien visibles.

Dans le cas où une remorque contenant des marchandises dangereuses est détachée de son véhicule tracteur pendant le transport de marchandises dangereuses, un panneau de couleur orange doit rester fixé à l'arrière de ladite remorque. Quand les citernes sont signalées conformément au 5.3.2.1.3, ce panneau doit correspondre à la matière la plus dangereuse transportée dans la citerne.

5.3.2.1.2   Si un numéro d'identification du danger est indiqué dans la colonne (20) du tableau A du chapitre 3.2 de l'ADR, les véhicules-citernes, les véhicules-batteries ou les unités de transport comportant une ou plusieurs citernes qui transportent des marchandises dangereuses doivent en outre porter sur les côtés de chaque citerne, compartiment de citerne ou élément des véhicules-batteries, parallèlement à l'axe longitudinal du véhicule, de manière clairement visible, des panneaux de couleur orange identiques à ceux prescrits au 5.3.2.1.1. Ces panneaux orange doivent être munis du numéro d'identification du danger et du numéro ONU prescrits respectivement dans les colonnes (20) et (1) du tableau A du chapitre 3.2 de l'ADR pour chacune des matières transportées dans la citerne, dans le compartiment de la citerne ou dans l'élément du véhicule-batterie.

Les dispositions du présent paragraphe sont également applicables aux wagons-citernes, wagons-batteries et wagons avec citernes amovibles. Dans ce dernier cas, le numéro d'identification du danger à utiliser est celui indiqué à la colonne (20) du tableau A du chapitre 3.2 du RID. Pour les MEMU, ces prescriptions ne s'appliquent qu'aux citernes d'une capacité supérieure ou égale à 1 000 l et aux conteneurs pour vrac.

5.3.2.1.3   Il n'est pas nécessaire d'apposer les panneaux de couleur orange prescrits au 5.3.2.1.2 sur les véhicules-citernes ou les unités de transport comportant une ou plusieurs citernes qui transportent des matières des Nos ONU 1202, 1203 ou 1223, ou du carburant aviation classé sous les Nos 1268 ou 1863 mais aucune autre matière dangereuse, si les panneaux fixés à l'avant et à l'arrière conformément au 5.3.2.1.1 portent le numéro d'identification de danger et le numéro ONU prescrits pour la matière la plus dangereuse transportée c'est-à-dire la matière ayant le point d'éclair le plus bas.

5.3.2.1.4   Si un numéro d'identification du danger est indiqué dans la colonne (20) du tableau A du chapitre 3.2 de l'ADR, les véhicules, les conteneurs et les conteneurs pour vrac transportant des matières solides ou des objets non emballés ou des matières radioactives emballées portant un seul numéro ONU destinées à être transportées sous utilisation exclusive en l'absence d'autres marchandises dangereuses doivent en outre porter, sur les côtés de chaque véhicule, de chaque conteneur ou de chaque conteneur pour vrac, parallèlement à l'axe longitudinal du véhicule, de manière clairement visible, des panneaux de couleur orange identiques à ceux prescrits au 5.3.2.1.1. Ces panneaux oranges doivent être munis du numéro d'identification du danger et du numéro ONU prescrits respectivement dans les colonnes (20) et (1) du tableau A du chapitre 3.2 de l'ADR pour chacune des matières transportées en vrac dans le véhicule, dans le conteneur ou dans le conteneur pour vrac ou pour la matière radioactive emballée lorsque celle-ci est destinée à être transportée sous utilisation exclusive dans le véhicule ou dans le conteneur.

Les dispositions du présent paragraphe sont également applicables aux wagons pour vrac et aux wagons complets constitués de colis contenant une seule et même marchandise. Dans ce dernier cas, le numéro d'identification du danger à utiliser est celui indiqué à la colonne (20) du tableau A du chapitre 3.2 du RID.

5.3.2.1.5   Si les panneaux orange prescrits aux 5.3.2.1.2 et 5.3.2.1.4 apposés sur les conteneurs, conteneurs pour vrac, conteneurs-citernes, CGEM ou citernes mobiles ne sont pas bien visibles de l'extérieur du véhicule transporteur ou du wagon porteur, les mêmes panneaux doivent être apposés en outre sur les deux côtés latéraux du véhicule ou du wagon.

NOTA: Il n'est pas nécessaire d'appliquer ce paragraphe au marquage avec des panneaux orange de wagons ou véhicules couverts ou bâchés, transportant des citernes d'une capacité maximale de 3 000 litres.

5.3.2.1.6   Pour les unités de transport qui ne transportent qu'une seule matière dangereuse et aucune matière non-dangereuse, les panneaux orange prescrits aux 5.3.2.1.2, 5.3.2.1.4 et 5.3.2.1.5 ne sont pas nécessaires lorsque ceux apposés à l'avant et à l'arrière conformément au 5.3.2.1.1 sont munis du numéro d'identification de danger et du numéro ONU prescrits respectivement dans les colonnes (20) et (1) du tableau A du chapitre 3.2 de l'ADR pour cette matière.

5.3.2.1.7   Les prescriptions des 5.3.2.1.1 à 5.3.2.1.5 sont également applicables aux citernes fixes ou démontables, aux véhicules-batteries, aux conteneurs-citernes, citernes mobiles, CGEM, wagons-citernes, wagons-batteries et wagons avec citernes amovibles vides, non nettoyés, non dégazés ou non décontaminés, aux MEMU non nettoyées, ainsi qu'aux véhicules, wagons et conteneurs pour vrac vides, non nettoyés ou non décontaminés.

5.3.2.1.8   Les panneaux orange qui ne se rapportent pas aux marchandises dangereuses transportées, ou aux résidus de ces marchandises, doivent être ôtés ou recouverts. Si des panneaux sont recouverts, le revêtement doit être total et rester efficace après un incendie d'une durée de 15 minutes.

5.3.2.2   *Spécifications concernant les panneaux orange*

5.3.2.2.1   Les panneaux oranges doivent être rétroréfléchissants et doivent avoir une base de 40 cm et une hauteur de 30 cm; ils doivent porter un liseré noir de 15 mm. Le matériau utilisé doit être résistant aux intempéries et garantir une signalisation durable. Le panneau ne doit pas se détacher de sa fixation après un incendie d'une durée de 15 minutes. Il doit rester apposé quelle que soit l'orientation du wagon ou véhicule. Les panneaux orange peuvent présenter au milieu une ligne noire horizontale avec une largeur de trait de 15 mm.

Si la taille et la construction du véhicule sont telles que la surface disponible est insuffisante pour fixer ces panneaux orange, leurs dimensions peuvent être ramenées à un minimum de 300 mm pour la base, 120 mm pour la hauteur et 10 mm pour le liseré noir. Dans ce cas les deux panneaux orange décrits au 5.3.2.1.1 peuvent avoir des dimensions différentes dans les limites prescrites.

Lorsque des panneaux orange de dimensions réduites sont utilisées pour une matière radioactive emballée transportée sous utilisation exclusive, seul le numéro ONU est nécessaire et la taille des chiffres prévue au 5.3.2.2.2 peut être réduite à 65 mm de haut et 10 mm d'épaisseur.

Une couleur non rétroréfléchissante est permise pour les wagons.

Pour les conteneurs transportant des matières solides dangereuses en vrac et pour les conteneurs-citernes, CGEM et citernes mobiles, les signalisations prescrites aux 5.3.2.1.2, 5.3.2.1.4 et 5.3.2.1.5 peuvent être remplacées par une feuille autocollante, une peinture ou tout autre procédé équivalent.

Cette signalisation alternative doit être conforme aux spécifications prévues dans la présente sous-section à l'exception de celles relatives à la résistance au feu mentionnées aux 5.3.2.2.1 et 5.3.2.2.2.

NOTA: *La couleur orange des panneaux dans des conditions d'utilisation normales devrait avoir des coordonnées trichromatiques localisées dans la région du diagramme colorimétrique que l'on délimitera en joignant entre eux les points de coordonnées suivants:*

Coordonnées trichromatiques des points situés aux angles de la région du diagramme colorimétrique				
x	0,52	0,52	0,578	0,618
y	0,38	0,40	0,422	0,38

Facteur de luminance de la couleur rétroréfléchissante: $\beta > 0,12$.
Facteur de luminance de la couleur non rétroréfléchissante (wagons): $\beta \geq 0,22$
Centre de référence E, lumière étalon C, incidence normale 45°, divergence 0°.
Coefficient d'intensité lumineuse sous un angle d'éclairage de 5° et de divergence 0,2: minimum 20 candelas par lux et par m^2 (non requis pour les wagons).

5.3.2.2.2   Le numéro d'identification du danger et le numéro ONU doivent être constitués de chiffres noirs de 100 mm de haut et de 15 mm d'épaisseur. Le numéro d'identification du danger doit être inscrit dans la partie supérieure du panneau et le numéro ONU dans la partie inférieure; ils doivent être séparés par une ligne noire horizontale de 15 mm d'épaisseur traversant le panneau à mi-hauteur (voir 5.3.2.2.3). Le numéro d'identification du danger et le numéro ONU doivent être indélébiles et rester visibles après un incendie d'une durée de 15 minutes. Les chiffres et lettres interchangeables sur les panneaux représentant le numéro d'identification du danger et le numéro ONU doivent rester en place durant le transport et quelle que soit l'orientation du wagon ou véhicule.

5.3.2.2.3   *Exemple de panneau orange portant un numéro d'identification du danger et un numéro ONU*

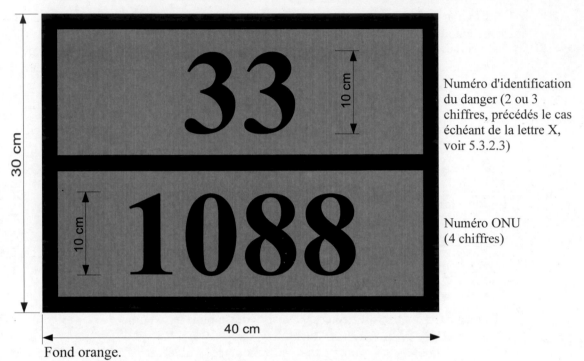

Numéro d'identification du danger (2 ou 3 chiffres, précédés le cas échéant de la lettre X, voir 5.3.2.3)

Numéro ONU (4 chiffres)

Fond orange.
Bord, ligne horizontale et chiffres noir, épaisseur 15 mm.

5.3.2.2.4   Toutes les dimensions indiquées dans cette sous-section peuvent présenter une tolérance de ± 10%.

5.3.2.2.5   Lorsque le panneau orange est apposé sur des dispositifs à volets rabattables, ceux-ci doivent être conçus et assurés de façon à exclure tout rabattement ou détachement de leur support pendant le transport (notamment résultant de chocs ou d'actes non intentionnels).

5.3.2.3   ***Signification des numéros d'identification du danger***

5.3.2.3.1   Le numéro d'identification du danger comporte deux ou trois chiffres. En général, ils indiquent les dangers suivants:

2   Émanation de gaz résultant de pression ou d'une réaction chimique
3   Inflammabilité de matières liquides (vapeurs) et gaz ou matière liquide auto-échauffante
4   Inflammabilité de matière solide ou matière solide auto-échauffante
5   Comburant (favorise l'incendie)
6   Toxicité ou danger d'infection
7   Radioactivité
8   Corrosivité
9   Danger de réaction violente spontanée

NOTA: Le danger de réaction violente spontanée au sens du chiffre 9 comprend la possibilité, du fait de la nature de la matière, d'un danger d'explosion, de désagrégation ou d'une réaction de polymérisation suite à un dégagement de chaleur considérable ou de gaz inflammables et/ou toxiques.

Le doublement d'un chiffre indique une intensification du danger afférent.

Lorsque le danger d'une matière peut être indiqué suffisamment par un seul chiffre, ce chiffre est complété par zéro.

Les combinaisons de chiffres suivantes ont cependant une signification spéciale: 22, 323, 333, 362, 382, 423, 44, 446, 462, 482, 539, 606, 623, 642, 823, 842, 90 et 99 (voir 5.3.2.3.2 ci-dessous).

Quand le numéro d'identification du danger est précédé de la lettre "X", cela indique que la matière réagit dangereusement avec l'eau. Pour de telles matières l'eau ne peut être utilisée qu'avec l'agrément d'experts.

Pour les matières de la classe 1, le code de classification selon la colonne (3b) du Tableau A du chapitre 3.2 sera utilisé comme numéro d'identification du danger. Le code de classification se compose:

-       du numéro de la division selon 2.2.1.1.5, et

-       de la lettre du groupe de compatibilité selon 2.2.1.1.6.

5.3.2.3.2   Les numéros d'identification du danger indiqués dans la colonne (20) du tableau A du chapitre 3.2 de l'ADR ou du RID ont la signification suivante:

20	gaz asphyxiant ou qui ne présente pas de danger subsidiaire
22	gaz liquéfié réfrigéré, asphyxiant
223	gaz liquéfié réfrigéré, inflammable
225	gaz liquéfié réfrigéré, comburant (favorise l'incendie)
23	gaz inflammable
238	gaz inflammable, corrosif
239	gaz inflammable, pouvant produire spontanément une réaction violente
25	gaz comburant (favorise l'incendie)
26	gaz toxique
263	gaz toxique, inflammable
265	gaz toxique et comburant (favorise l'incendie)
268	gaz toxique et corrosif
28	gaz corrosif
285	gaz corrosif, comburant

30	matière liquide inflammable (point d'éclair de 23 °C à 60 °C, valeurs limites comprises) ou matière liquide inflammable ou matière solide à l'état fondu ayant un point d'éclair supérieur à 60 °C, chauffée à une température égale ou supérieure à son point d'éclair, ou matière liquide auto-échauffante
323	matière liquide inflammable réagissant avec l'eau en dégageant des gaz inflammables
X323	matière liquide inflammable réagissant dangereusement avec l'eau en dégageant des gaz inflammables[1]
33	matière liquide très inflammable (point d'éclair inférieur à 21 °C)
333	matière liquide pyrophorique
X333	matière liquide pyrophorique réagissant dangereusement avec l'eau[1]
336	matière liquide très inflammable et toxique
338	matière liquide très inflammable et corrosive
X338	matière liquide très inflammable et corrosive, réagissant dangereusement avec l'eau[1]
339	matière liquide très inflammable, pouvant produire spontanément une réaction violente

---

[1]   *L'eau ne doit pas être utilisée, sauf sur autorisation des experts.*

36	matière liquide inflammable (point d'éclair de 23 °C à 60 °C, valeurs limites comprises), faiblement toxique, ou matière liquide auto-échauffante et toxique
362	matière liquide inflammable, toxique, réagissant avec l'eau en émettant des gaz inflammables
X362	matière liquide inflammable, toxique, réagissant dangereusement avec l'eau en dégageant des gaz inflammables[1]
368	matière liquide inflammable, toxique et corrosive
38	matière liquide inflammable (point d'éclair de 23 °C à 60 °C, valeurs limites comprises), faiblement corrosive, ou matière liquide auto-échauffante et corrosive
382	matière liquide inflammable, corrosive, réagissant avec l'eau en dégageant des gaz inflammables
X382	matière liquide inflammable, corrosive, réagissant dangereusement avec l'eau en dégageant des gaz inflammables[1]
39	liquide inflammable, pouvant produire spontanément une réaction violente
40	matière solide inflammable ou matière autoréactive ou matière auto-échauffante, ou matière qui polymérise
423	matière solide réagissant avec l'eau en dégageant des gaz inflammables, ou matière solide inflammable réagissant avec l'eau en dégageant des gaz inflammables, ou matière solide auto-échauffante réagissant avec l'eau en dégageant des gaz inflammables
X423	matière solide réagissant dangereusement avec l'eau en dégageant des gaz inflammables, ou matière solide inflammable réagissant dangereusement avec l'eau en dégageant des gaz inflammables, ou matière solide auto-échauffante réagissant dangereusement avec l'eau en dégageant des gaz inflammables[1]
43	matière solide spontanément inflammable (pyrophorique)
X432	matière solide spontanément inflammable (pyrophorique), réagissant dangereusement avec l'eau en dégageant des gaz inflammables[1]
44	matière solide inflammable qui, à une température élevée, se trouve à l'état fondu
446	matière solide inflammable et toxique qui, à une température élevée, se trouve à l'état fondu
46	matière solide inflammable ou auto-échauffante, toxique
462	matière solide toxique, réagissant avec l'eau en dégageant des gaz inflammables
X462	matière solide, réagissant dangereusement avec l'eau, en dégageant des gaz toxiques[1]
48	matière solide inflammable ou auto-échauffante, corrosive
482	matière solide corrosive, réagissant avec l'eau en dégageant des gaz inflammables
X482	matière solide, réagissant dangereusement avec l'eau, en dégageant des gaz corrosifs[1]
50	matière comburante (favorise l'incendie)
539	peroxyde organique inflammable
55	matière très comburante (favorise l'incendie)
556	matière très comburante (favorise l'incendie), toxique
558	matière très comburante (favorise l'incendie) et corrosive
559	matière très comburante (favorise l'incendie) pouvant produire spontanément une réaction violente
56	matière comburante (favorise l'incendie), toxique
568	matière comburante (favorise l'incendie), toxique, corrosive
58	matière comburante (favorise l'incendie), corrosive
59	matière comburante (favorise l'incendie) pouvant produire spontanément une réaction violente

---

[1] *L'eau ne doit pas être utilisée, sauf sur autorisation des experts.*

60	matière toxique ou faiblement toxique
606	matière infectieuse
623	matière toxique liquide, réagissant avec l'eau, en dégageant des gaz inflammables
63	matière toxique et inflammable (point d'éclair de 23 °C à 60 °C, valeurs limites comprises)
638	matière toxique et inflammable (point d'éclair de 23 °C à 60 °C, valeurs limites comprises) et corrosive
639	matière toxique et inflammable (point d'éclair égal ou inférieur à 60 °C), pouvant produire spontanément une réaction violente
64	matière toxique solide, inflammable ou auto-échauffante
642	matière toxique solide, réagissant avec l'eau en dégageant des gaz inflammables
65	matière toxique et comburante (favorise l'incendie)
66	matière très toxique
663	matière très toxique et inflammable (point d'éclair égal ou inférieur à 60°C)
664	matière très toxique solide, inflammable ou auto-échauffante
665	matière très toxique et comburante (favorise l'incendie)
668	matière très toxique et corrosive
X668	matière très toxique et corrosive, réagissant dangereusement avec l'eau[1]
669	matière très toxique, pouvant produire spontanément une réaction violente
68	matière toxique et corrosive
687	matière toxique, corrosive et radioactive
69	matière toxique ou faiblement toxique, pouvant produire spontanément une réaction violente
70	matière radioactive
768	matière radioactive, toxique et corrosive
78	matière radioactive, corrosive
80	matière corrosive ou faiblement corrosive
X80	matière corrosive ou faiblement corrosive réagissant dangereusement avec l'eau[1]
823	matière corrosive liquide, réagissant avec l'eau en dégageant des gaz inflammables
83	matière corrosive ou faiblement corrosive et inflammable (point d'éclair de 23 °C à 60 °C, valeurs limites comprises)
X83	matière corrosive ou faiblement corrosive et inflammable (point d'éclair de 23 °C à 60 °C, valeurs limites comprises) réagissant dangereusement avec l'eau[1]
836	matière corrosive ou faiblement corrosive, inflammable (point d'éclair de 23 °C à 60 °C, valeurs limites comprises) et toxique
839	matière corrosive ou faiblement corrosive et inflammable (point d'éclair de 23 °C à 60 °C, valeurs limites comprises), pouvant produire spontanément une réaction violente
X839	matière corrosive ou faiblement corrosive et inflammable (point d'éclair de 23 °C à 60 °C, valeurs limites comprises), pouvant produire spontanément une réaction violente et réagissant dangereusement avec l'eau[1]
84	matière corrosive solide, inflammable ou autoéchauffante
842	matière corrosive solide, réagissant avec l'eau en dégageant des gaz inflammables
85	matière corrosive ou faiblement corrosive et comburante (favorise l'incendie)
856	matière corrosive ou faiblement corrosive et comburante (favorise l'incendie) et toxique
86	matière corrosive ou faiblement corrosive et toxique

---

[1] *L'eau ne doit pas être utilisée, sauf sur autorisation des experts.*

88	matière très corrosive
X88	matière très corrosive réagissant dangereusement avec l'eau[1]
883	matière très corrosive et inflammable (point d'éclair de 23 °C à 60 °C, valeur limites comprises)
884	matière très corrosive solide, inflammable ou auto-échauffante
885	matière très corrosive et comburante (favorise l'incendie)
886	matière très corrosive et toxique
X886	matière très corrosive et toxique, réagissant dangereusement avec l'eau[1]
89	matière corrosive ou faiblement corrosive pouvant produire spontanément une réaction violente
90	matière dangereuse du point de vue de l'environnement, matières dangereuses diverses
99	matières dangereuses diverses transportées à chaud

5.3.3   Marque pour les matières transportées à chaud

Les véhicules-citernes, wagons-citernes, conteneurs-citernes, citernes mobiles, véhicules spéciaux, wagons spéciaux ou conteneurs spéciaux ou véhicules spécialement équipés, wagons spécialement équipés ou conteneurs spécialement équipés, contenant une matière qui est transportée ou présentée au transport à l'état liquide à une température égale ou supérieure à 100 °C ou à l'état solide à une température égale ou supérieure à 240 °C, doivent porter de chaque côté dans le cas des wagons, de chaque côté et à l'arrière dans le cas de véhicules, et de chaque côté et à chaque extrémité dans le cas de conteneur, conteneurs-citernes ou citernes mobiles, la marque représentée à la figure 5.3.3.

Figure 5.3.3

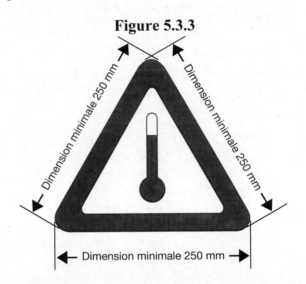

Marque pour les matières transportées à chaud

La marque doit avoir la forme d'un triangle équilatéral. Elle doit être de couleur rouge. Les côtés doivent mesurer au moins 250 mm. Il est possible, sur les conteneurs-citernes ou les citernes mobiles d'une contenance n'excédant pas 3 000 litres et dont la surface disponible ne suffit pas à apposer les marques prescrites, de réduire les dimensions minimales des côtés à 100 mm. Lorsque les dimensions ne sont pas spécifiées, tous les éléments doivent respecter approximativement les proportions représentées. La marque doit être résistante aux intempéries et la présence de la signalisation doit être garantie pendant toute la durée du transport.

---

[1]   L'eau ne doit pas être utilisée, sauf sur autorisation des experts.

5.3.4   **Signalisation en cas de transport dans une chaîne de transport comportant un parcours maritime**

5.3.4.1   Pour les transports dans une chaîne de transport comportant un parcours maritime, les conteneurs, les citernes mobiles et les CGEM sont dispensés de la signalisation orange selon la section 5.3.2 s'ils portent la signalisation prescrite à la section 5.3.2 du Code IMDG à savoir:

a)   La désignation officielle de transport du contenu est marquée de façon durable sur au moins deux côtés

–   des citernes mobiles et des CGEM,

–   des conteneurs pour vrac,

–   des conteneurs contenant des marchandises dangereuses en colis constituant une seule marchandise pour lesquelles une plaque-étiquette ou la marque de polluant marin ne sont pas exigées par le Code IMDG;

b)   Le numéro ONU des marchandises apparait, en chiffres noirs d'au moins 65 mm de haut:

–   soit sur un fond blanc dans la moitié inférieure des plaques-étiquettes apposées sur l'engin de transport;

–   soit sur un panneau rectangulaire de couleur orange d'au moins 120 mm de hauteur et 300 mm de largeur, avec une bordure noire de 10 mm, placé immédiatement à côté des plaques-étiquettes ou des marques de polluant marin du Code IMDG, ou si aucune plaque-étiquette ou marque de polluant marin n'est prescrite, à côté de la désignation officielle de transport.

Exemple de signalisation d'une citerne mobile transportant de l'acétal, classe 3, No ONU 1088, selon le Code IMDG

PREMIÈRE VARIANTE

flamme noire sur fond rouge

DEUXIÈME VARIANTE

flamme noire sur fond rouge

fond orange
liseré et chiffres de couleur noire

5.3.4.2   Si des citernes mobiles, CGEM ou conteneurs signalisés conformément au 5.3.4.1 sont transportés à bord du bateau chargés sur des véhicules, seul le paragraphe 5.3.2.1.1 s'applique au véhicule porteur.

5.3.4.3   Outre les plaques-étiquettes, la signalisation orange et les marques prescrites ou autorisés par l'ADN, les engins de transport peuvent porter les marques, plaques-étiquettes et autres signalisations supplémentaires prescrites le cas échéant par le Code IMDG, par exemple la marque de polluant marin ou la marque de "QUANTITÉS LIMITÉES".

5.3.5   *(Réservé)*

5.3.6   Marque "matière dangereuse pour l'environnement"

5.3.6.1   Lorsqu'une plaque-étiquette doit être apposée conformément aux dispositions de la section 5.3.1, les conteneurs, les conteneurs pour vrac, les CGEM, les conteneurs-citernes, les citernes mobiles, les véhicules et les wagons renfermant des matières dangereuses pour l'environnement satisfaisant aux critères du 2.2.9.1.10 doivent porter la marque "matière dangereuse pour l'environnement" telle qu'elle est représentée au 5.2.1.8.3. Cette prescription ne s'applique pas aux exceptions prévues au 5.2.1.8.1.

5.3.6.2   La marque désignant une matière dangereuse pour l'environnement à apposer sur les conteneurs, les conteneurs pour vrac, CGEM, conteneurs-citernes, citernes mobiles, wagons et véhicules doit être conforme à celle décrite au 5.2.1.8.3 et représentée à la figure 5.2.1.8.3, sauf que ses dimensions minimales doivent être de 250 mm x 250 mm. Il est possible, sur les conteneurs-citernes ou les citernes mobiles d'une contenance n'excédant pas 3 000 litres et dont la surface disponible ne suffit pas à apposer les marques prescrites, de réduire les dimensions minimales à 100 mm x 100 mm. Les autres dispositions de la section 5.3.1 relatives au plaques-étiquettes s'appliquent mutatis mutandis à la marque.

CHAPITRE 5.4

DOCUMENTATION

5.4.0 **Généralités**

5.4.0.1 À moins qu'il n'en soit spécifié autrement par ailleurs, tout transport de marchandises réglementé par l'ADN doit être accompagné de la documentation prescrite dans le présent chapitre, selon qu'il convient.

NOTA: Pour la liste des documents devant être présents à bord des bateaux, voir sous 8.1.2.

5.4.0.2 Il est admis de recourir aux techniques de traitement électronique de l'information (TEI) ou d'échange de données informatisées (EDI) pour faciliter l'établissement des documents ou les remplacer, à condition que les procédures utilisées pour la saisie, le stockage et le traitement des données électroniques permettent de satisfaire, de manière au moins équivalente à l'utilisation de documents sur papier, aux exigences juridiques en matière de force probante et de disponibilité des données en cours de transport.

5.4.0.3 Lorsque les informations relatives aux marchandises dangereuses sont fournies au transporteur à l'aide des techniques du TEI ou de l'EDI, l'expéditeur doit pouvoir donner ces informations au transporteur sous forme de document sur papier, où elles apparaitront suivant l'ordre prescrit dans le présent chapitre.

5.4.1 **Document de transport pour les marchandises dangereuses et informations y afférentes**

5.4.1.1 *Renseignements généraux qui doivent figurer dans le document de transport*

5.4.1.1.1 *Renseignements généraux qui doivent figurer dans le document de transport pour le transport en vrac ou en colis*

Le ou les documents de transport doivent fournir les renseignements suivants pour toute matière ou objet dangereux présenté au transport:

a) le numéro ONU, précédé des lettres "UN" ou le numéro d'identification de la matière;

b) la désignation officielle de transport, complétée, le cas échéant (voir 3.1.2.8.1) avec le nom technique entre parenthèses (voir 3.1.2.8.1.1), déterminée conformément au 3.1.2;

c) – Pour les matières et objets de la classe 1: le code de classification mentionné dans la colonne (3b) du tableau A du chapitre 3.2.

   Si dans la colonne (5) du tableau A du chapitre 3.2 figurent des numéros de modèles d'étiquettes autres que celles des modèles 1, 1.4, 1.5, 1.6, ces numéros de modèle d'étiquettes doivent suivre entre parenthèses le code de classification;

 – Pour les matières radioactives de la classe 7, le numéro de classe, à savoir: "7";

   NOTA: Pour les matières radioactives présentant un danger subsidiaire, voir également la disposition spéciale 172 du chapitre 3.3.

–   Pour les piles au lithium des Nos. ONU 3090, 3091, 3480 et 3481: le numéro de la classe, à savoir "9";

–   Pour les autres matières et objets:: les numéros de modèles d'étiquettes qui figurent dans la colonne (5) du tableau A du chapitre 3.2 ou qui sont requis en application d'une disposition spéciale précisée en colonne (6)". Dans le cas de plusieurs numéros de modèles, les numéros qui suivent le premier doivent être indiqués entre parenthèses. Pour les matières et objets pour lesquels aucun modèle d'étiquette n'est indiqué dans la colonne (5) du Tableau A du chapitre 3.2, il faut indiquer en lieu et place leur classe selon la colonne (3a);

d)   le cas échéant, le groupe d'emballage attribué à la matière pouvant être précédé des lettres "GE" (par exemple, "GE II") ou des initiales correspondant aux mots "Groupe d'emballage" dans les langues utilisées conformément au 5.4.1.4.1;

   NOTA: *Pour les matières radioactives de la classe 7 présentant un danger subsidiaire, voir disposition spéciale 172 d) au Chapitre 3.3.*

e)   le nombre et la description des colis lorsque cela s'applique. Les codes d'emballage de l'ONU ne peuvent être utilisés que pour compléter la description de la nature du colis (par exemple une caisse (4G));

   NOTA: *Il n'est pas nécessaire d'indiquer le nombre, le type et la contenance de chaque emballage intérieur contenu dans l'emballage extérieur d'un emballage combiné.*

f)   la quantité totale de chaque marchandise dangereuse ayant un numéro ONU, une désignation officielle de transport, ou un groupe d'emballage différent (exprimée en volume, en masse brute ou en masse nette selon le cas).

   NOTA: *Pour les marchandises dangereuses contenues dans des machines ou des équipements spécifiés du présent Règlement, la quantité indiquée doit être la quantité totale de marchandises dangereuses contenue à l'intérieur en kilogrammes ou en litres suivant le cas.*

g)   le nom et l'adresse de l'expéditeur ou des expéditeurs;

h)   le nom et l'adresse du (des) destinataire(s);

i)   une déclaration conforme aux dispositions de tout accord particulier.

L'emplacement et l'ordre dans lequel les renseignements doivent apparaître sur le document de transport peuvent être librement choisis. Cependant a), b), c), d) doivent apparaître dans l'ordre listé ci-dessus (c'est-à-dire a), b), c), d)) sans éléments d'information intercalés, sauf ceux prévus dans l'ADN.

Exemples de description autorisée de marchandise dangereuse:

"UN 1098 ALCOOL ALLYLIQUE, 6.1 (3), I" ou
"UN 1098, ALCOOL ALLYLIQUE, 6.1, (3), GE I".

Les renseignements exigés dans le document de transport doivent être lisibles.

Bien qu'il soit fait usage de lettres majuscules au chapitre 3.1 et au tableau A du chapitre 3.2 pour indiquer les éléments qui doivent faire partie de la désignation officielle de transport, et bien que des lettres majuscules et des lettres minuscules soient utilisées dans le présent chapitre pour indiquer les renseignements exigés dans le document de transport, l'usage de majuscules ou de minuscules pour inscrire ces renseignements dans le document de transport peut être librement choisi.

5.4.1.1.2   *Renseignements généraux qui doivent figurer dans le document de transport pour le transport en bateau citernes*

Le ou les documents de transport doivent fournir les renseignements suivants pour toute matière ou objet dangereux présenté au transport:

a)   le numéro ONU précédé des lettres "UN" ou le numéro d'identification de la matière;

b)   la désignation officielle de transport fixée à la colonne 2 du tableau C du chapitre 3.2 complétée, le cas échéant, avec le nom technique entre parenthèse;

c)   les données figurant à la colonne (5) du tableau C du chapitre 3.2. Si plusieurs données y figurent, les données qui suivent la première doivent être entre parenthèses. Pour les matières non désignées nommément au tableau C (matières affectées à une rubrique générique ou à une rubrique N.S.A. et pour lesquelles le diagramme de décision selon 3.2.3.3 est applicable), seules les caractéristiques dangereuses réelles de la matière doivent être mentionnées;

d)   le cas échéant, le groupe d'emballage attribué à la matière pouvant être précédé des lettres GE (par exemple, "GE II") ou les initiales correspondant aux mots "Groupe d'emballage" dans les langues utilisées conformément au 5.4.1.4.1,

e)   la masse en tonnes;

f)   le nom et l'adresse de l'expéditeur;

g)   le nom et l'adresse du (des) destinataire(s).

L'emplacement et l'ordre dans lequel les renseignements doivent apparaître sur le document de transport peuvent être librement choisis. Cependant a), b), c), d) doivent apparaître dans l'ordre listé ci-dessus (c'est-à-dire a), b), c), d)) sans éléments d'information intercalés, sauf ceux prévus dans l'ADN.

Exemples de description autorisée de marchandise dangereuse:

"UN 1203 ESSENCE, 3 (N2, CMR, F), II" ou
"UN 1203 ESSENCE, 3 (N2, CMR, F), GE II".

Les renseignements exigés dans le document de transport doivent être lisibles.

Bien qu'il soit fait usage de lettres majuscules au chapitre 3.1 et au tableau C du chapitre 3.2 pour indiquer les éléments qui doivent faire partie de la désignation officielle de transport, et bien que des lettres majuscules et des lettres minuscules soient utilisées dans le présent chapitre pour indiquer les renseignements exigés dans le document de transport, l'usage de majuscules ou de minuscules pour inscrire ces renseignements dans le document de transport peut être librement choisi.

5.4.1.1.3   *Dispositions particulières relatives aux déchets*

Si des déchets contenant des marchandises dangereuses (autres que des déchets radioactifs) sont transportés, la désignation officielle de transport doit être précédée du mot **"DÉCHET"** à moins que ce terme fasse partie de la désignation officielle de transport, par exemple:

"UN 1230 DÉCHET MÉTHANOL, 3 (6.1), II", ou
"UN 1230 DÉCHET MÉTHANOL, 3 (6.1), GE II", ou
"UN 1993 DÉCHET LIQUIDE INFLAMMABLE, N.S.A. (toluène et alcool éthylique), 3, II", ou
"UN 1993 DÉCHET LIQUIDE INFLAMMABLE, N.S.A. (toluène et alcool éthylique), 3, GE II"

Si la disposition concernant les déchets énoncée au 2.1.3.5.5 est appliquée, les indications suivantes doivent être ajoutées à la description des marchandises dangereuses requise au 5.4.1.1.1 a) à d) et k):

"DÉCHETS CONFORMES AU 2.1.3.5.5" (par exemple "UN 3264, LIQUIDE INORGANIQUE, CORROSIF, ACIDE, N.S.A., 8, II, DÉCHETS CONFORMES AU 2.1.3.5.5").

Il n'est pas nécessaire d'ajouter le nom technique prescrit au chapitre 3.3, disposition spéciale 274.

5.4.1.1.4   (*Supprimé*)

5.4.1.1.5   *Dispositions particulières relatives aux emballages de secours, y compris grands emballages de secours, et récipients à pression de secours*

Lorsque des marchandises dangereuses sont transportées dans un emballage de secours, y compris dans un grand emballage de secours, ou dans un récipient à pression de secours, les mots **"EMBALLAGE DE SECOURS"** ou **"RÉCIPIENT À PRESSION DE SECOURS"** doivent être ajoutés après la description des marchandises dans le document de transport.

5.4.1.1.6   *Dispositions particulières relatives aux moyens de rétention vides et aux citernes à cargaison vides de bateaux-citernes*

5.4.1.1.6.1   Pour les moyens de rétention vides, non nettoyés, contenant des résidus de marchandises dangereuses autres que celles de la classe 7, les mots **"VIDE, NON NETTOYÉ"** ou **"RÉSIDUS, CONTENU ANTÉRIEUR"** doivent être indiqués avant ou après la description des marchandises dangereuses prescrite au 5.4.1.1.1 a) à d). En outre, 5.4.1.1.1 f) ne s'applique pas.

5.4.1.1.6.2   Les dispositions particulières du 5.4.1.1.6.1 peuvent être remplacées par les dispositions du 5.4.1.1.6.2.1, 5.4.1.1.6.2.2 ou 5.4.1.1.6.2.3, comme il convient.

5.4.1.1.6.2.1   Pour les emballages vides, non nettoyés, contenant des résidus de marchandises dangereuses autres que celles de la classe 7, y compris les récipients à gaz vides non nettoyés de capacité ne dépassant pas 1000 litres, les mentions à porter conformément aux 5.4.1.1.1 a), b), c), d), e) et f) sont remplacées par **"EMBALLAGE VIDE"**, **"RÉCIPIENT VIDE"**, **"GRV VIDE"** ou **"GRAND EMBALLAGE VIDE"**, selon le cas, suivie des informations relatives aux dernières marchandises chargées prescrites au 5.4.1.1.1 c).

Exemple:

"EMBALLAGE VIDE, 6.1 (3)".

En outre, dans ce cas:

a)   Si les dernières marchandises dangereuses chargées sont des marchandises de la classe 2, les informations prescrites au 5.4.1.1.1 c), peuvent être remplacées par le numéro de la classe "2";

b)   Si les dernières marchandises dangereuses chargées sont des marchandises des classes 3, 4.1, 4.2, 4.3, 5.1, 5.2, 6.1, 8 ou 9, les informations y relatives, telles qu'elles sont prévues au 5.4.1.1.1 c) peuvent être remplacées par la mention **"AVEC RESIDUS DE ..."** suivie des classe(s) et danger(s) subsidiaire(s) qui correspondent aux différents résidus concernés, par ordre de numérotation de classe.

Par exemple, des emballages vides non nettoyés ayant contenu des marchandises de la classe 3 transportés avec des emballages vides non nettoyés ayant contenu des marchandises de la classe 8 présentant un danger subsidiaire de la classe 6.1 peuvent être désignés dans le document de transport comme suit:

"EMBALLAGES VIDES AVEC RÉSIDUS DE 3, 6.1, 8".

5.4.1.1.6.2.2 Pour les moyens de rétention vides non nettoyés, autres que les emballages, contenant des résidus de marchandises dangereuses autres que celles de la classe 7, ainsi que pour les récipients à gaz vides non nettoyés de capacité supérieure à 1 000 litres, les mentions à porter conformément aux 5.4.1.1.1 a) à d) sont précédées des mentions **"WAGON-CITERNE VIDE"**, **"VÉHICULE-CITERNE VIDE"**, **"CITERNE DÉMONTABLE VIDE"**, **"CONTENEUR-CITERNE VIDE"**, **"CITERNE MOBILE VIDE"**, **"WAGON-BATTERIE VIDE"**, **"VÉHICULE-BATTERIE VIDE"**, **"CGEM VIDE"**, **"MEMU VIDE"**, **"WAGON VIDE"**, **"VÉHICULE VIDE"**, **"CONTENEUR VIDE"** ou **"RÉCIPIENT VIDE"**, selon le cas, suivies des mots **"DERNIÈRE MARCHANDISE CHARGÉE:"**. En outre, le 5.4.1.1.1 f) ne s'applique pas.

Exemple:

"CONTENEUR CITERNE VIDE, DERNIÈRE MARCHANDISE CHARGÉE: UN 1098 ALCOOL ALLYLIQUE, 6.1 (3), I" ou
"CONTENEUR CITERNE VIDE, DERNIÈRE MARCHANDISE CHARGÉE: UN 1098 ALCOOL ALLYLIQUE, 6.1 (3), GE I".

5.4.1.1.6.2.3 Lorsque des moyens de rétention vides, non nettoyés, contenant des résidus de marchandises dangereuses autres que celles de la classe 7 sont retournés à l'expéditeur, les documents de transport préparés pour le transport de ces marchandises dans ces moyens de rétention à l'état rempli peuvent également être utilisés. Dans ce cas, l'indication de la quantité doit être supprimée (en l'effaçant, en la biffant ou par tout autre moyen) et remplacée par les mots **"RETOUR À VIDE, NON NETTOYÉ"**.

5.4.1.1.6.3 a) Lorsque des citernes, véhicules-batteries, wagons-batteries ou CGEM vides, non nettoyés sont transportés vers l'endroit approprié le plus proche où le nettoyage ou la réparation peut avoir lieu, conformément aux dispositions du 4.3.2.4.3 de l'ADR ou du RID la mention supplémentaire suivante doit être incluse dans le document de transport: **"Transport selon 4.3.2.4.3 de l'ADR (ou du RID)"**.

b) Lorsque des véhicules, wagons ou des conteneurs vides, non nettoyés sont transportés vers l'endroit approprié le plus proche où le nettoyage ou la réparation peut avoir lieu, conformément aux dispositions du 7.5.8.1 de l'ADR ou du RID, la mention supplémentaire suivante doit être incluse dans le document de transport: **"Transport selon 7.5.8.1 de l'ADR (ou du RID)"**.

5.4.1.1.6.4 Pour le transport de wagon-citernes, citernes fixes (véhicules-citernes), wagons avec citernes amovibles, véhicules avec citernes démontables, wagons batteries, véhicules-batteries, conteneurs-citernes et CGEM dans les conditions du 4.3.2.4.4 de l'ADR ou du RID, la mention suivante doit être portée dans le document de transport: **"Transport conformément au 4.3.2.4.4 de l'ADR (ou du RID)"** selon le cas.

5.4.1.1.6.5 Dans le cas de bateaux-citernes dont les citernes à cargaison sont vides ou viennent d'être déchargées, le conducteur est réputé être l'expéditeur aux fins des documents de transport exigés. Dans ce cas, le document de transport doit fournir les renseignements suivants pour chaque citerne à cargaison vide ou déchargée:

a) le numéro de la citerne à cargaison;

b) le numéro ONU précédé des lettres "UN" ou le numéro d'identification de la matière;

c)   la désignation officielle de transport de la dernière matière transportée, la classe et, le cas échéant, le groupe d'emballage selon 5.4.1.1.2.

5.4.1.1.7   *Dispositions particulières relatives aux transports dans une chaîne de transport comportant un parcours maritime, routier, ferroviaire ou aérien*

Pour les transports selon 1.1.4.2.1, le document de transport doit porter la mention suivante: **"Transport selon 1.1.4.2.1"**.

5.4.1.1.8 et 5.4.1.1.9   *(Réservés)*

5.4.1.1.10   *(Supprimé)*

5.4.1.1.11   *Dispositions spéciales pour le transport de GRV, de citernes, de véhicules-batteries, de citernes mobiles et de CGEM après la date d'expiration de la validité du dernier contrôle ou de la dernière épreuve périodique*

Pour les transports conformes aux 4.1.2.2 b), 4.3.2.3.7 b), 6.7.2.19.6 b), 6.7.3.15.6 b) ou 6.7.4.14.6 b) de l'ADR (ou du RID), le document de transport doit porter la mention suivante:
"TRANSPORT CONFORMÉMENT AU 4.1.2.2 b) de l'ADR (ou du RID)",
"TRANSPORT CONFORMÉMENT AU 4.3.2.3.7 b) de l'ADR (ou du RID)",
"TRANSPORT CONFORMÉMENT AU 6.7.2.19.6 b) de l'ADR (ou du RID)",
"TRANSPORT CONFORMÉMENT AU 6.7.3.15.6 b) de l'ADR (ou du RID)"; ou
"TRANSPORT CONFORMÉMENT AU 6.7.4.14.6 b) de l'ADR (ou du RID)", selon le cas.

5.4.1.1.12 et 5.4.1.1.13   *(Réservés)*

5.4.1.1.14   *Dispositions spéciales pour les matières transportées à chaud*

Si la désignation officielle de transport pour une matière transportée ou présentée au transport à l'état liquide à une température égale ou supérieure à 100 °C, ou à l'état solide à une température égale ou supérieure à 240 °C, n'indique pas qu'il s'agit d'une matière transportée à chaud (par exemple, par la présence des termes **"FONDU(E)"** ou **"TRANSPORTÉ À CHAUD"** en tant que partie de la désignation officielle de transport), la mention **"À HAUTE TEMPÉRATURE"** doit figurer juste après la désignation officielle de transport.

5.4.1.1.15   *Dispositions spéciales pour le transport des matières stabilisées par régulation de température*

Si le mot "STABILISÉ" fait partie de la désignation officielle de transport (voir également 3.1.2.6), lorsque la stabilisation est obtenue par régulation de température, la température de régulation et la température critique (voir 7.1.7) doivent être indiquées sur le document de transport comme suit:

"Température de régulation: ... °C   Température critique: ... °C".

5.4.1.1.16   *Renseignements exigés conformément à la disposition spéciale 640 du chapitre 3.3.*

Lorsqu'il est prescrit par la disposition spéciale 640 du chapitre 3.3, le document de transport doit porter la mention **"Disposition spéciale 640X"** où "X" est la lettre majuscule qui apparaît après la référence à la disposition spéciale 640 dans la colonne (6) du tableau A du chapitre 3.2.

5.4.1.1.17   *Dispositions spéciales pour le transport de matières solides en vrac dans des conteneurs conformément au 6.11.4 de l'ADR.*

Lorsque des matières solides sont transportées en vrac dans des conteneurs conformément au 6.11.4 de l'ADR, l'indication ci-après doit figurer sur le document de transport (voir le NOTA au début du 6.11.4 de l'ADR):

"Conteneur pour vrac BK(x)[1] agréé par l'autorité compétente de …".

5.4.1.1.18   *Dispositions spéciales applicables au transport de matières dangereuses pour l'environnement (environnement aquatique)*

Si une matière appartenant à l'une des classes 1 à 9 satisfait aux critères de classement du 2.2.9.1.10, le document de transport doit porter la mention supplémentaire **"DANGEREUX POUR L'ENVIRONNEMENT"** ou **"POLLUANT MARIN/DANGEREUX POUR L'ENVIRONNEMENT"**. Cette prescription supplémentaire ne s'applique pas pour les numéros ONU 3077 et 3082 ni pour les exemptions prévues au 5.2.1.8.1.

La mention **"POLLUANT MARIN"** (conformément au 5.4.1.4.3 du Code IMDG) est acceptable pour les transports dans une chaîne de transport comportant un parcours maritime.

5.4.1.1.19   *Disposition spéciale pour le transport d'emballages au rebut, vides, non nettoyés (No. ONU 3509)*

Pour les emballages au rebut, vides, non nettoyés, la désignation officielle de transport figurant au paragraphe 5.4.1.1.1 b) doit être complétée par les mots **"(AVEC DES RÉSIDUS DE […])"** suivis des classe(s) et danger(s) subsidiaire(s) qui correspondent aux résidus concernés, par ordre de numérotation de la classe. En outre, les dispositions du paragraphe 5.4.1.1.1 f) ne s'appliquent pas.

Par exemple, des emballages au rebut, vides, non nettoyés ayant contenu des marchandises de la classe 4.1 emballés avec des emballages au rebut, vides, non nettoyés ayant contenu des marchandises de la classe 3 présentant un danger subsidiaire de la classe 6.1 doivent être désignés dans le document de transport comme:

"UN 3509 EMBALLAGES AU REBUT, VIDES, NON NETTOYÉS (AVEC RÉSIDUS DE 3, 4.1, 6.1), 9".

5.4.1.1.20   *Dispositions spéciales pour le transport des matières classées conformément au 2.1.2.8*

Pour le transport conformément au 2.1.2.8, une mention doit figurer dans le document de transport comme suit: **"Classé conformément au 2.1.2.8"**.

5.4.1.1.21   *Dispositions spéciales pour le transport des Nos ONU 3528, 3529 et 3530*

Pour le transport des Nos ONU 3528, 3529 et 3530, lorsque qu'un document de transport est requis par la disposition spéciale 363, celui-ci doit contenir la mention suivante: "Transport selon la disposition spéciale 363".

---

[1]   *x doit être remplacé par "1" ou "2" comme il se doit.*

5.4.1.1.22   *Dispositions particulières relatives au transport en bateaux déshuileurs et bateaux avitailleurs*

Les 5.4.1.1.2 et 5.4.1.1.6.5 ne s'appliquent pas aux bateaux déshuileurs ni aux bateaux avitailleurs.

5.4.1.2   *Renseignements additionnels ou spéciaux exigés pour certaines classes*

5.4.1.2.1   *Dispositions particulières pour la classe 1*

a)   Le document de transport doit porter, outre les prescriptions du 5.4.1.1.1 f):

–   la masse nette totale, en kg, des contenus de matières explosibles[2] pour chaque matière ou objet caractérisé par son numéro ONU;

–   la masse nette totale, en kg, des contenus de matières explosibles[2] pour tous les matières et objets auxquels s'applique le document de transport.

b)   En cas d'emballage en commun de deux marchandises différentes, la description des marchandises dans le document de transport doit indiquer les numéros ONU et les dénominations imprimées en majuscules dans les colonnes (1) et (2) du tableau A du chapitre 3.2 des deux matières ou des deux objets. Si plus de deux marchandises différentes sont réunies dans un même colis selon les dispositions relatives à l'emballage en commun indiquées au 4.1.10 de l'ADR, dispositions spéciales MP1, MP2 et MP20 à MP24, le document de transport doit porter sous la description des marchandises les numéros ONU de toutes les matières et objets contenus dans le colis sous la forme **"Marchandises des numéros ONU ..."**.

c)   Pour le transport de matières et objets affectés à une rubrique n.s.a. ou à la rubrique "0190 ÉCHANTILLONS D'EXPLOSIFS", ou emballés selon l'instruction d'emballage P101 du 4.1.4.1 de l'ADR, une copie de l'accord de l'autorité compétente avec les conditions de transport doit être jointe au document de transport. Il doit être rédigé dans une langue officielle du pays de départ et également, si cette langue n'est pas l'anglais, le français ou l'allemand, en anglais, en français ou en allemand, à moins que les accords, s'il en existe, conclus entre les pays intéressés au transport n'en disposent autrement.

d)   Si des colis contenant des matières et objets des groupes de compatibilité B et D sont chargés en commun dans le même véhicule ou wagon selon les dispositions du 7.5.2.2 de l'ADR ou du RID, le certificat d'approbation du compartiment séparé ou système spécial de contenant de protection selon le 7.5.2.2, note a de bas de tableau de l'ADR ou du RID, doit être joint au document de transport. Il doit être rédigé dans une langue officielle du pays de départ et également, si cette langue n'est pas l'anglais, le français ou l'allemand, en anglais, en français ou en allemand, à moins que les accords, s'il en existe, conclus entre les pays intéressés au transport n'en disposent autrement.

e)   Lorsque des matières ou objets explosibles sont transportés dans des emballages conformes à l'instruction d'emballage P101 de l'ADR, le document de transport doit porter la mention **"Emballage approuvé par l'autorité compétente de ..."** (voir 4.1.4.1 de l'ADR, instruction d'emballage P101).

f)   *(Réservé)*

---

[2]   *Par "contenus de matières explosibles" on entend, pour les objets, la matière explosible contenue dans l'objet.*

g)   Lorsque des artifices de divertissement des Nos ONU 0333, 0334, 0335, 0336 et 0337 sont transportés, le document de transport doit porter la mention:

"Classification des artifices de divertissement par l'autorité compétente de XX, référence de classification XX/YYZZZZ".

Il n'est pas nécessaire que le certificat d'agrément de classification accompagne l'envoi mais l'expéditeur doit être en mesure de le présenter au transporteur ou à l'autorité compétente à des fins de contrôle. Le certificat d'agrément de classification ou sa copie doit être rédigé dans une langue officielle du pays d'expédition et, en outre, si cette langue n'est ni l'allemand, ni l'anglais, ni le français, en allemand, anglais ou français.

NOTA 1: *La dénomination commerciale ou technique des marchandises peut être ajoutée à titre de complément à la désignation officielle de transport dans le document de transport.*

2: La ou les références de classification consistent en l'indication, par le signe distinctif utilisé sur les véhicules en circulation routière internationale (XX)[3], du pays partie contractante à l'ADN dans lequel le code de classification conformément à la disposition spéciale 645 du 3.3.1 a été approuvé, l'identification de l'autorité compétente (YY) et une référence de série unique (ZZZZ). Exemples de références de classification:

GB/HSE123456
D/BAM1234.

5.4.1.2.2   *Dispositions additionnelles pour la classe 2*

a)   Pour le transport de mélanges (voir 2.2.2.1.1) en citernes (citernes démontables, citernes amovibles, citernes fixes, wagons-citernes, citernes mobiles, conteneurs-citernes ou éléments de véhicules-batteries ou de wagons-batteries, ou de CGEM), la composition du mélange en pourcentage du volume ou en pourcentage de la masse doit être indiquée. Il n'est pas nécessaire d'indiquer les constituants du mélange de concentration inférieure à 1 % (voir aussi 3.1.2.8.1.2). Il n'est pas nécessaire d'indiquer la composition du mélange lorsque les noms techniques autorisés par les dispositions spéciales 581, 582 ou 583 sont utilisés en complément de la désignation officielle de transport;

b)   Pour le transport de bouteilles, tubes, fûts à pression, récipients cryogéniques et cadres de bouteilles dans les conditions du 4.1.6.10 de l'ADR, la mention suivante doit être portée dans le document de transport: **"Transport selon 4.1.6.10 de l'ADR"**.

c)   *(Réservé)*

d)   Dans le cas des wagons-citernes, des conteneurs-citernes et des citernes mobiles transportant des gaz liquéfiés réfrigérés, l'expéditeur doit indiquer comme suit dans le document de transport la date à laquelle le temps de retenue réel expire:

"Fin du temps de retenue: .... (JJ/MM/AAAA)".

---

[3]   *Signe distinctif de l'Etat d'immatriculation utilisé sur les automobiles et les remorques en circulation routière internationale, par exemple en vertu de la Convention de Genève sur la circulation routière de 1949 ou de la Convention de Vienne sur la circulation routière de 1968.*

5.4.1.2.3 *Dispositions additionnelles relatives aux matières autoréactives et aux matières qui polymérisent de la classe 4.1 et aux peroxydes organiques de la classe 5.2*

5.4.1.2.3.1 Pour les matières autoréactives et les matières qui polymérisent de la classe 4.1 et pour les peroxydes organiques de la classe 5.2 qui doivent faire l'objet d'une régulation de température au cours du transport, (pour les matières autoréactives, voir 2.2.41.1.17; pour les matières qui polymérisent, voir 2.2.41.1.21; pour les peroxydes organiques, voir 2.2.52.1.15) la température de régulation et la température critique doivent être indiquées comme suit dans le document de transport:

"Température de régulation: ... °C   Température critique: ... °C".

5.4.1.2.3.2 Pour certaines matières autoréactives de la classe 4.1 et pour certains peroxydes organiques de la classe 5.2, lorsque l'autorité compétente a admis l'exemption de l'étiquette conforme au modèle No 1 pour un emballage spécifique (voir 5.2.2.1.9), une mention à cet égard doit figurer dans le document de transport, comme suit: **"L'étiquette conforme au modèle No 1 n'est pas exigée"**.

5.4.1.2.3.3 Lorsque des peroxydes organiques et des matières autoréactives sont transportés dans des conditions où un agrément est requis (pour les peroxydes organiques voir 2.2.52.1.8, 4.1.7.2.2 et disposition spéciale TA2 du 6.8.4 de l'ADR; pour les matières autoréactives voir 2.2.41.1.13 et 4.1.7.2.2 de l'ADR, une mention à cet égard doit figurer dans le document de transport, par exemple **"Transport selon 2.2.52.1.8"**.

Une copie de l'agrément de l'autorité compétente avec les conditions de transport doit être jointe au document de transport. Il doit être rédigé dans une langue officielle du pays de départ et également, si cette langue n'est pas l'anglais, le français ou l'allemand, en anglais, en français ou en allemand, à moins que les accords, s'il en existe, conclus entre les pays intéressés au transport n'en disposent autrement.

5.4.1.2.3.4 Lorsqu'un échantillon de peroxyde organique (voir 2.2.52.1.9) ou d'une matière autoréactive (voir 2.2.41.1.15) est transporté, il faut le déclarer dans le document de transport, par exemple **"Transport selon 2.2.52.1.9"**.

5.4.1.2.3.5 Lorsque des matières autoréactives du type G (voir Manuel d'épreuves et de critères, deuxième partie, paragraphe 20.4.2 g)) sont transportées, la mention suivante peut être portée sur le document de transport: **"Matière autoréactive non soumise à la classe 4.1"**.

Lorsque des peroxydes organiques du type G (voir Manuel d'épreuves et de critères, deuxième partie, paragraphe 20.4.3 g)) sont transportées, la mention suivante peut être portée sur le document de transport: **"Matière non soumise à la classe 5.2"**.

5.4.1.2.4 *Dispositions additionnelles relatives à la classe 6.2*

Outre les informations relatives au destinataire (voir 5.4.1.1.1 h)), le nom d'une personne responsable et son numéro de téléphone doivent être indiqués.

5.4.1.2.5 *Dispositions additionnelles relatives à la classe 7*

5.4.1.2.5.1 Les informations ci-après doivent être inscrites dans le document de transport pour chaque envoi de matières de la classe 7, dans la mesure où elles s'appliquent, dans l'ordre indiqué ci-après, immédiatement après les informations prescrites en 5.4.1.1.1 a) à c):

a) Le nom ou le symbole de chaque radionucléide ou, pour les mélanges de radionucléides, une description générale appropriée ou une liste des nucléides auxquels correspondent les valeurs les plus restrictives;

b) La description de l'état physique et de la forme chimique de la matière ou l'indication qu'il s'agit d'une matière radioactive sous forme spéciale ou d'une matière radioactive faiblement dispersable. En ce qui concerne la forme chimique, une désignation chimique générique est acceptable. Pour les matières radioactives présentant un danger subsidiaire, voir l'alinéa c) de la disposition spéciale 172 du chapitre 3.3;

c) L'activité maximale du contenu radioactif pendant le transport exprimée en becquerels (Bq) avec le symbole du préfixe SI approprié (voir 1.2.2.1). Pour les matières fissiles, la masse de matière fissile (ou la masse de chaque nucléide fissile pour les mélanges le cas échéant) en grammes (g), ou en multiples du gramme, peut être indiquée au lieu de l'activité;

d) La catégorie du colis, du suremballage ou du conteneur, telle que déterminée conformément au 5.1.5.3.4 c'est-à-dire I-BLANCHE, II-JAUNE, III-JAUNE;

e) Le TI, tel que déterminé conformément aux 5.1.5.3.1 et 5.1.5.3.2 (sauf pour la catégorie I-BLANCHE);

f) Pour les matières fissiles:

i) expédiées en vertu d'une exception des alinéas 2.2.7.2.3.5 a) à f), une référence à l'alinéa pertinent;

ii) expédiées en vertu des alinéas 2.2.7.2.3.5 c) à e), la masse totale de nucléides fissiles;

iii) contenues dans un colis pour lequel s'applique l'un des alinéas 6.4.11.2 a) à c) ou le paragraphe 6.4.11.3 de l'ADR, une référence à l'alinéa pertinent ou à ce paragraphe;

iv) l'indice de sûreté-criticité, le cas échéant.

g) La cote pour chaque certificat d'approbation ou d'agrément d'une autorité compétente (matières radioactives sous forme spéciale, matières radioactives faiblement dispersables, matière fissile exceptée en vertu du 2.2.7.2.3.5 f), arrangement spécial, modèle de colis ou expédition) applicable à l'envoi;

h) Pour les envois de plusieurs colis, les informations requises au 5.4.1.1.1 et aux points a) à g) ci-dessus doivent être fournies pour chaque colis. Pour les colis dans un suremballage, un engin de transport ou bateau, une déclaration détaillée du contenu de chaque colis se trouvant dans le suremballage, l'engin de transport ou bateau et, le cas échéant, de chaque suremballage, engin de transport ou bateau doit être jointe. Si des colis doivent être retirés du suremballage, de l'engin de transport ou bateau à un point de déchargement intermédiaire, des documents de transport appropriés doivent être fournis;

i) Lorsqu'un envoi doit être expédié sous utilisation exclusive, la mention "**ENVOI SOUS UTILISATION EXCLUSIVE**"; et

j) Pour les matières LSA-II et LSA-III, les SCO-I, les SCO-II et les SCO-III, l'activité totale de l'envoi exprimée sous la forme d'un multiple de A_2. Pour une matière radioactive pour laquelle la valeur de A_2 est illimitée, le multiple de A_2 est zéro.

5.4.1.2.5.2   L'expéditeur doit joindre aux documents de transport une déclaration concernant les mesures devant être prises, le cas échéant, par le transporteur. La déclaration doit être rédigée dans les langues jugées nécessaires par le transporteur ou par les autorités concernées et doit inclure au moins les renseignements ci-après:

a)   Prescriptions supplémentaires prescrites pour le chargement, l'arrimage, l'acheminement, la manutention et le déchargement du colis, du suremballage ou du conteneur, y compris, le cas échéant, les dispositions spéciales à prendre en matière d'arrimage pour assurer une bonne dissipation de la chaleur (voir 7.1.4.14.7.3.2); au cas où de telles prescriptions ne seraient pas nécessaires, une déclaration doit l'indiquer;

b)   Restrictions concernant le mode de transport ou le véhicule ou le wagon et éventuellement instructions sur l'itinéraire à suivre;

c)   Dispositions à prendre en cas d'urgence compte tenu de la nature de l'envoi.

5.4.1.2.5.3   Dans tous les cas de transport international de colis dont le modèle doit être agréé ou l'expédition approuvée par l'autorité compétente et pour lesquels différentes modalités d'agrément ou d'approbation s'appliquent dans les divers pays concernés par l'expédition, le numéro ONU et la désignation officielle de transport requis au 5.4.1.1.1 doivent être conformes au certificat du pays d'origine du modèle.

5.4.1.2.5.4   Les certificats de l'autorité compétente ne doivent pas nécessairement accompagner l'envoi. L'expéditeur doit, toutefois, être prêt à les communiquer au(x) transporteur(s) avant le chargement et le déchargement.

5.4.1.3   *(Réservé)*

5.4.1.4   ***Forme et langue***

5.4.1.4.1   Le document contenant les renseignements de 5.4.1.1 et 5.4.1.2 pourra être celui exigé par d'autres réglementations en vigueur pour le transport par un autre mode. Dans le cas de destinataires multiples, le nom et l'adresse des destinataires, ainsi que les quantités livrées permettant d'évaluer la nature et les quantités transportées à tout instant, peuvent être portés sur d'autres documents à utiliser ou sur tous autres documents rendus obligatoires par d'autres réglementations particulières, et qui doivent se trouver à bord.

Les mentions à porter dans le document seront rédigées dans une langue officielle du pays expéditeur et, en outre, si cette langue n'est pas l'anglais, le français ou l'allemand, en anglais, en français ou en allemand, à moins que les accords conclus entre les pays intéressés au transport n'en disposent autrement.

5.4.1.4.2   Lorsqu'en raison de l'importance du chargement un envoi ne peut être chargé en totalité sur une seule unité de transport, il sera établi au moins autant de documents distincts ou autant de copies du document unique qu'il est chargé d'unités de transport. De plus, dans tous les cas, des documents de transport distincts seront établis pour les envois ou parties d'envois qui ne peuvent être chargés en commun dans un même véhicule en raison des interdictions qui figurent au 7.5.2 de l'ADR.

Les renseignements sur les dangers présentés par les marchandises à transporter (conformément aux indications du 5.4.1.1) peuvent être incorporés ou combinés à un document de transport ou à un document relatif aux marchandises d'usage courant. La présentation des renseignements sur le document (ou l'ordre de transmission des données correspondantes par utilisation de techniques fondées sur le traitement électronique de l'information (TEI) ou l'échange de données informatisé (EDI) doit être conforme aux indications du 5.4.1.1.1. ou 5.4.1.1.2 suivant le cas.

Lorsqu'un document de transport ou un document relatif aux marchandises d'usage courant ne peuvent être utilisés comme documents de transport multimodal de marchandises dangereuses, il est recommandé d'employer des documents conformes à l'exemple figurant au 5.4.5 [4].

5.4.1.5   *Marchandises non dangereuses*

Lorsque des marchandises nommément citées dans le tableau A du chapitre 3.2 ne sont pas soumises aux dispositions de l'ADN car elles sont considérées comme non dangereuses selon la partie 2, l'expéditeur peut inscrire sur le document de transport une déclaration à cet effet, par exemple:

"Ces marchandises ne sont pas de la classe..."

NOTA: Cette disposition peut en particulier être utilisée lorsque l'expéditeur estime que, en raison de la nature chimique des marchandises (par exemple solutions et mélanges) transportées ou du fait que ces marchandises sont jugées dangereuses à d'autres fins réglementaires, l'expédition est susceptible de faire l'objet d'un contrôle pendant le trajet.

5.4.2   **Certificat d'empotage du conteneur ou du véhicule**

NOTA: Aux fins de la présente section, le terme "véhicule" inclut les wagons.

Si un transport de marchandises dangereuses dans un conteneur précède un parcours maritime, un "certificat d'empotage du conteneur ou du véhicule" conforme à la section 5.4.2 du Code IMDG[5] doit être fourni avec le document de transport[6].

---

[4]   *Lorsqu'elles sont utilisées, les recommandations pertinentes du Centre des Nations Unies pour la facilitation du commerce et les transactions électroniques (CEFACT-ONU) peuvent être consultées, en particulier la Recommandation No 1 (Formule-cadre des Nations Unies pour les documents commerciaux) (ECE/TRADE/137, édition 81.3) et son annexe d'information "UN Layout Key for Trade Documents - Guidelines for Applications" (ECE/TRADE/270, édition 2002), la Recommandation No 11 (Aspects documentaires du transport international des marchandises dangereuses) (ECE/TRADE/204, édition 96.1 – en cours de révision) et la Recommandation No 22 (Formule-cadre pour les instructions d'expédition normalisées) (ECE/TRADE/168, édition 1989).*
Voir également le Résumé des recommandations du CEFACT-ONU concernant la facilitation du commerce (ECE/TRADE/346, édition 2006) et la publication "United Nations Trade Data Elements Directory" (UNTDED) (ECE/TRADE/362, édition 2005).

[5]   *L'Organisation maritime internationale (OMI), l'Organisation internationale du travail (OIT) et la Commission économique des Nations Unies pour l'Europe (CEE-ONU) ont également mis au point des directives sur la pratique du chargement des marchandises dans les engins de transport et la formation correspondante qui ont été publiées par l'OMI Code de bonnes pratiques OMI/OIT/CEE-ONU pour le chargement des cargaisons dans des engins de transport (Code CTU)).*

[6]   *La section 5.4.2 du code IMDG (Amendement 39-18) prescrit ce qui suit:*

*"**5.4.2**   **Certificat d'empotage du conteneur ou du véhicule***

5.4.2.1   Lorsque des colis contenant des marchandises dangereuses sont chargés ou emballés dans un conteneur ou véhicule pour le transport, les responsables de l'empotage du conteneur ou du véhicule doivent fournir un "certificat d'empotage du conteneur ou du véhicule" indiquant le ou les numéros d'identification du conteneur ou du véhicule et attestant que l'opération a été menée conformément aux conditions suivantes:

.1   *le conteneur ou le véhicule était propre et sec et il paraissait en état de recevoir les marchandises;*

.2   *des colis à séparer conformément aux dispositions de séparation applicables n'ont pas été emballés ensemble sur ou dans le conteneur ou le véhicule (sauf si l'autorité compétente intéressée a donné son accord conformément au 7.3.4.1 (du Code IMDG));*

.3   *tous les colis ont été examinés extérieurement en vue de déceler tous dégâts; seuls des colis en bon état ont été chargés;*

.4   *Les fûts ont été arrimés en position verticale, sauf autorisation contraire de l'autorité compétente, et toutes les marchandises ont été chargées de manière appropriée et, le cas échéant, convenablement calées par des matériaux de protection adéquats, compte tenu du ou des modes de transport prévus;*

.5   *les marchandises chargées en vrac ont été uniformément réparties dans le conteneur ou dans le véhicule;*

.6   *pour les envois comprenant des marchandises de la classe 1 autres que celles de la division 1.4, le conteneur ou le véhicule est structurellement propre à l'emploi conformément au 7.1.2 (du Code IMDG);*

(suite page suivante)

Un document unique peut remplir les fonctions du document de transport prescrit au 5.4.1, et du "certificat d'empotage du conteneur ou du véhicule" prévus ci-dessus; dans le cas contraire, ces documents doivent être attachés. Si un document unique doit remplir le rôle de ces documents, il suffira, pour ce faire, d'insérer dans le document de transport une déclaration indiquant que le chargement du conteneur ou du véhicule a été effectué conformément aux règlements modaux applicables, avec l'identification de la personne responsable du "certificat d'empotage du conteneur ou du véhicule".

NOTA: Le "certificat d'empotage du conteneur ou du véhicule" n'est pas exigé pour les citernes mobiles, les conteneurs-citernes ni les CGEM.

Si un transport de marchandises dangereuses dans un véhicule précède un parcours maritime, un "certificat d'empotage du conteneur ou du véhicule" conforme à la section 5.4.2 du Code IMDG[5, 6] peut être fourni avec le document de transport.

5.4.3 Consignes écrites

5.4.3.1 En tant qu'aide en situation d'urgence lors d'un accident pouvant survenir au cours du transport, les consignes écrites sous la forme spécifiée au 5.4.3.4 doivent se trouver à portée de main dans la timonerie.

5.4.3.2 Ces consignes doivent être remises par le transporteur au conducteur avant le chargement, dans une (des) langue(s) que le conducteur et l'expert peuvent lire et comprendre. Le conducteur doit s'assurer que chaque membre de l'équipage et toute autre personne à bord concernée comprend les consignes et cst capable de les appliquer correctement.

5.4.3.3 Avant le chargement, les membres de l'équipage doivent s'enquérir des marchandises dangereuses qui vont être chargées à bord et consulter les consignes écrites sur les mesures à prendre en cas d'urgence ou d'accident.

5.4.3.4 Les consignes écrites doivent correspondre au modèle de quatre pages suivant, tant sur la forme que sur le fond.

5.4.3.5 Les Parties contractantes doivent fournir au secrétariat de la CEE-ONU la traduction officielle des consignes écrites dans leur(s) langue(s) national(es), en application de la présente section. Le secrétariat de la CEE-ONU met les versions nationales des consignes écrites qu'il a reçues à la disposition de toutes les Parties contractantes.

Note de bas page 6 (suite)

.7 *le conteneur ou le véhicule et les colis sont marqués, étiquetés et munis de plaques-étiquettes de manière appropriée;*

.8 *Lorsque des matières présentant un risque d'asphyxie sont utilisées à des fins de réfrigération ou de conditionnement (telle que la neige carbonique (No ONU 1845) ou l'azote liquide réfrigéré (No ONU 1977) ou l'argon liquide réfrigéré (No ONU 1951)), le conteneur ou le véhicule porte un marquage à l'extérieur conformément au 5.5.3.6 (du code IMDG); et*

.9 *le document de transport des marchandises dangereuses prescrit en 5.4.1 (du Code IMDG) a été reçu pour chaque envoi de marchandises dangereuses chargé dans le conteneur ou dans le véhicule.*

NOTA: Le certificat d'empotage du conteneur ou du véhicule n'est pas exigé pour les citernes mobiles.

5.4.2.2 Un document unique peut rassembler les renseignements devant figurer dans le document de transport des marchandises dangereuses et dans le certificat d'empotage du conteneur ou du véhicule; sinon, ces documents doivent être attachés les uns aux autres. Lorsque les renseignements sont contenus dans un document unique, celui-ci doit comporter une déclaration signée, telle que "Il est déclaré que l'emballage des marchandises dans le conteneur ou dans le véhicule a été effectué conformément aux dispositions applicables". L'identité du signataire et la date doivent être indiquées sur le document. Les signatures en fac-similé sont autorisées lorsque les lois et les réglementations applicables leur reconnaissent une validité juridique.

5.4.2.3 Lorsque le certificat d'empotage du conteneur ou du véhicule est présenté au transporteur à l'aide de techniques de transmission fondées sur le TEI ou l'EDI, la ou les signatures peuvent être une ou des signatures électroniques ou être remplacées par le ou les noms (en majuscules) de la ou des personnes qui ont le droit de signer.

5.4.2.4 Lorsque les informations relatives au transport de marchandises dangereuses sont fournies à un transporteur à l'aide des techniques du TEI ou de l'EDI et que, par la suite, ces marchandises dangereuses sont remises à un transporteur qui exige un certificat d'empotage du conteneur ou du véhicule sur papier, ce transporteur doit s'assurer que le document sur papier comporte la mention "Original reçu par voie électronique" et le nom du signataire doit figurer en majuscules.

CONSIGNES ÉCRITES SELON L'ADN
Mesures à prendre en cas d'urgence ou d'accident

En cas d'urgence ou d'accident pouvant survenir au cours du transport, les membres de l'équipage du bateau doivent prendre les mesures suivantes si possible et sans prendre de risque:

— Informer toutes les autres personnes à bord de la situation d'urgence et les sortir autant que possible de la zone de danger. Alerter les autres bateaux dans le voisinage;

— Éviter les sources d'inflammation, en particulier ne pas fumer ni utiliser une cigarette électronique ou un dispositif semblable ni allumer ou éteindre un quelconque équipement ou une quelconque installation qui ne satisfait pas aux prescriptions imposées pour une utilisation en zone 1 (en d'autres termes, les installations et équipements marqués en rouge conformément aux 9.1.0.52.1, 9.3.1.52.2, 9.3.2.52.2 ou 9.3.3.52.2) et ne sert pas dans le cadre des mesures de secours;

— Informer les services compétents, en leur fournissant autant de renseignements que possible sur l'incident ou l'accident et sur les matières en présence;

— Tenir les documents de transport et le plan de chargement à disposition pour l'arrivée des secours;

— Ne pas marcher dans les substances répandues au sol ni les toucher et éviter d'inhaler les émanations, les fumées, les poussières et les vapeurs en restant au vent;

— Là où il est possible de le faire sans danger, combattre tout début d'incendie;

— Là où il est possible de le faire sans danger, utiliser un équipement de bord pour empêcher les fuites de matières dans l'environnement aquatique et pour contenir les déversements;

— Là où cela est nécessaire et possible de le faire sans danger, sécuriser le bateau contre toute dérive;

— Si nécessaire, quitter les abords de l'accident ou de la situation d'urgence, inciter les autres personnes sur place à quitter les lieux et suivre les conseils des services compétents;

— Ôter tout vêtement contaminé et tout équipement de protection contaminé après usage et le mettre au rebut de manière sûre, nettoyer le corps avec des moyens appropriés;

— Suivre les instructions figurant dans le tableau suivant en fonction des dangers de toutes les matières concernées. Dans le cas de transport en colis ou en vrac les dangers correspondent aux numéros des modèles d'étiquettes de danger; dans le cas de transport en bateau-citerne les dangers correspondent aux indications du 5.4.1.1.2 c).

Indications supplémentaires à l'intention des membres des équipages
sur les caractéristiques de danger des marchandises dangereuses par classe
et sur les mesures à prendre en fonction des circonstances prédominantes

Étiquettes et panneaux de danger	Caractéristiques de danger	Indications supplémentaires
(1)	(2)	(3)
Matières et objets explosibles 1 1.5 1.6	Présentent un large éventail de propriétés et d'effets tels que détonation en masse, projection de fragments, incendie/flux de chaleur intense, formation de lumière aveuglante, bruit fort ou fumée. Sensible aux chocs et/ou aux impacts et/ou à la chaleur.	Se mettre à l'abri en se tenant à l'écart des fenêtres. Eloigner autant que possible le bateau de zones habitées et d'ouvrages d'infrastructure
Matières et objets explosibles 1.4	Léger risque d'explosion et d'incendie.	Se mettre à l'abri.
Gaz inflammables 2.1	Risque d'incendie. Risque d'explosion. Peut être sous pression. Risque d'asphyxie. Peut causer des brûlures et/ou des engelures. Les dispositifs de confinement peuvent exploser sous l'effet de la chaleur.	Se mettre à l'abri. Se tenir à l'écart des zones basses.
Gaz non inflammables, non toxiques 2.2	Risque d'asphyxie. Peut être sous pression. Peut causer des engelures. Les dispositifs de confinement peuvent exploser sous l'effet de la chaleur.	Se mettre à l'abri. Se tenir à l'écart des zones basses.
Gaz toxiques 2.3	Risque d'intoxication. Peut être sous pression. Peut causer des brûlures et/ou des engelures. Les dispositifs de confinement peuvent exploser sous l'effet de la chaleur	Utiliser le masque d'évacuation d'urgence. Se mettre à l'abri. Se tenir à l'écart des zones basses.
Liquides inflammables 3	Risque d'incendie. Risque d'explosion. Les dispositifs de confinement peuvent exploser sous l'effet de la chaleur.	Se mettre à l'abri. Se tenir à l'écart des zones basses.
Matières solides inflammables, matières autoréactives, matières qui polymérisent et matières solides explosibles désensibilisées 4.1	Risque d'incendie. Les matières inflammables ou combustibles peuvent prendre feu en cas de chaleur, d'étincelles ou de flammes. Peut contenir des matières autoréactives risquant une décomposition exothermique sous l'effet de la chaleur, lors de contact avec d'autres substances (acides, composés de métaux lourds ou amines), de frictions ou de choc. Cela peut entraîner des émanations de gaz ou de vapeurs nocifs et inflammables ou l'auto-inflammation. Les dispositifs de confinement peuvent exploser sous l'effet de la chaleur. Risque d'explosion des matières explosibles désensibilisées en cas de fuite de l'agent de désensibilisation.	
Matières sujettes à l'inflammation spontanée 4.2	Risque d'incendie par inflammation spontanée si les emballages sont endommagés ou le contenu répandu. Peut présenter une forte réaction à l'eau.	
Matières qui, au contact de l'eau, dégagent des gaz inflammables 4.3	Risque d'incendie et d'explosion en cas de contact avec l'eau	Les matières renversées doivent être recouvertes de manière à être tenues à l'écart de l'eau.

Étiquettes et panneaux de danger	Caractéristiques de danger	Indications supplémentaires
(1)	(2)	(3)
Matières comburantes 5.1	Risque de forte réaction, d'inflammation et d'explosion en cas de contact avec des matières combustibles ou inflammables.	Éviter le mélange avec des matières inflammables ou facilement inflammables (par exemple, sciure).
Peroxydes organiques 5.2	Risque de décomposition exothermique en cas de fortes températures, de contact avec d'autres matières (acides, composés de métaux lourds ou amines), de frictions ou de choc. Cela peut entraîner des émanations de gaz ou de vapeurs nocifs et inflammables ou l'auto-inflammation.	Éviter le mélange avec des matières inflammables ou facilement inflammables (par exemple, sciure).
Matières toxiques 6.1	Risque d'intoxication par inhalation, contact avec la peau ou ingestion. Risque pour l'environnement aquatique.	Utiliser le masque d'évacuation d'urgence.
Matières infectieuses 6.2	Risque d'infection. Peut provoquer des maladies graves chez l'être humain ou les animaux. Risque pour l'environnement aquatique.	
Matières radioactives 7A 7B 7C 7D	Risque d'absorption et de radiation externe.	Limiter le temps d'exposition.
Matières fissiles 7E	Risque de réaction nucléaire en chaîne.	
Matières corrosives 8	Risque de brûlures par corrosion. Peuvent réagir fortement entre elles, avec de l'eau ou avec d'autres substances. La matière répandue peut dégager des vapeurs corrosives. Risque pour l'environnement aquatique.	
Matières et objets dangereux divers 9	Risque de brûlures. Risque d'incendie. Risque d'explosion. Risque pour l'environnement aquatique.	

NOTA   *1:*   *Pour les marchandises dangereuses à risques multiples et pour les chargements en commun, on observera les prescriptions applicables à chaque rubrique.*

          2:   *Les indications supplémentaires données dans la colonne 3 du tableau peuvent être adaptées pour tenir compte des classes de marchandises dangereuses et les moyens utilisés pour les transporter.*

          3:   *Dangers voir aussi les indications dans le document de transport et à la colonne 5 du tableau C du chapitre 3.2.*

Indications supplémentaires à l'intention des membres des équipages sur les caractéristiques de danger des marchandises dangereuses, indiquées par des marques, et sur les mesures à prendre en fonction des circonstances prédominantes		
Marque	Caractéristiques de danger	Indications supplémentaires
(1)	(2)	(3)
Matières dangereuses pour l'environnement	Risque pour l'environnement aquatique.	
Matières transportées à chaud	Risque de brûlures par la chaleur.	Éviter de toucher les parties chaudes de l'unité de transport et la matière répandue.

Équipements de protection générale et individuelle à porter lors de mesures d'urgence générales ou comportant des risques particuliers à détenir à bord du bateau conformément à la section 8.1.5 de l'ADN

L'équipement prescrit à la colonne 9 du tableau A et à la colonne 18 du tableau C du chapitre 3.2 doit se trouver à bord du bateau pour tous les dangers mentionnés dans le document de transport

5.4.4   **Conservation des informations relatives au transport de marchandises dangereuses**

5.4.4.1   L'expéditeur et le transporteur doivent conserver une copie du document de transport de marchandises dangereuses et les renseignements et la documentation supplémentaires comme indiqué dans l'ADN, pendant une période minimale de trois mois.

5.4.4.2   Lorsque les documents sont conservés par des moyens électroniques ou dans un système informatique, l'expéditeur et le transporteur doivent pouvoir les reproduire sous forme imprimée.

5.4.5   **Exemple de formule-cadre pour le transport multimodal de marchandises dangereuses**

Exemple de formule-cadre qui peut être utilisée aux fins de la déclaration de marchandises dangereuses et du certificat d'empotage en cas de transport multimodal des marchandises dangereuses.

FORMULE CADRE POUR LE TRANSPORT MULTIMODAL DE MARCHANDISES DANGEREUSES

1. Expéditeur	2. Numéro du document de transport
	3. Page 1 de Pages / **4.** Numéro de référence de l'expéditeur
	5. Numéro de référence du transitaire
6. Destinataire	7. Transporteur (à compléter par le transporteur)

DÉCLARATION DE L'EXPÉDITEUR

Je déclare que le contenu de ce chargement est décrit ci-dessous de façon complète et exacte par la désignation officielle de transport et qu'il est convenablement classé, emballé, marqué, étiqueté, placardé et à tous les égards bien conditionné pour être transporté conformément aux réglementations internationales et nationales applicables.

8. Cet envoi est conforme aux limites acceptables pour: *(biffer la mention non-applicable)*	9. Informations complémentaires concernant la manutention

AÉRONEF PASSAGER ET CARGO	**AÉRONEF CARGO SEULEMENT**
10. Navire / No de vol et date	11. Port / lieu de chargement
12. Port / lieu de déchargement	13. Destination

14. Marques d'expédition	* Nombre et type des colis; description des marchandises	Masse brute (kg)	Masse nette	Cubage (m³)

15. No d'identification du conteneur ou No d'immatriculation du véhicule	16. Numéro(s) de scellement	17. Dimensions et type du conteneur/véhicule	18. Tare (kg)	19. Masse brute totale (y compris tare) (kg)

CERTIFICAT D'EMPOTAGE/DE CHARGEMENT	21. REÇU À LA RÉCEPTION DES MARCHANDISES
Je déclare que les marchandises dangereuses décrites ci-dessus ont été empotées/chargées dans le conteneur/véhicule identifié ci-dessus conformément aux dispositions applicables** **À COMPLÉTER ET À SIGNER POUR TOUT CHARGEMENT EN CONTENEUR/VÉHICULE PAR LA PERSONNE RESPONSABLE DE L'EMPOTAGE/DU CHARGEMENT**	Reçu le nombre de colis/conteneurs/remorques déclaré ci-dessus en bon état apparent sauf réserves indiquées ci-après:

20. Nom de la société	Nom du transporteur	22. Nom de la société (DE L'EXPÉDITEUR QUI PRÉPARE LE DOCUMENT)
Nom et qualité du déclarant	No d'immatriculation du véhicule	Nom et qualité du déclarant
Lieu et date	Signature et date	Lieu et date
Signature du déclarant	SIGNATURE DU CHAUFFEUR	Signature du déclarant

** *Voir 5.4.2.*

Emballage (s'il existe) et tout autre élément d'information prescrit par les règlements nationaux ou internationaux applicables

FORMULE CADRE POUR LE TRANSPORT MULTIMODAL DE MARCHANDISES DANGEREUSES

1. Expéditeur	2. No du document de transport	
	3. Page 2 de Pages	4. Numéro de référence de l'expéditeur
		5. Numéro de référence du transitaire

14. Marques d'expédition	* Nombre et type des colis; description des marchandises	Masse brute (kg)	Masse nette	Cubage (m³)

* POUR LES MATIÈRES DANGEREUSES: spécifier: désignation officielle de transport, classe/division de danger, numéro ONU (UN), groupe d'emballage (s'il existe) et tout autre élément d'information prescrit par les règlements nationaux ou internationaux applicables

CHAPITRE 5.5

DISPOSITIONS SPÉCIALES

5.5.1   *(Supprimé)*

5.5.2   **Dispositions spéciales applicables aux engins de transport sous fumigation (No ONU 3359)**

5.5.2.1   *Généralités*

5.5.2.1.1   Les engins de transport sous fumigation (No ONU 3359) ne contenant pas d'autres marchandises dangereuses ne sont pas soumis à d'autres dispositions de l'ADN que celles qui figurent dans la présente section.

5.5.2.1.2   Lorsque l'engin de transport sous fumigation est chargé avec des marchandises dangereuses en plus de l'agent de fumigation, les dispositions de l'ADN applicables à ces marchandises (y compris en ce qui concerne le placardage, le marquage et la documentation) s'appliquent en plus des dispositions de la présente section.

5.5.2.1.3   Seuls les engins de transport qui peuvent être fermés de façon à réduire au minimum les fuites de gaz peuvent être utilisés pour le transport de marchandises sous fumigation.

5.5.2.2   *Formation*

Les personnes ayant à s'occuper de la manutention des engins de transport sous fumigation doivent avoir reçu une formation adaptée à leurs responsabilités.

5.5.2.3   *Marquage et placardage*

5.5.2.3.1   Une marque de mise en garde conforme au 5.5.2.3.2 doit être placée sur chacun des points d'accès de l'engin sous fumigation, à un emplacement où elle sera vue facilement par les personnes ouvrant l'engin de transport ou entrant à l'intérieur. Cette marque doit rester apposée sur l'engin de transport jusqu'à ce que les dispositions suivantes aient été satisfaites:

a)   l'engin de transport sous fumigation a été ventilé pour éliminer les concentrations nocives de gaz de fumigation; et

b)   les marchandises ou matériaux ayant été soumis à la fumigation ont été déchargés.

5.5.2.3.2   La marque de mise en garde pour les engins sous fumigation doit être conforme à celle qui est représentée à la figure 5.5.2.3.2.

Figure 5.5.2.3.2

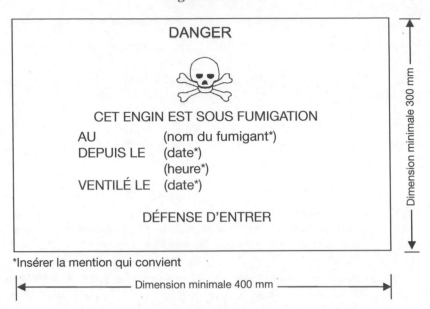

Marque de mise en garde pour les engins sous fumigation

La marque doit avoir une forme rectangulaire et mesurer au moins 400 mm de large et 300 mm de haut. L'épaisseur minimale de la ligne extérieure doit être de 2 mm. La marque doit être de couleur noire sur fond blanc et les lettres doivent mesurer au moins 25 mm de hauteur. Lorsque les dimensions ne sont pas spécifiées, tous les éléments doivent respecter approximativement les proportions représentées ci-dessus.

5.5.2.3.3   Si l'engin de transport sous fumigation a été complètement ventilé soit par ouverture des portes de l'engin soit par ventilation mécanique après la fumigation, la date de ventilation doit être indiquée sur la marque de mise en garde.

5.5.2.3.4   Lorsque l'engin de transport sous fumigation a été ventilé et déchargé, la marque de mise en garde pour les engins sous fumigation doit être enlevée.

5.5.2.3.5   Il n'est pas nécessaire d'apposer les plaques-étiquettes conformes au modèle No 9 (voir 5.2.2.2.2) sur les engins de transport sous fumigation, sauf lorsque ce placardage est requis pour d'autres matières ou objets de la classe 9 contenus dans l'engin de transport.

5.5.2.4   *Documentation*

5.5.2.4.1   Les documents associés au transport d'engins de transport qui ont subi un traitement de fumigation et qui n'ont pas été complètement ventilés avant le transport, doivent comporter les indications suivantes:

-     "UN 3359, engin de transport sous fumigation, 9", ou "UN 3359, engin de transport sous fumigation, classe 9";

-     la date et l'heure de la fumigation; et

-     le type et la quantité d'agent de fumigation utilisé.

Ces indications doivent être rédigées dans une langue officielle du pays de départ et également, si cette langue n'est pas l'anglais, le français ou l'allemand, en anglais, français ou allemand à moins que les accords, s'ils en existent, conclus entre les pays intéressés au transport n'en disposent autrement.

5.5.2.4.2   Les documents de transport peuvent avoir une forme quelconque à condition de contenir tous les renseignements exigés au 5.5.2.4.1. Ces renseignements doivent être faciles à identifier, lisibles et durables.

5.5.2.4.3   Des instructions doivent être données sur la manière d'éliminer les résidus d'agents de fumigation, y compris les appareils de fumigation utilisés (le cas échéant).

5.5.2.4.4   Un document n'est pas nécessaire si l'engin de transport qui a subi un traitement de fumigation a été complètement ventilé et si la date à laquelle il a été ventilé figure sur la marque de mise en garde (voir les paragraphes 5.5.2.3.3 et 5.5.2.3.4).

5.5.3   Dispositions spéciales applicables au transport de neige carbonique (No ONU 1845) ainsi qu'aux colis et aux véhicules et conteneurs contenant des matières présentant un risque d'asphyxie lorsqu'elles sont utilisées à des fins de réfrigération ou de conditionnement (telles que la neige carbonique (No ONU 1845) ou l'azote liquide réfrigérée (No ONU 1977) ou l'argon liquide réfrigéré (No ONU 1951)) ou l'azote

NOTA: Dans le contexte de la présente section, le terme "conditionnement" peut être utilisé dans un champ plus large et il inclut la protection.

5.5.3.1   *Champ d'application*

5.5.3.1.1   La présente section n'est pas applicable aux matières qui peuvent être utilisées à des fins de réfrigération ou de conditionnement lorsqu'elles sont transportées en tant qu'envoi de marchandises dangereuses, excepté pour les transports de neige carbonique (No ONU 1845). Lorsqu'elles sont transportées en tant qu'envoi, ces matières doivent être transportées sous la rubrique pertinente du tableau A du chapitre 3.2 dans les conditions de transport qui y sont associées.

Pour le No ONU 1845, les conditions de transport prescrites dans la présente section, sauf au 5.5.3.3.1, s'appliquent à tout type de transport, en tant qu'agent de réfrigération ou de conditionnement ou en tant qu'envoi. Pour le transport du No ONU 1845, aucune autre disposition de l'ADN n'est applicable.

5.5.3.1.2   La présente section ne s'applique pas aux gaz dans des cycles de réfrigération.

5.5.3.1.3   La présente section n'est pas applicable aux marchandises dangereuses utilisées à des fins de réfrigération ou de conditionnement de citernes ou CGEM pendant le transport.

5.5.3.1.4   Les véhicules, wagons et conteneurs contenant des matières utilisées à des fins de réfrigération ou de conditionnement comprennent les véhicules, wagons et conteneurs contenant des matières utilisées à des fins de réfrigération ou de conditionnement en colis ainsi que les véhicules, wagons et conteneurs contenant des matières non emballées utilisés à des fins de réfrigération ou de conditionnement.

5.5.3.1.5   Les sous-sections 5.5.3.6 et 5.5.3.7 ne sont applicables que s'il y a un risque effectif d'asphyxie dans le véhicule, wagon ou conteneur. Les intervenants concernés sont tenus d'évaluer ce risque en tenant compte des dangers provenant des matières utilisées à des fins de réfrigération ou de conditionnement, de la quantité des matières à transporter, de la durée du transport, du type de rétention à utiliser et des limites de concentration de gaz données dans le NOTA sous 5.5.3.3.3.

5.5.3.2   *Généralités*

5.5.3.2.1   Les véhicules, wagons et conteneurs dans lesquels est transportée de la neige carbonique (No ONU 1845) ou contenant des matières utilisées à des fins de réfrigération ou de conditionnement (autres que la fumigation) pendant le transport ne sont pas soumis à d'autres dispositions de l'ADN que celles qui figurent dans la présente section.

5.5.3.2.2   Lorsque des marchandises dangereuses sont chargées dans des véhicules, wagons ou conteneurs contenant des matières utilisées à des fins de réfrigération ou de conditionnement, toutes les autres dispositions de l'ADN concernant ces marchandises dangereuses s'appliquent en plus de celles qui figurent dans la présente section.

5.5.3.2.3   *(Réservé)*

5.5.3.2.4   Les personnes ayant à s'occuper de la manutention ou du transport des véhicules, wagons et conteneurs dans lesquels est transportée de la neige carbonique (No ONU 1845) ou contenant des matières utilisées à des fins de réfrigération ou de conditionnement doivent être formées de manière adaptée à leurs responsabilités.

5.5.3.3   ***Colis contenant de la neige carbonique (No ONU 1845) ou un agent de réfrigération ou de conditionnement***

5.5.3.3.1   Les marchandises dangereuses emballées nécessitant d'être réfrigérées ou conditionnées auxquelles sont affectées les instructions d'emballage P203, P620, P650, P800, P901 ou P904 du 4.1.4.1 de l'ADR doivent satisfaire aux prescriptions appropriées des dites instructions.

5.5.3.3.2   Pour les marchandises dangereuses emballées nécessitant d'être réfrigérées ou conditionnées, auxquelles sont affectées d'autres instructions d'emballage, les colis doivent pouvoir résister aux très basses températures et ne doivent être ni altérés ni affaiblis de manière significative par l'agent de réfrigération ou de conditionnement. Les colis doivent être conçus et fabriqués de manière à permettre au gaz de s'échapper afin d'empêcher une élévation de la pression qui pourrait entraîner une rupture de l'emballage. Les marchandises dangereuses doivent être emballées de manière à empêcher tout déplacement après la dissipation de l'agent de réfrigération ou de conditionnement.

5.5.3.3.3   Les colis contenant de la neige carbonique (No ONU 1845) ou un agent de réfrigération ou de conditionnement doivent être transportés dans des véhicules, wagons et conteneurs bien ventilés. Le marquage conformément au 5.5.3.6 n'est pas nécessaire dans ce cas.

La ventilation n'est pas requise et le marquage conformément au 5.5.3.6 est requis si:

-      Le compartiment de chargement est un engin isotherme, réfrigéré ou frigorifique, tel que défini, par exemple, dans l'Accord relatif aux transports internationaux de denrées périssables et aux engins spéciaux à utiliser pour ces transports (ATP), et est séparé de la cabine du conducteur;

-      Pour les véhicules, aucun échange de gaz n'est possible entre le compartiment de chargement et la cabine du conducteur.

NOTA: Dans ce contexte, "bien ventilé" signifie qu'il y a une atmosphère où la concentration en dioxyde de carbone est inférieure à 0,5% en volume et la concentration en oxygène est supérieure à 19,5% en volume.

5.5.3.4   ***Marquage des colis contenant de la neige carbonique (No ONU 1845) ou un agent de réfrigération ou de conditionnement***

5.5.3.4.1   Les colis contenant de la neige carbonique (No ONU 1845) en tant qu'envoi doivent porter la mention "DIOXYDE DE CARBONE SOLIDE" ou "NEIGE CARBONIQUE"; les colis contenant des marchandises dangereuses utilisées pour la réfrigération ou le conditionnement, doivent porter une marque indiquant la désignation indiquée en colonne (2) du tableau A du chapitre 3.2, suivie de la mention "AGENT DE RÉFRIGÉRATION" ou "AGENT DE CONDITIONNEMENT", selon le cas, dans une langue officielle du pays d'origine et également, si cette langue n'est pas l'anglais, le français ou l'allemand, en anglais, français ou allemand à moins que des accords conclus entre les pays intéressés au transport, s'il en existe, n'en disposent autrement.

5.5.3.4.2   Les marques doivent être durables, lisibles et placées dans un endroit tel et avoir une taille telle par rapport au colis qu'elles soient facilement visibles.

5.5.3.5   *Véhicules, wagons et conteneurs contenant de la neige carbonique non emballée*

5.5.3.5.1   Si de la neige carbonique non emballée est utilisée, elle ne doit pas entrer en contact direct avec la structure métallique d'un véhicule, wagon ou conteneur pour éviter de fragiliser le métal. Il convient d'assurer une bonne isolation entre la neige carbonique et le véhicule, wagon ou conteneur en maintenant une séparation d'au moins 30 mm (par exemple au moyen de matériaux peu conducteurs de la chaleur tels que planches, palettes, etc.).

5.5.3.5.2   Quand de la neige carbonique est placée autour des colis, des mesures doivent être prises pour que les colis conservent leur position initiale au cours du transport, une fois la neige carbonique dissipée.

5.5.3.6   *Marquage des véhicules, wagons et conteneurs*

5.5.3.6.1   Dans le cas des véhicules, wagons et conteneurs qui ne sont pas bien ventilés contenant de la neige carbonique (No ONU 1845) ou des marchandises dangereuses utilisées à des fins de réfrigération ou de conditionnement, une marque de mise en garde conforme au 5.5.3.6.2 doit être apposée à chaque point d'accès à un endroit où elle sera facilement visible par les personnes qui ouvrent les portes du véhicule, du wagon ou du conteneur ou qui y pénètrent. La marque doit rester apposée sur le véhicule, wagon ou conteneur jusqu'à ce que les dispositions suivantes soient satisfaites:

a)   Le véhicule, wagon ou conteneur a été bien ventilé pour éliminer les concentrations nocives de la neige carbonique (No ONU 1845) ou de l'agent de réfrigération ou de conditionnement; et

b)   La neige carbonique (No ONU 1845) ou les marchandises réfrigérées ou conditionnées ont été déchargées.

Tant que le véhicule, wagon ou conteneur porte la marque de mise en garde, il faut prendre les précautions nécessaires avant d'y entrer. La nécessité de ventiler à travers les portes de chargement ou par un autre moyen (par exemple par ventilation forcée) doit être évaluée et cela doit être inclus dans la formation des personnes concernées.

5.5.3.6.2   La marque de mise en garde doit être conforme à celle qui est représentée à la figure 5.5.3.6.2.

Figure 5.5.3.6.2

Dimension minimale 250 mm

Dimension minimale 150 mm

Marque de mise en garde contre l'asphyxie pour les véhicules,
wagons et conteneurs

*   *Insérer la désignation officielle de transport indiquée en colonne (2) du tableau A du chapitre 3.2 ou le nom du gaz asphyxiant utilisé en tant qu'agent de refroidissement ou de conditionnement. Les caractères doivent être en majuscules, alignés, et mesurer au moins 25 mm de haut. Si la désignation officielle est trop longue pour tenir dans l'espace imparti, les caractères peuvent être réduits jusqu'à ce qu'elle y entre. Par exemple: DIOXYDE DE CARBONE, SOLIDE. Des informations additionnelles comme la mention "AGENT DE RÉFRIGÉRATION" ou "AGENT DE CONDITIONNEMENT" peuvent être ajoutées.*

La marque doit avoir une forme rectangulaire et mesurer au moins 150 mm de large et 250 mm de haut. Le mot "ATTENTION" doit être de couleur rouge ou blanche et mesurer au moins 25 mm de haut. Lorsque les dimensions ne sont pas spécifiées, tous les éléments doivent respecter approximativement les proportions représentées ci-dessus.

Le mot "ATTENTION" et les mots "AGENT DE REFRIGÉRATION" ou "AGENT DE CONDITIONNEMENT" doivent être dans une langue officielle du pays d'origine et également, si cette langue n'est pas l'anglais, le français ou l'allemand, en anglais, français ou allemand à moins que des accords conclus entre les pays intéressés au transport, s'il en existe, n'en disposent autrement.

5.5.3.7 *Documentation*

5.5.3.7.1 Les documents (tels que connaissement, lettre de transport aérien, ou lettre de voiture CMR/CIM/CMNI) associés au transport de véhicules, wagons ou conteneurs contenant ou ayant contenu de la neige carbonique (No ONU 1845) ou des matières utilisées à des fins de réfrigération ou de conditionnement et qui n'ont pas été complètement ventilés avant le transport, doivent comporter les indications suivantes:

a) Le numéro ONU précédé des lettres "UN"; et

b) La désignation indiquée en colonne (2) du tableau A du chapitre 3.2 suivie, le cas échéant, des mots "AGENT DE RÉFRIGÉRATION" ou "AGENT DE CONDITIONNEMENT" dans une langue officielle du pays d'origine et également, si cette langue n'est pas l'anglais, le français ou l'allemand, en anglais, français ou allemand à moins que des accords conclus entre les pays intéressés au transport, s'il en existe, n'en disposent autrement.

Par exemple: "UN 1845 DIOXYDE DE CARBONE SOLIDE, AGENT DE RÉFRIGÉRATION".

5.5.3.7.2 Le document de transport peut avoir une forme quelconque à condition de contenir tous les renseignements exigés au 5.5.3.7.1. Ces renseignements doivent être faciles à identifier, lisibles et durables.

5.5.4 Marchandises dangereuses contenues dans des équipements utilisés ou destinés à être utilisé en cours de transport qui sont attachés ou placés dans des colis, des suremballages, des conteneurs ou des compartiments de charge

5.5.4.1 Les marchandises dangereuses (par exemple les piles au lithium, cartouches pour pile à combustible) contenues dans des équipements tels que les enregistreurs de données et les dispositifs de suivi des cargaisons, qui sont attachés ou placés dans des colis, des suremballages ou des conteneurs ou compartiments de charge, ne font pas l'objet des dispositions de l'ADN autres que les dispositions suivantes:

a) L'équipement doit être utilisé ou destiné à être utilisé en cours de transport;

b) Les marchandises dangereuses contenues (par exemple les piles au lithium, cartouches pour pile à combustible) doivent répondre aux exigences de conception et d'épreuves prescrites par l'ADN; et

c) L'équipement doit être capable de résister aux chocs et aux sollicitations habituelles en cours de transport et doit être utilisé en toute sécurité dans les environnements dangereux auxquels il peut être exposé.

5.5.4.2 Lorsqu'un tel équipement contenant des marchandises dangereuses est transporté en tant que cargaison, la rubrique appropriée dans le tableau A du chapitre 3.2 doit être utilisée et toutes les dispositions applicables de l'ADN doivent être appliquées.

PARTIE 6

Prescriptions relatives à la construction des emballages, des grands récipients pour vrac (GRV), des grands emballages, des citernes et des conteneurs pour vrac et aux épreuves qu'ils doivent subir

CHAPITRE 6.1

PRESCRIPTIONS GÉNÉRALES

6.1.1 Les emballages (y compris les GRV et grands emballages) et les citernes doivent répondre aux prescriptions suivantes de l'ADR en matière de construction et d'épreuves:

Chapitre 6.1 Prescriptions relatives à la construction des emballages et aux épreuves qu'ils doivent subir;

Chapitre 6.2 Prescriptions concernant la construction et les épreuves des récipients à gaz, générateurs d'aérosols, récipients de faible capacité contenant du gaz (cartouches à gaz) et cartouches pour pile à combustible contenant un gaz liquéfié inflammable;

Chapitre 6.3 Prescriptions relatives à la construction des emballages pour les matières infectieuses (Catégorie A) de la classe 6.2 et aux épreuves qu'ils doivent subir;

Chapitre 6.4 Prescriptions relatives à la construction des colis pour les matières de la classe 7, aux épreuves qu'ils doivent subir, à leur agrément et à l'agrément de ces matières;

Chapitre 6.5 Prescriptions relatives à la construction des grands récipients pour vrac (GRV) et aux épreuves qu'ils doivent subir;

Chapitre 6.6 Prescriptions relatives à la construction des grands emballages et aux épreuves qu'ils doivent subir;

Chapitre 6.7 Prescriptions relatives à la conception et la construction des citernes mobiles et des conteneurs à gaz à éléments multiples (CGEM) "UN" et aux contrôles et épreuves qu'ils doivent subir;

Chapitre 6.8 Prescriptions relatives à la construction, aux équipements, à l'agrément de type, aux contrôles et épreuves et au marquage des citernes fixes (véhicules-citernes), citernes démontables et des conteneurs-citernes et caisses mobiles citernes, dont les réservoirs sont construits en matériaux métalliques, ainsi que des véhicules-batteries et conteneurs à gaz à éléments multiples (CGEM);

Chapitre 6.9 Prescriptions relatives à la conception, à la construction, aux équipements, à l'agrément de type, aux épreuves et au marquage des citernes fixes (véhicules-citernes), citernes démontables, conteneurs-citernes et caisses mobiles citernes en matière plastique renforcée de fibres;

Chapitre 6.10 Prescriptions relatives à la construction, aux équipements, à l'agrément de type, aux contrôles et au marquage des citernes à déchets opérant sous vide;

Chapitre 6.11 Prescriptions relatives à la construction des conteneurs pour vrac et aux contrôles et épreuves qu'ils doivent subir.

Chapitre 6.12 Prescriptions relatives à la construction, aux équipements, à l'agrément de type, aux contrôles et épreuves, et au marquage des citernes, des conteneurs pour vrac et des compartiments pour vrac et des compartiments spéciaux pour explosifs sur les unités mobiles de fabrication d'explosifs (MEMU).

6.1.2	Les citernes mobiles peuvent également répondre aux prescriptions du chapitre 6.7 ou le cas échéant, du chapitre 6.9 du Code IMDG.
6.1.3	Les véhicules-citernes peuvent également répondre aux prescriptions du chapitre 6.8 du Code IMDG.
6.1.4	Les wagons-citernes, avec citerne fixe ou citerne amovible et les wagons-batteries doivent répondre aux prescriptions du chapitre 6.8 du RID.
6.1.5	La caisse des véhicules pour vrac doit répondre, le cas échéant, aux prescriptions du chapitre 6.11 ou du chapitre 9.5 de l'ADR.
6.1.6	Lorsque les dispositions du 7.3.1.1 a) du RID ou de l'ADR sont appliquées, les conteneurs pour vrac doivent satisfaire aux prescriptions du chapitre 6.11 du RID ou de l'ADR.

PARTIE 7

Prescriptions relatives au chargement, au transport, au déchargement et à la manutention de la cargaison

CHAPITRE 7.1

BATEAUX À CARGAISON SÈCHE

7.1.0   **Prescriptions générales**

7.1.0.1   Les dispositions des 7.1.0 à 7.1.7 sont applicables aux bateaux à cargaison sèche.

7.1.0.2 à   *(Réservés)*
7.1.0.99

7.1.1   **Manière de transporter les marchandises**

7.1.1.1 à   *(Réservés)*
7.1.1.9

7.1.1.10   *Transport de colis*

Sauf spécifications contraires, la masse indiquée pour les colis est la masse brute. Si les colis sont transportés dans des conteneurs ou des véhicules, la masse du conteneur ou du véhicule n'est pas comprise dans la masse brute des colis.

7.1.1.11   *Transport en vrac*

Il est interdit de transporter des marchandises dangereuses en vrac sauf lorsque ce mode de transport est expressément admis à la colonne (8) du tableau A du chapitre 3.2. Cette colonne porte alors la mention "B".

7.1.1.12   *Ventilation*

La ventilation des cales n'est exigée que si cela est prescrit au 7.1.4.12 ou par une prescription supplémentaire "VE ..." à la colonne (10) du tableau A du chapitre 3.2.

7.1.1.13   *Mesures à prendre avant le chargement*

Les mesures supplémentaires à prendre avant le chargement ne sont exigées que si cela est prescrit au 7.1.4.13 ou par une prescription supplémentaire "LO ..." à la colonne (11) du tableau A du chapitre 3.2.

7.1.1.14   *Manutention et arrimage de la cargaison*

Pendant la manutention et l'arrimage de la cargaison les mesures supplémentaires ne sont exigées que si cela est prescrit au 7.1.4.14 ou par une prescription supplémentaire "HA ..." à la colonne (11) du tableau A du chapitre 3.2.

7.1.1.15   *(Réservé)*

7.1.1.16   *Mesures à prendre pendant le chargement, le transport, le déchargement et la manutention de la cargaison*

Les mesures supplémentaires à prendre pendant le chargement, le transport, le déchargement et la manutention de la cargaison ne sont exigées que si cela est prescrit au 7.1.4.16 ou par une prescription supplémentaire "IN ..." à la colonne (11) du tableau A du chapitre 3.2.

7.1.1.17   *(Réservé)*

7.1.1.18   *Transport en conteneurs, en conteneurs pour vrac, GRV, grands emballages, CGEM, citernes mobiles et conteneurs-citernes*

Le transport de conteneurs, de conteneurs pour vrac, de GRV, de grands emballages, de CGEM, de citernes mobiles et de conteneurs-citernes doit satisfaire aux prescriptions relatives au transport des colis.

7.1.1.19   *Véhicules et wagons*

Le transport de véhicules et de wagons doit être conforme aux prescriptions applicables au transport des colis.

7.1.1.20   *(Réservé)*

7.1.1.21   *Transport en citernes à cargaison*

Il est interdit de transporter des marchandises dangereuses en citernes à cargaison dans des bateaux à cargaison sèche.

7.1.1.22 à   *(Réservés)*
7.1.1.99

7.1.2   **Prescriptions applicables aux bateaux**

7.1.2.0   *Bateaux autorisés*

7.1.2.0.1   Les marchandises dangereuses peuvent être transportées, en quantités ne dépassant pas celles indiquées au 7.1.4.1.4, ou le cas échéant au 7.1.4.1.1.2 ou 7.1.4.1.1.3:

–   dans des bateaux à cargaison sèche conformes aux prescriptions de construction applicables des 9.1.0.0 à 9.1.0.79; ou

–   dans des navires de mer conformes aux prescriptions de construction applicables des 9.1.0.0 à 9.1.0.79 ou, à défaut, aux prescriptions des 9.2.0 à 9.2.0.79.

7.1.2.0.2   Les marchandises dangereuses des classes 2, 3, 4.1, 4.2, 4.3, 5.1, 5.2, 6.1, 7, 8 ou 9, à l'exception de celles pour lesquelles une étiquette de modèle No 1 est exigée à la colonne (5) du tableau A du chapitre 3.2, peuvent être transportées en quantités supérieures à celles indiquées au 7.1.4.1.1.2, 7.1.4.1.1.3 et au 7.1.4.1.4:

–   dans des bateaux à cargaison sèche à double coque conformes aux prescriptions de construction applicables des 9.1.0.80 à 9.1.0.95; ou

–   dans des navires de mer à double coque conformes aux prescriptions de construction applicables des 9.1.0.80 à 9.1.0.95 ou, à défaut, aux prescriptions des 9.2.0 à 9.2.0.95.

7.1.2.1 à   *(Réservés)*
7.1.2.4

7.1.2.5   *Instructions relatives à l'utilisation des appareils et matériels*

Si des règles de sécurité spécifiques doivent être respectées lors de l'utilisation de l'un quelconque des appareils ou de l'une des installations, les instructions d'emploi de l'appareil ou de l'installation en question doivent être accessibles facilement pour consultation aux endroits appropriés à bord, dans la langue usuelle à bord et si cette langue n'est pas l'anglais, le français ou l'allemand, en anglais, en français ou en allemand, à moins que les accords conclus entre les pays intéressés au transport n'en disposent autrement.

| 7.1.2.6 à 7.1.2.18 | (Réservés) |

7.1.2.19 *Convois poussés et formations à couple*

7.1.2.19.1 Lorsqu'au moins un bateau d'un convoi ou d'une formation à couple doit être muni d'un certificat d'agrément pour le transport de marchandises dangereuses, tout bateau dudit convoi ou de ladite formation à couple doit être muni d'un certificat d'agrément approprié.

Dans ce cas, les bateaux qui ne transportent pas de marchandises dangereuses doivent satisfaire aux prescriptions des paragraphes ci-après:

1.16.1.1, 1.16.1.2, 1.16.1.3, 1.16.1.4, 7.1.2.5, 8.1.4, 8.1.5, 8.1.6.1, 8.1.6.3, 8.1.7, 8.3.5, 9.1.0.0, 9.1.0.12.3, 9.1.0.12.4, 9.1.0.17.2, 9.1.0.17.3, 9.1.0.31, 9.1.0.32.2, 9.1.0.34, 9.1.0.40.2, 9.1.0.41, 9.1.0.51, 9.1.0.52, 9.1.0.71 et 9.1.0.74.

7.1.2.19.2 Aux fins de l'application des prescriptions du présent chapitre à l'exception des 7.1.4.1.1.2, 7.1.4.1.1.3 et 7.1.4.1.4, l'ensemble d'un convoi poussé ou d'une formation à couple sera considéré comme un bateau unique.

| 7.1.2.20 à 7.1.2.99 | (Réservés) |

7.1.3 **Prescriptions générales de service**

7.1.3.1 *Accès aux cales, espaces de double coque et doubles fonds; contrôles*

7.1.3.1.1 L'accès aux cales n'est autorisé que pour les opérations de chargement et de déchargement et aux fins de contrôle ou de nettoyage.

7.1.3.1.2 En cours de route l'accès aux espaces de double coque et doubles fonds est interdit.

7.1.3.1.3 S'il faut mesurer la concentration des gaz et des vapeurs émis par la cargaison ou la teneur de l'air en oxygène dans les cales, espaces de double coque et doubles fonds avant d'y entrer, les résultats de ces mesures doivent être consignés par écrit. Les mesures ne peuvent être effectuées que par l'expert visé au 8.2.1.2, équipé d'un appareil de protection respiratoire approprié pour la matière transportée.

Il n'est pas autorisé d'entrer dans les locaux à contrôler pour effectuer ces mesures.

7.1.3.1.4 *Transport de marchandises en vrac ou sans emballages*

Si un bateau transporte dans ses cales des marchandises dangereuses en vrac ou sans emballages pour lesquelles la mention EX et/ou TOX figure à la colonne (9) du tableau A du chapitre 3.2, la concentration de gaz et de vapeurs inflammables et/ou toxiques émis par la cargaison dans ces cales et dans les cales contiguës doit être mesurée avant que quiconque n'y pénètre.

7.1.3.1.5 En cas de transport de marchandises dangereuses en vrac ou sans emballage, l'entrée dans les cales ainsi que l'entrée dans les espaces de double coque et les doubles fonds est seulement autorisée si:

– La concentration de gaz et de vapeurs inflammables émis par la cargaison dans les cales, les espaces de double coque et les doubles fonds est inférieure à 10 % de la limite inférieure d'explosivité, la concentration des gaz et vapeurs toxiques émis par la cargaison est inférieure au degré d'exposition acceptable selon le droit national en vigueur et la teneur en oxygène est de 20 à 23,5 % en volume; ou

- La concentration des gaz et vapeurs inflammables émis par la cargaison est inférieure à 10 % de la limite inférieure d'explosivité, et si la personne qui y pénètre porte un appareil respiratoire autonome et les autres équipements de protection et de secours nécessaires et si elle est assurée par une corde. L'entrée dans ces locaux n'est autorisée que si cette opération est surveillée par une deuxième personne ayant à sa disposition immédiate le même équipement. Deux autres personnes capables de prêter assistance en cas d'urgence doivent être sur le bateau à portée de voix.

Contrairement à ce que dispose le 1.1.4.6, les dispositions plus contraignantes de la législation nationale relatives à l'accès aux cales l'emportent sur l'ADN.

7.1.3.1.6 *Transport en colis*

Avant que quiconque ne pénètre dans des cales contenant des marchandises dangereuses des classes 2, 3, 4.3, 5.2, 6.1 et 8 pour lesquelles la mention EX et/ou TOX figure à la colonne (9) du tableau A du chapitre 3.2, la concentration de gaz et de vapeurs inflammables et/ou toxiques émis par la cargaison doit être mesurée dans ces cales si l'on soupçonne que des colis ont été endommagés.

7.1.3.1.7 En cas de transport de marchandises dangereuses des classes 2, 3, 4.3, 5.2, 6.1 et 8 et si l'on soupçonne que des colis ont été endommagés, l'entrée dans les cales ainsi que dans les espaces de double coque et les doubles fonds est seulement autorisée si:

- La concentration de gaz et de vapeurs inflammables émis par la cargaison dans les cales, les espaces de double coque et les doubles fonds est inférieure à 10 % de la limite inférieure d'explosivité, la concentration des gaz et vapeurs toxiques émis par la cargaison est inférieure au degré d'exposition acceptable au niveau national et la teneur en oxygène est de 20 à 23,5 % en volume; ou

- La concentration de gaz et de vapeurs inflammables émis par la cargaison dans les cales est inférieure à 10 % de la limite inférieure d'explosivité et si la personne qui y pénètre porte un appareil respiratoire autonome et les autres équipements de protection et de secours nécessaires et si elle est assurée par une corde. L'entrée dans ces locaux n'est autorisée que si cette opération est surveillée par une deuxième personne ayant à sa disposition immédiate le mémé équipement. Deux autres personnes capables de prêter assistance en cas d'urgence doivent être sur le bateau à portée de voix.

Contrairement à ce que dispose le 1.1.4.6, les dispositions plus contraignantes de la législation nationale relatives à l'accès aux cales l'emportent sur l'ADN.

7.1.3.2 à *(Réservés)*
7.1.3.14

7.1.3.15 ***Expert à bord du bateau***

Lors du transport de marchandises dangereuses, le conducteur responsable doit être en même temps un expert visé au paragraphe 8.2.1.2.

NOTA: *Il appartient au transporteur de décider quel conducteur sera le conducteur responsable et de documenter ce choix à bord. En l'absence d'une telle décision, la prescription s'applique à tous les conducteurs.*

Par dérogation, lors du chargement de marchandises dangereuses dans des barges, ou leur déchargement il suffit que la personne responsable du chargement et du déchargement ainsi que du ballastage de la barge ait les compétences requises par le paragraphe 8.2.1.2.

7.1.3.16   Toutes les mesures réalisées à bord du bateau doivent l'être par un expert visé au 8.2.1.2, sauf s'il en est disposé autrement dans le Règlement annexé à l'ADN. Les résultats des mesures doivent être consignés par écrit dans le carnet de contrôle visé au paragraphe 8.1.2.1 g).

7.1.3.17 à   *(Réservés)*
7.1.3.19

7.1.3.20   *Ballastage à l'eau*

Les espaces de double coque et les doubles fonds peuvent être utilisés pour le ballastage à l'eau.

7.1.3.21   *(Réservé)*

7.1.3.22   *Ouverture des cales*

7.1.3.22.1   Sauf pendant les opérations de chargement ou de déchargement ou pendant les contrôles, les marchandises dangereuses doivent être protégées contre les intempéries et les éclaboussures.

Cette prescription ne s'applique pas lorsque les marchandises dangereuses sont chargées dans des conteneurs, GRV ou grands emballages étanches au jet d'eau, ou dans des CGEM, citernes mobiles, conteneurs-citernes, véhicules ou wagons couverts ou bâchés.

7.1.3.22.2   En cas de transport de marchandises dangereuses en vrac la cale doit être munie d'une couverture des écoutilles.

7.1.3.23 à   *(Réservés)*
7.1.3.30

7.1.3.31   *Machines*

Il est interdit d'utiliser des moteurs fonctionnant avec un combustible dont le point d'éclair est inférieur ou égal à 55 °C (par exemple les moteurs à essence). Cette disposition ne s'applique pas:

–   Aux moteurs hors-bord à essence des bateaux de sauvetage;

–   Aux systèmes de propulsion et aux systèmes auxiliaires qui satisfont aux prescriptions du chapitre 30 et de la section 1 de l'annexe 8 du Standard européen établissant les prescriptions techniques des bateaux de navigation intérieure (ES–TRIN), dans sa version modifiée[1].

Si une matière est transportée en vrac et que, pour cette matière, la mention "EX" figure dans la colonne (9) du tableau A du chapitre 3.2, alors:

–   les moteurs hors-bord et leurs réservoirs de carburant ne doivent se trouver à bord qu'à l'extérieur de la zone protégée; et

–   les dispositifs mécaniques de gonflage, moteurs hors-bord et leurs installations électriques ne doivent être mis en service qu'à l'extérieur de la zone protégée.

---

[1]   *Tel qu'il figure sur le site Web du Comité européen pour l'élaboration de standards dans le domaine de la navigation intérieure (CESNI), à l'adresse suivante:* https://www.cesni.eu/documents/es-trin/.

7.1.3.32   *Citernes à combustibles*

Les doubles fonds d'une hauteur minimale de 0,60 m peuvent être utilisés comme citernes à combustibles s'ils ont été construits conformément aux règles des chapitres 9.1 ou 9.2.

7.1.3.33 à   *(Réservés)*
7.1.3.40

7.1.3.41   *Fait de fumer ou d'utiliser du feu ou une lumière non protégée*

7.1.3.41.1   Il est interdit de fumer, y compris des cigarettes électroniques et autres dispositifs semblables, et d'utiliser du feu ou une lumière non protégée à bord du bateau.

Cette interdiction doit être affichée aux endroits appropriés au moyen de panneaux indicateurs.

L'interdiction ne s'applique pas dans les logements et la timonerie, si leurs fenêtres, portes, claires-voies et écoutilles sont fermées ou si le système de ventilation est réglé de sorte à maintenir une surpression d'au moins 0,1 kPa.

7.1.3.41.2   Les appareils de chauffage, de cuisson ou de réfrigération ne doivent pas utiliser un combustible liquide ni du gaz liquéfié ni un combustible solide.

Les appareils de cuisson et de réfrigération ne peuvent être utilisés que dans les logements et dans la timonerie.

7.1.3.41.3   Lorsque des appareils de cuisson ou des chaudières sont installés dans la salle des machines ou dans un local spécialement approprié à cet effet, ces appareils peuvent toutefois utiliser un combustible liquide dont le point d'éclair est supérieur à 55 °C.

7.1.3.42   *Chauffage des cales*

Il est interdit de chauffer les cales ou d'y faire fonctionner un appareil de chauffage.

7.1.3.43   *(Réservé)*

7.1.3.44   *Opérations de nettoyage*

Tout nettoyage avec des liquides ayant un point d'éclair inférieur à 55 °C est interdit.

7.1.3.45 à   *(Réservés)*
7.1.3.50

7.1.3.51   *Installations et équipements électriques et non électriques*

7.1.3.51.1   Les installations et équipements électriques et non électriques doivent être parfaitement entretenus.

7.1.3.51.2   Il est interdit d'utiliser des câbles électriques mobiles dans la zone protégée. Cette prescription ne s'applique pas aux câbles électriques visés au 9.1.0.53.5.

Les câbles électriques mobiles doivent faire l'objet d'un contrôle visuel avant chaque utilisation. Ils doivent être installés de telle manière qu'ils ne risquent pas d'être endommagés. Les connecteurs doivent être situés à l'extérieur de la zone protégée.

Les câbles électriques pour le raccordement du réseau électrique du bateau à un réseau électrique à terre ne sont pas admis:

–   Lors du chargement ou déchargement de matières pour lesquelles la mention "EX" figure dans la colonne (9) du tableau A du chapitre 3.2; ou

–   Lorsque le bateau séjourne à proximité immédiate ou à l'intérieur d'une zone assignée à terre.

7.1.3.51.3   Les prises de courant pour les feux de signalisation ou de passerelle ou pour le raccordement de conteneurs, de pompes immergées, de chariots de panneaux d'écoutilles ou de ventilateurs de cale ne peuvent être sous tension que si les feux de signalisation, l'éclairage de la passerelle, les conteneurs, les pompes immergées ou chariots ou les ventilateurs de cale sont mis en circuit. Le branchement et le débranchement ne doivent être possibles que si les prises sont hors tension.

7.1.3.51.4   Les installations et équipements électriques situés dans les cales doivent être maintenus hors tension et protégés contre une connexion inopinée.

Cette prescription ne s'applique pas aux câbles électriques fixés à demeure passant dans les cales ni aux câbles électriques mobiles pour la connexion de conteneurs chargés conformément au 7.1.4.4.4, ni aux installations et équipements électriques qui satisfont aux exigences pour une utilisation en zone 1.

7.1.3.51.5   Pendant le séjour à proximité immédiate ou à l'intérieur d'une zone assignée à terre, les installations et équipements électriques et non électriques qui ne satisfont pas aux prescriptions du 9.1.0.52.1 ou pouvant donner lieu à des températures de surface supérieures à 200 °C (marqués en rouge selon 9.1.0.51 et 9.1.0.52.2) doivent être arrêtés, ramenés à des températures inférieures à 200 °C, ou les mesures énoncées au 7.1.3.51.6 doivent être prises.

7.1.3.51.6   Le 7.1.3.51.5 ne s'applique pas dans les logements, la timonerie et les locaux de service situés à l'extérieur de la zone protégée si:

a)   le système de ventilation est réglé de sorte à maintenir une surpression d'au moins 0,1 kPa; et

b)   l'installation de détection de gaz est en marche et la mesure est continue.

7.1.3.51.7   Les installations et les équipements visés au 7.1.3.51.5 qui étaient arrêtés pendant le chargement ou le déchargement ou pendant un séjour à proximité immédiate ou à l'intérieur d'une zone assignée à terre ne doivent être remis en marche:

a)   qu'une fois que le bateau ne séjourne plus à proximité ou à l'intérieur d'une zone assignée à terre; ou

b)   qu'une concentration inférieure à 10 % de la LIE du n-hexane est atteinte dans les logements, la timonerie et les locaux de service situés à l'extérieur de la zone protégée.

Les résultats des mesures doivent être consignés par écrit.

7.1.3.51.8   Si les bateaux ne peuvent pas satisfaire aux exigences des 7.1.3.51.5 et 7.1.3.51.6, ils ne sont pas autorisés à séjourner à proximité immédiate ou à l'intérieur d'une zone assignée à terre. L'autorité compétente peut accorder des dérogations au cas par cas.

7.1.3.52 à   (Réservés)
7.1.3.69

7.1.3.70   *Antennes, paratonnerres, câbles et mâts*

7.1.3.70.1   Aucune partie d'antennes pour appareils électroniques et aucun paratonnerre ou câble ne doit se trouver au-dessus des cales.

7.1.3.70.2   Aucune partie d'antennes de radiotéléphone ne doit se trouver à moins de 2,00 m de matières ou objets de la classe 1.

7.1.3.71 à   *(Réservés)*
7.1.3.99

7.1.4   Prescriptions supplémentaires relatives au chargement, au transport, au déchargement et à la manutention de la cargaison

7.1.4.1   *Limitation des quantités transportées*

7.1.4.1.1   Les bateaux à simple coque ne peuvent transporter des marchandises des classes 1, 2, 3, 4,1, 4,2, 4,3, 5,1, 5,2, 6,1, 7, 8 et 9 que dans des quantités limitées conformément au 7.1.4.1.4. Cette disposition s'applique également aux barges de poussage et bateaux à double coque qui ne satisfont pas aux règles de construction supplémentaires des 9.1.0.88 à 9.1.0.95 ou 9.2.0.88 à 9.2.0.95.

7.1.4.1.1.1   Si des matières et objets appartenant à des divisions différentes de la classe 1 sont chargés sur un même bateau conformément aux prescriptions d'interdictions de chargement en commun du 7.1.4.3.3 ou 7.1.4.3.4, la charge dans son ensemble ne doit pas être supérieure à la plus faible masse maximale indiquée au 7.1.4.1.4 ci-dessous pour les marchandises chargées de la division la plus dangereuse, l'ordre de prépondérance étant le suivant: 1.1, 1.5, 1.2, 1.3, 1.6, 1.4.

7.1.4.1.1.2   Pour les convois poussés et les formations à couple, les limitations de quantités énoncées au 7.1.4.1.4 s'appliquent à chaque unité. Pour chaque unité sont autorisés 1 100 000 kg au maximum.

7.1.4.1.1.3   Lorsqu'un bateau transporte plusieurs types de marchandises dangereuses, la quantité totale de celles-ci doit ne pas être supérieure à 1 100 000 kg.

7.1.4.1.2   Les bateaux à double coque qui satisfont aux règles de construction supplémentaires des 9.1.0.88 à 9.1.0.95 ou 9.2.0.88 à 9.2.0.95 peuvent transporter des marchandises sans limitation de la quantité transportée, sauf pour:

–   les marchandises de la classe 1, et

–   les marchandises des classes 2, 3, 4.1, 4.2, 4.3, 5.1, 5.2, 6.1, 7, 8 et 9 pour lesquelles une étiquette de danger du modèle No 1 est exigée à la colonne (5) du tableau A du chapitre 3.2,

pour lesquelles les limitations fixées aux points 7.1.4.1.1 et 7.1.4.1.1.1 à 7.1.4.1.1.3 s'appliquent.

7.1.4.1.3   Pour les limites d'activité, d'indice de transport (TI) et d'indice de sûreté-criticité (CSI) dans le cas de transport de matières radioactives, voir 7.1.4.14.7.

7.1.4.1.4 Limitations de quantités

Classe	Description	0 kg	90 kg	15 000 kg	50 000 kg	120 000 kg	300 000 kg	1 100 000 kg
1	Tous les matières et objets de la division 1.1 du groupe de compatibilité A[1]		X					
	Tous les matières et objets de la division 1.1 des groupes de compatibilité B, C, D, E, F, G, J ou L[2]			X				
	Tous les matières et objets de la division 1.2 des groupes de compatibilité B, C, D, E, F, G, H, J ou L				X			
	Tous les matières et objets de la division 1.3 des groupes de compatibilité C, G, H, J ou L[3]						X	
	Tous les matières et objets de la division 1.4 des groupes de compatibilité B, C, D, E, F, G ou S							X
	Toutes les matières de la division 1.5 du groupe de compatibilité D[2]			X				
	Tous les objets de division 1.6 du groupe de compatibilité N[3]						X	
	Emballages vides, non nettoyés							X

Notes:

[1] En 3 lots au moins de 30 kg chacun maximum, distance entre les lots d'au moins 10,00 m.

[2] En 3 lots au moins de 5 000 kg chacun maximum, distance entre les lots d'au moins 10,00 m.

[3] Pas plus de 100 000 kg par cale. Une cloison en bois est admise pour subdiviser une cale.

Classe	Description	0 kg	90 kg	15 000 kg	50 000 kg	120 000 kg	300 000 kg	1 100 000 kg
2	Toutes les marchandises pour lesquelles le modèle d'étiquette No 2.1 est exigé à la colonne (5) du tableau A du chapitre 3.2: total						X	
	Toutes les marchandises pour lesquelles le modèle d'étiquette No 2,3 est exigé à la colonne (5) du tableau A du chapitre 3.2: total					X		
	Autres marchandises							X
3	Toutes les marchandises des groupes d'emballage I ou II, pour lesquelles, en plus de l'étiquette du modèle No 3, une étiquette du modèle No 6.1 est exigée à la colonne (5) du tableau A du chapitre 3.2: total					X		
	Toutes les autres marchandises						X	

Classe	Description	1 100 000 kg	300 000 kg	120 000 kg	50 000 kg	15 000 kg	90 kg	0 kg
4.1	Nos ONU 3221, 3222, 3231 et 3232: total					X		
	Toutes les marchandises du groupe d'emballage I;							
	Toutes les marchandises du groupe d'emballage II, pour lesquelles, en plus de l'étiquette du modèle No 4.1, une étiquette du modèle No 6.1 est exigée à la colonne (5) du tableau A du chapitre 3.2;							
	Les matières autoréactives des types C, D, E et F (Nos ONU 3223 à 3230 et 3233 à 3240);							
	Toutes les autres matières de code de classification SR1 ou SR2 (Nos ONU 2956, 3241, 3242 et 3251);							
	et les matières explosibles désensibilisées du groupe d'emballage II (Nos ONU 2907, 3319 et 3344): total			X				
	Autres marchandises	X						
4.2	Toutes les marchandises des groupes d'emballage I ou II pour lesquelles, en plus de l'étiquette du modèle No 4.2, une étiquette du modèle No 6.1 est exigée à la colonne (5) du tableau A du chapitre 3.2: total		X					
	Autres marchandises	X						
4.3	Toutes les marchandises des groupes d'emballage I ou II pour lesquelles, en plus de l'étiquette du modèle No 4.3, une étiquette du modèle No 6.1 est exigée à la colonne (5) du tableau A du chapitre 3.2: total		X					
	Autres marchandises	X						
5.1	Toutes les marchandises des groupes d'emballage I ou II pour lesquelles en plus de l'étiquette du modèle No 5.1, une étiquette du modèle No 6.1 est exigée à la colonne (5) du tableau A du chapitre 3.2: total		X					
	Autres marchandises	X						
5.2	Nos ONU 3101, 3102, 3111 et 3112: total					X		
	Autres marchandises			X				
6.1	Toutes les marchandises du groupe d'emballage I: total			X				
	Toutes les marchandises du groupe d'emballage II: total		X					
	Toutes les marchandises transportées en vrac							X

Classe	Description	1 100 000 kg	300 000 kg	120 000 kg	50 000 kg	15 000 kg	90 kg	0 kg
	Autres marchandises	X						
7	Nos ONU 2912, 2913, 2915, 2916, 2917, 2919, 2977, 2978 et 3321 à 3333							X
	Autres marchandises	X						
8	Toutes les marchandises du groupe d'emballage I;		X					
	Toutes les marchandises du groupe d'emballage II pour lesquelles, en plus de l'étiquette du modèle No 8, une étiquette du modèle No 3 ou 6.1 est exigée à la colonne (5) du tableau A du chapitre 3.2: total							
	Autres marchandises	X						
	Toutes les marchandises du groupe d'emballage II: total		X					
9	No ONU 3077, pour les marchandises transportées en vrac et considérées comme dangereuses pour le milieu aquatique, toxicité aiguë 1 ou toxicité chronique 1, conformément au 2.4.3							X
	Autres marchandises	X						

7.1.4.2 *Interdictions de chargement en commun (vrac)*

Les bateaux transportant des matières de la classe 5.1 en vrac ne doivent transporter aucune autre marchandise.

7.1.4.3 *Interdiction de chargement en commun (colis en cales)*

7.1.4.3.1 Les marchandises de classes différentes doivent être séparées par une distance horizontale minimale de 3,00 m. Elles ne doivent pas être chargées les unes sur les autres.

7.1.4.3.2 Quelle que soit la quantité, les marchandises dangereuses pour lesquelles une signalisation avec deux cônes bleus ou deux feux bleus est prescrite à la colonne (12) du tableau A du chapitre 3.2 ne doivent pas être chargées dans une même cale avec des marchandises inflammables pour lesquelles une signalisation avec un cône bleu ou un feu bleu est prescrite à la colonne (12) du tableau A du chapitre 3.2.

7.1.4.3.3 Les colis contenant des matières ou objets de la classe 1, et les colis contenant des matières des classes 4.1 ou 5.2, pour lesquels une signalisation avec trois cônes bleus ou trois feux bleus est prescrite à la colonne (12) du tableau A du chapitre 3.2, doivent être séparés par une distance d'au moins 12 m des marchandises de toutes les autres classes.

7.1.4.3.4 Les matières et objets de la classe 1 peuvent être transportés dans la même cale sous réserve des indications du tableau suivant:

Groupe de compatibilité	A	B	C	D	E	F	G	H	J	L	N	S
A	X	-	-	-	-	-	-	-	-	-	-	-
B	-	X	-	1/	-	-	-	-	-	-	-	X
C	-	-	X	X	X	-	X	-	-	-	2/ 3/	X
D	-	1/	X	X	X	-	X	-	-	-	2/ 3/	X
E	-	-	X	X	X	-	X	-	-	-	2/ 3/	X
F	-	-	-	-	-	X	-	-	-	-	-	X
G	-	-	X	X	X	-	X	-	-	-	-	X
H	-	-	-	-	-	-	-	X	-	-	-	X
J	-	-	-	-	-	-	-	-	X	-	-	X
L	-	-	-	-	-	-	-	-	-	4/	-	-
N	-	-	2/ 3/	2/ 3/	2/ 3/	-	-	-	-	-	2/	X
S	-	X	X	X	X	X	X	X	X	-	X	X

"X" *indique que les matières et objets explosibles des groupes de compatibilité correspondants selon la Partie 2 du présent Règlement peuvent être chargés dans une même cale.*

1/ *Les colis contenant des objets du groupe de compatibilité B ou des matières ou objets du groupe de compatibilité D peuvent être chargés en commun dans une même cale à condition qu'ils soient transportés dans des conteneurs fermés, véhicules couverts ou wagons couverts.*

2/ *Des catégories différentes d'objets de la division 1.6, groupe de compatibilité N, ne peuvent être transportées ensemble en tant qu'objets de la division 1.6, groupe de compatibilité N, que s'il est prouvé par épreuve ou par analogie qu'il n'y a pas de risque supplémentaire de détonation par influence entre lesdits objets. Autrement, ils doivent être traités comme appartenant à la division de risque 1.1.*

3/   *Lorsque des objets du groupe de compatibilité N sont transportés avec des matières ou des objets des groupes de compatibilité C, D ou E, les objets du groupe de compatibilité N doivent être considérés comme ayant les caractères du groupe de compatibilité D.*

4/   *Les colis contenant des matières ou objets du groupe de compatibilité L peuvent être chargés en commun dans la même cale avec des colis contenant le même type de matières ou objets de ce même groupe de compatibilité.*

7.1.4.3.5   Pour le transport de matières de la classe 7 (Nos ONU 2916, 2917, 3323, 3328, 3329 et 3330) dans des colis de type B(U) ou de type B(M) ou de type C, les contrôles, restrictions ou prescriptions définis dans le certificat d'agrément délivré par l'autorité compétente doivent être respectés.

7.1.4.3.6   Pour le transport de matières de la classe 7 sous arrangement spécial (Nos ONU 2919 et 3331), les prescriptions particulières fixées par l'autorité compétente doivent être satisfaites. En particulier, un chargement en commun ne peut être autorisé qu'avec l'accord de l'autorité compétente.

7.1.4.4   *Interdictions de chargement en commun (conteneurs, véhicules, wagons)*

7.1.4.4.1   Le 7.1.4.3 ne s'applique pas aux colis qui sont arrimés dans des conteneurs, des véhicules ou des wagons conformément à une des réglementations internationales.

7.1.4.4.2   Le 7.1.4.3 ne s'applique pas:

–   aux conteneurs fermés;

–   aux véhicules et wagons couverts;

–   aux conteneurs-citernes, citernes mobiles et CGEM;

–   aux véhicules-citernes et wagons-citernes.

7.1.4.4.3   Pour les conteneurs autres que ceux mentionnés aux paragraphes 7.1.4.4.1 et 7.1.4.4.2 ci-dessus, la distance de séparation requise par le 7.1.4.3.1 peut être ramenée à 2,40 m (largeur d'un conteneur).

7.1.4.4.4   Les installations et équipements électriques montés sur l'extérieur d'un conteneur fermé peuvent être raccordés avec des câbles électriques amovibles conformément aux dispositions du 9.1.0.53.5 ou mis en service si:

a)   Ces installations et équipements électriques sont appropriés au moins pour une utilisation en zone 1 et satisfont aux exigences applicables pour la classe de température T4 et le groupe d'explosion IIB; ou si

b)   Ces installations et équipements électriques ne satisfont pas aux exigences visées à l'alinéa a), mais sont suffisamment séparés des autres conteneurs renfermant des matières de:

–   la classe 2 pour lesquelles une étiquette de modèle No 2.1 est exigée à la colonne 5 du tableau A du chapitre 3.2;

–   la classe 3, groupe d'emballage I ou II;

–   la classe 4.3;

–   la classe 6.1; groupe d'emballage I ou II, avec un risque additionnel de la classe 4.3;

–   la classe 8, groupe d'emballage I, avec un risque additionnel de la classe 3; et de

–   la classe 8, groupe d'emballage I ou II, avec un risque additionnel de la classe 4.3.

Cette condition est réputée satisfaite si aucun conteneur renfermant les matières susmentionnées n'est chargé à l'intérieur d'une zone inscrite dans un cylindre ayant un rayon de 2,40 m autour des installations et équipements électriques et une hauteur illimitée.

Il peut être dérogé aux prescriptions des alinéas a) ou b), si les conteneurs avec des installations et équipements électriques qui ne satisfont pas aux exigences pour une utilisation dans des zones de risque d'explosion et les conteneurs renfermant les matières susmentionnées sont chargés dans des cales distinctes.

Exemples d'entreposage et de séparation des conteneurs

Légendes

R   Conteneur (frigorifique par exemple) avec un équipement électrique qui n'est pas d'un type certifié de sécurité.

Z   Équipement électrique qui n'est pas d'un type certifié de sécurité.

X   Conteneur non autorisé lorsqu'il renferme des matières dangereuses pour lesquelles une séparation suffisante est exigée.

Vue de dessus

1.   **Sur le pont**

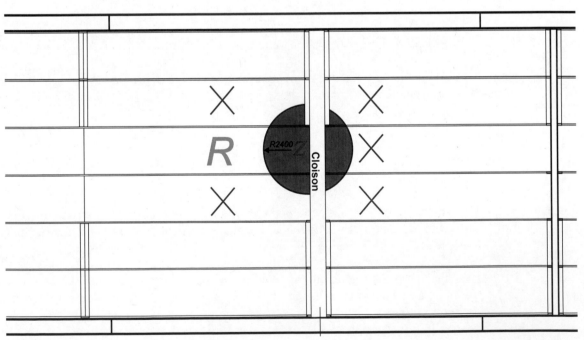

Vue de dessus

2. **Dans les cales**

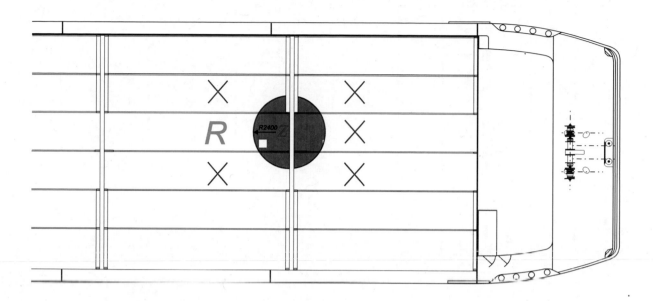

Vue de dessus

2. **Dans les cales**

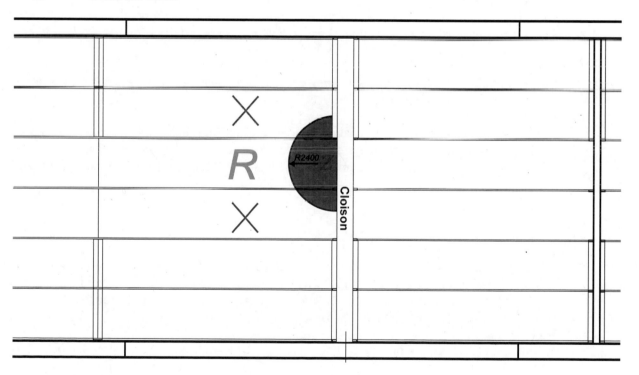

Vue de face

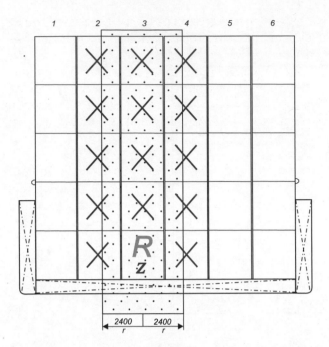

Vue de face

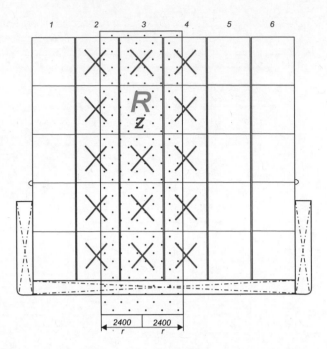

7.1.4.4.5   Les installations et équipements électriques fixés sur un conteneur ouvert ne peuvent être raccordés avec des câbles électriques amovibles au sens des dispositions du 9.1.0.53.5 ni être mis en service, à moins qu'ils soient appropriés au moins pour une utilisation en zone 1 et qu'ils satisfont aux exigences applicables pour la classe de température T4 et le groupe d'explosion II B, ou que le conteneur soit chargé dans une cale exempte de conteneurs renfermant des matières mentionnées au 7.1.4.4.4 b).

7.1.4.5   *Interdictions de chargement en commun (navires de mer; bateaux de navigation intérieure transportant des conteneurs)*

Pour les navires de mer et les bateaux de navigation intérieure si ces derniers transportent uniquement des conteneurs, l'interdiction de chargement en commun sera réputée respectée si les prescriptions en matière d'arrimage et de séparation du Code IMDG ont été appliquées.

7.1.4.6   *(Réservé)*

7.1.4.7   *Lieux de chargement et de déchargement*

7.1.4.7.1   Les marchandises dangereuses doivent être chargées ou déchargées uniquement sur les lieux désignés ou agréés à cette fin par l'autorité compétente. Sur ces lieux les moyens d'évacuation visés à la sous-section 7.1.4.77 doivent être mis à disposition. À défaut le transbordement n'est admis qu'avec l'autorisation de l'autorité compétente.

7.1.4.7.2   Tant que des matières ou objets de la classe 1 et des matières des classes 4.1 ou 5.2 pour lesquelles une signalisation avec trois cônes bleus ou trois feux bleus est prescrite à la colonne (12) du tableau A du chapitre 3.2 sont à bord, aucune marchandise quelle qu'elle soit ne doit être chargée ou déchargée, sauf aux emplacements désignés ou autorisés à cet effet par l'autorité compétente.

7.1.4.7.3   Si une zone est assignée à terre au poste de chargement ou de déchargement, le bateau n'est autorisé à séjourner à proximité immédiate ou à l'intérieur de cette zone que s'il satisfait aux exigences des 9.1.0.12.3 b) ou c), 9.1.0.51, 9.1.0.52.1 et 9.1.0.52.2. L'autorité compétente peut accorder des dérogations au cas par cas.

7.1.4.8   *Heure et durée des opérations de chargement et de déchargement*

7.1.4.8.1   Les opérations de chargement et de déchargement de matières ou d'objets de la classe 1, ou de matières des classes 4.1 ou 5.2, pour lesquelles une signalisation avec trois cônes bleus ou trois feux bleus est prescrite à la colonne (12) du tableau A du chapitre 3.2, ne doivent pas commencer sans autorisation écrite de l'autorité compétente. Cette prescription s'applique également au chargement ou au déchargement des autres marchandises si des matières ou objets de la classe 1, ou des matières des classes 4.1 ou 5.2 pour lesquelles une signalisation avec trois cônes bleus ou trois feux bleus est prescrite à la colonne (12) du tableau A du chapitre 3.2, se trouvent à bord.

7.1.4.8.2   Les opérations de chargement et de déchargement de matières ou objets de la classe 1 ou des matières des classes 4.1 ou 5.2, pour lesquelles une signalisation avec trois cônes bleus ou trois feux bleus est prescrite à la colonne (12) du tableau A du chapitre 3.2, doivent être suspendues en cas d'orage.

7.1.4.9   *Transbordement*

Le transbordement partiel ou complet de la cargaison sur un autre bateau est interdit sans autorisation de l'autorité compétente ailleurs que sur les lieux agréés à cette fin.

NOTA: *Pour le transbordement sur un moyen de transport d'un mode différent, voir le 7.1.4.7.1.*

7.1.4.10   *Précautions relatives aux denrées alimentaires, autres objets de consommation et aliments pour animaux*

7.1.4.10.1   Lorsque la disposition spéciale 802 est indiquée en regard d'une marchandise dangereuse à la colonne (6) du tableau A du chapitre 3.2, des précautions relatives aux denrées alimentaires, autres objets de consommation et aliments pour animaux doivent être prises comme suit:

Les colis ainsi que les emballages vides, non nettoyés, y compris les grandes emballages et les grands récipients pour vrac (GRV) munis d'étiquettes conformes aux modèles Nos 6.1 ou 6.2 et ceux munis d'étiquettes conformes au modèle No 9 contenant des marchandises de la classe 9, Nos ONU 2212, 2315, 2590, 3151, 3152 ou 3245, ne doivent pas être gerbés au-dessus, ou chargés à proximité immédiate, des colis dont on sait qu'ils renferment des denrées alimentaires, autres objets de consommation ou aliments pour animaux dans la même cale, le même conteneur et sur les lieux de chargement, de déchargement ou de transbordement.

Lorsque ces colis munis desdites étiquettes sont chargés à proximité immédiate de colis dont on sait qu'ils renferment des denrées alimentaires, autres objets de consommation ou aliments pour animaux, ils doivent être séparés de ces derniers:

a)   par des cloisons à parois pleines. Les cloisons doivent être aussi élevées que les colis munis desdites étiquettes; ou

b)   par des colis qui ne sont pas munis d'étiquettes conformes aux modèles Nos 6.1, 6.2 ou 9 ou munis d'étiquettes conformes au modèle No 9 mais qui ne contiennent pas des marchandises de la classe 9, Nos ONU 2212, 2315, 2590, 3151, 3152 ou 3245; ou

c)   par un espace d'au moins 0,80 m;

à moins que ces colis munis desdites étiquettes soient pourvus d'emballage supplémentaire ou entièrement recouverts (par exemple par une feuille, un carton de recouvrement ou d'autres mesures).

7.1.4.11 *Plan de chargement*

7.1.4.11.1 Le conducteur doit indiquer sur un plan de chargement quelles marchandises dangereuses sont placées dans les différentes cales ou sur le pont. Les marchandises doivent être désignées comme dans le document de transport conformément au 5.4.1.1.1 a), b), c) et d).

7.1.4.11.2 Si des marchandises dangereuses sont transportées en conteneurs, le numéro du conteneur suffit. Dans ces cas, le plan de chargement doit contenir en annexe, une liste de tous les conteneurs avec leur numéro et la description des marchandises qui y sont contenues conformément au 5.4.1.1.1 a), b), c) et d).

7.1.4.12 *Ventilation*

7.1.4.12.1 Pendant que des véhicules ou wagons sont chargés dans les cales des navires rouliers, ou déchargés de celles-ci, il ne doit pas y avoir moins de cinq changements d'air à l'heure en fonction du volume total de la cale vide.

7.1.4.12.2 À bord des bateaux qui ne transportent des marchandises dangereuses que dans les conteneurs placés dans des cales ouvertes, il n'est pas nécessaire que les ventilateurs soient incorporés mais ils doivent se trouver à bord. Si l'on soupçonne des dégâts aux conteneurs, ou si l'on soupçonne que le contenu s'est répandu à l'extérieur des conteneurs, les cales doivent être ventilées afin de réduire la concentration des gaz et vapeurs inflammables émis par la cargaison à moins de 10 % de la LIE ou, en cas de gaz et vapeurs toxiques, en dessous du degré d'exposition acceptable selon le droit national en vigueur.

7.1.4.12.3 Si des conteneurs-citernes, citernes mobiles, CGEM, véhicules-citernes ou wagons-citernes sont chargés dans des cales fermées, ces cales doivent être soumises à une ventilation permanente assurant cinq changements d'air à l'heure.

7.1.4.13 *Mesures à prendre avant le chargement*

Les cales et les aires de cargaison doivent être nettoyées avant le chargement. Les cales doivent être ventilées.

7.1.4.14 *Manutention et arrimage de la cargaison*

7.1.4.14.1 Les différents éléments de la cargaison doivent être arrimés de façon à éviter que ces éléments, les uns par rapport aux autres et par rapport au bateau, ne se déplacent ou qu'ils ne soient endommagés par une autre cargaison.

7.1.4.14.1.1 Les colis contenant des marchandises dangereuses et les objets dangereux non emballés doivent être arrimés par des moyens capables de retenir les marchandises (tels que des sangles de fixation, des traverses coulissantes, des supports réglables) de manière à empêcher, pendant le transport, tout mouvement susceptible de modifier l'orientation des colis ou d'endommager ceux-ci. Lorsque des marchandises dangereuses sont transportées en même temps que d'autres marchandises (grosses machines ou harasses, par exemple), toutes les marchandises doivent être solidement assujetties ou calées pour empêcher que les marchandises dangereuses se répandent. On peut également empêcher le mouvement des colis en comblant les vides grâce à des dispositifs de calage ou de blocage et d'arrimage. Lorsque des dispositifs d'arrimage tels que des bandes de cerclage ou des sangles sont utilisés, celles-ci ne doivent pas être trop serrées au point d'endommager ou de déformer le colis. Les conteneurs pour vrac souples doivent être arrimés de manière à ce qu'il n'y ait pas d'espaces vides entre eux dans la cale. Si les conteneurs pour vrac souples ne remplissent pas complètement la cale, des mesures adéquates doivent être prises pour empêcher le ripage de la cargaison.

7.1.4.14.1.2   Les colis ne doivent pas être gerbés, à moins qu'ils ne soient conçus à cet effet. Lorsque différents types de colis conçus pour être gerbés sont chargés ensemble, il convient de tenir compte de leur compatibilité en ce qui concerne le gerbage. Si nécessaire, on utilisera des dispositifs de portage pour empêcher que les colis gerbés sur d'autres colis n'endommagent ceux-ci. La hauteur de gerbage maximale admissible des conteneurs pour vrac souples ne doit jamais être de plus de trois conteneurs. Lorsque les conteneurs pour vrac souples sont munis d'un évent, leur arrimage ne doit pas gêner le fonctionnement de celui-ci.

7.1.4.14.1.3   Pendant le chargement et le déchargement, les colis contenant des marchandises dangereuses doivent être protégés contre tout dommage accidentel.

   NOTA: On doit notamment porter une attention particulière à la façon dont les colis sont manutentionnés pendant les préparatifs en vue du transport, au type de bateau sur lequel ils sont transportés et à la méthode de chargement et de déchargement pour éviter que les colis ne soient endommagés par un traînage au sol ou une manipulation brutale.

7.1.4.14.1.4   Lorsque des flèches d'orientation sont requises, les colis et les suremballages doivent être orientés conformément avec ces marquages.

   NOTA: Les marchandises dangereuses liquides doivent, lorsque cela est faisable, être chargées en dessous des marchandises dangereuses sèches.

7.1.4.14.2   Les marchandises dangereuses doivent être placées à une distance d'au moins un mètre des logements, des chambres des machines, de la timonerie et de toute source de chaleur.

   Si les logements ou la timonerie sont situés au-dessus d'une cale, les marchandises dangereuses ne doivent pas être chargées sous ces logements ou sous la timonerie.

7.1.4.14.3   Les colis doivent être protégés de la chaleur, du soleil et des intempéries. Cette prescription ne s'applique pas aux véhicules, aux wagons, aux conteneurs-citernes, aux citernes mobiles, aux CGEM et aux conteneurs.

   S'ils ne sont pas renfermés dans des véhicules, des wagons ou des conteneurs, les colis chargés sur le pont doivent être recouverts de bâches difficilement inflammables.

   L'aération ne doit pas être entravée.

7.1.4.14.4   Les marchandises dangereuses doivent être chargées dans les cales. Toutefois les marchandises dangereuses chargées dans:

   –   des conteneurs fermés;

   –   des CGEM;

   –   des véhicules couverts ou des wagons couverts;

   –   des conteneurs-citernes ou des citernes mobiles;

   –   des véhicules-citernes ou des wagons-citernes;

   peuvent être transportées en pontée dans la zone protégée.

7.1.4.14.5   Les colis contenant des marchandises dangereuses des classes 3, 4.1, 4.2, 5.1 ou 8 peuvent être chargés sur le pont dans la zone protégée à condition qu'il s'agisse de fûts ou qu'ils soient contenus dans des conteneurs à parois pleines ou des véhicules ou des wagons à parois pleines. Les matières de la classe 2 peuvent être chargées sur le pont dans la zone protégée à condition d'être contenues dans des bouteilles.

7.1.4.14.6   Pour les navires de mer, les prescriptions de chargement des 7.1.4.14.1 à 7.1.4.14.5 ci-dessus et 7.1.4.14.7 ci-dessous sont réputées avoir été satisfaites si les dispositions pertinentes en matière d'arrimage du Code IMDG et, dans le cas du transport de marchandises dangereuses en vrac, celles de la sous-section 9.3 du Code IMSBC ont été respectées.

7.1.4.14.7   *Manutention et arrimage des matières radioactives*

NOTA 1: Un "groupe critique" est un groupe de personnes du public raisonnablement homogène quant à son exposition pour une source de rayonnements et une voie d'exposition données, et caractéristique des individus recevant la dose effective ou la dose équivalente (suivant le cas) la plus élevée par cette voie d'exposition du fait de cette source.

2: Une "personne du public" est, au sens général, tout individu de la population, sauf, lorsqu'il est exposé professionnellement ou médicalement.

3: Un(e) "travailleur (travailleuse)" est toute personne qui travaille à plein temps, à temps partiel ou temporairement pour un employeur et à qui sont reconnus des droits et des devoirs en matière de protection radiologique professionnelle.

7.1.4.14.7.1   *Séparation*

7.1.4.14.7.1.1   Les colis, suremballages, conteneurs, citernes, véhicules et wagons contenant des matières radioactives et des matières radioactives non emballées doivent être séparés au cours du transport:

a)   des travailleurs employés régulièrement dans des zones de travail:

conformément au tableau A ci-dessous, ou

par des distances calculées au moyen d'un critère pour la dose de 5 mSv en un an et de valeurs prudentes pour les paramètres des modèles;

NOTA: Les travailleurs qui font l'objet d'une surveillance individuelle à des fins de protection ne doivent pas être pris en considération aux fins de la séparation.

b)   des personnes faisant partie d'une population critique du public, dans des zones normalement accessibles au public:

i)   conformément au tableau A ci-dessous, ou

ii)   par des distances calculées au moyen d'un critère pour la dose de 1 mSv en un an et de valeurs prudentes pour les paramètres des modèles;

c)   des pellicules photographiques non développées et des sacs de courrier:

i)   conformément au tableau B ci-dessous, ou

ii)   par des distances calculées au moyen d'un critère d'exposition de ces pellicules au rayonnement dû au transport de matières radioactives de 0,1 mSv par envoi d'une telle pellicule; et

NOTA: On considère que les sacs de courrier contiennent des pellicules et des plaques photographiques non développées et qu'ils doivent par conséquent être séparés de la même façon des matières radioactives.

d)   des autres marchandises dangereuses conformément à la section 7.1.4.3.

**Tableau A: Distances minimales entre les colis de la catégorie II-JAUNE
ou de la catégorie III-JAUNE et les personnes**

Total des indices de transport non supérieur à	Durée d'exposition par an (heures)			
	Zones où des personnes du public ont régulièrement accès		Zones de travail régulièrement occupées	
	50	250	50	250
	Distance de séparation en mètres sans matériau écran:			
2	1	3	0,5	1
4	1,5	4	0,5	1,5
8	2,5	6	1,0	2,5
12	3	7,5	1,0	3
20	4	9,5	1,5	4
30	5	12	2	5
40	5,5	13,5	2,5	5,5
50	6,5	15,5	3	6,5

**Tableau B: Distances minimales entre les colis de la catégorie II-JAUNE et de la
catégorie III-JAUNE et les colis portant l'étiquette "FOTO", ou les sacs postaux**

Nombre total des colis non supérieur à		Somme totale des indices de transport non supérieure à	Durée de transport ou de l'entreposage, en heures							
CATEGORIE										
III-JAUNE	II-JAUNE		1	2	4	10	24	48	120	240
			Distances minimales en mètres							
		0,2	0,5	0,5	0,5	0,5	1	1	2	3
		0,5	0,5	0,5	0,5	1	1	2	3	5
	1	1	0,5	0,5	1	1	2	3	5	7
	2	2	0,5	1	1	1,5	3	4	7	9
	4	4	1	1	1,5	3	4	6	9	13
	8	8	1	1,5	2	4	6	8	13	18
1	10	10	1	2	3	4	7	9	14	20
2	20	20	1,5	3	4	6	9	13	20	30
3	30	30	2	3	5	7	11	16	25	35
4	40	40	3	4	5	8	13	18	30	40
5	50	50	3	4	6	9	14	20	32	45

7.1.4.14.7.1.2 Les colis et suremballages des catégories II-JAUNE ou III-JAUNE ne doivent pas être transportés dans des compartiments occupés par des voyageurs, sauf s'il s'agit de compartiments exclusivement réservés aux convoyeurs spécialement chargés de veiller sur ces colis ou suremballages.

7.1.4.14.7.1.3 La présence d'aucune personne autre que le conducteur du bateau ou du véhicule embarqué, les personnes qui sont à bord pour raison de service et les autres membres de l'équipage ne doit être autorisée dans les bateaux transportant des colis, des suremballages ou des conteneurs portant des étiquettes des catégories II-JAUNE ou III-JAUNE.

7.1.4.14.7.2   *Limites d'activité*

L'activité totale dans une seule cale ou un seul compartiment d'un bateau, ou dans un autre moyen de transport, pour l'acheminement de matières LSA et d'objets SCO dans des colis industriels du type 1, du type 2 ou du type 3 ou non emballés ne doit pas dépasser les limites indiquées au tableau C ci-dessous. Pour les objets SCO-III, les limites du tableau C ci-dessous peuvent être dépassées à condition que le plan de transport contienne les précautions à prendre en cours de transport afin d'obtenir un niveau de sûreté générale au moins équivalent à celui qui aurait été atteint si les limites avaient été respectées.

Tableau C: Limites d'activité pour les moyens de transport contenant
des matières LSA ou des SCO dans des colis industriels ou non emballés

Nature des matières ou objets	Limite d'activité pour les moyens de transport autres que les bateaux	Limite d'activité pour une cale ou un compartiment d'un bateau
LSA-I	Aucune limite	Aucune limite
LSA-II et LSA-III Solides incombustibles	Aucune limite	$100\ A_2$
LSA-II et LSA-III Solides combustibles, et tous les liquides et gaz	$100\ A_2$	$10\ A_2$
SCO	$100\ A_2$	$10\ A_2$

7.1.4.14.7.3   *Arrimage pendant le transport et l'entreposage en transit*

7.1.4.14.7.3.1   Les envois doivent être arrimés de façon sûre.

7.1.4.14.7.3.2   À condition que le flux thermique surfacique moyen ne dépasse pas $15\ W/m^2$ et que les marchandises se trouvant à proximité immédiate ne soient pas emballées dans des sacs, un colis ou un suremballage peut être transporté ou entreposé en même temps que des marchandises communes emballées, sans précautions particulières d'arrimage, à moins que l'autorité compétente n'en exige expressément dans le certificat d'agrément ou d'approbation.

7.1.4.14.7.3.3   Au chargement des conteneurs, et au groupage de colis, suremballages et conteneurs doivent s'appliquer les prescriptions suivantes:

a)   Sauf en cas d'utilisation exclusive, et pour les envois de matières LSA-I, le nombre total de colis, suremballages et conteneurs à l'intérieur d'un même moyen de transport doit être limité de telle sorte que la somme totale des TI sur le moyen de transport ne dépasse pas les valeurs indiquées au tableau D;

b)   Le débit de dose dans les conditions de transport de routine ne doit pas dépasser 2 mSv/h en tout point de la surface externe d'un véhicule, d'un wagon ou d'un conteneur, et 0,1 mSv/h à 2 m de la surface externe d'un véhicule, d'un wagon ou d'un conteneur, sauf dans le cas des envois transportés sous utilisation exclusive, pour lesquels les limites de débit de dose autour du véhicule ou du wagon sont énoncées au 7.1.4.14.7.3.5 b) et c);

c)   La somme totale des indices de sûreté-criticité dans un conteneur et à bord d'un moyen de transport ne doit pas dépasser les valeurs indiquées au tableau E ci-dessous.

**Tableau D: Limites de l'indice de transport pour les conteneurs
et les moyens de transport en utilisation non exclusive**

Type du conteneur ou du moyen de transport	Limite à la somme totale des indices de transport dans un conteneur ou un moyen de transport
Petit conteneur	50
Grand conteneur	50
Véhicule ou wagon	50
Bateau	50

**Tableau E: Limite de l'indice de sûreté-criticité pour les conteneurs
et les véhicules contenant des matières fissiles**

Type du conteneur ou du moyen de transport	Limite à la somme totale des indices de sûreté-criticité	
	Utilisation non exclusive	Utilisation exclusive
Petit conteneur	50	sans objet
Grand conteneur	50	100
Véhicule ou wagon	50	100
Bateau	50	100

7.1.4.14.7.3.4   Les colis ou suremballages ayant un indice de transport supérieur à 10 ou les envois ayant un indice de sûreté-criticité supérieur à 50 ne doivent être transportés que sous utilisation exclusive.

7.1.4.14.7.3.5   Pour les envois sous utilisation exclusive dans des véhicules ou des wagons, le débit de dose ne doit pas dépasser:

a)   10 mSv/h en tout point de la surface externe de tout colis ou suremballage et ne peut dépasser 2 mSv/h que si:

    i)   le véhicule ou le wagon est équipé d'une enceinte qui, dans les conditions de transport de routine, empêche l'accès des personnes non autorisées à l'intérieur de l'enceinte;

    ii)   des dispositions sont prises pour immobiliser le colis ou le suremballage de sorte qu'il reste dans la même position à l'enceinte du véhicule ou du wagon dans les conditions de transport de routine; et

    iii)   il n'y a pas d'opérations de chargement ou de déchargement entre le début et la fin de l'expédition;

b)   2 mSv/h en tout point des surfaces externes du véhicule ou du wagon, y compris les surfaces supérieures et inférieures, ou dans le cas d'un véhicule ou d'un wagon ouvert, en tout point des plans verticaux élevés à partir des bords du véhicule ou du wagon, de la surface supérieure du chargement et de la surface externe inférieure du véhicule ou du wagon; et

c)   0,1 mSv/h en tout point situé à 2 m des plans verticaux représentés par les surfaces latérales externes du véhicule ou du wagon ou, si le chargement est transporté sur un véhicule ou un wagon ouvert, en tout point situé à 2 m des plans verticaux élevés à partir des bords du véhicule ou du wagon.

7.1.4.14.7.3.6   Les colis ou les suremballages ayant un débit de dose en surface supérieure à 2 mSv/h, sauf s'ils sont transportés dans ou sur un véhicule ou wagon sous utilisation exclusive et s'ils ne sont pas enlevés du véhicule ou wagon lorsqu'ils se trouvent à bord du bateau ne doivent être transportés par bateau que sous arrangement spécial.

7.1.4.14.7.3.7   Le transport d'envois au moyen d'un bateau d'utilisation spéciale qui, du fait de sa conception ou du fait qu'il est nolisé, ne sert qu'au transport de matières radioactives est excepté des prescriptions énoncées au 7.1.4.14.7.3.3 sous réserve que les conditions ci-après soient remplies:

a)   Un programme de protection radiologique doit être établi pour l'expédition et approuvé par l'autorité compétente de l'État du pavillon du bateau et, sur demande, par l'autorité compétente de chacun des ports d'escale des pays de transit;

b)   Les conditions d'arrimage doivent être fixées au préalable pour l'ensemble du voyage, y compris en ce qui concerne les envois devant être chargés dans des ports d'escale;

c)   Le chargement, l'acheminement et le déchargement des envois doivent être surveillés par des personnes qualifiées dans le transport des matières radioactives.

7.1.4.14.7.4   *Séparation des colis contenant des matières fissiles pendant le transport et l'entreposage en transit*

7.1.4.14.7.4.1   Tout groupe de colis, suremballages et conteneurs contenant des matières fissiles entreposées en transit dans toute aire d'entreposage doit être limité de telle sorte que la somme totale des CSI du groupe ne dépasse pas 50. Chaque groupe doit être entreposé de façon à être séparé d'au moins 6 m d'autres groupes de ce type.

7.1.4.14.7.4.2   Lorsque la somme totale des indices de sûreté-criticité sur un véhicule ou un wagon ou dans un conteneur dépasse 50, dans les conditions prévues au tableau E ci-dessus, l'entreposage doit être fait de façon à maintenir un espacement d'au moins 6 m par rapport à d'autres groupes de colis, suremballages ou conteneurs contenant des matières fissiles ou d'autres véhicules ou wagons contenant des matières radioactives. L'espace entre de tels groupes peut être utilisé pour d'autres marchandises dangereuses de l'ADN. Le transport d'autres marchandises avec des envois sous utilisation exclusive est admis à condition que les dispositions relatives aient été prises par l'expéditeur et que le transport ne soit pas interdit en vertu d'autres prescriptions.

7.1.4.14.7.4.3   Les matières fissiles qui satisfont à l'une des dispositions énoncées aux 2.2.7.2.3.5 a) à f) doivent satisfaire aux prescriptions suivantes:

a)   Seule une des dispositions énoncées aux 2.2.7.2.3.5 a) à f) est autorisée par envoi;

b)   Seulement une matière fissile agréée dans les colis classés conformément au 2.2.7.2.3.5 f) est autorisée par envoi à moins que des matières multiples soient autorisées dans le certificat d'agrément;

c)   Les matières fissiles dans les colis classés conformément au 2.2.7.2.3.5 c) doivent être transportées dans un envoi n'ayant pas plus de 45 g de nucléides fissiles;

d)   Les matières fissiles dans les colis classés conformément au 2.2.7.2.3.5 d) doivent être transportées dans un envoi n'ayant pas plus de 15 g de nucléides fissiles;

e)   Les matières fissiles emballées ou non, qui sont classées conformément au 2.2.7.2.3.5 e), doivent être transportées sous utilisation exclusive dans un véhicule contenant au maximum 45 g de nucléides fissiles.

7.1.4.14.7.5 *Colis endommagés ou présentant des fuites, colis contaminés*

7.1.4.14.7.5.1 Si l'on constate qu'un colis est endommagé ou fuit, ou si l'on soupçonne que le colis peut être endommagé ou fuir, l'accès au colis doit être limité et une personne qualifiée doit, dès que possible, évaluer l'ampleur de la contamination et le débit de dose du colis qui en résulte. L'évaluation doit porter sur le colis, le véhicule, le wagon, le bateau, les lieux de chargement et de déchargement avoisinants et, le cas échéant, toutes les autres matières qui ont été transportées dans le bateau. En cas de besoin, des mesures additionnelles visant à protéger les personnes, les biens et l'environnement, conformément aux dispositions établies par l'autorité compétente, doivent être prises pour réduire le plus possible les conséquences de la fuite ou du dommage et y remédier.

7.1.4.14.7.5.2 Les colis endommagés ou dont les fuites du contenu radioactif dépassent les limites permises pour les conditions normales de transport peuvent être transférés provisoirement dans un lieu acceptable sous contrôle, mais ne doivent pas être acheminés tant qu'ils ne sont pas réparés ou remis en état et décontaminés.

7.1.4.14.7.5.3 Les véhicules, wagons, bateaux et le matériel utilisés habituellement pour le transport de matières radioactives doivent être vérifiés périodiquement pour déterminer le niveau de contamination. La fréquence de ces vérifications est fonction de la probabilité d'une contamination et du volume de matières radioactives transporté.

7.1.4.14.7.5.4 Sous réserve des dispositions du paragraphe 7.1.4.14.7.5.6, tout bateau, équipement ou partie dudit, qui a été contaminé au-delà des limites spécifiées au 7.1.4.14.7.5.5 pendant le transport de matières radioactives, ou dont le débit de dose dépasse 5 μSv/h à la surface, doit être décontaminé dès que possible par une personne qualifiée, et ne doit pas être réutilisé, à moins que les conditions suivantes ne soient remplies:

a) La contamination non fixée ne doit pas dépasser les limites spécifiées au 4.1.9.1.2 de l'ADR;

b) Le débit de dose résultant de la contamination fixée ne doit pas dépasser 5 μSv/h à la surface.

7.1.4.14.7.5.5 Aux fins du 7.1.4.14.7.5.4, la contamination non fixée ne doit pas dépasser:

– 4 Bq/cm^2 pour les émetteurs bêta ou gamma et les émetteurs alpha de faible toxicité;

– 0,4 Bq/cm^2 pour tous les autres émetteurs alpha.

Ces limites sont les limites moyennes applicables pour toute aire de 300 cm^2 de toute partie de la surface.

7.1.4.14.7.5.6 Les bateaux utilisés uniquement pour le transport de matières radioactives sous utilisation exclusive ne sont exceptés des prescriptions énoncées au 7.4.1.14.7.5.4 ci-dessus qu'en ce qui concerne leurs surfaces internes et qu'aussi longtemps qu'ils sont affectés à cette utilisation exclusive particulière.

7.1.4.14.7.6 *Limitation des effets de la température*

7.1.4.14.7.6.1 Si la température de la surface externe d'un colis de type B(U) ou B(M) peut dépasser 50 °C à l'ombre, le transport n'est permis qu'en utilisation exclusive, la température de surface étant limitée dans la mesure du possible à 85 °C. Il peut être tenu compte des barrières ou écrans destinés à protéger le personnel de transport, sans que ces barrières ou écrans soient nécessairement soumis à des essais.

7.1.4.14.7.6.2 Si le flux thermique moyen à travers la surface externe d'un colis de type B(U) ou B(M) dépasse 15 W/m², les dispositions de placement spéciales spécifiées dans le certificat d'agrément du modèle par l'autorité compétente doivent être satisfaites.

7.1.4.14.7.7 *Autres dispositions*

Lorsque ni l'expéditeur ni le destinataire ne peuvent être identifiés, ou lorsque l'envoi ne peut être livré au destinataire et que le transporteur n'a pas d'instruction de l'expéditeur, il faut placer cet envoi dans un lieu sûr et informer l'autorité compétente dès que possible en lui demandant ses instructions sur la suite à donner.

7.1.4.15 *Mesures à prendre après le déchargement*

7.1.4.15.1 Après le déchargement, les cales doivent être vérifiées et au besoin nettoyées. Cette prescription ne s'applique pas dans le cas de transport en vrac, si le nouveau chargement est composé des mêmes marchandises que le précédent.

7.1.4.15.2 Pour les matières de la classe 7, voir aussi 7.1.4.14.7.5.

7.1.4.15.3 Toute engin de transport ou toute cale qui a été utilisé pour le transport de matières infectieuses doit être inspecté avant réutilisation pour déterminer s'il y a eu fuite de matières infectieuses au cours du transport. Si c'est le cas, l'engin de transport ou l'espace de cale doit être décontaminé avant sa réutilisation. La décontamination peut s'effectuer par tout moyen qui permette de neutraliser de manière efficace la matière infectieuse qui a été libérée.

7.1.4.16 *Mesures à prendre pendant le chargement, le transport, le déchargement et la manutention de la cargaison*

Le remplissage et la vidange des récipients, véhicules-citernes, wagons-citernes, grands récipients pour vrac (GRV), grands emballages, CGEM, citernes mobiles ou conteneurs-citernes sont interdits à bord du bateau sans autorisation spéciale de l'autorité compétente.

7.1.4.17 à
7.1.4.40   *(Réservés)*

7.1.4.41 *Feu et lumière non protégée*

Il est interdit d'utiliser du feu ou une lumière non protégée pendant que des matières et objets des divisions 1.1, 1.2, 1.3, 1.5 ou 1.6 de la classe 1 sont à bord et que les cales sont ouvertes ou que les marchandises à charger se trouvent à une distance inférieure à 50 m du bateau.

7.1.4.42 à
7.1.4.50   *(Réservés)*

7.1.4.51 *Équipement électrique*

Il est interdit d'utiliser des émetteurs radiotéléphoniques ou un équipement radar pendant que des matières ou objets des divisions 1.1, 1.2, 1.3, 1.5 ou 1.6 de la classe 1 sont chargés ou déchargés.

Cette disposition ne s'applique pas aux émetteurs VHF du bateau, de grues ou se trouvant à proximité du bateau, à condition que la puissance de l'émetteur VHF ne soit pas supérieure à 25 W et qu'aucune partie de son antenne ne se trouve à moins de 2,00 m autour des matières ou objets susmentionnés.

7.1.4.52   *(Réservé)*

7.1.4.53   *Éclairage*

Si le chargement ou le déchargement est effectué de nuit ou par mauvaise visibilité, un éclairage efficace doit être assuré.

L'éclairage depuis le pont doit être assuré par des lampes électriques convenablement fixées qui doivent être disposées de façon à ne pas pouvoir être endommagées.

Si ces lampes sont placées sur le pont dans la zone 2 elles doivent être conformes aux exigences pour l'utilisation en zone 2.

7.1.4.54 à   *(Réservés)*
7.1.4.74

7.1.4.75   *Risque de formation d'étincelles*

Toutes les liaisons continues entre le bateau et la terre conductrices d'électricité doivent être conçues de manière à ne pas constituer une source d'inflammation. Si pour les matières transportées la mention "EX" figure dans la colonne (9) du tableau A du chapitre 3.2, il est interdit de retirer des vêtements qui ne sont pas suffisamment dissipateurs dans la zone protégée.

7.1.4.76   *Câbles en matière synthétique*

En cours de chargement et de déchargement, le bateau ne peut être amarré à l'aide de câbles en matière synthétique que si des câbles en acier l'empêchent de dériver.

Les câbles en acier gainés de matière synthétique ou de fibres naturelles sont considérés comme équivalents lorsque la résistance minimale à la rupture exigée en vertu des règlements visés au 1.1.4.6 est obtenue par les torons en acier.

Toutefois, lors du chargement ou du déchargement de conteneurs les bateaux peuvent être amarrés à l'aide de câbles en matière synthétique.

7.1.4.77   *Moyens d'évacuation possibles en cas d'urgence*

		Cargaison sèche en vrac (bateau et barge)		Conteneur (bateau et barge) et marchandises en colis
		Classe		Classe
		4.1, 4.2, 4.3	5.1, 6.1, 7, 8, 9	Toutes les classes
1	Deux chemins de repli à l'intérieur ou à l'extérieur de la zone protégée dans des directions opposées	•	•	•
2	Un chemin de repli à l'extérieur de la zone protégée et un refuge à l'extérieur du bateau avec le chemin de repli qui y conduit à l'extrémité opposée	•	•	•
3	Un chemin de repli à l'extérieur de la zone protégée et un refuge à bord du bateau à l'extrémité opposée	•	•	•
4	Un chemin de repli à l'extérieur de la zone protégée et un canot de service à l'extrémité opposée	•	•	•
5	Un chemin de repli à l'extérieur de la zone protégée et une embarcation de sauvetage à l'extrémité opposée	•	•	•
6	Un chemin de repli à l'intérieur de la zone protégée et un chemin de repli à l'extérieur de la zone de cargaison à l'extrémité opposée	•	•	•
7	Un chemin de repli à l'intérieur de la zone protégée et un refuge à l'extérieur du bateau dans la direction opposée	•	•	•
8	Un chemin de repli à l'intérieur de la zone protégée et un refuge à bord du bateau dans la direction opposée	•	•	•
9	Un chemin de repli à l'intérieur de la zone protégée et un canot de service à l'extrémité opposée	•	•	•
10	Un chemin de repli à l'intérieur de la zone protégée et une embarcation de sauvetage à l'extrémité opposée	•	•	•
11	Un chemin de repli à l'intérieur ou à l'extérieur de la zone protégée et deux refuges à bord du bateau aux extrémités opposées	•	•	•
12	Un chemin de repli à l'intérieur ou à l'extérieur de la zone protégée et deux zones de sécurité à bord du bateau aux extrémités opposées	•	•	•
13	Un chemin de repli à l'extérieur de la zone protégée	•	•	•
14	Un chemin de repli à l'intérieur de la zone protégée	•	•	•
15	Un ou plusieurs refuge(s) à l'extérieur du bateau, avec le chemin de repli qui y conduit	•	•	•
16	Un ou plusieurs refuge(s) à bord du bateau			•
17	Une ou plusieurs embarcation(s) de sauvetage	•	•	•
18	Une embarcation de sauvetage et un bateau d'évacuation	•	•	•
19	Un ou plusieurs bateau(x) d'évacuation		•	•

• = Option possible.

Selon les circonstances locales, les autorités compétentes peuvent imposer des prescriptions supplémentaires concernant la disponibilité de moyens d'évacuation.

7.1.4.78 à   *(Réservés)*
7.1.4.99

7.1.5 **Prescriptions supplémentaires relatives à la navigation des bateaux**

7.1.5.0 *Signalisation*

7.1.5.0.1 Les bateaux transportant des marchandises dangereuses énumérées au tableau A du chapitre 3.2 doivent, conformément au chapitre 3 du Code européen des voies de navigation intérieure (CEVNI), être signalisés selon les prescriptions de la colonne 12 de ce tableau.

7.1.5.0.2 Les bateaux transportant des marchandises dangereuses énumérées au tableau A du chapitre 3.2 en colis placés exclusivement dans des conteneurs doivent montrer les cônes bleus ou feux bleus en nombre indiqué dans la colonne (12) du tableau A du chapitre 3.2 pour autant que:

– trois cônes bleus ou trois feux bleus sont exigés; ou

– deux cônes bleus ou deux feux bleus sont exigés, il s'agit d'une matière de la classe 2 ou le groupe d'emballage I est indiqué dans la colonne (4) du tableau A du chapitre 3.2 et la masse brute totale de ces marchandises dangereuses est supérieure à 30 000 kg; ou

– un cône bleu ou un feu bleu est exigé, il s'agit d'une matière de la classe 2 ou le groupe d'emballage I est indiqué dans la colonne (4) du tableau A du chapitre 3.2 et la masse brute totale de ces matières est supérieure à 130 000 kg.

7.1.5.0.3 Les bateaux transportant des citernes, véhicules-batteries, wagons-batteries ou CGEM vides non nettoyés doivent montrer la signalisation visée à la colonne (12) du tableau A du chapitre 3.2 si ces engins de transport ont contenu des marchandises dangereuses pour lesquelles une signalisation est prescrite dans ce tableau.

7.1.5.0.4 Si plusieurs signalisations devaient s'appliquer à un batcau, cst appliquée celle qui arrive la première dans l'énumération suivante:

– trois cônes bleus ou trois feux bleus;

– deux cônes bleus ou deux feux bleus;

– un cône bleu ou un feu bleu.

7.1.5.0.5 En dérogation au 7.1.5.0.1 ci-dessus, conformément aux notes de bas de page relatives à l'article 3.14 du Code européen des voies de navigation intérieure (CEVNI), l'autorité compétente d'une Partie contractante peut autoriser, pour les navires de mer, lorsqu'ils sont utilisés à titre temporaire seulement dans les zones de navigation intérieure sur le territoire de cette Partie contractante, l'utilisation des signaux de nuit et de jour prescrits dans les Recommandations relatives à la sécurité du transport des cargaisons dangereuses et des activités apparentées dans les zones portuaires adoptées par le Comité de la sécurité maritime de l'Organisation maritime internationale (de nuit, un feu rouge fixe omnidirectionnel, et de jour, le pavillon "B" du Code international de signaux) à la place des signaux prescrits au 7.1.5.0.1. La Partie contractante qui a pris l'initiative de la dérogation temporaire ainsi accordée informera de cette dérogation le Secrétaire exécutif de la CEE-ONU qui la portera à la connaissance du Comité d'administration.

7.1.5.1 *Mode de circulation*

7.1.5.1.1 Les autorités compétentes peuvent imposer des restrictions relatives à l'inclusion de bateaux transportant des marchandises dangereuses dans des convois poussés de grande dimension.

7.1.5.1.2   Lorsque des bateaux transportant des matières ou objets de la classe 1, ou des matières des classes 4.1 ou 5.2 pour lesquelles une signalisation avec trois cônes bleus ou trois feux bleus est prescrite à la colonne (12) du tableau A du chapitre 3.2, ou des matières de la classe 7 des Nos ONU 2912, 2913, 2915, 2916, 2917, 2919, 2977, 2978 ou 3321 à 3333, l'autorité compétente peut imposer des restrictions aux dimensions de convois ou formations à couple. L'utilisation d'un bateau motorisé de renfort temporaire est toutefois autorisé.

7.1.5.2   *Navigation des bateaux*

Les bateaux transportant des matières ou objets de la classe 1, ou des matières de la classe 4.1 ou 5.2 pour lesquelles une signalisation avec trois cônes bleus ou trois feux bleus est prescrite à la colonne (12) du tableau A du chapitre 3.2, doivent, en cours de route, dans toute la mesure du possible se tenir à 50 m au moins de tout autre bateau.

7.1.5.3   *Amarrage*

Les bateaux doivent être amarrés solidement, mais de sorte qu'ils puissent être libérés rapidement en cas de danger et que les câbles électriques ne soient pas comprimés, pliés ou ne subissent pas de déformation due à la traction.

7.1.5.4   *Stationnement*

7.1.5.4.1   La distance des bateaux en stationnement chargés de matières dangereuses par rapport à d'autres bateaux ne doit pas être inférieure à celle prescrite par les Règlements visés au 1.1.4.6.

7.1.5.4.2   Un expert selon 8.2.1.2 doit se trouver en permanence à bord des bateaux en stationnement pour lesquels une signalisation est prescrite à la colonne (12) du tableau A du chapitre 3.2.

L'autorité compétente peut toutefois dispenser de cette obligation les bateaux qui stationnent dans un bassin portuaire ou en un emplacement admis à cet effet.

7.1.5.4.3   En dehors des zones de stationnement indiquées par l'autorité compétente, les bateaux ne doivent pas stationner à moins de:

–   100 m   des zones résidentielles, ouvrages d'art ou réservoirs si le bateau doit être signalisé par un cône bleu ou un feu bleu conformément aux prescriptions de la colonne (12) du tableau A du chapitre 3.2;

–   100 m   des ouvrages d'art et des réservoirs, et 300 m des zones résidentielles si le bateau doit être signalisé par deux cônes bleus ou deux feux bleus conformément aux prescriptions de la colonne (12) du tableau A du chapitre 3.2;

–   500 m   des zones résidentielles, ouvrages d'art et réservoirs de gaz ou de liquides inflammables si le bateau doit être signalisé par trois cônes bleus ou trois feux bleus conformément aux prescriptions de la colonne (12) du tableau A du chapitre 3.2.

Des distances inférieures à celles indiquées ci-dessus peuvent être autorisées si les bateaux sont en attente devant des écluses ou des ponts. Cette distance ne doit en aucun cas être inférieure à 100 m.

7.1.5.4.4   L'autorité compétente peut, notamment en considération des conditions locales, autoriser des distances inférieures à celles qui sont mentionnées au 7.1.5.4.3 ci-dessus.

7.1.5.5 *Arrêt des bateaux*

Si la navigation du bateau qui transporte des matières et objets de la classe 1 ou des matières de la classe 4.1 ou 5.2, pour lesquelles une signalisation avec trois cônes bleus ou trois feux bleus est prescrite à la colonne (12) du tableau A du chapitre 3.2, risque de devenir dangereuse

– soit du fait d'éléments extérieurs (conditions météorologiques défavorables, conditions défavorables de la voie navigable, etc.);

– soit du fait du bateau même (accident ou incident);

le bateau doit s'arrêter à un endroit approprié aussi éloigné que possible de toute habitation, tout port, ouvrage d'art ou réservoir de gaz ou de liquides inflammables, nonobstant les dispositions du 7.1.5.4.

L'autorité compétente doit être prévenue dans les plus brefs délais.

7.1.5.6 et 7.1.5.7 *(Réservés)*

7.1.5.8 *Obligation de notification*

7.1.5.8.1 Dans les pays où il existe une obligation de notification, le conducteur d'un bateau doit donner des informations conformément au paragraphe 1.1.4.6.1.

7.1.5.8.2 à 7.1.5.8.4 *(Supprimés)*

7.1.5.9 à 7.1.5.99 *(Réservés)*

7.1.6 **Prescriptions supplémentaires**

7.1.6.1 à 7.1.6.10 *(Réservés)*

7.1.6.11 *Transport en vrac*

Les prescriptions supplémentaires suivantes doivent être remplies lorsqu'elles sont indiquées à la colonne (11) du tableau A du chapitre 3.2:

CO01: La surface des cales doit être munie d'un revêtement ou traitée de façon à être difficilement inflammable et à ne pas risquer d'être imprégnée par la cargaison.

CO02: Toute partie de cale et de panneau d'écoutille susceptible d'entrer en contact avec cette matière doit être en métal ou en bois d'une densité spécifique d'au moins 750 kg/m^3 (bois séché).

CO03: Les parois internes des cales doivent être pourvues d'une doublure ou d'un revêtement propre à empêcher la corrosion.

ST01: Les matières doivent être stabilisées conformément aux prescriptions relatives aux engrais au nitrate d'ammonium figurant dans le Code IMSBC. La stabilisation doit être certifiée par l'expéditeur dans le document de transport.

Dans les États qui l'exigent, le transport en vrac de ces matières ne peut être effectué qu'avec l'accord de l'autorité compétente.

ST02: Les matières peuvent être transportées en vrac si les résultats de l'épreuve du bac selon la sous-section 38.2 du Manuel d'épreuves et de critères montrent que le taux de décomposition auto-entretenue n'est pas supérieur à 25 cm/h.

RA01: Les matières peuvent être transportées en vrac à condition que:

a) pour les matières autres que les minerais naturels, le transport se fasse sous utilisation exclusive et qu'il n'y ait ni fuite du contenu du bateau, ni perte de protection, dans les conditions normales de transport; ou

b) pour les minerais naturels, le transport se fasse sous utilisation exclusive.

RA02: Les matières peuvent être transportées en vrac à condition:

a) d'être transportées sur un bateau, de telle manière que, pendant le transport de routine, il n'y ait ni fuite du contenu, ni perte de protection;

b) d'être transportées sous utilisation exclusive si la contamination sur les surfaces accessibles et inaccessibles est supérieure à 4 Bq/cm^2 (10^{-4} µCi/cm^2) pour les émetteurs bêta et gamma et les émetteurs alpha de faible toxicité ou à 0,4 Bq/cm^2 (10^{-5} µCi/cm^2) pour tous les autres émetteurs alpha;

c) que des mesures soient prises pour faire en sorte que des matières radioactives ne soient pas libérées dans le bateau, si l'on soupçonne l'existence d'une contamination non fixée sur les surfaces inaccessibles supérieure à 4 Bq/cm^2 (10^{-4} µCi/cm^2) pour les émetteurs bêta et gamma et les émetteurs alpha de faible toxicité, ou à 0,4 Bq/cm^2 (10^{-5} µCi/cm^2) pour tous les autres émetteurs alpha.

Les objets contaminés superficiellement du groupe SCO-II ne doivent pas être transportés en vrac.

RA03: *Fusionnée avec RA02.*

7.1.6.12 *Ventilation*

Les prescriptions supplémentaires suivantes doivent être remplies lorsqu'elles sont indiquées à la colonne (10) du tableau A du chapitre 3.2:

VE01: Les cales contenant ces matières doivent être ventilées, l'équipement de ventilation fonctionnant à plein rendement, lorsque l'on constate après une mesure que la concentration de gaz et de vapeurs inflammables provenant de la cargaison est supérieure à 10 % de la LIE. Ces mesures doivent être effectuées immédiatement après le chargement. Une mesure de contrôle doit être répétée une heure plus tard. Les résultats des mesures doivent être consignés par écrit.

VE02: Les cales contenant ces matières doivent être ventilées, l'équipement de ventilation fonctionnant à plein rendement, lorsque l'on constate après une mesure que les cales ne sont pas exemptes de gaz ou de vapeurs toxiques provenant de la cargaison. Ces mesures doivent être effectuées immédiatement après le chargement. Une mesure de contrôle doit être répétée une heure plus tard. Les résultats des mesures doivent être consignés par écrit. Alternativement, à bord des bateaux qui ne transportent ces marchandises que dans des conteneurs dans des cales ouvertes, les cales contenant ces conteneurs peuvent n'être ventilées, l'équipement de ventilations fonctionnant à plein rendement, que si l'on soupçonne que les cales ne sont pas exemptes de gaz ou de vapeurs toxiques provenant de la cargaison. Avant le déchargement, le déchargeur doit être informé de ces soupçons.

VE03: Les locaux tels que les cales, les logements et les salles des machines, contigus aux cales contenant ces matières doivent être ventilés.

Après le déchargement les cales ayant contenu ces matières doivent être soumises à une ventilation forcée.

Après la ventilation la concentration de gaz ou de vapeurs inflammables ou toxiques provenant de la cargaison dans ces cales doit être mesurée.

Les résultats des mesures doivent être consignés par écrit.

VE04: Lorsque les aérosols sont transportés aux fins de recyclage ou d'élimination conformément à la disposition spéciale 327 du chapitre 3.3, les dispositions VE01 et VE02 sont applicables.

7.1.6.13 *Mesures à prendre avant le chargement*

Les prescriptions supplémentaires suivantes doivent être remplies lorsqu'elles sont indiquées à la colonne (11) du tableau A du chapitre 3.2:

LO01: Avant le chargement de ces matières ou objets il doit être assuré qu'à l'intérieur de la cale il n'y a pas d'objets métalliques ne faisant pas partie intégrante du bateau.

LO02: Le chargement de ces matières en vrac ne peut être effectué que si sa température n'est pas supérieure à 55 °C.

LO03: Avant le chargement de ces matières en vrac ou sans emballage, il doit être assuré que les cales sont aussi sèches que possible.

LO04: Avant le chargement de ces matières en vrac, il doit être assuré qu'à l'intérieur de la cale il n'y a pas de matières organiques libres.

LO05: Avant le transport d'un récipient à pression, l'on doit s'assurer qu'il n'y a pas eu une augmentation de pression en raison d'une éventuelle génération d'hydrogène.

7.1.6.14 *Manutention et arrimage de la cargaison*

Les prescriptions supplémentaires suivantes doivent être remplies lorsqu'elles sont indiquées à la colonne (11) du tableau A du chapitre 3.2:

HA01: Ces matières ou objets doivent être placés à une distance d'au moins 3,00 m des logements, des salles des machines, de la timonerie et des sources de chaleur.

HA02: Ces matières ou objets doivent être placés à une distance d'au moins 2 m des plans verticaux définis par les bordés du bateau.

HA03: Ces matières ou objets doivent être manipulés de manière à éviter tout frottement, choc, cahot, renversement ou chute.

Tous les colis chargés dans la même cale doivent être arrimés et calés de façon à éviter tout cahot ou frottement en cours de transport.

Le gerbage de marchandises non dangereuses sur des colis contenant ces matières ou objets est interdit.

Si ces matières ou objets sont chargés avec d'autres marchandises dans la même cale, ces matières ou objets doivent être chargés après toutes les autres marchandises et déchargés avant.

Il n'est pas nécessaire de charger ces matières ou objets après tous les autres et de les décharger avant tous les autres si ces matières ou objets sont renfermés dans des conteneurs.

Pendant que ces matières ou objets sont chargés ou déchargés, on ne doit procéder au chargement ou au déchargement d'aucune autre cale ni au remplissage ou à la vidange de réservoirs de carburant. L'autorité compétente peut accorder des dérogations à cette disposition.

HA04: *Fusionnée avec HA03.*

HA05: *Fusionnée avec HA03.*

HA06: *Fusionnée avec HA03.*

HA07: Il est interdit de charger ou de décharger ces matières en vrac ou sans emballage lorsqu'il y a danger que les matières soient mouillées par des intempéries.

HA08: Si les colis contenant ces matières ne sont pas renfermés dans un conteneur, ils doivent être placés sur des caillebotis et recouverts de bâches imperméables disposées de façon que l'eau s'écoule vers l'extérieur sans empêcher la circulation de l'air.

HA09: Si ces matières sont transportées en vrac, des matières inflammables ne doivent pas être placées dans la même cale.

HA10: Ces matières doivent être chargées dans la zone protégée au pont. Pour les navires de mer, ces prescriptions d'arrimage sont réputées satisfaites si les dispositions énoncées dans le Code IMDG ont été respectées.

7.1.6.15   *(Réservé)*

7.1.6.16   *Mesures à prendre pendant le chargement, le transport, le déchargement et la manutention de la cargaison*

Les prescriptions supplémentaires suivantes doivent être remplies lorsqu'elles sont indiquées à la colonne (11) du tableau A du chapitre 3.2:

IN01: Après chargement ou déchargement de ces matières en vrac ou sans emballage et avant de quitter le lieu de transbordement, la concentration des gaz ou vapeurs inflammables émis par la cargaison dans les logements, les salles des machines et les cales contiguës doit être mesurée par le chargeur, le déchargeur ou un expert visé au 8.2.1.2 au moyen d'un détecteur de gaz. Les résultats des mesures doivent être consignés par écrit.

Avant que quiconque entre dans une cale et avant le déchargement, la concentration des gaz ou vapeurs inflammables émis par la cargaison doit être mesurée par le déchargeur de la cargaison ou par un expert visé au 8.2.1.2. Les résultats des mesures doivent être consignés par écrit.

Il est interdit d'entrer dans la cale ou de commencer à décharger tant que la concentration des gaz ou vapeurs inflammables émis par la cargaison dans l'espace libre au-dessus de la cargaison n'est pas inférieure à 50 % de la LIE.

Si la concentration de gaz ou vapeurs inflammables émis par la cargaison n'est pas inférieure à 50 % de la LIE, des mesures de sécurité appropriées doivent être prises immédiatement par le chargeur, le déchargeur ou le conducteur responsable.

IN02: Si une cale contient ces matières en vrac ou sans emballage, la concentration de gaz ou de vapeurs toxiques émis par la cargaison doit être mesurée une fois au moins toutes les huit heures au moyen d'un toximètre dans tous les autres locaux fréquentés par les membres de l'équipage. Les résultats des mesures doivent être consignés par écrit.

IN03: Si une cale contient ces matières en vrac ou sans emballage, le conducteur doit s'assurer quotidiennement aux puisards et aux tuyauteries des pompes qu'aucune eau n'a pénétré dans les fonds de cale.

Si de l'eau a pénétré dans les fonds de cale elle doit être évacuée sans délai.

7.1.6.17 à 7.1.6.99	*(Réservés)*

7.1.7 **Dispositions particulières applicables au transport des matières autoréactives de la classe 4.1, des peroxydes organiques de la classe 5.2 et des matières stabilisées par régulation de température (autres que les matières autoréactives ou les peroxydes organiques)**

7.1.7.1 Les matières autoréactives, les peroxydes organiques et les matières qui polymérisent doivent être tenus à l'ombre, maintenus à l'écart de toute source de chaleur et placés dans des endroits bien aérés.

7.1.7.2 Si plusieurs colis sont groupés dans un conteneur ou un véhicule fermé ou une unité de charge, la quantité totale de matière, le type et le nombre de colis, ainsi que leur ordre d'arrimage, ne doivent pas être tels qu'il en résulte un risque d'explosion.

7.1.7.3 *Dispositions relatives à la régulation de température*

7.1.7.3.1 Les présentes dispositions ne s'appliquent à certaines matières autoréactives, certains peroxydes organiques et certaines matières qui polymérisent que lorsque le transport de ces matières est soumis à régulation de température au titre du 2.2.41.1.17, 2.2.52.1.15 ou 2.2.41.1.21 ou de la disposition spéciale 386 du chapitre 3.3 suivant le cas.

7.1.7.3.2 Ces dispositions s'appliquent également au transport:

a) De matières dont la désignation officielle de transport, telle qu'elle figure dans la colonne (2) du tableau A du chapitre 3.2 ou selon le 3.1.2.6, contient la mention "STABILISÉ"; et

b) De matières pour lesquelles la TDAA ou la TPAA déterminée pour ces matières telles que présentées au transport (avec ou sans stabilisation chimique) est:

i) Au maximum de 50 °C pour les emballages simples et les GRV; ou

ii) Au maximum de 45 °C pour les citernes.

Lorsqu'il n'est pas recouru à l'inhibition chimique pour stabiliser une matière réactive susceptible de générer des quantités dangereuses de chaleur et de gaz ou de vapeur dans des conditions normales de transport, cette matière doit être transportée sous régulation de température. Ces dispositions ne s'appliquent pas aux matières qui sont stabilisées par adjonction d'inhibiteurs chimiques de sorte que la TDAA ou la TPAA soit supérieure à ce qui est prescrit aux alinéas b) i) et ii) ci-dessus.

7.1.7.3.3   En outre, si une matière autoréactive, un peroxyde organique ou une matière dont la désignation officielle de transport comporte la mention "STABILISÉ" et pour laquelle le transport avec régulation de température n'est pas normalement prescrit est transporté dans des conditions telles que la température risque de dépasser 55 °C, la régulation de température peut s'imposer.

7.1.7.3.4   La "température de régulation" est la température maximale à laquelle une matière peut être transportée en sécurité. Les présentes dispositions sont basées sur l'hypothèse d'une température ne dépassant pas 55 °C au voisinage immédiat du colis pendant le transport et n'atteignant cette valeur que pendant une durée relativement courte par période de 24 heures. En cas de défaillance du système de régulation, il pourra être nécessaire d'appliquer les mesures d'urgence. La "température critique" est la température à laquelle ces procédures doivent être mises en œuvre.

7.1.7.3.5   *Détermination de la température de régulation et de la température critique*

Type de récipient	TDAA[a]/TPAA[a]	Température de régulation	Température critique
Emballages simples et GRV	≤ 20 °C	20 °C au-dessous de la TDAA/TPAA	10 °C au-dessous de la TDAA/TPAA
	> 20 °C et ≤ 35 °C	15 °C au-dessous de la TDAA/TPAA	10 °C au-dessous de la TDAA/TPAA
	> 35 °C	10 °C au-dessous de la TDAA/TPAA	5 °C au-dessous de la TDAA/TPAA
Citernes	≤ 45 °C	10 °C au-dessous de la TDAA/TPAA	5 °C au-dessous de la TDAA/TPAA

[a]   *On entend par là la température de décomposition auto-accélérée ou la température de polymérisation auto-accélérée de la matière telle qu'emballée pour le transport.*

7.1.7.3.6   La température de régulation et la température critique sont calculées à l'aide du tableau sous 7.1.7.3.5 à partir de la TDAA ou de la TPAA, qui sont définies comme les plus basses températures auxquelles une telle décomposition ou une telle polymérisation peut se produire dans l'emballage, le GRV ou la citerne mobile utilisé pour le transport. On doit déterminer la TDAA ou la TPAA pour savoir si une matière doit faire l'objet d'une régulation de température pendant le transport. Les dispositions concernant la détermination de la TDAA et de la TPAA sont énoncées dans la section 28 de la deuxième partie du Manuel d'épreuves et de critères.

7.1.7.3.7   La température de régulation et la température critique pour les matières autoréactives et pour les préparations de peroxydes organiques déjà classées sont indiquées aux 2.2.41.4 et 2.2.52.4, respectivement.

7.1.7.3.8   La température réelle de transport pourra être inférieure à la température de régulation, mais elle devra être choisie de manière à éviter une séparation dangereuse des phases.

7.1.7.4   *Transport avec régulation de température*

7.1.7.4.1   Le maintien de la température prescrite est une condition indispensable pour la sécurité du transport des matières stabilisées par régulation de température. En général il doit y avoir:

a)   Une inspection minutieuse de l'engin de transport avant le chargement;

b)   Des consignes pour le transporteur sur le fonctionnement du système de réfrigération y compris, le cas échéant, d'une liste des fournisseurs des matières réfrigérantes disponibles en cours de route;

c)   Des procédures à suivre en cas de défaillance de la régulation;

d)   Une surveillance régulière des températures de service; et

e)   La fourniture d'un système de réfrigération de secours ou de pièces de rechange.

7.1.7.4.2   Tous les dispositifs de commande et capteurs de température dans le système de réfrigération doivent être facilement accessibles, et toutes les connexions électriques doivent être protégées contre les intempéries. La température de l'espace d'air à l'intérieur de l'engin de transport doit être mesurée par deux capteurs indépendants et les données doivent être enregistrées de manière à ce que tout changement de température soit facilement discernable. La température doit être contrôlée à intervalles de quatre à six heures et consignée. Lors du transport de matières ayant une température de régulation inférieure à + 25 °C, l'engin de transport doit être équipé de dispositifs d'alarme optique et sonore, alimentés indépendamment du système de réfrigération, réglés pour fonctionner à une température égale ou inférieure à la température de régulation.

7.1.7.4.3   Si la température de régulation est dépassée au cours du transport, une procédure d'alerte, comprenant la réparation éventuelle du dispositif frigorifique ou le renforcement de la capacité de refroidissement (par exemple par adjonction de matières réfrigérantes liquides ou solides), doit être déclenchée. On doit en outre contrôler fréquemment la température et se préparer à prendre des mesures d'urgence. Si la température critique est atteinte, les mesures d'urgence doivent être engagées.

7.1.7.4.4   Le moyen de régulation de température choisi pour le transport dépend d'un certain nombre de facteurs, tels que:

a)   La ou les températures de régulation de la ou des matières à transporter;

b)   L'écart entre la température de régulation et les conditions de températures ambiantes prévues;

c)   L'efficacité de l'isolation thermique;

d)   La durée du transport; et

e)   La marge de sécurité prévue pour les retards.

7.1.7.4.5   Des méthodes appropriées pour empêcher le dépassement de la température de régulation sont, par ordre croissant d'efficacité:

a)   Isolation thermique, à condition que la température initiale de la ou des matières à transporter soit suffisamment basse par rapport à la température de régulation;

b)   Isolation thermique avec système de refroidissement, à condition que:

i)   une quantité suffisante de réfrigérant non inflammable (par exemple azote liquide ou neige carbonique) soit transportée, en tenant compte d'une marge raisonnable pour les retards, à moins qu'un moyen de ravitaillement soit assuré;

ii)   ni l'oxygène liquide ni l'air liquide ne soient utilisés comme réfrigérants;

iii)   le système de refroidissement ait un effet uniforme, même lorsque la plupart du réfrigérant est épuisée; et

iv)   la nécessité de ventiler l'engin de transport avant d'entrer soit clairement indiquée par un avis inscrit sur la ou les portes de l'engin;

c)   Isolation thermique de l'unité et réfrigération mécanique simple, à condition que, pour les matières à transporter ayant un point d'éclair inférieur à la température critique augmentée de 5 °C, des raccords électriques à protection contre l'explosion, EEx IIB T3, soient utilisés dans le compartiment de réfrigération pour éviter le risque d'inflammation des vapeurs dégagées par les matières;

d)   Isolation thermique avec système de réfrigération mécanique combiné avec système de refroidissement, à condition que:

i)   les deux systèmes soient indépendants l'un de l'autre; et

ii)   les dispositions des alinéas b) et c) soient satisfaites;

e)   Isolation thermique avec système de réfrigération mécanique double, à condition que:

i)   en dehors du dispositif général d'alimentation, les deux systèmes soient indépendants l'un de l'autre;

ii)   chaque système puisse à lui seul maintenir une régulation suffisante de la température; et

iii) pour les matières à transporter ayant un point d'éclair inférieur à la température critique augmentée de 5 °C des raccords électriques à protection contre l'explosion, EEx IIB T3, soient utilisés dans le compartiment de réfrigération pour éviter le risque d'inflammation des vapeurs dégagées par les matières.

7.1.7.4.6   Les méthodes décrites aux 7.1.7.4.5 d) et e) peuvent être utilisées pour tous les peroxydes organiques, matières autoréactives et matières qui polymérisent.

La méthode décrite au 7.1.7.4.5 c) peut être utilisée pour les peroxydes organiques et matières autoréactives des types C, D, E et F et, si la température ambiante maximale à prévoir pendant le transport ne dépasse pas de plus de 10 °C la température de régulation, pour les peroxydes organiques et matières autoréactives du type B et pour les matières qui polymérisent.

La méthode décrite au 7.1.7.4.5 b) peut être utilisée pour les peroxydes organiques et matières autoréactives des types C, D, E et F et pour les matières qui polymérisent lorsque la température ambiante maximale à prévoir pendant le transport ne dépasse pas de plus de 30 °C la température de régulation.

La méthode décrite au 7.1.7.4.5 a) peut être utilisée pour les peroxydes organiques et matières autoréactives des types C, D, E et F et pour les matières qui polymérisent lorsque la température ambiante maximale à prévoir pendant le transport est d'au moins 10 °C inférieure à la température de régulation.

7.1.7.4.7   Si les matières sont transportées dans des véhicules ou conteneurs isothermes, réfrigérants ou frigorifiques, ces véhicules ou conteneurs doivent être conformes aux prescriptions du chapitre 9.6 de l'ADR.

7.1.7.4.8   Si les matières sont contenues dans des emballages protecteurs remplis avec un agent frigorigène, elles doivent être chargées dans des véhicules couverts ou bâchés ou conteneurs fermés ou bâchés. Lorsque les véhicules ou conteneurs utilisés sont couverts ou fermés respectivement, l'aération doit être assurée de façon adéquate. Les véhicules et conteneurs bâchés doivent être munis de ridelles et d'un hayon. La bâche de ces véhicules et conteneurs doit être constituée d'un tissu imperméable et difficilement inflammable.

7.1.7.5 à   *(Réservés)*
7.1.9.99

CHAPITRE 7.2

BATEAUX-CITERNES

7.2.0   **Prescriptions générales**

7.2.0.1   Les dispositions des 7.2.0 à 7.2.5 sont applicables aux bateaux-citernes.

7.2.0.2 à   *(Réservés)*
7.2.0.99

7.2.1   **Manière de transporter les marchandises**

7.2.1.1 à   *(Réservés)*
7.2.1.20

7.2.1.21   *Transport en citernes à cargaison*

7.2.1.21.1   Les matières, leur répartition dans les différents types de bateaux-citernes et les conditions particulières sous lesquelles elles peuvent être transportées dans ces bateaux-citernes figurent au tableau C du chapitre 3.2.

7.2.1.21.2   Une matière qui en vertu de la colonne (6) du tableau C du chapitre 3.2 doit être transportée dans un bateau du type N ouvert peut également être transportée dans un bateau du type N ouvert avec coupe-flammes, N fermé, C ou G pour autant que toutes les conditions de transport exigées pour le type N ouvert ainsi que toutes les autres conditions de transport exigées pour cette matière au tableau C du chapitre 3.2 sont remplies.

7.2.1.21.3   Une matière qui en vertu de la colonne (6) du tableau C du chapitre 3.2 doit être transportée dans un bateau du type N ouvert avec coupe-flammes peut également être transportée dans un bateau du type N fermé, C ou G pour autant que toutes les conditions de transport exigées pour le type N ouvert avec coupe-flammes ainsi que toutes les autres conditions de transport exigées pour cette matière au tableau C du chapitre 3.2 sont remplies.

7.2.1.21.4   Une matière qui en vertu de la colonne (6) du tableau C du chapitre 3.2 doit être transportée dans un bateau du type N fermé peut également être transportée dans un bateau du type C ou G pour autant que toutes les conditions de transport exigées pour le type N fermé ainsi que toutes les autres conditions de transport exigées pour cette matière au tableau C du chapitre 3.2 sont remplies.

7.2.1.21.5   Une matière qui en vertu de la colonne (6) du tableau C du chapitre 3.2 doit être transportée dans un bateau du type C peut également être transportée dans un bateau du type G pour autant que toutes les conditions de transport exigées pour le type C ainsi que toutes les autres conditions de transport exigées pour cette matière au tableau C du chapitre 3.2 sont remplies.

7.2.1.21.6   Les déchets huileux et graisseux survenant lors de l'exploitation du bateau ne peuvent être transportés que dans des récipients résistant au feu, munis d'un couvercle, ou dans des citernes à cargaison.

7.2.1.21.7   Une matière qui, selon la colonne (8) du tableau C du chapitre 3.2, doit être transportée dans une des citernes à cargaison de type 2 (citernes à cargaison intégrales) peut aussi être transportée dans des citernes à cargaison de type 1 (citernes à cargaison indépendantes) ou 3 (citernes à cargaison avec parois indépendantes de la coque) sur un bateau du type prescrit dans le tableau C ou sur un bateau du type prescrit aux 7.2.1.21.2 à 7.2.1.21.5, pour autant que toutes les autres conditions de transport exigées pour cette matière au tableau C du chapitre 3.2 soient remplies.

7.2.1.21.8   Une matière qui, selon la colonne (8) du tableau C du chapitre 3.2, doit être transportée dans des citernes à cargaison de type 3 (citernes à cargaison avec parois indépendantes de la coque) peut aussi être transportée dans des citernes à cargaison de type 1 (citernes à cargaison indépendantes) sur un bateau du type prescrit dans le tableau C, sur un bateaux du type prescrit aux 7.2.1.21.2 à 7.2.1.21.5 ou sur un bateau de type C équipé de citernes à cargaison de type 2 (citernes à cargaison intégrales), pour autant qu'au moins les conditions de transport exigées pour le type N prescrit soient remplies et que toutes les autres conditions de transport exigées pour cette matière au tableau C du chapitre 3.2 ou aux 7.2.1.21.2 à 7.2.1.21.5 soient remplies.

7.2.1.22 à   *(Réservés)*
7.2.1.99

7.2.2   Prescriptions applicables aux bateaux

7.2.2.0   *Bateaux autorisés*

NOTA 1: La pression d'ouverture des soupapes de sécurité doit être indiquée dans le certificat d'agrément (voir 8.6.1.3).

2: La pression de conception et la pression d'épreuve des citernes à cargaison doivent être indiquées dans le certificat de la société de classification agréée prescrit au 9.3.1.8.1, 9.3.2.8.1 ou 9.3.3.8.1.

3: Si un bateau a des citernes à cargaison dont les pressions d'ouverture des soupapes sont différentes, la pression d'ouverture de chaque citerne doit être indiquée dans le certificat d'agrément et les pressions de conception et d'épreuve de chaque citerne doivent être indiquées dans le certificat de la société de classification agréée.

7.2.2.0.1   Les matières dangereuses peuvent être transportées en bateaux-citernes des types G, C ou N conformes aux prescriptions des sections 9.3.1, 9.3.2 ou 9.3.3 respectivement. Le type de bateau-citerne à utiliser est précisé à la colonne (6) du tableau C du chapitre 3.2 et au 7.2.1.21.

NOTA: Les matières admises au transport dans le bateau considéré sont indiquées dans la liste des matières transportables par ce bateau que doit établir la société de classification agréée (voir 1.16.1.2.5).

7.2.2.1 à   *(Réservés)*
7.2.2.4

7.2.2.5   *Instructions relatives à l'utilisation des appareils et matériels*

Si des règles de sécurité spécifiques doivent être respectées lors de l'utilisation de l'un quelconque des appareils ou de l'une des installations, les instructions d'emploi de l'appareil ou de l'installation en question doivent être accessibles facilement pour consultation aux endroits appropriés à bord, dans la langue parlée normalement à bord et, en outre, si cette langue n'est pas l'anglais, le français ou l'allemand, en anglais, en français ou en allemand, à moins que les accords conclus entre les pays intéressés au transport n'en disposent autrement.

7.2.2.6   *Installation de détection de gaz*

Lorsque la liste des matières du bateau selon le 1.16.1.2.5 contient des matières pour lesquelles le n-hexane n'est pas représentatif, l'installation de détection de gaz doit en plus être étalonnée en fonction de la LIE la plus critique des matières admises au transport dans le bateau.

7.2.2.7 à   *(Réservés)*
7.2.2.18

7.2.2.19 *Convois poussés et formations à couple*

7.2.2.19.1 Lorsqu'au moins un bateau-citerne d'un convoi ou d'une formation à couple doit être muni d'un certificat d'agrément pour le transport de marchandises dangereuses tout bateau dudit convoi ou de ladite formation à couple doit être muni d'un certificat d'agrément approprié.

Les bateaux qui ne transportent pas de marchandises dangereuses doivent répondre aux prescriptions du 7.1.2.19.

7.2.2.19.2 Aux fins de l'application du présent chapitre, l'ensemble d'un convoi poussé ou d'une formation à couple sera considéré comme un bateau unique.

7.2.2.19.3 Lorsqu'un convoi poussé ou une formation à couple comporte un bateau-citerne transportant des matières dangereuses, les bateaux utilisés pour la propulsion doivent satisfaire aux prescriptions des paragraphes ci-dessous:

1.16.1.1, 1.16.1.2, 1.16.1.3, 1.16.1.4, 7.2.2.5, 8.1.4, 8.1.5, 8.1.6.1, 8.1.6.3, 8.1.7, 8.3.5, 9.3.3.0.1, 9.3.3.0.3.1, 9.3.3.0.5, 9.3.3.10.1, 9.3.3.10.4, 9.3.3.12.4, 9.3.3.12.6, 9.3.3.16.1, 9.3.3.16.2, 9.3.3.17.1 à 9.3.3.17.4, 9.3.3.31.1 à 9.3.3.31.5, 9.3.3.32.2, 9.3.3.34.1, 9.3.3.34.2, 9.3.3.40.1, (toutefois, une seule pompe à incendie ou de ballastage suffit), 9.3.3.40.2, 9.3.3.41, 9.3.3.51, 9.3.3.52.1 à 9.3.3.52.8, 9.3.3.71 et 9.3.3.74.

Les bateaux utilisés uniquement pour le déplacement de bateaux-citernes dont la liste des matières selon le 1.16.1.2.5 ne contient que des matières pour lesquelles la protection contre les explosions n'est pas requise ne sont pas tenus de satisfaire aux prescriptions des 9.3.3.10.1, 9.3.3.10.4, 9.3.3.12.6, 9.3.3.51 et 9.3.3.52.1. Dans ce cas doit être inscrit dans le certificat d'agrément ou le certificat d'agrément provisoire, sous le point 5 intitulé "Dérogations admises": "Dérogation aux 9.3.3.10.1, 9.3.3.10.4, 9.3.3.12.6, 9.3.3.51 et 9.3.3.52.1; le bateau peut uniquement déplacer des bateaux-citernes dont la liste des matières selon le 1.16.1.2.5 ne contient que des matières pour lesquelles la protection contre les explosions n'est pas exigée".

7.2.2.19.4 Pendant le chargement et le déchargement de matières pour lesquelles la protection contre les explosions est exigée selon la colonne (17) du tableau C du chapitre 3.2, ne peuvent être utilisés sur le pont des autres bateaux de la formation que des installations et équipements qui satisfont aux exigences du 9.3.3.53. Cette condition ne s'applique pas:

a) aux installations et équipements des bateaux accouplés à l'avant ou à l'arrière du bateau en cours de chargement ou de déchargement, si le bateau-citerne en cours de chargement ou de déchargement est équipé une cloison de protection à cette extrémité de la zone de cargaison ou situés à une distance de 12,00 m au moins du plan limite de la zone de cargaison du bateau en cours de chargement ou de déchargement;

b) aux installations et équipements des bateaux-citernes accouplés latéralement au bateau en cours de chargement ou de déchargement, si ces installations et équipements sont placés derrière une cloison de protection conformément au 9.3.3.10.3 et que cette cloison de protection n'est pas située à côté de la zone de cargaison du bateau en cours de chargement ou de déchargement ou situés à une distance de 12,00 m au moins du plan limite de la zone de cargaison du bateau en cours de chargement ou de déchargement.

7.2.2.20 *(Réservé)*

7.2.2.21 *Équipement de contrôle et de sécurité*

Il doit être possible d'interrompre le chargement et le déchargement des matières de la classe 2 et des matières affectées au Nos ONU 1280 ou 2983 de classe 3, en actionnant des interrupteurs électriques situés en deux points sur le bateau (à l'avant et à l'arrière) et en deux points à terre (respectivement sur l'appontement et à distance appropriée à terre). L'interruption du chargement ou du déchargement doit se faire au moyen d'une vanne à fermeture rapide qui sera montée directement sur la conduite flexible entre le bateau et l'installation à terre.

Le système de coupure doit être conçu selon le principe du courant de repos.

7.2.2.22   *(Supprimé)*

7.2.2.23 à   *(Réservés)*
7.2.2.99

7.2.3   Prescriptions générales de service

7.2.3.1   *Accès aux citernes à cargaison, citernes à restes de cargaison, chambres des pompes à cargaison sous pont, cofferdams, espaces de double coque, doubles fonds et espaces de cales; contrôles*

7.2.3.1.1   Les cofferdams doivent être vides. Ils doivent être examinés une fois par jour pour vérifier qu'ils sont secs (eau de condensation exceptée).

7.2.3.1.2   L'accès aux citernes à cargaison, citernes à restes de cargaison, cofferdams, espaces de double coque, doubles fonds et espaces de cales n'est pas autorisé sauf aux fins de contrôle et de nettoyage.

7.2.3.1.3   L'accès aux espaces de double coque et doubles fonds n'est pas autorisé pendant que le bateau fait route.

7.2.3.1.4   Dans les cas où il est prévu que l'on doit mesurer la concentration de gaz ou de vapeurs inflammables ou toxiques provenant de la cargaison ou la teneur en oxygène avant de pénétrer dans les citernes à cargaison, citernes à restes de cargaison, chambres des pompes sous pont, les cofferdams, espaces de double coque, doubles fonds ou espaces de cales, les résultats de ces mesures doivent être consignés par écrit.

La mesure ne peut être effectuée que par un expert visé au 8.2.1.2 équipé d'un appareil de protection respiratoire approprié à la matière transportée.

L'entrée dans ces espaces n'est pas autorisée pour effectuer les mesures.

7.2.3.1.5   Avant que quiconque ne pénètre dans une citerne à cargaison, une citerne à restes de cargaison, une chambre des pompes à cargaison sous pont, un cofferdam, un espace de double coque, un double fond, un espace de cale ou un autre espace confiné:

a)   Lorsque des matières dangereuses des classes 2, 3, 4.1, 6.1, 8 ou 9, pour lesquelles la colonne (18) du tableau C du chapitre 3.2 exige un détecteur de gaz, sont transportées sur le bateau, on doit s'assurer, au moyen de cet instrument, que la concentration de gaz ou de vapeurs inflammables émis par la cargaison dans la citerne à cargaison, la citerne à restes de cargaison, la chambre des pompes à cargaison sous pont, le cofferdam, l'espace de double coque, le double fond ou l'espace de cale n'est pas supérieure à 50 % de la LIE. Pour la chambre des pompes à cargaison sous pont, on peut le faire au moyen de l'installation permanente de détection de gaz;

b)   Lorsque des matières dangereuses des classes 2, 3, 4.1, 6.1, 8 ou 9, pour lesquelles la colonne (18) du tableau C du chapitre 3.2 exige un toximètre, sont transportées sur le bateau, on doit s'assurer, au moyen de cet instrument, que la citerne à cargaison, la citerne à restes de cargaison, la chambre des pompes à cargaison sous pont, le cofferdam, l'espace de double coque, le double fond ou l'espace de cale ne contiennent pas une concentration de gaz et de vapeurs toxiques émis par la cargaison qui soit supérieure au degré d'exposition acceptable selon le droit national en vigueur.

Contrairement à ce que dispose le 1.1.4.6, les dispositions plus contraignantes de la législation nationale relatives à l'accès aux cales l'emportent sur l'ADN.

7.2.3.1.6   On ne doit pénétrer dans une citerne à cargaison vide, une citerne à restes de cargaison, une chambre des pompes à cargaison sous pont, un cofferdam, un espace de double coque, un double fond, un espace de cale ou un autre espace confiné:

–   Que si la concentration de gaz et de vapeurs inflammables provenant de la cargaison dans les citernes à cargaison, les citernes à restes de cargaison, les chambres à pompes à cargaison sous pont, les cofferdams, les espaces de double coque, les doubles fonds, les espaces de cale ou tout autre espace confiné est inférieure à 10 % de la LIE, la concentration de gaz et de vapeurs toxiques provenant de la cargaison est inférieure aux niveaux d'exposition nationaux admis et la teneur en oxygène est comprise entre 20 et 23,5 % en volume; ou

–   Si la concentration de gaz et de vapeurs inflammables provenant de la cargaison dans les citernes à cargaison, les citernes à restes de cargaison, les chambres à pompes à cargaison sous pont, les cofferdams, les espaces de double coque, les doubles fonds, les espaces de cale ou tout autre espace confiné est inférieure à 10 % de la LIE, et si la personne qui y pénètre porte un appareil respiratoire autonome et les autres équipements de protection et de secours nécessaires et si elle est assurée par une corde. L'entrée dans ces espaces n'est autorisée que si cette opération est surveillée par une deuxième personne ayant à sa disposition le même équipement de protection. Deux autres personnes capables de prêter assistance en cas d'urgence doivent être sur le bateau à portée de voix. Il suffira cependant d'une seule autre personne si un treuil de sauvetage est installé;

En cas d'urgence ou d'incident mécanique, l'entrée dans une citerne est autorisée si la concentration de gaz et de vapeurs inflammables provenant de la cargaison est comprise entre 10 et 50 % de la LIE. L'appareil respiratoire (autonome) utilisé doit être conçu pour éviter la production d'étincelles.

Par dérogation au 1.1.4.6, les dispositions nationales plus strictes concernant l'accès aux citernes à cargaison l'emportent sur l'ADN.

7.2.3.2   *Chambres de pompes sous pont*

7.2.3.2.1   En cas de transport de matières des classes 3, 4.1, 6.1, 8 ou 9, les chambres de pompes sous pont doivent être contrôlées quotidiennement pour vérifier qu'il n'y a pas de fuite. Les fonds de cale et les gattes de réception doivent être exempts de produits.

7.2.3.2.2   Les opérations de chargement et de déchargement doivent être immédiatement arrêtées quand l'installation de détection de gaz se déclenche. Tous les dispositifs d'arrêt de sectionnement doivent être fermés et la chambre des pompes à cargaison doit être évacuée immédiatement. Toutes les entrées doivent être fermées. Les opérations de chargement et de déchargement ne doivent pas être reprises tant que le dommage n'a pas été réparé ou la défectuosité éliminée.

7.2.3.3 à   *(Réservés)*
7.2.3.5

7.2.3.6   *Installation de détection de gaz*

Les installations de détection de gaz doivent être entretenues et étalonnées par du personnel formé et qualifié conformément aux instructions du fabricant.

7.2.3.7 *Dégazage des citernes à cargaison vides ou déchargées et des tuyauteries de chargement et de déchargement*

7.2.3.7.0 Le dégazage de citernes à cargaison vides ou déchargées et des tuyauteries de chargement et de déchargement dans l'atmosphère ou dans des stations de réception est autorisé sous les conditions ci-dessous, mais uniquement s'il n'est pas interdit sur la base d'autres prescriptions légales.

7.2.3.7.1 *Dégazage des citernes à cargaison vides ou déchargées et des tuyauteries de chargement et de déchargement dans l'atmosphère*

7.2.3.7.1.1 Les citernes à cargaison vides ou déchargées ayant contenu précédemment des matières dangereuses:

– De la classe 2 ou de la classe 3, avec le code de classification comprenant la lettre "T" à la colonne (3 b) du tableau C du chapitre 3.2;

– De la classe 6.1; ou

– Du groupe d'emballage I de la classe 8;

ne peuvent être dégazées que par un expert conformément au 8.2.1.2. Le dégazage ne peut être effectué qu'en des emplacements agréés par l'autorité compétente.

7.2.3.7.1.2 Si le dégazage de citernes à cargaison ayant contenu précédemment des matières dangereuses énumérées au 7.2.3.7.1.1 ci-dessus n'est pas possible aux endroits agréés par l'autorité compétente, il peut être effectué pendant que le bateau fait route, à condition:

– Que les prescriptions du premier paragraphe du 7.2.3.7.1.3 soient respectées; la concentration de gaz et de vapeurs inflammables provenant de la cargaison dans le mélange à l'orifice de sortie ne doit toutefois pas dépasser 10 % de la LIE;

– Que l'équipage ne soit pas exposé à une concentration de gaz et de vapeurs supérieure aux niveaux d'exposition nationaux admis;

– Que toutes les entrées ou ouvertures des locaux reliés avec l'extérieur soient fermées; cela ne s'applique pas aux ouvertures d'arrivée d'air de la salle des machines ni aux équipements de surpression de l'air;

– Que tout membre de l'équipage travaillant sur le pont porte un équipement de protection approprié;

– De ne pas être effectué à proximité des écluses y compris leurs garages, sous des ponts ou dans des zones à forte densité de population.

7.2.3.7.1.3 Le dégazage des citernes à cargaison vides ou déchargées ayant contenu des matières dangereuses autres que celles indiquées au 7.2.3.7.1.1, lorsque la concentration de gaz et de vapeurs inflammables provenant de la cargaison est supérieure ou égale à 10 % de la LIE, peut être effectué en cours de route, ou durant un stationnement en des emplacements agréés par l'autorité compétente, au moyen de dispositifs de ventilation appropriés, les couvercles des citernes à cargaison étant fermés et la sortie du mélange de gaz et d'air se faisant par des coupe-flammes résistant à un feu continu (groupe sous-groupe d'explosion conformément à la colonne (16) du tableau C du chapitre 3.2). La concentration de gaz et de vapeurs inflammables dans le mélange à l'orifice de sortie doit être inférieure à 50 % de la LIE. Les dispositifs de ventilation appropriés ne peuvent être utilisés pour le dégazage par aspiration qu'avec un coupe-flammes monté immédiatement devant le ventilateur, du côté de l'aspiration (groupe/sous-groupe d'explosion conformément à la colonne (16) du tableau C du chapitre 3.2). La concentration de gaz et de vapeurs inflammables doit être mesurée chaque heure pendant les deux premières heures après le début du dégazage, le dispositif de ventilation par refoulement ou par aspiration étant en marche, par un expert visé au 8.2.1.2. Les résultats des mesures doivent être consignés par écrit.

Le dégazage est toutefois interdit dans les zones d'écluses, y compris leurs garages, sous les ponts ou dans des zones à forte densité de population.

Le dégazage de citernes à cargaison vides ou déchargées ayant contenu des matières dangereuses autres que celles visées au 7.2.3.7.1.1 et présentant une concentration de gaz et de vapeurs provenant de la cargaison inférieure à 10 % de la LIE est autorisé, et l'ouverture d'autres orifices de la citerne à cargaison est autorisée pour autant que l'équipage ne soit pas exposé à une concentration de gaz et de vapeurs supérieure aux niveaux d'exposition nationaux admis. En outre, l'utilisation d'un coupe-flammes n'est pas obligatoire.

Le dégazage est toutefois interdit dans les zones d'écluses, y compris leurs garages, sous les ponts ou dans des zones à forte densité de population.

7.2.3.7.1.4   Les opérations de dégazage doivent être interrompues en cas d'orage ou lorsque, à cause de vents défavorables, des concentrations dangereuses de gaz et de vapeurs inflammables ou toxiques sont à craindre en dehors de la zone de cargaison devant les logements, la timonerie ou les locaux de service. L'état critique est atteint dès que, par des mesures au moyen de dispositifs de mesure portables, des concentrations de gaz et de vapeurs inflammables provenant de la cargaison supérieures à 20 % de la LIE ou des concentrations de gaz et de vapeurs toxiques supérieures aux niveaux d'exposition nationaux admis ont été constatées dans ces zones.

7.2.3.7.1.5   La signalisation prescrite au 7.2.5.0.1 peut être retirée sur ordre du conducteur lorsque, après dégazage des citernes à cargaison, il a été constaté au moyen des appareils visés à la colonne (18) du tableau C du chapitre 3.2 qu'aucune de ces citernes ne contient des gaz ou des vapeurs inflammables à une concentration supérieure à 20 % de la LIE ni des gaz et des vapeurs toxiques à une concentration supérieure aux niveaux d'exposition nationaux admis. Les résultats des mesures doivent être consignés par écrit.

7.2.3.7.1.6   Avant de prendre les mesures qui pourraient entraîner les dangers décrits dans 8.3.5, il convient de dégazer toutes les citernes à cargaison et les tuyauteries de la zone de cargaison. Cette opération doit être consignée dans un certificat attestant l'absence de gaz, en cours de validité le jour où les travaux commencent. La condition d'absence de gaz ne peut être déclarée et certifiée que par une personne agréée par l'autorité compétente.

7.2.3.7.2   *Dégazage des citernes à cargaison vides ou déchargées et des tuyauteries de chargement et de déchargement dans des stations de réception*

7.2.3.7.2.1   Les citernes à cargaison vides ou déchargées ne peuvent être dégazées que par un expert conformément au 8.2.1.2. Si la législation internationale ou nationale l'exige, le dégazage sera effectué seulement aux emplacements agréés par l'autorité compétente. Le dégazage dans une station de réception mobile pendant que le bateau fait route est interdit. Le dégazage dans une station de réception mobile est interdit pendant qu'un autre bateau dégaze dans la même station. Le dégazage dans une station de réception mobile montée à bord est interdit.

7.2.3.7.2.2   Avant d'être dégazé, le bateau doit être mis à la masse. Le conducteur du bateau dégazant, ou l'expert au sens du 8.2.1.2 qu'il a mandaté, et l'exploitant de la station de réception doivent avoir rempli et signé une liste de contrôle conformément au 8.6.4 de l'ADN.

La liste de contrôle doit être imprimée au moins dans des langues comprises par le conducteur, ou l'expert, et l'exploitant de la station de réception.

Si toutes les questions ne peuvent recevoir de réponse positive, le dégazage dans une station de réception n'est autorisé qu'avec l'aval de l'autorité compétente.

7.2.3.7.2.3   Le dégazage dans une station de réception peut être effectué à l'aide de la tuyauterie de chargement et de déchargement ou de la conduite d'évacuation de gaz, pour évacuer les gaz et les vapeurs des citernes à cargaison, l'autre tuyauterie servant à prévenir tout dépassement de la surpression ou dépression maximale admissible des citernes.

Les tuyauteries doivent faire partie d'un système fermé, ou, si elles sont utilisées pour prévenir tout dépassement de la dépression maximale admissible dans les citernes à cargaison, être équipées d'une soupape basse pression à ressort fixe ou mobile munie d'un coupe-flammes (groupe/sous-groupe d'explosion conformément à la colonne (16) du tableau C du chapitre 3.2) si la protection contre les explosions est exigée (colonne (17) du tableau C du chapitre 3.2). Cette soupape basse pression doit être montée de manière que, dans des conditions normales d'exploitation, la soupape de dépression ne soit pas activée. Une soupape fixe ou l'orifice auquel est raccordé une soupape mobile doit rester obturé(e) par une bride borgne lorsque le bateau n'est pas en cours de dégazage dans une station de réception.

Toutes les tuyauteries entre le bateau dégazant et la station de réception doivent être équipées de coupe-flammes appropriés si la protection contre les explosions est exigée à la colonne (17) du tableau C du chapitre 3.2. Les prescriptions pour les tuyauteries à bord sont les suivantes: groupe d'explosion/sous-groupe selon la colonne (16) du tableau C du chapitre 3.2.

7.2.3.7.2.4   Il doit être possible d'interrompre les opérations de dégazage en actionnant des interrupteurs électriques situés en deux points sur le bateau (à l'avant et à l'arrière) et en deux points de la station de réception (respectivement sur l'appontement et à l'endroit depuis lequel la station de réception est commandée). L'interruption du dégazage doit se faire au moyen d'une vanne à fermeture rapide montée directement sur la conduite entre le bateau dégazant et la station de réception. Le système de coupure doit être conçu selon le principe du circuit fermé et peut être incorporé au système d'arrêt d'urgence des pompes à cargaison et des dispositifs permettant d'éviter un surremplissage, visé au 9.3.1.21.5, 9.3.2.21.5 et 9.3.3.21.5.

Les opérations de dégazage doivent être interrompues en cas d'orage.

7.2.3.7.2.5   La signalisation prescrite à la colonne (19) du tableau C du chapitre 3.2 peut être retirée sur ordre du conducteur lorsque, après dégazage des citernes à cargaison, il a été constaté, au moyen des appareils visés à la colonne (18) du tableau C du chapitre 3.2 qu'aucune de ces citernes ne contient des gaz ou des vapeurs inflammables à une concentration supérieure à 20 % de la LIE ni des gaz et des vapeurs toxiques à une concentration supérieure aux niveaux d'exposition nationaux admis. Les résultats des mesures doivent être consignés par écrit.

7.2.3.7.2.6   Avant de prendre les mesures qui pourraient entraîner les dangers décrits dans 8.3.5, il convient de dégazer toutes les citernes à cargaison et les tuyauteries de la zone de cargaison. Cette opération doit être consignée dans un certificat attestant l'absence de gaz, en cours de validité le jour où les travaux commencent. La condition d'absence de gaz ne peut être déclarée et certifiée que par une personne agréée par l'autorité compétente.

7.2.3.7.3 à   (Supprimés)
7.2.3.7.6

7.2.3.8 à   (Réservés)
7.2.3.11

7.2.3.12   *Ventilation*

7.2.3.12.1   Pendant que les machines fonctionnent dans les locaux de service, les tuyaux-rallonges raccordés aux ouvertures d'arrivée d'air, s'ils existent, doivent être en position verticale; dans le cas contraire, les ouvertures doivent être closes. Cette disposition ne s'applique pas aux ouvertures de ventilation des locaux de service situés en dehors de la zone de cargaison, à condition que les ouvertures sans tuyau-rallonge soient situées à au moins 0,50 m au-dessus du pont.

7.2.3.12.2   La ventilation des chambres des pompes doit fonctionner:

    –   30 minutes au moins avant qu'on n'y pénètre et pendant l'occupation;

    –   pendant le chargement, le déchargement et le dégazage;

    –   après déclenchement de l'installation de détection de gaz.

7.2.3.13 et
7.2.3.14   *(Réservés)*

7.2.3.15   *Expert à bord du bateau*

Lors du transport de marchandises dangereuses, le conducteur responsable doit être en même temps un expert visé au paragraphe 8.2.1.2. Ce doit être en outre:

    –   Un expert visé au paragraphe 8.2.1.5 lorsqu'il s'agit de transporter des matières dangereuses pour lesquelles un bateau-citerne de type G est prescrit à la colonne (6) du tableau C du chapitre 3.2; et

    –   Un expert visé au paragraphe 8.2.1.7 lorsqu'il s'agit de transporter des matières dangereuses pour lesquelles un bateau-citerne de type C est prescrit à la colonne (6) du tableau C du chapitre 3.2.

NOTA: Il appartient au transporteur de décider quel conducteur de l'équipage sera le conducteur responsable et de documenter ce choix à bord. En l'absence d'une telle décision, la prescription s'applique à tous les conducteurs.

Par dérogation, lors du chargement de marchandises dangereuses dans des barges citernes, ou leur déchargement il suffit que la personne responsable du chargement et du déchargement ainsi que du ballastage de la barge citerne ait les compétences requises par le paragraphe 8.2.1.2.

Lors du transport de matières pour lesquelles un bateau-citerne du type C est prescrit à la colonne (6) du tableau C du chapitre 3.2 et un type de citerne à cargaison 1 à la colonne (8), il suffit d'un expert visé au 8.2.1.5 en cas de transport en type G.

7.2.3.16   Toutes les mesures réalisées à bord du bateau doivent l'être par un expert visé au 8.2.1.2, sauf s'il en est disposé autrement dans le Règlement annexé à l'ADN. Les résultats des mesures doivent être consignés par écrit dans le carnet de contrôle visé au paragraphe 8.1.2.1 g).

7.2.3.17 à
7.2.3.19   *(Réservés)*

7.2.3.20   *Ballastage à l'eau*

7.2.3.20.1   Les cofferdams et les espaces de cales contenant des citernes à cargaison isolées ne doivent pas être remplis d'eau. Les espaces de double coque, les doubles fonds et les espaces de cales qui ne contiennent pas de citernes à cargaison isolées peuvent être lestés avec de l'eau de ballastage à condition:

–   qu'il en ait été tenu compte dans les calculs de stabilité à l'état intact et en cas d'avarie; et

–   que ce ne soit pas interdit à la colonne (20) du tableau C du chapitre 3.2.

Si l'eau contenue dans les citernes et les compartiments à ballastage est susceptible de compromettre la stabilité du bateau:

–   des indicateurs de niveau fixes doivent être installés; ou

–   le niveau de remplissage des citernes et des compartiments à ballastage doit être vérifié quotidiennement avant le départ et durant les opérations.

Lorsque des indicateurs de niveau existent, les citernes et les compartiments à ballastage peuvent aussi être remplis partiellement. Dans le cas contraire, elles doivent être complètement remplies ou vides.

7.2.3.20.2   *(Supprimé)*

7.2.3.21   *(Réservé)*

7.2.3.22   *Entrées des espaces de cales, des chambres des pompes à cargaison sous pont et des cofferdams; ouvertures des citernes à cargaison et des citernes à restes de cargaison; dispositifs de fermeture*

Les citernes à cargaison, les citernes à restes de cargaison et les accès aux chambres des pompes à cargaison sous pont, aux cofferdams et aux espaces de cale doivent rester fermés. Cette prescription ne s'applique pas aux chambres des pompes à bord des bateaux déshuileurs et des bateaux avitailleurs et aux autres exceptions admises dans la présente Partie.

7.2.3.23 et   *(Réservés)*
7.2.3.24

7.2.3.25   *Raccordements entre tuyauteries*

7.2.3.25.1   Il est interdit d'établir des raccordements entre les catégories de tuyauteries suivantes:

a)   tuyauteries de chargement et de déchargement;

b)   tuyauteries de ballastage et d'épuisement des citernes à cargaison, des cofferdams, des espaces de cale, des espaces de double coque ou des doubles fonds;

c)   tuyauteries situées en dehors de la zone de cargaison.

7.2.3.25.2   Les dispositions du 7.2.3.25.1 ci-dessus ne s'appliquent pas aux tuyaux amovibles de raccordement entre la tuyauterie des cofferdams et:

–   la tuyauterie de chargement et de déchargement;

–   la tuyauterie située en dehors de la zone de cargaison pour le cas ou les cofferdams doivent être remplis d'eau en cas d'urgence.

Dans ces cas les tuyaux de raccordement doivent être conçus de telle manière qu'il soit impossible d'aspirer de l'eau à partir des citernes à cargaison. L'épuisement des cofferdams ne peut être effectué qu'au moyen d'éjecteurs ou d'un système indépendant situé dans la zone de cargaison.

7.2.3.25.3   Les dispositions du 7.2.3.25.1 b) et c) ci-dessus ne s'appliquent pas:

–   aux tuyauteries destinées au ballastage et à l'assèchement des espaces de double coque et des doubles fonds qui n'ont pas de paroi commune avec les citernes à cargaison;

–   aux tuyauteries destinées au ballastage d'espaces de cales s'il est fait usage pour cela de la tuyauterie de l'installation de lutte contre l'incendie située dans la zone de cargaison. L'assèchement des espaces de double coque, doubles fonds et espaces de cales ne peut avoir lieu qu'au moyen d'éjecteurs ou d'une installation indépendante située dans la zone de cargaison.

7.2.3.26 et   *(Réservés)*
7.2.3.27

7.2.3.28   *Instruction relative à la température maximale de chargement*

En cas de transport de matières réfrigérées, il doit y avoir à bord une instruction mentionnant la température maximale admissible de chargement en rapport avec la conception de l'isolation des citernes à cargaison et la capacité de l'installation de réfrigération, s'il en existe une à bord.

7.2.3.29   **Canots**

7.2.3.29.1   Le canot exigé aux termes des règlements visés au 1.1.4.6 doit être placé en dehors de la zone de cargaison. Ce canot peut néanmoins être placé dans la zone de cargaison s'il y a un moyen de sauvetage collectif conforme aux règlements visés au 1.1.4.6 facilement accessible près des logements. Si la liste des matières du bateau selon 1.16.1.2.5 contient des matières pour lesquelles une protection contre les explosions est exigée à la colonne (17) du tableau C du chapitre 3.2:

–   les moteurs hors-bord et leurs réservoirs de carburant ne doivent se trouver à bord qu'à l'extérieur de la zone de cargaison; et

–   les dispositifs mécaniques de gonflage, moteurs hors-bord et leurs installations électriques ne doivent être mis en service qu'en dehors de la zone de cargaison.

7.2.3.29.2   Le 7.2.3.29.1 ci-dessus ne s'applique pas aux bateaux déshuileurs ni aux bateaux avitailleurs.

7.2.3.30   *(Réservé)*

7.2.3.31   **Machines**

7.2.3.31.1   Il est interdit d'utiliser des moteurs fonctionnant avec un combustible dont le point d'éclair est inférieur ou égal à 55 °C (par exemple les moteurs à essence). Cette disposition ne s'applique pas:

–   Aux moteurs hors-bord à essence des bateaux de sauvetage;

     –   Aux systèmes de propulsion et aux systèmes auxiliaires qui satisfont aux prescriptions du chapitre 30 et de la section 1 de l'annexe 8 du Standard européen établissant les prescriptions techniques des bateaux de navigation intérieure (ES–TRIN), dans sa version modifiée[1].

7.2.3.31.2   Le transport de véhicules à moteur tels que voitures particulières et canots à moteur dans la zone de cargaison est interdit.

7.2.3.32   *Réservoirs à combustibles*

Les doubles fonds d'une hauteur minimale de 0,60 m peuvent être utilisés comme réservoirs à combustibles s'ils ont été construits conformément aux prescriptions de la Partie 9.

7.2.3.33 à   *(Réservés)*
7.2.3.40

7.2.3.41   *Fait de fumer ou d'utiliser du feu ou une lumière non protégée*

7.2.3.41.1   Il est interdit de fumer, y compris des cigarettes électroniques et autres dispositifs semblables, et d'utiliser du feu ou une lumière non protégée à bord du bateau.

Cette interdiction doit être affichée aux endroits appropriés au moyen de panneaux indicateurs.

L'interdiction de fumer ne s'applique pas dans les logements et la timonerie, si leurs fenêtres, portes, claires-voies et écoutilles sont fermées ou si le système de ventilation est réglé de sorte à maintenir une surpression d'au moins 0,1 kPa.

7.2.3.41.2   Les appareils de chauffage, de cuisson ou de réfrigération ne doivent pas utiliser un combustible liquide ni du gaz liquéfié ni un combustible solide.

Les appareils de cuisson et de réfrigération ne peuvent être utilisés que dans les logements et dans la timonerie.

7.2.3.41.3   Lorsque des appareils de cuisson ou des chaudières sont installés dans la salle des machines ou dans un local spécialement approprié à cet effet, ces appareils peuvent toutefois utiliser un combustible liquide dont le point d'éclair est supérieur à 55 °C.

7.2.3.42   *Système de chauffage de la cargaison*

7.2.3.42.1   Le chauffage de la cargaison n'est autorisé que s'il y a danger de solidification de la cargaison ou si le déchargement normal est impossible à cause de la viscosité de la cargaison.

En règle générale un liquide ne doit pas être chauffé au-delà de son point d'éclair.

Des prescriptions particulières figurent à la colonne (20) du tableau C du chapitre 3.2.

7.2.3.42.2   Les citernes à cargaison contenant des matières transportées à l'état chauffé, doivent être munies de dispositifs permettant de mesurer la température de la cargaison.

7.2.3.42.3   Pendant le déchargement, le système de chauffage de la cargaison peut être utilisé pour autant que le local où l'installation de chauffage est placée répond en tout point aux exigences fixées au 9.3.2.52.3 ou au 9.3.3.52.3.

---

[1]   *Tel qu'il figure sur le site Web du Comité européen pour l'élaboration de standards dans le domaine de la navigation intérieure (CESNI), à l'adresse suivante:* https://www.cesni.eu/documents/es-trin/.

7.2.3.42.4 Les exigences fixées au 7.2.3.42.3 ci-dessus ne sont pas applicables lorsque le système de chauffage de la cargaison est alimenté par de la vapeur provenant de terre et que seule la pompe de circulation est en service ainsi que lorsque le déchargement ne concerne que des matières ayant un point d'éclair supérieur ou égal à 60 °C.

7.2.3.43 *(Réservé)*

7.2.3.44 ***Opérations de nettoyage***

L'utilisation de liquides ayant un point d'éclair inférieur à 55 °C pour le nettoyage n'est permise que dans la zone de risque d'explosion.

7.2.3.45 à *(Réservés)*
7.2.3.50

7.2.3.51 ***Installations et équipements électriques et non électriques***

7.2.3.51.1 Les installations et équipements électriques et non électriques doivent être maintenus en parfait état de fonctionnement.

7.2.3.51.2 Il est interdit d'utiliser des câbles électriques mobiles dans la zone de risque d'explosion. Cette prescription ne s'applique pas aux câbles électriques mobiles visés aux 9.3.1.53.3, 9.3.2.53.3 et 9.3.3.53.3.

Les câbles électriques mobiles doivent faire l'objet d'un contrôle visuel avant chaque utilisation. Ils doivent être installés de telle manière qu'ils ne risquent pas d'être endommagés. Les connecteurs doivent être situés à l'extérieur de la zone de danger d'explosion.

Les câbles électriques pour le raccordement du réseau électrique du bateau à un réseau électrique à terre ne sont pas admis:

– Lors du chargement ou déchargement de matières pour lesquelles la protection contre les explosions est exigée selon la colonne (17) du tableau C du chapitre 3.2; ou

– Lorsque le bateau séjourne à proximité immédiate ou à l'intérieur d'une zone assignée à terre.

7.2.3.51.3 Les prises de courant pour connecter les feux de signalisation ou de passerelle de débarquement ou pour les pompes immergées à bord de bateaux déshuileurs ne doivent être sous tension que lorsque les feux de signalisation ou l'éclairage de la passerelle ou que les pompes immergées à bord de bateaux déshuileurs sont mis en circuit.

Le branchement et le débranchement ne doivent être possibles que si les prises sont hors tension.

7.2.3.51.4 Pendant le séjour à proximité immédiate ou à l'intérieur d'une zone assignée à terre, les installations et équipements électriques et non électriques qui ne satisfont pas aux prescriptions des 9.3.x.51 a), 9.3.x.51 b), 9.3.x.51 c) ou 9.3.x.52.1 (marqués en rouge selon les 9.3.x.51 et 9.3.x.52.3) doivent être arrêtés, ramenés à une température inférieure à celles mentionnées respectivement au 9.3.x.51 a) ou au 9.3.x.51 b), ou soumis aux mesures visées au 7.2.3.51.6.

Lorsque la liste des matières du bateau selon 1.16.1.2.5 contient des matières pour lesquelles la protection contre les explosions est exigée selon la colonne (17) du tableau C du chapitre 3.2, cela s'applique aussi pendant le chargement et le déchargement et pendant le dégazage en stationnement.

7.2.3.51.5 Lorsque la liste des matières du bateau selon 1.16.1.2.5 contient des matières pour lesquelles une classe de température T4, T5 ou T6 figure dans la colonne (15) du tableau C du chapitre 3.2, les températures de surface correspondantes ne doivent pas dépasser 135 °C (T4), 100 °C (T5) ou respectivement 85 °C (T6) dans les zones assignées.

7.2.3.51.6   Les 7.2.3.51.4 et 7.2.3.51.5 ne s'appliquent pas dans les logements, la timonerie et les locaux de service situés en dehors de la zone de cargaison si:

a)   le système de ventilation est réglé de sorte à maintenir une surpression d'au moins 0,1 kPa; et

b)   l'installation de détection de gaz est en marche et la mesure est continue.

7.2.3.51.7   Les installations et les équipements selon 7.2.3.51.4 qui étaient arrêtés pendant le chargement, le déchargement, le dégazage en stationnement ou pendant un séjour à proximité ou à l'intérieur d'une zone assignée à terre ne doivent être remis en marche:

–   qu'une fois que le bateau ne séjourne plus à proximité ou à l'intérieur d'une zone assignée à terre; ou

–   que des valeurs correspondant à 10 % de la LIE du n-hexane ou à 10 % de la LIE de la cargaison sont atteintes dans les logements, la timonerie et les locaux de service situés en dehors de la zone de cargaison, la LIE la plus critique devant être retenue.

Les résultats des mesures doivent être consignés par écrit.

7.2.3.51.8   Si les bateaux ne peuvent pas satisfaire aux exigences des 7.2.3.51.4 et 7.2.3.51.6, ils ne sont pas autorisés à séjourner à proximité immédiate ou à l'intérieur d'une zone assignée à terre.

7.2.3.52 à   *(Réservés)*
7.2.3.99

7.2.4   Prescriptions supplémentaires relatives au chargement, au transport, au déchargement et à la manutention de la cargaison

7.2.4.1   *Limitation des quantités transportées*

7.2.4.1.1   Le transport de colis dans la zone de cargaison est interdit. Cette interdiction ne s'applique pas:

–   aux cargaisons restantes, eaux de lavage, résidus de cargaison et slops dans pas plus de six récipients pour produits résiduaires et récipients pour slops agréés à cette fin, d'une capacité ne dépassant pas 12 m³ au total. Les récipients pour produits résiduaires et les récipients pour slops doivent être placés de manière sûre dans la zone de cargaison et à une distance minimale de la coque égale au quart de la largeur du bateau et satisfaire aux exigences qui leur sont applicables fixées au 9.3.2.26.3 ou 9.3.3.26.3;

–   aux échantillons de cargaison, à raison de 30 au maximum, des matières admises au transport dans le bateau-citerne, dont la contenance maximale est de 500 ml par récipient. Les récipients doivent répondre aux prescriptions d'emballage visées à la Partie 4 de l'ADR et être placés à bord, en un endroit déterminé dans la zone de cargaison de manière à ce que dans les conditions normales de transport ils ne puissent se briser ou être transpercés ni que leur contenu puisse se répandre dans l'espace de cale. Les récipients fragiles doivent être capitonnés de manière appropriée.

7.2.4.1.2   À bord des bateaux déshuileurs il est permis d'avoir, dans la zone de cargaison, des récipients d'une capacité maximale de 2,00 m³ pour des déchets huileux et graisseux survenant lors de l'exploitation des bateaux à condition que ces récipients soient placés de manière sûre.

7.2.4.1.3   À bord des bateaux avitailleurs ou d'autres bateaux livrant des produits pour l'exploitation des bateaux, il est permis de transporter, dans la zone de cargaison, des colis de marchandises dangereuses ou de marchandises non dangereuses jusqu'à une quantité brute de 5 000 kg à condition que cette possibilité soit mentionnée au certificat d'agrément. Les colis doivent être placés de manière sûre et doivent être protégés contre la chaleur, les rayons de soleil et les intempéries.

7.2.4.1.4   A bord des bateaux avitailleurs ou d'autres bateaux livrant des produits pour l'exploitation des bateaux le nombre d'échantillons de cargaison visé au 7.2.4.1.1 peut être porté de 30 à 500 au maximum.

7.2.4.2   *Réception de déchets huileux et graisseux survenant lors de l'exploitation des bateaux et remise de produits pour l'exploitation des bateaux*

7.2.4.2.1   La réception à partir de bateaux de navigation intérieure de déchets liquides non emballés huileux et graisseux survenant lors de l'exploitation des bateaux doit être assurée par aspiration; la réception à partir de navires de mer peut aussi être assurée par pressurisation, à condition:

–   que la quantité à transférer et le débit maximal de chargement soient déterminés et convenus entre le navire de mer et le bateau de navigation intérieure;

–   que la pompe à pression du navire de mer puisse, si cela est matériellement possible, à partir du bateau de navigation intérieure récepteur;

–   qu'il y ait une supervision permanente et continue de l'opération depuis les deux navires;

–   que la communication entre les deux navires soit assurée à tout moment pendant l'opération.

7.2.4.2.2   L'accostage et la réception de déchets huileux et graisseux ne peut avoir lieu pendant le chargement et le déchargement de matières pour lesquelles la protection contre les explosions est exigée à la colonne (17) du tableau C du chapitre 3.2, ni pendant le dégazage de bateaux-citernes. Cette prescription ne s'applique pas aux bateaux déshuileurs pour autant que les dispositions de protection contre les explosions applicables à la marchandise dangereuse sont respectées.

7.2.4.2.3   L'accostage et la remise de produits pour l'exploitation des bateaux ne peut avoir lieu pendant le chargement et le déchargement de matières pour lesquelles la protection contre les explosions est exigée à la colonne (17) du tableau C du chapitre 3.2, ni pendant le dégazage de bateaux-citernes. Cette prescription ne s'applique pas aux bateaux avitailleurs pour autant que les dispositions de protection contre les explosions applicables à la marchandise dangereuse sont respectées.

7.2.4.2.4   L'autorité compétente peut accorder des dérogations aux prescriptions des 7.2.4.2.1 et 7.2.4.2.2 ci-dessus. Pendant le déchargement elle peut également accorder des dérogations au 7.2.4.2.3 ci-dessus.

7.2.4.3 à   *(Réservés)*
7.2.4.6

7.2.4.7   *Lieux de chargement et de déchargement*

7.2.4.7.1   Le chargement ou le déchargement des bateaux-citernes ne doivent avoir lieu qu'aux emplacements désignés ou agréés à cette fin par l'autorité compétente. Si une zone est assignée à terre au poste de chargement ou de déchargement, le bateau n'est autorisé à séjourner à proximité immédiate ou à l'intérieur de cette zone assignée à terre que s'il satisfait aux exigences des 9.3.x.12.4 b) ou c), 9.3.x.51, 9.3.x.52.1 et 9.3.x.52.3. L'autorité compétente peut accorder des dérogations au cas par cas.

7.2.4.7.2 La réception à partir d'autres bateaux de déchets liquides non emballés huileux et graisseux résultant de l'exploitation de bateaux et la remise de produits pour l'exploitation de bateaux dans les soutes d'autres bateaux ne sont pas considérés comme un chargement ou un déchargement au sens du 7.2.4.7.1 ci-dessus ni comme un transbordement au sens du 7.2.4.9.

7.2.4.8 *(Réservé)*

7.2.4.9 *Transbordement*

Le transbordement partiel ou complet de la cargaison sur un autre bateau est interdit sans autorisation de l'autorité compétente ailleurs que sur les lieux de transbordement agréés à cette fin.

NOTA 1: *Pour le transbordement sur un moyen de transport d'un mode différent, voir le 7.1.4.7.1.*

> *2: Cette interdiction s'applique également au transbordement entre bateaux avitailleurs.*

7.2.4.10 *Liste de contrôle*

7.2.4.10.1 Le chargement ou le déchargement ne doivent commencer qu'une fois une liste de contrôle conformément à la section 8.6.3 de l'ADN pour la cargaison en question a été remplie et que les questions 1 à 19 de la liste de contrôle ont été marquées d'une croix "X" pour confirmation. Les questions non pertinentes sont à rayer. La liste doit être remplie après le raccordement des tuyauteries prévues pour la manutention et avant le début de la manutention en deux exemplaires et signée par le conducteur ou par une personne mandatée par celui-ci et par la personne responsable de la manutention aux installations à terre. Si toutes les questions ne peuvent recevoir de réponse positive le chargement ou le déchargement n'est autorisé qu'avec l'assentiment préalable de l'autorité compétente.

7.2.4.10.2 La liste de contrôle doit être conforme au modèle du 8.6.3.

7.2.4.10.3 La liste de contrôle doit être imprimée au moins dans des langues comprises par le conducteur et par la personne responsable de la manutention aux installations à terre.

7.2.4.10.4 Les dispositions des 7.2.4.10.1 à 7.2.4.10.3 ci-dessus ne s'appliquent pas lors de la réception de déchets huileux et graisseux par les bateaux déshuileurs ni lors de la remise de produits pour l'exploitation des bateaux par les bateaux avitailleurs.

7.2.4.11 *Plan de chargement*

7.2.4.11.1 *(Supprimé)*

7.2.4.11.2 Le conducteur doit indiquer sur un plan de chargement les marchandises transportées dans les différentes citernes. Ces marchandises doivent être désignées comme dans le document de transport (données selon 5.4.1.1.2 a) à d)).

7.2.4.12 *Enregistrements en cours de voyage*

Dans le document d'enregistrement visé au 8.1.11 les indications suivantes doivent immédiatement être saisies:

Chargement:Lieu et poste de chargement, date et heure, No ONU ou No d'identification de la matière, dénomination officielle de la matière, classe et groupe d'emballage s'il existe;

Déchargement: Lieu et poste de déchargement, date et heure;

Dégazage du No ONU 1203 essence: Lieu et installation ou secteur du dégazage, date et heure.

Ces indications doivent être présentes pour chaque citerne à cargaison.

7.2.4.13   *Mesures à prendre avant le chargement*

7.2.4.13.1   Si des restes de la cargaison précédente peuvent entrer en réaction dangereuse avec le nouveau chargement, ces restes doivent être dûment évacués.

Les matières qui réagissent dangereusement avec d'autres marchandises dangereuses doivent être séparées par un cofferdam, un local vide, une chambre de pompes, une citerne à cargaison vide ou une citerne à cargaison chargée d'une matière qui ne réagit pas avec la cargaison.

Dans le cas d'une citerne à cargaison vide non nettoyée ou contenant des restes de cargaisons précédentes d'une matière susceptible de réagir dangereusement avec d'autres marchandises dangereuses cette séparation n'est pas exigée si le conducteur a pris les mesures appropriées pour éviter une réaction dangereuse.

Si le bateau est équipé de tuyauteries de chargement et de déchargement sous le pont passant à travers les citernes à cargaison, il est interdit de charger ou de transporter en commun des matières susceptibles de réagir dangereusement entre elles.

7.2.4.13.2   Avant le début des opérations de chargement, les dispositifs de sécurité et de contrôle prescrits et les équipements divers doivent si possible être vérifiés et contrôlés quant à leur bon fonctionnement.

7.2.4.13.3   Avant le début des opérations de chargement, le déclencheur du dispositif contre les débordements doit être branché à l'installation à terre.

7.2.4.14   *Manutention et arrimage de la cargaison*

Les marchandises dangereuses doivent être chargées dans la zone de cargaison, dans des citernes à cargaison, dans des citernes à restes de cargaison ou dans les colis admis en vertu du 7.2.4.1.1.

7.2.4.15   *Mesures à prendre après le déchargement (système d'assèchement)*

7.2.4.15.1   Lorsque les prescriptions visées au 1.1.4.6.1 prévoient l'application d'un système d'assèchement, les citernes à cargaison et les tuyauteries de chargement et de déchargement doivent être vidées après chaque opération de déchargement au moyen du système d'assèchement conformément aux conditions énoncées dans la procédure d'essai. Il peut être dérogé à cette prescription si la nouvelle cargaison est identique à la précédente ou s'il s'agit d'une autre cargaison dont l'acheminement n'exige pas le nettoyage préalable des citernes à cargaison.

Les cargaisons restantes doivent être évacuées à terre au moyen de l'équipement prévu à cet effet (article 7.04 Nr 1 et appendice II, modèle 1 de la CDNI) ou stockés dans la citerne à restes de cargaison du bateau ou encore dans les récipients pour produits résiduaires admis en vertu du 7.2.4.1.1.

7.2.4.15.2   Pendant le remplissage des citernes pour produits résiduaires et des récipients pour produits résiduaires, les gaz qui se dégagent doivent être évacués de manière sûre. Ils ne doivent être reliés à la conduite d'évacuation de gaz que pour le temps nécessaire à leur remplissage.

Des moyens permettant de recueillir d'éventuelles fuites de liquides doivent être placés sous les raccords utilisés pendant le remplissage.

7.2.4.15.3   Le dégazage des citernes à cargaison et des tuyauteries de chargement et de déchargement doit être effectué conformément aux conditions de la sous-section 7.2.3.7.

7.2.4.16   *Mesures à prendre pendant le chargement, le transport, le déchargement et la manutention de la cargaison*

7.2.4.16.1   Le débit de chargement et la pression maximale de fonctionnement des pompes à cargaison doivent être déterminés en accord avec le personnel des installations à terre.

7.2.4.16.2   Tous les dispositifs de sécurité ou de contrôle prescrits dans les citernes à cargaison doivent rester en circuit. Pendant le transport cette prescription n'est valable que pour les équipements visés aux 9.3.1.21.1 e) et f), 9.3.2.21.1 e) et f) ou 9.3.3.21.1 e) et f).

En cas de panne d'un dispositif de sécurité ou de contrôle, le chargement ou le déchargement doit être interrompu immédiatement.

Si une chambre des pompes est située sous le pont, les appareils prescrits de sécurité et de contrôle dans cette chambre doivent rester en permanence en circuit.

La défaillance de l'installation de détection de gaz doit être immédiatement signalée dans la timonerie et sur le pont par un dispositif d'alarme optique et acoustique.

7.2.4.16.3   Les dispositifs de fermeture des tuyauteries de chargement et de déchargement, le cas échéant, ainsi que des tuyauteries des systèmes d'assèchement doivent rester fermés sauf pendant les opérations de chargement, de déchargement, d'assèchement, de nettoyage et de dégazage.

7.2.4.16.4   (*Supprimé*)

7.2.4.16.5   Sous les raccordements aux installations à terre utilisés pour le chargement ou le déchargement doivent être placés des récipients destinés à recueillir d'éventuelles fuites de liquides. Il faut vider les récipients avant de relier les raccordements ou après avoir fait le contraire, ainsi qu'entre ces deux opérations en cas de nécessité. Ces prescriptions ne s'appliquent pas au transport de matières de la classe 2.

7.2.4.16.6   En cas de retour de mélange gaz-air depuis la terre dans le bateau, la pression au point de raccordement de la conduite d'évacuation de gaz et de la conduite de retour de gaz ne doit pas dépasser la pression d'ouverture de la soupape de surpression/soupape de dégagement à grande vitesse.

7.2.4.16.7   Lorsqu'un bateau-citerne est conforme au 9.3.2.22.4 b) ou 9.3.3.22.4 b), les citernes à cargaison individuelles doivent être sectionnées pendant le transport et être ouvertes pendant le chargement, le déchargement et le dégazage.

7.2.4.16.8   Les personnes entrant pendant le chargement ou le déchargement dans les locaux situés dans la zone de cargaison sous le pont doivent porter l'équipement PP visé au 8.1.5 si cet équipement est prescrit à la colonne (18) du tableau C du chapitre 3.2.

Les personnes qui connectent ou déconnectent les tuyauteries de chargement et de déchargement ou les conduites d'évacuation de gaz ou effectuent une détente des citernes à cargaison, une prise d'échantillons ou un jaugeage ou nettoient ou remplacent l'élément coupe-flammes (voir 7.2.4.22) doivent porter l'équipement de protection PP visé au 8.1.5 si cet équipement est prescrit à la colonne (18) du tableau C du chapitre 3.2; elles doivent en outre porter l'équipement de protection A si un toximètre (TOX) est prescrit à la colonne (18) du tableau C du chapitre 3.2.

7.2.4.16.9   a)   Pendant le chargement ou le déchargement de matières dans un bateau-citerne fermé, pour lesquelles aux colonnes (6) et (7) du tableau C du chapitre 3.2 un type N ouvert avec coupe-flammes suffit, les citernes à cargaison peuvent être ouvertes au moyen du dispositif permettant de décompresser sans danger, visé au 9.3.2.22.4 a) ou au 9.3.3.22.4 a).

b) Pendant le chargement ou le déchargement de matières dans un bateau-citerne fermé, pour lesquelles aux colonnes (6) et (7) du tableau C du chapitre 3.2 un type N ouvert suffit, les citernes à cargaison peuvent être ouvertes au moyen du dispositif permettant de décompresser sans danger, visé au 9.3.2.22.4 a) ou au 9.3.3.22.4 a) ou par une autre ouverture appropriée de la conduite d'évacuation de gaz si des dispositions sont prises pour empêcher toute accumulation d'eau et sa pénétration dans la citerne à cargaison et que l'ouverture est refermé comme il convient après le chargement ou le déchargement.

7.2.4.16.10 Le 7.2.4.16.9 ne s'applique pas lorsque les citernes à cargaison contiennent des gaz ou des vapeurs provenant de matières pour le transport desquelles un bateau-citerne du type fermé est exigé à la colonne (7) du tableau C du chapitre 3.2.

7.2.4.16.11 Le sectionnement du raccord pour dispositif de prise d'échantillons visé au 9.3.1.21.1 g), 9.3.2.21.1 g) ou 9.3.3.21.1 g) ne doit être ouvert qu'après liaison étanche aux gaz avec le dispositif de prise d'échantillons fermé ou partiellement fermé.

7.2.4.16.12 Pour les matières nécessitant une protection contre les explosions en vertu de la colonne (17) du tableau C du chapitre 3.2, le raccordement des conduites d'évacuation de gaz à l'installation à terre doit être tel que le bateau soit protégé contre les détonations et les passages de flammes provenant de terre (groupe/sous-groupe d'explosion selon la colonne (16) du tableau C du chapitre 3.2). La protection du bateau contre les détonations et les passages de flammes provenant de terre n'est pas exigée lorsque les citernes à cargaisons sont inertisées conformément au 7.2.4.18.

7.2.4.16.13 En cas de transport de matières de N° ONU 2448 ou de marchandises des classes 5.1 ou 8, les sabords des pavois, garde-pieds etc. ne doivent pas être obturés. Pendant le voyage leurs ouvertures ne doivent pas non plus être obturées en cas de transport d'autres marchandises dangereuses.

7.2.4.16.14 Si, pour des matières des classes 2 ou 6.1, une surveillance est exigée à la colonne (20) du tableau C du chapitre 3.2, le chargement et le déchargement doivent être exécutés sous la surveillance d'une personne ne faisant pas partie de l'équipage et qui a reçu mandat pour cette tâche de l'expéditeur ou du destinataire.

7.2.4.16.15 Le débit de début de chargement fixé dans les instructions de chargement doit être tel qu'une charge électrostatique soit exclue au début du chargement.

7.2.4.16.16 *Mesures à prendre avant le chargement de gaz liquéfiés réfrigérés*

À moins que la température de la cargaison ne soit contrôlée conformément au 9.3.1.24.1 a) ou au 9.3.1.24.1 c) garantissant l'utilisation du boil-off maximal quelles que soient les conditions de service, le temps de retenue doit être déterminé par le conducteur, ou une autre personne en son nom, avant le chargement et validé par le conducteur, ou une autre personne en son nom, pendant le chargement puis consigné dans des documents conservés à bord.

7.2.4.16.17 *Détermination du temps de retenue*

Un tableau, approuvé par la société de classification agréée qui a classé le bateau, indiquant la relation entre le temps de retenue et les conditions de remplissage et sur lequel figurent les paramètres ci-dessous, doit être conservé à bord.

Le temps de retenue de la cargaison doit être déterminé en fonction des paramètres ci-après:

–   Le coefficient de transmission thermique tel qu'il est défini au 9.3.1.27.9;

–   La pression de tarage des soupapes de sécurité;

–   Les conditions de remplissage initiales (température de la cargaison pendant le chargement et degré de remplissage);

–   La température ambiante telle qu'elle est donnée au 9.3.1.24.2;

–   Lorsqu'on utilise la phase vapeur, on peut tenir compte de l'utilisation minimale garantie de ces vapeurs (c'est-à-dire la quantité de vapeur provenant du boil-off qui est utilisé quelles que soient les conditions de service).

Marge de sécurité appropriée

Pour laisser une marge de sécurité suffisante, le temps de retenue est d'au moins trois fois la durée prévue du voyage du bateau, y compris:

–   Pour les voyages courts dont la durée (prévue) ne dépasse pas cinq jours, le temps de retenue minimal quel que soit le bateau transportant des gaz liquéfiés réfrigérés est de quinze jours;

–   Pour les longs voyages dont la durée (prévue) est supérieure à dix jours, le temps de retenue minimal doit être de trente jours, auxquels on ajoute deux jours supplémentaires pour chaque journée de voyage au-delà de dix jours.

Dès qu'il apparaît clairement que la cargaison ne sera pas déchargée dans le délai voulu, le conducteur doit en informer les services d'intervention d'urgence les plus proches conformément au 1.4.1.2.

7.2.4.17   *Fermeture des portes et fenêtres*

7.2.4.17.1   Pendant le chargement, le déchargement, le dégazage ou pendant un séjour à proximité ou à l'intérieur d'une zone assignée à terre, tous les accès ou ouvertures des locaux qui sont accessibles du pont et toutes les ouvertures des locaux donnant sur l'extérieur doivent rester fermés.

Cette prescription ne s'applique pas:

–   aux ouvertures d'aspiration des moteurs en fonctionnement;

–   aux ouvertures de ventilation des salles des machines quand les moteurs sont en marche;

–   aux prises d'air du système de ventilation visé aux 9.3.1.12.4, 9.3.2.12.4 ou 9.3.3.12.4; et

–   aux prises d'air, si ces ouvertures sont munies de l'installation de détection de gaz visée aux 9.3.1.12.4, 9.3.2.12.4 ou 9.3.3.12.4.

Ces accès ou ouvertures ne doivent être ouverts qu'en cas de nécessité et pour une courte durée, avec l'autorisation du conducteur.

7.2.4.17.2   Après la fin des opérations de chargement, de déchargement ou de dégazage, les locaux qui sont accessibles depuis le pont doivent être aérés.

7.2.4.17.3   Les dispositions des 7.2.4.17.1 et 7.2.4.17.2 ci-dessus ne s'appliquent pas à la réception de déchets huileux et graisseux survenant lors de l'exploitation des bateaux ni à la remise de produits pour l'exploitation des bateaux. Les dispositions des 7.2.4.17.1 et 7.2.4.17.2 sont toutefois applicables à la remise de gaz naturel liquéfié (GNL) pour l'exploitation des bateaux.

7.2.4.18   *Couverture de la cargaison et inertisation*

7.2.4.18.1   Dans les citernes à cargaison et les tuyauteries correspondantes une mise sous atmosphère inerte dans la phase gazeuse ou une couverture de la cargaison peut s'avérer nécessaire. La mise sous atmosphère inerte et la couverture de la cargaison sont définies comme suit:

–   Mise sous atmosphère inerte: les citernes à cargaison et les tuyauteries correspondantes et d'autres locaux pour lesquels cela est prescrit au 3.2, tableau C, colonne (20), sont remplies de gaz ou de vapeurs qui empêchent la combustion, ne réagissent pas avec la cargaison et maintiennent cet état;

–   Couverture de la cargaison: les espaces des citernes à cargaison au-dessus de la cargaison et les tuyauteries correspondantes sont remplies avec un liquide, un gaz ou une vapeur de manière a ce que la cargaison soit séparée de l'air et que cet état soit maintenu.

7.2.4.18.2   Pour certaines matières les exigences relatives à l'inertisation et à la couverture de la cargaison dans les citernes à cargaison, dans les tuyauteries correspondantes et les locaux contigus vides sont données dans la colonne (20) du tableau C du chapitre 3.2.

7.2.4.18.3   *(Réservé)*

7.2.4.18.4   L'inertisation ou la couverture en cas de cargaisons inflammables doit être effectuée de telle manière que l'apport de l'agent d'inertisation produise le moins possible d'électricité statique.

7.2.4.19   *(Supprimé)*

7.2.4.20   *(Réservé)*

7.2.4.21   *Remplissage des citernes à cargaison*

7.2.4.21.1   Le degré de remplissage indiqué à la colonne (11) du tableau C du chapitre 3.2 ou calculé conformément au paragraphe 7.2.4.21.3 pour la citerne considérée ne doit pas être dépassé.

7.2.4.21.2   Les prescriptions du 7.2.4.21.1 ci-dessus ne s'appliquent pas aux citernes à cargaison dont le contenu est maintenu au cours du transport à la température de remplissage au moyen d'un équipement de réchauffage. Dans ce cas, le degré de remplissage doit être calculé au début du transport et la température réglée de telle manière pendant le transport que le degré de remplissage maximal autorisé ne soit pas dépassé.

7.2.4.21.3   Pour le transport de matières ayant une densité relative plus élevée que les matières prises en compte dans le certificat d'agrément, le degré maximal de remplissage admissible des citernes à cargaison doit être calculé au moyen de la formule suivante:

degré maximal de remplissage admissible (%) = a * 100/b,

a = densité relative de la matière prise en compte dans le certificat d'agrément,

b = densité relative de la matière transportée.

Le degré de remplissage indiqué à la colonne (11) du tableau C du chapitre 3.2 ne doit cependant pas être dépassé.

NOTA*: En outre, les prescriptions relatives à la stabilité, à la résistance longitudinale et au tirant d'eau maximal doivent être respectées lors du remplissage des citernes à cargaison.*

7.2.4.21.4 En cas de dépassement éventuel du degré de remplissage de 97,5 %, une installation technique permettant de pomper le trop-plein est autorisée. Pendant une telle opération une alarme optique automatique doit être déclenchée sur le pont.

7.2.4.22 *Ouverture d'orifices des citernes à cargaison*

7.2.4.22.1 L'ouverture d'orifices de citernes à cargaison n'est autorisée qu'après détente de celles-ci.

La décompression des citernes à cargaison n'est admise qu'au moyen du dispositif de décompression en toute sécurité des citernes à cargaison visé aux 9.3.2.22.4 a) et 9.3.2.22.4 b) ou 9.3.3.22.4 a) et 9.3.3.22.4 b). Lorsqu'en vertu de la colonne (17) du tableau C du chapitre 3.2 une protection contre les explosions est exigée, l'ouverture des couvercles des citernes à cargaison n'est autorisée que si les citernes à cargaison correspondantes ont été dégazées et que la concentration de gaz inflammables dans la citerne à cargaison est inférieure à 10 % de la LIE de la cargaison/cargaison précédente. Les résultats des mesures doivent être consignés par écrit. L'entrée dans ces citernes à cargaison n'est pas autorisée pour effectuer les mesures.

7.2.4.22.2 L'ouverture des orifices de prises d'échantillons n'est autorisée qu'aux fins de la prise d'échantillons et du contrôle ou nettoyage de citernes à cargaison vides.

7.2.4.22.3 La prise d'échantillons n'est admise qu'au moyen d'un dispositif prescrit à la colonne (13) du tableau C du chapitre 3.2 ou un dispositif présentant une sécurité supérieure.

L'ouverture des orifices de prises d'échantillons de citernes à cargaison chargées de matières pour lesquelles une signalisation avec un ou deux cônes ou feux bleus est prescrite à la colonne (19) du tableau C du chapitre 3.2 n'est autorisée que lorsque le chargement a été interrompu depuis au moins 10 minutes.

7.2.4.22.4 Les récipients destinés au prélèvement d'échantillons, y compris tous les accessoires, tels que cordes, etc., doivent être en un matériau électrostatiquement conducteur et être électriquement reliés à la coque du bateau pendant le prélèvement.

7.2.4.22.5 L'ouverture du carter des coupe-flammes n'est autorisée que pour le nettoyage de l'élément coupe-flammes ou pour le remplacement par des éléments coupe-flammes de même conception.

L'ouverture n'est autorisée que si les citernes à cargaison correspondantes ont été déchargées et que la concentration de gaz inflammables dans la citerne à cargaison est inférieure à 10 % de la LIE de la cargaison/cargaison précédente.

Les résultats des mesures doivent être consignés par écrit.

Le nettoyage et le remplacement de l'élément coupe-flammes ne peuvent être effectués que par du personnel formé et qualifié.

7.2.4.22.6 Pour les opérations visées aux 7.2.4.22.4 et 7.2.4.22.5 ne doivent être utilisés que des outils à main produisant peu d'étincelles, tels que par exemple des tournevis et clés en acier chromé au vanadium.

7.2.4.22.7 La durée d'ouverture doit rester limitée au temps nécessaire au contrôle, au nettoyage, au remplacement de l'élément coupe-flammes ou à la prise d'échantillons.

7.2.4.22.8 Les dispositions des 7.2.4.22.1 à 7.2.4.22.7 ci-dessus ne s'appliquent pas aux bateaux déshuileurs ni aux bateaux avitailleurs.

7.2.4.23 *(Réservé)*

7.2.4.24   *Opérations simultanées de chargement ou de déchargement*

Pendant le chargement ou le déchargement des citernes à cargaison, il est interdit de charger ou de décharger une autre cargaison. L'autorité compétente peut accorder des dérogations pendant le déchargement.

7.2.4.25   *Tuyauteries de chargement et de déchargement et conduites d'évacuation de gaz*

7.2.4.25.1   Le chargement et le déchargement ainsi que l'assèchement des citernes à cargaison doivent s'effectuer au moyen de la tuyauterie fixe du bateau.

Les armatures métalliques des tuyaux de raccordement à la tuyauterie à terre doivent être mis à la masse de manière à éviter l'accumulation de charges électrostatiques.

7.2.4.25.2   Les tuyauteries de chargement et de déchargement ne doivent pas être prolongées par des tuyauteries rigides ou flexibles allant au-delà des cofferdams vers l'avant ou vers l'arrière.

Cette prescription ne s'applique pas aux tuyauteries flexibles utilisées pour la réception de déchets huileux et graisseux survenant lors de l'exploitation des bateaux et pour la remise de produits pour l'exploitation des bateaux.

7.2.4.25.3   *(Réservé)*

7.2.4.25.4   Le liquide restant dans les tuyauteries doit être intégralement renvoyé dans les citernes à cargaison, si possible, ou évacué de manière sûre. Cette prescription ne s'applique pas aux bateaux avitailleurs.

7.2.4.25.5   Les mélanges gaz-air survenant lors du chargement doivent être renvoyés à terre au moyen d'une conduite de retour de gaz:

–   Quand une citerne à cargaison fermée est exigée à la colonne (7) du tableau C du chapitre 3.2; ou

–   Quand une citerne à cargaison fermée était exigée pour la cargaison précédente dans la colonne (7) du tableau C du chapitre 3.2 et quand, avant le chargement, la concentration de gaz inflammables de la cargaison précédente y est supérieure à 10 % de la LIE ou qu'elle contient des gaz toxiques ou corrosifs (groupe d'emballage I ou II) ou des gaz ayant des caractéristiques CMR (catégories 1A ou 1B) à une concentration dépassant les niveaux d'expositions acceptés à l'échelon national. Si ces conditions ne sont pas remplies et que la conduite de retour des gaz n'est pas utilisée, les concentrations mesurées doivent être enregistrées par écrit.

Si les matières à charger nécessitent une protection contre les explosions en vertu de la colonne (17) du tableau C du chapitre 3.2, et si l'utilisation d'une conduite de retour de gaz est prescrite, la conduite de retour de gaz doit être conçue de telle manière que le bateau soit protégé contre les détonations et les passages de flammes provenant de terre. La protection du bateau contre les détonations et les passages de flammes provenant de terre n'est pas exigée lorsque les citernes à cargaisons sont inertisées conformément au 7.2.4.18.

7.2.4.25.6   Dans le cas du transport de matières de la classe 2, la prescription du 7.2.4.25.4 est considérée comme remplie si les tuyauteries de chargement ou de déchargement ont été remplies à nouveau avec ce même gaz ou avec de l'azote.

7.2.4.25.7   Pour le raccordement ou la séparation de la tuyauterie de chargement ou de déchargement ainsi que de la conduite d'évacuation de gaz ne doivent être utilisés que des outils à main produisant peu d'étincelles, tels que par exemple des tournevis et clés en acier chromé au vanadium.

| 7.2.4.26 et | (Réservés) |
| 7.2.4.27 | |

7.2.4.28 *Installation de pulvérisation d'eau*

7.2.4.28.1 Si un système de pulvérisation d'eau pour les gaz ou vapeurs est exigé à la colonne 9 du tableau C du chapitre 3.2, celui-ci doit être tenu prêt à fonctionner au cours des opérations de chargement, de déchargement et de transport. Si un système de pulvérisation d'eau pour refroidir le pont des citernes est exigé, celui-ci doit être tenu prêt au fonctionnement pendant le transport.

7.2.4.28.2 Lorsqu'une pulvérisation d'eau est exigée à la colonne (9) du tableau C du chapitre 3.2 et que la pression de la phase gazeuse des citernes à cargaison risque d'atteindre 80 % de la pression d'ouverture de la soupape de surpression/soupape de dégagement à grande vitesse, le conducteur doit prendre toutes les mesures compatibles avec la sécurité pour éviter que la pression n'atteigne cette valeur. Il doit notamment mettre en action l'installation de pulvérisation d'eau.

7.2.4.28.3 Lorsqu'une pulvérisation d'eau est exigée à la colonne (9) du tableau C du chapitre 3.2 et que l'observation 23 est mentionnée à la colonne (20) du tableau C du chapitre 3.2, l'instrument de mesure de la pression interne doit déclencher une alarme lorsque la pression interne atteint 40 kPa (0,4 bar). L'installation de pulvérisation d'eau doit immédiatement être mise en action et le rester jusqu'à ce que la pression interne soit tombée à 30 kPa (0,3 bar).

7.2.4.29 *Transport de gaz liquéfiés réfrigérés*

Pendant le chargement ou le déchargement, la gatte mentionnée au 9.3.1.21.11 doit être placée sous le raccordement à terre des tuyauteries de chargement et déchargement en service, et un film d'eau tel que mentionné au 9.3.1.21.11 doit être déclenché.

| 7.2.4.30 à | (Réservés) |
| 7.2.4.39 | |

7.2.4.40 *Dispositifs d'extinction d'incendie*

Pendant le chargement et le déchargement, les installations d'extinction d'incendie, le collecteur principal d'incendie muni des bouches et raccordé à des lances à jet/pulvérisation ou à des tuyauteries flexibles raccordées à des lances à jet/pulvérisation doivent être prêts à fonctionner sur le pont dans la zone de cargaison.

Le gel des collecteurs principaux d'incendie et des bouches doit être évité.

7.2.4.41 *Fait de fumer, feu et lumière non protégée*

Pendant le chargement, le déchargement ou le dégazage, il est interdit d'utiliser du feu ou une lumière non protégée ou de fumer à bord du bateau.

Toutefois, les prescriptions des 7.2.3.42.3 et 7.2.3.42.4 sont applicables.

7.2.4.42 *Installation de chauffage de la cargaison*

La température de transport maximale admissible indiquée à la colonne (20) du tableau C du chapitre 3.2 ne doit pas être dépassée.

| 7.2.4.43 à | (Réservés) |
| 7.2.4.50 | |

7.2.4.51 **_Installations et équipements électriques_**

7.2.4.51.1 et *(Supprimés)*
7.2.4.51.2

7.2.4.51.3 Les équipements de protection cathodique contre la corrosion par courants externes doivent être débranchés avant l'accostage et ne peuvent être rebranchés au plus tôt qu'après le départ du bateau.

7.2.4.52 *(Réservé)*

7.2.4.53 **_Éclairage_**

Si le chargement ou le déchargement est effectué de nuit ou par mauvaise visibilité, un éclairage efficace doit être assuré. L'éclairage depuis le pont doit être assuré par des appareils d'éclairage électriques solidement fixés et placés de façon à ne pas pouvoir être endommagés.

7.2.4.54 à *(Réservés)*
7.2.4.59

7.2.4.60 **_Équipement spécial_**

La douche et l'installation pour le rinçage des yeux et du visage prescrits dans les règles de construction doivent être tenus prêts à l'utilisation quelles que soient les conditions météorologiques pendant les opérations de chargement et de déchargement et de transfert de la cargaison par pompage.

7.2.4.61 à *(Réservés)*
7.2.4.73

7.2.4.74 *(Supprimé)*

7.2.4.75 **_Risque de formation d'étincelles_**

Toutes les liaisons continues entre le bateau et la terre conductrices d'électricité doivent être conçues de manière à ne pas constituer une source d'inflammation. Si la liste des matières du bateau selon 1.16.1.2.5 contient des matières pour lesquelles la protection contre les explosions est exigée à la colonne (17) du tableau C du chapitre 3.2, il est interdit de retirer des vêtements qui ne sont pas suffisamment dissipateurs dans la zone 1.

7.2.4.76 **_Câbles en matière synthétique_**

Au cours des opérations de chargement et de déchargement, le bateau ne peut être amarré au moyen de câbles en matière synthétique que si des câbles en acier l'empêchent de dériver.

Les câbles en acier gainés de matière synthétique ou de fibres naturelles sont considérés comme équivalents lorsque la résistance minimale à la rupture exigée en vertu des règlements visés au 1.1.4.6 est obtenue par les torons en acier.

Toutefois, les bateaux déshuileurs ainsi que les bateaux avitailleurs et les autres bateaux remettant des produits pour l'exploitation des bateaux peuvent être amarrés au moyen de câbles appropriés en matière synthétique pendant la réception de déchets huileux et graisseux survenant lors de l'exploitation des bateaux.

	Bateau-citerne/barge-citerne				
	Classe				
	2, 3 (sauf les deuxième et troisième rubriques relatives au No. ONU 1202, groupe d'emballage III, dans le tableau C)	3 (uniquement les deuxième et troisième rubriques relatives au No. ONU 1202, groupe d'emballage III, dans le tableau C), 4.1	5.1, 6.1	8	9
1	Deux chemins de repli à l'intérieur ou à l'extérieur de la zone de cargaison dans des directions opposées	•	•	•	•	•
2	Un chemin de repli à l'extérieur de la zone de cargaison et un refuge à l'extérieur du bateau avec le chemin de repli qui y conduit depuis l'extrémité opposée	•	•	•	•	•
3	Un chemin de repli à l'extérieur de la zone de cargaison et un refuge à l'extrémité opposée	•	•	•**	•	•
4	Un chemin de repli à l'extérieur de la zone de cargaison et un canot de service à l'extrémité opposée		•		•	•
5	Un chemin de repli à l'extérieur de la zone de cargaison et une embarcation de sauvetage à l'extrémité opposée	•	•	•	•	•
6	Un chemin de repli à l'intérieur de la zone de cargaison et un chemin de repli à l'extérieur de la zone de cargaison à l'extrémité opposée	•	•	•	•	•
7	Un chemin de repli à l'intérieur de la zone de cargaison et un refuge à l'extérieur du bateau dans la direction opposée	•	•	•	•	•
8	Un chemin de repli à l'intérieur de la zone de cargaison et un refuge dans la direction opposée	•	•	•**	•	•
9	Un chemin de repli à l'intérieur de la zone de cargaison et un canot de service à l'extrémité opposée		•		•	•
10	Un chemin de repli à l'intérieur de la zone de cargaison et une embarcation de sauvetage à l'extrémité opposée	•	•	•	•	•
11	Un chemin de repli à l'intérieur ou à l'extérieur de la zone de cargaison et deux refuges à bord du bateau aux extrémités opposées	•	•	•**	•	•
12	Un chemin de repli à l'intérieur ou à l'extérieur de la zone de cargaison et deux zones de sécurité à bord du bateau aux extrémités opposées	•	•	•**	•	•
13	Un chemin de repli à l'extérieur de la zone de cargaison		•		•*	•
14	Un chemin de repli à l'intérieur de la zone de cargaison		•		•*	•
15	Un ou plusieurs refuge(s) à l'extérieur du bateau, avec les chemins de repli qui y conduisent	•	•	•	•*	•

• = Option possible.

* = Pas acceptable lorsque les codes de classification sont TFC, CF ou CFT.

** = Pas acceptable s'il existe un risque que des matières comburantes combinées avec des liquides inflammables puissent provoquer une explosion.

Selon les circonstances locales, les autorités compétentes peuvent imposer des prescriptions supplémentaires concernant la disponibilité de moyens d'évacuation.

7.2.4.78 à   *(Réservés)*
7.2.4.99

7.2.5   **Prescriptions supplémentaires relatives à la navigation du bateau**

7.2.5.0   *Signalisation*

7.2.5.0.1   Les bateaux transportant les matières énumérées au tableau C du chapitre 3.2 doivent montrer les cônes bleus ou feux bleus en nombre indiqué dans la colonne (19) dudit tableau et conformes au CEVNI. Lorsqu'en raison de la cargaison transportée aucune signalisation avec des cônes ou des feux bleus n'est prescrite, mais que la concentration de gaz et de vapeurs inflammables ou toxiques dans les citernes à cargaison, provenant de la dernière cargaison pour laquelle une telle signalisation était exigée, est supérieure à 20 % de la LIE ou aux niveaux d'exposition nationaux admis, le nombre de cônes bleus ou de feux bleus à porter est déterminé par la dernière cargaison pour laquelle une telle signalisation était exigée.

7.2.5.0.2   Si plusieurs signalisations devaient s'appliquer à un bateau, est appliquée celle qui arrive la première dans l'énumération suivante:

–   deux cônes bleus ou deux feux bleus;

–   un cône bleu ou un feu bleu.

7.2.5.0.3   En dérogation au 7.2.5.0.1 ci-dessus, conformément aux notes de bas de page relatives à l'article 3.14 du CEVNI, l'autorité compétente d'une Partie contractante peut autoriser, pour les navires de mer, lorsqu'ils sont utilisés à titre temporaire seulement dans les zones de navigation intérieure sur le territoire de cette Partie contractante, l'utilisation des signaux de nuit et de jour prescrits dans les Recommandations relatives à la sécurité du transport des cargaisons dangereuses et des activités apparentées dans les zones portuaires adoptées par le Comité de la sécurité maritime de l'Organisation maritime internationale (de nuit, un feu rouge fixe omnidirectionnel, et de jour, le pavillon "B" du Code international de signaux) à la place des signaux prescrits au 7.2.5.0.1. La Partie Contractante qui a pris l'initiative de la dérogation temporaire ainsi accordée informera de cette dérogation le Secrétaire exécutif de la CEE-ONU qui la portera à la connaissance du Comité d'administration.

7.2.5.1   *Mode de circulation*

Les autorités compétentes peuvent imposer des restrictions relatives à l'inclusion de bateaux-citernes dans des convois poussés de grandes dimensions.

7.2.5.2   *(Réservé)*

7.2.5.3   *Amarrage*

Les bateaux doivent être amarrés solidement, mais de sorte qu'ils puissent être libérés rapidement en cas de danger et que les câbles électriques et les tuyauteries flexibles ne soient pas comprimés, pliés ou ne subissent pas de déformation due à la traction.

7.2.5.4   *Stationnement*

7.2.5.4.1   La distance des bateaux en stationnement chargés de matières dangereuses par rapport à d'autres bateaux ne doit pas être inférieure à celle que prescrivent les règlements visés au 1.1.4.6.

7.2.5.4.2   Un expert selon 7.2.3.15 doit se trouver en permanence à bord des bateaux en stationnement qui transportent les matières dangereuses. L'autorité compétente peut toutefois dispenser de cette obligation les bateaux qui stationnent dans un bassin portuaire ou en un emplacement admis à cet effet.

7.2.5.4.3   En dehors des zones de stationnement indiquées par l'autorité compétente, les bateaux ne doivent pas stationner à moins de:

-    100 m   des zones résidentielles, ouvrages d'art ou parcs de réservoirs si le bateau doit être signalé par un cône bleu ou un feu bleu conformément à la colonne (19) du tableau C du chapitre 3.2;

-    100 m   des ouvrages d'art et des parcs de réservoirs et 300 m des zones résidentielles si le bateau doit être signalé par deux cônes bleus ou deux feux bleus conformément à la colonne (19) du tableau C du chapitre 3.2.

Des distances inférieures à celles indiquées ci-dessus peuvent être autorisées si les bateaux attendent devant des écluses ou des ponts. Cette distance ne doit en aucun cas être inférieure à 100 m.

7.2.5.4.4   L'autorité compétente peut, en considération des conditions locales, autoriser des distances inférieures à celles qui sont mentionnées au 7.2.5.4.3 ci-dessus.

7.2.5.5 à   *(Réservés)*
7.2.5.7

7.2.5.8   *Obligation de notification*

7.2.5.8.1   Dans les pays où il existe une obligation de notification, le conducteur d'un bateau doit donner des informations conformément au paragraphe 1.1.4.6.1.

7.2.5.8.2 à   *(Supprimés)*
7.2.5.8.4

7.2.5.9 à   *(Réservés)*
7.2.9.99

PARTIE 8

Prescriptions relatives aux équipages, à l'équipement, aux opérations et à la documentation

CHAPITRE 8.1

PRESCRIPTIONS GÉNÉRALES APPLICABLES AUX BATEAUX ET À L'ÉQUIPEMENT

8.1.1   *(Réservé)*

8.1.2   **Documents**

8.1.2.1   Outre les documents visés dans d'autres règlements, les documents suivants doivent se trouver à bord:

     a)   le certificat d'agrément du bateau visé au 1.16.1.1 ou le certificat d'agrément provisoire du bateau visé au 1.16.1.3 et l'annexe visée au 1.16.1.4;

     b)   les documents de transport visés au 5.4.1 pour toutes les marchandises dangereuses transportées en tant que cargaison se trouvant à bord et le cas échéant le certificat d'empotage du conteneur ou du véhicule (voir 5.4.2);

     c)   les consignes écrites prescrites au 5.4.3;

     d)   un exemplaire de l'ADN avec son Règlement annexé à jour qui peut être un exemplaire consultable à tout moment au moyen d'un support électronique;

     e)   le certificat de vérification de la résistance de l'isolation des installations et équipements électriques prescrit au 8.1.7.1 et les attestations prescrites au 8.1.7.2 relatives à la vérification des installations et équipements et des systèmes de protection autonomes ainsi qu'à la conformité des documents exigés aux 8.1.2.2 e) à h) et 8.1.2.3 r à v) aux circonstances à bord;

     f)   l'attestation relative à l'inspection des tuyaux d'extinction d'incendie, prescrite au 8.1.6.1 et l'attestation relative à l'inspection de l'équipement spécial prescrite au 8.1.6.3;

     g)   un carnet de contrôle dans lequel sont consignés tous les résultats de mesures;

     h)   une copie du texte pertinent des autorisations spéciales visées au 1.5 si le transport s'effectue en vertu de cette (ces) autorisation(s) spéciale(s);

     i)   un document d'identification comportant une photographie conformément au 1.10.1.4, pour chaque membre de l'équipage;

     j)   *(Supprimé)*

     k)   pour les bateaux qui transportent des tuyauteries flexibles utilisées pour le chargement, le déchargement ou la remise de gaz naturel liquéfié pour l'exploitation du bateau, l'attestation relative à l'inspection et la documentation concernant la pression de charge maximale calculée prescrite au paragraphe 8.1.6.2.

8.1.2.2   Outre les documents prescrits au 8.1.2.1 les documents suivants doivent se trouver à bord des bateaux à marchandises sèches:

     a)   le plan de chargement prescrit au 7.1.4.11;

     b)   l'attestation relative aux connaissances particulières de l'ADN prescrite au 8.2.1.2;

     c)   pour les bateaux répondant aux prescriptions supplémentaires applicables aux bateaux à double coque:

         –   un plan de sécurité en cas d'avarie;

–   les documents relatifs à la stabilité du bateau intact ainsi que tous les cas de stabilisation du bateau intact ayant servi comme base au calcul de stabilité après avarie, dans une présentation compréhensible pour le conducteur;

–   l'attestation de la société de classification agréée (voir 9.1.0.88 ou 9.2.0.88).

d)   Les attestations d'inspection relatives aux installations d'incendie fixées à demeure prescrites au 9.1.0.40.2.9;

e)   une liste ou un plan schématique des installations et équipements fixés à demeure qui sont appropriés au moins pour une utilisation en zone 1 et des installations et équipements conformes au 9.1.0.51;

f)   une liste ou un plan schématique des installations et équipements fixés à demeure dont l'utilisation n'est pas autorisée durant le chargement, le déchargement ou le stationnement à proximité immédiate ou à l'intérieur d'une zone assignée à terre (marqués en rouge conformément au 9.1.0.52.2);

g)   un plan indiquant les limites des zones et l'emplacement des installations et équipements électriques et non électriques installés dans la zone concernée qui sont destinés à être utilisés dans des zones de risque d'explosion;

h)   une liste des installations et équipements visés sous g) avec les indications suivantes:

–   Installation/équipement, emplacement, marquage (niveau de protection contre les explosions selon la norme CEI 60079-0, catégorie d'équipement selon la directive 2014/34/UE[1] ou niveau de protection équivalent, groupe d'explosion, classe de température, type de protection, organisme de contrôle) dans le cas des équipements électriques destinés à être utilisés en zone 1 (ou, en guise d'alternative, copie de la déclaration de conformité selon la directive 2014/34/UE[1]);

–   Installation/équipement, emplacement, marquage (niveau de protection contre les explosions selon la norme CEI 60079-0, catégorie d'équipement selon la directive 2014/34/UE[1] ou niveau de protection équivalent, y compris le groupe d'explosion et la classe de température, le type de protection, le numéro d'identification) dans le cas des équipements électriques destinés à être utilisés en zone 2 ainsi que dans le cas d'équipements non électriques destinés à être utilisés en zone 1 et en zone 2 (ou, en guise d'alternative, copie de la déclaration de conformité selon la directive 2014/34/UE[1]);

Les documents énumérés aux alinéas e) à h) ci-dessus doivent porter le visa de l'autorité compétente ayant délivré le certificat d'agrément.

8.1.2.3   Outre les documents prescrits au 8.1.2.1 les documents suivants doivent se trouver à bord des bateaux-citernes:

a)   le plan de chargement prescrit au 7.2.4.11.2;

b)   l'attestation relative aux connaissances particulières de l'ADN prescrite au 8.2.1.2;

---

[1]   Journal officiel de l'Union européenne No L 96 du 29 mars 2014, p. 309.

c)   pour les bateaux devant répondre aux exigences relatives à la sécurité en cas d'avarie (voir 9.3.1.15, 9.3.2.15 ou 9.3.3.15):

–   un plan de sécurité en cas d'avarie;

–   les documents relatifs à la stabilité du bateau intact ainsi que tous les cas de stabilisation du bateau intact ayant servi comme base au calcul de stabilité après avarie, dans une présentation compréhensible pour le conducteur; le manuel de stabilité et la preuve que l'instrument de chargement a été approuvé par une société de classification agréée;

d)   (*Supprimé*)

e)   le certificat de classification, délivré par la société de classification agréée, prescrit au 9.3.1.8.1, 9.3.2.8.1 ou au 9.3.3.8.1;

f)   Les attestations relatives à l'inspection des installations de détection de gaz et de l'installation de mesure de l'oxygène prescrites au 8.1.6.3;

g)   la liste des matières transportables par le bateau prescrite au paragraphe 1.16.1.2.5;

h)   l'attestation relative au contrôle des tuyauteries flexibles de chargement et de déchargement prescrite au 8.1.6.2;

i)   Les instructions relatives aux débits de chargement et de déchargement prescrites aux 9.3.2.25.9 ou 9.3.3.25.9;

j)   le certificat d'inspection des chambres des pompes à cargaison prescrit au 8.1.8;

k)   les instructions de chauffage lors du transport de matières dont le point de fusion ≥ 0 °C;

l)   (*Supprimé*)

m)   le document relatif aux enregistrements visé au 8.1.11;

n)   En cas de transport de matières réfrigérées, l'instruction exigée au 7.2.3.28;

o)   le certificat relatif à l'installation de réfrigération, prescrit au 9.3.1.27.10, au 9.3.2.27.10 ou au 9.3.3.27.10;

p)   les attestations d'inspection relatives aux installations d'incendie fixées à demeure prescrites au 9.3.1.40.2.9, 9.3.2.40.2.9 ou 9.3.3.40.2.9;

q)   en cas de transport de gaz liquéfiés réfrigérés et lorsque la température n'est pas contrôlée conformément à 9.3.1.24.1 a) et 9.3.1.24.1 c), la détermination du temps de retenue (7.2.4.16.16, 7.2.4.16.17 et la documentation relative au coefficient de transmission thermique);

r)   une liste ou un plan schématique des installations et équipements fixés à demeure qui sont appropriés au moins pour une utilisation en zone 1 et des installations et équipements conformes au 9.3.1.51, 9.3.2.51 ou 9.3.3.51;

s)   une liste ou un plan schématique des installations et équipements fixés à demeure dont l'utilisation n'est pas autorisée durant le chargement, le déchargement, le dégazage ou le stationnement à proximité immédiate ou à l'intérieur d'une zone assignée à terre (marqués en rouge conformément aux 9.3.1.52.3, 9.3.2.52.3 ou 9.3.3.52.3);

t)   un plan approuvé par une société de classification agréée indiquant les limites des zones et l'emplacement des installations et équipements électriques et non électriques installés dans la zone concernée qui sont destinés à être utilisés dans des zones de risque d'explosion ainsi que des systèmes de protection autonomes;

u)   une liste des installations et équipements visés à l'alinéa t) ainsi que des systèmes de protection autonomes, avec les renseignements suivants:

–   Installation/équipement, emplacement, marquage (niveau de protection contre les explosions selon la norme CEI 60079-0 ou catégorie d'equipment selon la directive 2014/34/UE[1] ou au moins équivalent), y compris le groupe d'explosion et la classe de température, le type de protection, l'organisme de contrôle dans le cas des équipements électriques destinés à être utilisés en zone 0 et en zone 1 ainsi que dans le cas des équipements non électriques destinés à être utilisés en zone 0; (ou, en guise d'alternative, copie de l'attestation de contrôle, par exemple de la déclaration de conformité selon la directive 2014/34/UE[1]);

–   Installation/équipement, emplacement, marquage (niveau de protection contre les explosions selon la norme CEI 60079-0, catégorie d'équipement selon la directive 2014/34/UE[1] ou niveau de protection équivalent, y compris le groupe d'explosion et la classe de température, le type de protection, le numéro d'identification) dans le cas des équipements électriques destinés à être utilisés en zone 2 ainsi que dans le cas des équipements non électriques destinés à être utilisés en zone 1 et en zone 2 (ou, en guise d'alternative, copie de l'attestation de contrôle, par exemple de la déclaration de conformité selon la directive 2014/34/UE[1]);

–   système de protection autonome, lieu de montage, marquage (groupe/sous-groupe d'explosion);

v)   une liste ou un plan schématique indiquant les installations et équipements fixés à demeure situés en dehors des zones de risque d'explosion, qui peuvent être utilisés pendant le chargement, le déchargement, le dégazage, le stationnement ou pendant le séjour à proximité immédiate ou à l'intérieur d'une zone assignée à terre, s'ils ne sont pas visés par les alinéas r) et u);

Les documents énumérés aux alinéas r) à v) ci-dessus doivent porter le visa de l'autorité compétente ayant délivré le certificat d'agrément;

w)   les attestations exigées au 3.2.3.1, Explications concernant le tableau C, Notes explicatives pour la colonne (20), observation 12, alinéas p) et q), le cas échéant;

x)   les attestations exigées au 3.2.3.1, Explications concernant le tableau C, Notes explicatives pour la colonne (20), observation 33, alinéas i), n) et o), le cas échéant.

8.1.2.4   Les consignes écrites visées au 5.4.3 doivent être remises au conducteur avant le chargement. Elles doivent être conservées dans la timonerie et être faciles à trouver.

À bord des bateaux à marchandises sèches les documents de transport doivent être remis au conducteur avant le chargement et à bord des bateaux-citernes ils doivent lui être remis après le chargement et avant le commencement du voyage.

8.1.2.5   (*Réservé*)

---

[1]   *Journal officiel de l'Union européenne No L 96 du 29 mars 2014, p. 309.*

8.1.2.6   La présence à bord du certificat d'agrément n'est pas requise dans le cas des barges de poussage qui ne transportent pas de marchandises dangereuses, à condition que les détails supplémentaires suivants soient indiqués, en lettres identiques, sur la plaque prévue par le CEVNI:

> Numéro du certificat d'agrément: ...
> délivré par: ...
> valable jusqu'au: ...

La certificat d'agrément et l'annexe visée au 1.16.1.4 sont alors conservés chez le propriétaire de la barge.

La concordance entre les indications portées sur la plaque et celles du certificat d'agrément doit être constatée par une autorité compétente, qui doit apposer son poinçon sur la plaque.

8.1.2.7   La présence à bord du certificat d'agrément n'est pas requise dans le cas de barges à marchandises sèche ou de barges-citernes transportant des marchandises dangereuses à condition que la plaque prévue par le CEVNI soit complétée par une deuxième plaque métallique ou en matière synthétique reproduisant par un procédé photooptique la copie de la totalité du certificat d'agrément. Une copie photo-optique de l'annexe visée au 1.16.1.4 n'est pas requise.

La certificat d'agrément et l'annexe visée au 1.16.1.4 sont alors conservés chez le propriétaire de la barge.

La concordance entre la copie sur la plaque et le certificat d'agrément doit être constatée par une autorité compétente qui doit apposer son poinçon sur la plaque.

8.1.2.8   Tous les documents doivent se trouver à bord dans une langue que le conducteur peut lire et comprendre. Si cette langue n'est pas l'allemand, l'anglais ou le français, tous les documents, à l'exception de l'exemplaire de l'ADN avec son règlement annexé et de ceux pour lesquels ce règlement prévoit des dispositions particulières concernant les langues, doivent se trouver à bord aussi en anglais, en français ou en allemand à moins que les accords conclus entre les pays intéressés au transport n'en disposent autrement.

8.1.2.9   Les 8.1.2.1 b), 8.1.2.1 g), 8.1.2.4 et 8.1.2.5 ne sont pas applicables aux bateaux déshuileurs et aux bateaux avitailleurs. Le 8.1.2.1 c) n'est pas applicable aux bateaux déshuileurs.

8.1.3   *(Réservé)*

8.1.4   Dispositifs d'extinction d'incendie

Tout bateau doit être pourvu, en plus des appareils d'extinction d'incendie prescrits par les prescriptions visées aux règlements visés au 1.1.4.6, d'au moins deux extincteurs à main de la même capacité. L'agent extincteur contenu dans ces extincteurs à main supplémentaires doit être approprié pour combattre des incendies des matières dangereuses transportées.

8.1.5   Équipement spécial

8.1.5.1   Dans la mesure où les dispositions des tableaux A ou C du chapitre 3.2 l'exigent, les équipements suivants doivent être disponibles à bord:

PP: pour chaque membre de l'équipage une paire de lunettes de protection, une paire de gants de protection, une tenue de protection et une paire appropriée de chaussures de protection (le cas échéant de bottes de protection). À bord des bateaux-citernes il doit s'agir de bottes de protection dans tous les cas;

EP: un dispositif de sauvetage approprié pour chaque personne qui se trouve à bord;

EX: un détecteur de gaz;

TOX: un toximètre adapté à la cargaison actuelle et précédente, avec ses accessoires et sa notice d'utilisation;

A: un appareil de protection respiratoire dépendant de l'air ambiant.

8.1.5.2 Pour les opérations correspondantes effectuées dans les zones de risque d'explosion ainsi que pendant le séjour à proximité ou à l'intérieur d'une zone assignée à terre ne doivent être utilisés que des outils à main produisant peu d'étincelles, tels que par exemple des tournevis et clés en acier chromé au vanadium.

8.1.5.3 Pour les convois poussés ou les formations à couple en marche, il suffit que le bateau pousseur ou celui qui propulse la formation soit muni des équipements visés au 8.1.5.1 ci-dessus pour autant qu'ils sont prescrits aux tableaux A ou C du chapitre 3.2.

8.1.6 Vérification et inspection du matériel

8.1.6.1 Les extincteurs à main et les tuyaux d'extinction d'incendie doivent être inspectés au moins une fois tous les deux ans par des personnes agréées à cette fin par l'autorité compétente. Sur les extincteurs à main la preuve de l'inspection doit être apposée. Une attestation relative à l'inspection des tuyaux d'extinction d'incendie doit se trouver à bord.

8.1.6.2 Les tuyauteries flexibles utilisées pour le chargement, le déchargement ou la remise de produits pour l'exploitation du bateau (autres que du gaz naturel liquéfié) et de cargaison restante doivent correspondre à la norme européenne EN 12115: 2011-04 (tuyaux et tuyauteries flexibles en caoutchouc ou en matière synthétique) ou EN 13765: 2010-08 (tuyaux et tuyauteries flexibles en thermoplastique multicouches non vulcanisés) ou EN ISO 10380: 2003-10 (tuyaux et tuyauteries métalliques flexibles onduleux). Ils doivent être vérifiés et inspectés, conformément au tableau A.1 de la norme EN 12115: 2011-04 ou au tableau K.1 de la norme EN 13765: 2010-08 ou au paragraphe 7 de la norme EN ISO 10380: 2003-10 au moins une fois par an, conformément aux instructions du fabricant, par des personnes agréées à cette fin par l'autorité compétente. Une attestation relative à cette inspection doit se trouver à bord.

Les tuyauteries flexibles utilisées pour le chargement, le déchargement ou la remise de gaz naturel liquéfié pour l'exploitation du bateau doivent être conformes à la partie 5.5.2 de la norme ISO 20519:2017 (Navires et technologie maritime – Spécification pour le soutage des navires fonctionnant au gaz naturel liquéfié) et doivent être vérifiées et inspectées au moins une fois par an conformément aux instructions du fabricant. Une attestation relative à cette inspection doit se trouver à bord.

8.1.6.3 Le fonctionnement conforme de l'équipement spécial visé au 8.1.5.1 ainsi que le fonctionnement conforme des installations de détection de gaz visées aux 9.3.1.12.4, 9.3.2.12.4 et 9.3.3.12.4 et de l'installation de mesure de l'oxygène visée au 9.3.1.17.6, 9.3.2.17.6 et 9.3.3.17.6 doit être vérifié conformément aux instructions de leur fabricant par des personnes agréées à cette fin par ledit fabricant. Une attestation relative à la dernière vérification de l'équipement spécial doit se trouver à bord. Le certificat doit donner des précisions sur le résultat et la date de vérification.

Les installations de détection de gaz et les installations de mesure de l'oxygène doivent en outre être inspectées par une société de classification agréée lors de chaque renouvellement du certificat d'agrément ainsi que dans la troisième année de validité du certificat d'agrément. Cette inspection comprend au moins un contrôle visuel général des installations et la constatation de la réalisation des vérifications prescrites dans la première phrase ci-avant.

Un certificat d'inspection de la société de classification agréée relatif à la dernière inspection effectuée doit se trouver à bord. Les certificats d'inspection doivent au moins donner les précisions ci-dessus sur l'inspection et les résultats obtenus ainsi que la date d'inspection.

8.1.6.4   Avant chaque utilisation les instruments de mesure prescrits au 8.1.5.1 doivent être vérifiés par l'expert selon la notice d'utilisation.

8.1.6.5 et   (*Supprimés*)
8.1.6.6

8.1.7   Installations, équipements et systèmes de protection autonomes

8.1.7.1   *Installations et équipements électriques*

La résistance de l'isolation des installations et équipements électriques fixés à demeure ainsi que leur mise à la masse doivent être vérifiées lors de chaque renouvellement du certificat d'agrément ainsi que dans la troisième année de validité du certificat d'agrément par une personne que l'autorité compétente aura agréée à cette fin.

Une attestation relative à cette vérification doit se trouver à bord.

8.1.7.2   *Installations et équipements destinés à être utilisés dans des zones de risque d'explosion, équipements du type "à risque limité d'explosion", installations et équipements conformes aux 9.3.1.51, 9.3.2.51, 9.3.3.51, ainsi que systèmes de protection autonomes*

Ces installations, équipements et systèmes de protection autonomes ainsi que la conformité avec les documents mentionnés aux 8.1.2.2 e) à h) ou 8.1.2.3 r) à v) par rapport à la situation à bord doivent être vérifiés lors de chaque renouvellement du certificat d'agrément ainsi que dans le courant de la troisième année de validité du certificat d'agrément, par la société de classification ayant classé le bateau ou par une personne que l'autorité compétente aura habilitée à cette fin. Une attestation relative à cette vérification doit se trouver à bord.

Le marquage sur les installations et équipements destinés à être utilisés dans les zones de risque d'explosion attestant qu'ils conviennent pour une utilisation dans les zones de risque d'explosion ainsi que le marquage sur les systèmes de protection autonomes indiquant leurs conditions d'utilisation doivent demeurer en place pendant toute la durée d'utilisation à bord.

Les instructions du fabricant concernant les coupe-flammes et les soupapes de dégagement à grande vitesse / soupapes de sécurité peuvent prévoir une périodicité de vérification plus courte.

8.1.7.3   *Réparation d'installations et équipements protégés contre les explosions et de systèmes de protection autonomes*

Seul un expert d'une société spécialisée est autorisé à réparer des installations et équipements protégés contre les explosions et des systèmes de protection autonomes. Après réparation, la possibilité de les réutiliser dans les zones de risque d'explosion doit être attestée. L'attestation correspondante doit se trouver à bord.

8.1.8   **Inspection de la chambre des pompes à cargaison des bateaux-citernes**

La chambre des pompes à cargaison doit être inspectée par une société de classification agréée lors de chaque renouvellement du certificat d'agrément ainsi que lors de la troisième année de validité du certificat d'agrément.

Cette inspection doit au moins comporter:

–   Une inspection de l'ensemble du système portant sur son état, la corrosion, les fuites ou sur des transformations non autorisées;

–   Contrôle visuel général de l'état de l'installation de détection de gaz dans la chambre des pompes à cargaison;

–   Disponibilité de l'attestation visée au 8.1.6.3 du fabricant ou d'une personne agréée.

Les certificats d'inspection signés par la société de classification agréée et portant sur l'inspection de la chambre des pompes à cargaison doivent être conservés à bord. Les certificats d'inspection doivent au moins donner les précisions ci-dessus sur l'inspection et les résultats obtenus ainsi que la date d'inspection.

8.1.9 et   (*Supprimés*)
8.1.10

8.1.11   **Document d'enregistrement d'opérations pendant le transport relatives au transport du No ONU 1203**

Les bateaux-citernes admis au transport du No ONU 1203 essence doivent avoir à bord un enregistrement des opérations en cours de transport. Cet enregistrement peut consister en d'autres documents comportant les informations exigées. Cet enregistrement ou ces autres documents doivent être conservés à bord pendant trois mois au moins et couvrir au moins les trois dernières cargaisons.

CHAPITRE 8.2

PRESCRIPTIONS RELATIVES À LA FORMATION

8.2.1   **Prescriptions générales relatives à la formation des experts**

8.2.1.1   Un expert doit avoir au moins 18 ans d'âge.

8.2.1.2   Un expert est une personne en mesure de prouver qu'elle a une connaissance spécialisée de l'ADN. La preuve de cette connaissance doit être fournie au moyen d'une attestation délivrée par une autorité compétente ou par un organe agréé par l'autorité compétente.

Cette attestation est délivrée aux personnes qui à l'issue de leur formation ont subi avec succès un examen de qualification concernant l'ADN.

8.2.1.3   Les experts visés au 8.2.1.2 doivent participer à un cours de formation de base. La formation doit être effectuée dans le cadre de cours agréés par l'autorité compétente. L'objectif primordial de la formation consiste à donner conscience aux experts des dangers liés au transport de marchandises dangereuses et à leur fournir les connaissances de base nécessaires pour réduire à un minimum les dangers d'un incident éventuel, à leur permettre de prendre les mesures nécessaires à leur propre sécurité, à la sécurité générale et à la protection de l'environnement ainsi qu'à la limitation des conséquences de l'incident. Cette formation, qui doit comporter des exercices pratiques individuels, a lieu comme cours de base et doit traiter au moins les objectifs visés au 8.2.2.3.1.1 et au 8.2.2.3.1.2 ou 8.2.2.3.1.3.

8.2.1.4   Après cinq ans, l'attestation est renouvelée par l'autorité compétente ou par un organisme agréé par elle si l'expert apporte la preuve qu'il a participé à un cours de recyclage et l'a validé avec succès durant la dernière année avant l'expiration de la validité de son attestation, ce cours traitant au moins les objectifs visés au 8.2.2.3.1.1 et au 8.2.2.3.1.2 ou 8.2.2.3.1.3 et comprenant en particulier les mises à jour d'actualité. Un cours de recyclage a été passé avec succès si un test final écrit réalisé par l'organisateur des cours selon 8.2.2.2 a été réussi. Le test peut être répété deux fois pendant la durée de la validité de l'attestation. Si le test n'a pas été réussi au bout de deux tentatives, le cours de recyclage pourrait être suivi à nouveau pendant la durée de la validité de l'attestation.

8.2.1.5   Les experts pour le transport de gaz doivent participer à un cours de spécialisation traitant au moins les objectifs visés au 8.2.2.3.3.1. La formation doit être effectuée dans le cadre de cours agréés par l'autorité compétente. L'attestation d'expert est délivrée après la participation à la formation et après avoir subi avec succès un examen portant sur le transport de gaz et après avoir fourni la preuve d'un temps de travail d'un an au moins à bord d'un bateau du type G. Ce temps de travail doit être effectué dans la période de deux ans précédant ou suivant l'examen.

8.2.1.6   Après cinq ans, l'attestation est renouvelée par l'autorité compétente ou par un organisme agréé par elle si l'expert pour le transport de gaz apporte la preuve:

    –   que durant la dernière année avant l'expiration de la validité de son attestation, il a participé à un cours de recyclage traitant au moins les objectifs visés au 8.2.2.3.3.1 et comprenant en particulier les mises à jour d'actualité; ou

    –   que durant les deux dernières années il a effectué un temps de travail d'un an au moins à bord d'un bateau-citerne du type G.

8.2.1.7   Les experts pour le transport de produits chimiques doivent participer à un cours de spécialisation traitant au moins les objectifs visés au 8.2.2.3.3.2. La formation doit être effectuée dans le cadre de cours agréés par l'autorité compétente. L'attestation d'expert est délivrée après la participation à la formation et après avoir subi avec succès un examen portant sur le transport de produits chimiques et après avoir fourni la preuve d'un temps de travail d'un an au moins à bord d'un bateau du type C. Ce temps de travail doit être effectué dans la période de deux ans précédant ou suivant l'examen.

8.2.1.8   Après cinq ans, l'attestation est renouvelée par l'autorité compétente ou par un organisme agréé par elle si l'expert pour le transport de produits chimiques apporte la preuve:

–   que durant la dernière année avant l'expiration de la validité de son attestation, il a participé à un cours de recyclage traitant au moins les objectifs visés au 8.2.2.3.3.2 et comprenant en particulier les mises à jour d'actualité; ou

–   que durant les deux dernières années il a effectué un temps de travail d'un an au moins à bord d'un bateau-citerne du type C.

8.2.1.9   Le document d'attestation de formation et d'expérience délivré conformément aux prescriptions du Chapitre V de la Convention internationale du 7 juillet 1978 sur les normes de formation des gens de mer, de délivrance des brevets et de veille (Convention STCW), telle que modifiée; des navires-citernes transportant des gaz est réputé équivalent au certificat visé au 8.2.1.5 sous réserve d'avoir été reconnu par une autorité compétente. Il ne doit pas s'être écoulé plus de cinq ans depuis la date de délivrance ou de renouvellement de ce document.

8.2.1.10   Le document d'attestation de formation et d'expérience délivré conformément au chapitre V de la Convention internationale du 7 juillet 1978 sur les normes de formation des gens de mer, de délivrance des brevets et de veille (Convention STCW), telle que modifiée; des navires-citernes transportant des produits chimiques est réputé équivalent au certificat visé au 8.2.1.7 sous réserve d'avoir été reconnu par une autorité compétente. Il ne doit pas s'être écoulé plus de cinq ans depuis la date de délivrance ou de renouvellement de ce document.

8.2.1.11   *(Supprimé)*

8.2.2   Prescriptions particulières relatives à la formation des experts

8.2.2.1   Les connaissances théoriques et les capacités pratiques doivent être acquises par une formation théorique et des exercices pratiques. Les connaissances théoriques doivent être prouvées par un examen. Pendant le cours de recyclage des exercices et des tests doivent assurer que le participant participe activement à la formation.

8.2.2.2   L'organisateur de la formation doit s'assurer que les instructeurs possèdent de bonnes connaissances et doit prendre en compte les derniers développements en ce qui concerne les Réglementations et les prescriptions relatives à la formation au transport de marchandises dangereuses. L'enseignement doit être proche de la pratique.

Conformément à l'agrément, le programme d'enseignement doit être établi sur la base des objectifs visés aux 8.2.2.3.1.1 à 8.2.2.3.1.3 et au 8.2.2.3.3.1 ou 8.2.2.3.3.2. Les formations de base et les cours de recyclage doivent comporter des exercices pratiques individuels (voir 8.2.2.3.1.1).

8.2.2.3   *Organisation de la formation*

La formation initiale et les recyclages doivent être dispensés sous la forme de cours de base (voir 8.2.2.3.1) et, si nécessaire, de spécialisation (voir 8.2.2.3.3) Les cours visés au 8.2.2.3.1 peuvent comporter trois variantes: transport de marchandises sèches, transport par bateaux-citernes et combinaison transport de marchandises sèches et transport par bateaux-citernes.

8.2.2.3.1   *Cours de base*

Cours de base transport de marchandises sèches

Formation préalable: aucune

Connaissances: ADN en général, sauf chapitre 3.2, tableau C, chapitres 7.2 et 9.3

Habilitation: bateaux à marchandises sèches

Formation: générale 8.2.2.3.1.1 et bateaux à marchandises sèches 8.2.2.3.1.2

Cours de base transport par bateaux-citernes

Formation préalable: aucune

Connaissances: ADN en général, sauf chapitre 3.2, tableau A, chapitres 7.1, 9.1 et 9.2

Habilitation: bateaux-citernes pour le transport de matières pour lesquelles est prescrit un bateau-citerne du type N

Formation: générale 8.2.2.3.1.1 et bateaux-citernes 8.2.2.3.1.3

Cours de base "combinaison transport de marchandises sèches et transport par bateaux-citernes"

Formation préalable: aucune

Connaissances: ADN en général

Habilitation: bateaux à marchandises sèches et bateaux-citernes pour le transport de matières pour lesquelles est exigé un bateau-citerne du type N

Formation: générale 8.2.2.3.1.1, bateaux à marchandises sèches 8.2.2.3.1.2 et bateaux-citernes 8.2.2.3.1.3

8.2.2.3.1.1   La partie générale du cours de formation de base doit comporter au moins les objectifs suivants:

Généralité:

–   Objectifs et structure de l'ADN

Construction et équipement:

–   Construction et équipement des bateaux soumis à l'ADN.

Technique de mesures:

–   Mesures de la toxicité, de la teneur en oxygène et de la concentration de gaz inflammables.

Connaissance des produits:

– Classification et caractères de danger des marchandises dangereuses.

Chargement, déchargement et transport:

– Chargement, déchargement, prescriptions générales de service et prescriptions relatives au transport.

Documents:

– Documents devant se trouver à bord pendant le transport.

Dangers et mesures de prévention:

– Mesures générales de sécurité.

Exercices pratiques:

– Exercices pratiques, notamment entrée dans des locaux, utilisation d'extincteurs, installations d'extinction, utilisation de l'équipement individuel de protection et de détecteurs de gaz, oxygène-mètres et toximètres.

Stabilité:

– Paramètres déterminants pour la stabilité;

– Moments d'inclinaison;

– Simulations de calculs;

– Stabilité après avarie, stades intermédiaires et stade final d'envahissement;

– Influence des surfaces libres;

– Évaluation de la stabilité sur la base des critères de stabilité existants (texte du Règlement);

– Évaluation de la stabilité à l'état intact à l'aide de la courbe du bras de levier;

– Application des instruments de chargement;

– Utilisation des instruments de chargement;

– Application du manuel de stabilité selon 9.3.13.3.

Principes de base de la protection contre les explosions:

– Selon la définition pour "Protection contre les explosions";

– Choix d'appareils et d'installations appropriés.

8.2.2.3.1.2   La partie "bateaux à marchandises sèches" du cours de formation de base doit comporter au moins les objectifs suivants:

Construction et équipement:

– Construction et équipement des bateaux à marchandises sèches.

Traitement des cales et des locaux contigus:

– dégazage, nettoyage, maintenance,

– ventilation des cales et des locaux à l'extérieur de la zone protégée.

Chargement, déchargement et transport:

– chargement, déchargement, prescriptions générales de service et de transport,

– étiquetage des colis.

Documents:

– documents devant se trouver à bord pendant le transport.

Dangers et mesures de prévention:

prévention et mesures générales de sécurité,

– équipement individuel de protection et de sécurité.

8.2.2.3.1.3 La partie "bateaux-citernes" du cours de formation de base doit comporter au moins les objectifs suivants:

Construction et équipement:

– construction et équipement des bateaux-citernes;

– système d'aération et de ventilation;

– systèmes de chargement et de déchargement.

Traitement des citernes à cargaison et des locaux contigus:

– dégazage dans l'atmosphère et dans des stations de réception, nettoyage, maintenance;

– chauffage et refroidissement de la cargaison;

– manipulation des récipients pour produits résiduaires;

Technique de mesures et de prise d'échantillons:

– mesures de toxicité, de teneur en oxygène et de concentration de gaz inflammables;

– prise d'échantillons.

Chargement, déchargement et transport:

– chargement, déchargement, prescriptions générales de service et de transport;

Documents:

– documents devant se trouver à bord pendant le transport.

Dangers et mesures de prévention:

– prévention et mesures générales de sécurité;

–   formation d'étincelles;

–   équipement individuel de protection et de sécurité;

–   incendies et lutte contre les incendies.

Principes de base de la protection contre les explosions:

–   Selon la définition pour "Protection contre les explosions";

–   Choix d'appareils et d'installations appropriés.

8.2.2.3.2   *Cours de recyclage*

Cours de recyclage transport de marchandises sèches

Formation préalable:	attestation ADN valable "bateaux à marchandises sèches" ou combinée "bateaux à marchandises sèches/bateaux-citernes"
Connaissances:	ADN en général sauf chapitre 3.2, tableau C, chapitres 7.2 et 9.3
Habilitation:	bateaux à marchandises sèches
Formation:	générale 8.2.2.3.1.1 et bateaux à marchandises sèches 8.2.2.3.1.2

Cours de recyclage transport par bateaux-citernes

Formation préalable:	attestation ADN valable "bateaux-citernes" ou combinée "bateaux à marchandises sèches/bateaux-citernes"
Connaissances:	ADN en général, sauf chapitre 3.2, tableau A, chapitres 7.1, 9.1 et 9.2
Habilitation:	bateaux-citernes pour le transport de matières pour lesquelles est prescrit un bateau-citerne du type N
Formation:	générale 8.2.2.3.1.1 et bateaux-citernes 8.2.2.3.1.3

Cours de recyclage "combinaison transport de marchandises sèches et transport par bateaux-citernes"

Formation préalable:	attestation ADN valable combinée "bateaux à marchandises sèches et bateaux-citernes"
Connaissances:	ADN en général
Habilitation:	bateaux à marchandises sèches et bateaux-citernes pour le transport de matières pour lesquelles est exigé un bateau-citerne du type N
Formation:	générale 8.2.2.3.1.1, bateaux à marchandises sèches 8.2.2.3.1.2 et bateaux-citernes 8.2.2.3.1.3

8.2.2.3.3   *Cours de spécialisation*

Cours de spécialisation "gaz"

Formation préalable:	attestation ADN valable "bateaux-citernes" ou combinée "bateaux à marchandises sèches/bateaux-citernes"

Connaissances:	ADN, en particulier connaissances relatives au chargement, au transport, au déchargement et à la manutention de gaz
Habilitation:	bateaux-citernes pour le transport de matières pour lesquelles est exigé un bateau-citerne du type G et transport en type G de matières pour lesquelles est exigé un type C avec une conception de citerne à cargaison 1 à la colonne (7) du tableau C du chapitre 3.2
Formation:	gaz 8.2.2.3.3.1

Cours de spécialisation "chimie"

Formation préalable:	attestation ADN valable "bateaux-citernes" ou combinée "bateaux à marchandises sèches/bateaux-citernes"
Connaissances:	ADN, en particulier connaissances relatives au chargement, au transport, au déchargement et à la manutention de produits chimiques
Habilitation:	bateaux-citernes pour le transport de matières pour lesquelles est exigé un bateau-citerne du type C
Formation:	chimie 8.2.2.3.3.2

8.2.2.3.3.1   Le cours de spécialisation "gaz" doit comporter au moins les objectifs suivants:

Connaissances en physique et en chimie:

– lois des gaz par ex. Boyle, Gay-Lussac ct loi fondamentale

– pressions partielles et mélanges, par ex. définitions et calculs simples, augmentations de pression et dégagement de gaz des citernes à cargaison

– nombre d'Avogadro et calcul de masses de gaz parfait et application de la formule des masses

– masse volumique, densité relative et volumes des liquides, par ex. masse volumique, densité relative, volume en fonction de l'augmentation de température et degré maximal de remplissage

– pression et température critiques

– polymérisation, par ex. questions théoriques et pratiques, conditions de transport

– vaporisation, condensation, par ex. définition, rapport entre volume de liquide et volume de vapeur

– mélanges, par ex. pression de vapeur, composition et caractères de danger

– liaisons et formules chimiques.

Pratique:

– rinçage des citernes à cargaison, par ex. rinçage en cas de changement de cargaison, adjonction d'air à la cargaison, méthodes de rinçage (dégazage) avant la pénétration dans les citernes à cargaison

– prise d'échantillons

–   danger d'explosion

–   risques pour la santé

–   mesures de concentration de gaz, par ex. quels appareils utiliser et comment les utiliser

–   contrôle de locaux fermés et pénétration dans ces locaux

–   attestations d'absence de gaz et travaux admis

–   degré de remplissage et surremplissage

–   installations de sécurité

–   pompes et compresseurs

–   manutention de gaz liquéfiés réfrigérés.

Mesures en cas d'urgence:

–   dommages corporels, par ex. matières sur la peau, respiration de gaz, secours

–   irrégularités en liaison avec la cargaison, par ex. fuite à un raccord, surremplissage, polymérisation et dangers aux alentours du bateau.

8.2.2.3.3.2   Le cours de spécialisation "chimie" doit comporter au moins les objectifs suivants:

Connaissances en physique et en chimie:

–   produits chimiques, par ex. molécules, atomes, état physique, acides, bases, oxydation

–   masse volumique, densité relative, pression et volumes des liquides, par ex. masse volumique, densité relative, volume et pression sous l'effet de l'augmentation de la température, degrés maximum de remplissage

–   température critique

–   polymérisation, questions théoriques et pratiques, conditions de transport

–   mélanges, par ex. pression de vapeur, composition et caractères de danger

–   liaisons et formules chimiques.

Pratique:

–   nettoyage des citernes à cargaison, par exemple dégazage, lavage, cargaison restante et récipients pour produits résiduaires;

–   chargement et déchargement, par ex. systèmes de conduites d'évacuation de gaz, systèmes de fermeture rapide, influences des températures

–   prise d'échantillons

–   danger d'explosion

–   risques pour la santé

–   mesures de concentration de gaz, par ex. quels appareils utiliser et comment les utiliser

–   contrôle de locaux fermés et pénétration dans ces locaux

–   attestations d'absence de gaz et travaux admis

–   degré de remplissage et surremplissage

–   installations de sécurité

–   pompes et compresseurs.

Mesures en cas d'urgence:

–   dommages corporels, par ex. entrée en contact avec la cargaison, respiration de vapeurs, secours

–   irrégularités en liaison avec la cargaison, par ex. fuite à un raccord, surremplissage, polymérisation et dangers aux alentours du bateau.

8.2.2.3.4   *Cours de recyclage*

Cours de recyclage "gaz"

Formation préalable:	attestation ADN valable "gaz" et "bateaux-citernes" ou combinée "marchandises sèches/bateaux-citernes";
Connaissances:	ADN, en particulier chargement, transport, déchargement et manutention de gaz;
Habilitation:	bateaux-citernes pour le transport de matières pour lesquelles est exigé un bateau-citerne du type G et transport en type G de matières pour lesquelles est exigé un type C avec une conception de citerne à cargaison 1 à la colonne (7) du tableau C du chapitre 3.2;
Formation:	gaz 8.2.2.3.3.1.

Cours de recyclage "chimie"

Formation préalable:	attestation ADN valable "chimie" et "bateaux-citernes" ou "combinée marchandises sèches/bateaux-citernes";
Connaissances:	ADN, en particulier chargement, transport, déchargement et manutention de produits chimiques;
Habilitation:	bateaux-citernes pour le transport de matières pour lesquelles est exigé un bateau-citerne du type C;
Formation:	chimie 8.2.2.3.3.2.

8.2.2.4   ***Planning des cours de formation de base et des cours de spécialisation***

Les durées minimales de formation suivantes sont à respecter:

Cours de base "bateaux à marchandises sèches"	32 leçons de 45 minutes
Cours de base "bateaux-citernes"	32 leçons de 45 minutes
Cours de base combiné	40 leçons de 45 minutes

Cours de spécialisation "gaz"   16 leçons de 45 minutes

Cours de spécialisation "chimie"   16 leçons de 45 minutes

Une journée de formation peut comporter 8 leçons au maximum.

Si la formation théorique a lieu par correspondance, des équivalences aux leçons susmentionnées sont à déterminer. La formation par correspondance doit être assurée dans un laps de temps de neuf mois.

La part de la formation de base consacrée aux exercices pratiques doit comporter 30 % environ. Les exercices pratiques doivent être exécutés si possible pendant la période de formation théorique; en tout état de cause ils doivent être exécutés au plus tard trois mois après l'achèvement de la formation théorique.

8.2.2.5   *Planning du cours de recyclage*

Les cours de recyclage doivent avoir lieu avant l'expiration du délai visé au 8.2.1.4, 8.2.1.6 ou 8.2.1.8.

Les durées minimales de formation suivantes sont à respecter:

Cours de recyclage de base:

–   bateaux à marchandises sèches   16 leçons de 45 minutes

–   bateaux-citernes   16 leçons de 45 minutes

–   combiné bateaux à marchandises
     sèches – bateaux-citernes   16 leçons de 45 minutes

Cours de recyclage de spécialisation "gaz":   8 leçons de 45 minutes

Cours de recyclage de spécialisation

"produits-chimiques":   8 leçons de 45 minutes.

Une journée de formation peut comporter 8 leçons au maximum.

La part de formation de base consacrée aux exercices pratiques doit comporter 30 % environ. Les exercices pratiques doivent être exécutés si possible pendant la période de formation théorique; en tout état de cause ils doivent être exécutés au plus tard trois mois après l'achèvement de la formation théorique. La part de formation en matière de stabilité dans le cours de recyclage doit s'élever à 2 leçons au moins.

8.2.2.6   *Agrément des cours de formation*

8.2.2.6.1   Les cours de formation doivent être agréés par l'autorité compétente.

8.2.2.6.2   L'agrément n'est délivré que sur demande écrite.

8.2.2.6.3   A la demande d'agrément doivent être joints:

a)   le programme détaillé des cours avec indication du contenu matériel et de la durée des matières enseignées avec indication de la méthode d'enseignement envisagée;

b)   la liste des enseignants, la preuve de leur compétence et l'indication des matières enseignées par chacun;

c) les informations sur les salles d'enseignement et sur le matériel pédagogique ainsi que l'indication des installations mises en place pour les exercices pratiques;

d) les conditions de participation aux cours comme par exemple le nombre de participants;

e) un plan détaillé pour l'exécution des tests finaux, y compris le cas échéant l'infrastructure et l'organisation de tests électroniques conformément au 8.2.2.7.1.7, si ceux-ci doivent être effectués.

8.2.2.6.4 Le contrôle des cours de formation et des examens incombe à l'autorité compétente.

8.2.2.6.5 L'agrément comporte notamment les conditions que:

a) les cours de formation se déroulent conformément aux informations jointes à la demande d'agrément;

b) l'autorité compétente puisse envoyer des inspecteurs aux cours de formation et aux examens;

c) les emplois de temps des différents cours de formation soient communiqués à l'avance à l'autorité compétente.

L'agrément est accordé par écrit et doit avoir une durée limitée. Il peut être retiré en cas de non-respect des conditions d'agrément.

8.2.2.6.6 L'agrément doit préciser s'il s'agit d'un cours de formation de base, d'un cours de spécialisation ou d'un cours de recyclage.

8.2.2.6.7 Si après l'agrément l'organisme de formation désire modifier des conditions qui étaient significatives pour l'agrément, il doit demander l'accord préalable de l'autorité compétente. Cette disposition s'applique notamment aux modifications des programmes.

8.2.2.6.8 Les cours de formation doivent tenir compte de l'état actuel de l'évolution dans les différentes matières enseignées. L'organisateur des cours est responsable de la bonne compréhension et de l'observation de cette évolution par les enseignants.

8.2.2.7 *Examens et tests finaux*

8.2.2.7.0 L'examen est organisé par l'autorité compétente ou par un organisme examinateur désigné par elle. L'organisme examinateur ne doit pas être un organisme de formation.

La désignation de l'organisme examinateur se fait sous forme écrite. Cet agrément peut avoir une durée limitée et doit être fondé sur les critères suivants:

– Compétence de l'organisme examinateur;

– Spécifications des modalités de l'examen proposées par l'organisme examinateur, y compris le cas échéant l'infrastructure et l'organisation de tests électroniques conformément au 8.2.2.7.1.7, si ceux-ci doivent être effectués;

– Mesures destinées à assurer l'impartialité des examens;

– Indépendance de l'organisme par rapport à toute personne physique ou morale employant des experts ADN.

8.2.2.7.1 *Cours de formation de base*

8.2.2.7.1.1 A l'issue de la formation initiale, un examen ADN doit être passé pour la formation de base. Cet examen peut avoir lieu soit immédiatement après la formation soit dans un délai de six mois suivant la fin de la formation.

8.2.2.7.1.2 Lors de l'examen le candidat doit fournir la preuve que conformément au cours de formation de base il possède les connaissances, la compréhension et les capacités nécessaires à l'expert à bord des bateaux.

8.2.2.7.1.3 À cet effet, le Comité d'administration établit un catalogue de questions comportant les objectifs visés aux 8.2.2.3.1.1 à 8.2.2.3.1.3. Les questions à poser à l'examen doivent être choisies à partir du catalogue et une directive sur l'utilisation du catalogue de questions[1]. Le candidat ne doit pas connaître à l'avance les questions choisies.

8.2.2.7.1.4 La matrice jointe à la directive sur l'utilisation du catalogue de questions est à utiliser pour la composition des questions d'examen.

8.2.2.7.1.5 L'examen a lieu par écrit. Trente questions sont à poser aux candidats. La durée de cet examen est de 60 minutes. L'examen est réussi s'il a été répondu correctement à au moins 25 des 30 questions.

8.2.2.7.1.6 L'autorité compétente ou un organisme examinateur désigné par elle doit surveiller tous les examens. Toute possibilité de manipulation ou de fraude doit être exclue autant que possible. L'authentification du candidat doit être assurée.

L'utilisation pour l'épreuve écrite de documents autres que des textes des règlements relatifs aux marchandises dangereuses, du CEVNI ou de règlements de police correspondants, est interdite. L'utilisation de calculatrices de poche non programmables est autorisée pendant les cours de spécialisation; elles doivent être fournies par l'autorité compétente ou par l'organisme examinateur désigné par elle.

Les documents d'examen (questions et réponses) doivent être enregistrés et conservés sous forme imprimée ou dans un fichier électronique.

8.2.2.7.1.7 Les examens écrits peuvent être effectués en tout ou partie, sous forme d'examens électroniques, les réponses étant enregistrées et évaluées à l'aide de techniques de traitement électronique de l'information (TEI), pour autant que les conditions suivantes soient remplies:

a) Le matériel informatique et le logiciel doivent être vérifiés et acceptés par l'autorité compétente ou par l'organisme examinateur désigné par elle;

b) Seuls les dispositifs électroniques (appareils) fournis par l'autorité compétente ou par l'organisme examinateur désigné par elle peuvent être utilisés;

c) Le bon fonctionnement technique doit être assuré. Des dispositions doivent être prises en ce qui concerne les modalités de poursuite de l'examen en cas de dysfonctionnement des dispositifs et applications. Les périphériques de saisie ne doivent disposer d'aucun système d'assistance (comme par exemple une fonction de recherche électronique); l'équipement fourni conformément au 1.8.3.12.3 ne doit pas permettre aux candidats de communiquer avec tout autre appareil pendant l'examen;

---

[1] *Note du secrétariat: Le catalogue de questions et la directive concernant son application sont disponibles sur le site Web du secrétariat de la Commission économique pour l'Europe (http://www.unece.org/trans/danger/publi/adn/catalog_of_questions.html).*

d)   Le candidat ne pourra en aucun cas introduire des données supplémentaires dans le dispositif électronique fourni; il ne pourra que répondre aux questions posées;

e)   Les contributions finales de chaque candidat doivent être enregistrées. La détermination des résultats doit être transparente.

8.2.2.7.2   *Cours de spécialisation "gaz" et "produits chimiques"*

8.2.2.7.2.1   Après la réussite à l'examen ADN relatif à la formation de base et sur demande de l'intéressé il est procédé à un examen après la participation initiale à un cours de spécialisation "gaz" et/ou "produits chimiques". L'examen a lieu sur la base du catalogue de questions du Comité d'administration.

8.2.2.7.2.2   Lors de l'examen le candidat doit fournir la preuve que conformément au cours de spécialisation "gaz" et/ou "produits chimiques" il possède les connaissances, la compréhension et les capacités nécessaires à l'expert à bord des bateaux transportant des gaz respectivement des produits chimiques.

8.2.2.7.2.3   À cet effet le Comité d'administration établit un catalogue de questions comportant les objectifs visés au 8.2.2.3.3.1 ou 8.2.2.3.3.2 et une directive sur l'utilisation du catalogue de questions[1]. Les questions à poser à l'examen doivent être choisies à partir du catalogue. Le candidat ne doit pas connaître à l'avance les questions choisies.

8.2.2.7.2.4   La matrice jointe à la directive sur l'utilisation du catalogue de questions est à utiliser pour la composition des questions d'examen.

8.2.2.7.2.5   L'examen a lieu par écrit.

Trente questions à choix multiples et une question de fond sont à poser au candidat. La durée de l'examen comporte 150 minutes au total dont 60 minutes pour les questions à choix multiples et 90 minutes pour la question de fond.

L'évaluation de l'examen est faite sur un total de 60 points, 30 pour les questions à choix multiples (un point par question) et 30 pour la question de fond (la distribution des points selon les éléments de la question de fond est laissée à l'appréciation de l'autorité compétente). L'examen est réussi si un total de 44 points est atteint. Toutefois 20 points au moins doivent être obtenus dans chaque partie. Si 44 points sont obtenus mais non pas 20 dans une partie, cette partie peut être répétée une fois.

Les prescriptions des 8.2.2.7.1.6 et 8.2.2.7.1.7 sont applicables par analogie.

8.2.2.7.3   *Cours de recyclage*

8.2.2.7.3.1.   À la fin du cours de recyclage selon 8.2.1.4, l'organisateur des cours doit exécuter un test.

8.2.2.7.3.2   Le test a lieu par écrit. 20 questions à choix multiples sont posées aux candidats. À la fin de tout cours de recyclage, il faut rédiger un nouveau questionnaire. La durée de ce test est de 40 minutes. Le test est réussi s'il a été répondu correctement à au moins 16 des 20 questions.

8.2.2.7.3.3   Pour l'exécution des tests s'appliquent les prescriptions des paragraphes 8.2.2.7.1.2, 8.2.2.7.1.3, 8.2.2.1.7.6 et 8.2.2.1.7.7 (indépendamment des dispositions de la directive sur l'utilisation du catalogue de questions pour les autorités et les organes d'examens).

8.2.2.7.3.4   L'organisateur des cours délivre au candidat, après qu'il ait subi avec succès le test, une

---

[1]   *Note du secrétariat: Le catalogue de questions et la directive concernant son application sont disponibles sur le site Web du secrétariat de la Commission économique pour l'Europe (*http://www.unece.org/trans/danger/publi/adn/catalog_of_questions.html*).*

attestation écrite à des fins de présentation auprès de l'autorité compétente selon 8.2.2.8.

8.2.2.7.3.5 L'organisateur des cours doit archiver les documents de test des candidats pendant 5 ans à partir de la date de l'exécution du test.

8.2.2.8 *Attestation relative aux connaissances particulières de l'ADN*

8.2.2.8.1 La délivrance et le renouvellement de l'attestation relative aux connaissances particulières de l'ADN conforme au modèle du 8.6.2 sont effectués par l'autorité compétente ou par un organisme agréé par cette autorité.

8.2.2.8.2 Les dimensions de l'attestation doivent être conformes à la norme ISO/CEI 7810:2003, Variante ID-1, et elle doit être réalisée en matière plastique. La couleur doit être blanche, avec des caractères noirs. L'attestation doit comporter un élément d'authentification tel qu'un hologramme, une impression UV ou un motif gravé. Son texte doit être rédigé dans la (les) langue(s) ou dans une des langues de l'État dont relève l'autorité compétente qui a délivré l'attestation. Si aucune de ces langues n'est l'allemand, l'anglais ou le français, l'intitulé de l'attestation, le titre de la rubrique 8 et au verso, le cas échéant, le complément "Bateaux-citernes" ou "Bateaux à marchandises sèches", doivent aussi être rédigés en allemand, en anglais ou en français.

8.2.2.8.3 L'attestation est délivrée:

a) lorsque sont remplies les conditions de la deuxième phrase du 8.2.1.2 et du 8.2.1.3 (cours de formation de base); sa durée de validité est de cinq ans à compter de la date à laquelle a été réussi l'examen au terme de la formation de base;

b) lorsque sont remplies les conditions du 8.2.1.5 ou du 8.2.1.7 (cours de spécialisation "Gaz" ou "Chimie"); dans ce cas est délivrée une nouvelle attestation contenant toutes les attestations concernant la formation de base et les cours de spécialisation. La nouvelle attestation à délivrer a une durée de validité de cinq ans à compter de la date à laquelle a été réussi l'examen au terme de la formation de base.

8.2.2.8.4 L'attestation doit être renouvelée

a) Lorsque la preuve visée au 8.2.1.4 est fournie (formation de base); La nouvelle durée de validité commence à la date d'expiration de l'attestation précédente. Si le test a été passé plus d'un an avant la date d'expiration de l'attestation, elle commence à la date de l'attestation de participation au cours;

b) Lorsque les preuves visées aux 8.2.1.6 et 8.2.1.8 sont fournies (cours de spécialisation "gaz" ou "chimie"). Dans ce cas est délivrée une nouvelle attestation contenant toutes les attestations concernant la formation de base et les cours de spécialisation. La nouvelle attestation à délivrer aura une durée de validité de cinq ans à partir de la date du cours de recyclage suivi avec succès de la formation de base. Lorsque le cours de recyclage est suivi dans l'année qui précède la date d'expiration de la validité de l'attestation, la nouvelle durée de validité commence à la date d'expiration de l'attestation précédente, dans les autres cas elle commence à la date de l'attestation de participation au cours.

8.2.2.8.5 Si pour le renouvellement de l'attestation le cours de recyclage n'a pas été suivi entièrement et avec succès avant l'expiration de la durée de validité de l'attestation ou si le travail durant un an à bord n'a pas été attesté au cours des deux dernières années précédant l'expiration de l'attestation, est délivrée une nouvelle attestation pour laquelle est requise une nouvelle participation à une formation initiale et le passage d'un examen conformément au 8.2.2.7.

8.2.2.8.6 Si est délivrée une nouvelle attestation conformément au 8.2.2.8.3 b) ou si est renouvelée une attestation conformément au 8.2.2.8.4 et que la précédente attestation avait été délivrée par une autre autorité ou par un organisme agréé par cette autorité, l'autorité de délivrance ou l'organisme agréé par cette autorité qui a délivré l'attestation précédente doit être informée sans délai.

8.2.2.8.7   Les Parties contractantes doivent fournir au secrétariat de la CEE-ONU un exemple type de chaque certificat qu'elles entendent délivrer au niveau national, en application de la présente section. Les Parties contractantes doivent en outre fournir des notes explicatives pour permettre de vérifier la conformité des certificats aux exemples types fournis. Le secrétariat rendra ces informations accessibles sur son site internet.

CHAPITRE 8.3

PRESCRIPTIONS DIVERSES À OBSERVER PAR L'ÉQUIPAGE DU BATEAU

8.3.1   Personnes autorisées à bord

8.3.1.1   Sauf disposition contraire dans la Partie 7, ne sont autorisés à bord que:

a)   les membres de l'équipage;

b)   les personnes qui, bien que n'étant pas membres de l'équipage, vivent normalement à bord;

c)   les personnes qui sont à bord pour raison de service.

8.3.1.2   Dans la zone protégée des bateaux à marchandises sèches et dans la zone de cargaison des bateaux-citernes, les personnes visées au 8.3.1.1 b) ne sont autorisées à rester que pendant une courte durée.

8.3.1.3   Lorsque le bateau doit porter la signalisation de deux cônes bleus ou deux feux bleus conformément à la colonne (19) du tableau C du chapitre 3.2, les personnes de moins de 14 ans ne sont pas autorisées à bord.

8.3.2   Appareils d'éclairage portatifs

À bord ne sont admis dans les zones de risque d'explosion et sur le pont que des appareils d'éclairage portatifs à source propre de courant.

Dans les zones de risque d'explosion, ils doivent satisfaire au moins aux exigences pour une utilisation dans la zone concernée.

8.3.3   Accès à bord

L'accès à bord des personnes non autorisées est interdit. Cette interdiction doit être affichée aux endroits appropriés au moyen de panneaux indicateurs.

8.3.4   Interdiction de fumer, de feu et de lumière non protégée

Fumer, y compris des cigarettes électroniques et dispositifs similaires, le feu et la lumière non protégée sont interdits à bord. Toutefois, les prescriptions des 7.1.3.41.1 et 7.2.3.41.1 sont applicables.

Cette interdiction doit être affichée aux endroits appropriés au moyen de panneaux indicateurs.

L'interdiction ne s'applique pas dans les logements et la timonerie, si leurs fenêtres, portes, claires-voies et écoutilles sont fermées ou si le système de ventilation est réglé de sorte à maintenir une surpression d'au moins 0,1 kPa.

8.3.5   Travaux à bord

Il est interdit d'effectuer à bord des travaux exigeant l'utilisation de feu ou de courant électrique ou qui pourraient produire des étincelles.

Cette prescription ne s'applique pas:

–   aux opérations d'amarrage;

–   dans les locaux de service en dehors de la zone protégée ou de la zone de cargaison, lorsque les portes et ouvertures de ces locaux sont fermées pendant la durée des travaux et que le bateau n'est pas en cours de chargement, de déchargement ou de dégazage; ou

–   lorsque le bateau ne séjourne pas à proximité ou à l'intérieur d'une zone assignée à terre et que, dans le cas d'un bateau-citerne, celui-ci est muni d'une attestation confirmant le dégazage total du bateau conformément au 7.2.3.7.6 ou d'une autorisation de l'autorité compétente ou, dans le cas d'un bateau à marchandises sèches, celui-ci est muni d'une attestation confirmant le dégazage total de la zone protégée ou d'une autorisation de l'autorité compétente.

L'utilisation d'outils à main produisant peu d'étincelles (tournevis et clés en acier chromé au vanadium ou en matériaux équivalents du point de vue de la formation d'étincelles) ainsi que d'équipements appropriés au moins pour la zone concernée est autorisée.

NOTA: *En outre, tous les autres règlements applicables à la sécurité du lieu de travail et à la sécurité des opérations doivent être suivis.*

CHAPITRE 8.4

(Réservé)

CHAPITRE 8.5

(Réservé)

CHAPITRE 8.6

DOCUMENTS

8.6.1   **Certificat d'agrément**

8.6.1.1   *Modèle du certificat d'agrément de bateaux à marchandises sèches*

1

Autorité compétente: ....

Place réservée à l'emblème et au nom de l'État

Certificat d'agrément ADN No: ....

1. Nom du bateau ....

2. Numéro officiel ....

3. Type de bateau ....

4. Exigences supplémentaires:

     Bateau soumis à l'ADN seulement en vertu du 7.1.2.19.1[1)]

     Bateau soumis à l'ADN seulement en vertu du 7.2.2.19.3[1)]

     Le bateau répond aux règles supplémentaires de construction aux 9.1.0.80 à 9.1.0.95/9.2.0.80 à 9.2.0.95[1)]

     Le bateau répond aux règles de construction visées aux 9.1.0.12.3 b) ou c), 9.1.0.51, 9.1.0.52[1)]

     Système de ventilation selon 9.1.0.12.3 b) [1)]

     dans ....

     Le bateau répond aux règles de construction visées au 9.1.0.53[1)]

     Installations et équipements électriques et non électriques stationnaires destinés à être utilisés dans des zones protégées:

     Classe de température:......

     Groupe d'explosion:.......

5. Dérogations admises [1)]: ....
....
....
....
....

6. La validité du présent certificat d'agrément expire le .... (date)

7. Le certificat d'agrément précédent No .... a été délivré le ....

     par .... (autorité compétente)

[1)] rayer la mention inutile

8. Le bateau est admis au transport de marchandises dangereuses à la suite:

- d'une visite du [1] (date)...

- du rapport d'inspection de la société de classification[1] (nom de la société de classification)..............................(date)..

- du rapport d'inspection de l'organisme de visite agréé[1]   (nom de l'organisme) .... (date)..........................

9. sous réserve des équivalences admises:[1] ....
....
....
....

10. sous réserve des autorisations spéciales:[1]
....
....
....

11. délivré à ....le ....
           (lieu)   (date)

12. (Cachet)   ....
                                      (autorité compétente)

                                      ....
                                      (signature)

---

[1] rayer la mention inutile

Prolongation de la validité du certificat d'agrément

13. La validité du présent certificat est prolongée en vertu du chapitre 1.16 de l'ADN

    jusqu'au ....
           (date)

14. .... le ....
    (lieu)   (date)

15. (Cachet)   ....
                                      (autorité compétente)

                                      ....
                                      (signature)

8.6.1.2 *Modèle de certificat d'agrément provisoire de bateaux à marchandises sèches*

Autorité compétente:...
Place réservé à l'emblème et au nom de l'État

Certificat d'agrément provisoire ADN No:................................

1. Nom du bateau..

2. Numéro officiel..

3. Type de bateau ....

4. Exigences supplémentaires:

> Bateau soumis à l'ADN seulement en vertu du 7.1.2.19.1[1]
>
> Bateau soumis à l'ADN seulement en vertu du 7.2.2.19.3[1]
>
> Le bateau répond aux règles supplémentaires de construction aux 9.1.0.80 à 9.1.0.95/9.2.0.80 à 9.2.0.95[1]
>
> Le bateau répond aux règles de construction visées aux 9.1.0.12.3 b) ou c), 9.1.0.51, 9.1.0.52[1]
>
> Système de ventilation selon 9.1.0.12.3 b) [1]
>
> dans ....
>
> Le bateau répond aux règles de construction visées au 9.1.0.53[1]
>
> Installations et équipements électriques et non électriques stationnaires destinés à être utilisés dans des zones protégées:
>
> Classe de température:......
>
> Groupe d'explosion:.......

5. Dérogations admises [1]: ....
....
....

6. Le certificat d'agrément provisoire est valable:

    6.1 jusqu'au .... [1]

    6.2 pour un seul voyage de .... à .... [1]

7. délivré à :.. le ....
                     (place)   (date)

8. (Cachet)   ....
                                                (autorité compétente)

                                                ....
                                                (signature)

---
[1] Rayer la mention inutile.

NOTA: Ce modèle de certificat provisoire d'agrément peut être remplacé par un modèle de certificat unique combinant un certificat provisoire de visite et le certificat provisoire d'agrément, à condition que ce modèle de certificat unique contienne les mêmes éléments d'information que le modèle ci-dessus et soit agréé par l'autorité compétente.

8.6.1.3 *Modèle de certificat d'agrément de bateaux-citernes*

Autorité compétente: ....

Place réservée à l'emblème et au nom de l'État

Certificat d'agrément ADN No: ....

1. Nom du bateau ....
2. Numéro officiel ....
3. Type de bateau ....
4. Type de bateau-citerne...
5. Conception des citernes   1. citernes à cargaison à pression[1)2)]
    à cargaison: 2. citernes à cargaison fermées[1)2)]
                                     3. citernes à cargaison ouvertes avec coupe-flammes[1)2)]
                                     4. citernes à cargaison ouvertes[1)2)]

6. Types de citernes à cargaison: 1. citernes à cargaison indépendantes[1)2)]
                                     2. citernes à cargaison intégrales[1)2)]
                                     3. citernes à cargaison avec parois indépendantes
                                     de la coque extérieure [1)2)]
                                     4. citernes à membrane[1)2)]

7. Pression d'ouverture des soupapes de surpression/des soupapes de dégagement
    à grande vitesse/des soupapes de sécurité .... kPa[1)2)]

8. Equipements supplémentaires:
    *   dispositif de prise d'échantillons
            raccord pour un dispositif de prise
            d'échantillons .... oui/non[1)2)]
            orifice de prise d'échantillons .... oui/non[1)2)]
    *   installation de pulvérisation d'eau .... oui/non[1)2)]
            alarme de pression interne 40 kPa .... oui/non[1)2)]
    *   chauffage de la cargaison
            chauffage possible à partir de la terre .. oui/non[1)2)]
            installation de chauffage à bord .... oui/non[1)2)]
    *   installation de réfrigération de la cargaison..... oui/non[1)2)]
    *   installation d'inertisation................................ oui/non[1)2)]
    *   chambre des pompes sous le pont .... oui/non[1)]
    *   système de ventilation selon 9.3.x.12.4 b) ...... oui/non[1)3)]
        dans ....
    *   répond aux règles de construction visées aux 9.3.x.12.4 b) ou 9.3.x.12.4 c),
        9.3.x.51 et 9.3.x.52.. oui/non[1)3)]
    *   conduite d'évacuation de gaz et installation chauffée   oui/non[1)2)]
    *   répond aux règles de construction de l'(des) observation(s).......de la colonne (20) du tableau
        C du chapitre 3.2 [1)2)]

9. Installations et équipements électriques stationnaires:
    *   classe de température: ....
    *   groupe d'explosion: ....

10. Systèmes de protection autonomes:
     Groupe/sous-groupe d'explosion du groupe d'explosion II B: ....

11. Débit de chargement/déchargement: ... m³/h[1)] ou voir instructions de chargement/déchargement[1)]

[1)] rayer la mention inutile
[2)] si les citernes à cargaison ne sont pas toutes du même type: voir page 3
[3)] pour "x" inscrire l'indication correspondante

12. Densité relative admise:...................................

13. Observations supplémentaires:
Le bateau répond aux règles de construction visées aux 9.3.x.12, 9.3.x.51, 9.3.x.52 oui/non [1) 3)]

....
....

14. La validité du présent certificat d'agrément expire le .... (date)

15. Le certificat d'agrément précédent No .... a été délivré le ....
par .... (autorité compétente)

16. Le bateau est admis au transport des marchandises dangereuses énumérées dans la liste des matières transportables prescrite au paragraphe 1.16.1.2.5 à la suite:
- d'une visite du[1)] (date)...................................
- du rapport d'inspection de la société de classification[1)] (nom de la société de classification ....…… (date)..............................……........
- du rapport d'inspection de l'organisme de visite agréé[1)] (nom de l'organisme) ....…..…… (date).....…................................

17. sous réserve des équivalences ou dérogations admises: [1)]
....

18. sous réserve des autorisations spéciales: [1)]
....

19. délivré à: ....le ....
(lieu)   (date)

20. (cachet)   ....
(autorité compétente)

....
(signature)

_____
[1)] rayer la mention inutile
[3)] pour "x" inscrire l'indication correspondante

Prolongation de la validité du certificat d'agrément

21. La validité du présent certificat est prolongée en vertu du chapitre 1.16 de l'ADN

jusqu'au ....
(date)

22. .... le ....
(lieu)   (date)

23. (Cachet)   ....
(autorité compétente)

....
(signature)

Si les citernes à cargaison du bateau ne sont pas toutes du même type ou de même conception ou si leur équipement n'est pas le même, leur type, conception et équipement doivent être indiqués ci-après:

1	Numéro de citerne à cargaison	1	2	3	4	5	6	7	8	9	10	11	12
2	Citerne à cargaison à pression												
3	Citerne à cargaison fermée												
4	Citerne à cargaison ouverte avec coupe-flammes												
5	Citerne à cargaison ouverte												
6	Citerne à cargaison indépendante												
7	Citerne à cargaison intégrale												
8	Parois des citernes à cargaison indépendantes de la coque extérieure												
9	Citerne à membrane												
10	Pression d'ouverture de la soupape de dégagement à grande vitesse de la soupape de sécurité en kPa												
11	Raccord pour un dispositif de prise d'échantillons												
12	Orifice de prise d'échantillons												
13	Installation de pulvérisation d'eau												
14	Alarme de pression interne 40 kPa ...												
15	Chauffage possible à partir de la terre												
16	Installation de chauffage à bord												
17	Installation de réfrigération												
18	Installation d'inertisation												
19	Conduite d'évacuation de gaz et installation chauffée												
20	Répond aux prescriptions de construction de l' (des) observation(s) ... du chapitre 3.2, tableau C, colonne (20)												

8.6.1.4   *Modèle de certificat d'agrément provisoire de bateau-citernes*

1

Autorité compétente:

Place réservée à l'emblème et au nom de l'État

Certificat d'agrément provisoire ADN No:...

1. Nom du bateau...

2. Numéro officiel...

3. Type de bateau..

4. Type de bateau-citerne..

5. Conception des citernes
    à cargaison:

    1.   citernes à cargaison à pression[1) 2)]

    2.   citernes à cargaison fermées[1) 2)]

    3.   citernes à cargaison ouvertes avec coupe-flammes[1) 2)]

    4.   citernes à cargaison ouvertes[1) 2)]

6. Types de citernes à cargaison:

    1.   citernes à cargaison indépendantes[1) 2)]

    2.   citernes à cargaison intégrales[1) 2)]

    3.   citernes à cargaison avec parois indépendantes de la coque extérieure [1) 2)]

    4.   citernes à membrane[1) 2)]

7. Pression d'ouverture des soupapes de surpression/des soupapes de dégagement
    à grande vitesse/des soupapes de sécurité .... kPa[1) 2)]

8. Équipements supplémentaires:

    * dispositif de prise d'échantillons

            raccord pour un dispositif de prise

            d'échantillons ....   oui/non[1) 2)]

            orifice de prise d'échantillons ....   oui/non[1) 2)]

    * installation de pulvérisation d'eau ....   oui/non[1) 2)]

    * chauffage de la cargaison:

            chauffage possible à partir de la terre ....   oui/non[1) 2)]

            installation de chauffage à bord ....   oui/non[1) 2)]

    * installation de réfrigération de la cargaison ....   oui/non[1) 2)]

    * installation d'inertisation ....   oui/non[1) 2)]

    * chambre des pompes sous le pont....................................   oui/non[1)]

    * système de ventilation selon 9.3.x.12.4 b) ....   oui/non[1) 3)]
       dans..

    * répond aux règles de construction visées aux 9.3.x.12.4 b) ou 9.3.x.12.4 c),
       9.3.x.51 et 9.3.x.52   oui/non[1) 3)]

    * conduite d'évacuation de gaz et installation chauffée ...... oui/non[1) 2)]

    * répond aux règles de construction de l'(des) observation(s).......de la colonne (20)
       du tableau C du chapitre 3.2 [1) 2)]

9.   Installations et équipements électriques stationnaires:

    * classe de température:...

    * groupe d'explosion: ....

    _____

    [1)]   rayer la mention inutile

    [2)]   si les citernes à cargaison ne sont pas toutes du même type: voir page 3

    [3)]   pour "x" inscrire l'indication correspondante

10. Systèmes de protection autonomes:
Groupe/sous-groupe d'explosion du groupe d'explosion II B: ....

11. Débit de chargement/déchargement: ..... m³/h[1] ou voir instructions de chargement/déchargement[1]

12. Densité relative admise: ....

13. Observations supplémentaires:
Le bateau répond aux règles de construction visées aux 9.3.x.12, 9.3.x.51, 9.3.x.52
oui/non [1) 3)]

....

....

14. Le certificat d'agrément provisoire est valable ....

    14.1   jusqu'au [1] ....

    14.2   pour un seul voyage de [1] .... à ....

15. délivré à .... le ....

                 (lieu)   (date)

16. (cachet)   ....

                                                 (autorité compétente)

                                       ....

                                               (signature)

---

[1]   rayer la mention inutile
[3]   pour "x" inscrire l'indication correspondante

NOTA: *Ce modèle de certificat provisoire d'agrément peut être remplacé par un modèle de certificat unique combinant un certificat provisoire de visite et le certificat d'agrément provisoire, à condition que ce modèle de certificat unique contienne les mêmes éléments d'information que le modèle ci-dessus et soit agréé par l'autorité compétente.*

	Si les citernes à cargaison du bateau ne sont pas toutes du même type ou de même conception ou si leur équipement n'est pas le même, leur type, conception et équipement doivent être indiqués ci-après:												
1	Numéro de citerne à cargaison	1	2	3	4	5	6	7	8	9	10	11	12
2	Citerne à cargaison à pression												
3	Citerne à cargaison fermée												
4	Citerne à cargaison ouverte avec coupe-flammes												
5	Citerne à cargaison ouverte												
6	Citerne à cargaison indépendante												
7	Citerne à cargaison intégrale												
8	Parois des citernes à cargaison indépendantes de la coque extérieure												
9	Citerne à membrane												
10	Pression d'ouverture de la soupape de dégagement à grande vitesse de la soupape de sécurité en kPa												
11	Raccord pour un dispositif de prise d'échantillons												
12	Orifice de prise d'échantillons												
13	Installation de pulvérisation d'eau												
14	Alarme de pression interne 40 kPa ...												
15	Chauffage possible à partir de la terre												
16	Installation de chauffage à bord												
17	Installation de réfrigération												
18	Installation d'inertisation												
19	Conduite d'évacuation de gaz et installation chauffée												
20	Répond aux prescriptions de construction de l' (des) observation(s) ... du chapitre 3.2, tableau C, colonne (20)												

8.6.1.5 *Annexe au certificat d'agrément et au certificat d'agrément provisoire conformément au 1.16.1.3.1 a)*

Annexe au certificat d' agrément

1. Numéro officiel: ....

2. Type de bateau: ....

3. Dispositions transitoires applicables à compter du:

Certificat d'agrément ADN No:	Autorité compétente	Délivré le	Valable jusqu' au	Cachet et signature

Certificat d'agrément ADN No:	Autorité compétente	Délivré le	Valable jusqu' au	Cachet et signature

8.6.2   **Attestation relative aux connaissances particulières de l'ADN selon 8.2.1.2, 8.2.1.5 ou 8.2.1.7**

(Recto)

(Verso)

(**)
Attestation relative aux connaissances particulières de l'ADN
1. (Nº de l'attestation)
2. (Nom)
3. (Prénom(s))
4. (Date de naissance JJ/MM/AAAA)
5. (Nationalité)
6. (Signature de l'expert)
7. (Autorité de délivrance)
8. VALABLE JUSQU'AU: (JJ/MM/AAAA)

Photo de l'expert

1. (Nº de l'attestation)

La présente attestation est valable pour les connaissances particulières de l'ADN conformément aux:

(Insérer la sous-section correspondante selon 8.2.1 ADN, le cas échéant avec le complément "seulement bateaux à marchandises sèches" ou "seulement bateaux-citernes")

**   Le signe distinctif utilisé en navigation internationale (CEVNI – Annexe I).

1

LISTE DE CONTRÔLE ADN

concernant l'observation des prescriptions de sécurité et la mise en oeuvre des mesures nécessaires pour le chargement ou le déchargement.

- **Informations relatives au bateau**

....   No...

(nom du bateau)   (numéro officiel)

....

(type de bateau-citerne)

- **Informations relatives aux opérations de chargement ou de déchargement**

....

(poste de chargement ou de déchargement)   (lieu)

....

(date)   (heure)

- **Informations relatives à la cargaison telles qu'indiquée dans le document de transport**

Quantité m³	Désignation officielle de transport***	Numéro ONU ou numéro d'identification de la matière	Dangers*	Groupe d'emballage
....	....	....	....	....
....	....	....	....	....
....	....	....	....	....

- **Informations relatives à la cargaison précédente** **

Désignation officielle de transport***	Numéro ONU ou numéro d'identification de la matière	Dangers*	Groupe d'emballage
....	....	....	....
....	....	....	....
....	....	....	....

*   *Les dangers pertinents indiqués dans la colonne (5) de tableau C le cas échéant (tels que repris dans le document de transport conformément au 5.4.1.1.2 c)).*
**   *À remplir uniquement lors du chargement.*
***   *La désignation officielle de transport fixée à la colonne (2) du tableau C du chapitre 3.2 complétée, le cas échéant, avec le nom technique entre parenthèse.*

Débit de chargement/déchargement (n'est pas à remplir avant le chargement et le déchargement de gaz)

Désignation officielle de transport[**]	Citerne à cargaison No	débit de chargement/déchargement convenu					
		début		milieu		fin	
		débit m^3/h	quantité m^3	débit m^3/h	quantité m^3	débit m^3/h	quantité m^3
....	....	....	....	....	....	....	....
....	....	....	....	....	....	....	....
....	....	....	....	....	....	....	....

La tuyauterie de chargement/déchargement sera-t-elle asséchée après le chargement/déchargement par l'installation à terre/par le bateau[*] par aspiration (stripping) ou refoulement (purge) ?

Refoulement[*]

Aspiration[*]

Si par refoulement, de quelle manière ?

....

(par exemple air, gaz inerte, manchon)

.... kPa

(pression maximale admissible dans la citerne à cargaison)

.... litres

(quantité résiduelle estimée)

Questions au conducteur ou à la personne qu'il a mandatée et à la personne responsable du poste de chargement et de déchargement

Le chargement ou le déchargement ne peut commencer que lorsque toutes les questions de la liste de contrôle auront été marquées par "X", c'est-à-dire qu'elles auront reçu une réponse **positive** et que la liste aura été signée par les deux personnes.

Les questions sans objet doivent être rayées.

Lorsque les questions ne peuvent pas toutes recevoir une réponse positive le chargement ou le déchargement ne peut commencer qu'avec l'autorisation de l'autorité compétente.

---

[*]   *Rayer la mention inutile.*

[**]   *La désignation officielle de transport fixée à la colonne (2) du tableau C du chapitre 3.2 complétée, le cas échéant, avec le nom technique entre parenthèse.*

	bateau	poste de chargement ou de déchargement
1. Le bateau est-il admis au transport de la cargaison ?	O *	O *
2. (*Réservé*)		
3. Le bateau est-il bien amarré compte tenu des circonstances locales ?	O	–
4. Y a-t-il des moyens appropriés conformément aux dispositions du paragraphe 7.2.4.77 permettant de quitter le bateau également en cas d'urgence ?	O	O
5. Un éclairage efficace du poste de chargement ou de déchargement et des chemins de repli est-il assuré ?	O	O
6. Liaison bateau-terre		
6.1 Les tuyauteries de chargement ou de déchargement entre le bateau et la terre sont-elles en bon état ?	–	O
Sont-elles bien raccordées ?	–	O
6.2 Toutes les brides de raccordement sont-elles munies de joints appropriés ?	–	O
6.3 Tous les boulons de raccordement sont-ils posés et serrés ?	O	O
6.4 Les bras articulés sont-ils libres dans les axes de service et les tuyauteries flexibles ont-elles assez de jeu ?	–	O
7. Tous les raccordements non utilisés des tuyauteries de chargement ou de déchargement et de la conduite d'évacuation de gaz sont-ils correctement obturés par des flasques ?	O	O
8.1 Des moyens appropriés sont-ils disponibles pour recueillir des fuites sous les raccords utilisés et sont-ils vides ?	O	O
8.2 Le film d'eau mentionné au paragraphe 9.3.1.21.11 est-il activé ?	O	O
9. Les parties démontables entre tuyauteries de ballastage et d'épuisement d'une part et les tuyauteries de chargement et de déchargement d'autre part sont-elles enlevées ?	O	–
10. Une surveillance appropriée permanente est-elle assurée pour toute la durée de chargement ou du déchargement ?	O	O
11. La communication entre le bateau et la terre est-elle assurée ?	O	O
12.1 Pour le chargement du bateau, la conduite d'évacuation de gaz est-elle reliée à la conduite de retour de gaz (si nécessaire ou s'il existe) ?	O	O
12.2 Est-il assuré par l'installation à terre que la pression au point de raccordement de la conduite d'évacuation de gaz et de la conduite de retour de gaz ne dépasse pas la pression d'ouverture de la soupape de surpression/soupape de dégagement à grande vitesse (pression au point de raccordement en __ kPa) ?	–	O *
12.3 Lorsque la protection contre les explosions est prescrite à la colonne (17) du tableau C chapitre 3.2 de l'ADN, l'installation à terre assure-t-elle que sa conduite de retour de gaz est telle que le bateau est protégé contre les détonations et les passages de flammes provenant de terre?	–	O
13. Les mesures concernant l'arrêt d'urgence et l'alarme sont-elles connues ?	O	O

*   *À remplir uniquement avant le chargement.*

	bateau	poste de chargement ou de déchargement
14. Contrôle des prescriptions de service les plus importantes:		
- les installations et appareils d'extinction d'incendie sont-ils prêts au fonctionnement ?	O	O
- toutes les vannes et toutes les soupapes sont-elles contrôlées en position correcte ?	O	O
- l'interdiction générale de fumer est-elle ordonnée?	O	O
- tous les appareils de chauffage à flamme sont-ils hors service ?	O	–
- les installations de radar sont-elles hors tension ?	O	–
- toutes les installations et tous les équipements électriques pourvues d'une marque rouge sont-elles coupées ?	O	–
- toutes les fenêtres et portes sont-elles fermées ?	O	–
15.1 La pression de début de la pompe de bord pour le déchargement est-elle réglée sur la pression de service admissible de l'installation à terre (pression convenue __ kPa)?	O	–
15.2 La pression de début de la pompe à terre est-elle réglée sur la pression de service admissible de l'installation à bord (pression convenue __ kPa)?	–	O
16. L'avertisseur de niveau est-il prêt à fonctionner ?	O	-
17. Le système suivant est-il branché, prêt à fonctionner et contrôlé ?		
- déclenchement de la sécurité contre le surremplissage □ en cas de chargement □ en cas de déchargement	O	O
- dispositif d'arrêt de la pompe de bord depuis l'installation à terre (uniquement en cas de déchargement du bateau)	O	O
18. À remplir uniquement en cas de chargement ou de déchargement de matières pour le transport desquelles une citerne à cargaison fermée ou une citerne à cargaison ouverte avec coupe-flammes est prescrite: Les écoutilles des citernes à cargaison, les orifices d'inspection et de prise d'échantillons des citernes à cargaison sont-ils fermés ou protégés par des coupe-flammes qui satisfont aux exigences figurant dans la colonne (16) du tableau C du chapitre 3.2?	O	–
19. En cas de transport de gaz liquéfiés réfrigérés, le temps de retenue a-t-il été déterminé, et est-il connu et documenté à bord?	O**	O**
20. La température de chargement se situe-t-elle dans la limite de la température maximale admissible prescrite au paragraphe 7.2.3.28 ?	O**	O**

Contrôlé, rempli et signé

pour le bateau: pour l'installation de chargement ou de déchargement:

....

(nom en majuscules)   (nom en majuscules)

(signature)   (signature)

**   À remplir uniquement lors du chargement.

Explications:

Question 3:

Par "bien amarré" on entend que le bateau est fixé au débarcadère ou au poste de transbordement de telle manière que sans intervention de tiers il ne puisse bouger dans aucun sens pouvant entraver le dispositif de transbordement. Il faut tenir compte des fluctuations locales données et prévisibles du niveau d'eau et particularités.

Question 4:

Il doit être possible à tout moment de quitter le bateau en toute sécurité. Si du côté terre il n'y a pas de chemins de repli protégés ou seulement un chemin pour quitter rapidement le bateau en cas d'urgence, il doit y avoir côté bateau un moyen de fuite supplémentaire (si nécessaire conformément aux dispositions du paragraphe 7.2.4.77).

Question 6:

Une attestation de contrôle valable doit être à bord pour les tuyauteries flexibles de chargement et de déchargement. Le matériau des tuyauteries de chargement et de déchargement doit résister aux contraintes prévues et être approprié au transbordement de la matière en cause. Les tuyauteries de chargement et de déchargement entre le bateau et la terre doivent être placées de manière à ne pas être endommagées par les mouvements ordinaires du bateau au cours du chargement et du déchargement, ni par des fluctuations du niveau d'eau. En outre, tous les raccordements de brides doivent être munis de joints correspondants et de moyens de fixation suffisants pour que des fuites soient exclues.

Question 10:

Le chargement ou déchargement doit être surveillé à bord et à terre de manière que des dangers susceptibles de se produire dans la zone des tuyauteries de chargement et de déchargement entre le bateau et la terre puissent être immédiatement reconnus. Lorsque la surveillance est effectuée grâce à des moyens techniques auxiliaires, il doit être convenu entre l'installation à terre et le bateau de quelle manière la surveillance est assurée.

Question 11:

Une bonne communication entre le bateau et la terre est nécessaire au déroulement sûr des opérations de chargement/déchargement. À cet effet les appareils téléphoniques et radiophoniques ne peuvent être utilisés que s'ils sont d'un type protégé contre les explosions et installés à portée de la personne chargée de la surveillance.

Question 13:

Avant le début des opérations de chargement/déchargement les représentants de l'installation à terre et le conducteur ou la personne qu'il a mandatée doivent s'entendre sur les procédures à suivre. Il faut tenir compte des propriétés particulières des matières à charger ou à décharger.

Question 17:

Afin d'éviter un reflux depuis la terre, l'activation du dispositif de sécurité contre le surremplissage à bord du bateau est aussi nécessaire dans certains cas lors du déchargement. Ceci est obligatoire durant le chargement et optionnel durant le déchargement. Biffer la question si ceci n'est pas nécessaire durant le déchargement.

8.6.4 **Liste de contrôle pour le dégazage dans une station de réception**

Liste de contrôle ADN

concernant l'observation des prescriptions de sécurité et la mise en œuvre des mesures nécessaires pour le dégazage dans une station de réception

– **Informations relatives au bateau**

.... Nᵒ ....

(nom du bateau)   (numéro officiel)

....

 (type de bateau)

– **Informations relatives à la station de réception**

....

(station de réception)   (lieu)

....

(date)   (heure)

Station de réception agréée   ☐ Oui ☐ Non
conformément aux dispositions de la
CDNI?

– **Informations relatives à la cargaison précédente présente dans la citerne avant dégazage telles qu'indiquées dans le document de transport**

Citerne à cargaison nᵒ	Quantité m³	Désignation officielle de transport**	No ONU ou numéro d'identification de la matière	Dangers*	Groupe d'emballage
	....	....	....	....	....
	....	....	....	....	....
	....	....	....	....	....

*   *Les dangers pertinents indiqués dans la colonne (5) du tableau C le cas échéant (tels que repris dans le document de transport conformément au 5.4.1.1.2 c)).*
**   *La désignation officielle de transport fixée à la colonne (2) du tableau C du chapitre 3.2 complétée, le cas échéant, avec le nom technique entre parenthèses.*

Débit de dégazage

Désignation officielle de transport**	Citerne à cargaison n°	Débit de dégazage convenu
		Débit m³/h
....	....	....
....	....	....
....	....	....

Questions au conducteur ou à la personne qu'il a mandatée et à la personne responsable à la station de réception

Le dégazage ne pourra commencer que lorsque toutes les questions de la liste de contrôle auront été marquées par "X", c'est-à-dire qu'elles auront reçu une réponse positive et que la liste aura été signée par les deux personnes.

Les questions sans objet doivent être rayées.

Lorsque les questions ne peuvent pas toutes recevoir une réponse positive, le dégazage ne peut commencer qu'avec l'autorisation de l'autorité compétente.

** *La désignation officielle de transport fixée à la colonne (2) du tableau C du chapitre 3.2 complétée, le cas échéant, avec le nom technique entre parenthèses.*

		3
	Bateau	Station de réception
1. Le bateau est-il bien amarré compte tenu des circonstances locales?	O	–
2. La tuyauterie de dégazage entre le bateau et la station de réception est-elle en bon état?	–	O
Est-elle bien raccordée et munie de coupe-flammes appropriés?	O	O
3. Tous les raccordements non utilisés des tuyauteries de chargement et de déchargement et de la conduite d'évacuation des gaz sont-ils correctement obturés par des flasques?	O	O
4. Une surveillance appropriée permanente est-elle assurée pour toute la durée du dégazage?	O	O
5. La communication entre le bateau et la station de réception est-elle assurée?	O	O
6.1 Est-il assuré par la station de réception que la pression au point de raccordement ne dépasse pas la pression d'ouverture de la soupape de dégagement à grande vitesse (pression au point de raccordement: _ kPa)?	–	O*
6.2 L'orifice d'aspiration d'air fait-il partie d'un système fermé ou est-il muni d'une soupape basse pression à ressort?	–	O**
6.3 Lorsque la protection contre les explosions est exigée à la colonne (17) du tableau C du chapitre 3.2, la station de réception assure-t-elle que sa tuyauterie est telle que le bateau est protégé contre les détonations et les passages de flammes provenant de la station?	–	O
7. Les mesures concernant l'arrêt d'urgence et l'alarme sont-elles connues?	O	O

* *Ne s'applique pas si le vide sert à générer des flux d'air.*
** *Ne s'applique que si le vide sert à générer des flux d'air.*

		Bateau	Station de réception
8.	Contrôle des prescriptions de service les plus importantes:		
	– Les installations et appareils d'extinction d'incendie sont-ils prêts au fonctionnement?	O	O
	– Les vannes et les soupapes sont-elles toutes en position correcte?	O	O
	– L'interdiction générale de fumer a-t-elle été ordonnée?	O	O
	– Les appareils de chauffage à flamme installés à bord sont-ils éteints?	O	–
	– Les installations de radar sont-elles hors tension?	O	–
	– Les installations électriques pourvues d'une marque rouge sont-elles toutes coupées?	O	–
	– Les portes et les fenêtres sont-elles toutes fermées?	O	–
9.1	La pression des tuyauteries du bateau est-elle réglée sur la pression de service admissible de la station de réception (pression convenue: _ kPa)?	O	–
9.2	La pression des tuyauteries de la station de réception est-elle réglée sur la pression de service admissible de l'installation à bord (pression convenue: _ kPa)?	–	O
10.	Les écoutilles et les orifices d'inspection, de jaugeage et de prise d'échantillons des citernes à cargaison sont-ils fermés ou protégés par des coupe-flammes en bon état?	O	–

Contrôlée, remplie et signée

pour le bateau:	pour la station de réception:
....	....
(nom en majuscules)	(nom en majuscules)
....	....
(signature)	(signature)

Explications

Question 1

Par "bien amarré", on entend que le bateau est fixé au débarcadère ou à la station de réception de telle manière que, sans intervention de tiers, il ne puisse bouger dans aucun sens pouvant entraver le dégazage. Il faut tenir compte des fluctuations locales données ou prévisibles du niveau d'eau et des particularités.

Question 2

Le matériau des tuyauteries doit résister au débit prévu et convenir pour le dégazage. La tuyauterie entre le bateau et la station de réception doit être placée de manière à ne pas être endommagée par les mouvements habituels du bateau au cours du dégazage, ni par des fluctuations du niveau d'eau.

Question 4

Le dégazage doit être surveillé à bord et à la station de réception de manière que les dangers susceptibles de se produire à proximité de la tuyauterie entre le bateau et la station de réception puissent être décelés immédiatement. Lorsque la surveillance est effectuée grâce à des moyens techniques auxiliaires, il doit être convenu entre la station de réception et le bateau de la manière dont elle est assurée.

Question 5

Une bonne communication entre le bateau et la terre est nécessaire au déroulement sûr du dégazage. À cet effet, les appareils téléphoniques et radiophoniques ne peuvent être utilisés que s'ils sont d'un type protégé contre les explosions et installés à portée de la personne chargée de la surveillance.

Question 7

Avant le début du dégazage, le représentant de la station de réception et le conducteur ou la personne qu'il a mandatée doivent s'entendre sur les procédures à suivre. Il faut tenir compte des propriétés particulières des matières à dégazer

PARTIE 9

Règles de construction

CHAPITRE 9.1

RÈGLES DE CONSTRUCTION DES BATEAUX À CARGAISON SÈCHE

9.1.0   **Règles de construction applicables aux bateaux à cargaison sèche**

Les dispositions des 9.1.0.0 à 9.1.0.79 sont applicables aux bateaux à cargaison sèche.

9.1.0.0   *Matériaux de construction*

La coque du bateau doit être construite en acier de construction navale ou en un autre métal à condition que ce métal présente au moins des propriétés équivalentes en ce qui concerne les propriétés mécaniques et la résistance aux effets de la température et du feu.

9.1.0.1   *Dossier du bateau*

NOTA: *Aux fins du présent paragraphe, le terme "propriétaire" a la même signification qu'au 1.16.0.*

Le dossier du bateau doit être conservé par le propriétaire, qui doit être en mesure de fournir cette documentation à la demande de l'autorité compétente et de la société de classification agréée.

Le dossier du bateau doit être conservé et actualisé tout au long de la vie du bateau, et conservé pendant six mois après que le bateau a été mis hors service.

En cas de changement de propriétaire pendant la vie du bateau, le dossier du bateau doit être transféré au nouveau propriétaire.

Sur demande, une copie du dossier du bateau ou de la documentation nécessaire doit être mise à disposition de l'autorité compétente pour la délivrance du certificat d'agrément, ainsi que de la société de classification agréée ou de l'organisme de visite pour la première visite, la visite périodique, la visite spéciale ou toute autre vérification exceptionnelle.

9.1.0.2 à   *(Réservés)*
9.1.0.10

9.1.0.11   *Cales*

9.1.0.11.1   a)   Chaque cale doit être limitée à l'avant et à l'arrière par des cloisons métalliques étanches.

b)   Les cales ne doivent pas avoir de cloison commune avec les citernes à combustible.

9.1.0.11.2   Le fond des cales doit permettre de les laver et de les sécher.

9.1.0.11.3   Les panneaux d'écoutille doivent être étanches aux embruns et aux intempéries ou être recouverts de bâches imperméables.

Les bâches utilisées à titre de complément pour couvrir les cales doivent être difficilement inflammables.

9.1.0.11.4   Aucun appareil de chauffage ne doit être installé dans les cales.

9.1.0.12   *Ventilation*

9.1.0.12.1   Chaque cale doit pouvoir être ventilée par deux ventilateurs d'aspiration indépendants l'un de l'autre d'une capacité au moins suffisante pour assurer cinq changements d'air à l'heure sur la base du volume de la cale vide. Les conduites d'aspiration doivent être situées aux extrémités des cales à moins de 50 mm au-dessus du fond. L'aspiration des gaz et vapeurs vers la conduite doit être assurée également en cas de transport en vrac.

Si les conduites d'aspiration sont amovibles elles doivent être appropriées pour l'assemblage avec le ventilateur et doivent pouvoir être bien fixées. La protection contre les intempéries et les jets d'eau doit être assurée. L'arrivée d'air doit être assurée pendant la ventilation.

9.1.0.12.2   Le système de ventilation d'une cale doit être conçu pour qu'aucun gaz dangereux ne risque de pénétrer dans les logements, la timonerie ou la chambre des machines.

9.1.0.12.3   a)   Les logements, la timonerie et les locaux de service doivent pouvoir être ventilés;

b)   Le système de ventilation dans ces locaux doit satisfaire aux exigences suivantes:

i)   Les orifices d'aspiration sont situés le plus loin possible, à 6,00 m au moins de la zone protégée et à 2,00 m au moins au-dessus du pont;

ii)   Une surpression d'au moins 0,1 kPa (0,001 bar) peut être assurée dans les locaux;

iii)   Une alarme de défaillance est intégrée;

iv)   Le système de ventilation, y compris l'alarme de défaillance, sont au moins du type "à risque limité d'explosion";

v)   Une installation de détection de gaz remplissant les conditions 1. à 4. ci-après est reliée au système de ventilation:

1.   elle est appropriée au moins pour une utilisation en zone 1, groupe d'explosion IIC, classe de température T6;

2.   elle est équipée de capteurs:

–   Aux orifices d'aspiration des systèmes de ventilation; et

–   Directement sous l'arête supérieure du seuil des portes d'entrée;

3.   son temps de réponse t90 est inférieur ou égal à 4 s;

4.   les mesures sont continues;

vi)   Dans les locaux de service, le système de ventilation est relié à un éclairage de secours qui doit être au moins du type "à risque limité d'explosion";

Cet éclairage de secours n'est pas nécessaire si les installations d'éclairage dans les locaux de service sont au moins du type "à risque limité d'explosion";

vii)   L'aspiration du système de ventilation et les installations et équipements qui ne répondent pas aux conditions énoncées aux 9.1.0.51 et 9.1.0.52.1 sont arrêtés dès qu'une concentration égale à 20 % de la LIE du n-hexane est atteinte;

L'arrêt est signalé dans les logements et la timonerie par des avertisseurs optiques et acoustiques;

viii) En cas de défaillance du système de ventilation ou des installations de détection de gaz dans les logements, les installations et équipements présents dans les logements qui ne répondent pas aux conditions énoncées aux 9.1.0.51 et 9.1.0.52.1 sont arrêtés;

La défaillance est signalée dans les logements, dans la timonerie et sur le pont par des avertisseurs optiques et acoustiques;

ix) En cas de défaillance du système de ventilation ou des installations de détection de gaz dans la timonerie ou dans les locaux de service, les installations et équipements présents dans ces locaux qui ne répondent pas aux conditions énoncées aux 9.1.0.51 et 9.1.0.52.1 sont arrêtés;

La défaillance est signalée dans la timonerie et sur le pont par des avertisseurs optiques et acoustiques. L'alarme doit être automatiquement relayée vers les logements dans le cas où elle n'a pas été arrêtée;

x) Tout arrêt intervient immédiatement et automatiquement et, le cas échéant, enclenche l'éclairage de secours;

Le dispositif d'arrêt automatique est réglé de telle sorte que l'arrêt automatique ne puisse intervenir en cours de navigation;

c) À défaut de système de ventilation ou si le système de ventilation d'un local ne satisfait pas à toutes les exigences énoncées à l'alinéa b) ci-dessus, les installations et équipements présents dans ce local dont le fonctionnement peut donner lieu à des températures de surface supérieures à celles mentionnées au 9.1.0.51 ou qui ne satisfont pas aux exigences énoncées au 9.1.0.52.1 doivent pouvoir être arrêtés.

9.1.0.12.4   Des plaques doivent être apposées aux orifices de ventilation pour indiquer dans quels cas ils doivent être fermés. Tous les orifices de ventilation de logements de la timonerie et de locaux de service donnant à l'air libre à l'extérieur de la zone protégée doivent être situés à 2,00 m au moins de la zone protégée.

Tous les orifices de ventilation doivent être munis de dispositifs fixés à demeure selon 9.1.0.40.2.2 c) permettant de les fermer rapidement. L'état d'ouverture et de fermeture doit être clairement apparent.

9.1.0.12.5   Les ventilateurs, y compris leurs moteurs, utilisés dans la zone protégée et les moteurs des ventilateurs de cales qui sont disposés dans le flux d'air doivent être appropriés au moins pour une utilisation en zone 1. Ils doivent satisfaire au moins aux exigences applicables pour la classe de température T4 et le groupe d'explosion II B.

9.1.0.12.6   Les exigences des 9.1.0.12.3 b) ou c) ne doivent être satisfaites que si le bateau séjournera à l'intérieur ou à proximité immédiate d'une zone assignée à terre.

9.1.0.13 à
9.1.0.16   (Réservés)

9.1.0.17   *Logements et locaux de service*

9.1.0.17.1   Les logements doivent être séparés des cales par des cloisons métalliques sans ouvertures.

9.1.0.17.2   Les ouvertures des logements et de la timonerie situées en face des cales doivent pouvoir être fermées de façon à être étanches aux gaz.

9.1.0.17.3   Aucune entrée ni ouverture de la salle des machines et des locaux de service ne doivent se trouver en face de la zone protégée.

| 9.1.0.18 à | (Réservés) |
| 9.1.0.19 | |

9.1.0.20   *Eau de ballastage*

Les espaces de double coque et les doubles fonds peuvent être aménagés pour recevoir de l'eau de ballastage.

| 9.1.0.21 à | (Réservés) |
| 9.1.0.30 | |

9.1.0.31   *Machines*

9.1.0.31.1   Seuls les moteurs à combustion interne utilisant un carburant à point d'éclair supérieur à 55 °C sont admis. Cette disposition ne s'applique pas aux moteurs à combustion interne qui font partie d'un système de propulsion ou d'un système auxiliaire. Ces systèmes devant satisfaire aux prescriptions du chapitre 30 et de la section 1 de l'annexe 8 du Standard européen établissant les prescriptions techniques des bateaux de navigation intérieure (ES-TRIN), dans sa version modifiée[1].

9.1.0.31.2   Les orifices d'aération des salles des machines et les orifices d'aspiration d'air des moteurs n'aspirant pas l'air directement depuis la salle des machines doivent être situés à 2,00 m au moins de la zone protégée.

9.1.0.31.3   Il ne doit rien y avoir qui puisse produire des étincelles dans la zone protégée.

9.1.0.32   *Réservoirs à combustible*

9.1.0.32.1   Les doubles fonds de la zone des cales peuvent être aménagés comme réservoirs à combustible à condition d'avoir 0,60 m au moins de profondeur.

Les tuyauteries et les ouvertures de ces réservoirs à combustibles ne doivent pas être situées dans la cale.

9.1.0.32.2   Les orifices des tuyaux d'aération de chaque réservoir à combustible doivent aboutir à 0,50 m au-dessus du pont découvert. Ces orifices et les orifices des tuyaux de trop-plein aboutissant sur le pont doivent être munis d'un dispositif protecteur constitué par un grillage ou une plaque perforée.

9.1.0.33   (Réservé)

9.1.0.34   *Tuyaux d'échappement des moteurs*

9.1.0.34.1   Les gaz d'échappement doivent être rejetés à l'air libre soit vers le haut par un tuyau d'échappement, soit par un orifice dans le bordé. L'orifice d'échappement doit être situé à 2,00 m au moins des écoutilles. Les tuyaux d'échappement des moteurs de propulsion doivent être placés de telle manière que les gaz d'échappement soient entraînés loin du bateau. La tuyauterie d'échappement ne doit pas être située dans la zone protégée.

9.1.0.34.2   Les tuyaux d'échappement des moteurs doivent être munis d'un dispositif empêchant la sortie d'étincelles, tel que pare-étincelles.

---

[1]   *Tel qu'il figure sur le site Web du Comité européen pour l'élaboration de standards dans le domaine de la navigation intérieure (CESNI), à l'adresse suivante: https://www.cesni.eu/documents/es-trin/:*

9.1.0.35 *Installation d'assèchement*

Les pompes d'assèchement destinées aux cales doivent être placées dans la zone protégée. Cette prescription ne s'applique pas lorsque l'assèchement est effectué au moyen d'éjecteurs.

9.1.0.36 à *(Réservés)*
9.1.0.39

9.1.0.40 *Dispositifs d'extinction d'incendie*

9.1.0.40.1 Le bateau doit être muni d'une installation d'extinction d'incendie. Cette installation doit être conforme aux prescriptions ci-après:

– Elle doit être alimentée par deux pompes à incendie ou à ballastage indépendantes. L'une d'elles doit être prête à fonctionner à tout moment. Ces pompes ainsi que leur propulsion et leur équipement électrique ne doivent pas être installés dans le même local;

– Elle doit être équipée d'une conduite d'eau comportant au moins trois bouches dans la zone protégée située au-dessus du pont. Trois manches adéquates et suffisamment longues, munies de lances à jet/pulvérisation d'un diamètre de 12 mm au moins, doivent être prévues. À défaut, un ou plusieurs de ces tuyaux peuvent être remplacés par des lances à jet/pulvérisation orientables d'un diamètre de 12 mm au moins. On doit pouvoir atteindre tout point du pont dans la zone protégée avec deux jets simultanés d'eau provenant de bouches différentes. Un clapet anti-retour à ressort doit empêcher que des gaz puissent s'échapper de la zone protégée et atteindre les logements et locaux de service en passant par l'installation d'extinction d'incendie;

– La capacité de l'installation doit être suffisante pour obtenir d'un point quelconque du bateau un jet d'une longueur au moins égale à la largeur du bateau si deux lances à pulvérisation sont utilisées en même temps;

– Le système d'alimentation en eau doit pouvoir être mis en marche depuis la timonerie et depuis le pont;

– Des mesures doivent être prises pour éviter le gel des collecteurs principaux d'incendie et des bouches.

À bord des barges de poussage dépourvues de moyens propres de propulsion, la présence d'une seule pompe à incendie ou à ballastage est suffisante.

9.1.0.40.2 En outre, la salle des machines doit être équipée d'une installation fixe d'extinction d'incendie fixée à demeure, répondant aux exigences suivantes:

9.1.0.40.2.1 *Agents extincteurs*

Pour la protection du local dans les salles des machines, salles de chauffe et salles des pompes, seules sont admises les installations d'extinction d'incendie fixées à demeure utilisant les agents extincteurs suivants:

a) CO_2 (dioxyde de carbone);

b) HFC 227 ea (heptafluoropropane);

c) IG-541 (52 % azote, 40 % argon, 8 % dioxyde de carbone);

d) FK-5-1-12 (Dodécafluoro-2-méthylpentan-3-one);

e)   *(Réservé)*

f) K_2CO_3 (carbonate de potassium).

Les autres agents extincteurs sont uniquement admis sur la base de recommandations du Comité d'administration.

9.1.0.40.2.2   *Ventilation, extraction de l'air*

a)   L'air de combustion nécessaire aux moteurs à combustion assurant la propulsion ne doit pas provenir des locaux protégés par des installations d'extinction d'incendie fixées à demeure. Cette prescription n'est pas obligatoire si le bateau possède deux salles des machines principales indépendantes et séparées de manière étanche aux gaz ou s'il existe, outre la salle des machines principale, une salle des machines distincte où est installé un propulseur d'étrave capable d'assurer à lui seul la propulsion en cas d'incendie dans la salle des machines principale.

b)   Tout système de ventilation forcée du local à protéger doit être arrêté automatiquement dès le déclenchement de l'installation d'extinction d'incendie.

c)   Toutes les ouvertures du local à protéger par lesquelles peuvent pénétrer de l'air ou s'échapper du gaz doivent être équipées de dispositifs permettant de les fermer rapidement. L'état d'ouverture et de fermeture doit être clairement apparent.

d)   L'air s'échappant des soupapes de surpression de réservoirs à air pressurisé installés dans les salles des machines doit être évacué à l'air libre.

e)   La surpression ou dépression occasionnée par la diffusion de l'agent extincteur ne doit pas détruire les éléments constitutifs du local à protéger. L'équilibrage de pression doit pouvoir être assuré sans danger.

f)   Les locaux protégés doivent être équipés de moyens permettant d'assurer l'évacuation de l'agent extincteur et des gaz de combustion. Ces moyens doivent pouvoir être commandés à partir d'un emplacement situé à l'extérieur des locaux protégés, qui ne doit pas être rendu inaccessible en cas d'incendie dans ces locaux. Si des dispositifs d'aspiration sont installés à demeure, ceux-ci ne doivent pas pouvoir être mis en marche pendant le processus d'extinction.

9.1.0.40.2.3   *Système avertisseur d'incendie*

Le local à protéger doit être surveillé par un système avertisseur d'incendie approprié. Le signal avertisseur doit être audible dans la timonerie, les logements et dans le local à protéger.

9.1.0.40.2.4   *Système de tuyauteries*

a)   L'agent extincteur doit être acheminé et réparti dans le local à protéger au moyen d'un système de tuyauteries installé à demeure. Les tuyauteries installées à l'intérieur du local à protéger ainsi que leurs accessoires doivent être en acier. Ceci ne s'applique pas aux embouts de raccordement des réservoirs et des compensateurs sous réserve que les matériaux utilisés possèdent des propriétés ignifuges équivalentes. Les tuyauteries doivent être protégées tant à l'intérieur qu'à l'extérieur contre la corrosion.

b)   Les buses de distribution doivent être disposées de manière à assurer une répartition régulière de l'agent extincteur. En particulier, l'agent extincteur doit également agir sous le plancher.

9.1.0.40.2.5   *Dispositif de déclenchement*

a) Les installations d'extinction d'incendie à déclenchement automatique ne sont pas admises.

b) L'installation d'extinction d'incendie doit pouvoir être déclenchée depuis un endroit approprié situé à l'extérieur du local à protéger.

c) Les dispositifs de déclenchement doivent être installés de manière à pouvoir être actionnés en cas d'incendie et de manière à réduire autant que possible le risque de panne de ces dispositifs en cas d'incendie ou d'explosion dans le local à protéger.

Les installations de déclenchement non mécaniques doivent être alimentées par deux sources d'énergie indépendantes l'une de l'autre. Ces sources d'énergie doivent être placées à l'extérieur du local à protéger. Les conduites de commande situées dans le local à protéger doivent être conçues de manière à rester en état de fonctionner en cas d'incendie durant 30 minutes au minimum. Les installations électriques sont réputées satisfaire à cette exigence si elles sont conformes à la norme CEI 60331–21:1999.

Lorsque les dispositifs de déclenchement sont placés de manière non visible, l'élément faisant obstacle à leur visibilité doit porter le symbole "Installation de lutte contre l'incendie" de 10 cm de côté au minimum, ainsi que le texte suivant en lettres rouges sur fond blanc:

Installation d'extinction

d) Si l'installation d'extinction d'incendie est destinée à la protection de plusieurs locaux, elle doit comporter un dispositif de déclenchement distinct et clairement marqué pour chaque local.

e) À proximité de tout dispositif de déclenchement doit être apposé le mode d'emploi bien visible et inscrit de manière durable. Ce mode d'emploi doit être dans une langue que le conducteur peut lire et comprendre et si cette langue n'est pas l'anglais, le français ou l'allemand, en anglais, en français ou en allemand. Il doit notamment comporter des indications relatives:

i) au déclenchement de l'installation d'extinction d'incendie;

ii) à la nécessité de s'assurer que toutes les personnes ont quitté le local à protéger;

iii) au comportement à adopter par l'équipage en cas de déclenchement et lors de l'accès au local à protéger après le déclenchement ou l'envahissement, notamment en ce qui concerne la présence possible de substances dangereuses;

iv) au comportement à adopter par l'équipage en cas de dysfonctionnement de l'installation d'extinction d'incendie.

f) Le mode d'emploi doit mentionner qu'avant le déclenchement de l'installation d'extinction d'incendie les moteurs à combustions installés dans le local et aspirant l'air du local à protéger doivent être arrêtés.

9.1.0.40.2.6   *Appareil avertisseur*

a) Les installations d'extinction d'incendie fixées à demeure doivent être équipées d'un appareil avertisseur acoustique et optique.

b)   L'appareil avertisseur doit se déclencher automatiquement lors du premier déclenchement de l'installation d'extinction d'incendie. Le signal avertisseur doit fonctionner pendant un délai approprié avant la libération de l'agent extincteur et ne doit pas pouvoir être arrêté.

c)   Les signaux avertisseurs doivent être bien visibles dans les locaux à protéger et à leurs points d'accès et être clairement audibles dans les conditions d'exploitation correspondant au plus grand bruit propre possible. Ils doivent se distinguer clairement de tous les autres signaux sonores et optiques dans le local à protéger.

d)   Les signaux avertisseurs sonores doivent également être clairement audibles dans les locaux avoisinants, les portes de communication étant fermées, et dans les conditions d'exploitation correspondant au plus grand bruit propre possible.

e)   Si l'appareil avertisseur n'est pas auto-protégé contre les courts-circuits, la rupture de câbles et les baisses de tension, son fonctionnement doit pouvoir être contrôlé.

f)   Un panneau portant l'inscription suivante en lettres rouge sur fond blanc doit être apposé de manière bien visible à l'entrée de tout local susceptible d'être atteint par l'agent extincteur:

Attention, installation d'extinction d'incendie,
Quitter immédiatement ce local au signal .... (description du signal)!

9.1.0.40.2.7   *Réservoirs sous pression, tuyauteries pressurisées et leurs accessoires*

a)   Les réservoirs sous pression ainsi que les tuyauteries pressurisées et leurs accessoires doivent être conformes aux prescriptions de l'autorité compétente ou, s'il n'y a pas de telles prescriptions, ils doivent être conformes aux prescriptions d'une société de classification agréée.

b)   Les réservoirs sous pression doivent être installés conformément aux instructions du fabricant.

c)   Les réservoirs sous pression, tuyauteries pressurisées et leurs accessoires ne doivent pas être installés dans les logements.

d)   La température dans les armoires et locaux de stockage des réservoirs sous pression ne doit pas dépasser 50 °C.

e)   Les armoires ou locaux de stockage sur le pont doivent être solidement arrimés et disposer d'ouvertures d'aération disposées de sorte qu'en cas de défaut d'étanchéité d'un réservoir sous pression le gaz qui s'échappe ne puisse pénétrer à l'intérieur du bateau. Des liaisons directes avec d'autres locaux ne sont pas admises.

9.1.0.40.2.8   *Quantité d'agent extincteur*

Si la quantité d'agent extincteur est prévue pour plus d'un local, il n'est pas nécessaire que la quantité d'agent extincteur disponible soit supérieure à la quantité requise pour le plus grand des locaux ainsi protégés.

9.1.0.40.2.9   *Installation, entretien, contrôle et documentation*

a)   Le montage ou la transformation de l'installation doit uniquement être assuré par une société spécialisée en installations d'extinction d'incendie. Les instructions (fiche technique du produit, fiche technique de sécurité) données par le fabricant de l'agent extincteur ou le constructeur de l'installation doivent être suivies.

b) L'installation doit être contrôlée par un expert:

    i) avant la mise en service;

    ii) avant toute remise en service consécutive à son déclenchement;

    iii) après toute modification ou réparation;

    iv) régulièrement et au minimum tous les deux ans.

c) Au cours du contrôle, l'expert est tenu de vérifier la conformité de l'installation aux exigences du 9.1.0.40.2.

d) Le contrôle comprend au minimum:

    i) un contrôle externe de toute l'installation;

    ii) un contrôle de l'étanchéité des tuyauteries;

    iii) un contrôle du bon fonctionnement des systèmes de commande et de déclenchement;

    iv) un contrôle de la pression et du contenu des réservoirs;

    v) un contrôle de l'étanchéité des dispositifs de fermeture du local à protéger;

    vi) un contrôle du système avertisseur d'incendie;

    vii) un contrôle de l'appareil avertisseur.

e) La personne qui a effectué le contrôle établit et signe une attestation relative à la vérification, avec mention de la date du contrôle.

f) Le nombre des installations d'extinction d'incendie fixées à demeure doit être mentionné au certificat de bateau.

9.1.0.40.2.10 *Installation d'extinction d'incendie fonctionnant avec du CO_2*

Outre les exigences des 9.1.0.40.2.1 à 9.1.0.40.2.9, les installations d'extinction d'incendie utilisant le CO_2 en tant qu'agent extincteur doivent être conformes aux dispositions suivantes:

a) Les réservoirs à CO_2 doivent être placés dans un local ou une armoire séparé des autres locaux de manière étanche aux gaz. Les portes de ces locaux et armoires de stockage doivent s'ouvrir vers l'extérieur, doivent pouvoir être fermées à clé et doivent porter à l'extérieur le symbole "Avertissement: danger général" d'une hauteur de 5 cm au minimum ainsi que la mention "CO_2" dans les mêmes couleurs et dimensions;

b) Les armoires ou locaux de stockage des réservoirs à CO_2 situés sous le pont doivent uniquement être accessibles depuis l'extérieur. Ces locaux doivent disposer d'un système d'aération artificiel avec des cages d'aspiration et être entièrement indépendant des autres systèmes d'aération se trouvant à bord;

c) Le degré de remplissage des réservoirs de CO_2 ne doit pas dépasser 0,75 kg/l. Pour le volume du CO_2 détendu on prendra 0,56 m^3/kg;

d) La concentration de CO_2 dans le local à protéger doit atteindre au minimum 40% du volume brut dudit local. Cette quantité doit être libérée en 120 secondes. Le bon déroulement de l'envahissement doit pouvoir être contrôlé;

e) L'ouverture des soupapes de réservoir et la commande de la soupape de diffusion doivent correspondre à deux opérations distinctes;

f) Le délai approprié mentionné au 9.1.0.40.2.6 b) est de 20 secondes au minimum. La temporisation de la diffusion du CO_2 doit être assurée par une installation fiable.

9.1.0.40.2.11 *Installations d'extinction d'incendie fonctionnant avec du HFC 227 ea (heptafluoropropane)*

Outre les exigences des 9.1.0.40.2.1 à 9.1.0.40.2.9, les installations d'extinction d'incendie utilisant le HFC-227 ea en tant qu'agent extincteur doivent être conformes aux dispositions suivantes:

a) En présence de plusieurs locaux présentant un volume brut différent, chaque local doit être équipé de sa propre installation d'extinction d'incendie;

b) Chaque réservoir contenant du HFC-227 ea placé dans le local à protéger doit être équipé d'un dispositif évitant la surpression. Celui-ci doit assurer sans danger la diffusion du contenu du réservoir dans le local à protéger si ledit réservoir est soumis au feu alors que l'installation d'extinction d'incendie n'a pas été mise en service;

c) Chaque réservoir doit être équipé d'un dispositif permettant de contrôler la pression du gaz;

d) Le degré de remplissage des réservoirs ne doit pas dépasser 1,15 kg/l. Pour le volume spécifique du HFC-227 ea détendu, on prendra 0,1374 m^3/kg;

e) La concentration de HFC-227 ea dans le local à protéger doit atteindre au minimum 8 % du volume brut dudit local. Cette quantité doit être libérée en 10 secondes;

f) Les réservoirs de HFC-227 ea doivent être équipés d'un dispositif de surveillance de la pression déclenchant un signal d'alerte acoustique et optique dans la timonerie en cas de perte non conforme de gaz propulseur. En l'absence de timonerie, ce signal d'alerte doit être déclenché à l'extérieur du local à protéger;

g) Après la diffusion, la concentration dans le local à protéger ne doit pas excéder 10,5 % (en volume);

h) L'installation d'extinction d'incendie ne doit pas comporter de pièces en aluminium.

9.1.0.40.2.12 *Installations d'extinction d'incendie fonctionnant avec de l'IG-541*

Outre les exigences des 9.1.0.40.2.1 à 9.1.0.40.2.9, les installations d'extinction d'incendie utilisant l'IG-541 en tant qu'agent extincteur doivent être conformes aux dispositions suivantes:

a) En présence de plusieurs locaux présentant un volume brut différent, chaque local doit être équipé de sa propre installation d'extinction d'incendie;

b) Chaque réservoir contenant de l'IG-541 placé dans le local à protéger doit être équipé d'un dispositif évitant la surpression. Celui-ci doit assurer sans danger la diffusion du contenu du réservoir dans le local à protéger si ledit réservoir est soumis au feu alors que l'installation d'extinction d'incendie n'a pas été mise en service;

c) Chaque réservoir doit être équipé d'un dispositif permettant de contrôler le contenu;

d) La pression de remplissage des réservoirs ne doit pas dépasser 200 bar à une température de +15°C;

e) La concentration de l'IG-541 dans le local à protéger doit atteindre au minimum 44 % et au maximum 50 % du volume brut dudit local. Cette quantité doit être libérée en 120 secondes.

9.1.0.40.2.13 *Installations d'extinction d'incendie fonctionnant avec du FK-5-1-12*

Outre les exigences des 9.1.0.40.2.1 à 9.1.0.40.2.9, les installations d'extinction d'incendie utilisant le FK-5-1-12 en tant qu'agent extincteur doivent être conformes aux dispositions suivantes:

a) En présence de plusieurs locaux présentant un volume brut différent, chaque local doit être équipé de sa propre installation d'extinction d'incendie.

b) Chaque réservoir contenant du FK-5-1-12 placé dans le local à protéger doit être équipé d'un dispositif évitant la surpression. Celui-ci doit assurer sans danger la diffusion du contenu du réservoir dans le local à protéger si ledit réservoir est soumis au feu alors que l'installation d'extinction d'incendie n'a pas été mise en service.

c) Chaque réservoir doit être équipé d'un dispositif permettant de contrôler la pression du gaz.

d) Le degré de remplissage des réservoirs ne doit pas dépasser 1,00 kg/l. Pour le volume spécifique du FK-5-1-12 détendu on prendra 0,0719 m^3/kg.

e) Le volume de FK-5-1-12 à introduire dans le local à protéger doit atteindre au minimum 5,5 % du volume brut dudit local. Cette quantité doit être libérée en 10 secondes.

f) Les réservoirs de FK-5-1-12 doivent être équipés d'un dispositif de surveillance de la pression déclenchant un signal d'alerte acoustique et optique dans la timonerie en cas de perte non conforme d'agent extincteur. En l'absence de timonerie, ce signal d'alerte doit être déclenché à l'extérieur du local à protéger.

g) Après la diffusion, la concentration dans le local à protéger ne doit pas excéder 10,0 %.

9.1.0.40.2.14 *(Réservé)*

9.1.0.40.2.15 *Installations d'extinction d'incendie utilisant le K_2CO_3 en tant qu'agent extincteur*

Outre les exigences des 9.1.0.40.2.1 à 9.1.0.40.2.3, 9.1.0.40.2.5, 9.1.0.40.2.6 et 9.1.0.40.2.9, les installations d'extinction d'incendie utilisant le K_2CO_3 en tant qu'agent extincteur doivent être conformes aux dispositions suivantes:

a) L'installation d'extinction d'incendie doit posséder un agrément de type conformément à la directive 2014/90/UE[2] ou à la circulaire MSC/Circ.1270[3];

b) Chaque local doit être équipé de sa propre installation d'extinction;

---

[2] *Journal officiel de l'Union européenne, L 257 du 28 août 2014, p. 146.*

[3] *Circulaire MSC/Circ. 1270 et rectificatifs de l'Organisation maritime internationale – Directives révisées pour l'approbation des dispositifs fixes d'extinction de l'incendie à aérosol équivalant aux dispositifs fixes d'extinction de l'incendie par le gaz, visés par la convention SOLAS de 1974, qui sont destinés aux locaux de machines – adoptée le 4 juin 2008.*

c) L'agent extincteur est conservé dans des réservoirs non pressurisés spécifiquement prévus à cet effet dans le local à protéger. Ces réservoirs doivent être installés de manière à ce que l'agent extincteur puisse se répartir uniformément dans le local. En particulier, l'agent extincteur doit également agir sous le plancher;

d) Chaque réservoir doit être relié individuellement au dispositif de déclenchement;

e) La quantité d'agent extincteur sec formant un aérosol correspondant au local à protéger doit être d'au moins 120 g par m^3 de volume net du local concerné. Ce volume net est calculé conformément à la directive 2014/90/UE[2] ou à la circulaire MSC/Circ.1270[3]. L'agent extincteur doit pouvoir être diffusé dans les 120 s.

9.1.0.40.2.16 *Installation d'extinction d'incendie pour la protection des objets, fixée à demeure*

Pour la protection des objets dans les salles des machines, salles de chauffe et salles des pompes, les installations d'extinction d'incendie fixées à demeure sont uniquement admises sur la base de recommandations du Comité d'administration.

9.1.0.40.3 Les deux extincteurs portatifs visés au 8.1.4 doivent être placés dans la zone protégée ou à proximité de celle-ci.

9.1.0.40.4 L'agent extincteur dans les installations d'extinction fixées à demeure doit être approprié et en quantité suffisante pour combattre les incendies.

9.1.0.41 ***Feu et lumière non protégée***

9.1.0.41.1 Les orifices de cheminées doivent être situés à 2,00 m au moins des écoutilles. Des mesures doivent être prises pour empêcher la sortie d'étincelles et la pénétration d'eau.

9.1.0.41.2 Les appareils de chauffage, de cuisson et de réfrigération ne doivent pas utiliser de combustible liquide, de gaz liquide ou de combustible solide. L'installation, dans la salle des machines ou dans un autre local spécial, d'appareils de chauffage ou de chaudières utilisant un combustible liquide ayant un point d'éclair de plus de 55 °C est toutefois autorisée.

Les appareils de cuisson ou de réfrigération ne sont admis que dans les timoneries à sol métallique et les logements.

9.1.0.41.3 Seuls les appareils d'éclairage électriques sont autorisés à l'extérieur des logements et de la timonerie.

9.1.0.42 à (*Réservés*)
9.1.0.50

9.1.0.51 ***Températures de surface des installations et équipements électriques et non électriques***

a) Les températures de surface des installations et équipements électriques et non électriques et celles des surfaces extérieures de moteurs ainsi que de leurs circuits de ventilation et de gaz d'échappement ne doivent pas dépasser 200 °C;

---

[2] *Journal officiel de l'Union européenne, L 257 du 28 août 2014, p. 146.*
[3] *Circulaire MSC/Circ. 1270 et rectificatifs de l'Organisation maritime internationale – Directives révisées pour l'approbation des dispositifs fixes d'extinction de l'incendie à aérosol équivalant aux dispositifs fixes d'extinction de l'incendie par le gaz, visés par la convention SOLAS de 1974, qui sont destinés aux locaux de machines – adoptée le 4 juin 2008.*

b) Cette disposition ne s'applique pas si les exigences suivantes sont observées:

– Les logements, la timonerie et les locaux de service dans lesquels les températures de surface peuvent être supérieures à 200 °C sont équipés d'un système de ventilation selon 9.1.0.12.3; ou

– Les installations et équipements qui donnent lieu à des températures de surface supérieures à 200 °C doivent pouvoir être arrêtés. Ces installations et équipements doivent être marqués en rouge;

c) Dans la zone protégée, la disposition 9.1.0.53.1 est applicable;

d) Les exigences du 9.1.0.51 a) et b) ne doivent être satisfaites que si le bateau séjournera à l'intérieur ou à proximité immédiate d'une zone assignée à terre.

9.1.0.52 *Type et emplacement des installations et équipements électriques*

9.1.0.52.1 Les installations et équipements électriques situés à l'extérieur de la zone protégée doivent être au moins du type "à risque limité d'explosion". Cette prescription ne s'applique pas:

a) aux installations d'éclairage dans les logements et dans la timonerie, à l'exception des interrupteurs placés à proximité des entrées;

b) aux téléphones portables, installations téléphoniques fixes ainsi qu'aux ordinateurs fixes et portables dans les logements et dans la timonerie;

c) Aux installations et équipements électriques qui, pendant le séjour à proximité immédiate ou à l'intérieur d'une zone assignée à terre;

– Sont hors tension; ou

– Se trouvent dans des locaux équipés d'un système de ventilation selon 9.1.0.12.3;

d) Aux installations de radiotéléphonie et aux appareils AIS (systèmes d'identification automatique) qui se trouvent dans les logements et dans la timonerie, si aucune partie d'une antenne pour installation de radiotéléphonie ou appareil AIS ne se trouve au-dessus ou à moins de 2,00 m de la zone protégée.

9.1.0.52.2 Les installations et équipements électriques fixés à demeure qui ne satisfont pas aux prescriptions du 9.1.0.52.1, ainsi que leurs appareils de commutation, doivent être marqués en rouge. La déconnexion de ces installations et équipements doit s'effectuer à un emplacement centralisé à bord.

9.1.0.52.3 Les prises destinées à alimenter des feux de signalisation et l'éclairage des passerelles doivent être solidement fixées au bateau à proximité immédiate du mât de signalisation ou de la passerelle. Les prises destinées à alimenter les pompes immergées, les ventilateurs de cale et les conteneurs doivent être fixées à demeure au bateau à proximité des écoutilles. Ces prises doivent être conçues de sorte que la connexion ou déconnexion ne soit possible que lorsqu'elles sont hors tension.

9.1.0.52.4 Les accumulateurs doivent être placés à l'extérieur de la zone protégée.

9.1.0.52.5 Les pannes d'alimentation de l'équipement de contrôle et de sécurité doivent être immédiatement signalées par des avertisseurs optiques et acoustiques dans la timonerie et sur le pont. L'alarme doit être automatiquement relayée vers les logements dans le cas où elle n'a pas été arrêtée.

9.1.0.52.6   Les commutateurs, prises et câbles électriques sur le pont doivent être protégés contre les dommages mécaniques.

9.1.0.52.7   Les exigences des 9.1.0.52.1 et 9.1.0.52.2 ne doivent être satisfaites que si le bateau séjournera à l'intérieur ou à proximité immédiate d'une zone assignée à terre.

9.1.0.53   *Type et emplacement des installations et équipements électriques et non électriques destinés à être utilisés dans la zone protégée*

9.1.0.53.1   Les installations et équipements électriques situés dans la zone protégée doivent pouvoir être mis hors tension par des interrupteurs disposés dans un endroit central, sauf:

–   Dans les cales, ils conviennent au moins pour une utilisation en zone 1, pour la classe de température T4 et le groupe d'explosion II B; et

–   Dans la zone protégée sur le pont, ils sont du type à "risque limité d'explosion".

Les circuits électriques correspondants doivent être munis de lampes témoins indiquant s'ils sont ou non sous tension.

Les interrupteurs d'isolation doivent être protégés contre une connexion inopinée. Les pompes immergées installées ou utilisées dans les cales doivent convenir au moins pour l'utilisation en zone 1, la classe de température T4 et le groupe d'explosion II B.

9.1.0.53.2   Les prises utilisées dans la zone protégée doivent être conçues de sorte que la connexion ou déconnexion ne soit possible que lorsqu'elles sont hors tension.

9.1.0.53.3   À l'exception des fibres optiques, les câbles électriques dans la zone protégée doivent être blindés ou sous gaine métallique ou être posés dans des tubes de protection.

9.1.0.53.4   Les câbles électriques mobiles sont interdits dans la zone protégée, à l'exception des câbles électriques pour les circuits à sécurité intrinsèque et pour le raccordement:

a)   Des feux de signalisation et de passerelle, si le point de raccordement (par ex. la prise de courant) est installé à demeure à bord du bateau à proximité immédiate du mât de signalisation ou de la passerelle;

b)   De conteneurs;

c)   De chariots de panneaux d'écoutilles;

d)   De pompes immergées;

e)   De ventilateurs de cale;

f)   Du réseau électrique du bateau à un réseau électrique à terre; si:

–   Ces câbles électriques et l'unité d'alimentation à bord sont conformes à une norme en vigueur (par ex. EN 15869-03: 2010);

–   L'unité d'alimentation et les connecteurs sont situés à l'extérieur de la zone protégée.

Le branchement et le débranchement des prises/connecteurs ne doivent être possibles que hors tension.

9.1.0.53.5 Dans le cas des câbles électriques mobiles admis conformément au 9.1.0.53.4, seuls des gaines lourdes en caoutchouc du type H07 RN-F selon la norme CEI 60245-4:2011[4] ou des câbles électriques de caractéristiques au moins équivalentes ayant des conducteurs d'une section minimale de 1,5 mm² doivent être utilisés.

9.1.0.53.6 Les installations et équipements non électriques dans la zone protégée qui sont destinés à être utilisés pendant le chargement et le déchargement ou le séjour à proximité immédiate ou à l'intérieur d'une zone assignée à terre doivent satisfaire au moins aux exigences applicables pour une utilisation dans la zone concernée. Ils doivent satisfaire au moins aux exigences applicables pour la classe de température T4 et le groupe d'explosion II B.

9.1.0.54 et *(Réservés)*
9.1.0.55

9.1.0.56 *(Supprimé)*

9.1.0.57 à *(Réservés)*
9.1.0.69

9.1.0.70 *Câbles métalliques, mâts*

Tous les câbles métalliques passant au-dessus de cales et tous les mâts doivent être mis à la masse pour autant qu'ils ne le sont pas automatiquement de par leur montage du fait de leur contact avec la structure métallique du bateau.

9.1.0.71 *Accès à bord*

Les pancartes interdisant l'accès à bord conformément au 8.3.3 doivent être facilement lisibles de part et d'autre du bateau.

9.1.0.72 et *(Réservés)*
9.1.0.73

9.1.0.74 *Interdiction de fumer, de feu et de lumière non protégée*

9.1.0.74.1 Les panneaux interdisant de fumer conformément au 8.3.4 doivent être aisément lisibles de part et d'autre du bateau.

9.1.0.74.2 À l'entrée des espaces où il est à certains moments interdit de fumer ou d'utiliser du feu ou une lumière non protégée, il doit être apposé des panneaux indiquant les cas dans lesquels l'interdiction s'applique.

9.1.0.74.3 Des cendriers doivent être installés à proximité de chaque sortie des logements et de la timonerie.

9.1.0.75 à *(Réservés)*
9.1.0.79

9.1.0.80 *Prescriptions supplémentaires applicables aux bateaux à double coque*

Les prescriptions des 9.1.0.88 à 9.1.0.99 sont applicables aux bateaux à double coque destinés au transport de marchandises dangereuses des classes 2, 3, 4.1, 4.2, 4.3, 5.1, 5.2, 6.1, 7, 8 ou 9, à l'exception de celles pour lesquelles une étiquette de modèle No 1 est exigée à la colonne (5) du tableau A du chapitre 3.2, en quantités supérieures à celles du 7.1.4.1.4.

---

[4] *Identique à EN 50525-2-21:2011*

| 9.1.0.81 à | *(Réservés)* |
| 9.1.0.87 | |

9.1.0.88   *Classification*

9.1.0.88.1   Les bateaux à double coque destinés au transport des marchandises dangereuses des classes 2, 3, 4.1, 4.2, 4.3, 5.1, 5.2, 6.1, 7, 8 ou 9, à l'exception de celles pour lesquelles une étiquette de modèle No 1 est exigée à la colonne (5) du tableau A du chapitre 3.2, en quantités supérieures à celles indiquées au 7.1.4.1.4 doivent être construits ou, le cas échéant, transformés sous la surveillance d'une société de classification agréée conformément aux règles établies par elle pour sa première cote. La société de classification délivre un certificat attestant que le bateau est conforme à ces règles.

9.1.0.88.2   Le maintien de la classe n'est pas exigé.

9.1.0.88.3   Les modifications et réparations majeures ultérieures de la coque doivent être effectuées sous la surveillance de cette société de classification.

| 9.1.0.89 et | *(Réservés)* |
| 9.1.0.90 | |

9.1.0.91   *Cales*

9.1.0.91.1   Le bateau doit être construit comme un bateau à double coque avec double muraille et double fond dans la zone protégée.

9.1.0.91.2   La distance entre le bordé du bateau et la paroi latérale de la cale ne doit pas être inférieure à 0,80 m. Nonobstant les prescriptions relatives à la largeur des voies de circulation sur le pont, cette distance peut être réduite à 0,60 m si, par rapport aux prescriptions concernant les dimensions indiquées dans les règles de construction de la société de classification agréée, la structure du bateau a été renforcée comme suit:

a)   Si le bordé est construit selon le système de couples longitudinaux, l'espacement des couples ne doit pas être supérieur à 0,60 m.

Les systèmes de lisses sont supportés par des porques analogues aux varangues de fond avec des ouvertures d'allégement à des intervalles de 1,80 m au plus. Ces intervalles peuvent être agrandis si la construction est renforcée en conséquence;

b)   Si le bordé est construit selon le système transversal, il faut soit:

–   deux serres longitudinales. Elles ne doivent pas être distantes de plus de 0,80 m entre elles et du plat-bord. La hauteur des serres doit être au moins égale à celle des couples transversaux, et la section de la semelle ne doit pas être inférieure à 15 cm^2.

Les serres longitudinales sont supportées par des porques analogues aux varangues de fond avec des ouvertures d'allégement à des intervalles de 3,60 m au plus. Le couple transversal et le renfort de la cloison de cale doivent être reliés au fond par une plaque de support d'une hauteur d'au moins 0,90 m et de l'épaisseur des varangues de fond; soit

–   à chaque couple, des porques analogues aux varangues de double-fond, avec des ouvertures d'allégement;

c)   Les plats-bords doivent être reliés par des cloisons transversales ou des traverses à intervalles ne dépassant pas 32 m.

La disposition sous c) ci-dessus peut être remplacée par la preuve par le calcul fournie par une société de classification agréée qu'une rigidité transversale suffisante est obtenue dans les double-parois par la réalisation de renforcements supplémentaires.

9.1.0.91.3   La profondeur du double fond doit être de 0,50 m au moins. Elle peut toutefois être réduite au-dessous des puisards mais l'intervalle entre le fond du puisard et le fond du plancher du bateau doit être de 0,40 m au moins. En cas d'intervalles entre 0,40 m et 0,49 m la surface du puisard ne doit pas être supérieure à 0,50 m^2.

La contenance des puisards ne doit pas être supérieure à 0,120 m^3.

9.1.0.92   *Issue de secours*

Les locaux dont les entrées ou sorties sont immergées en totalité ou en partie en cas d'avarie doivent être munis d'une issue de secours située à 0,10 m au moins au-dessus du plan de flottaison. Ceci ne s'applique pas aux coquerons avant et arrière.

9.1.0.93   *Stabilité (généralités)*

9.1.0.93.1   La preuve d'une stabilité suffisante doit être apportée y compris en cas d'avarie.

9.1.0.93.2   Pour le calcul de la stabilité, les valeurs de base - poids du bateau à l'état lège et emplacement du centre de gravité - doivent être définies au moyen d'une expérience de gîte ou par des calculs précis de masse et de moment. Dans ce dernier cas, le poids du bateau à l'état lège doit être vérifié au moyen d'une étude du poids à l'état lège avec la limite de tolérance ± 5 % entre la masse déterminée par le calcul et le déplacement déterminé par lecture du tirant d'eau.

9.1.0.93.3   La preuve d'une stabilité suffisante à l'état intact doit être apportée pour tous les stades de chargement ou de déchargement et pour le stade de chargement final.

La preuve de la flottabilité du bateau après avarie doit être apportée dans les stades de chargement les moins favorables. À cette fin, la preuve d'une stabilité suffisante doit être établie au moyen de calculs pour les stades intermédiaires critiques d'envahissement et pour le stade final d'envahissement. Si des valeurs négatives apparaissent dans des stades intermédiaires, elles peuvent être admises si la suite de la courbe du bras de levier présente des valeurs de stabilité positives suffisantes.

9.1.0.94   *Stabilité (à l'état intact)*

9.1.0.94.1   Les prescriptions de stabilité à l'état intact résultant du calcul de la stabilité après avarie doivent être intégralement respectées.

9.1.0.94.2   En cas de transport de conteneurs, la preuve de la stabilité suffisante doit en outre être fournie conformément aux dispositions des règlements visés au 1.1.4.6.

9.1.0.94.3   Les exigences les plus sévères résultant des 9.1.0.94.1 et 9.1.0.94.2 sont applicables.

9.1.0.95   *Stabilité (après avarie)*

9.1.0.95.1   Les hypothèses suivantes doivent être prises en considération pour le stade après avarie:

a)   L'étendue de l'avarie latérale du bateau est la suivante:

étendue longitudinale	:	au moins 0,10 L, mais pas moins de 5,00 m;
étendue transversale	:	0,59 m à partir du bordé du bateau perpendiculairement au plan axial à un niveau correspondant au tirant d'eau maximal;
étendue verticale	:	de la ligne de référence vers le haut sans limite;

b)   L'étendue de l'avarie de fond du bateau est la suivante:

étendue longitudinale :   au moins 0,10 L, mais pas moins de 5,00 m;
étendue transversale   :   3,00 m;
étendue verticale   :   du fond jusqu'à 0,49 m, excepté le puisard;

c)   Tous les cloisonnements de la zone d'avarie doivent être considérés comme endommagés, c'est-à-dire que l'emplacement des cloisons doit être choisi de façon que le bateau reste à flot après envahissement de deux ou plus de compartiments adjacents dans le sens longitudinal.

Les dispositions suivantes sont applicables:

–   Pour l'avarie du fond, on considérera aussi que deux compartiments transversaux adjacents ont été envahis;

–   Le bord inférieur des ouvertures qui ne peuvent être fermées de manière étanche à l'eau (par exemple portes, fenêtres, panneaux d'accès) ne doit pas être, au stade final de l'envahissement, à moins de 0,10 m au-dessus de la ligne de flottaison après l'avarie;

–   D'une façon générale, on considérera que l'envahissement est de 95 %. Si on calcule un envahissement moyen de moins de 95 % pour un compartiment quelconque, on peut utiliser la valeur obtenue.

Les valeurs minimales à utiliser doivent toutefois être les suivantes:

–   salle des machines: 85 %;

–   logement: 95 %;

–   doubles fonds, soutes à combustibles, citernes
        de ballast, etc., selon que, d'après leurs fonctions,
        ils doivent être considérés comme pleins ou vides
        pour la flottabilité du bateau au tirant d'eau
        maximum autorisé: 0 % ou 95 %.

En ce qui concerne la salle des machines principale, on tiendra compte d'un seul compartiment; c'est-à-dire que les cloisons d'extrémité de la salle des machines sont considérées comme intactes.

9.1.0.95.2   Au stade de l'équilibre (stade final de l'envahissement), l'angle d'inclinaison ne doit pas dépasser 12°. Les ouvertures fermées de manière non étanche à l'eau ne doivent être envahies qu'après atteinte du stade d'équilibre. Si de telles ouvertures sont immergées avant ce stade les locaux correspondants sont à considérer comme envahis lors du calcul de stabilité.

La marge positive de la courbe du bras de redressement au-delà de la position d'équilibre doit présenter un bras de redressement ≥ 0,05 m avec une aire sous-tendue par la courbe dans cette zone ≥ 0,0065 m.rad. Les valeurs minimales de stabilité doivent être respectées jusqu'à l'immersion de la première ouverture non étanche aux intempéries toutefois à un angle d'inclinaison inférieur ou égal à 27°. Si des ouvertures non étanches aux intempéries sont immergées avant ce stade, les locaux correspondants sont à considérer comme envahis lors du calcul de stabilité.

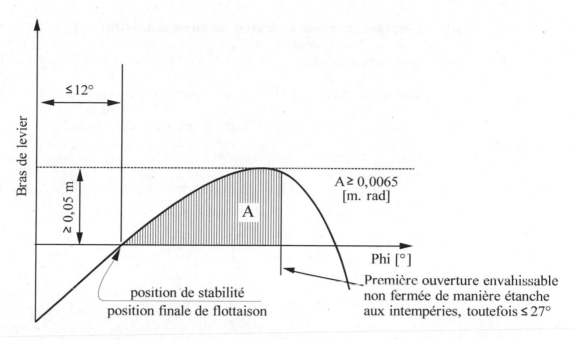

position de stabilité
position finale de flottaison

A ≥ 0,0065 [m. rad]

Première ouverture envahissable non fermée de manière étanche aux intempéries, toutefois ≤ 27°

9.1.0.95.3   Les bateaux de navigation intérieure avec une cargaison de conteneurs non fixés doivent respecter les critères de stabilité suivants:

En position d'équilibre (stade final après envahissement) l'inclinaison du bateau ne doit pas dépasser 5°. Les ouvertures fermées de manière non étanche à l'eau ne doivent être envahies qu'après atteinte du stade d'équilibre. Si de telles ouvertures sont immergées avant ce stade les locaux correspondants sont à considérer comme envahis lors du calcul de stabilité;

Au-delà de la position d'équilibre la zone positive sous-tendue par la courbe du bras de levier doit présenter une aire ≥ 0,0065 m.rad. Les valeurs minimales de stabilité doivent être respectées jusqu'à l'immersion de la première ouverture non étanche aux intempéries, toutefois à un angle d'inclinaison inférieur ou égal à 10°. Si des ouvertures non étanches aux intempéries sont immergées avant ce stade, les locaux correspondants sont à considérer comme envahis lors du calcul de stabilité.

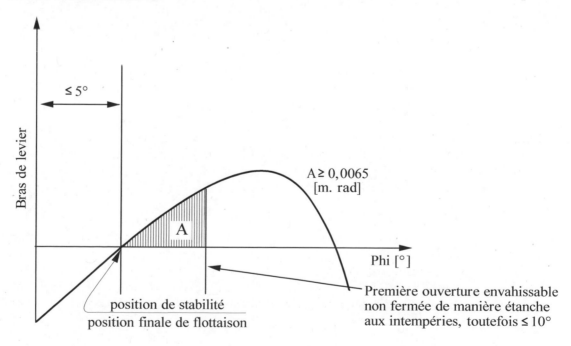

position de stabilité
position finale de flottaison

A ≥ 0,0065 [m. rad]

Première ouverture envahissable non fermée de manière étanche aux intempéries, toutefois ≤ 10°

9.1.0.95.4   Si les ouvertures par lesquelles les compartiments non avariés peuvent également être envahis peuvent être fermées de façon étanche, les dispositifs de fermeture doivent porter une inscription correspondante.

9.1.0.95.5   Lorsque des ouvertures d'équilibrage transversal sont prévues pour réduire l'envahissement asymétrique, le temps d'équilibrage ne doit pas dépasser 15 minutes si, pour le stade d'envahissement intermédiaire, une stabilité suffisante a été prouvée.

9.1.0.96 à   *(Réservés)*
9.1.0.99

CHAPITRE 9.2

RÈGLES DE CONSTRUCTION APPLICABLES AUX NAVIRES DE MER QUI SONT CONFORMES AUX PRESCRIPTIONS DE LA CONVENTION SOLAS 74, CHAPITRE II-2, REGLE 19 OU SOLAS 74, CHAPITRE II-2, RÈGLE 54

9.2.0　　Les prescriptions des 9.2.0.0 à 9.2.0.79 sont applicables aux navires de mer qui sont conformes aux prescriptions suivantes:

– 　SOLAS 74, Chapitre II-2, Règle 19, telle que modifiée; ou

– 　SOLAS 74, Chapitre II-2, Règle 54, telle que modifiée conformément aux résolutions mentionnées dans le Chapitre II-2, Règle 1, paragraphe 2.1, à condition que le navire ait été construit avant le 1er juillet 2002.

Les navires de mer qui ne sont pas conformes aux prescriptions de la convention SOLAS 1974 mentionnées ci-dessus doivent répondre aux prescriptions des 9.1.0.0 à 9.1.0.79.

9.2.0.0　　*Matériaux de construction*

La coque du bateau doit être construite en acier de construction navale ou en un autre métal à condition que ce métal présente au moins des propriétés équivalentes en ce qui concerne les propriétés mécaniques et la résistance aux effets de la température et du feu.

9.2.0.1 à
9.2.0.19　　*(Réservés)*

9.2.0.20　　*Eau de ballastage*

Les espaces de double coque et les doubles fonds peuvent être aménagés pour recevoir de l'eau de ballastage.

9.2.0.21 à
9.2.0.30　　*(Réservés)*

9.2.0.31　　*Machines*

9.2.0.31.1　　Seuls les moteurs à combustion interne utilisant un carburant à point d'éclair supérieur à 60 °C sont admis.

9.2.0.31.2　　Les orifices d'aération des salles des machines et les orifices d'aspiration d'air des moteurs n'aspirant pas l'air directement depuis la salle des machines doivent être situés à 2 m au moins de la zone protégée.

9.2.0.31.3　　Il ne doit rien y avoir qui puisse produire des étincelles dans la zone protégée.

9.2.0.32 à
9.2.0.33　　*(Réservés)*

9.2.0.34　　*Tuyaux d'échappement des moteurs*

9.2.0.34.1　　Les gaz d'échappement doivent être rejetés au dehors du navire soit par le haut par un tuyau d'échappement, soit par un orifice dans le bordé. L'orifice d'échappement doit être situé à 2,00 m au moins des écoutilles. Les tuyaux d'échappement des moteurs de propulsion doivent être placés de telle manière que les gaz d'échappement soient entraînés loin du navire. La tuyauterie d'échappement ne doit pas être située dans la zone protégée.

9.2.0.34.2   Les tuyaux d'échappement des moteurs doivent être munis d'un dispositif empêchant la sortie d'étincelles, tel que pare-étincelles.

9.2.0.35-   *(Réservés)*
9.2.0.40

9.2.0.41   *Feu et lumière non protégée*

9.2.0.41.1   Les orifices de cheminées doivent être situés à 2,00 m au moins des écoutilles. Des mesures doivent être prises pour empêcher la sortie d'étincelles et la pénétration d'eau.

9.2.0.41.2   Les appareils de chauffage, de cuisson et de réfrigération ne doivent pas utiliser de combustible liquide, de gaz liquide ou de combustible solide. L'installation, dans la salle des machines ou dans un autre local spécial, d'appareils de chauffage ou de chaudières utilisant un combustible liquide ayant un point d'éclair de plus de 55 °C est autorisée.

               Les appareils de cuisson ou de réfrigération ne sont admis que dans les timoneries à sol métallique et les logements.

9.2.0.41.3   Seuls les appareils d'éclairage électriques sont autorisés à l'extérieur des logements et de la timonerie.

9.2.0.42 à   *(Réservés)*
9.2.0.70

9.2.0.71   *Accès à bord*

               Les pancartes interdisant l'accès à bord conformément au 8.3.3 doivent être facilement lisibles de part et d'autre du bateau.

9.2.0.72 à   *(Réservés)*
9.2.0.73

9.2.0.74   *Interdiction de fumer, de feu et de lumière non protégée*

9.2.0.74.1   Les panneaux interdisant de fumer conformément au 8.3.4 doivent être facilement lisibles de part et d'autre du bateau.

9.2.0.74.2   À l'entrée des espaces où il est à certains moments interdit de fumer ou d'utiliser du feu ou une lumière non protégée, il doit être apposé des panneaux indiquant les cas dans lesquels l'interdiction s'applique.

9.2.0.74.3   Des cendriers doivent être installés à proximité de chaque sortie de la timonerie.

9.2.0.75 à   *(Réservés)*
9.2.0.79

9.2.0.80   *Prescriptions supplémentaires applicables aux navires de mer à double coque*

               Les prescriptions des 9.2.0.88 à 9.2.0.99 sont applicables aux navires de mer à double coque destinés au transport des marchandises dangereuses des classes 2, 3, 4.1, 4.2, 4.3, 5.1, 5.2, 6.1, 7, 8 ou 9 à l'exception de celles pour lesquelles une étiquette de modèle No 1 est exigée à la colonne (5) du tableau A du chapitre 3.2, en quantités supérieures à celles indiquées au 7.1.4.1.4.

9.2.0.81 à   *(Réservés)*
9.2.0.87

9.2.0.88	***Classification***
9.2.0.88.1	Les navires de mer à double coque destinés au transport des marchandises dangereuses des classes 2, 3, 4.1, 4.2, 4.3, 5.1, 5.2, 6.1, 7, 8 ou 9, à l'exception de celles pour lesquelles une étiquette de modèle No 1 est exigée à la colonne (5) du tableau A du chapitre 3.2, en quantités supérieures à celles indiquées au 7.1.4.1.4 doivent être construits sous la surveillance d'une société de classification agréée conformément aux règles établies par elle pour sa première cote. La société de classification délivre un certificat attestant que le bateau est conforme à ces règles.
9.2.0.88.2	La classification doit être maintenue en première cote.
9.2.0.89 et 9.2.0.90	*(Réservés)*
9.2.0.91	***Cales***
9.2.0.91.1	Le navire doit être construit comme un bateau à double coque avec double muraille et double fond dans la zone protégée.
9.2.0.91.2	La distance entre le bordé du navire et la paroi latérale de la cale ne doit pas être inférieure à 0,80 m. Une distance réduite est admise aux extrémités du navire à condition que la plus petite distance entre les bordés (mesurée verticalement) ne soit pas inférieure à 0,60 m. Il doit être prouvé par le certificat de classification que les structures du navire sont suffisamment résistantes (résistance longitudinale, transversale ainsi que ponctuelle).
9.2.0.91.3	La profondeur du double fond ne doit pas être inférieure à 0,50 m.
	La profondeur au-dessous des puisards peut toutefois être réduite à 0,40 m, leur contenance ne devant pas dépasser 0,03 m³.
9.2.0.92	*(Réservé)*
9.2.0.93	***Stabilité (généralités)***
9.2.0.93.1	La preuve d'une stabilité suffisante doit être apportée y compris en cas d'avarie.
9.2.0.93.2	Pour le calcul de la stabilité, les valeurs de base - poids du navire à l'état lège et emplacement du centre de gravité - doivent être définies au moyen d'une expérience de gîte ou par des calculs précis de masse et de moment. Dans ce dernier cas, le poids du navire à l'état lège doit être vérifié au moyen d'une étude du poids à l'état lège avec la limite de tolérance ± 5 % entre la masse déterminée par le calcul et le déplacement déterminé par lecture du tirant d'eau.
9.2.0.93.3	La preuve d'une stabilité suffisante à l'état intact doit être apportée pour tous les stades de chargement ou de déchargement et pour le stade de chargement final.
	La preuve de la flottabilité du navire après avarie doit être apportée dans les stades de chargement les moins favorables. À cette fin, la preuve d'une stabilité suffisante doit être établie au moyen de calculs pour les stades intermédiaires critiques d'envahissement et pour le stade final d'envahissement. Si des valeurs négatives apparaissent dans les stades intermédiaires, elles peuvent être admises si la suite de la courbe du bras de levier présente des valeurs de stabilité positives suffisantes.
9.2.0.94	***Stabilité (à l'état intact)***
9.2.0.94.1	Les prescriptions de stabilité à l'état intact résultant du calcul de la stabilité après avarie doivent être intégralement respectées.

9.2.0.94.2　　En cas de transport de conteneurs, la preuve de la stabilité suffisante doit en outre être fournie conformément aux dispositions des règlements visés au 1.1.4.6.

9.2.0.94.3　　Les exigences les plus sévères résultant des 9.2.0.94.1 et 9.2.0.94.2 sont applicables.

9.2.0.94.4　　Pour les navires de mer la prescription visée au 9.2.0.94.2 est considérée comme remplie si la stabilité est conforme à la résolution de l'Organisation maritime internationale A.749 (18) et que les documents relatifs à la stabilité ont été vérifiés par l'autorité compétente. Cette disposition ne s'applique que si tous les conteneurs sont fixés conformément à la pratique maritime normale et si le document correspondant, confirmant la stabilité, a été agréé par l'autorité compétente.

9.2.0.95　　*Stabilité (après avarie)*

9.2.0.95.1　　Les hypothèses suivantes doivent être prises en considération pour le stade après avarie:

 a) L'étendue de l'avarie latérale du navire est la suivante:

étendue longitudinale	:	au moins 0,10 L, mais pas moins de 5,00 m;
étendue transversale	:	0,59m à partir du bordé du bateau perpendiculairement au plan axial à un niveau correspondant au tirant d'eau maximal;
étendue verticale	:	de la ligne de référence vers le haut sans limite;

 b) L'étendue de l'avarie de fond du navire est la suivante:

étendue longitudinale :	au moins 0,10 L, mais pas moins de 5,00 m;
étendue transversale :	3,00 m;
étendue verticale :	du fond jusqu'à 0,49 m, excepté le puisard;

 c) Tous les cloisonnements de la zone d'avarie doivent être considérés comme endommagés, c'est-à-dire que l'emplacement des cloisons doit être choisi de façon que le navire reste à flot après un envahissement de deux ou plus de compartiments adjacents dans le sens longitudinal.

Les dispositions suivantes sont applicables:

– Pour l'avarie de fond, on considérera aussi que des compartiments transversaux adjacents ont été envahis;

– Le bord inférieur des ouvertures qui ne sont pas étanches à l'eau (par exemple portes, fenêtres, panneaux d'accès) ne doit pas être à moins de 0,10 m au-dessus de la ligne de flottaison après l'avarie;

– D'une façon générale, on considérera que l'envahissement est de 95 %. Si on calcule un envahissement moyen de moins de 95 % pour un compartiment quelconque, on peut utiliser la valeur obtenue.

Les valeurs minimales à utiliser doivent toutefois être les suivantes:

– salle des machines   : 85 %;

– logements   : 95 %;

– doubles fonds, soutes à combustibles, citernes de ballast, etc., selon que, d'après leurs fonctions, ils doivent être considérés comme pleins ou vides pour la flottabilité du bateau au tirant d'eau maximum autorisé   : 0 % ou 95%.

En ce qui concerne la salle des machines principale, on tiendra compte d'un seul compartiment; c'est-à-dire que les cloisons d'extrémité de la salle des machines sont considérées comme intactes.

9.2.0.95.2   Au stade de l'équilibre (stade final de l'envahissement), l'angle d'inclinaison ne doit pas dépasser 12°. Les ouvertures fermées de manière non étanche à l'eau ne doivent être envahies qu'après atteinte du stade d'équilibre. Si de telles ouvertures sont immergées avant ce stade les locaux correspondants sont à considérer comme envahis lors du calcul de stabilité.

La marge positive de la courbe du bras de redressement au-delà de la position d'équilibre doit présenter un bras de redressement ≥ 0,05 m avec une aire sous-tendue par la courbe dans cette zone ≥ 0,0065 m.rad. Les valeurs minimales de stabilité doivent être respectées jusqu'à l'immersion de la première ouverture non étanche aux intempéries, toutefois à un angle d'inclinaison inférieur ou égal à 27°. Si des ouvertures non étanches aux intempéries sont immergées avant ce stade, les locaux correspondants sont à considérer comme envahis lors du calcul de stabilité.

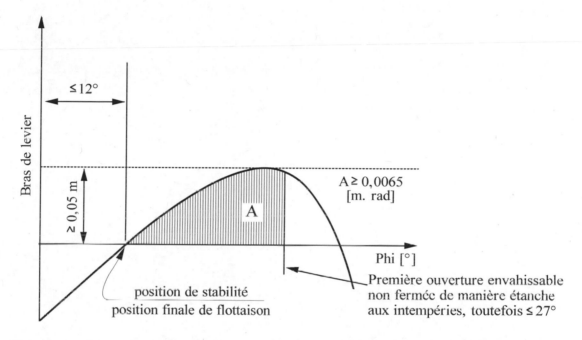

9.2.0.95.3   Si les ouvertures par lesquelles les compartiments non avariés peuvent en plus être envahis peuvent être fermées de façon étanche, les dispositifs de fermeture doivent porter une inscription correspondante.

9.2.0.95.4   Lorsque des ouvertures d'équilibrage transversal sont prévues pour réduire l'envahissement asymétrique, le temps d'équilibrage ne doit pas dépasser 15 minutes si, pour le stade d'envahissement intermédiaire, une stabilité suffisante a été prouvée.

9.2.0.96 à   (Réservés)
9.2.0.99

CHAPITRE 9.3

RÈGLES DE CONSTRUCTION DES BATEAUX-CITERNES

9.3.1 **Règles de construction des bateaux-citernes du type G**

Les règles de construction énoncées aux 9.3.1.0 à 9.3.1.99 sont applicables aux bateaux-citernes du type G.

9.3.1.0 *Matériaux de construction*

9.3.1.0.1 a) La coque et les citernes à cargaison doivent être construites en acier de construction navale ou en un autre métal de résistance au moins équivalente.

Les citernes à cargaison indépendantes et les citernes à membrane peuvent aussi être construites en d'autres matériaux, à condition que ces matériaux soient au moins équivalents sur le plan de la résistance mécanique et de la résistance aux effets de la température et du feu.

L'équivalence de la résistance aux effets de la température et du feu est réputée prouvée lorsque les matériaux des citernes à membrane répondent aux exigences suivantes:

– Ils résistent à une température comprise entre la température maximale en service et une température inférieure de 5 °C à la température minimale de conception mais non inférieure à -196 °C;

– Ils sont résistants au feu ou protégés par un système approprié tel qu'un gaz inerte permanent ou une barrière ignifuge.

b) Toutes les installations, équipements et parties du bateau susceptibles d'entrer en contact avec la cargaison doivent être construits avec des matériaux non susceptibles d'être attaqués par la cargaison ni de provoquer de décomposition de celle-ci, ni de former avec celle-ci de combinaisons nocives ou dangereuses. S'il n'a pas été possible de s'en assurer à l'occasion de la classification et de l'inspection du bateau, une réserve appropriée doit être consignée dans la liste des matières transportables par le bateau, comme le prescrit le paragraphe 1.16.1.2.5.

9.3.1.0.2 Sauf dans les cas où il est explicitement autorisé au 9.3.1.0.3 ou dans le certificat d'agrément, l'emploi du bois, des alliages d'aluminium, des matières plastiques ou de caoutchouc dans la zone de cargaison est interdit.

9.3.1.0.3 L'emploi de bois, d'alliages d'aluminium, de matières plastiques et de caoutchouc dans la zone de cargaison est autorisé conformément au tableau suivant:

L'emploi de bois, d'alliages d'aluminium, de matières plastiques et de caoutchouc est uniquement autorisé pour	(X signifie autorisé)			
	Bois	Alliages d'aluminium	Matières plastiques	Caoutchouc
Passerelles	X	X	X	X
Echelles extérieures et passages (passerelles) *)		X	X	X
Matériel de nettoyage tel que balais etc.	X		X	X
Equipements mobiles tels qu'extincteurs, détecteurs de gaz portatifs, treuils de sauvetage etc.		X	X	X

L'emploi de bois, d'alliages d'aluminium, de matières plastiques et de caoutchouc est uniquement autorisé pour	(X signifie autorisé)			
	Bois	Alliages d'aluminium	Matières plastiques	Caoutchouc
Défenses	X		X	X
Câbles d'amarrage, amarres pour défenses			X	
Calage de citernes à cargaison indépendantes de la coque et calage d'installations et équipements	X		X	
Mâts et mâtures similaires	X	X	X	
Parties de machines		X	X	
Habillage de protection de moteurs et de pompes			X	
Parties de l'installation électrique		X	X	
Parties de l'installation de chargement et de déchargement comme par exemple joints d'étanchéité etc.		X	X	X
Caisses, armoires ou autres récipients placés sur le pont pour le stockage de matériel, afin de recueillir des fuites de liquides, des produits de nettoyage, des extincteurs, des manches d'incendie, des déchets etc.		X	X	
Supports ou butées de tous types	X		X	
Ventilateurs, y compris les tuyauteries flexibles pour la ventilation		X	X	
Parties de l'installation d'aspersion d'eau et de la douche, et installation pour le rinçage des yeux et du visage		X	X	
Isolation des citernes à cargaison, des tuyauteries de chargement et de déchargement, des conduites d'évacuation de gaz et des conduites de chauffage			X	X
Revêtement des citernes à cargaison et tuyauteries de chargement et déchargement		X	X	X
Tous types de joints (par exemple pour couvercles de dôme ou d'écoutille)			X	X
Câbles pour les appareils électriques			X	X
Tapis sous le raccordement à terre des tuyauteries de chargement et de déchargement			X	X
Manches d'incendie, flexibles d'air, tuyauteries flexibles de lavage de pont, etc.			X	X
Appareils et bouteilles de prélèvement d'échantillons			X	
Copies photo-optiques de l'intégralité du certificat d'agrément selon 8.1.2.6 ou 8.1.2.7 ainsi que du certificat de bateau, du certificat de jaugeage et de l'attestation d'appartenance à la navigation du Rhin		X	X	
Gattes			X	

*) Tenir compte de 9.3.1.0.5, 9.3.2.0.5 ou 9.3.3.0.5, respectivement

L'emploi de bois, d'alliages d'aluminium, de matières plastiques et de caoutchouc est uniquement autorisé pour		(X signifie autorisé)		
	Bois	Alliages d'aluminium	Matières plastiques	Caoutchouc
Les sondes en aluminium sont admises à condition qu'elles soient munies d'un pied en laiton ou protégées d'une autre manière pour éviter la production d'étincelles				

Tous les matériaux utilisés pour les éléments fixes des logements ou de la timonerie, à l'exception des meubles, doivent être difficilement inflammables. Lors d'un incendie, ils ne doivent pas dégager de fumées ou de gaz toxiques en quantités dangereuses.

9.3.1.0.4 La peinture utilisée dans la zone de cargaison ne doit pas être susceptible de produire des étincelles, notamment en cas de choc.

9.3.1.0.5 L'emploi de matières plastiques pour les canots n'est autorisé que si le matériau est difficilement inflammable.

L'emploi d'alliages d'aluminium ou de matières plastiques pour les voies de passage (passerelles) dans la zone de cargaison n'est autorisé que si le matériau est difficilement inflammable et électriquement conducteur.

9.3.1.1 *Dossier du bateau*

NOTA: *Aux fins du présent paragraphe, le terme "propriétaire" a la même signification qu'au 1.16.0.*

Le dossier du bateau doit être conservé par le propriétaire, qui doit être en mesure de fournir cette documentation à la demande de l'autorité compétente et de la société de classification agréée.

Le dossier du bateau doit être conservé et actualisé tout au long de la vie du bateau, et conservé pendant six mois après que le bateau a été mis hors service.

En cas de changement de propriétaire pendant la vie du bateau, le dossier du bateau doit être transféré au nouveau propriétaire.

Sur demande, une copie du dossier du bateau ou de la documentation nécessaire doit être mise à disposition de l'autorité compétente pour la délivrance du certificat d'agrément, ainsi que de la société de classification agréée ou de l'organisme de visite pour la première visite, la visite périodique, la visite spéciale ou toute autre vérification exceptionnelle.

9.3.1.2 à   *(Réservés)*
9.3.1.7

9.3.1.8 *Classification*

9.3.1.8.1 Le bateau-citerne doit être construit sous la surveillance d'une société de classification agréée et classé par elle en première cote.

La classification doit être maintenue en première cote. Ceci doit être confirmé par un certificat approprié, délivré par la société de classification agréée (certificat de classification).

Le certificat de la classification doit confirmer la conformité du bateau avec ses propres règles et règlements additionnels applicables dans le cadre de l'utilisation prévue du bateau.

La pression de conception et la pression d'épreuve des citernes à cargaison doivent être indiquées dans ce certificat.

Si un bateau a des citernes à cargaison dont les pressions d'ouverture des soupapes sont différentes, les pressions de conception et d'épreuve de chaque citerne doivent être indiquées dans le certificat.

La société de classification agréée doit établir une liste des matières transportables par le bateau mentionnant toutes les marchandises dangereuses admises au transport dans le bateau-citerne (voir aussi le paragraphe 1.16.1.2.5).

9.3.1.8.2 à
9.3.1.8.4 *(Supprimés)*

9.3.1.9 *(Réservé)*

9.3.1.10 *Protection contre la pénétration de gaz dangereux et la propagation de liquides dangereux*

9.3.1.10.1 Le bateau doit être conçu de telle manière que des gaz et liquides dangereux ne puissent pénétrer dans les logements, la timonerie et les locaux de service. Les fenêtres de ces locaux ne doivent pas pouvoir être ouvertes, sauf si elles font office de sortie de secours et sont signalées comme telle.

9.3.1.10.2 Des hiloires de protection étanches aux liquides doivent être aménagées sur le pont à la hauteur des cloisons extérieures des citernes à cargaison, à une distance maximale de 0,60 m des cloisons extérieures des cofferdams ou des cloisons d'extrémités des cales. Les hiloires de protection doivent soit s'étendre sur toute la largeur du bateau, soit être fixées entre les hiloires antidéversement longitudinaux afin d'empêcher les liquides de pénétrer dans le coqueron avant et le coqueron arrière. La hauteur des hiloires de protection et des hiloires antidéversement doit être de 0,075 m au moins. L'hiloire de protection peut correspondre à la cloison de protection prescrite au 9.3.1.10.3 si la cloison de protection s'étend sur toute la largeur du bateau.

9.3.1.10.3 Lorsque la liste des matières du bateau selon 1.16.1.2.5 doit contenir des matières pour lesquelles la protection contre les explosions est exigée à la colonne (17) du tableau C du chapitre 3.2, l'utilisation d'installations et d'équipements qui ne sont pas au moins du type "à risque limité d'explosion" n'est pas autorisée pendant les opérations de chargement et de déchargement dans les parties du pont situées à l'extérieur de la zone de cargaison, à moins que ces parties soient protégées contre la pénétration de gaz et de liquides par une cloison de protection étanche aux gaz et aux liquides. Cette cloison doit s'étendre sur toute la largeur du bateau, ou entourer ces zones en épousant la forme d'un U. La cloison doit couvrir toute la largeur de la zone à protéger et s'étendre sur au moins 1,00 m dans la direction opposée à la zone de cargaison (voir le schéma Classement en zones). La hauteur de la cloison doit être d'au moins 1,00 m au-dessus du pont des citernes à cargaison adjacent dans la zone de cargaison. La paroi extérieure et les parois latérales des logements peuvent être considérées comme une cloison de protection si elles ne comportent pas d'ouvertures et si les dimensions sont respectées.

Cette cloison de protection n'est pas nécessaire lorsque la distance entre les zones à protéger et la soupape de sécurité, le raccordement à terre des tuyauteries de chargement et de déchargement et des conduites d'évacuation de gaz, le compresseur sur le pont et l'orifice des citernes à pression les plus proches est de 12,00 m au moins.

9.3.1.10.4 Sur le pont, l'arête inférieure des ouvertures dans les parois latérales des superstructures ainsi que les seuils des écoutilles et les orifices d'aération de locaux situés sous le pont doivent être situés à 0,50 m au moins au-dessus du pont.

Cette prescription ne s'applique pas aux ouvertures des espaces de double coque et doubles-fonds.

9.3.1.10.5 Les pavois, garde-pieds etc. doivent être munis de sabords de dimension suffisante situés au ras du pont.

9.3.1.11 *Espaces de cales et citernes à cargaison*

9.3.1.11.1 a) La contenance maximale admissible des citernes à cargaison doit être déterminée conformément au tableau ci-dessous:

Valeur de $L \times B \times C$ (m^3)	Volume maximal admissible d'une citerne à cargaison (m^3)
Jusqu'à 600	$L \times B \times C \times 0,3$
600 à 3 750	$180 + (L \times B \times C - 600) \times 0,0635$
> 3 750	380

Les variantes de construction conformément à la section 9.3.4 sont autorisées.

Dans le tableau ci-dessus, $L \times B \times C$ est le produit des dimensions principales du bateau-citerne, exprimées en mètres (telles qu'elles sont indiquées sur le certificat de jaugeage),

L étant la longueur hors bords de la coque en m;
B étant la largeur hors bords de la coque en m;
C étant la distance verticale minimale entre le dessus de la quille et le livet du pont en abord (creux au livet) (creux sur quille), dans la zone de cargaison.

Pour les bateaux à trunk, C est remplacé par C', ce dernier étant calculé par la formule suivante:

$$C' = C + \left(ht \times \frac{bt}{B} \times \frac{lt}{L} \right)$$

ht étant la hauteur du trunk (c'est-à-dire la distance verticale entre le pont du trunk et le pont principal, mesurée à L/2) en m;
bt étant la largeur du trunk en m;
lt étant la longueur du trunk en m.

b) Les citernes à cargaison à pression ayant un rapport longueur/diamètre de plus de 7 sont interdites.

c) Les citernes à cargaison à pression doivent être conçues pour une température de la cargaison de + 40 °C.

9.3.1.11.2 a) Dans la zone de cargaison la coque doit être construite comme suit[1]:

– à double muraille et double fond. L'intervalle entre le bordé extérieur et la cloison longitudinale doit être au moins de 0,80 m. La hauteur du double fond doit être au moins de 0,60 m. Les citernes à cargaison doivent reposer sur des berceaux montant au moins jusqu'à 20° sous la ligne médiane des citernes à cargaison;

---

[1] *Une conception différente de la coque dans la zone de cargaison suppose la preuve par le calcul qu'au cours d'une collision latérale avec un autre bateau à étrave droite une énergie de 22 MJ puisse être absorbée sans qu'il y ait rupture des citernes à cargaison ou des tuyauteries qui y sont reliées. Les variantes de construction conformément à la section 9.3.4 sont autorisées.*

Les citernes à cargaison réfrigérées et les citernes à cargaison utilisées pour le transport de gaz liquéfiés réfrigérés ne doivent être logées que dans des espaces de cales formés de murailles doubles et de doubles fonds. La fixation des citernes à cargaison doit répondre aux prescriptions d'une société de classification agréée; ou

– à enveloppe simple, la paroi latérale du bateau entre le plat-bord et l'arête supérieure des varangues étant munie de serres à intervalles réguliers de 0,60 m au plus, ces serres étant supportées par des porques distants entre eux de 2,00 m au plus. La hauteur des serres et des porques doit être au moins égale à 10 % du creux au livet sans être inférieure toutefois à 0,30 m. Les serres et les porques doivent être munis d'une ceinture en acier plat d'une section d'au moins respectivement 7,5 cm^2 et 15 cm^2.

L'intervalle entre la paroi latérale du bateau et les citernes à cargaison doit être au moins de 0,80 m et de 0,60 m entre le fond et les citernes à cargaison. Sous le puisard la hauteur peut être réduite à 0,50 m.

La distance latérale entre le puisard d'une citerne à cargaison et les varangues doit être d'au moins 0,10 m.

Les berceaux et fixations des citernes à cargaison doivent remonter au moins jusqu'à 10° sous la ligne médiane des citernes à cargaison.

b) Les citernes à cargaison doivent être fixées de manière qu'elles ne puissent flotter.

c) Un puisard ne doit pas avoir un volume supérieur à 0,10 m^3. Pour les citernes à cargaison à pression le puisard peut avoir un volume de 0,20 m^3.

d) Sont interdits les étais reliant ou soutenant des parties portantes des parois latérales du bateau avec des parties portantes de la cloison longitudinale des citernes à cargaison et les étais reliant des parties portantes du fond du bateau avec le fond des citernes.

e) Les citernes à cargaison destinées à contenir des produits à une température inférieure à -10 °C doivent être suffisamment isolées pour que la température de la structure du bateau ne tombe pas au-dessous de la température nominale minimale admissible du matériau. Le matériau isolant doit être résistant à la propagation des flammes.

9.3.1.11.3 a) Les espaces de cales doivent être séparés des logements, des salles de machines et des locaux de service en dehors de la zone de cargaison au-dessous du pont par des cloisons de la classe "A-60" telle que définie dans la Convention SOLAS 74, chapitre II-2, règle 3.. Il doit y avoir 0,20 m de distance entre les citernes à cargaison et les cloisons d'extrémité des espaces de cales. Si les citernes à cargaison ont des cloisons d'extrémité planes, cette distance doit être au moins de 0,50 m.

b) Les espaces de cales et les citernes à cargaison doivent pouvoir être inspectés.

c) Tous les locaux dans la zone de cargaison doivent pouvoir être ventilés. Il doit être possible de vérifier qu'ils ne contiennent pas de gaz.

9.3.1.11.4 Les cloisons délimitant les espaces de cale doivent être étanches à l'eau. Les citernes à cargaison et les cloisons délimitant la zone de cargaison ne doivent pas comporter d'ouvertures ni de passages au-dessous du pont.

La cloison entre la salle des machines et un local de service à l'intérieur de la zone de cargaison ou entre la salle des machines et un espace de cale peut comporter des passages à condition qu'ils soient conformes aux prescriptions du 9.3.1.17.5.

9.3.1.11.5   Les espaces de double coque et les doubles fonds dans la zone de cargaison doivent être aménagés pour être remplis d'eau de ballastage uniquement. Les doubles fonds peuvent toutefois servir de réservoirs à carburant à condition d'être conformes aux prescriptions du 9.3.1.32.

9.3.1.11.6   a)   Un local dans la zone de cargaison sous le pont peut être aménagé en local de service à condition que les parois délimitant le local de service descendent verticalement jusqu'au fond et que la cloison qui n'est pas attenante à la zone de cargaison s'étende d'un bordage à l'autre du bateau en restant dans le plan d'un même couple. Ce local de service ne doit être accessible que du pont.

b)   Un tel local de service doit être étanche à l'eau, à l'exception des ouvertures d'accès et de ventilation.

c)   Aucune tuyauterie de chargement ou de déchargement ne doit être installée à l'intérieur du local de service visé sous a) ci-dessus.

Des tuyauteries de chargement ou de déchargement ne peuvent être installées dans la chambre des pompes à cargaison sous pont que si elle est conforme aux prescriptions du 9.3.1.17.6.

9.3.1.11.7   Si des locaux de service sont situés dans la zone de cargaison sous le pont, ils doivent être aménagés de manière que l'on puisse y pénétrer facilement et qu'une personne portant les vêtements de protection et l'appareil respiratoire puisse manipuler sans difficulté les équipements qui y sont contenus. Ils doivent aussi être conçus de manière que l'on puisse en extraire sans difficulté une personne blessée ou inconsciente, si nécessaire à l'aide d'équipements fixes.

9.3.1.11.8   Les espaces de cales et autres locaux accessibles dans la zone de cargaison doivent être tels que l'on puisse les inspecter et les nettoyer complètement de manière appropriée. Les dimensions des ouvertures d'accès, à l'exception de celles qui donnent sur les espaces de double coque et les doubles fonds n'ayant pas de paroi commune avec les citernes à cargaison, doivent être suffisantes pour qu'une personne portant un appareil respiratoire puisse y pénétrer ou en sortir sans difficulté. Ces ouvertures doivent avoir une section transversale minimale de 0,36 m² et une longueur minimale de côté de 0,50 m. Elles doivent être conçues de manière que l'on puisse en extraire sans difficulté une personne blessée ou inconsciente, si nécessaire à l'aide d'équipements fixes. Dans ces locaux, l'intervalle entre les renforcements ne doit pas être inférieur à 0,50 m. Dans le double fond, cet intervalle peut être réduit à 0,45 m.

Les citernes à cargaison peuvent avoir des ouvertures circulaires d'un diamètre minimal de 0,68 m.

9.3.1.11.9   Si les citernes à cargaison sont isolées, les espaces de cales ne doivent contenir que de l'air sec pour protéger de l'humidité l'isolant de ces citernes.

9.3.1.12   *Ventilation*

9.3.1.12.1   Chaque espace de cale doit avoir deux ouvertures, de dimensions et de disposition telles qu'une ventilation efficace soit possible en tout point de l'espace de cale. À défaut d'ouvertures on doit pouvoir procéder au remplissage des espaces de cales par gaz inerte ou air sec.

9.3.1.12.2   Les espaces de doubles coques et les doubles fonds dans la zone de cargaison non aménagés pour être remplis d'eau de ballastage et les cofferdams entre les salles des machines et les chambres des pompes s'ils existent doivent être pourvus de systèmes de ventilation.

9.3.1.12.3   a)   Un local de service situé dans la zone de cargaison au-dessous du pont doit être muni d'un système de ventilation. La capacité des ventilateurs doit être telle que le volume d'air du local de service puisse être entièrement renouvelé 20 fois par heure.

Les orifices des conduits d'extraction doivent descendre jusqu'à 50 mm au-dessus du plancher du local de service. L'arrivée d'air doit se faire par l'orifice d'un conduit en haut du local de service;

b) Lorsque la liste des matières du bateau selon 1.16.1.2.5 doit contenir des matières pour lesquelles la protection contre les explosions est exigée à la colonne (17) du tableau C du chapitre 3.2, les ouvertures d'arrivée d'air doivent être situées à 2,00 m au moins au-dessus du pont, à 2,00 m au moins des ouvertures des citernes à cargaison et à 6,00 m au moins des orifices de dégagement des soupapes de sécurité.

Les tuyaux de rallonge éventuellement nécessaires peuvent être du type escamotable.

9.3.1.12.4   a) Les logements, la timonerie et les locaux de service doivent pouvoir être ventilés.

b) Le système de ventilation dans ces locaux doit satisfaire aux exigences suivantes:

i) Les orifices d'aspiration doivent être situés le plus loin possible, à 6,00 m au moins de la zone de cargaison et à 2,00 m au moins au-dessus du pont;

ii) Une surpression d'au moins 0,1 kPa (0,001 bar) peut être assurée dans les locaux;

iii) Une alarme de défaillance est intégrée;

iv) Le système de ventilation, y compris l'alarme de défaillance, doivent être au moins du type "à risque limité d'explosion";

v) Une installation de détection de gaz remplissant les conditions 1. à 4. ci-après est reliée au système de ventilation:

1. Elle est appropriée au moins pour une utilisation en zone 1, groupe d'explosion IIC, classe de température T6;

2. Elle doit être équipée de capteurs

• Aux orifices d'aspiration des systèmes de ventilation; et

• Directement sous l'arête supérieure du seuil des portes d'entrée;

3. Son temps de réponse t90 est inférieur ou égal à 4 s;

4. Les mesures sont continues;

vi) Dans les locaux de service, le système de ventilation doit être relié à un éclairage de secours qui doit être au moins du type "à risque limité d'explosion";

Cet éclairage de secours n'est pas nécessaire si les installations d'éclairage dans les locaux de service sont du type "à risque limité d'explosion";

vii) L'aspiration du système de ventilation et les installations et équipements qui ne satisfont pas aux conditions énoncées aux 9.3.1.51 a) et b) et 9.3.1.52.1 doivent être arrêtés dès qu'une concentration égale à 20 % de la LIE du n-hexane est atteinte;

L'arrêt est signalé dans les logements et la timonerie par des avertisseurs optiques et acoustiques;

viii) En cas de défaillance du système de ventilation ou des installations de détection de gaz dans les logements, les installations et équipements présents dans les logements qui ne satisfont pas aux conditions énoncées aux 9.3.1.51 a) et b) et 9.3.1.52.1 doivent être arrêtés;

La défaillance est signalée dans les logements, dans la timonerie et sur le pont par des avertisseurs optiques et acoustiques;

ix)   En cas de défaillance du système de ventilation ou des installations de détection de gaz dans la timonerie ou dans les locaux de service, les installations et équipements présents dans ces locaux qui ne satisfont pas aux conditions énoncées aux 9.3.1.51 a) et b) et 9.3.1.52.1 doivent être arrêtés;

La défaillance est signalée dans la timonerie et sur le pont par des avertisseurs optiques et acoustiques. L'alarme doit être automatiquement relayée vers les logements dans le cas où elle n'a pas été arrêtée;

x)   Tout arrêt intervient immédiatement et automatiquement et, le cas échéant, enclenche l'éclairage de secours;

Le dispositif d'arrêt automatique est réglé de telle sorte que l'arrêt automatique ne puisse intervenir en cours de navigation;

c)   À défaut de système de ventilation ou si le système de ventilation d'un local ne satisfait pas à toutes les exigences énoncées à l'alinéa b) ci-dessus, les installations et équipements présents dans ce local dont le fonctionnement peut donner lieu à des températures de surface supérieures à celles mentionnées aux 9.3.1.51 a) et b) ou qui ne satisfont pas aux exigences énoncées au 9.3.1.52.1, doivent pouvoir être arrêtés.

9.3.1.12.5   *(Supprimé)*

9.3.1.12.6   Des plaques doivent être apposées aux orifices de ventilation pour indiquer dans quels cas ils doivent être fermés. Tous les orifices de ventilation de logements, de la timonerie et de locaux de service donnant à l'air libre à l'extérieur de la zone de cargaison doivent être munis de dispositifs fixés à demeure selon 9.3.1.40.2.2 c), permettant de les fermer rapidement. L'état d'ouverture et de fermeture doit être clairement apparent.

Ces orifices de ventilation doivent être situés à 2,00 m au moins de la zone de cargaison.

Les orifices de ventilation des locaux de service situés dans la zone de cargaison peuvent être situés dans cette zone.

9.3.1.13   *Stabilité (généralités)*

9.3.1.13.1   La preuve d'une stabilité suffisante doit être apportée y compris en cas d'avarie.

9.3.1.13.2   Pour le calcul de la stabilité, les valeurs de base - poids du bateau à l'état lège et emplacement du centre de gravité - doivent être définies au moyen d'une expérience de gîte ou par des calculs précis de masse et de moment. Dans ce dernier cas, le poids du bateau à l'état lège doit être vérifié au moyen d'une étude du poids à l'état lège avec la limite de tolérance ± 5 % entre la masse déterminée par le calcul et le déplacement déterminé par lecture du tirant d'eau.

9.3.1.13.3   La preuve d'une stabilité suffisante à l'état intact doit être apportée pour toutes les conditions de chargement et de déchargement et pour la condition de chargement final pour toutes les densités relatives des matières transportées indiquées dans la liste des matières transportables par le bateau conformément au paragraphe 1.16.1.2.5.

Pour chaque cas de chargement, en tenant compte des conditions concrètes de remplissage des citernes à cargaison, des citernes et compartiments à ballast, des citernes à eau douce et eaux usées et des citernes contenant les produits nécessaires à l'opération du bateau, le bateau doit satisfaire dans la mesure nécessaire aux dispositions relatives à la stabilité à l'état intact et après avarie.

Il faut aussi envisager des stades intermédiaires au cours des opérations.

La preuve d'une stabilité suffisante doit être démontrée dans le manuel de stabilité pour chaque condition d'opération, de chargement et de ballastage, et doit être approuvée par la société de classification agréée qui classe le bateau. S'il n'est pas pratique de calculer à l'avance les conditions d'opération, de chargement et de ballastage, un instrument de chargement agréé par la société de classification reconnue qui classe le bateau, reprenant le contenu du manuel de stabilité, doit être installé et utilisé.

NOTA: Un manuel de stabilité doit être rédigé sous une forme compréhensible par le conducteur responsable et contenir les éléments suivants:

Une description générale du bateau:

– *Un plan de l'agencement général et des plans de capacité du bateau indiquant à quoi servent les compartiments et les espaces (citernes à cargaison, magasins, logements, etc.);*

– *Un croquis indiquant la position des échelles de tirant d'eau par rapport aux perpendiculaires du bateau;*

– *Les schémas des systèmes de ballastage, d'assèchement et de prévention des sur-remplissages (débordements);*

– *Des courbes hydrostatiques ou des tableaux correspondants à l'assiette du bateau. Si des angles d'assiette importants sont à prévoir au cours du fonctionnement normal du bateau, il convient d'introduire des courbes ou des tableaux correspondant à une telle gamme d'assiette;*

– *Des courbes ou des tableaux de stabilité calculés sur la base d'une assiette libre, pour les configurations de déplacement et d'assiette prévues dans des conditions normales de fonctionnement, avec une indication des volumes considérés comme flottants;*

– *Des tables de jaugeage des réservoirs ou des courbes montrant pour chaque bateau les capacités, les centres de gravité et les surfaces libres des citernes à cargaison, des citernes et compartiments à ballast, des citernes à eau douce et eaux usées et des citernes contenant les produits nécessaires à l'opération du bateau;*

– *Les données relatives au bâtiment à l'état lège (poids et centre de gravité) résultant d'un essai d'inclinaison ou d'une mesure du port en lourd en combinaison avec un bilan de masse détaillé ou d'autres mesures acceptables. Lorsque les données susmentionnées correspondent à celles d'un bateau du même type, il faut l'indiquer clairement, mentionner ce bateau et joindre une copie du rapport d'essai d'inclinaison approuvé ayant porté sur le bateau du même type;*

– *Une copie du rapport d'essai approuvé doit être inclus dans le manuel de stabilité;*

– *Les conditions dans lesquelles doivent se dérouler les opérations de chargement avec tous les détails pertinents, tels que:*

– *Données relatives au bâtiment à l'état lège, remplissage des citernes, magasins, équipage et autres éléments pertinents à bord du bateau (masse et centre de gravité pour chaque objet, moments de carène pour les cargaisons liquides);*

– *Tirants d'eau au milieu du bateau et aux perpendiculaires;*

–   *Hauteur du métacentre corrigée des effets de surface libre;*

–   *Valeurs et courbe de bras de levier;*

–   *Moments de flexion longitudinale et forces de cisaillement aux points de lecture;*

–   *Informations sur les ouvertures (emplacement, type d'étanchéité, moyens de fermeture); et*

–   *Informations pour le conducteur;*

–   Calcul de l'influence de l'eau de ballastage sur la stabilité avec information si des jauges de niveau fixes pour citernes et compartiments de ballastage doivent être installées, ou si les citernes ou compartiments à ballastage doivent être complètement vides ou remplis lorsque le bateau fait route.

9.3.1.13.4   La preuve de la flottabilité du bateau après avarie doit être apportée dans les stades de chargement les moins favorables. À cette fin, la preuve d'une stabilité suffisante doit être établie au moyen de calculs pour les stades intermédiaires critiques d'envahissement et pour le stade final d'envahissement.

9.3.1.14   *Stabilité (à l'état intact)*

9.3.1.14.1   Les prescriptions de stabilité à l'état intact résultant du calcul de la stabilité après avarie doivent être intégralement respectées.

9.3.1.14.2   Pour les bateaux dont les citernes à cargaison sont d'une largeur supérieure à 0,70B, le respect des prescriptions de stabilité suivantes doit être prouvé:

a)   Dans la zone positive de la courbe du bras de redressement jusqu'à l'immersion de la première ouverture non étanche aux intempéries il doit y avoir un bras de redressement (GZ) d'au moins 0,10 m;

b)   La surface de la zone positive de la courbe du bras de redressement jusqu'à l'immersion de la première ouverture non étanche aux intempéries, toutefois à un angle d'inclinaison inférieur ou égal à 27°, ne doit pas être inférieure à 0,024 m·rad;

c)   La hauteur métacentrique (MG) doit être au minimum de 0,10 m.

Ces conditions doivent être remplies compte tenu de l'influence de toutes les surfaces libres dans les citernes pour tous les stades de chargement et de déchargement.

9.3.1.14.3   Les exigences les plus sévères résultant des 9.3.1.14.1 et 9.3.1.14.2 sont applicables.

9.3.1.15   *Stabilité (après avarie)*

9.3.1.15.1   Les hypothèses suivantes doivent être prises en considération pour le stade après avarie:

a)   Étendue de l'avarie latérale du bateau:

étendue longitudinale	:	au moins 0,10 L, mais pas moins de 5,00 m;
étendue transversale	:	0.79 m à partir du bordé du bateau perpendiculairement au plan axial à un niveau correspondant au tirant d'eau maximal, ou, le cas échéant, la distance autorisée par la section 9.3.4, moins 0,01 m;
étendue verticale	:	de la ligne de référence vers le haut sans limite;

b)	Étendue de l'avarie de fond du bateau:

étendue longitudinale :	au moins 0,10 L, mais pas moins de 5,00 m;
étendue transversale :	3,00 m;
étendue verticale :	du fond jusqu'à 0,59 m, excepté le puisard;

c)	Tous les cloisonnements de la zone d'avarie doivent être considérés comme endommagés, c'est-à-dire que l'emplacement des cloisons doit être choisi de façon que le bateau reste à flot après un dommage dans deux ou plus de compartiments adjacents dans le sens longitudinal.

Les dispositions suivantes sont applicables:

–	Pour l'avarie du fond, on considérera aussi que les compartiments transversaux adjacents ont été envahis;

–	Le bord inférieur des ouvertures qui ne sont pas étanches à l'eau (par exemple portes, fenêtres, panneaux d'accès) ne doit pas être à moins de 0,10 m au-dessus de la ligne de flottaison après l'avarie;

–	D'une façon générale, on considérera que l'envahissement est de 95 %. Si on calcule un envahissement moyen de moins de 95 % pour un compartiment quelconque, on peut utiliser la valeur obtenue.

Les valeurs minimales à utiliser doivent toutefois être les suivantes:

–	salle des machines	:	85 %;

–	logements	:	95 %;

–	doubles fonds, réservoirs à combustible,
citernes de ballastage, etc., selon que,
d'après leurs fonctions, ils doivent être
considérés comme pleins ou vides pour la
flottabilité du bateau au tirant d'eau
maximum autorisé	:	0 % ou 95%.

En ce qui concerne la salle des machines principales, on tiendra compte d'un seul compartiment c'est-à-dire que les cloisons d'extrémité de la salle des machines sont considérées comme non endommagées.

9.3.1.15.2	Pour le stade intermédiaire d'envahissement, les critères suivants doivent être respectés:

GZ >= 0,03 m

Portée des valeurs positives de GZ: 5°.

Au stade de l'équilibre (stade final de l'envahissement), l'angle d'inclinaison ne doit pas dépasser 12°. Les ouvertures fermées de manière non étanche à l'eau ne doivent être envahies qu'après atteinte du stade d'équilibre. Si de telles ouvertures sont immergées avant ce stade les locaux correspondants sont à considérer comme envahis lors du calcul de stabilité.

La marge positive de la courbe du bras de redressement au-delà de la position d'équilibre doit présenter un bras de redressement de ≥ 0,05 m avec une aire sous-tendue par la courbe dans cette zone ≥ 0,0065 m.rad. Les valeurs minimales de stabilité doivent être respectées jusqu'à l'immersion de la première ouverture non étanche aux intempéries, toutefois à un angle d'inclinaison inférieur ou égal à 27°. Si les ouvertures non étanches aux intempéries sont immergées avant ce stade, les locaux correspondants sont à considérer comme envahis lors du calcul de stabilité.

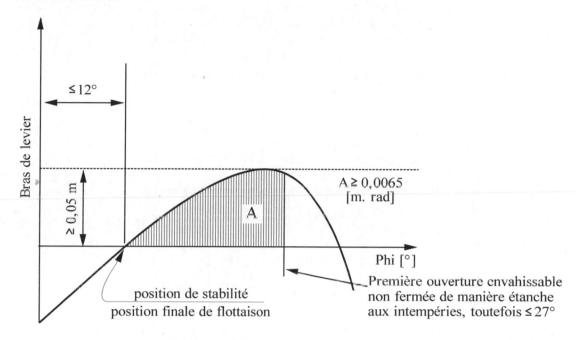

9.3.1.15.3   Si les ouvertures par lesquelles les compartiments non avariés peuvent en plus être envahis peuvent être fermées de façon étanche, les dispositifs de fermeture doivent porter une inscription correspondante.

9.3.1.15.4   Lorsque des ouvertures d'équilibrage transversal sont prévues pour réduire l'envahissement asymétrique, le temps d'équilibrage ne doit pas dépasser 15 minutes si, pour le stade d'envahissement intermédiaire, une stabilité suffisante a été prouvée.

9.3.1.16   *Salles des machines*

9.3.1.16.1   Les moteurs à combustion interne destinés à la propulsion du bateau ainsi que ceux entraînant les auxiliaires doivent être situés en dehors de la zone de cargaison. Les entrées et autres ouvertures des salles des machines doivent être situées à une distance d'au moins 2,00 m de la zone de cargaison.

9.3.1.16.2   Les salles des machines doivent être accessibles depuis le pont; leur entrée ne doit pas être orientée vers la zone de cargaison. Si la porte n'est pas située dans une niche d'une profondeur au moins égale à la largeur de la porte, celle-ci doit avoir ses charnières du côté de la zone de cargaison.

9.3.1.17   *Logements et locaux de service*

9.3.1.17.1   Les logements et la timonerie doivent être situés hors de la zone de cargaison à l'arrière du plan arrière ou à l'avant du plan avant délimitant la partie de la zone de cargaison. Les fenêtres de la timonerie, si elles sont plus de 1,00 m au-dessus du plancher de la timonerie, peuvent être inclinées vers l'avant.

9.3.1.17.2   Les entrées de locaux et orifices des superstructures ne doivent pas être dirigés vers la zone de cargaison. Les portes qui ouvrent vers l'extérieur, si elles ne sont pas situées dans une niche d'une profondeur au moins égale à la largeur de la porte, doivent avoir leurs charnières du côté de la zone de cargaison.

9.3.1.17.3   Les entrées accessibles depuis le pont et les orifices des locaux exposés aux intempéries doivent pouvoir être fermés. Les instructions suivantes doivent être apposées à l'entrée de ces locaux:

Ne pas ouvrir sans l'autorisation du conducteur
pendant le chargement, le déchargement et le dégazage.
Refermer immédiatement.

9.3.1.17.4   Les portes et les fenêtres ouvrables des superstructures et des logements ainsi que les autres ouvertures de ces locaux doivent être situées à 2,00 m au moins de la zone de cargaison. Aucune porte ni fenêtre de la timonerie ne doit être située à moins de 2,00 m de la zone de cargaison sauf s'il n'y a pas de communication directe entre la timonerie et les logements.

9.3.1.17.5   a)   Les arbres d'entraînement des pompes d'assèchement et des pompes à ballastage dans la zone de cargaison traversant la cloison entre le local de service et la salle des machines sont autorisés à condition que le local de service réponde aux prescriptions du 9.3.1.11.6.

b)   Le passage de l'arbre à travers la cloison doit être étanche au gaz. Il doit avoir été approuvé par une société de classification agréée.

c)   Les instructions de fonctionnement nécessaires doivent être affichées.

d)   Les câbles électriques, les conduites hydrauliques et la tuyauterie des systèmes de mesure, de contrôle et d'alarme peuvent traverser la cloison entre la salle des machines et le local de service dans la zone de cargaison et la cloison entre la salle des machines et les espaces de cales à condition que les passages soient étanches au gaz et aient été approuvés par une société de classification agréée. Les passages à travers une cloison munie d'une protection contre le feu "A-60" selon SOLAS 74, chapitre II-2, règle 3, doivent avoir une protection contre le feu équivalente.

e)   La cloison entre la salle des machines et le local de service dans la zone de cargaison peut être traversée par des tuyaux à condition qu'il s'agisse de tuyaux qui relient l'équipement mécanique de la salle des machines et le local de service qui n'aient aucune ouverture à l'intérieur du local de service et qui soient munis d'un dispositif de fermeture à la cloison dans la salle des machines.

f)   Par dérogation au 9.3.1.11.4, les tuyaux qui partent de la salle des machines peuvent traverser le local de service dans la zone de cargaison, le cofferdam, un espace de cale ou un espace de double coque pour aller vers l'extérieur à condition qu'ils consistent en un tube continu à parois épaisses qui n'ait pas de collets ou d'ouvertures à l'intérieur du local de service, de l'espace de cale ou de l'espace de double coque.

g)   Si un arbre d'une machine auxiliaire traverse une paroi située au-dessus du pont, le passage doit être étanche au gaz.

9.3.1.17.6 Un local de service situé dans la zone de cargaison au-dessous du pont ne doit pas être utilisé comme chambre des pompes à cargaison contenant le système autonome de déchargement du bateau, par exemple des compresseurs ou la combinaison compresseur/pompe d'échange de chaleur, sauf si les conditions ci-après sont remplies:

– La chambre des pompes à cargaison est séparée de la salle des machines et des locaux de service en dehors de la zone de cargaison par un cofferdam ou une cloison avec une isolation de la classe "A-60" telle que définie dans la Convention SOLAS 74, chapitre II-2, règle 3 ou par un local de service ou une cale;

– La cloison "A-60" prescrite ci-dessus ne comporte pas de passages mentionnés au 9.3.1.17.5 a);

– Les orifices de dégagement d'air de ventilation sont situés à 6,00 m au moins des entrées et ouvertures des logements, de la timonerie et des locaux de service extérieurs à la zone de cargaison;

– Les orifices d'accès ou orifices de ventilation peuvent être fermés de l'extérieur;

– Toutes les tuyauteries de chargement et de déchargement (côté aspiration et côté refoulement) passent par le pont au-dessus de la chambre des pompes. Les dispositifs de commandes nécessaires dans la chambre des pompes, le démarrage des pompes ou compresseurs ainsi que la commande de débit de liquides doivent être actionnés à partir du pont;

– L'installation est complètement intégrée au système de tuyauterie pour les gaz et les liquides;

– La chambre des pompes à cargaison est pourvue d'une l'installation de mesure de l'oxygène permanente qui indique automatiquement la teneur en oxygène et qui actionne une alarme optique et acoustique lorsque la concentration en oxygène atteint 19,5 % en volume. Les capteurs de cette installation doivent être placés à des endroits appropriés au fond et à 2,00 m de hauteur. La mesure doit être continue et affichée près de l'entrée. Des avertisseurs optiques et acoustiques doivent être installés dans la timonerie et dans la chambre des pompes à cargaison et, lors du déclenchement de l'alarme, le système de chargement et de déchargement du bateau doit être arrêté

– La défaillance de l'installation de mesure de l'oxygène doit déclencher un signal d'alarme optique et acoustique dans la timonerie et sur le pont. L'alarme doit être automatiquement relayée vers les logements dans le cas où elle n'a pas été arrêtée;

– le système de ventilation prescrit au 9.3.1.12.3 a une capacité permettant de renouveler au moins 30 fois par heure le volume d'air contenu dans le local de service.

Lorsque la liste des matières du bateau selon 1.16.1.2.5 doit contenir des matières des matières pour lesquelles une protection contre les explosions est exigée à la colonne (17) du tableau C du chapitre 3.2, la chambre des pompes à cargaison doit en outre être pourvue d'une installation de détection de gaz permanente qui indique automatiquement la présence de gaz inflammables et qui actionne une alarme optique et acoustique lorsque la concentration de gaz atteint 20 % de la LIE de la cargaison ou 20 % de la LIE du n-hexane, la LIE la plus critique devant être retenue.

Les capteurs de l'installation de détection de gaz doivent être placés à des endroits appropriés au fond et directement sous le pont.

La mesure doit être continue et affichée près de l'entrée.

Des avertisseurs optiques et acoustiques doivent être installés dans la timonerie et dans la chambre des pompes à cargaison et, lors du déclenchement de l'alarme, le système de chargement et de déchargement du bateau doit être arrêté.

La défaillance de l'installation de détection de gaz doit être immédiatement signalée dans la timonerie et sur le pont par un dispositif d'alarme optique et acoustique. L'alarme doit être automatiquement relayée vers les logements dans le cas où elle n'a pas été arrêtée.

9.3.1.17.7   Les instructions suivantes doivent être affichées à l'entrée de la chambre des pompes à cargaison:

Avant d'entrer dans la chambre des pompes à cargaison,
vérifier qu'elle ne contient pas de gaz mais suffisamment d'oxygène.
Ne pas ouvrir sans autorisation du conducteur.
Évacuer immédiatement en cas d'alerte.

9.3.1.18   *Installation de gaz inerte*

9.3.1.18.1   Dans les cas où une inertisation ou une couverture de la cargaison est prescrite le bateau doit être muni d'une installation de gaz inerte.

Cette installation doit être en mesure de maintenir en permanence une pression minimale de 7 kPa (0,07 bar) dans les locaux à mettre sous atmosphère inerte. En outre, l'installation de gaz inerte ne doit pas faire dépasser la pression dans la citerne à cargaison au-dessus de la pression de tarage de la soupape de surpression. La pression de tarage de la soupape de dépression doit être de 3,5 kPa (0,035 bar).

La quantité de gaz inerte nécessaire lors du chargement ou du déchargement doit être transportée ou produite à bord pour autant qu'elle ne peut être fournie par une installation à terre. En outre, une quantité de gaz inerte suffisante pour compenser les pertes normales au cours du transport doit être disponible à bord.

Les locaux à mettre sous atmosphère inerte doivent être munis de raccords pour l'introduction du gaz inerte et d'installations de contrôle pour le maintien permanent de la bonne atmosphère.

Lorsque la pression ou la concentration de gaz inerte dans la phase gazeuse descend sous une valeur donnée cette installation de contrôle doit déclencher une alarme optique et acoustique dans la timonerie. Lorsque la timonerie n'est pas occupée, l'alarme doit en outre être perçue à un poste occupé par un membre de l'équipage.

9.3.1.18.2   Les bateaux équipés de citernes à membrane doivent être munis d'une installation de gaz inerte capable de mettre sous atmosphère inerte tous les espaces d'isolation des citernes.

L'installation doit pouvoir maintenir en permanence une pression minimale supérieure à la pression atmosphérique dans les espaces à mettre sous atmosphère inerte.

Le gaz inerte doit être produit à bord ou transporté en quantité suffisante pour toute la durée d'attente déterminée conformément aux 7.2.4.16.16 et 7.2.4.16.17. La circulation de gaz inerte dans les espaces à mettre sous atmosphère inerte doit être suffisante pour permettre une détection efficace des gaz.

Les espaces à mettre sous atmosphère inerte doivent être munis de raccords pour l'introduction du gaz inerte et d'installations de contrôle pour le maintien permanent de la bonne atmosphère.

Lorsque la pression, la température ou la concentration du gaz inerte descend en dessous d'une valeur donnée, cette installation de contrôle doit déclencher une alarme optique et acoustique dans la timonerie. Lorsque la timonerie n'est pas occupée, l'alarme doit en outre être perçue à un poste occupé par un membre de l'équipage.

9.3.1.19 et 9.3.1.20	*(Réservés)*

9.3.1.21 *Équipement de contrôle et de sécurité*

9.3.1.21.1 Les citernes à cargaison doivent être équipées:

a) *(Réservé)*

b) d'un indicateur de niveau;

c) d'un dispositif avertisseur pour le niveau de remplissage fonctionnant au plus tard lorsqu'un degré de remplissage de 86 % est atteint;

d) d'un déclencheur du dispositif automatique permettant d'éviter un surremplissage qui se déclenche au plus tard lorsqu'un degré de remplissage de 97,5 % est atteint;

e) d'un instrument pour mesurer la pression de la phase gazeuse dans la citerne à cargaison;

f) d'un instrument pour mesurer la température de la cargaison;

g) d'un raccord pour un dispositif de prise d'échantillons de type fermé. Le raccord doit être muni d'un sectionnement résistant à la pression interne du raccord.

9.3.1.21.2 Le degré de remplissage (en %) doit être déterminé avec une erreur n'excédant pas 0,5 point. Il doit être calculé par rapport à la capacité totale de la citerne à cargaison, y compris la caisse d'expansion.

9.3.1.21.3 L'indicateur de niveau doit pouvoir être lu depuis le poste de commande des dispositifs de vannage de la citerne à cargaison correspondante. Les niveaux maximum de remplissage de 91 %, 95 % et 97 % résultant de la liste des matières doivent être repérés sur chaque indicateur de niveau.

La surpression et la dépression doivent pouvoir être lus en permanence depuis un poste à partir duquel les opérations de chargement ou de déchargement peuvent être interrompues. La surpression et la dépression maximales admissibles doivent être marquées à chaque indicateur.

La lecture doit être possible sous toutes les conditions météorologiques.

9.3.1.21.4 Le dispositif avertisseur de niveau doit émettre des signaux d'alarme optique et acoustique lorsqu'il est déclenché. Le dispositif avertisseur de niveau doit être indépendant de l'indicateur de niveau.

9.3.1.21.5 a) Le déclencheur mentionné au 9.3.1.21.1 d) doit émettre des signaux d'alarme optique et acoustique et actionner simultanément un contact électrique susceptible, sous forme d'un signal binaire, d'interrompre la ligne électrique établie et alimentée par l'installation à terre et de permettre de prendre côté terre les mesures pour empêcher tout débordement.

Ce signal doit pouvoir être transmis à l'installation à terre au moyen d'une prise mâle étanche bipolaire d'un dispositif de couplage conforme à la norme EN 60309-2:1999 + A1:2007 + A2:2012, pour courant continu 40 à 50 V, couleur blanche, position du nez de détrompage 10 h.

La prise doit être fixée solidement au bateau à proximité immédiate des raccords à terre des tuyauteries de chargement et de déchargement.

Le déclencheur doit également être en mesure d'arrêter la pompe de déchargement à bord.

Le déclencheur doit être indépendant du dispositif avertisseur de niveau mais peut être accouplé à l'indicateur de niveau.

b) Lors du déchargement au moyen de la pompe à bord, celle-ci doit pouvoir être arrêtée par l'installation à terre. A cet effet une ligne électrique indépendante, à sécurité intrinsèque, alimentée par le bateau, doit être interrompue par l'installation à terre au moyen d'un contact électrique.

Le signal binaire de l'installation à terre doit pouvoir être repris au moyen d'une prise femelle étanche bipolaire d'un dispositif de couplage conforme à la norme EN 60309-2:1999 + A1:2007 + A2:2012, pour courant continu 40 à 50 V, couleur blanche, position du nez de détrompage 10 h.

Cette prise doit être fixée solidement au bateau à proximité immédiate des raccords à terre des tuyauteries de déchargement.

9.3.1.21.6 Les signaux d'alarme optiques et acoustiques émis par le dispositif avertisseur de niveau doivent pouvoir être distingués facilement de ceux du déclencheur relatif au surremplissage.

Les signaux d'alarme optiques doivent pouvoir être vus depuis chaque poste de commande du vannage des citernes à cargaison. On doit pouvoir vérifier facilement l'état de fonctionnement des capteurs et des circuits électriques, sinon ceux-ci doivent être du type "à sécurité intrinsèque".

9.3.1.21.7 Lorsque la pression ou la température dépasse une valeur donnée les instruments de mesure de la pression ou de la température de la cargaison doivent émettre un signal optique et acoustique dans la timonerie. Lorsque la timonerie n'est pas occupée l'alarme doit en outre être perçue à un emplacement occupé par un membre d'équipage.

Lorsque pendant le chargement ou le déchargement la pression dépasse une valeur donnée, l'instrument de mesure de la pression doit déclencher immédiatement un contact électrique qui, au moyen de la prise décrite au 9.3.1.21.5, permet de mettre en oeuvre les mesures d'interruption de l'opération de chargement ou de déchargement. Si la pompe de déchargement du bateau est utilisée, elle doit être coupée automatiquement. Le déclencheur des alarmes susmentionnées peut être accouplé à l'installation d'alarme.

9.3.1.21.8 Si les éléments de commande des dispositifs de fermeture des citernes à cargaison sont situés dans un poste de commande, il doit être possible dans ce poste d'arrêter les pompes de chargement, de lire les indicateurs de niveau, de percevoir, ainsi que sur le pont, le signal d'alarme optique et acoustique de l'avertisseur de niveau, du déclencheur relatif au surremplissage visé au 9.3.1.21.1 d) et des instruments de mesure de la pression et de la température de la cargaison.

Une surveillance appropriée de la zone de cargaison doit être possible depuis le poste de commande.

9.3.1.21.9 Le bateau doit être équipé de manière à ce que les opérations de chargement ou de déchargement puissent être interrompues au moyen d'interrupteurs, c'est-à-dire que la vanne à fermeture rapide située à la conduite flexible de raccordement entre le bateau et la terre doit pouvoir être fermée. Ces interrupteurs doivent être placés à deux emplacements du bateau (à l'avant et à l'arrière).

Le système d'interruption doit être conçu selon le principe dit à courant de repos.

9.3.1.21.10   En cas de transport de matières réfrigérées la pression d'ouverture de l'installation de sécurité est déterminée par la conception des citernes à cargaison. En cas de transport de matières qui doivent être transportées à l'état réfrigéré la pression d'ouverture de l'installation de sécurité doit être supérieure de 25 kPa (0,25 bar) au moins à la pression maximale calculée selon 9.3.1.27.

9.3.1.21.11   Sur les bateaux homologués pour transporter des gaz liquéfiés réfrigérés, les mesures de protection suivantes doivent être prises dans la zone de cargaison:

–   Des gattes doivent être installées sous les raccordements à terre des tuyauteries de chargement et de déchargement à travers lesquels s'effectue le chargement ou le déchargement. Elles doivent être fabriquées dans des matériaux capables de résister à la température de la cargaison et être isolées du pont. Les gattes doivent avoir une contenance suffisante et un trop-plein;

–   Une installation de pulvérisation d'eau afin de couvrir:

1.   Les dômes des citernes à cargaison et autres parties exposées des citernes à cargaison;

2.   Les réservoirs exposés de stockage sur le pont de produits inflammables ou de produits toxiques;

3.   Les parties de la zone de cargaison au-dessus du pont ou des fuites peuvent se produire.

La contenance du dispositif de pulvérisation d'eau doit être telle que, lorsque tous les jets fonctionnent, le débit soit de 300 litres/heure par mètre carré de superficie du pont. Le dispositif doit pouvoir être mis en marche depuis la timonerie et depuis le pont;

–   Un film d'eau autour du raccordement à terre des tuyauteries de chargement et déchargement en service pour protéger le pont et le long du bord du côté du raccordement à terre des tuyauteries de chargement et déchargement en service pendant la connexion et la déconnexion du bras ou du tuyau de chargement. Le film d'eau doit avoir un débit suffisant. Le dispositif doit pouvoir être mis en marche de la timonerie et du pont.

9.3.1.21.12   Les bateaux transportant des gaz liquéfiés réfrigérés doivent avoir à bord, afin d'empêcher que les citernes de cargaison soient endommagées pendant le chargement et que les tuyauteries de chargement et de déchargement soient endommagées pendant le chargement et le déchargement, une instruction écrite pour pré-refroidissement. Cette instruction doit être appliquée avant que le bateau ne soit mis en service et après la maintenance longue durée.

9.3.1.22   *Orifices des citernes à cargaison*

9.3.1.22.1   a)   Les orifices des citernes à cargaison doivent être situés sur le pont dans la zone de cargaison.

b)   Les orifices des citernes à cargaison d'une section supérieure à 0,10 m² doivent être situés à 0,50 m au moins au-dessus du pont.

9.3.1.22.2   Les orifices des citernes à cargaison doivent être munis de fermetures étanches au gaz répondant aux prescriptions visées au 9.3.1.23.1.

9.3.1.22.3   Les orifices d'échappement des gaz provenant des soupapes de surpression doivent être situés à 2,00 m au moins au-dessus du pont et à 6,00 m au moins des logements et des locaux de service extérieurs à la zone de cargaison. Cette hauteur peut être réduite lorsque dans un cercle de 1,00 m de rayon autour de l'orifice de la soupape de surpression il n'y a aucun équipement et qu'aucun travail n'y est effectué et que cette zone est signalisée.

9.3.1.22.4 Les dispositifs de fermeture qui sont normalement utilisés lors des opérations de chargement et de déchargement ne doivent pas pouvoir produire d'étincelles lorsqu'ils sont manœuvrés.

9.3.1.22.5 Chaque citerne dans laquelle sont transportées des matières réfrigérées doit être équipée d'une installation de sécurité empêchant des dépressions ou des surpressions non admises.

9.3.1.23 *Épreuve de pression*

9.3.1.23.1 Les citernes à cargaison et tuyauteries de chargement et déchargement doivent satisfaire aux prescriptions relatives aux réservoirs à pression formulées pour les matières transportées par l'autorité compétente ou par une société de classification agréée.

9.3.1.23.2 Les cofferdams, s'ils existent, doivent être soumis à des épreuves initiales avant d'être mis en service et par la suite aux intervalles prescrits.

La pression d'épreuve ne doit pas être inférieure à 10 kPa (0,10 bar) de pression manométrique.

9.3.1.23.3 L'intervalle maximum entre les épreuves périodiques mentionnées ci-dessus au 9.3.1.23.2 doit être de 11 ans.

9.3.1.24 *Réglage de la pression et de la température de la cargaison*

9.3.1.24.1 A moins que tout le système de cargaison ne soit conçu pour résister à la pleine pression effective de vapeur de la cargaison aux limites supérieures des températures ambiantes de calcul, la pression des citernes doit être maintenue au-dessous de la pression de tarage maximal admissible des soupapes de sécurité, à l'aide d'un ou plusieurs des moyens ci-après:

a) un système de régulation de la pression des citernes à cargaison utilisant la réfrigération mécanique;

b) un système assurant la sécurité en cas de réchauffement ou d'accroissement de la pression de la cargaison. L'isolation ou la pression de calcul de la citerne à cargaison, ou la combinaison de ces deux éléments, doivent être de nature à laisser une marge suffisante pour la durée d'exploitation et les températures à prévoir; dans chaque cas le système doit être jugé acceptable par une société de classification agréée et doit assurer la sécurité pendant une période de trois fois la durée d'exploitation;

c) Pour le No ONU 1972 seulement, un dispositif de réglage de la pression de la citerne à cargaison, grâce auquel les vapeurs provenant du boil-off sont utilisées comme combustible;

d) d'autres systèmes jugés acceptables par une société de classification agréée.

9.3.1.24.2 Les systèmes prescrits au 9.3.1.24.1 doivent être construits, installés et éprouvés à la satisfaction de la société de classification agréée. Les matériaux utilisés dans leur construction doivent être compatibles avec les cargaisons à transporter. Pour le service normal, les limites supérieures des températures ambiantes de calcul doivent être:

air : + 30 °C;
eau: + 20 °C.

9.3.1.24.3 Le système de stockage de la cargaison doit pouvoir résister à la pleine pression de vapeur de la cargaison aux limites supérieures des températures ambiantes de calcul quel que soit le système adopté pour traiter le gaz d'évaporation. Cette prescription est indiquée par l'observation 37 à la colonne (20) du tableau C du chapitre 3.2.

9.3.1.25 *Pompes et tuyauteries*

9.3.1.25.1 Les pompes et les compresseurs ainsi que les tuyauteries de chargement et de déchargement correspondantes doivent être situés dans la zone de cargaison. Les pompes de chargement et compresseurs doivent pouvoir être arrêtés depuis la zone de cargaison, mais aussi depuis un point situé en dehors de cette zone. Les pompes à cargaison et les compresseurs sur le pont ne doivent pas se trouver à moins de 6,00 m de distance des entrées ou des ouvertures des logements et des locaux de service extérieurs à la zone de cargaison.

9.3.1.25.2
a) Les tuyauteries de chargement et de déchargement doivent être indépendantes de toutes les autres tuyauteries du bateau. Aucune tuyauterie à cargaison ne doit être située au-dessous du pont, à l'exception de celles situées à l'intérieur des citernes à cargaison et à l'intérieur des locaux de service destinés à recevoir le système autonome de vidange pneumatique du bateau;

b) *(Réservé)*

c) Les tuyauteries de chargement et de déchargement doivent se distinguer nettement des autres tuyauteries, par exemple par un marquage de couleur;

d) Les tuyauteries de chargement et de déchargement sur le pont, les conduites d'évacuation de gaz, à l'exception des prises de raccordement à terre, mais y compris les soupapes de sécurité, les vannes et soupapes doivent être situés à l'intérieur de la ligne longitudinale formée par l'extérieur des dômes et au moins à une distance du bordage égale à un quart de la largeur du bateau. Cette prescription ne s'applique pas aux tuyauteries de dégagement situées derrière les soupapes de sécurité. Cependant lorsqu'il n'existe transversalement au bateau qu'un seul dôme, ces tuyauteries ainsi que leurs vannes et soupapes doivent être situées à au moins 2,70 m du bordage;

En cas de citernes à cargaison placées côte à côte, tous les raccordements aux dômes doivent être situés du côté intérieur des dômes. Les raccordements extérieurs peuvent être situés sur la ligne médiane longitudinale formée par les centres des dômes. Les dispositifs de fermeture doivent être situés directement au dôme ou le plus près possible de celui-ci. Les dispositifs de fermeture des tuyauteries de chargement et de déchargement doivent être doublés, l'un des dispositifs étant constitué d'une vanne à fermeture rapide. Lorsque le diamètre intérieur d'un dispositif de fermeture est inférieur à 50 mm ce dispositif peut être conçu comme sécurité contre les ruptures de tuyauteries;

e) Les prises de raccordement à terre doivent être situées à une distance d'au moins 6,00 m des entrées ou des ouvertures des logements et des locaux de service extérieurs à la zone de cargaison;

f) Chaque raccordement à terre de la conduite d'évacuation de gaz et le raccordement à terre de la tuyauterie de chargement ou de déchargement à travers lequel s'effectue le chargement ou le déchargement doivent être équipés d'un appareil d'arrêt et d'une vanne à fermeture rapide. Toutefois, chaque raccordement à terre doit être muni d'une bride borgne lorsqu'il n'est pas en service;

g) Les tuyauteries de chargement et de déchargement ainsi que les conduites d'évacuation de gaz ne doivent pas avoir de raccordements flexibles munis de joints coulissants;

Pour le transport des gaz liquéfiés réfrigérés

h) Les tuyauteries de chargement et de déchargement et les citernes à cargaison doivent être protégées des contraintes excessives dues à l'agitation thermique et aux déplacements de la citerne de la structure et de la coque;

i)   Si nécessaire, les tuyauteries de chargement et de déchargement doivent être isolés thermiquement de la structure de la coque adjacente, afin d'empêcher la température de la coque de tomber au-dessous de la température nominale du matériau qui la constitue;

j)   Toutes les tuyauteries de chargement et de déchargement, lorsqu'elles contiennent du liquide (restes) et peuvent être fermées à chaque extrémité, doivent être munies de soupapes de sécurité. Ces soupapes se déverseront dans lcs citernes à cargaison et seront protégées pour éviter une fermeture accidentelle.

9.3.1.25.3   *(Supprimé)*

9.3.1.25.4   Tous les éléments des tuyauteries de chargement et de déchargement doivent être électriquement raccordés à la coque.

9.3.1.25.5   La position des robinets d'arrêt ou autres dispositifs de sectionnement sur les tuyauteries de chargement et de déchargement doit indiquer s'ils sont ouverts ou fermés.

9.3.1.25.6   Les tuyauteries de chargement et de déchargement doivent avoir, à la pression d'épreuve, les caractéristiques voulues d'élasticité, d'étanchéité et de résistance à la pression.

9.3.1.25.7   Les tuyauteries de déchargement doivent être munies d'instruments de mesure de la pression à l'entrée et à la sortie de la pompe.

Les instruments doivent pouvoir être lus à tout moment depuis le poste de commande de la pompe de déchargement autonome de bord. La valeur maximale admissible de surpression ou de dépression doit être indiquée par un instrument de mesure.

La lecture doit être possible sous toutes les conditions météorologiques.

9.3.1.25.8   Les tuyauteries de chargement et de déchargement ne doivent pas pouvoir être utilisées pour le ballastage.

9.3.1.25.9   *(Réservé)*

9.3.1.25.10   De l'air comprimé produit à l'extérieur de la zone de cargaison peut être utilisé dans la zone de cargaison à condition qu'il soit installé un clapet antiretour à ressort qui empêche que des gaz puissent s'échapper de la zone de cargaison et atteindre les logements, timonerie et locaux de service en passant par le circuit d'air comprimé.

9.3.1.26   *(Réservé)*

9.3.1.27   ***Système de réfrigération***

9.3.1.27.1   Un système de réfrigération visé au 9.3.1.24.1 a) doit se composer d'un ou de plusieurs ensembles capables de maintenir au niveau prescrit la pression et la température de la cargaison aux limites supérieures des températures ambiantes de calcul. A moins qu'un autre moyen de régulation de la pression et de la température de la cargaison jugé satisfaisant par une société de classification agréée ne soit prévu, un ou plusieurs ensembles de secours ayant un débit au moins égal à celui de l'ensemble le plus important prescrit doivent être prévus. Un ensemble de secours doit comprendre un compresseur, son moteur, son dispositif de commande et tous les accessoires nécessaires pour lui permettre de fonctionner indépendamment des ensembles utilisés normalement. Un échangeur de chaleur de secours doit être prévu à moins que l'échangeur de chaleur normal de l'appareil n'ait une capacité excédentaire égale à 25 % au moins de la plus grande capacité prescrite. Il n'est pas nécessaire de prévoir des tuyauteries séparées.

Les citernes à cargaison, les tuyauteries et accessoires doivent être isolés de manière qu'en cas de panne de tous les systèmes de réfrigération la cargaison entière demeure pendant au moins 52 heures dans un état ne causant pas l'ouverture des soupapes de sûreté.

9.3.1.27.2　Les dispositifs de sûreté et les tuyaux de raccordement au système de réfrigération doivent être raccordés aux citernes à cargaison au-dessus de la phase liquide lorsque les citernes à cargaison sont remplies à leur taux maximal. Ils doivent rester dans la phase gazeuse même lorsque le bateau prend un angle de gîte de 12°.

9.3.1.27.3　Lorsque plusieurs cargaisons réfrigérées dont la réaction chimique peut être dangereuse sont transportées simultanément, une attention particulière aux systèmes de réfrigération doit être prêtée pour éviter un mélange éventuel des cargaisons. En cas de transport de ces cargaisons, des systèmes de réfrigération séparés, chacun comportant un ensemble complet de secours visé au 9.3.1.27.1, doivent être prévus pour chaque cargaison. Toutefois, lorsque la réfrigération est assurée par un système indirect ou mixte et qu'une fuite dans les échangeurs de chaleur ne peut entraîner dans aucune circonstance prévisible un mélange des cargaisons, il n'y a pas lieu de prévoir des ensembles de réfrigération séparés pour les différentes cargaisons.

9.3.1.27.4　Lorsque plusieurs cargaisons réfrigérées ne sont pas solubles l'une dans l'autre dans les conditions du transport, de telle sorte que leurs tensions de vapeur s'additionnent en cas de mélange, une attention particulière doit être prêtée aux systèmes de réfrigération pour éviter un mélange éventuel des cargaisons.

9.3.1.27.5　Lorsque les systèmes de réfrigération nécessitent de l'eau pour le refroidissement, une quantité suffisante doit être fournie par une pompe ou des pompes utilisées exclusivement à cet effet. Cette pompe ou ces pompes doivent avoir au moins deux tuyaux d'aspiration partant de deux prises d'eau, l'une à bâbord, l'autre à tribord. Une pompe de secours ayant un débit satisfaisant doit être prévue; cette pompe peut être une pompe utilisée à d'autres fins à condition que son emploi pour l'alimentation en eau de refroidissement ne nuise à aucun autre service essentiel.

9.3.1.27.6　Le système de réfrigération peut prendre l'une des formes ci-après:

a)　Système direct – Les vapeurs de cargaison sont comprimées, condensées et renvoyées dans les citernes à cargaison. Pour certaines cargaisons spécifiées au tableau C du chapitre 3.2, ce système ne doit pas être utilisé. Cette prescription est indiquée par l'observation 35 à la colonne (20) du tableau C du chapitre 3.2;

b)　Système indirect – La cargaison ou les vapeurs de cargaison sont refroidies ou condensées par un réfrigérant sans être comprimées;

c)　Système mixte – Les vapeurs de cargaison sont comprimées et condensées dans un échangeur de chaleur cargaison/réfrigérant et renvoyées dans les citernes à cargaison. Pour certaines cargaisons spécifiées au tableau C du chapitre 3.2, ce système ne doit pas être utilisé. Cette prescription est indiquée par l'observation 36 à la colonne (20) du tableau C du chapitre 3.2.

9.3.1.27.7　Tous les fluides réfrigérants primaires et secondaires doivent être compatibles les uns avec les autres et avec la cargaison avec laquelle ils peuvent entrer en contact. L'échange de chaleur peut se faire soit loin de la citerne à cargaison, soit à l'aide de serpentins de refroidissement fixés à l'intérieur ou à l'extérieur de la citerne à cargaison.

9.3.1.27.8　Lorsque le système de réfrigération est installé dans un local de service particulier, ce local de service doit répondre aux exigences du 9.3.1.17.6.

9.3.1.27.9　Pour toutes les installations recevant la cargaison, le coefficient de transmission thermique utilisé pour calculer le temps de retenue (7.2.4.16.16 et 7.2.4.16.17) doit être déterminé par calcul. Lorsque le bateau est achevé, l'exactitude du calcul doit être vérifiée au moyen d'un essai d'équilibrage thermique. Le calcul et l'essai doivent être exécutés sous le contrôle de la société de classification agréée qui a classé le bateau.

Le coefficient de transmission thermique doit être consigné sur un document conservé à bord. Il doit être vérifié à chaque renouvellement du certificat d'agrément.

9.3.1.27.10 Un certificat provenant d'une société de classification agréée attestant que le bateau satisfait aux prescriptions des 9.3.1.24.1 à 9.3.1.24.3, 9.3.1.27.1 et 9.3.1.27.9 ci-dessus doit être présenté en même temps que la demande de délivrance ou de renouvellement du certificat d'agrément.

9.3.1.28 *Installation de pulvérisation d'eau*

Dans les cas où une pulvérisation d'eau est exigée à la colonne (9) du tableau C du chapitre 3.2, il doit être installé un système de pulvérisation d'eau dans la zone de cargaison sur le pont permettant de réduire les émissions de gaz provenant de la cargaison par aspersion d'eau.

Cette installation doit être munie d'un raccord permettant de l'alimenter depuis une installation à terre. Les pulvérisateurs doivent être installés de manière que les gaz qui se sont échappés soient précipités de manière sûre. L'installation doit pouvoir être mise en action à partir de la timonerie et à partir du pont. Sa capacité doit être telle qu'en cas de fonctionnement de tous les pulvérisateurs, le débit soit d'au moins 50 litres par m^2 de surface de pont de cargaison et par heure.

9.3.1.29-
9.3.1.30 *(Réservés)*

9.3.1.31 *Machines*

9.3.1.31.1 Seuls les moteurs à combustion interne utilisant un combustible qui a un point d'éclair supérieur à 55 °C sont admis. Cette disposition ne s'applique pas aux moteurs à combustion interne qui font partie d'un système de propulsion ou d'un système auxiliaire. Ces systèmes devant satisfaire aux prescriptions du chapitre 30 et de la section 1 de l'annexe 8 du Standard européen établissant les prescriptions techniques des bateaux de navigation intérieure (ES-TRIN), dans sa version modifiée[2].

9.3.1.31.2 Les orifices d'aération de la salle des machines et, lorsque les moteurs n'aspirent pas l'air directement dans la salle des machines, les orifices d'aspiration d'air des moteurs doivent être situés à 2,00 m au moins de la zone de cargaison.

9.3.1.31.3 et
9.3.1.31.4 *(Supprimés)*

9.3.1.31.5 La ventilation dans la salle des machines fermée doit être conçue de telle manière qu'à une température ambiante de 20 °C, la température moyenne dans la salle des machines ne dépasse pas 40 °C.

9.3.1.32 *Réservoirs à combustible*

9.3.1.32.1 Si le bateau est construit avec des espaces de cale et doubles fonds, les doubles fonds de la zone de cargaison peuvent servir de réservoirs à combustible à condition d'avoir au moins 0,6 m de profondeur.

---

[2]   *Tel qu'il figure sur le site Web du Comité européen pour l'élaboration de standards dans le domaine de la navigation intérieure (CESNI), à l'adresse suivante: https://www.cesni.eu/documents/es-trin/:.*

Les tuyauteries et les ouvertures de ces réservoirs à combustible ne doivent pas être situées dans les espaces de cales.

9.3.1.32.2 Les orifices des tuyaux d'aération de chaque réservoir à combustible doivent aboutir à 0,5 m au moins au-dessus du pont découvert. Ces orifices et les orifices des tuyaux de trop-plein aboutissant sur le pont doivent être munis d'un dispositif protecteur constitué par un grillage ou une plaque perforée.

9.3.1.33 *(Réservé)*

9.3.1.34 *Tuyaux d'échappement des moteurs*

9.3.1.34.1 Les gaz d'échappement doivent être rejetés au-dehors du bateau soit vers le haut par un tuyau d'échappement, soit par un orifice dans le bordé. L'orifice d'échappement doit être situé à 2,00 m au moins de la zone de cargaison. Les tuyaux d'échappement des moteurs de propulsion doivent être placés de telle manière que les gaz d'échappement soient entraînés loin du bateau. La tuyauterie d'échappement ne doit pas être située dans la zone de cargaison.

9.3.1.34.2 Les tuyaux d'échappement des moteurs doivent être munis d'un dispositif empêchant la sortie d'étincelles, par exemple d'un pare-étincelles.

9.3.1.35 *Installations d'assèchement et de ballastage*

9.3.1.35.1 Les pompes d'assèchement et de ballastage pour les locaux situés dans la zone de cargaison doivent être installées à l'intérieur de ladite zone.

Cette prescription ne s'applique pas:

– aux espaces de double coque et doubles fonds qui n'ont pas de paroi commune avec les citernes à cargaison;

– aux cofferdams et espaces de cales lorsque le ballastage est effectué au moyen de la tuyauterie de l'installation de lutte contre l'incendie située dans la zone de cargaison et que l'assèchement a lieu au moyen d'éjecteurs installés dans la zone de cargaison.

9.3.1.35.2 Si le double fond sert de réservoir à combustible, il ne doit pas être relié à la tuyauterie d'assèchement.

9.3.1.35.3 Si la pompe de ballastage est installée dans la zone de cargaison, la tuyauterie verticale et son raccord au droit du bordé pour aspirer l'eau de ballastage doivent être situés à l'intérieur de la zone de cargaison.

9.3.1.35.4 Une chambre des pompes sous le pont doit pouvoir être asséchée en cas d'urgence par une installation située dans la zone de cargaison et indépendante de toute autre installation. Cette installation d'assèchement doit être située en dehors de la chambre des pompes.

**9.3.1.36 à
9.3.1.39** *(Réservés)*

9.3.1.40 *Dispositifs d'extinction d'incendie*

9.3.1.40.1 Le bateau doit être muni d'une installation d'extinction d'incendie.

Cette installation doit être conforme aux prescriptions ci-après:

– Elle doit être alimentée par deux pompes à incendie ou de ballastage indépendantes. L'une d'elles doit être prête à fonctionner à tout moment. Ces pompes ainsi que leurs propulsion et équipements électriques ne doivent pas être installées dans le même local;

– Elle doit être équipée d'une conduite d'eau comportant au moins trois bouches dans la zone de cargaison située au-dessus du pont. Trois tuyaux adéquats et suffisamment longs, munis de lances à jet/pulvérisation d'un diamètre de 12 mm au moins, doivent être prévues. À défaut, un ou plusieurs de ces tuyaux peuvent être remplacés par des lances à jet/pulvérisation orientables d'un diamètre de 12 mm au moins. On doit pouvoir atteindre tout point du pont dans la zone de cargaison avec deux jets simultanés d'eau provenant de bouches différentes.

Un clapet anti-retour à ressort doit empêcher que des gaz puissent s'échapper de la zone de cargaison et atteindre les logements, timonerie et locaux de service en passant par l'installation d'extinction d'incendie;

– La capacité de l'installation doit être suffisante pour obtenir d'un point quelconque du bateau un jet d'une longueur au moins égale à la largeur du bateau si deux lances à pulvérisation sont utilisées en même temps.

– Le système d'alimentation en eau doit pouvoir être mis en marche depuis la timonerie et depuis le pont.

– Des mesures doivent être prises pour éviter le gel des collecteurs principaux d'incendie et des bouches

9.3.1.40.2 En outre, la salle des machines, la chambre des pompes et tout local contenant des matériels indispensables (tableaux de distribution, compresseurs, etc.) pour le matériel de réfrigération, le cas échéant, doivent être équipés d'une installation d'extinction d'incendie fixée à demeure, répondant aux exigences suivantes:

9.3.1.40.2.1 *Agents extincteurs*

Pour la protection du local dans les salles des machines, salles de chauffe et salles des pompes, seules sont admises les installations d'extinction d'incendie fixées à demeure utilisant les agents extincteurs suivants:

a) CO_2 (dioxyde de carbone);

b) HFC 227 ea (heptafluoropropane);

c) IG-541 (52 % azote, 40 % argon, 8 % dioxyde de carbone);

d) FK-5-1-12 (Dodécafluoro-2-méthylpentan-3-one);

e) *(Réservé)*

f) K_2CO_3 (carbonate de potassium).

Les autres agents extincteurs sont uniquement admis sur la base de recommandations du Comité d'administration.

9.3.1.40.2.2 *Ventilation, extraction de l'air*

a) L'air de combustion nécessaire aux moteurs à combustion assurant la propulsion ne doit pas provenir des locaux protégés par des installations d'extinction d'incendie fixées à demeure. Cette prescription n'est pas obligatoire si le bateau possède deux salles des machines principales indépendantes et séparées de manière étanche aux gaz ou s'il existe, outre la salle des machines principale, une salle des machines distincte où est installé un propulseur d'étrave capable d'assurer à lui seul la propulsion en cas d'incendie dans la salle des machines principale.

b) Tout système de ventilation forcée du local à protéger doit être arrêté automatiquement dès le déclenchement de l'installation d'extinction d'incendie.

c) Toutes les ouvertures du local à protéger par lesquelles peuvent pénétrer de l'air ou s'échapper du gaz doivent être équipées de dispositifs permettant de les fermer rapidement. L'état d'ouverture et de fermeture doit être clairement apparent.

d) L'air s'échappant des soupapes de surpression de réservoirs à air pressurisé installés dans les salles des machines doit être évacué à l'air libre.

e) La surpression ou dépression occasionnée par la diffusion de l'agent extincteur ne doit pas détruire les éléments constitutifs du local à protéger. L'équilibrage de pression doit pouvoir être assuré sans danger.

f) Les locaux protégés doivent être équipés de moyens permettant d'assurer l'évacuation de l'agent extincteur et des gaz de combustion. Ces moyens doivent pouvoir être commandés à partir d'un emplacement situé à l'extérieur des locaux protégés, qui ne doit pas être rendu inaccessible en cas d'incendie dans ces locaux. Si des dispositifs d'aspiration sont installés à demeure, ceux-ci ne doivent pas pouvoir être mis en marche pendant le processus d'extinction.

9.3.1.40.2.3 *Système avertisseur d'incendie*

Le local à protéger doit être surveillé par un système avertisseur d'incendie approprié. Le signal avertisseur doit être audible dans la timonerie, les logements et dans le local à protéger.

9.3.1.40.2.4 *Système de tuyauteries*

a) L'agent extincteur doit être acheminé et réparti dans le local à protéger au moyen d'un système de tuyauteries installé à demeure. Les tuyauteries installées à l'intérieur du local à protéger ainsi que leurs accessoires doivent être en acier. Ceci ne s'applique pas aux embouts de raccordement des réservoirs et des compensateurs sous réserve que les matériaux utilisés possèdent des propriétés ignifuges équivalentes. Les tuyauteries doivent être protégées tant à l'intérieur qu'à l'extérieur contre la corrosion.

b) Les buses de distribution doivent être disposées de manière à assurer une répartition régulière de l'agent extincteur. En particulier, l'agent extincteur doit également agir sous le plancher.

9.3.1.40.2.5 *Dispositif de déclenchement*

a) Les installations d'extinction d'incendie à déclenchement automatique ne sont pas admises.

b) L'installation d'extinction d'incendie doit pouvoir être déclenchée depuis un endroit approprié situé à l'extérieur du local à protéger.

c) Les dispositifs de déclenchement doivent être installés de manière à pouvoir être actionnés en cas d'incendie et de manière à réduire autant que possible le risque de panne de ces dispositifs en cas d'incendie ou d'explosion dans le local à protéger.

Les installations de déclenchement non mécaniques doivent être alimentées par deux sources d'énergie indépendantes l'une de l'autre. Ces sources d'énergie doivent être placées à l'extérieur du local à protéger. Les conduites de commande situées dans le local à protéger doivent être conçues de manière à rester en état de fonctionner en cas d'incendie durant 30 minutes au minimum. Les installations électriques sont réputées satisfaire à cette exigence si elles sont conformes à la norme CEI 60331–21:1999.

Lorsque les dispositifs de déclenchement sont placés de manière non visible, l'élément faisant obstacle à leur visibilité doit porter le symbole "Installation de lutte contre l'incendie" de 10 cm de côté au minimum, ainsi que le texte suivant en lettres rouges sur fond blanc:

Installation d'extinction

d) Si l'installation d'extinction d'incendie est destinée à la protection de plusieurs locaux, elle doit comporter un dispositif de déclenchement distinct et clairement marqué pour chaque local.

e) À proximité de tout dispositif de déclenchement doit être apposé le mode d'emploi bien visible et inscrit de manière durable. Ce mode d'emploi doit être dans une langue que le conducteur peut lire et comprendre et si cette langue n'est pas l'anglais, le français ou l'allemand, en anglais, en français ou en allemand. Il doit notamment comporter des indications relatives:

   i) au déclenchement de l'installation d'extinction d'incendie;

   ii) à la nécessité de s'assurer que toutes les personnes ont quitté le local à protéger;

   iii) au comportement à adopter par l'équipage en cas de déclenchement et lors de l'accès au local à protéger après le déclenchement ou l'envahissement, notamment en ce qui concerne la présence possible de substances dangereuses;

   iv) au comportement à adopter par l'équipage en cas de dysfonctionnement de l'installation d'extinction d'incendie.

f) Le mode d'emploi doit mentionner qu'avant le déclenchement de l'installation d'extinction d'incendie les moteurs à combustions installés dans le local et aspirant l'air du local à protéger doivent être arrêtés.

9.3.1.40.2.6 *Appareil avertisseur*

a) Les installations d'extinction d'incendie fixées à demeure doivent être équipées d'un appareil avertisseur acoustique et optique.

b) L'appareil avertisseur doit se déclencher automatiquement lors du premier déclenchement de l'installation d'extinction d'incendie. Le signal avertisseur doit fonctionner pendant un délai approprié avant la libération de l'agent extincteur et ne doit pas pouvoir être arrêté.

c) Les signaux avertisseurs doivent être bien visibles dans les locaux à protéger et à leurs points d'accès et être clairement audibles dans les conditions d'exploitation correspondant au plus grand bruit propre possible. Ils doivent se distinguer clairement de tous les autres signaux sonores et optiques dans le local à protéger.

d) Les signaux avertisseurs sonores doivent également être clairement audibles dans les locaux avoisinants, les portes de communication étant fermées, et dans les conditions d'exploitation correspondant au plus grand bruit propre possible.

e) Si l'appareil avertisseur n'est pas auto-protégé contre les courts-circuits, la rupture de câbles et les baisses de tension, son fonctionnement doit pouvoir être contrôlé.

f) Un panneau portant l'inscription suivante en lettres rouge sur fond blanc doit être apposé de manière bien visible à l'entrée de tout local susceptible d'être atteint par l'agent extincteur:

Attention, installation d'extinction d'incendie,
Quitter immédiatement ce local au signal .... (description du signal) !

9.3.1.40.2.7 *Réservoirs sous pression, tuyauteries pressurisées et leurs accessoires*

a) Les réservoirs sous pression ainsi que les tuyauteries pressurisées et leurs accessoires doivent être conformes aux prescriptions de l'autorité compétente ou, s'il n'y a pas de telles prescriptions, ils doivent être conformes aux prescriptions d'une société de classification agréée.

b) Les réservoirs sous pression doivent être installés conformément aux instructions du fabricant.

c) Les réservoirs sous pression, tuyauteries pressurisées et leurs accessoires ne doivent pas être installés dans les logements.

d) La température dans les armoires et locaux de stockage des réservoirs sous pression ne doit pas dépasser 50 °C.

e) Les armoires ou locaux de stockage sur le pont doivent être solidement arrimés et disposer d'ouvertures d'aération disposées de sorte qu'en cas de défaut d'étanchéité d'un réservoir sous pression le gaz qui s'échappe ne puisse pénétrer à l'intérieur du bateau. Des liaisons directes avec d'autres locaux ne sont pas admises.

9.3.1.40.2.8 *Quantité d'agent extincteur*

Si la quantité d'agent extincteur est prévue pour plus d'un local, il n'est pas nécessaire que la quantité d'agent extincteur disponible soit supérieure à la quantité requise pour le plus grand des locaux ainsi protégés.

9.3.1.40.2.9 *Installation, entretien, contrôle et documentation*

a) Le montage ou la transformation de l'installation doit uniquement être assuré par une société spécialisée en installations d'extinction d'incendie. Les instructions (fiche technique du produit, fiche technique de sécurité) données par le fabricant de l'agent extincteur ou le constructeur de l'installation doivent être suivies.

b) L'installation doit être contrôlée par un expert:

   i) avant la mise en service;

   ii) avant toute remise en service consécutive à son déclenchement;

   iii) après toute modification ou réparation;

   iv) régulièrement et au minimum tous les deux ans.

c) Au cours du contrôle, l'expert est tenu de vérifier la conformité de l'installation aux exigences du 9.3.1.40.2.

d) Le contrôle comprend au minimum:

   i) un contrôle externe de toute l'installation;

   ii) un contrôle de l'étanchéité des tuyauteries;

   iii) un contrôle du bon fonctionnement des systèmes de commande et de déclenchement;

iv)   un contrôle de la pression et du contenu des réservoirs;

v)   un contrôle de l'étanchéité des dispositifs de fermeture du local à protéger;

vi)   un contrôle du système avertisseur d'incendie;

vii)   un contrôle de l'appareil avertisseur.

e)   La personne qui a effectué le contrôle établit et signe une attestation relative à la vérification, avec mention de la date du contrôle.

f)   Le nombre des installations d'extinction d'incendie fixées à demeure doit être mentionné au certificat de bateau.

9.3.1.40.2.10   *Installation d'extinction d'incendie fonctionnant avec du CO_2*

Outre les exigences des 9.3.1.40.2.1 à 9.3.1.40.2.9, les installations d'extinction d'incendie utilisant le CO_2 en tant qu'agent extincteur doivent être conformes aux dispositions suivantes:

a)   Les réservoirs à CO_2 doivent être placés dans un local ou une armoire séparé des autres locaux de manière étanche aux gaz. Les portes de ces locaux et armoires de stockage doivent s'ouvrir vers l'extérieur, doivent pouvoir être fermées à clé et doivent porter à l'extérieur le symbole "Avertissement: danger général" d'une hauteur de 5 cm au minimum ainsi que la mention "CO_2" dans les mêmes couleurs et dimensions;

b)   Les armoires ou locaux de stockage des réservoirs à CO_2 situés sous le pont doivent uniquement être accessibles depuis l'extérieur. Ces locaux doivent disposer d'un système d'aération artificiel avec des cages d'aspiration et être entièrement indépendant des autres systèmes d'aération se trouvant à bord;

c)   Le degré de remplissage des réservoirs de CO_2 ne doit pas dépasser 0,75 kg/l. Pour le volume du CO_2 détendu on prendra 0,56 m^3/kg;

d)   La concentration de CO_2 dans le local à protéger doit atteindre au minimum 40% du volume brut dudit local. Cette quantité doit être libérée en 120 secondes. Le bon déroulement de l'envahissement doit pouvoir être contrôlé;

e)   L'ouverture des soupapes de réservoir et la commande de la soupape de diffusion doivent correspondre à deux opérations distinctes;

f)   Le délai approprié mentionné au 9.3.1.40.2.6 b) est de 20 secondes au minimum. La temporisation de la diffusion du CO_2 doit être assurée par une installation fiable.

9.3.1.40.2.11   *Installations d'extinction d'incendie fonctionnant avec du HFC-227 ea (heptafluoropropane)*

Outre les exigences des 9.3.1.40.2.1 à 9.3.1.40.2.9, les installations d'extinction d'incendie utilisant le HFC-227 ea en tant qu'agent extincteur doivent être conformes aux dispositions suivantes:

a)   En présence de plusieurs locaux présentant un volume brut différent, chaque local doit être équipé de sa propre installation d'extinction d'incendie;

b)   Chaque réservoir contenant du HFC-227 ea placé dans le local à protéger doit être équipé d'un dispositif évitant la surpression. Celui-ci doit assurer sans danger la diffusion du contenu du réservoir dans le local à protéger si ledit réservoir est soumis au feu alors que l'installation d'extinction d'incendie n'a pas été mise en service;

c)   Chaque réservoir doit être équipé d'un dispositif permettant de contrôler la pression du gaz;

d)   Le degré de remplissage des réservoirs ne doit pas dépasser 1,15 kg/l. Pour le volume spécifique du HFC-227 ea détendu, on prendra 0,1374 m³/kg;

e)   La concentration de HFC-227 ea dans le local à protéger doit atteindre au minimum 8 % du volume brut dudit local. Cette quantité doit être libérée en 10 secondes;

f)   Les réservoirs de HFC-227 ea doivent être équipés d'un dispositif de surveillance de la pression déclenchant un signal d'alerte acoustique et optique dans la timonerie en cas de perte non conforme de gaz propulseur. En l'absence de timonerie, ce signal d'alerte doit être déclenché à l'extérieur du local à protéger;

g)   Après la diffusion, la concentration dans le local à protéger ne doit pas excéder 10,5 % (en volume);

h)   L'installation d'extinction d'incendie ne doit pas comporter de pièces en aluminium.

9.3.1.40.2.12   *Installations d'extinction d'incendie fonctionnant avec de l'IG-541*

Outre les exigences des 9.3.1.40.2.1 à 9.3.1.40.2.9, les installations d'extinction d'incendie utilisant l'IG-541 en tant qu'agent extincteur doivent être conformes aux dispositions suivantes:

a)   En présence de plusieurs locaux présentant un volume brut différent, chaque local doit être équipé de sa propre installation d'extinction d'incendie;

b)   Chaque réservoir contenant de l'IG-541 placé dans le local à protéger doit être équipé d'un dispositif évitant la surpression. Celui-ci doit assurer sans danger la diffusion du contenu du réservoir dans le local à protéger si ledit réservoir est soumis au feu alors que l'installation d'extinction d'incendie n'a pas été mise en service;

c)   Chaque réservoir doit être équipé d'un dispositif permettant de contrôler le contenu;

d)   La pression de remplissage des réservoirs ne doit pas dépasser 200 bar à une température de +15°C;

e)   La concentration de l'IG-541 dans le local à protéger doit atteindre au minimum 44 % et au maximum 50 % du volume brut dudit local. Cette quantité doit être libérée en 120 secondes.

9.3.1.40.2.13   *Installations d'extinction d'incendie fonctionnant avec du FK-5-1-12*

Outre les exigences des 9.3.1.40.2.1 à 9.3.1.40.2.9, les installations d'extinction d'incendie utilisant le FK-5-1-12 en tant qu'agent extincteur doivent être conformes aux dispositions suivantes:

a)   En présence de plusieurs locaux présentant un volume brut différent, chaque local doit être équipé de sa propre installation d'extinction d'incendie;

b)   Chaque réservoir contenant du FK-5-1-12 placé dans le local à protéger doit être équipé d'un dispositif évitant la surpression. Celui-ci doit assurer sans danger la diffusion du contenu du réservoir dans le local à protéger si ledit réservoir est soumis au feu alors que l'installation d'extinction d'incendie n'a pas été mise en service;

c)   Chaque réservoir doit être équipé d'un dispositif permettant de contrôler la pression du gaz;

d) Le degré de remplissage des réservoirs ne doit pas dépasser 1,00 kg/l. Pour le volume spécifique du FK-5-1-12 détendu on prendra 0,0719 m^3/kg;

e) Le volume de FK-5-1-12 à introduire dans le local à protéger doit atteindre au minimum 5,5 % du volume brut dudit local. Cette quantité doit être libérée en 10 secondes;

f) Les réservoirs de FK-5-1-12 doivent être équipés d'un dispositif de surveillance de la pression déclenchant un signal d'alerte acoustique et optique dans la timonerie en cas de perte non conforme d'agent extincteur. En l'absence de timonerie, ce signal d'alerte doit être déclenché à l'extérieur du local à protéger;

g) Après la diffusion, la concentration dans le local à protéger ne doit pas excéder 10,0 %.

9.3.1.40.2.14 *(Réservé)*

9.3.1.40.2.15 *Installations d'extinction d'incendie utilisant le K_2CO_3 en tant qu'agent extincteur*

Outre les exigences des 9.3.1.40.2.1 à 9.3.1.40.2.3, 9.3.1.40.2.5, 9.3.1.40.2.6 et 9.3.1.40.2.9, les installations d'extinction d'incendie utilisant le K_2CO_3 en tant qu'agent extincteur doivent être conformes aux dispositions suivantes:

a) L'installation d'extinction d'incendie doit posséder un agrément de type conformément à la directive 2014/90/UE[3] ou à la circulaire MSC/Circ.1270[4];

b) Chaque local doit être équipé de sa propre installation d'extinction;

c) L'agent extincteur est conservé dans des réservoirs non pressurisés spécifiquement prévus à cet effet dans le local à protéger. Ces réservoirs doivent être installés de manière à ce que l'agent extincteur puisse se répartir uniformément dans le local. En particulier, l'agent extincteur doit également agir sous le plancher;

d) Chaque réservoir doit être relié individuellement au dispositif de déclenchement;

e) La quantité d'agent extincteur sec formant un aérosol correspondant au local à protéger doit être d'au moins 120 g par m^3 de volume net du local concerné. Ce volume net est calculé conformément à la directive 2014/90/UE[3] ou à la circulaire MSC/Circ.1270[4]. L'agent extincteur doit pouvoir être diffusé dans les 120 s.

9.3.1.40.2.16 *Installation d'extinction d'incendie pour la protection des objets, fixée à demeure*

Pour la protection de objets dans les salles des machines, salles de chauffe et salles des pompes, les installations d'extinction d'incendie fixées à demeure sont uniquement admises sur la base de recommandations du Comité d'administration.

9.3.1.40.3 Les deux extincteurs d'incendie prescrits au 8.1.4 doivent être placés dans la zone de cargaison.

9.3.1.40.4 L'agent extincteur dans les installations d'extinction d'incendie fixées à demeure doit être approprié et en quantité suffisante pour combattre les incendies.

---

[3] *Journal officiel de l'Union européenne, L 257 du 28 août 2014, p. 146.*

[4] *Circulaire MSC/Circ. 1270 et rectificatifs de l'Organisation maritime internationale – Directives révisées pour l'approbation des dispositifs fixes d'extinction de l'incendie à aérosol équivalant aux dispositifs fixes d'extinction de l'incendie par le gaz, visés par la convention SOLAS de 1974, qui sont destinés aux locaux de machines – adoptée le 4 juin 2008.*

9.3.1.41   *Feu et lumière non protégée*

9.3.1.41.1   Les orifices de cheminées doivent être situés à 2,00 m au moins de la zone de cargaison. Des mesures doivent être prises pour empêcher la sortie d'étincelles et la pénétration d'eau.

9.3.1.41.2   Les appareils de chauffage, de cuisson ou de réfrigération ne doivent pas utiliser de combustible liquide, de gaz liquide ou de combustible solide.

Toutefois, l'installation, dans la salle des machines ou dans un autre local approprié à cet effet, d'appareils de chauffage ou de chaudières utilisant un combustible liquide ayant un point d'éclair de plus de 55 °C est autorisée.

Les appareils de cuisson ou de réfrigération ne sont admis que dans les logements.

9.3.1.41.3   Seulement les lampes électriques sont autorisées.

9.3.1.42 à   *(Réservés)*
9.3.1.49

9.3.1.50   *(Supprimé)*

9.3.1.51   *Températures de surface des installations et équipements*

a)   Les températures de surface des installations et équipements électriques et non électriques ne doivent pas dépasser 200 °C;

b)   Les températures de surfaces de parties extérieures des moteurs ainsi que de leurs circuits de ventilation et de gaz d'échappement ne doivent pas dépasser 200 °C;

c)   Lorsque la liste des matières du bateau selon 1.16.1.2.5 doit contenir des matières pour lesquelles la classe de température T4, T5 ou T6, figure dans la colonne (15) du tableau C du chapitre 3.2, les températures de surface correspondantes de 135 °C (T4), 100 °C (T5) ou 85 °C (T6) ne doivent pas être dépassées dans les zones assignées à bord;

d)   Les alinéas a) et b) ne s'appliquent pas si les exigences suivantes sont respectées (voir aussi le 7.2.3.51.4):

i)   Les logements, la timonerie et les locaux de service dans lesquels les températures de surface peuvent être plus élevées que celles mentionnées aux alinéas a) et b) sont équipés d'un système de ventilation selon 9.3.1.12.4 b); ou

ii)   Les installations et équipements qui donnent lieu à des températures de surface plus élevées que celles indiquées respectivement à l'alinéa a) ou à l'alinéa b) doivent pouvoir être arrêtés. Ces installations et équipements doivent être marqués en rouge.

9.3.1.52   *Type et emplacement des installations et équipements électriques*

9.3.1.52.1   Les installations et équipements électriques doivent être au moins du type "à risque limité d'explosion".

Cette prescription ne s'applique pas:

a)   aux installations d'éclairage dans les logements et dans la timonerie, à l'exception des interrupteurs placés à proximité des entrées;

b) aux téléphones portables, aux installations téléphoniques fixes, aux ordinateurs fixes et portables et aux instruments de chargement dans les logements et dans la timonerie;

c) aux installations et équipements qui, pendant le séjour à proximité immédiate ou à l'intérieur d'une zone assignée à terre:

   i) sont éteints; ou

   ii) sont placés dans des locaux équipés d'un système de ventilation selon 9.3.1.12.4;

d) aux installations de radiotéléphonie et aux appareils AIS Intérieur (systèmes d'identification automatique) dans les logements et dans la timonerie, à condition qu'aucune partie d'une antenne pour installation de radiotéléphonie ou appareil AIS ne se trouve au-dessus ou à moins de 2,00 m de la zone de cargaison.

9.3.1.52.2 Dans les cofferdams, espaces de double-coque, doubles fonds et espaces de cales ne sont autorisés que les émetteurs de sonar en enceinte hermétique dont les câbles sont acheminés jusqu'au pont principal dans des tubes en acier à paroi épaisse munis de joints étanches aux gaz.

9.3.1.52.3 Les installations et équipements électriques fixés à demeure qui ne satisfont pas aux prescriptions des 9.3.1.51 a), 9.3.1.51 b) et 9.3.1.52.1 ci-dessus, ainsi que leurs appareils de commutation, doivent être marqués en rouge. La déconnexion de ces installations et équipements doit s'effectuer à un emplacement centralisé à bord.

9.3.1.52.4 Tout réseau de distribution isolé doit être muni d'un dispositif automatique de contrôle de l'isolation, muni d'un avertisseur optique et acoustique.

9.3.1.52.5 Ne sont admis que les systèmes de distribution sans conducteur de retour à la coque. Cette prescription ne s'applique pas:

   – Aux installations cathodiques de protection contre la corrosion par courants externes;

   – A certaines parties limitées de l'installation situées en dehors de la zone de cargaison (branchement du démarreur des moteurs diesel, par exemple);

   – Au dispositif de contrôle de l'isolation mentionné au 9.3.1.52.4.

9.3.1.52.6 Tout générateur électrique entraîné en permanence par un moteur, et ne répondant pas aux prescriptions du 9.3.1.52.1 ci-dessus, doit être équipé d'un interrupteur multipolaire permettant d'arrêter le générateur. Il doit être apposé, à proximité de l'interrupteur, une plaque donnant des consignes d'utilisation.

9.3.1.52.7 Les pannes d'alimentation de l'équipement de contrôle et de sécurité doivent être immédiatement signalées par des avertisseurs optiques et acoustiques dans la timonerie et sur le pont. L'alarme doit être automatiquement relayée vers les logements dans le cas où elle n'a pas été arrêtée.

9.3.1.52.8 Les commutateurs, prises et câbles électriques sur le pont doivent être protégés contre les dommages mécaniques.

9.3.1.52.9 Les prises destinées à alimenter des feux de signalisation et l'éclairage des passerelles doivent être solidement fixées au bateau à proximité immédiate du mât de signalisation ou de la passerelle. Ces prises doivent être conçues de sorte que la connexion ou déconnexion ne soit possible que lorsqu'elles sont hors tension.

9.3.1.52.10 Les accumulateurs doivent être situés en dehors de la zone de cargaison.

9.3.1.53   *Type et emplacement des installations et équipements électriques et non électriques destinés à être utilisés dans des zones de risque d'explosion*

9.3.1.53.1   À bord des bateaux auxquels s'applique le classement en zones conformément à la définition du 1.2.1, les installations et équipements électriques et non électriques utilisés dans les zones de risque d'explosion doivent satisfaire au moins aux exigences pour une utilisation dans la zone concernée.

Ils doivent être sélectionnés en fonction des groupes/sous-groupes d'explosion et classes de température auxquels appartiennent les matières à transporter (voir colonnes (15) et (16) du tableau C du chapitre 3.2).

Lorsque la liste des matières du bateau selon 1.16.1.2.5 doit contenir des matières pour lesquelles une classe de température T4, T5 ou T6 figure dans la colonne (15) du tableau C du chapitre 3.2, les températures de surface correspondantes ne doivent pas dépasser 135 °C (T4), 100 °C (T5) ou respectivement 85 °C (T6) dans les zones assignées.

Lorsque la liste des matières du bateau selon 1.16.1.2.5 doit contenir des matières pour lesquelles la classe de température T1 ou T2 figure dans la colonne (15) du tableau C du chapitre 3.2, les températures de surface correspondantes ne doivent pas dépasser 200 °C dans les zones assignées.

9.3.1.53.2   À l'exception des fibres optiques, les câbles électriques doivent être blindés ou sous gaine métallique ou être posés dans des tubes de protection.

Les câbles électriques du système actif de protection cathodique de la coque doivent être acheminés jusqu'au pont principal dans des tubes de protection en acier à paroi épaisse munis de joints étanches aux gaz.

9.3.1.53.3   Les câbles électriques mobiles sont interdits dans la zone de danger d'explosion, à l'exception des câbles électriques pour les circuits à sécurité intrinsèque et pour le raccordement:

a)   Des feux de signalisation et de passerelle, si le point de raccordement (par ex. la prise de courant) est installé à demeure à bord du bateau à proximité immédiate du mât de signalisation ou de la passerelle;

b)   Du réseau électrique du bateau à un réseau électrique à terre; si:

–   Ces câbles électriques et l'unité d'alimentation à bord sont conformes à une norme en vigueur (par ex. EN 15869-03:2010);

–   L'unité d'alimentation et les connecteurs sont situés à l'extérieur de la zones de danger d'explosion.

Le branchement et le débranchement des prises/connecteurs ne doivent être possibles que hors tension.

9.3.1.53.4   Les câbles électriques des circuits à sécurité intrinsèque doivent être séparés des autres câbles non destinés à être utilisés pour ces circuits et porter un marquage (ils ne doivent pas être réunis avec ces derniers en un même faisceau, ni fixés au moyen des mêmes brides).

9.3.1.53.5   Pour les câbles électriques mobiles admis en vertu du 9.3.1.53.3 seuls des gaines du type H07RN-F selon la norme CEI 60245-4:2011[5] ou des câbles électriques de caractéristiques au moins équivalentes ayant des conducteurs d'une section minimale de 1,50 mm² doivent être utilisés.

---

[5]   *Identique à EN 50525-2-21:2011*

9.3.1.54   *Mise à la masse*

9.3.1.54.1   Dans la zone de cargaison, les parties métalliques des installations et équipements électriques qui ne sont pas sous tension en exploitation normale, ainsi que les accessoires et gaines métalliques des câbles, doivent être mis à la masse, pour autant qu'ils ne le sont pas automatiquement de par leur montage du fait de leur contact avec la structure métallique du bateau.

9.3.1.54.2   Les prescriptions du 9.3.1.54.1 s'appliquent aussi aux installations ayant une tension inférieure à 50 Volt.

9.3.1.54.3   Les citernes à cargaison indépendantes, grands récipients pour vrac métalliques et conteneurs-citerne doivent être mis à la terre.

9.3.1.54.4   Les récipients pour produits résiduaires doivent pouvoir être mis à la terre.

9.3.1.55   *(Réservé)*

9.3.1.56   *(Supprimé)*

9.3.1.57 à   *(Réservés)*
9.3.1.59

9.3.1.60   *Équipement spécial*

Une douche et une installation pour le rinçage des yeux et du visage doivent se trouver à bord à un endroit accessible directement de la zone de cargaison. L'eau doit être de la qualité de l'eau potable disponible à bord.

NOTA: Des produits supplémentaires de décontamination pour éviter la corrosion des yeux et de la peau sont autorisés.

Le raccordement de cet équipement spécial à une zone située hors de la zone de cargaison est admis.

L'équipement spécial doit être muni d'un clapet antiretour à ressort de sorte qu'aucun gaz ne puisse s'échapper hors de la zone de cargaison par la douche ou l'installation pour le rinçage des yeux et du visage.

9.3.1.61   *(Réservé)*

9.3.1.62   *Soupape pour le dégazage dans une station de réception*

Une soupape basse pression à ressort fixe ou mobile utilisée lors du dégazage dans une station de réception doit être raccordée à la tuyauterie d'aspiration d'air. Si la liste des matières du bateau selon le 1.16.1.2.5 contient des matières pour lesquelles la protection contre les explosions est exigée à la colonne (17) du tableau C du chapitre 3.2, la soupape doit être munie d'un coupe-flammes résistant aux déflagrations. Lorsque le bateau n'est pas en cours de dégazage dans une station de réception, la soupape doit être obturée par une bride borgne. La soupape basse pression doit être montée de manière que, dans des conditions normales d'exploitation, la soupape de dépression ne soit pas activée.

NOTA: Le dégazage fait partie des conditions normales d'exploitation.

9.3.1.63 à   *(Réservés)*
9.3.1.70

9.3.1.71   *Accès à bord*

Les pancartes interdisant l'accès à bord conformément au 8.3.3 doivent être facilement lisibles de part et d'autre du bateau.

9.3.1.72 à   *(Réservés)*
9.3.1.73

9.3.1.74   *Interdiction de fumer, de feu et de lumière non protégée*

9.3.1.74.1   Les panneaux interdisant de fumer conformément au 8.3.4 doivent être facilement lisibles de part et d'autre du bateau.

9.3.1.74.2   Des panneaux indiquant les cas dans lesquels l'interdiction s'applique doivent être apposés à proximité de l'entrée des espaces où il n'est pas toujours interdit de fumer ou d'utiliser du feu ou une lumière non protégée.

9.3.1.74.3   Des cendriers doivent être installés à proximité de chaque sortie des logements et de la timonerie.

9.3.1.75 à   *(Réservés)*
9.3.1.91

9.3.1.92   *Issue de secours*

Les locaux dont les accès ou sorties sont immergés en totalité ou en partie en cas d'avarie doivent être munis d'une issue de secours située à 0,10 m au moins au-dessus de la ligne de flottaison après l'avarie. Ceci ne s'applique pas aux coquerons avant et arrière.

9.3.1.93 à   *(Réservés)*
9.3.1.99

9.3.2   **Règles de construction des bateaux-citernes du type C**

Les règles de construction énoncées aux 9.3.2.0 à 9.3.2.99 s'appliquent aux bateaux-citernes du type C.

9.3.2.0   *Matériaux de construction*

9.3.2.0.1   a)   La coque et les citernes à cargaison doivent être construites en acier de construction navale ou en un autre métal de résistance au moins équivalente.

Les citernes à cargaison indépendantes peuvent aussi être construites en d'autres matériaux à condition que ces matériaux soient équivalents sur le plan des propriétés mécaniques et de la résistance aux effets de la température et du feu.

b)   Tous les installations, équipements et parties du bateau susceptibles d'entrer en contact avec la cargaison doivent être construits avec des matériaux non susceptibles d'être attaqués par la cargaison ni de provoquer de décomposition de celle-ci, ni de former avec celle-ci de combinaisons nocives ou dangereuses. S'il n'a pas été possible de s'en assurer à l'occasion de la classification et de l'inspection du bateau, une réserve appropriée doit être consignée dans la liste des matières transportables par le bateau, comme le prescrit le paragraphe 1.16.1.2.5.

c)   Les conduites d'évacuation de gaz doivent être protégées contre la corrosion.

9.3.2.0.2   Sauf dans les cas où il est explicitement autorisé au 9.3.2.0.3 ou dans le certificat d'agrément, l'emploi du bois, des alliages d'aluminium, des matières plastiques ou de caoutchouc dans la zone de cargaison est interdit.

9.3.2.0.3   L'emploi de bois, d'alliages d'aluminium, de matières plastiques et de caoutchouc dans la zone de cargaison est autorisé conformément au tableau suivant:

L'emploi de bois, d'alliages d'aluminium, de matières plastiques et de caoutchouc est uniquement autorisé pour	(X signifie autorisé)			
	Bois	**Alliages d'aluminium**	**Matières plastiques**	**Caoutchouc**
Passerelles	X	X	X	X
Echelles extérieures et passages (passerelles) *)		X	X	X
Matériel de nettoyage tel que balais etc.	X		X	X
Equipements mobiles tels qu'extincteurs, détecteurs de gaz portatifs, treuils de sauvetage etc.		X	X	X
Défenses	X		X	X
Câbles d'amarrage, amarres pour défenses			X	
Calage de citernes à cargaison indépendantes de la coque et calage d'installations et équipements	X		X	
Mâts et mâtures similaires	X	X	X	
Parties de machines		X	X	
Habillage de protection de moteurs et de pompes			X	
Parties de l'installation électrique		X	X	
Parties de l'installation de chargement et de déchargement comme par exemple joints d'étanchéité etc.		X	X	X
Caisses, armoires ou autres récipients placés sur le pont pour le stockage de matériel, afin de recueillir des fuites de liquides, des produits de nettoyage, des extincteurs, des manches d'incendie, des déchets etc.		X	X	
Supports ou butées de tous types	X		X	
Ventilateurs, y compris les tuyauteries flexibles pour la ventilation		X	X	
Parties de l'installation d'aspersion d'eau et de la douche, et installation pour le rinçage des yeux et du visage		X	X	
Isolation des citernes à cargaison, des tuyauteries de chargement et de déchargement, des conduites d'évacuation de gaz et des conduites de chauffage			X	X
Revêtement des citernes à cargaison et tuyauteries de chargement et déchargement		X	X	X
Tous types de joints (par exemple pour couvercles de dôme ou d'écoutille)			X	X

L'emploi de bois, d'alliages d'aluminium, de matières plastiques et de caoutchouc est uniquement autorisé pour		(X signifie autorisé)		
	Bois	Alliages d'aluminium	Matières plastiques	Caoutchouc
Câbles pour les appareils électriques			X	X
Tapis sous le raccordement à terre des tuyauteries de chargement et de déchargement			X	X
Manches d'incendie, flexibles d'air, tuyauteries flexibles de lavage de pont, etc.			X	X
Appareils et bouteilles de prélèvement d'échantillons			X	
Copies photo-optiques de l'intégralité du certificat d'agrément selon 8.1.2.6 ou 8.1.2.7 ainsi que du certificat de bateau, du certificat de jaugeage et de l'attestation d'appartenance à la navigation du Rhin		X	X	
Gattes			X	
*) Tenir compte de 9.3.1.0.5, 9.3.2.0.5 ou 9.3.3.0.5, respectivement				
Les sondes en aluminium sont admises à condition qu'elles soient munies d'un pied en laiton ou protégées d'une autre manière pour éviter la production d'étincelles				

Tous les matériaux utilisés pour les éléments fixes des logements ou de la timonerie, à l'exception des meubles, doivent être difficilement inflammables. Lors d'un incendie, ils ne doivent pas dégager de fumées ou de gaz toxiques en quantités dangereuses.

9.3.2.0.4   La peinture utilisée dans la zone de cargaison ne doit pas être susceptible de produire des étincelles, notamment en cas de choc.

9.3.2.0.5   L'emploi de matières plastiques pour les canots n'est autorisé que si le matériau est difficilement inflammable.

L'emploi d'alliages d'aluminium ou de matières plastiques pour les voies de passage (passerelles) dans la zone de cargaison n'est autorisé que si le matériau est difficilement inflammable et électriquement conducteur.

9.3.2.1   *Dossier du bateau*

NOTA: *Aux fins du présent paragraphe, le terme "propriétaire" a la même signification qu'au 1.16.0.*

Le dossier du bateau doit être conservé par le propriétaire, qui doit être en mesure de fournir cette documentation à la demande de l'autorité compétente et de la société de classification agréée.

Le dossier du bateau doit être conservé et actualisé tout au long de la vie du bateau, et conservé pendant six mois après que le bateau a été mis hors service.

En cas de changement de propriétaire pendant la vie du bateau, le dossier du bateau doit être transféré au nouveau propriétaire.

Sur demande, une copie du dossier du bateau ou de la documentation nécessaire doit être mise à disposition de l'autorité compétente pour la délivrance du certificat d'agrément, ainsi que de la société de classification agréée ou de l'organisme de visite pour la première visite, la visite périodique, la visite spéciale ou toute autre vérification exceptionnelle.

9.3.2.2 à	*(Réservés)*
9.3.2.7	

9.3.2.8   *Classification*

9.3.2.8.1   Le bateau-citerne doit être construit sous la surveillance d'une société de classification agréée et classé par elle en première cote.

La classification doit être maintenue en première cote. Ceci doit être confirmé par un certificat approprié, délivré par la société de classification agréée (certificat de classification).

La pression de conception et la pression d'épreuve des citernes à cargaison doivent être indiquées dans ce certificat

Si un bateau a des citernes à cargaison dont les pressions d'ouverture des soupapes sont différentes, les pressions de conception et d'épreuve de chaque citerne doivent être indiquées dans le certificat.

La société de classification agréée doit établir une liste des matières transportables par le bateau mentionnant toutes les marchandises dangereuses admises au transport dans le bateau-citerne (voir aussi le paragraphe 1.16.1.2.5).

9.3.2.8.2 à	*(Supprimés)*
9.3.2.8.4	

9.3.2.9   *(Réservé)*

9.3.2.10   *Protection contre la pénétration de gaz dangereux et la propagation de liquides dangereux*

9.3.2.10.1   Le bateau doit être conçu de telle manière que des gaz et liquides dangereux ne puissent pénétrer dans les logements, la timonerie et les locaux de service. Les fenêtres de ces locaux ne doivent pas pouvoir être ouvertes, sauf si elles font office de sortie de secours et sont signalées comme telle.

9.3.2.10.2   Des hiloires de protection étanches aux liquides doivent être aménagées sur le pont à la hauteur des cloisons extérieures des citernes à cargaison, à une distance maximale de 0,60 m des cloisons extérieures des cofferdams ou des cloisons d'extrémités des cales. Les hiloires de protection doivent soit s'étendre sur toute la largeur du bateau, soit être fixées entre les hiloires antidéversement longitudinaux afin d'empêcher les liquides de pénétrer dans le coqueron avant et le coqueron arrière. La hauteur des hiloires de protection et des hiloires antidéversement doit être de 0,075 m au moins. L'hiloire de protection peut correspondre à la cloison de protection prescrite au 9.3.2.10.3 si la cloison de protection s'étend sur toute la largeur du bateau.

9.3.2.10.3   Lorsque la liste des matières du bateau selon 1.16.1.2.5 doit contenir des matières pour lesquelles la protection contre les explosions est exigée à la colonne (17) du tableau C du chapitre 3.2, l'utilisation d'installations et d'équipements qui ne sont pas au moins du type "à risque limité d'explosion" n'est pas autorisée pendant les opérations de chargement et de déchargement dans les parties du pont situées à l'extérieur de la zone de cargaison, à moins que ces parties soient protégées contre la pénétration de gaz et de liquides par une cloison de protection étanche aux gaz et aux liquides. Cette cloison doit s'étendre sur toute la largeur du bateau, ou entourer ces zones en épousant la forme d'un U. La cloison doit couvrir toute la largeur de la zone à protéger et s'étendre sur au moins 1,00 m dans la direction opposée à la zone de cargaison (voir le schéma Classement en zones). La hauteur de la cloison doit être d'au moins 1,00 m au-dessus du pont des citernes à cargaison adjacent dans la zone de cargaison. La paroi extérieure et les parois latérales des logements peuvent être considérées comme une cloison de protection si elles ne comportent pas d'ouvertures et si les dimensions sont respectées.

Cette cloison de protection n'est pas nécessaire lorsque la distance entre les zones à protéger et la soupape de dégagement à grande vitesse, le raccordement à terre de la tuyauterie de chargement ou de déchargement, le compresseur sur le pont et l'orifice des citernes à pression les plus proches est de 12,00 m au moins.

9.3.2.10.4 Sur le pont, l'arête inférieure des ouvertures dans les parois latérales des superstructures ainsi que les seuils des écoutilles et les orifices d'aération de locaux situés sous le pont doivent être situés à 0,50 m au moins au-dessus du pont.

Cette prescription ne s'applique pas aux ouvertures des espaces de double coque et doubles-fonds.

9.3.2.10.5 Les pavois, garde-pieds etc. doivent être munis de sabords de dimension suffisante situés au ras du pont.

9.3.2.11 *Espaces de cales et citernes à cargaison*

9.3.2.11.1 a) La contenance maximale admissible des citernes à cargaison doit être déterminée conformément au tableau ci-dessous:

Valeur de $L \times B \times C$ (m^3)	Volume maximal admissible d'une citerne à cargaison (m^3)
jusqu'à 600	$L \times B \times C \times 0,3$
600 à 3 750	$180 + (L \times B \times C - 600) \times 0,0635$
> 3 750	380

Les variantes de construction conformément à la section 9.3.4 sont autorisées.

Dans le tableau ci-dessus, $L \times B \times C$ est le produit des dimensions principales du bateau-citerne, exprimées en mètres (telles qu'elles sont indiquées sur le certificat de jaugeage),

L étant la longueur hors bords de la coque en m;
B étant la largeur hors bords de la coque en m;
C étant la distance verticale minimale en m entre le dessus de la quille et le livet du pont en abord (creux au livet) (creux sur quille), dans la zone de cargaison.

b) Il doit être tenu compte de la densité relative des matières à transporter pour construire les citernes à cargaison. La densité relative maximale admissible doit figurer dans le certificat d'agrément;

c) Lorsque le bateau est muni de citernes à cargaison à pression ces citernes doivent être conçues pour une pression de service de 400 kPa (4 bar);

d) Pour les bateaux d'une longueur jusqu'à 50,00 m la longueur d'une citerne à cargaison ne doit pas dépasser 10,00 m; et pour les bateaux d'une longueur supérieure à 50,00 m la longueur d'une citerne à cargaison ne doit pas dépasser 0,20 L.

Cette prescription ne s'applique pas aux bateaux avec citernes cylindriques indépendantes incorporées dont le rapport longueur/diamètre est égal ou inférieur à 7.

9.3.2.11.2 a) Dans la zone de cargaison (cofferdams exceptés) le bateau doit être construit comme bateau à pont plat, à coque double, avec espaces de double coque et double fond, mais sans "trunk".

Des citernes à cargaison indépendantes de la coque ou des citernes à cargaison réfrigérées ne peuvent être installées que dans une cale qui est formée de murailles doubles et de doubles fonds conformément au 9.3.2.11.8 ci-après. Les citernes à cargaison ne doivent pas s'étendre au-delà du pont.

b)   Les citernes à cargaison indépendantes de la coque doivent être fixées de manière à ne pas pouvoir flotter. La fixation des citernes à cargaison réfrigérées doit répondre aux prescriptions d'une société de classification agréée;

c)   Les puisards ne doivent pas avoir une capacité supérieure à 0,10 m^3;

d)   Sont interdits les étais reliant ou soutenant des parties portantes des parois latérales du bateau avec des parties portantes de la cloison longitudinale des citernes à cargaison et les étais reliant des parties portantes du fond du bateau avec le fond des citernes;

e)   Une niche locale dans le pont des citernes, limitée de tous les côtés, d'une profondeur supérieure à 0,10 m, servant à contenir la pompe de cargaison, est admise si elle répond aux conditions suivantes:

–   La niche ne doit pas dépasser une profondeur de 1,00 m;

–   La niche doit être éloignée de 6,00 m au moins des entrées ou des ouvertures des logements et des locaux de service extérieurs à la zone de cargaison;

–   La niche doit être située à une distance du bordage au moins égale au quart de la largeur du bateau;

–   Toutes les tuyauteries reliant la niche aux citernes à cargaison doivent être munies de dispositifs de fermeture immédiatement sur la cloison;

–   Toutes les commandes nécessaires des équipements situés dans la niche doivent être actionnées à partir du pont;

–   La niche doit pouvoir être asséchée par une installation située sur le pont dans la zone de cargaison et indépendante de toute autre installation;

–   La niche doit être pourvue d'un dispositif de mesure du niveau de remplissage qui actionne l'installation d'assèchement et déclenche une alarme optique et acoustique dans la timonerie et sur le pont lorsque du liquide s'amasse dans le fond;

–   Lorsque la niche se trouve au-dessus du cofferdam, la cloison de la salle des machines doit être pourvue d'une isolation de la classe "A-60" telle que définie dans la Convention SOLAS 74, chapitre II-2, règle 3;

–   Lorsque la zone de cargaison est équipée d'une installation de pulvérisation d'eau, les installations électriques se trouvant dans la niche doivent être protégées contre l'envahissement d'eau;

–   Les tuyauteries de liaison reliant la niche à la coque ne doivent pas traverser les citernes à cargaison;

f)   Lorsque la liste des matières du bateau selon 1.16.1.2.5 doit contenir des matières pour lesquelles une protection contre les explosions est exigée à la colonne (17) du tableau C du chapitre 3.2, et que la profondeur de la niche est supérieure à 0,50 m, cette dernière doit être pourvue d'une installation de détection de gaz permanente qui indique automatiquement la présence de gaz inflammables au moyen de capteurs à mesure directe et qui actionne une alarme optique et acoustique lorsque la concentration de gaz atteint 20 % de la LIE de la cargaison ou 20 % de la LIE du n-hexane, la LIE la plus critique devant être retenue. Les capteurs de ce système doivent être placés à des endroits appropriés au fond.

La mesure doit être continue;

Des avertisseurs optiques et acoustiques doivent être installés dans la timonerie et sur le pont et, lors du déclenchement de l'alarme, le système de chargement et de déchargement du bateau doit être arrêté. Les pannes de l'installation de détection de gaz doivent être immédiatement signalées dans la timonerie et sur le pont par des avertisseurs optiques et acoustiques.

L'alarme doit être automatiquement relayée vers les logements dans le cas où elle n'a pas été arrêtée.

9.3.2.11.3   a)   Les citernes à cargaison doivent être séparées par des cofferdams d'une largeur minimale de 0,60 m des logements, des salles de machines et des locaux de service en dehors de la zone de cargaison placés sous le pont, ou, s'il n'en existe pas, des extrémités du bateau. Si les citernes à cargaison sont installées dans un espace de cale, il doit y avoir au moins 0,50 m de distance entre elles et les cloisons d'extrémité de l'espace de cale. Dans ce cas, une cloison d'extrémité de l'espace de cale de la classe "A-60", telle que définie dans la Convention SOLAS 74, chapitre II-2, règle 3, est considérée comme équivalente au cofferdam. En cas de citernes à pression la distance de 0,50 m peut-être réduite à 0,20 m;

          b)   Les espaces de cales, les cofferdams et les citernes à cargaison doivent pouvoir être inspectés;

          c)   Tous les locaux situés dans la zone de cargaison doivent pouvoir être ventilés. Il doit être possible de vérifier qu'ils ne contiennent pas de gaz.

9.3.2.11.4   Les cloisons délimitant les citernes à cargaison, les cofferdams et les espaces de cales doivent être étanches à l'eau. Les citernes à cargaison ainsi que les cloisons délimitant la zone de cargaison ne doivent pas comporter d'ouvertures ou de passages au-dessous du pont.

La cloison entre la salle des machines et le cofferdam ou le local de service dans la zone de cargaison ou entre la salle des machines et un espace de cale peut comporter des passages à condition qu'ils soient conformes aux prescriptions du 9.3.2.17.5.

La cloison entre la citerne à cargaison et la chambre des pompes à cargaison sous pont peut comporter des passages à condition que ceux-ci soient conformes aux prescriptions du 9.3.2.17.6. Les cloisons entre les citernes à cargaison peuvent comporter des passages à condition que les tuyauteries de chargement et de déchargement soient équipés de dispositifs de fermeture dans la citerne à cargaison d'où ils proviennent. Ces dispositifs de fermeture doivent pouvoir être manœuvrés à partir du pont.

9.3.2.11.5   Les espaces de double coque et les doubles fonds dans la zone de cargaison doivent être aménagés pour être remplis d'eau de ballastage uniquement. Les doubles fonds peuvent toutefois servir de réservoirs à carburant à condition d'être conformes aux prescriptions du 9.3.2.32.

9.3.2.11.6   a)   Un cofferdam, la partie centrale d'un cofferdam, ou un autre local situé au-dessous du pont dans la zone de cargaison peut être aménagé en local de service si les cloisons délimitant ce local de service descendent verticalement jusqu'au fond. Ce local de service ne doit être accessible que du pont;

          b)   Un tel local de service doit être étanche à l'eau, à l'exception des ouvertures d'accès et de ventilation;

c) Aucune tuyauterie de chargement ou de déchargement ne doit être installée à l'intérieur du local de service visé à l'alinéa a) ci-dessus;

Des tuyauteries de chargement ou de déchargement ne peuvent être installées dans la chambre des pompes à cargaison sous pont que si elle est conforme aux prescriptions du 9.3.2.17.6.

9.3.2.11.7 Dans le cas de la construction du bateau en enveloppe double où les citernes à cargaison sont intégrées dans la structure du bateau, l'intervalle entre le bordé extérieur du bateau et la cloison longitudinale des citernes à cargaison doit être de 1,00 m au moins. Cet intervalle peut toutefois être réduit à 0,80 m si, par rapport aux prescriptions concernant les dimensions indiquées dans les spécifications demandées par la société de classification, les renforcements suivants sont entrepris:

a) renforcement de l'épaisseur des tôles de gouttière de 25 %;

b) renforcement de l'épaisseur des tôles du bordé extérieur de 15 %;

c) mise en place sur le bordé extérieur d'une structure longitudinale dont les lisses auront une hauteur minimale de 0,15 m et une semelle d'au moins 7,0 cm^2 de section;

d) les serres ou les systèmes de lisses sont supportés par des anneaux analogues aux transversales de fond avec des ouvertures d'allégement à des intervalles de 1,80 m au plus. Ces intervalles peuvent être agrandis si la construction est renforcée en conséquence.

Dans le cas de la construction du bateau en système de couple transversal un système de serres longitudinales doit être aménagé au lieu du système visé sous c) ci-dessus. L'intervalle entre les serres ne doit pas être supérieur à 0,80 m et la hauteur des serres entièrement soudées aux couples ne doit pas être inférieure à 0,15 m. La section de la semelle ne doit pas être inférieure à 7,0 cm^2, comme pour c) ci-dessus. Si des lisses sont coupées, la hauteur des traverses doit être augmentée de la hauteur de coupure à la lisse.

La hauteur du double-fond doit être d'au moins 0,70 m en moyenne; toutefois, elle ne doit en aucun point être inférieure à 0,60 m.

Sous les puisards de pompes la hauteur peut être de 0,50 m.

Les variantes de construction conformément à la section 9.3.4 sont autorisées.

9.3.2.11.8 En cas de construction du bateau avec des citernes à cargaison placées dans un espace de cale ou des citernes à cargaison réfrigérées, l'intervalle des doubles parois de l'espace de cale doit être de 0,80 m au moins et le double fond doit avoir une hauteur de 0,60 m au moins.

9.3.2.11.9 Si des locaux de service sont situés dans la zone de cargaison sous le pont, ils doivent être aménagés de manière que l'on puisse y pénétrer facilement et qu'une personne portant les vêtements de protection et l'appareil respiratoire, puisse manipuler de manière sûre les équipements qui y sont contenus. Ils doivent aussi être conçus de manière que l'on puisse en extraire sans difficulté une personne blessée ou inconsciente, si nécessaire à l'aide d'équipements fixes.

9.3.2.11.10 Les cofferdams, espaces de double coque, doubles fonds, citernes à cargaison, espaces de cales et autres locaux accessibles dans la zone de cargaison doivent être aménagés de telle manière qu'il soit possible de les nettoyer et de les inspecter complètement. Les ouvertures, à l'exception de celles qui donnent sur les espaces de double coque et les doubles fonds n'ayant pas de paroi commune avec les citernes à cargaison doivent avoir des dimensions suffisantes pour qu'une personne portant un appareil respiratoire puisse y entrer ou en sortir sans difficulté. Elles doivent avoir une section minimale de 0,36 m^2 et une dimension minimale de côté de

0,50 m. Elles doivent aussi être conçues de manière que l'on puisse en extraire sans difficulté une personne blessée ou inconsciente, si nécessaire à l'aide d'équipements fixes. Dans ces locaux, l'intervalle entre les renforcements ne doit pas être inférieur à 0,50 m. Dans le double fond, cet intervalle peut être réduit à 0,45 m.

Les citernes à cargaison peuvent avoir des ouvertures circulaires d'un diamètre minimal de 0,68 m.

9.3.2.12   *Ventilation*

9.3.2.12.1   Chaque espace de cale doit avoir deux ouvertures, de dimensions et de disposition telles qu'une ventilation efficace soit possible en tout point de l'espace de cale. À défaut d'ouvertures on doit pouvoir procéder au remplissage des espaces de cales par gaz inerte ou air sec.

9.3.2.12.2   Les espaces de double coque et doubles fonds dans la zone de cargaison non aménagés pour être remplis d'eau de ballastage, les espaces de cales et les cofferdams doivent être pourvus de systèmes de ventilation.

9.3.2.12.3   a)   Un local de service situé dans la zone de cargaison au-dessous du pont doit être muni d'un système de ventilation. La capacité des ventilateurs doit être telle que le volume d'air du local de service puisse être entièrement renouvelé 20 fois par heure.

Les orifices des conduits d'extraction doivent descendre jusqu'à 50 mm au-dessus du plancher du local de service. L'arrivée d'air doit se faire par l'orifice d'un conduit en haut du local de service.

b)   Lorsque la liste des matières du bateau selon 1.16.1.2.5 doit contenir des matières pour lesquelles la protection contre les explosions est exigée à la colonne (17) du tableau C du chapitre 3.2, les ouvertures d'arrivée d'air doivent être situées à 2,00 m au moins au-dessus du pont, à 2,00 m au moins des ouvertures des citernes à cargaison et à 6,00 m au moins des orifices de dégagement des soupapes de sécurité.

Les tuyaux de rallonge éventuellement nécessaires peuvent être du type escamotable.

9.3.2.12.4   a)   Les logements, la timonerie et les locaux de service doivent pouvoir être ventilés.

b)   Le système de ventilation dans ces locaux doit satisfaire aux exigences suivantes:

i)   Les orifices d'aspiration doivent être situés le plus loin possible, à 6,00 m au moins de la zone de cargaison et à 2,00 m au moins au-dessus du pont;

ii)   Une surpression d'au moins 0,1 kPa (0,001 bar) peut être assurée dans les locaux;

iii)   Une alarme de défaillance est intégrée;

iv)   Le système de ventilation, y compris l'alarme de défaillance, doivent être au moins du type "à risque limité d'explosion";

v)   Une installation de détection de gaz remplissant les conditions 1. à 4. ci-après est reliée au système de ventilation:

1.   Elle est appropriée au moins pour une utilisation en zone 1, groupe d'explosion IIC, classe de température T6;

2.   Elle doit être équipée de capteurs

–   Aux orifices d'aspiration des systèmes de ventilation; et

–   Directement sous l'arête supérieure du seuil des portes d'entrée;

3.   Son temps de réponse t90 est inférieur ou égal à 4 s;

4.   Les mesures sont continues;

vi)   Dans les locaux de service, le systèmc dc ventilation doit être relié à un éclairage de secours qui doit être au moins du type "à risque limité d'explosion";

Cet éclairage de secours n'est pas nécessaire si les installations d'éclairage dans les locaux de service sont du type "à risque limité d'explosion";

vii)   L'aspiration du système de ventilation et les installations et équipements qui ne satisfont pas aux conditions énoncées aux 9.3.2.51 a) et b) et 9.3.2.52.1 doivent être arrêtés dès qu'une concentration égale à 20 % de la LIE du n-hexane est atteinte;

L'arrêt est signalé dans les logements et la timonerie par des avertisseurs optiques et acoustiques;

viii)   En cas de défaillance du système de ventilation ou des installations de détection de gaz dans les logements, les installations et équipements présents dans les logements qui ne satisfont pas aux conditions énoncées aux 9.3.2.51 a) et b) et 9.3.2.52.1 doivent être arrêtés;

La défaillance est signalée dans les logements, dans la timonerie et sur le pont par des avertisseurs optiques et acoustiques;

ix)   En cas de défaillance du système de ventilation ou des installations de détection de gaz dans la timonerie ou dans les locaux de service, les installations et équipements présents dans ces locaux qui ne satisfont pas aux conditions énoncées aux 9.3.2.51 a) et b) et 9.3.2.52.1 doivent être arrêtés;

La défaillance est signalée dans la timonerie et sur le pont par des avertisseurs optiques et acoustiques. L'alarme doit être automatiquement relayée vers les logements dans le cas où elle n'a pas été arrêtée;

x)   Tout arrêt intervient immédiatement et automatiquement et, le cas échéant, enclenche l'éclairage de secours;

Le dispositif d'arrêt automatique est réglé de telle sorte que l'arrêt automatique ne puisse intervenir en cours de navigation;

c)   À défaut de système de ventilation ou si le système de ventilation d'un local ne satisfait pas à toutes les exigences énoncées à l'alinéa b) ci-dessus, les installations et équipements présents dans ce local dont le fonctionnement peut donner lieu à des températures de surface supérieures à celles mentionnées aux 9.3.2.51 a) et b) ou qui ne satisfont pas aux exigences énoncées au 9.3.2.52.1, doivent pouvoir être arrêtés.

9.3.2.12.5   *(Supprimé)*

9.3.2.12.6   Des plaques doivent être apposées aux orifices de ventilation pour indiquer dans quels cas ils doivent être fermés. Tous les orifices de ventilation de logements, de la timonerie et de locaux de service donnant à l'air libre à l'extérieur de la zone de cargaison doivent être munis de dispositifs fixés à demeure selon 9.3.2.40.2.2 c), permettant de les fermer rapidement. L'état d'ouverture et de fermeture doit être clairement apparent.

Ces orifices de ventilation doivent être situés à 2,00 m au moins de la zone de cargaison.

Les orifices de ventilation des locaux de service situés dans la zone de cargaison peuvent être situés dans cette zone.

9.3.2.12.7   *(Supprimé)*

9.3.2.13   ***Stabilité (généralités)***

9.3.2.13.1   La preuve d'une stabilité suffisante doit être apportée y compris en cas d'avarie.

9.3.2.13.2   Pour le calcul de la stabilité, les valeurs de base - poids du bateau à l'état lège et emplacement du centre de gravité - doivent être définies au moyen d'une expérience de gîte ou par des calculs précis de masse et de moment. Dans ce dernier cas, le poids du bateau à l'état lège doit être vérifié au moyen d'une étude du poids à l'état lège avec la limite de tolérance ± 5 % entre la masse déterminée par le calcul et le déplacement déterminé par lecture du tirant d'eau.

9.3.2.13.3   La preuve d'une stabilité suffisante à l'état intact doit être apportée pour toutes les conditions de chargement et de déchargement et pour la condition de chargement final pour toutes les densités relatives des matières transportées indiquées dans la liste des matières transportables par le bateau conformément au paragraphe 1.16.1.2.5.

Pour chaque cas de chargement, en tenant compte des conditions concrètes de remplissage des citernes à cargaison, des citernes et compartiments à ballast, des citernes à eau douce et eaux usées et des citernes contenant les produits nécessaires à l'opération du bateau, le bateau doit satisfaire dans la mesure nécessaire aux dispositions relatives à la stabilité à l'état intact et après avarie.

Il faut aussi envisager des stades intermédiaires au cours des opérations.

La preuve d'une stabilité suffisante doit être démontrée dans le manuel de stabilité pour chaque condition d'opération, de chargement et de ballastage, et doit être approuvée par la société de classification agréée qui classe le bateau. S'il n'est pas pratique de calculer à l'avance les conditions d'opération, de chargement et de ballastage, un instrument de chargement agréé par la société de classification reconnue qui classe le bateau, reprenant le contenu du manuel de stabilité, doit être installé et utilisé.

NOTA: Un manuel de stabilité doit être rédigé sous une forme compréhensible par le conducteur responsable et contenir les éléments suivants:

Une description générale du bateau:

– *Un plan de l'agencement général et des plans de capacité du bateau indiquant à quoi servent les compartiments et les espaces (citernes à cargaison, magasins, logements, etc.);*

– *Un croquis indiquant la position des échelles de tirant d'eau par rapport aux perpendiculaires du bateau;*

– *Les schémas des systèmes de ballastage, d'assèchement et de prévention des sur-remplissages (débordements);*

– *Des courbes hydrostatiques ou des tableaux correspondants à l'assiette du bateau. Si des angles d'assiette importants sont à prévoir au cours du fonctionnement normal du bateau, il convient d'introduire des courbes ou des tableaux correspondant à une telle gamme d'assiette;*

– *Des courbes ou des tableaux de stabilité calculés sur la base d'une assiette libre, pour les configurations de déplacement et d'assiette prévues dans des conditions normales de fonctionnement, avec une indication des volumes considérés comme flottants;*

–   *Des tables de jaugeage des réservoirs ou des courbes montrant pour chaque bateau les capacités, les centres de gravité et les surfaces libres des citernes à cargaison, des citernes et compartiments à ballast, des citernes à eau douce et eaux usées et des citernes contenant les produits nécessaires à l'opération du bateau;*

–   *Les données relatives au bâtiment à l'état lège (poids et centre de gravité) résultant d'un essai d'inclinaison ou d'une mesure du port en lourd en combinaison avec un bilan de masse détaillé ou d'autres mesures acceptables. Lorsque les données susmentionnées correspondent à celles d'un bateau du même type, il faut l'indiquer clairement, mentionner ce bateau et joindre une copie du rapport d'essai d'inclinaison approuvé ayant porté sur le bateau du même type;*

–   *Une copie du rapport d'essai approuvé doit être inclus dans le manuel de stabilité;*

–   *Les conditions dans lesquelles doivent se dérouler les opérations de chargement avec tous les détails pertinents, tels que:*

   –   *Données relatives au bâtiment à l'état lège, remplissage des citernes, magasins, équipage et autres éléments pertinents à bord du bateau (masse et centre de gravité pour chaque objet, moments de carène pour les cargaisons liquides);*

   –   *Tirants d'eau au milieu du bateau et aux perpendiculaires;*

   –   *Hauteur du métacentre corrigée des effets de surface libre;*

   –   *Valeurs et courbe de bras de levier;*

   –   *Moments de flexion longitudinale et forces de cisaillement aux points de lecture;*

   –   *Informations sur les ouvertures (emplacement, type d'étanchéité, moyens de fermeture); et*

   –   *Informations pour le conducteur;*

–   *Calcul de l'influence de l'eau de ballastage sur la stabilité avec information si des jauges de niveau fixes pour citernes et compartiments de ballastage doivent être installées, ou si les citernes ou compartiments à ballastage doivent être complètement vides ou remplis lorsque le bateau fait route.*

9.3.2.13.4   La preuve de la flottabilité du bateau après avarie doit être apportée dans les stades de chargement les moins favorables. À cette fin, la preuve d'une stabilité suffisante doit être établie au moyen de calculs pour les stades intermédiaires critiques d'envahissement et pour le stade final d'envahissement.

9.3.2.14   *Stabilité (à l'état intact)*

9.3.2.14.1   Les prescriptions de stabilité à l'état intact résultant du calcul de la stabilité après avarie doivent être intégralement respectées.

9.3.2.14.2   Pour les bateaux dont les citernes à cargaison sont d'une largeur supérieure à 0,70B, le respect des prescriptions de stabilité suivantes doit être prouvé:

a)   Dans la zone positive de la courbe du bras de redressement jusqu'à l'immersion de la première ouverture non étanche aux intempéries il doit y avoir un bras de redressement (GZ) d'au moins 0,10 m;

b)   La surface de la zone positive de la courbe du bras de redressement jusqu'à l'immersion de la première ouverture non étanche aux intempéries, toutefois à un angle d'inclinaison inférieur ou égal à 27°, ne doit pas être inférieure à 0,024 m·rad;

c)   La hauteur métacentrique (MG) doit être au minimum de 0,10 m.

Ces conditions doivent être remplies compte tenu de l'influence de toutes les surfaces libres dans les citernes pour tous les stades de chargement et de déchargement.

9.3.2.14.3   Les exigences les plus sévères résultant des 9.3.2.14.1 et 9.3.2.14.2 sont applicables.

9.3.2.15   *Stabilité (après avarie)*

9.3.2.15.1   Les hypothèses suivantes doivent être prises en considération pour le stade après avarie:

a)   Étendue de l'avarie latérale du bateau:

étendue longitudinale: au moins 0,10 L, mais pas moins de 5,00 m,

étendue transversale: 0.79 m à partir du bordé du bateau perpendiculairement au plan axial à un niveau correspondant au tirant d'eau maximal, ou, le cas échéant, la distance autorisée par la section 9.3.4, moins 0,01 m;

étendue verticale: de la ligne de référence vers le haut sans limite;

b)   Étendue de l'avarie de fond du bateau:

étendue longitudinale :   au moins 0,10 L, mais pas moins de 5,00 m,
étendue transversale :   3,00 m,
étendue verticale :   du fond jusqu'à 0,59 m, excepté le puisard;

c)   Tous les cloisonnements de la zone d'avarie doivent être considérés comme endommagés, c'est-à-dire que l'emplacement des cloisons doit être choisi de façon que le bateau reste à flot après un dommage dans deux ou plus de compartiments adjacents dans le sens longitudinal.

Les dispositions suivantes sont applicables:

–   Pour l'avarie du fond, on considérera aussi que les compartiments transversaux adjacents ont été envahis;

–   Le bord inférieur des ouvertures qui ne sont pas étanches à l'eau (par exemple portes, fenêtres, panneaux d'accès) ne doit pas être à moins de 0,10 m au-dessus de la ligne de flottaison après l'avarie;

–   D'une façon générale, on considérera que l'envahissement est de 95 %. Si on calcule un envahissement moyen de moins de 95 % pour un compartiment quelconque, on peut utiliser la valeur obtenue. Les valeurs minimales à utiliser doivent toutefois être les suivantes:

–   salle des machines: 85 %;

–   logements: 95 %;

–   doubles fonds, réservoirs à combustible, citernes de ballastage, etc., selon que, d'après leurs fonctions, ils doivent être considérés comme pleins ou vides pour la flottabilité du bateau au tirant d'eau maximum autorisé   0 % ou 95 %.

En ce qui concerne la salle des machines principale, on tiendra compte d'un seul compartiment c'est-à-dire que les cloisons d'extrémité de la salle des machines sont considérées comme non endommagées.

9.3.2.15.2   Pour le stade intermédiaire d'envahissement, les critères suivants doivent être respectés:

GZ >= 0,03 m

Portée des valeurs positives de GZ: 5°.

Au stade de l'équilibre (stade final de l'envahissement), l'angle d'inclinaison ne doit pas dépasser 12°. Les ouvertures fermées de manière non étanches à l'eau ne doivent être envahies qu'après atteinte du stade d'équilibre. Si de telles ouvertures sont immergées avant ce stade les locaux correspondants sont à considérer comme envahis lors du calcul de stabilité.

La marge positive de la courbe du bras de redressement au-delà de la position d'équilibre doit présenter un bras de redressement de ≥ 0,05 m avec une aire sous-tendue par la courbe dans cette zone ≥ 0,0065 m.rad. Les valeurs minimales de stabilité doivent être respectées jusqu'à l'immersion de la première ouverture non étanche aux intempéries toutefois à un angle d'inclinaison ≤ 27°. Si des ouvertures non étanches aux intempéries sont immergées avant ce stade, les locaux correspondants sont à considérer comme envahis lors du calcul de stabilité.

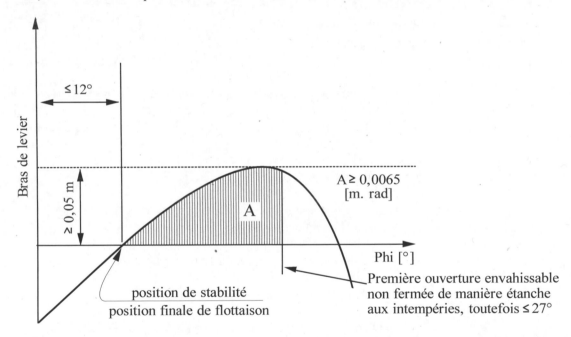

9.3.2.15.3   Si les ouvertures par lesquelles les compartiments non avariés peuvent en plus être envahis peuvent être fermées de façon étanche, les dispositifs de fermeture doivent porter une inscription correspondante.

9.3.2.15.4   Lorsque des ouvertures d'équilibrage transversal sont prévues pour réduire l'envahissement asymétrique, le temps d'équilibrage ne doit pas dépasser 15 minutes si, pour le stade d'envahissement intermédiaire, une stabilité suffisante a été prouvée.

9.3.2.16   ***Salles des machines***

9.3.2.16.1   Les moteurs à combustion interne destinés à la propulsion du bateau, ainsi que ceux entraînant les auxiliaires doivent être situés en dehors de la zone de cargaison. Les entrées et autres ouvertures des salles des machines doivent être situées à une distance d'au moins 2,00 m de la zone de cargaison.

9.3.2.16.2   Les salles des machines doivent être accessibles depuis le pont; leur entrée ne doit pas être orientée vers la zone de cargaison. Si les portes ne sont pas situées dans une niche d'une profondeur au moins égale à la largeur de la porte, elles doivent avoir leurs charnières du côté de la zone de cargaison.

9.3.2.17 *Logements et locaux de service*

9.3.2.17.1 Les logements et la timonerie doivent être situés hors de la zone de cargaison à l'arrière du plan arrière ou à l'avant du plan avant délimitant la partie de la zone de cargaison. Les fenêtres de la timonerie, si elles sont plus de 1,00 m au-dessus du plancher de la timonerie, peuvent être inclinées vers l'avant.

9.3.2.17.2 Les entrées de locaux et orifices des superstructures ne doivent pas être dirigés vers la zone de cargaison. Les portes qui ouvrent vers l'extérieur, si elles ne sont pas situées dans une niche d'une profondeur au moins égale à la largeur de la porte, doivent avoir leurs charnières du côté de la zone de cargaison.

9.3.2.17.3 Les entrées accessibles depuis le pont et les orifices des locaux exposés aux intempéries doivent pouvoir être fermés. Les instructions suivantes doivent être apposées à l'entrée de ces locaux:

Ne pas ouvrir sans l'autorisation du conducteur
pendant le chargement, le déchargement et le dégazage.
Refermer immédiatement.

9.3.2.17.4 Les portes et les fenêtres ouvrables des superstructures et des logements, ainsi que les autres ouvertures de ces locaux doivent être situées à 2,00 m au moins de la zone de cargaison. Aucune porte ni fenêtre de la timonerie ne doit être située à moins de 2,00 m de la zone de cargaison sauf s'il n'y a pas de communication directe entre la timonerie et les logements.

9.3.2.17.5 a) Les arbres d'entraînement des pompes d'assèchement et des pompes à ballastage dans la zone de cargaison traversant la cloison entre le local de service et la salle des machines sont autorisés à condition que le local de service réponde aux prescriptions du 9.3.2.11.6.

b) Le passage de l'arbre à travers la cloison doit être étanche au gaz et avoir été approuvé par une société de classification agréée.

c) Les instructions de fonctionnement nécessaires doivent être affichées.

d) Les câbles électriques, les conduites hydrauliques et la tuyauterie des systèmes de mesure, de contrôle et d'alarme peuvent traverser la cloison entre la salle des machines et le local de service dans la zone de cargaison, et la cloison entre la salle des machines et les espaces de cales à condition que les passages soient étanches au gaz et aient été approuvés par une société de classification agréée. Les passages à travers une cloison de la classe "A-60" telle que définie dans la Convention SOLAS 74, chapitre II-2, règle 3, doivent avoir une protection contre le feu équivalente.

e) La cloison entre la salle des machines et le local de service dans la zone de cargaison peut être traversée par des tuyaux à condition qu'il s'agisse de tuyaux qui relient l'équipement mécanique de la salle des machines et le local de service qui n'aient aucune ouverture à l'intérieur du local de service et qui soient munis d'un dispositif de fermeture à la cloison dans la salle des machines.

f) Par dérogation au 9.3.2.11.4, les tuyaux qui partent de la salle des machines peuvent traverser le local de service dans la zone de cargaison, le cofferdam, un espace de cale ou un espace de double pour aller vers l'extérieur à condition qu'ils consistent en un tube continu à parois épaisses qui n'ait pas de collets ou d'ouvertures à l'intérieur du local de service, du cofferdam ou de l'espace de cale ou un espace de double coque.

g)   Si un arbre d'une machine auxiliaire traverse une paroi située au-dessus du pont, le passage doit être étanche au gaz.

9.3.2.17.6   Un local de service situé dans la zone de cargaison au-dessous du pont ne peut être aménagé comme chambre des pompes pour le système de chargement et de déchargement que si les conditions ci-après sont remplies:

–   La chambre des pompes à cargaison est séparée de la salle des machines et des locaux de service en dehors de la zone de cargaison par un cofferdam ou une cloison avec une isolation de la classe "A-60" telle que définie dans la Convention SOLAS 74, chapitre II-2, règle 3 ou par un local de service ou une cale;

–   La cloison "A-60" prescrite ci-dessus ne comporte pas de passages mentionnés au 9.3.2.17.5 a);

–   Les orifices de dégagement d'air de ventilation sont situés à 6,00 m au moins des entrées et ouvertures des logements, de la timonerie et des locaux de service extérieurs à la zone de cargaison;

–   Les orifices d'accès ou orifices de ventilation peuvent être fermés de l'extérieur;

–   Toutes les tuyauteries de chargement et de déchargement ainsi que celles des systèmes d'assèchement sont munies de dispositifs de fermeture à l'entrée côté aspiration de la pompe dans la chambre des pompes à cargaison immédiatement sur la cloison. Les dispositifs de commandes nécessaires dans la chambre des pompes, le démarrage des pompes ainsi que la commande de débit de liquides doivent être actionnés à partir du pont;

–   Le fond de cale de la chambre des pompes doit être équipé d'un dispositif de mesure du niveau de remplissage qui déclenche une alarme optique et acoustique dans la timonerie lorsque du liquide s'amasse dans le fond de cale de la chambre des pompes;

–   La chambre des pompes à cargaison est pourvue d'une l'installation de mesure de l'oxygène permanente qui indique automatiquement la teneur en oxygène et qui actionne une alarme optique et acoustique lorsque la concentration en oxygène atteint 19,5 % en volume. Les capteurs de cette installation doivent être placés à des endroits appropriés au fond et à 2,00 m de hauteur. La mesure doit être continue et affichée près de l'entrée. Des avertisseurs optiques et acoustiques doivent être installés dans la timonerie et dans la chambre des pompes à cargaison et, lors du déclenchement de l'alarme, le système de chargement et de déchargement du bateau doit être arrêté;

–   La défaillance de l'installation de mesure de l'oxygène doit déclencher un signal d'alarme optique et acoustique dans la timonerie et sur le pont. L'alarme doit être automatiquement relayée vers les logements dans le cas où elle n'a pas été arrêtée;

–   Le système de ventilation prescrit au 9.3.2.12.3 a une capacité permettant de renouveler au moins 30 fois par heure le volume d'air contenu dans le local de service.

Lorsque la liste des matières du bateau selon 1.16.1.2.5 doit contenir des matières des matières pour lesquelles une protection contre les explosions est exigée à la colonne (17) du tableau C du chapitre 3.2, la chambre des pompes à cargaison doit en outre être pourvue d'une installation de détection de gaz permanente qui indique automatiquement la présence de gaz inflammables et qui actionne une alarme optique et acoustique lorsque la concentration de gaz atteint 20 % de la LIE de la cargaison ou 20 % de la LIE du n-hexane, la LIE la plus critique devant être retenue.

Les capteurs de l'installation de détection de gaz doivent être placés à des endroits appropriés au fond et directement sous le pont. La mesure doit être continue et affichée près de l'entrée.

Des avertisseurs optiques et acoustiques doivent être installés dans la timonerie et dans la chambre des pompes à cargaison et, lors du déclenchement de l'alarme, le système de chargement et de déchargement du bateau doit être arrêté.

La défaillance de l'installation de détection de gaz doit être immédiatement signalée dans la timonerie et sur le pont par un dispositif d'alarme optique et acoustique. L'alarme doit être automatiquement relayée vers les logements dans le cas où elle n'a pas été arrêtée.

9.3.2.17.7   Les instructions suivantes doivent être affichées à l'entrée de la salle des pompes à cargaison:

**Avant d'entrer dans la salle des pompes à cargaison,
vérifier qu'elle ne contient pas de gaz mais suffisamment d'oxygène.
Ne pas ouvrir sans autorisation du conducteur.
Évacuer immédiatement en cas d'alerte.**

9.3.2.18   *Installation de gaz inerte*

Dans les cas où une inertisation ou une couverture de la cargaison est prescrite le bateau doit être muni d'une installation de gaz inerte.

Cette installation doit être en mesure de maintenir en permanence une pression minimale de 7 kPa (0,07 bar) dans les locaux à mettre sous atmosphère inerte. En outre, l'installation de gaz inerte ne doit pas faire dépasser la pression dans la citerne à cargaison au-dessus de la pression de tarage de la soupape de surpression. La pression de tarage de la soupape de dépression doit être de 3,5 kPa (0,035 bar).

La quantité de gaz inerte nécessaire lors du chargement ou du déchargement doit être transportée ou produite à bord pour autant qu'elle ne peut être fournie par une installation à terre. En outre, une quantité de gaz inerte suffisante pour compenser les pertes normales au cours du transport doit être disponible à bord.

Les locaux à mettre sous atmosphère inerte doivent être munis de raccords pour l'introduction du gaz inerte et d'installations de contrôle pour le maintien permanent de la bonne atmosphère.

Lorsque la pression ou la concentration de gaz inerte dans la phase gazeuse descend sous une valeur donnée cette installation de contrôle doit déclencher une alarme optique et acoustique dans la timonerie. Lorsque la timonerie n'est pas occupée, l'alarme doit en outre être perçue à un poste occupé par un membre de l'équipage.

9.3.2.19   *(Réservé)*

9.3.2.20   *Aménagement des cofferdams*

9.3.2.20.1   Les cofferdams ou les compartiments de cofferdams restant une fois qu'un local de service a été aménagé conformément au 9.3.2.11.6 doivent être accessibles par une écoutille d'accès.

9.3.2.20.2   Les cofferdams doivent pouvoir être remplis d'eau et vidés au moyen d'une pompe. Le remplissage doit pouvoir être effectué en moins de 30 minutes. Ces prescriptions ne sont pas applicables lorsque la cloison entre la salle des machines et le cofferdam comporte une isolation de protection contre l'incendie "A-60" selon SOLAS 74, chapitre II-2, règle 3 ou qu'il est aménagé en local de service. Les cofferdams ne doivent pas être munis de soupapes de remplissage.

9.3.2.20.3   Le cofferdam ne doit pas être relié aux tuyauteries du bateau en dehors de la zone de cargaison par une tuyauterie fixe.

9.3.2.20.4   Lorsque la liste des matières du bateau selon 1.16.1.2.5 doit contenir des matières pour lesquelles la protection contre les explosions est exigée selon la colonne (17) du tableau C du chapitre 3.2, les orifices de ventilation des cofferdams doivent être équipés de coupe-flammes résistant à une déflagration. Ces coupe-flammes doivent être sélectionnés en fonction des groupes/sous-groupes d'explosion auxquels appartiennent les matières prévues dans la liste des matières du bateau (voir colonne (16) du tableau C du chapitre 3.2).

9.3.2.21 *Équipement de contrôle et de sécurité*

9.3.2.21.1 Les citernes à cargaison doivent être équipées:

    a)   d'une marque intérieure indiquant le degré de remplissage de 95 %;

    b)   d'un indicateur de niveau;

    c)   d'un dispositif avertisseur pour le niveau de remplissage fonctionnant au plus tard lorsqu'un degré de remplissage de 90 % est atteint;

    d)   d'un déclencheur du dispositif automatique permettant d'éviter un surremplissage qui se déclenche au plus tard lorsqu'un degré de remplissage de 97,5 % est atteint;

    e)   d'un instrument pour mesurer la pression de la phase gazeuse dans la citerne à cargaison;

    f)   d'un instrument pour mesurer la température de la cargaison si à la colonne (9) du tableau C du chapitre 3.2 une installation de chauffage de la cargaison est requise à bord, ou une possibilité de chauffage de la cargaison, ou si dans la colonne (20) du tableau C du chapitre 3.2 est requise ou si une température maximale est indiquée;

    g)   d'un raccord d'un dispositif de prise d'échantillons de type fermé ou partiellement fermé et/ou au moins d'un orifice de prise d'échantillons selon ce qui est exigé à la colonne (13) du tableau C du chapitre 3.2. Le raccord doit être muni d'un sectionnement résistant à la pression interne du raccord;

    Lorsque la liste des matières du bateau selon 1.16.1.2.5 doit contenir des matières pour lesquelles la protection contre les explosions est exigée selon la colonne (17) du tableau C du chapitre 3.2, l'élément coupe-flammes résistant au feu continu de l'orifice de prise d'échantillons doit être sélectionné en fonction des groupes/sous-groupes d'explosion auxquels appartiennent les matières prévues dans la liste des matières du bateau (voir colonne (16) du tableau C du chapitre 3.2).

9.3.2.21.2 Le degré de remplissage (en %) doit être déterminé avec une erreur n'excédant pas 0,5 point. Il doit être calculé par rapport à la capacité totale de la citerne à cargaison, y compris la caisse d'expansion.

9.3.2.21.3 L'indicateur de niveau doit pouvoir être lu depuis le poste de commande des dispositifs de vannage de la citerne à cargaison correspondante.

Les niveaux maximum de remplissage de 95 % et 97 % résultant de la liste des matières doivent être marqués à chaque indicateur de niveau.

La surpression et la dépression doivent pouvoir être lus en permanence depuis un poste à partir duquel les opérations de chargement ou de déchargement peuvent être interrompues. La surpression et la dépression maximales admissibles doivent être marquées à chaque indicateur.

La lecture doit être possible sous toutes les conditions météorologiques.

9.3.2.21.4 Le dispositif avertisseur de niveau doit émettre des signaux optique et acoustique lorsqu'il est déclenché. Le dispositif avertisseur de niveau doit être indépendant de l'indicateur de niveau.

9.3.2.21.5 a) Le déclencheur mentionné au 9.3.2.21.1 d) ci-dessus doit émettre des signaux optique et acoustique, et actionner simultanément un contact électrique susceptible, sous forme d'un signal binaire, d'interrompre la ligne électrique établie et alimentée par l'installation à terre et de permettre de prendre côté terre les mesures pour empêcher tout débordement.

Ce signal doit pouvoir être transmis à l'installation à terre au moyen d'une prise mâle étanche bipolaire d'un dispositif de couplage conforme à la norme EN 60309-2:1999 + A1:2007 + A2:2012, pour courant continu 40 à 50 V, couleur blanche, position du nez de détrompage 10 h.

La prise doit être fixée solidement au bateau à proximité immédiate des raccords à terre des tuyauteries de chargement et de déchargement.

Le déclencheur doit également être en mesure d'arrêter la pompe de déchargement à bord. Le déclencheur doit être indépendant du dispositif avertisseur de niveau mais peut être accouplé à l'indicateur de niveau.

b) Lors du déchargement au moyen de la pompe à bord, celle-ci doit pouvoir être arrêtée par l'installation à terre. A cet effet une ligne électrique indépendante, à sécurité intrinsèque, alimentée par le bateau, doit être interrompue par l'installation à terre au moyen d'un contact électrique.

Le signal binaire de l'installation à terre doit pouvoir être repris au moyen d'une prise femelle étanche bipolaire d'un dispositif de couplage conforme à la norme EN 60309-2:1999 + A1:2007 + A2:2012, pour courant continu 40 à 50 V, couleur blanche, position du nez de détrompage 10 h.

Cette prise doit être fixée solidement au bateau à proximité immédiate des raccords à terre des tuyauteries de déchargement.

c) Les bateaux susceptibles de remettre des produits nécessaires à l'exploitation des bateaux doivent être équipés d'une installation de transbordement compatible avec la norme européenne EN 12827:1999 et d'un dispositif de fermeture rapide permettant d'interrompre l'avitaillement. Ce dispositif de fermeture rapide doit pouvoir être actionné par un signal électrique du système anti-débordement. Les circuits électriques actionnant le dispositif de fermeture rapide doivent être sécurisés selon le principe du courant de repos ou par d'autres mesures appropriées de détection d'erreurs. L'état de fonctionnement des circuits électriques qui ne peuvent être commandés suivant le principe du courant de repos doit être facilement contrôlable.

Le dispositif de fermeture rapide doit pouvoir être actionné indépendamment du signal électrique.

Le dispositif de fermeture rapide doit déclencher une alarme optique et acoustique à bord.

9.3.2.21.6 Les signaux optique et acoustique émis par le dispositif avertisseur de niveau doivent pouvoir être distingués facilement de ceux du déclencheur relatif au surremplissage.

Les signaux d'alarme optiques doivent pouvoir être vus depuis chaque poste de commande du vannage des citernes à cargaison. On doit pouvoir vérifier facilement l'état de fonctionnement des capteurs et des circuits électriques, sinon ceux-ci doivent être du type "à sécurité intrinsèque".

9.3.2.21.7 Lorsque la pression ou la température dépasse une valeur donnée, les instruments de mesure de la dépression ou de la surpression de la phase gazeuse dans la citerne à cargaison, ou de la température de la cargaison, doivent déclencher un signal d'alarme optique et acoustique dans la timonerie et sur le pont. L'alarme doit être automatiquement relayée vers les logements dans le cas où elle n'a pas été arrêtée.

Lorsque pendant le chargement et le déchargement la pression dépasse une valeur donnée, l'instrument de mesure de la pression doit déclencher immédiatement un contact électrique qui, au moyen de la prise décrite au 9.3.2.21.5 ci-dessus, permet de mettre en œuvre les mesures d'interruption de l'opération de chargement ou dc déchargement. Si la pompe de déchargement du bateau est utilisée, elle doit être coupée automatiquement.

L'instrument de mesure de la surpression et dépression doit déclencher l'alarme au plus tard lorsque sont atteints:

a)   1,15 fois la pression d'ouverture des soupapes de surpression / soupapes de dégagement à grande vitesse; ou

b)   le seuil inférieur de la pression de conception des soupapes de dépression, sans toutefois dépasser une dépression de 5 kPa (0,05 bar).

La température maximale admissible est mentionnée à la colonne (20) du tableau C du chapitre 3.2. Les déclencheurs mentionnés au présent paragraphe peuvent être connectés à l'installation d'alarme du déclencheur.

Lorsque cela est prescrit à la colonne (20) du tableau C du chapitre 3.2, l'instrument de mesure de la surpression de la phase gazeuse dans la citerne à cargaison doit émettre un signal optique et acoustique dans la timonerie lorsque, pendant le voyage, la surpression dépasse 40 kPa (0,4 bar). L'alarme doit être automatiquement relayée vers les logements dans le cas où elle n'a pas été arrêtée. La pression mesurée doit pouvoir être lue à proximité directe de la commande de l'installation de pulvérisation d'eau.

9.3.2.21.8   Si les éléments de commande des dispositifs de fermeture des citernes à cargaison sont situés dans un poste de commande, il doit être possible dans ce poste d'arrêter les pompes de chargement, de lire les indicateurs de niveau, de percevoir ainsi que sur le pont, le signal d'alarme optique et acoustique du dispositif avertisseur de niveau, du déclencheur relatif au surremplissage visé au 9.3.2.21.1 d) et les instruments de mesure de la pression et de la température de la cargaison.

Une surveillance appropriée de la zone de cargaison doit être possible depuis le poste de commande.

9.3.2.21.9   Le bateau doit être équipé de manière à ce que les opérations de chargement ou de déchargement puissent être interrompues au moyen d'interrupteurs, c'est-à-dire que la vanne à fermeture rapide située à la conduite flexible de raccordement entre le bateau et la terre doit pouvoir être fermée. Ces interrupteurs doivent être placés à deux emplacements du bateau (à l'avant et à l'arrière).

Cette disposition ne s'applique que si elle est prescrite à la colonne (20) du tableau C du chapitre 3.2.

Le système d'interruption doit être conçu selon le principe dit à courant de repos.

9.3.2.21.10   En cas de transport de matières réfrigérées, la pression d'ouverture de l'installation de sécurité est déterminée par la conception des citernes à cargaison. En cas de transport de matières qui doivent être transportées à l'état réfrigéré, la pression d'ouverture de l'installation de sécurité doit être supérieure de 25 kPa (0,25 bar) au moins à la pression maximale calculée selon 9.3.2.27.

9.3.2.22   *Orifices des citernes à cargaison*

9.3.2.22.1   a)   Les orifices des citernes à cargaison doivent être situés sur le pont dans la zone de cargaison;

               b)   Les orifices des citernes à cargaison d'une section de plus de 0,10 m² et les orifices des dispositifs de sécurité contre les surpressions doivent être situés à au moins 0,50 m au-dessus du pont.

9.3.2.22.2   Les orifices des citernes à cargaison doivent être munis de fermetures étanches aux gaz pouvant résister à la pression d'épreuve prévue au 9.3.2.23.2.

9.3.2.22.3   Les dispositifs de fermeture qui sont normalement utilisés lors des opérations de chargement et de déchargement ne doivent pas pouvoir produire d'étincelles lorsqu'ils sont manœuvrés.

9.3.2.22.4   a)   Chaque citerne à cargaison ou groupe de citernes à cargaison raccordé à une conduite d'évacuation de gaz commune doit être équipé:

               –   D'un raccordement pour un tuyau de retour sans danger à terre des gaz s'échappant lors du chargement;

               –   D'un dispositif de décompression en toute sécurité des citernes à cargaison, la position du robinet d'arrêt devant indiquer clairement s'il est ouvert ou fermé;

               –   De soupapes de sécurité empêchant toute surpression ou toute dépression excessive;

                    La pression d'ouverture des soupapes de sécurité doit être marquée sur les soupapes;

                    Les soupapes de surpression doivent être réglées de telle sorte qu'au cours de l'opération de transport elles ne puissent s'ouvrir que lorsque la pression de service maximale autorisée des citernes à cargaison est atteinte;

                    Les gaz doivent être évacués vers le haut;

                    Les orifices de dégagement des soupapes de surpression doivent être situés à 1,00 m au moins au-dessus du pont et à une distance de 6,00 m au moins des ouvertures de logements, de la timonerie et de locaux de service situés en dehors de la zone de cargaison. Aucun équipement ne doit être présent dans un cercle de 1,00 m de rayon autour de l'orifice de dégagement des soupapes de surpression. Cette zone doit être signalisée en tant que zone de danger;

               b)   Lorsque la liste des matières du bateau selon 1.16.1.2.5 doit contenir des matières pour lesquelles la protection contre les explosions est exigée selon la colonne (17) du tableau C du chapitre 3.2:

               –   La conduite d'évacuation de gaz au niveau du raccordement à chaque citerne de cargaison ainsi que la soupape de dépression doivent être équipées d'un coupe-flammes résistant à une détonation; et

               –   Le dispositif de décompression en toute sécurité des citernes à cargaison doit être conçu pour résister à la déflagration et au feu continu;

               c)   Lorsque la liste des matières du bateau selon 1.16.1.2.5 doit contenir des matières pour lesquelles la protection contre les explosions est exigée selon la colonne (17) du tableau C du chapitre 3.2, ou pour lesquelles la lettre T figure dans la colonne (3b) du tableau C du chapitre 3.2, la soupape de surpression doit être conçue comme une soupape de dégagement à grande vitesse;

d) Si un dispositif de fermeture est prévu entre la conduite d'évacuation de gaz et la citerne à cargaison, il doit être placé entre la citerne à cargaison et le coupe-flammes et chaque citerne à cargaison doit être équipée de ses propres soupapes de sécurité;

e) Les systèmes de protection autonomes visés aux alinéas b) et c) doivent être sélectionnés en fonction des groupes/sous-groupes d'explosion auxquels appartiennent les matières prévues dans la liste des matières du bateau (voir colonne (16) du tableau C du chapitre 3.2). Les orifices des soupapes de dégagement à grande vitesse doivent être situés à 2,00 m au moins au-dessus du pont et à une distance de 6,00 m au moins des ouvertures de logements, de la timonerie et de locaux de service situés en dehors de la zone de cargaison. Cette hauteur peut être réduite à 1,00 m, lorsque dans un cercle de 1,00 m de rayon autour de l'orifice de dégagement il n'y a aucune installation de commande. Cette zone doit être signalisée en tant que zone de danger;

Si la soupape de dégagement à grande vitesse, la soupape de dépression, les coupe-flammes et la conduite d'évacuation de gaz doivent être chauffables, les équipements de sécurité ci-dessus doivent être appropriés pour la température correspondante.

9.3.2.22.5 *Conduite d'évacuation de gaz*

a) Lorsque deux citernes à cargaison, ou plus, sont raccordées par une conduite d'évacuation de gaz commune, il est suffisant que l'équipement visé au 9.3.2.22.4 (soupapes de sécurité empêchant les surpressions et dépressions inadmissibles, soupape de dégagement à grande vitesse, soupape de dépression protégée contre les déflagrations, dispositif de décompression en toute sécurité des citernes à cargaison protégé contre les déflagrations) soit installé sur la conduite d'évacuation de gaz commune (voir aussi le 7.2.4.16.7);

b) Lorsque chaque citerne à cargaison est raccordée à sa propre conduite d'évacuation de gaz, chaque citerne à cargaison ou la conduite d'évacuation de gaz correspondante doit être équipée conformément au 9.3.2.22.4.

9.3.2.23 *Épreuve de pression*

9.3.2.23.1 Les citernes à cargaison, les citernes à restes de cargaison, les cofferdams, les tuyauteries de chargement et de déchargement doivent être soumis à des épreuves initiales avant leur mise en service, puis à des épreuves exécutées aux intervalles prescrits.

Si les citernes à cargaison sont munies d'une installation de chauffage, les serpentins de réchauffement doivent être soumis à des épreuves initiales avant leur mise en service, puis à des épreuves exécutées aux intervalles prescrits.

9.3.2.23.2 La pression d'épreuve des citernes à cargaison et des citernes à restes de cargaison doit être de 1,3 fois au moins la pression de conception. La pression d'épreuve des cofferdams et des citernes à cargaison ouvertes ne doit pas être inférieure à 10 kPa (0,10 bar) de pression manométrique.

9.3.2.23.3 La pression d'épreuve des tuyauteries de chargement et de déchargement doit être de 1 000 kPa (10 bar) (pression manométrique) au moins.

9.3.2.23.4 L'intervalle maximum entre les épreuves périodiques doit être de 11 ans.

9.3.2.23.5 La procédure d'épreuve doit être conforme aux prescriptions énoncées par l'autorité compétente ou par une société de classification agréée.

9.3.2.24   *Réglage de la pression et de la température de la cargaison*

9.3.2.24.1   À moins que tout le système de cargaison ne soit conçu pour résister à la pleine pression effective de vapeur de la cargaison aux limites supérieures des températures ambiantes de calcul, la pression des citernes doit être maintenue au-dessous de la pression de tarage maximal admissible des soupapes de sécurité, à l'aide d'un ou plusieurs des moyens ci-après:

a)   Un système de régulation de la pression des citernes à cargaison utilisant la réfrigération mécanique;

b)   Un système assurant la sécurité en cas de réchauffement ou d'accroissement de la pression de la cargaison. L'isolation ou la pression de calcul de la citerne à cargaison, ou la combinaison de ces deux éléments, doivent être de nature à laisser une marge suffisante pour la durée d'exploitation et les températures à prévoir; dans chaque cas le système doit être jugé acceptable par une société de classification agréée et doit assurer la sécurité pendant une période de trois fois la durée d'exploitation;

c) D'autres systèmes jugés acceptables par une société de classification agréée.

9.3.2.24.2   Les systèmes prescrits au 9.3.2.24.1 doivent être construits, installés et éprouvés à la satisfaction de la société de classification agréée. Les matériaux utilisés dans leur construction doivent être compatibles avec les cargaisons à transporter. Pour le service normal, les limites supérieures des températures ambiantes de calcul doivent être:

air: +30 °C;
eau: +20 °C.

9.3.2.24.3   Le système de stockage de la cargaison doit pouvoir résister à la pleine pression de vapeur de la cargaison aux limites supérieures des températures ambiantes de calcul, quel que soit le système adopté pour traiter le gaz d'évaporation. Cette prescription est indiquée par l'observation 37 à la colonne (20) du tableau C du chapitre 3.2.

9.3.2.25   *Pompes et tuyauteries*

9.3.2.25.1   Les pompes et les compresseurs ainsi que les tuyauteries de chargement et de déchargement correspondantes doivent être situés dans la zone de cargaison. Les pompes de chargement doivent pouvoir être arrêtées depuis la zone de cargaison, mais aussi depuis un point situé en dehors de cette zone. Les pompes à cargaison situées sur le pont ne doivent pas se trouver à moins de 6,00 m de distance des entrées ou des ouvertures des logements et des locaux de service extérieurs à la zone de cargaison.

9.3.2.25.2   a)   Les tuyauteries de chargement et de déchargement doivent être indépendantes de toutes les autres tuyauteries du bateau. Aucune tuyauterie à cargaison ne doit être située au-dessous du pont, à l'exception de celles situées à l'intérieur des citernes à cargaison et à l'intérieur de la chambre des pompes.

b)   Les tuyauteries de chargement et de déchargement doivent être agencées de manière qu'après le chargement ou le déchargement, les liquides y contenus puissent être éloignés sans danger et puissent couler soit dans les citernes à cargaison du bateau soit dans les citernes à terre.

c)   Les tuyauteries de chargement et de déchargement doivent se distinguer nettement des autres tuyauteries, par exemple par un marquage de couleur.

d)   Les tuyauteries de chargement et déchargement sur le pont, à l'exception des prises de raccordement à terre, doivent être situées à une distance du bordage au moins égale au quart de la largeur du bateau.

e) Les prises de raccordement à terre doivent être situées à une distance d'au moins 6,00 m des entrées ou des ouvertures des logements et des locaux de service extérieurs à la zone de cargaison.

f) Chaque raccordement à terre de la conduite d'évacuation de gaz et le raccordement à terre de la tuyauterie de chargement ou de déchargement à travers lequel s'effectue le chargement ou le déchargement doivent être équipés d'un dispositif de sectionnement. Toutefois, chaque raccordement à terre doit être muni d'une bride borgne lorsqu'il n'est pas en service.

g) (*Supprimé*)

h) Les brides et presse-étoupe doivent être munis d'un dispositif de protection contre les éclaboussures.

i) Les tuyauteries de chargement et de déchargement ainsi que les conduites d'évacuation de gaz ne doivent pas avoir de raccordements flexibles munis de joints coulissants.

9.3.2.25.3 (*Supprimé*)

9.3.2.25.4 a) Tous les éléments des tuyauteries de chargement et de déchargement doivent être électriquement raccordés à la coque.

b) Les tuyauteries de chargement doivent mener jusqu'au fond des citernes à cargaison.

9.3.2.25.5 La position des robinets d'arrêt ou autres dispositifs de sectionnement sur les tuyauteries de chargement et de déchargement doit indiquer s'ils sont ouverts ou fermés.

9.3.2.25.6 Les tuyauteries de chargement et de déchargement doivent avoir, à la pression d'épreuve, les caractéristiques voulues d'élasticité, d'étanchéité et de résistance à la pression.

9.3.2.25.7 Les tuyauteries de chargement et de déchargement doivent être munies d'instruments de mesure de la pression à la sortie des pompes. La valeur maximale admissible de surpression ou de dépression doit être indiquée sur chaque instrument de mesure. La lecture doit être possible sous toutes les conditions météorologiques.

9.3.2.25.8 a) Si les tuyauteries de chargement et de déchargement sont utilisées pour amener l'eau de rinçage ou de ballastage dans les citernes à cargaison, les raccordements des tuyauteries d'eau sur ces conduites doivent être situés dans la zone de cargaison mais à l'extérieur des citernes à cargaison.

Les pompes des systèmes de rinçage des citernes et les raccords correspondants peuvent être placés en dehors de la zone de cargaison à condition que le côté vidange du système soit placé de telle manière que l'aspiration ne soit pas possible par cette partie.

Il doit être prévu un clapet anti-retour à ressort pour empêcher les gaz de s'échapper de la zone de cargaison en passant par le système de rinçage des citernes à cargaison.

b) Un clapet anti-retour doit être installé à la jonction entre le tuyau d'aspiration de l'eau et la tuyauterie de chargement de la cargaison.

9.3.2.25.9 Les débits de chargement et de déchargement admissibles doivent être calculés.

Les calculs concernent les débits maximum admissibles pour le chargement et le déchargement pour chaque citerne à cargaison ou chaque groupe de citernes à cargaison compte tenu de la conception du système de ventilation. Dans ces calculs on considérera qu'en cas de coupure imprévue de la conduite de retour de gaz de l'installation à terre les dispositifs de sécurité des citernes à cargaison empêchent la pression dans les citernes à cargaison de dépasser les valeurs suivantes:

surpression: 1,15 fois la pression d'ouverture de la soupape de surpression/ soupape de dégagement à grand vitesse;

dépression: pas plus que la pression de conception, sans toutefois dépasser une dépression de 5 kPa (0,05 bar).

Les principaux facteurs à considérer sont les suivants:

1. Dimensions du système de ventilation des citernes à cargaison;

2. Formation de gaz pendant le chargement: multiplier le plus grand débit de chargement par un facteur de 1,25 au moins;

3. Densité du mélange de vapeur de la cargaison basé sur 50 % volume vapeur et 50 % volume air;

4. Perte de pression par les conduits de ventilation, les soupapes et les accessoires. On prendra en compte un encrassement des tamis du coupe-flammes de 30 %;

5. Pression de calage des soupapes de sécurité.

Une instruction relative au débit maximal admissible de chargement et de déchargement pour chaque citerne à cargaison ou pour chaque groupe de citernes à cargaison doit se trouver à bord.

9.3.2.25.10 De l'air comprimé produit à l'extérieur de la zone de cargaison peut être utilisé dans la zone de cargaison à condition qu'il soit installé un clapet antiretour à ressort qui empêche que des gaz puissent s'échapper de la zone de cargaison et atteindre les logements, timonerie et locaux de service en passant par le circuit d'air comprimé.

9.3.2.25.11 Si le bateau transporte plusieurs marchandises dangereuses susceptibles de réagir dangereusement entre elles une pompe séparée avec tuyauteries de chargement et de déchargement correspondantes doit être installée pour chaque matière. Les tuyauteries ne doivent pas passer dans une citerne à cargaison contenant les marchandises dangereuses avec lesquelles la matière est susceptible de réagir.

9.3.2.26 *Citernes à restes de cargaison et récipients pour produits résiduaires*

9.3.2.26.1 Lorsque le bateau est muni de citernes pour produits résiduaires ou de récipients pour produits résiduaires, ceux-ci doivent être situés dans la zone de cargaison et satisfaire aux dispositions des 9.3.2.26.2 et 9.3.2.26.3. Les récipients pour produits résiduaires ne sont admis que dans la zone de cargaison sur le pont et doivent se trouver à une distance minimale de la coque égale au quart de la largeur du bateau.

9.3.2.26.2 Les citernes pour produits résiduaires doivent être munies:

- D'un indicateur de niveau;

- De raccords, avec dispositifs de sectionnement, pour tuyauteries rigides et tuyauteries flexibles;

- D'une soupape de dépression et de surpression;

  La soupape de surpression doit être dimensionnée de sorte qu'au cours de l'opération de transport elle ne s'ouvre pas en fonctionnement normal. Cette condition est remplie lorsque la pression d'ouverture de la soupape satisfait aux conditions exigées à la colonne (10) du tableau C du chapitre 3.2 pour les matières à transporter.

Lorsque la liste des matières du bateau selon 1.16.1.2.5 doit contenir des matières pour lesquelles la protection contre les explosions est exigée selon la colonne (17) du tableau C du chapitre 3.2, la soupape de dépression doit être conçue de manière à résister à la déflagration. La résistance à la déflagration peut aussi être assurée par un coupc-flammes.

Lorsque la liste des matières du bateau selon 1.16.1.2.5 doit contenir des matières pour lesquelles la protection contre les explosions est exigée selon la colonne (17) du tableau C du chapitre 3.2, ou pour lesquelles la lettre T figure dans de la colonne (3b) du tableau C du chapitre 3.2, la soupape de surpression doit être conçue comme une soupape de dégagement à grande vitesse.

La soupape de dégagement à grande vitesse doit être dimensionnée de sorte qu'au cours de l'opération de transport elle ne s'ouvre pas en fonctionnement normal. Cette condition est remplie lorsque la pression d'ouverture de la soupape satisfait aux conditions exigées à la colonne (10) du tableau C du chapitre 3.2 pour la matière à transporter.

La soupape de dégagement à grande vitesse et la soupape de dépression résistant à la déflagration doivent être sélectionnées en fonction des groupes/sous-groupes d'explosion auxquels appartiennent les matières prévues dans la liste des matières du bateau (voir colonne (16) du tableau C du chapitre 3.2).

La contenance maximale admissible est de 30 m³.

9.3.2.26.3   Les récipients pour produits résiduaires doivent être munis:

-    D'une possibilité d'indication du niveau de remplissage;

-    De raccords, avec dispositifs de sectionnement, pour tuyauteries rigides et tuyauteries flexibles;

-    D'un raccord permettant d'évacuer de manière sûre les gaz s'échappant pendant le remplissage.

9.3.2.26.4   *(Supprimé)*

9.3.2.27   **Système de réfrigération**

9.3.2.27.1   Un système de réfrigération visé au 9.3.2.24.1 a) doit se composer d'un ou de plusieurs ensembles capables de maintenir au niveau prescrit la pression et la température de la cargaison aux limites supérieures des températures ambiantes de calcul. À moins qu'un autre moyen de régulation de la pression et de la température de la cargaison jugé satisfaisant par une société de classification agréée ne soit prévu, un ou plusieurs ensembles de secours ayant un débit au moins égal à celui de l'ensemble le plus important prescrit doivent être prévus. Un ensemble de secours doit comprendre un compresseur, son moteur, son dispositif de commande et tous les accessoires nécessaires pour lui permettre de fonctionner indépendamment des ensembles utilisés normalement. Un échangeur de chaleur de secours doit être prévu à moins que l'échangeur de chaleur normal de l'appareil n'ait une capacité excédentaire égale à 25 % au moins de la plus grande capacité prescrite. Il n'est pas nécessaire de prévoir des tuyauteries séparées.

Les citernes à cargaison, les tuyauteries et les accessoires doivent être isolés de manière qu'en cas de panne de tous les systèmes de réfrigération la cargaison entière demeure pendant au moins 52 heures dans un état ne causant pas l'ouverture des soupapes de sûreté.

9.3.2.27.2 Les dispositifs de sûreté et les tuyaux de raccordement au système de réfrigération doivent être raccordés aux citernes à cargaison au-dessus de la phase liquide lorsque les citernes à cargaison sont remplies à leur taux maximal. Ils doivent rester dans la phase gazeuse même lorsque le bateau prend un angle de gîte de 12°.

9.3.2.27.3 Lorsque plusieurs cargaisons réfrigérées dont la réaction chimique peut être dangereuse sont transportées simultanément, une attention particulière doit être prêtée aux systèmes de réfrigération pour éviter un mélange éventuel des cargaisons. En cas de transport de ces cargaisons, des systèmes de réfrigération séparés, chacun comportant un ensemble complet de secours visé au 9.3.2.27.1, doivent être prévus pour chaque cargaison. Toutefois, lorsque la réfrigération est assurée par un système indirect ou mixte et qu'une fuite dans les échangeurs de chaleur ne peut entraîner dans aucune circonstance prévisible un mélange des cargaisons, il n'y a pas lieu de prévoir des ensembles de réfrigération séparés pour les différentes cargaisons.

9.3.2.27.4 Lorsque plusieurs cargaisons réfrigérées ne sont pas solubles l'une dans l'autre dans les conditions du transport, de telle sorte que leurs tensions de vapeur s'additionnent en cas de mélange, une attention particulière doit être prêtée aux systèmes de réfrigération pour éviter un mélange éventuel des cargaisons.

9.3.2.27.5 Lorsque les systèmes de réfrigération nécessitent de l'eau pour le refroidissement, une quantité suffisante doit être fournie par une pompe ou des pompes utilisées exclusivement à cet effet. Cette pompe ou ces pompes doivent avoir au moins deux tuyaux d'aspiration partant de deux prises d'eau, l'une à bâbord, l'autre à tribord. Une pompe de secours ayant un débit satisfaisant doit être prévue; cette pompe peut être une pompe utilisée à d'autres fins à condition que son emploi pour l'alimentation en eau de refroidissement ne nuise à aucun autre service essentiel.

9.3.2.27.6 Le système de réfrigération peut prendre l'une des formes ci-après:

a) Système direct – Les vapeurs de cargaison sont comprimées, condensées et renvoyées dans les citernes à cargaison. Pour certaines cargaisons spécifiées au tableau C du chapitre 3.2, ce système ne doit pas être utilisé. Cette prescription est indiquée par l'observation 35 à la colonne (20) du tableau C du chapitre 3.2;

b) Système indirect – La cargaison ou les vapeurs de cargaison sont refroidies ou condensées par un réfrigérant sans être comprimées;

c) Système mixte – Les vapeurs de cargaison sont comprimées et condensées dans un échangeur de chaleur cargaison/réfrigérant et renvoyées dans les citernes à cargaison. Pour certaines cargaisons indiquées au tableau C du chapitre 3.2, ce système ne doit pas être utilisé. Cette prescription est indiquée par l'observation 36 à la colonne (20) du tableau C du chapitre 3.2.

9.3.2.27.7 Tous les fluides réfrigérants primaires et secondaires doivent être compatibles les uns avec les autres et avec la cargaison avec laquelle ils peuvent entrer en contact. L'échange de chaleur peut se faire soit loin de la citerne à cargaison, soit à l'aide de serpentins de refroidissement fixés à l'intérieur ou à l'extérieur de la citerne à cargaison.

9.3.2.27.8 Lorsque le système de réfrigération est installé dans un local de service particulier, ce local de service doit répondre aux exigences du 9.3.2.17.6.

9.3.2.27.9 Pour toutes les installations recevant la cargaison, le coefficient de transmission thermique utilisé pour calculer le temps de retenue (7.2.4.16.16 et 7.2.4.16.17) doit être déterminé par calcul. Lorsque le bateau est achevé, l'exactitude du calcul doit être vérifiée au moyen d'un essai d'équilibrage thermique. Le calcul et l'essai doivent être exécutés sous le contrôle de la société de classification agréée qui a classé le bateau.

Le coefficient de transmission thermique doit être consigné sur un document conservé à bord. Il doit être vérifié à chaque renouvellement du certificat d'agrément.

9.3.2.27.10 Un certificat provenant d'une société de classification agréée attestant que le bateau satisfait aux prescriptions des 9.3.2.24.1 à 9.3.2.24.3, 9.3.2.27.1 et 9.3.2.27.4 ci-dessus doit être présenté en même temps que la demande de délivrance ou de renouvellement du certificat d'agrément.

9.3.2.28 *Installation de pulvérisation d'eau*

Dans les cas où une pulvérisation d'eau est exigée à la colonne (9) du tableau C du chapitre 3.2, il doit être installé un système de pulvérisation d'eau dans la zone de cargaison sur le pont permettant de précipiter les émissions de gaz provenant du chargement ou de refroidir le haut des citernes à cargaison par aspersion d'eau sur la totalité de leur surface afin d'éviter de manière sûre le déclenchement des soupapes de surpression/soupapes de dégagement à grande vitesse à 50 kPa (0,5 bar).

Le système pour la précipitation des gaz doit être muni d'un raccord permettant l'alimentation depuis une installation à terre.

Les pulvérisateurs doivent être installés de manière que la totalité du pont des citernes à cargaison soit atteint et que les gaz qui se sont échappés soient précipités de manière sûre.

L'installation doit pouvoir être mise en action à partir de la timonerie et à partir du pont. Sa capacité doit être telle qu'en cas de fonctionnement de tous les pulvérisateurs, le débit soit d'au moins 50 litres par m^2 de surface de pont et par heure.

9.3.2.29 et (*Réservés*)
9.3.2.30

9.3.2.31 *Machines*

9.3.2.31.1 Seuls les moteurs à combustion interne utilisant un combustible qui a un point d'éclair supérieur à 55 °C sont admis. Cette disposition ne s'applique pas aux moteurs à combustion interne qui font partie d'un système de propulsion ou d'un système auxiliaire. Ces systèmes devant satisfaire aux prescriptions du chapitre 30 et de la section 1 de l'annexe 8 du Standard européen établissant les prescriptions techniques des bateaux de navigation intérieure (ES-TRIN), dans sa version modifiée[2].

9.3.2.31.2 Les orifices d'aération de la salle des machines et, lorsque les moteurs n'aspirent pas l'air directement dans la salle des machines, les orifices d'aspiration d'air des moteurs doivent être situés à 2,00 m au moins de la zone de cargaison.

9.3.2.31.3 et (*Supprimés*)
9.3.2.31.4

9.3.2.31.5 La ventilation dans la salle des machines fermée doit être conçue de telle manière qu'à une température ambiante de 20 °C, la température moyenne dans la salle des machines ne dépasse pas 40 °C.

---

[2] *Tel qu'il figure sur le site Web du Comité européen pour l'élaboration de standards dans le domaine de la navigation intérieure (CESNI), à l'adresse suivante: https://www.cesni.eu/documents/es-trin/.*

9.3.2.32	*Réservoirs à combustible*

9.3.2.32.1 Si le bateau est construit avec des espaces de cales, les doubles fonds dans cette zone peuvent servir de réservoirs à combustible à condition d'avoir au moins 0,6 m de profondeur.

Les tuyauteries et les ouvertures de ces réservoirs à combustible ne doivent pas être situées dans les espaces de cales.

9.3.2.32.2 Les orifices des tuyaux d'aération de chaque réservoir à combustible doivent aboutir à 0,5 m au moins au-dessus du pont découvert. Ces orifices et les orifices des tuyaux de trop-plein aboutissant sur le pont doivent être munis d'un dispositif protecteur constitué par un grillage ou une plaque perforée.

9.3.2.33 *(Réservé)*

9.3.2.34 ***Tuyaux d'échappement des moteurs***

9.3.2.34.1 Les gaz d'échappement doivent être rejetés au-dehors du bateau soit vers le haut par un tuyau d'échappement, soit par un orifice dans le bordé. L'orifice d'échappement doit être situé à 2,00 m au moins de la zone de cargaison. Les tuyaux d'échappement des moteurs de propulsion doivent être placés de telle manière que les gaz d'échappement soient entraînés loin du bateau. La tuyauterie d'échappement ne doit pas être située dans la zone de cargaison.

9.3.2.34.2 Les tuyaux d'échappement des moteurs doivent être munis d'un dispositif empêchant la sortie d'étincelles, par exemple d'un pare-étincelles.

9.3.2.35 ***Installations d'assèchement et de ballastage***

9.3.2.35.1 Les pompes d'assèchement et de ballastage pour les locaux situés dans la zone de cargaison doivent être installées à l'intérieur de ladite zone.

Cette prescription ne s'applique pas:

— aux espaces de double coque et doubles fonds qui n'ont pas de paroi commune avec les citernes à cargaison;

— aux cofferdams, espaces de double coque, espaces de cales et doubles fonds lorsque le ballastage est effectué au moyen de la tuyauterie de l'installation de lutte contre l'incendie située dans la zone de cargaison et que l'assèchement a lieu au moyen d'éjecteurs installés dans la zone de cargaison.

9.3.2.35.2 Si le double fond sert de réservoir à combustible, il ne doit pas être relié à la tuyauterie d'assèchement.

9.3.2.35.3 Si la pompe de ballastage est installée dans la zone de cargaison, la tuyauterie verticale et son raccord au droit du bordé pour aspirer l'eau de ballastage doivent être situés à l'intérieur de la zone de cargaison mais à l'extérieur des citernes à cargaison.

9.3.2.35.4 Une chambre des pompes sous le pont doit pouvoir être asséchée en cas d'urgence par une installation située dans la zone de cargaison et indépendante de toute autre installation. Cette installation doit se trouver à l'extérieur de la chambre des pompes à cargaison.

9.3.2.36 à *(Réservés)*
9.3.2.39

9.3.2.40   *Dispositifs d'extinction d'incendie*

9.3.2.40.1   Le bateau doit être muni d'une installation d'extinction d'incendie. Cette installation doit être conforme aux prescriptions ci-après:

– Elle doit être alimentée par deux pompes à incendie ou de ballastage indépendantes. L'une d'elles doit être prête à fonctionner à tout moment. Ces pompes ainsi que leurs propulsion et équipements électriques ne doivent pas être installées dans le même local;

– Elle doit être équipée d'une conduite d'eau comportant au moins trois bouches dans la zone de cargaison située au-dessus du pont. Trois tuyaux adéquats et suffisamment longs, munis de lances à jet/pulvérisation d'un diamètre de 12 mm au moins, doivent être prévues. À défaut, un ou plusieurs de ces tuyaux peuvent être remplacés par des lances à jet/pulvérisation orientables d'un diamètre de 12 mm au moins. On doit pouvoir atteindre tout point du pont dans la zone de cargaison avec deux jets simultanés d'eau provenant de bouches différentes.

Un clapet anti-retour à ressort doit empêcher que des gaz puissent s'échapper de la zone de cargaison et atteindre les logements, timonerie et locaux de service en passant par l'installation d'extinction d'incendie;

– La capacité de l'installation doit être suffisante pour obtenir d'un point quelconque du bateau un jet d'une longueur au moins égale à la largeur du bateau si deux lances à pulvérisation sont utilisées en même temps.

– Le système d'alimentation en eau doit pouvoir être mis en marche depuis la timonerie et depuis le pont.

– Des mesures doivent être prises pour éviter le gel des collecteurs principaux d'incendie et des bouches.

9.3.2.40.2   En outre, la salle des machines, la chambre des pompes et tout local contenant des matériels indispensables (tableaux de distribution, compresseurs, etc.) pour le matériel de réfrigération, le cas échéant, doivent être équipées d'une installation d'extinction d'incendie fixée à demeure, répondant aux exigences suivantes:

9.3.2.40.2.1   *Agents extincteurs*

Pour la protection du local dans les salles des machines, salles de chauffe et salles des pompes, seules sont admises les installations d'extinction d'incendie fixées à demeure utilisant les agents extincteurs suivants:

a) CO_2 (dioxyde de carbone);

b)   HFC 227 ea (heptafluoropropane);

c)   IG-541 (52 % azote, 40 % argon, 8 % dioxyde de carbone).

d)   FK-5-1-12 (Dodécafluoro-2-méthylpentan-3-one);

e)   *(Réservé)*

f) K_2CO_3 (carbonate de potassium).

Les autres agents extincteurs sont uniquement admis sur la base de recommandations du Comité d'administration.

9.3.2.40.2.2   *Ventilation, extraction de l'air*

a)   L'air de combustion nécessaire aux moteurs à combustion assurant la propulsion ne doit pas provenir des locaux protégés par des installations d'extinction d'incendie fixées à demeure. Cette prescription n'est pas obligatoire si le bateau possède deux salles des machines principales indépendantes et séparées de manière étanche aux gaz ou s'il existe, outre la salle des machines principale, une salle des machines distincte où est installé un propulseur d'étrave capable d'assurer à lui seul la propulsion en cas d'incendie dans la salle des machines principale.

b)   Tout système de ventilation forcée du local à protéger doit être arrêté automatiquement dès le déclenchement de l'installation d'extinction d'incendie.

c)   Toutes les ouvertures du local à protéger par lesquelles peuvent pénétrer de l'air ou s'échapper du gaz doivent être équipées de dispositifs permettant de les fermer rapidement. L'état d'ouverture et de fermeture doit être clairement apparent.

d)   L'air s'échappant des soupapes de surpression de réservoirs à air pressurisé installés dans les salles des machines doit être évacué à l'air libre.

e)   La surpression ou dépression occasionnée par la diffusion de l'agent extincteur ne doit pas détruire les éléments constitutifs du local à protéger. L'équilibrage de pression doit pouvoir être assuré sans danger.

f)   Les locaux protégés doivent être équipés de moyens permettant d'assurer l'évacuation de l'agent extincteur et des gaz de combustion. Ces moyens doivent pouvoir être commandés à partir d'un emplacement situé à l'extérieur des locaux protégés, qui ne doit pas être rendu inaccessible en cas d'incendie dans ces locaux. Si des dispositifs d'aspiration sont installés à demeure, ceux-ci ne doivent pas pouvoir être mis en marche pendant le processus d'extinction.

9.3.2.40.2.3   *Système avertisseur d'incendie*

Le local à protéger doit être surveillé par un système avertisseur d'incendie approprié. Le signal avertisseur doit être audible dans la timonerie, les logements et dans le local à protéger.

9.3.2.40.2.4   *Système de tuyauteries*

a)   L'agent extincteur doit être acheminé et réparti dans le local à protéger au moyen d'un système de tuyauteries installé à demeure. Les tuyauteries installées à l'intérieur du local à protéger ainsi que leurs accessoires doivent être en acier. Ceci ne s'applique pas aux embouts de raccordement des réservoirs et des compensateurs sous réserve que les matériaux utilisés possèdent des propriétés ignifuges équivalentes. Les tuyauteries doivent être protégées tant à l'intérieur qu'à l'extérieur contre la corrosion.

b)   Les buses de distribution doivent être disposées de manière à assurer une répartition régulière de l'agent extincteur. En particulier, l'agent extincteur doit également agir sous le plancher.

9.3.2.40.2.5   *Dispositif de déclenchement*

a)   Les installations d'extinction d'incendie à déclenchement automatique ne sont pas admises.

b)   L'installation d'extinction d'incendie doit pouvoir être déclenchée depuis un endroit approprié situé à l'extérieur du local à protéger.

c) Les dispositifs de déclenchement doivent être installés de manière à pouvoir être actionnés en cas d'incendie et de manière à réduire autant que possible le risque de panne de ces dispositifs en cas d'incendie ou d'explosion dans le local à protéger.

Les installations de déclenchement non mécaniques doivent être alimentées par deux sources d'énergie indépendantes l'une de l'autre. Ces sources d'énergie doivent être placées à l'extérieur du local à protéger. Les conduites de commande situées dans le local à protéger doivent être conçues de manière à rester en état de fonctionner en cas d'incendie durant 30 minutes au minimum. Les installations électriques sont réputées satisfaire à cette exigence si elles sont conformes à la norme CEI 60331–21:1999.

Lorsque les dispositifs de déclenchement sont placés de manière non visible, l'élément faisant obstacle à leur visibilité doit porter le symbole "Installation de lutte contre l'incendie" de 10 cm de côté au minimum, ainsi que le texte suivant en lettres rouges sur fond blanc:

Installation d'extinction

d) Si l'installation d'extinction d'incendie est destinée à la protection de plusieurs locaux, elle doit comporter un dispositif de déclenchement distinct et clairement marqué pour chaque local.

e) A proximité de tout dispositif de déclenchement doit être apposé le mode d'emploi bien visible et inscrit de manière durable. Ce mode d'emploi doit être dans une langue que le conducteur peut lire et comprendre et si cette langue n'est pas l'anglais, le français ou l'allemand, en anglais, en français ou en allemand. Il doit notamment comporter des indications relatives

    i) au déclenchement de l'installation d'extinction d'incendie;

    ii) à la nécessité de s'assurer que toutes les personnes ont quitté le local à protéger;

    iii) Au comportement à adopter par l'équipage en cas de déclenchement et lors de l'accès au local à protéger après le déclenchement ou l'envahissement, notamment en ce qui concerne la présence possible de substances dangereuses;

    iv) au comportement à adopter par l'équipage en cas de dysfonctionnement de l'installation d'extinction d'incendie.

f) Le mode d'emploi doit mentionner qu'avant le déclenchement de l'installation d'extinction d'incendie les moteurs à combustions installés dans le local et aspirant l'air du local à protéger doivent être arrêtés.

9.3.2.40.2.6 *Appareil avertisseur*

a) Les installations d'extinction d'incendie fixées à demeure doivent être équipées d'un appareil avertisseur acoustique et optique.

b) L'appareil avertisseur doit se déclencher automatiquement lors du premier déclenchement de l'installation d'extinction d'incendie. Le signal avertisseur doit fonctionner pendant un délai approprié avant la libération de l'agent extincteur et ne doit pas pouvoir être arrêté.

c) Les signaux avertisseurs doivent être bien visibles dans les locaux à protéger et à leurs points d'accès et être clairement audibles dans les conditions d'exploitation correspondant au plus grand bruit propre possible. Ils doivent se distinguer clairement de tous les autres signaux sonores et optiques dans le local à protéger.

d) Les signaux avertisseurs sonores doivent également être clairement audibles dans les locaux avoisinants, les portes de communication étant fermées, et dans les conditions d'exploitation correspondant au plus grand bruit propre possible.

e) Si l'appareil avertisseur n'est pas auto-protégé contre les courts-circuits, la rupture de câbles et les baisses de tension, son fonctionnement doit pouvoir être contrôlé.

f) Un panneau portant l'inscription suivante en lettres rouge sur fond blanc doit être apposé de manière bien visible à l'entrée de tout local susceptible d'être atteint par l'agent extincteur:

Attention, installation d'extinction d'incendie,
Quitter immédiatement ce local au signal .... (description du signal) !

9.3.2.40.2.7   *Réservoirs sous pression, tuyauteries pressurisées et leurs accessoires*

a) Les réservoirs sous pression ainsi que les tuyauteries pressurisées et leurs accessoires doivent être conformes aux prescriptions de l'autorité compétente ou, s'il n'y a pas de telles prescriptions, ils doivent être conformes aux prescriptions d'une société de classification agréée.

b) Les réservoirs sous pression doivent être installés conformément aux instructions du fabricant.

c) Les réservoirs sous pression, tuyauteries pressurisées et leurs accessoires ne doivent pas être installés dans les logements.

d) La température dans les armoires et locaux de stockage des réservoirs sous pression ne doit pas dépasser 50 °C.

e) Les armoires ou locaux de stockage sur le pont doivent être solidement arrimés et disposer d'ouvertures d'aération disposées de sorte qu'en cas de défaut d'étanchéité d'un réservoir sous pression le gaz qui s'échappe ne puisse pénétrer à l'intérieur du bateau. Des liaisons directes avec d'autres locaux ne sont pas admises.

9.3.2.40.2.8   *Quantité d'agent extincteur*

Si la quantité d'agent extincteur est prévue pour plus d'un local, il n'est pas nécessaire que la quantité d'agent extincteur disponible soit supérieure à la quantité requise pour le plus grand des locaux ainsi protégés.

9.3.2.40.2.9   *Installation, entretien, contrôle et documentation*

a) Le montage ou la transformation de l'installation doit uniquement être assuré par une société spécialisée en installations d'extinction d'incendie. Les instructions (fiche technique du produit, fiche technique de sécurité) données par le fabricant de l'agent extincteur ou le constructeur de l'installation doivent être suivies.

b) L'installation doit être contrôlée par un expert

i)   avant la mise en service;

ii)   avant toute remise en service consécutive à son déclenchement;

iii) après toute modification ou réparation;

iv)   régulièrement et au minimum tous les deux ans.

c)   Au cours du contrôle, l'expert est tenu de vérifier la conformité de l'installation aux exigences du 9.3.2.40.2.

d)   Le contrôle comprend au minimum:

   i)   un contrôle externe de toute l'installation;

   ii)   un contrôle de l'étanchéité des tuyauteries;

   iii)   un contrôle du bon fonctionnement des systèmes de commande et de déclenchement;

   iv)   un contrôle de la pression et du contenu des réservoirs;

   v)   un contrôle de l'étanchéité des dispositifs de fermeture du local à protéger;

   vi)   un contrôle du système avertisseur d'incendie;

   vii)   un contrôle de l'appareil avertisseur.

e)   La personne qui a effectué le contrôle établit et signe une attestation relative à la vérification, avec mention de la date du contrôle.

f)   Le nombre des installations d'extinction d'incendie fixées à demeure doit être mentionné au certificat de bateau.

9.3.2.40.2.10   *Installation d'extinction d'incendie fonctionnant avec du CO_2*

Outre les exigences des 9.3.2.40.2.1 à 9.3.2.40.2.9, les installations d'extinction d'incendie utilisant le CO_2 en tant qu'agent extincteur doivent être conformes aux dispositions suivantes:

a)   Les réservoirs à CO_2 doivent être placés dans un local ou une armoire séparé des autres locaux de manière étanche aux gaz. Les portes de ces locaux et armoires de stockage doivent s'ouvrir vers l'extérieur, doivent pouvoir être fermées à clé et doivent porter à l'extérieur le symbole "Avertissement: danger général" d'une hauteur de 5 cm au minimum ainsi que la mention "CO_2" dans les mêmes couleurs et dimensions;

b)   Les armoires ou locaux de stockage des réservoirs à CO_2 situés sous le pont doivent uniquement être accessibles depuis l'extérieur. Ces locaux doivent disposer d'un système d'aération artificiel avec des cages d'aspiration et être entièrement indépendant des autres systèmes d'aération se trouvant à bord;

c)   Le degré de remplissage des réservoirs de CO_2 ne doit pas dépasser 0,75 kg/l. Pour le volume du CO_2 détendu on prendra 0,56 m^3/kg;

d)   La concentration de CO_2 dans le local à protéger doit atteindre au minimum 40% du volume brut dudit local. Cette quantité doit être libérée en 120 secondes. Le bon déroulement de l'envahissement doit pouvoir être contrôlé;

e)   L'ouverture des soupapes de réservoir et la commande de la soupape de diffusion doivent correspondre à deux opérations distinctes;

f)   Le délai approprié mentionné au 9.3.2.40.2.6 b) est de 20 secondes au minimum. La temporisation de la diffusion du CO_2 doit être assurée par une installation fiable.

9.3.2.40.2.11 *Installations d'extinction d'incendie fonctionnant avec du HFC-227 ea (heptafluoropropane)*

Outre les exigences des 9.3.2.40.2.1 à 9.3.2.40.2.9, les installations d'extinction d'incendie utilisant le HFC-227 ea en tant qu'agent extincteur doivent être conformes aux dispositions suivantes:

a)   En présence de plusieurs locaux présentant un volume brut différent, chaque local doit être équipé de sa propre installation d'extinction d'incendie;

b)   Chaque réservoir contenant du HFC-227 ea placé dans le local à protéger doit être équipé d'un dispositif évitant la surpression. Celui-ci doit assurer sans danger la diffusion du contenu du réservoir dans le local à protéger si ledit réservoir est soumis au feu alors que l'installation d'extinction d'incendie n'a pas été mise en service;

c)   Chaque réservoir doit être équipé d'un dispositif permettant de contrôler la pression du gaz;

d)   Le degré de remplissage des réservoirs ne doit pas dépasser 1,15 kg/l. Pour le volume spécifique du HFC-227 ea détendu, on prendra 0,1374 m^3/kg;

e)   La concentration de HFC-227 ea dans le local à protéger doit atteindre au minimum 8 % du volume brut dudit local. Cette quantité doit être libérée en 10 secondes;

f)   Les réservoirs de HFC-227 ea doivent être équipés d'un dispositif de surveillance de la pression déclenchant un signal d'alerte acoustique et optique dans la timonerie en cas de perte non conforme de gaz propulseur. En l'absence de timonerie, ce signal d'alerte doit être déclenché à l'extérieur du local à protéger;

g)   Après la diffusion, la concentration dans le local à protéger ne doit pas excéder 10,5 % (en volume);

h)   L'installation d'extinction d'incendie ne doit pas comporter de pièces en aluminium.

9.3.2.40.2.12 *Installations d'extinction d'incendie fonctionnant avec de l'IG-541*

Outre les exigences des 9.3.2.40.2.1 à 9.3.2.40.2.9, les installations d'extinction d'incendie utilisant l'IG-541 en tant qu'agent extincteur doivent être conformes aux dispositions suivantes:

a)   En présence de plusieurs locaux présentant un volume brut différent, chaque local doit être équipé de sa propre installation d'extinction d'incendie;

b)   Chaque réservoir contenant de l'IG-541 placé dans le local à protéger doit être équipé d'un dispositif évitant la surpression. Celui-ci doit assurer sans danger la diffusion du contenu du réservoir dans le local à protéger si ledit réservoir est soumis au feu alors que l'installation d'extinction d'incendie n'a pas été mise en service;

c)   Chaque réservoir doit être équipé d'un dispositif permettant de contrôler le contenu;

d)   La pression de remplissage des réservoirs ne doit pas dépasser 200 bar à une température de +15°C;

e)   La concentration de l'IG-541 dans le local à protéger doit atteindre au minimum 44 % et au maximum 50 % du volume brut dudit local. Cette quantité doit être libérée en 120 secondes.

9.3.2.40.2.13   *Installations d'extinction d'incendie fonctionnant avec du FK-5-1-12*

Outre les exigences des 9.3.2.40.2.1 à 9.3.2.40.2.9, les installations d'extinction d'incendie utilisant le FK-5-1-12 en tant qu'agent extincteur doivent être conformes aux dispositions suivantes:

a)   En présence de plusieurs locaux présentant un volume brut différent, chaque local doit être équipé de sa propre installation d'extinction d'incendie.

b)   Chaque réservoir contenant du FK-5-1-12 placé dans le local à protéger doit être équipé d'un dispositif évitant la surpression. Celui-ci doit assurer sans danger la diffusion du contenu du réservoir dans le local à protéger si ledit réservoir est soumis au feu alors que l'installation d'extinction d'incendie n'a pas été mise en service.

c)   Chaque réservoir doit être équipé d'un dispositif permettant de contrôler la pression du gaz.

d)   Le degré de remplissage des réservoirs ne doit pas dépasser 1,00 kg/l. Pour le volume spécifique du FK-5-1-12 détendu on prendra 0,0719 m^3/kg.

e)   Le volume de FK-5-1-12 à introduire dans le local à protéger doit atteindre au minimum 5,5 % du volume brut dudit local. Cette quantité doit être libérée en 10 secondes.

f)   Les réservoirs de FK-5-1-12 doivent être équipés d'un dispositif de surveillance de la pression déclenchant un signal d'alerte acoustique et optique dans la timonerie en cas de perte non conforme d'agent extincteur. En l'absence de timonerie, ce signal d'alerte doit être déclenché à l'extérieur du local à protéger.

g)   Après la diffusion, la concentration dans le local à protéger ne doit pas excéder 10,0 %.

9.3.2.40.2.14   *(Réservé)*

9.3.2.40.2.15   *Installations d'extinction d'incendie utilisant le K_2CO_3 en tant qu'agent extincteur*

Outre les exigences des 9.3.2.40.2.1 à 9.3.2.40.2.3, 9.3.2.40.2.5, 9.3.2.40.2.6 et 9.3.2.40.2.9, les installations d'extinction d'incendie utilisant le K_2CO_3 en tant qu'agent extincteur doivent être conformes aux dispositions suivantes:

a)   L'installation d'extinction d'incendie doit posséder un agrément de type conformément à la directive 2014/90/UE[3] ou à la circulaire MSC/Circ.1270[4];

b)   Chaque local doit être équipé de sa propre installation d'extinction;

c)   L'agent extincteur est conservé dans des réservoirs non pressurisés spécifiquement prévus à cet effet dans le local à protéger. Ces réservoirs doivent être installés de manière à ce que l'agent extincteur puisse se répartir uniformément dans le local. En particulier, l'agent extincteur doit également agir sous le plancher;

d)   Chaque réservoir doit être relié individuellement au dispositif de déclenchement;

e)   La quantité d'agent extincteur sec formant un aérosol correspondant au local à protéger doit être d'au moins 120 g par m^3 de volume net du local concerné. Ce volume net est

---

[3]   *Journal officiel de l'Union européenne, L 257 du 28 août 2014, p. 146.*

[4]   *Circulaire MSC/Circ. 1270 et rectificatifs de l'Organisation maritime internationale – Directives révisées pour l'approbation des dispositifs fixes d'extinction de l'incendie à aérosol équivalant aux dispositifs fixes d'extinction de l'incendie par le gaz, visés par la convention SOLAS de 1974, qui sont destinés aux locaux de machines – adoptée le 4 juin 2008.*

calculé conformément à la directive 2014/90/UE[3] ou à la circulaire MSC/Circ.1270[4]. L'agent extincteur doit pouvoir être diffusé dans les 120 s.

9.3.2.40.2.16   *Installation d'extinction d'incendie pour la protection des objets, fixée à demeure*

Pour la protection des objets dans les salles des machines, salles de chauffe et salles des pompes, les installations d'extinction d'incendie fixées à demeure sont uniquement admises sur la base de recommandations du Comité d'administration.

9.3.2.40.3   Les deux extincteurs d'incendie prescrits au 8.1.4 doivent être placés dans la zone de cargaison.

9.3.2.40.4   L'agent extincteur et sa quantité contenus dans les installations d'extinction fixées à demeure doivent être appropriés et suffisants pour combattre les incendies.

9.3.2.41   ***Feu et lumière non protégée***

9.3.2.41.1   Les orifices de cheminées doivent être situés à 2,00 m au moins de la zone de cargaison. Des mesures doivent être prises pour empêcher la sortie d'étincelles et la pénétration d'eau.

9.3.2.41.2   Les appareils de chauffage, de cuisson ou de réfrigération ne doivent pas utiliser de combustible liquide, de gaz liquide ou de combustible solide.

Toutefois, l'installation, dans la salle des machines ou dans un autre local approprié à cet effet, d'appareils de chauffage ou de chaudières utilisant un combustible liquide ayant un point d'éclair de plus de 55 °C est autorisée.

Les appareils de cuisson ou de réfrigération ne sont admis que dans les logements.

9.3.2.41.3   Seulement les lampes électriques sont autorisées.

9.3.2.42   ***Installation de chauffage de la cargaison***

9.3.2.42.1   Les chaudières servant au chauffage de la cargaison doivent utiliser un combustible liquide ayant un point d'éclair de plus de 55 °C. Elles doivent être placées soit dans la salle des machines, soit dans un local spécial situé sous le pont en dehors de la zone de cargaison, accessible depuis le pont ou depuis la salle des machines.

9.3.2.42.2   L'installation de chauffage de la cargaison doit être conçue de telle manière que la matière transportée ne puisse remonter jusqu'à la chaudière en cas de défaut d'étanchéité dans les serpentins de réchauffage. Toute installation de chauffage de la cargaison à tirage forcé doit être à allumage électrique.

9.3.2.42.3   La puissance du système de ventilation de la salle des machines doit être fixée en fonction de la quantité d'air nécessaire pour la chaudière.

9.3.2.42.4   Si l'installation de chauffage de la cargaison est utilisée lors du chargement, du déchargement ou du dégaze avec une concentration provenant de la cargaison supérieure ou égale à 10 % de la LIE, le local de service dans lequel est placée l'installation doit répondre entièrement aux prescriptions du 9.3.2.52.1. Cette prescription ne s'applique pas aux orifices d'aspiration du système de ventilation. Ces orifices doivent être situés à une distance minimale de 2 m de la zone de cargaison et de 6 m d'orifices de citernes à cargaison ou à restes de cargaison, de pompes de chargement situées sur le pont, d'orifices de soupapes de dégagement à grande

---

[3]   *Journal officiel de l'Union européenne, L 257 du 28 août 2014, p. 146.*

[4]   *Circulaire MSC/Circ. 1270 et rectificatifs de l'Organisation maritime internationale – Directives révisées pour l'approbation des dispositifs fixes d'extinction de l'incendie à aérosol équivalant aux dispositifs fixes d'extinction de l'incendie par le gaz, visés par la convention SOLAS de 1974, qui sont destinés aux locaux de machines – adoptée le 4 juin 2008.*

vitesse, de soupapes de surpression et des raccordements à terre des tuyauteries de chargement et de déchargement et ils doivent être situés à 2 m au moins au-dessus du pont.

Les prescriptions du 9.3.2.52.1 ne sont pas applicables en cas de déchargement de matières ayant un point d'éclair supérieur ou égal à 60 °C lorsque la température du produit est inférieure au moins de 15 K au point d'éclair.

9.3.2.43 à 9.3.2.49	*(Réservés)*

9.3.2.50   *(Supprimé)*

9.3.2.51   ***Températures de surface des installations et équipements***

    a)   Les températures de surface des installations et équipements électriques et non électriques ne doivent pas dépasser 200 °C;

    b)   Les températures de surfaces de parties extérieures des moteurs ainsi que de leurs circuits de ventilation et de gaz d'échappement ne doivent pas dépasser 200 °C;

    c)   Lorsque la liste des matières du bateau selon 1.16.1.2.5 doit contenir des matières pour lesquelles la classe de température T4, T5 ou T6, figure dans la colonne (15) du tableau C du chapitre 3.2, les températures de surface correspondantes de 135 °C (T4), 100 °C (T5) ou 85 °C (T6) ne doivent pas être dépassées dans les zones assignées à bord;

    d)   Les alinéas a) et b) ne s'appliquent pas si les exigences suivantes sont respectées (voir aussi le 7.2.3.51.4):

        i)   Les logements, la timonerie et les locaux de service dans lesquels les températures de surface peuvent être plus élevées que celles mentionnées aux alinéas a) et b) sont équipés d'un système de ventilation selon 9.3.2.12.4 b); ou

        ii)   Les installations et équipements qui donnent lieu à des températures de surface plus élevées que celles indiquées respectivement à l'alinéa a) ou à l'alinéa b) doivent pouvoir être arrêtés. Ces installations et équipements doivent être marqués en rouge.

9.3.2.52   ***Type et emplacement des installations et équipements électriques***

9.3.2.52.1   Les installations et équipements électriques doivent être au moins du type "à risque limité d'explosion".

Cette prescription ne s'applique pas:

    a)   aux installations d'éclairage dans les logements et dans la timonerie, à l'exception des interrupteurs placés à proximité des entrées;

    b)   aux téléphones portables, aux installations téléphoniques fixes, aux ordinateurs fixes et portables et aux instruments de chargement dans les logements et dans la timonerie;

    c)   aux installations et équipements qui, pendant le séjour à proximité immédiate ou à l'intérieur d'une zone assignée à terre:

        i)   sont éteints; ou

        ii)   sont placés dans des locaux équipés d'un système de ventilation selon 9.3.2.12.4;

d)   aux installations de radiotéléphonie et aux appareils AIS Intérieur (systèmes d'identification automatique) dans les logements et dans la timonerie, à condition qu'aucune partie d'une antenne pour installation de radiotéléphonie ou appareil AIS ne se trouve au-dessus ou à moins de 2,00 m de la zone de cargaison.

9.3.2.52.2   Dans les cofferdams, espaces de double-coque, doubles fonds et espaces de cales ne sont autorisés que les émetteurs de sonar en enceinte hermétique dont les câbles sont acheminés jusqu'au pont principal dans des tubes en acier à paroi épaisse munis de joints étanches aux gaz.

9.3.2.52.3   Les installations et équipements électriques fixés à demeure qui ne satisfont pas aux prescriptions des 9.3.2.51 a), 9.3.2.51 b) et 9.3.2.52.1 ci-dessus, ainsi que leurs appareils de commutation, doivent être marqués en rouge. La déconnexion de ces installations et équipements doit s'effectuer à un emplacement centralisé à bord.

9.3.2.52.4   Tout réseau de distribution isolé doit être muni d'un dispositif automatique de contrôle de l'isolation, muni d'un avertisseur optique et acoustique.

9.3.2.52.5   Ne sont admis que les systèmes de distribution sans conducteur de retour à la coque. Cette prescription ne s'applique pas:

–   Aux installations cathodiques de protection contre la corrosion par courants externes;

–   A certaines parties limitées de l'installation situées en dehors de la zone de cargaison (branchement du démarreur des moteurs diesel, par exemple);

–   Au dispositif de contrôle de l'isolation mentionné au 9.3.2.52.4.

9.3.2.52.6   Tout générateur électrique entraîné en permanence par un moteur, et ne répondant pas aux prescriptions du 9.3.2.52.1 ci-dessus, doit être équipé d'un interrupteur multipolaire permettant d'arrêter le générateur. Il doit être apposé, à proximité de l'interrupteur, une plaque donnant des consignes d'utilisation.

9.3.2.52.7   Les pannes d'alimentation de l'équipement de contrôle et de sécurité doivent être immédiatement signalées par des avertisseurs optiques et acoustiques dans la timonerie et sur le pont. L'alarme doit être automatiquement relayée vers les logements dans le cas où elle n'a pas été arrêtée.

9.3.2.52.8   Les commutateurs, prises et câbles électriques sur le pont doivent être protégés contre les dommages mécaniques.

9.3.2.52.9   Les prises destinées à alimenter des feux de signalisation et l'éclairage des passerelles doivent être solidement fixées au bateau à proximité immédiate du mât de signalisation ou de la passerelle. Ces prises doivent être conçues de sorte que la connexion ou déconnexion ne soit possible que lorsqu'elles sont hors tension.

9.3.2.52.10   Les accumulateurs doivent être situés en dehors de la zone de cargaison.

9.3.2.53   ***Type et emplacement des installations et équipements électriques et non électriques destinés à être utilisés dans des zones de risque d'explosion***

9.3.2.53.1   À bord des bateaux auxquels s'applique le classement en zones conformément à la définition du 1.2.1, les installations et équipements électriques et non électriques utilisés dans les zones de risque d'explosion doivent satisfaire au moins aux exigences pour une utilisation dans la zone concernée.

Ils doivent être sélectionnés en fonction des groupes/sous-groupes d'explosion et classes de température auxquels appartiennent les matières à transporter (voir colonnes (15) et (16) du tableau C du chapitre 3.2).

Lorsque la liste des matières du bateau selon 1.16.1.2.5 doit contenir des matières pour lesquelles une classe de température T4, T5 ou T6 figure dans la colonne (15) du tableau C du chapitre 3.2, les températures de surface correspondantes ne doivent pas dépasser 135 °C (T4), 100 °C (T5) ou respectivement 85 °C (T6) dans les zones assignées.

Lorsque la liste des matières du bateau selon 1.16.1.2.5 doit contenir des matières pour lesquelles la classe de température T1 ou T2 figure dans la colonne (15) du tableau C du chapitre 3.2, les températures de surface correspondantes ne doivent pas dépasser 200 °C dans les zones assignées.

9.3.2.53.2   À l'exception des fibres optiques, les câbles électriques doivent être blindés ou sous gaine métallique ou être posés dans des tubes de protection.

Les câbles électriques du système actif de protection cathodique de la coque doivent être acheminés jusqu'au pont principal dans des tubes de protection en acier à paroi épaisse munis de joints étanches aux gaz.

9.3.2.53.3   Les câbles électriques mobiles sont interdits dans la zone de danger d'explosion, à l'exception des câbles électriques pour les circuits à sécurité intrinsèque et pour le raccordement:

a)   Des feux de signalisation et de passerelle, si le point de raccordement (par ex. la prise de courant) est installé à demeure à bord du bateau à proximité immédiate du mât de signalisation ou de la passerelle;

b)   Du réseau électrique du bateau à un réseau électrique à terre; si:

–   Ces câbles électriques et l'unité d'alimentation à bord sont conformes à une norme en vigueur (par ex. EN 15869-03:2010);

–   L'unité d'alimentation et les connecteurs sont situés à l'extérieur de la zones de danger d'explosion.

Le branchement et le débranchement des prises/connecteurs ne doivent être possibles que hors tension.

9.3.2.53.4   Les câbles électriques des circuits à sécurité intrinsèque doivent être séparés des autres câbles non destinés à être utilisés pour ces circuits et porter un marquage (ils ne doivent pas être réunis avec ces derniers en un même faisceau, ni fixés au moyen des mêmes brides).

9.3.2.53.5   Pour les câbles électriques mobiles admis en vertu du 9.3.2.53.3 seuls des gaines du type H07RN-F selon la norme CEI 60245-4:2011[5] ou des câbles électriques de caractéristiques au moins équivalentes ayant des conducteurs d'une section minimale de 1,50 mm² doivent être utilisés.

9.3.2.54   *Mise à la masse*

9.3.2.54.1   Dans la zone de cargaison, les parties métalliques des installations et équipements électriques qui ne sont pas sous tension en exploitation normale, ainsi que les accessoires et gaines métalliques des câbles, doivent être mis à la masse, pour autant qu'ils ne le sont pas automatiquement de par leur montage du fait de leur contact avec la structure métallique du bateau.

---

[5]   *Identique à EN 50525-2-21:2011*

9.3.2.54.2   Les prescriptions du 9.3.2.54.1 s'appliquent aussi aux installations ayant une tension inférieure à 50 Volt.

9.3.2.54.3   Les citernes à cargaison indépendantes, grands récipients pour vrac métalliques et conteneurs-citerne doivent être mis à la terre.

9.3.2.54.4   Les récipients pour produits résiduaires doivent pouvoir être mis à la terre.

9.3.2.55   *(Réservé)*

9.3.2.56   *(Supprimé)*

9.3.2.57 à   *(Réservés)*
9.3.2.59

9.3.2.60   *Équipement spécial*

Une douche et une installation pour le rinçage des yeux et du visage doivent se trouver à bord à un endroit accessible directement de la zone de cargaison. L'eau doit être de la qualité de l'eau potable disponible à bord.

NOTA: *Des produits supplémentaires de décontamination pour éviter la corrosion des yeux et de la peau sont autorisés.*

Le raccordement de cet équipement spécial à une zone située hors de la zone de cargaison est admis.

L'équipement spécial doit être muni d'un clapet antiretour à ressort de sorte qu'aucun gaz ne puisse s'échapper hors de la zone de cargaison par la douche ou l'installation pour le rinçage des yeux et du visage.

9.3.2.61   *(Réservé)*

9.3.2.62   *Soupape pour le dégazage dans une station de réception*

Une soupape basse pression à ressort fixe ou mobile utilisée lors du dégazage dans une station de réception doit être raccordée à la tuyauterie d'aspiration d'air. Si la liste des matières du bateau selon le 1.16.1.2.5 contient des matières pour lesquelles la protection contre les explosions est exigée à la colonne (17) du tableau C du chapitre 3.2, la soupape doit être munie d'un coupe-flammes résistant aux déflagrations. Lorsque le bateau n'est pas en cours de dégazage dans une station de réception, la soupape doit être obturée par une bride borgne. La soupape basse pression doit être montée de manière que, dans des conditions normales d'exploitation, la soupape de dépression ne soit pas activée.

NOTA: *Le dégazage fait partie des conditions normales d'exploitation.*

9.3.2.63 à   *(Réservés)*
9.3.2.70

9.3.2.71   *Accès à bord*

Les pancartes interdisant l'accès à bord conformément au 8.3.3 doivent être facilement lisibles de part et d'autre du bateau.

9.3.2.72 à   *(Réservés)*
9.3.2.73

9.3.2.74   *Interdiction de fumer, de feu et de lumière non protégée*

9.3.2.74.1   Les panneaux interdisant de fumer conformément au 8.3.4 doivent être facilement lisibles de part et d'autre du bateau.

9.3.2.74.2   Des panneaux indiquant les cas dans lesquels l'interdiction s'applique doivent être apposés près de l'entrée des espaces où il n'est pas toujours interdit de fumer ou d'utiliser du feu ou une lumière non protégée.

9.3.2.74.3   Dans les logements et dans la timonerie, des cendriers doivent être installés à proximité de chaque sortie.

9.3.2.75 à 9.3.2.91   *(Réservés)*

9.3.2.92   *Issue de secours*

Les locaux dont les accès ou sorties sont immergés en totalité ou en partie en cas d'avarie doivent être munis d'une issue de secours située à 0,10 m au moins au-dessus de la ligne de flottaison après l'avarie. Cette prescription ne s'applique pas aux coquerons avant et arrière.

9.3.2.93 à 9.3.2.99   *(Réservés)*

9.3.3   **Règles de construction des bateaux-citernes du type N**

Les règles de construction énoncées aux 9.3.3.0 à 9.3.3.99 s'appliquent aux bateaux-citernes du type N.

9.3.3.0   *Matériaux de construction*

9.3.3.0.1   a)   La coque et les citernes à cargaison doivent être construites en acier de construction navale ou en un autre métal de résistance au moins équivalente.

           Les citernes à cargaison indépendantes peuvent aussi être construites en d'autres matériaux à condition que ces matériaux soient équivalents sur le plan des propriétés mécaniques et de la résistance aux effets de la température et du feu.

        b)   Tous les installations, équipements et parties du bateau susceptibles d'entrer en contact avec la cargaison doivent être construits avec des matériaux non susceptibles d'être attaqués par la cargaison ni de provoquer de décomposition de celle-ci, ni de former avec celle-ci de combinaisons nocives ou dangereuses. S'il n'a pas été possible de s'en assurer à l'occasion de la classification et de l'inspection du bateau, une réserve appropriée doit être consignée dans la liste des matières transportables par le bateau, comme le prescrit le paragraphe 1.16.1.2.5.

        c)   L'intérieur des conduites d'évacuation de gaz doit être protégé contre la corrosion.

9.3.3.0.2   Sauf dans les cas où il est explicitement autorisé au 9.3.3.0.3 ou dans le certificat d'agrément, l'emploi du bois, des alliages d'aluminium, des matières plastiques ou de caoutchouc dans la zone de cargaison est interdit.

9.3.3.0.3   L'emploi de bois, d'alliages d'aluminium, de matières plastiques et de caoutchouc dans la zone de cargaison est autorisé conformément au tableau suivant:

L'emploi de bois, d'alliages d'aluminium, de matières plastiques et de caoutchouc est uniquement autorisé pour		(X signifie autorisé)		
	Bois	Alliages d'aluminium	Matières plastiques	Caoutchouc
Passerelles	X	X	X	X
Echelles extérieures et passages (passerelles) *)		X	X	X
Matériel de nettoyage tel que balais etc.	X		X	X
Equipements mobiles tels qu'extincteurs, détecteurs de gaz portatifs, treuils de sauvetage etc.		X	X	X
Défenses	X		X	X
Câbles d'amarrage, amarres pour défenses			X	
Calage de citernes à cargaison indépendantes de la coque et calage d'installations et équipements	X		X	
Mâts et mâtures similaires	X	X	X	
Parties de machines		X	X	
Habillage de protection de moteurs et de pompes			X	
Parties de l'installation électrique		X	X	
Parties de l'installation de chargement et de déchargement comme par exemple joints d'étanchéité etc.		X	X	X
Caisses, armoires ou autres récipients placés sur le pont pour le stockage de matériel, afin de recueillir des fuites de liquides, des produits de nettoyage, des extincteurs, des manches d'incendie, des déchets etc.		X	X	
Supports ou butées de tous types	X		X	
Ventilateurs, y compris les tuyauteries flexibles pour la ventilation		X	X	
Parties de l'installation d'aspersion d'eau et de la douche, et installation pour le rinçage des yeux et du visage		X	X	
Isolation des citernes à cargaison, des tuyauteries de chargement et de déchargement, des conduites d'évacuation de gaz et des conduites de chauffage			X	X
Revêtement des citernes à cargaison et tuyauteries de chargement et déchargement		X	X	X
Tous types de joints (par exemple pour couvercles de dôme ou d'écoutille)			X	X
Câbles pour les appareils électriques			X	X
Tapis sous le raccordement à terre des tuyauteries de chargement et de déchargement			X	X
Manches d'incendie, flexibles d'air, tuyauteries flexibles de lavage de pont, etc.			X	X
Appareils et bouteilles de prélèvement d'échantillons			X	
Copies photo-optiques de l'intégralité du certificat d'agrément selon 8.1.2.6 ou 8.1.2.7 ainsi que du		X	X	

L'emploi de bois, d'alliages d'aluminium, de matières plastiques et de caoutchouc est uniquement autorisé pour	(X signifie autorisé)			
	Bois	Alliages d'aluminium	Matières plastiques	Caoutchouc
certificat de bateau, du certificat de jaugeage et de l'attestation d'appartenance à la navigation du Rhin				
Gattes			X	
*) Tenir compte de 9.3.1.0.5, 9.3.2.0.5 ou 9.3.3.0.5, respectivement				
Les sondes en aluminium sont admises à condition qu'elles soient munies d'un pied en laiton ou protégées d'une autre manière pour éviter la production d'étincelles				

9.3.3.0.3.1   Tous les matériaux utilisés pour les éléments fixes des logements ou de la timonerie, à l'exception des meubles, doivent être difficilement inflammables. Lors d'un incendie, ils ne doivent pas dégager de fumées ou de gaz toxiques en quantités dangereuses.

9.3.3.0.4   La peinture utilisée dans la zone de cargaison ne doit pas être susceptible de produire des étincelles, notamment en cas de choc.

9.3.3.0.5   L'emploi de matières plastiques pour les canots n'est autorisé que si le matériau est difficilement inflammable.

L'emploi d'alliages d'aluminium ou de matières plastiques pour les voies de passage (passerelles) dans la zone de cargaison n'est autorisé que si le matériau est difficilement inflammable et électriquement conducteur.

9.3.3.1   *Dossier du bateau*

NOTA: *Aux fins du présent paragraphe, le terme "propriétaire" a la même signification qu'au 1.16.0.*

Le dossier du bateau doit être conservé par le propriétaire, qui doit être en mesure de fournir cette documentation à la demande de l'autorité compétente et de la société de classification agréée.

Le dossier du bateau doit être conservé et actualisé tout au long de la vie du bateau, et conservé pendant six mois après que le bateau a été mis hors service.

En cas de changement de propriétaire pendant la vie du bateau, le dossier du bateau doit être transféré au nouveau propriétaire.

Sur demande, une copie du dossier du bateau ou de la documentation nécessaire doit être mise à disposition de l'autorité compétente pour la délivrance du certificat d'agrément, ainsi que de la société de classification agréée ou de l'organisme de visite pour la première visite, la visite périodique, la visite spéciale ou toute autre vérification exceptionnelle.

9.3.3.2 à   *(Réservés)*
9.3.3.7

9.3.3.8   *Classification*

9.3.3.8.1   Le bateau-citerne doit être construit sous la surveillance d'une société de classification agréée et classé par elle en première cote.

La classification doit être maintenue en première cote. Ceci doit être confirmé par un certificat approprié, délivré par la société de classification agréée (certificat de classification).

La pression de conception et la pression d'épreuve des citernes à cargaison doivent être indiquées dans ce certificat.

Si un bateau a des citernes à cargaison dont les pressions d'ouverture des soupapes sont différentes, les pressions de conception et d'épreuve de chaque citerne doivent être indiquées dans le certificat.

La société de classification agréée doit établir une liste des matières transportables par le bateau mentionnant toutes les marchandises dangereuses admises au transport dans le bateau-citerne (voir aussi le paragraphe 1.16.1.2.5).

9.3.3.8.2 à 9.3.3.8.4	*(Supprimés)*

9.3.3.9	*(Réservé)*

9.3.3.10 *Protection contre la pénétration de gaz dangereux et la propagation de liquides dangereux*

9.3.3.10.1   Le bateau doit être conçu de telle manière que des gaz et liquides dangereux ne puissent pénétrer dans les logements, la timonerie et les locaux de service. Les fenêtres de ces locaux ne doivent pas pouvoir être ouvertes, sauf si elles font office de sortie de secours et sont signalées comme telle.

9.3.3.10.2   Des hiloires de protection étanches aux liquides doivent être aménagées sur le pont à la hauteur des cloisons extérieures des citernes à cargaison, à une distance maximale de 0,60 m des cloisons extérieures des cofferdams ou des cloisons d'extrémités des cales. Les hiloires de protection doivent soit s'étendre sur toute la largeur du bateau, soit être fixées entre les hiloires antidéversement longitudinaux afin d'empêcher les liquides de pénétrer dans le coqueron avant et le coqueron arrière. La hauteur des hiloires de protection et des hiloires antidéversement doit être de 0,075 m au moins. L'hiloire de protection peut correspondre à la cloison de protection prescrite au 9.3.3.10.3 si la cloison de protection s'étend sur toute la largeur du bateau.

9.3.3.10.3   Lorsque la liste des matières du bateau selon 1.16.1.2.5 doit contenir des matières pour lesquelles la protection contre les explosions est exigée à la colonne (17) du tableau C du chapitre 3.2, l'utilisation d'installations et d'équipements qui ne sont pas au moins du type "à risque limité d'explosion" n'est pas autorisée pendant les opérations de chargement et de déchargement dans les parties du pont situées à l'extérieur de la zone de cargaison, à moins que ces parties soient protégées contre la pénétration de gaz et de liquides par une cloison de protection étanche aux gaz et aux liquides. Cette cloison doit s'étendre sur toute la largeur du bateau, ou entourer ces zones en épousant la forme d'un U. La cloison doit couvrir toute la largeur de la zone à protéger et s'étendre sur au moins 1,00 m dans la direction opposée à la zone de cargaison (voir le schéma Classement en zones). La hauteur de la cloison doit être d'au moins 1,00 m au-dessus du pont des citernes à cargaison adjacent dans la zone de cargaison. La paroi extérieure et les parois latérales des logements peuvent être considérées comme une cloison de protection si elles ne comportent pas d'ouvertures et si les dimensions sont respectées.

Cette cloison de protection n'est pas nécessaire lorsque la distance entre les zones à protéger et la soupape de dégagement à grande vitesse, le raccordement à terre de la tuyauterie de chargement ou de déchargement, le compresseur sur le pont et l'orifice des citernes à pression les plus proches est de 12,00 m au moins.

9.3.3.10.4   Sur le pont, l'arête inférieure des ouvertures dans les parois latérales des superstructures ainsi que les seuils des écoutilles et les orifices d'aération de locaux situés sous le pont doivent être situés à 0,50 m au moins au-dessus du pont.

Cette prescription ne s'applique pas aux ouvertures des espaces de double coque et doubles-fonds.

9.3.3.10.5   Les pavois, garde-pieds etc. doivent être munis de sabords de dimension suffisante situés au ras du pont.

9.3.3.10.6   Les bateaux de type N ouvert ne sont tenus de satisfaire aux exigences du 9.3.3.10.1 que si le bateau séjournera à proximité immédiate ou à l'intérieur d'une zone assignée à terre.

9.3.3.11   *Espaces de cales et citernes à cargaison*

9.3.3.11.1   a)   La contenance maximale admissible des citernes à cargaison doit être déterminée conformément au tableau ci-dessous:

Valeur de $L \times B \times C$ (m^3)	Volume maximal admissible d'une citerne à cargaison (m^3)
jusqu'à 600	$L \times B \times C \times 0,3$
600 à 3 750	$180 + (L \times B \times C - 600) \times 0,0635$
> 3 750	380

Les variantes de construction conformément à la section 9.3.4 sont autorisées.

Dans le tableau ci-dessus, $L \times B \times C$ est le produit des dimensions principales du bateau-citerne, exprimées en mètres (telles qu'elles sont indiquées sur le certificat de jaugeage),

L   étant la longueur hors bords de la coque en m;
B   étant la largeur hors bords de la coque en m;
C   étant la distance verticale minimale entre le dessus de la quille et le livet du pont en abord (creux au livet) (creux sur quille), dans la zone de cargaison.

Pour les bateaux à trunk, C doit être remplacé par C'. C' doit être déterminé par la formule suivante:

$$C' = C + \left(ht \times \frac{bt}{B} \times \frac{lt}{L} \right)$$

ht   étant la hauteur du trunk (c'est-à-dire la distance entre le pont du trunk et le pont principal, mesurée à L/2) en m;
bt   étant la largeur du trunk en m;
lt   étant la longueur du trunk en m.

b)   Il doit être tenu compte de la densité relative des matières à transporter pour construire les citernes à cargaison. La densité relative maximale admissible doit figurer dans le certificat d'agrément.

c)   Lorsque le bateau est muni de citernes à cargaison à pression ces citernes doivent être conçues pour une pression de service de 400 kPa (4 bar).

d)   Pour les bateaux d'une longueur jusqu'à 50,00 m la longueur d'une citerne à cargaison ne doit pas dépasser 10,00 m; et

pour les bateaux d'une longueur supérieure à 50,00 m la longueur d'une citerne à cargaison ne doit pas dépasser 0,20 L.

Cette prescription ne s'applique pas aux bateaux avec des citernes cylindriques indépendantes incorporées dont le rapport entre la longueur et le diamètre est inférieur ou égal à 7.

9.3.3.11.2   a)   Les citernes à cargaison indépendantes de la coque doivent être fixées de manière à ne pas pouvoir flotter. La fixation des citernes à cargaison réfrigérées doit répondre aux prescriptions d'une société de classification agréée.

b)   Les puisards ne doivent pas avoir une capacité supérieure à 0,10 m³;

c)   *(Réservé)*

d)   Sont interdits les étais reliant ou soutenant des parties portantes des parois latérales du bateau avec des parties portantes de la cloison longitudinale des citernes à cargaison et les étais reliant des parties portantes du fond du bateau avec le fond des citernes.

9.3.3.11.3   a)   Les citernes à cargaison doivent être séparées par des cofferdams d'une largeur minimale de 0,60 m des logements, des salles de machines et des locaux de service en dehors de la zone de cargaison placés sous le pont, ou, s'il n'en existe pas, des extrémités du bateau. Si les citernes à cargaison sont installées dans un espace de cale, il doit y avoir au moins 0,50 m de distance entre elles et les cloisons d'extrémité de l'espace de cale. Dans ce cas, une cloison d'extrémité de l'espace de cale de la classe A-60, telle que définie dans la Convention SOLAS 74, chapitre II-2, règle 3, est considérée comme équivalente au cofferdam. En cas de citernes à pression, la distance de 0,50 m peut être réduite à 0,20 m;

b)   Les espaces de cales, les cofferdams et les citernes à cargaison doivent pouvoir être inspectés;

c)   Tous les locaux situés dans la zone de cargaison doivent pouvoir être ventilés. Il doit être possible de vérifier qu'ils ne contiennent pas de gaz.

9.3.3.11.4   Les cloisons délimitant les citernes à cargaison, les cofferdams et les espaces de cales doivent être étanches à l'eau. Les citernes à cargaison ainsi que les cloisons délimitant la zone de cargaison ne doivent pas comporter d'ouvertures ou de passages au-dessous du pont.

La cloison entre la salle des machines et le cofferdam ou le local de service dans la zone de cargaison ou entre la salle des machines et un espace de cale peut comporter des passages à condition qu'ils soient conformes aux prescriptions du 9.3.3.17.5.

La cloison entre la citerne à cargaison et la chambre des pompes à cargaison sous pont peut comporter des passages à condition qu'ils soient conformes aux prescriptions du 9.3.3.17.6. Les cloisons entre les citernes à cargaison peuvent comporter des passages à condition que les tuyauteries de chargement et de déchargement soient équipés de dispositifs de fermeture dans la citerne à cargaison d'où ils proviennent. Ces tuyaux doivent être aménagés à au moins 0,60 m au-dessus du fond. Les dispositifs de fermeture doivent pouvoir être actionnés à partir du pont.

9.3.3.11.5   Les espaces de double coque et les doubles fonds dans la zone de cargaison doivent être aménagés pour être remplis d'eau de ballastage uniquement. Les doubles fonds peuvent toutefois servir de réservoirs à carburant à condition d'être conformes aux prescriptions du 9.3.3.32.

9.3.3.11.6   a)   Un cofferdam, la partie centrale d'un cofferdam, ou un autre local situé au-dessous du pont dans la zone de cargaison peut être aménagé en local de service si les cloisons délimitant ce local de service descendent verticalement jusqu'au fond. Ce local de service ne doit être accessible que du pont.

b)   Un tel local de service doit être étanche à l'eau, à l'exception des ouvertures d'accès et de ventilation.

c)   Aucune tuyauterie de chargement ou de déchargement ne doit être installée à l'intérieur du local de service visé au 9.3.3.11.4 ci-dessus.

Des tuyauteries de chargement ou de déchargement ne peuvent être installées dans la chambre des pompes à cargaison sous pont que si elle est conforme aux prescriptions du 9.3.3.17.6.

9.3.3.11.7   Dans le cas d'utilisation de citernes à cargaison indépendantes ou de construction du bateau en enveloppe double où les citernes à cargaison sont intégrées dans la structure du bateau, l'intervalle entre la paroi du bateau et la paroi des citernes à cargaison doit être de 0,60 m au moins.

L'intervalle entre le fond du bateau et le fond des citernes à cargaison doit être de 0,50 m au moins. Sous les puisards des pompes l'intervalle peut être réduit à 0,40 m.

L'intervalle vertical entre le puisard d'une citerne à cargaison et les structures du fond doit être de 0,10 m au moins.

Dans le cas de la construction de la coque dans la zone de cargaison en enveloppe double avec des citernes à cargaison indépendantes placées dans des espaces de cales, les valeurs susmentionnées sont applicables à l'enveloppe double. Si dans ce cas les valeurs minimales relatives aux inspections des citernes indépendantes visées au 9.3.3.11.9 ne sont pas réalisables, les citernes à cargaison doivent pouvoir être sorties facilement pour les contrôles.

9.3.3.11.8   Si des locaux de service sont situés dans la zone de cargaison sous le pont, ils doivent être aménagés de manière que l'on puisse y pénétrer facilement et qu'une personne portant les vêtements de protection et l'appareil respiratoire, puisse manipuler sans difficulté les équipements qui y sont contenus. Ils doivent aussi être conçus de manière que l'on puisse en extraire sans difficulté une personne blessée ou inconsciente, si nécessaire à l'aide d'équipements fixes.

9.3.3.11.9   Les cofferdams, espaces de double coque, doubles fonds, citernes à cargaison, espaces de cales et autres locaux accessibles dans la zone de cargaison doivent être aménagés de telle manière qu'il soit possible de les nettoyer et de les inspecter complètement. Les ouvertures, à l'exception de celles qui donnent sur les espaces de double coque et les doubles fonds ayant une paroi commune avec les citernes à cargaison doivent avoir des dimensions suffisantes pour qu'une personne portant un appareil respiratoire puisse y entrer ou en sortir sans difficulté. Elles doivent avoir une section minimale de 0,36 m^2 et une dimension minimale de côté de 0,50 m. Elles doivent aussi être conçues de manière que l'on puisse en extraire sans difficulté une personne blessée ou inconsciente, si nécessaire à l'aide d'équipements fixes. Dans ces locaux la largeur libre de passage ne doit pas être inférieure à 0,50 m dans le secteur destiné au passage. Dans le double fond, cet intervalle peut être réduit à 0,45 m.

Les citernes à cargaison peuvent avoir des ouvertures circulaires d'un diamètre minimal de 0,68 m.

9.3.3.11.10   Le 9.3.3.11.6 c) ci-dessus ne s'applique pas au type N ouvert.

9.3.3.12   *Ventilation*

9.3.3.12.1   Chaque espace de cale doit avoir deux ouvertures, de dimensions et de disposition telles qu'une ventilation efficace soit possible en tout point de l'espace de cale. À défaut d'ouvertures on doit pouvoir procéder au remplissage des espaces de cales par gaz inerte ou air sec.

9.3.3.12.2   Les espaces de double coque et doubles fonds dans la zone de cargaison non aménagés pour être remplis d'eau de ballastage, les espaces de cales et les cofferdams doivent être pourvus de systèmes de ventilation.

9.3.3.12.3 a) Un local de service situé dans la zone de cargaison au-dessous du pont doit être muni d'un système de ventilation. La capacité des ventilateurs doit être telle que le volume d'air du local de service puisse être entièrement renouvelé 20 fois par heure.

Les orifices des conduits d'extraction doivent descendre jusqu'à 50 mm au-dessus du plancher du local de service. L'arrivée d'air doit se faire par l'orifice d'un conduit en haut du local de service;

b) Lorsque la liste des matières du bateau selon 1.16.1.2.5 doit contenir des matières pour lesquelles la protection contre les explosions est exigée à la colonne (17) du tableau C du chapitre 3.2, les ouvertures d'arrivée d'air doivent être situées à 2,00 m au moins au-dessus du pont, à 2,00 m au moins des ouvertures des citernes à cargaison et à 6,00 m au moins des orifices de dégagement des soupapes de sécurité.

Les tuyaux de rallonge éventuellement nécessaires peuvent, le cas échéant, être du type escamotable;

c) À bord des bateaux de type N ouvert il suffit d'une ventilation au moyen d'autres installations appropriées sans ventilateurs.

9.3.3.12.4 a) Les logements, la timonerie et les locaux de service doivent pouvoir être ventilés;

b) Le système de ventilation dans ces locaux doit satisfaire aux exigences suivantes:

i) Les orifices d'aspiration doivent être situés le plus loin possible, à 6,00 m au moins de la zone de cargaison et à 2,00 m au moins au-dessus du pont;

ii) Une surpression d'au moins 0,1 kPa (0,001 bar) peut être assurée dans les locaux;

iii) Une alarme de défaillance est intégrée;

iv) Le système de ventilation, y compris l'alarme de défaillance, doivent être au moins du type "à risque limité d'explosion";

v) Une installation de détection de gaz remplissant les conditions 1. à 4. ci-après est reliée au système de ventilation:

1. Elle est appropriée au moins pour une utilisation en zone 1, groupe d'explosion IIC, classe de température T6;

2. Elle doit être équipée de capteurs

– Aux orifices d'aspiration des systèmes de ventilation; et

– Directement sous l'arête supérieure du seuil des portes d'entrée;

3. Son temps de réponse t90 est inférieur ou égal à 4 s;

4. Les mesures sont continues;

vi) Dans les locaux de service, le système de ventilation doit être relié à un éclairage de secours qui doit être au moins du type "à risque limité d'explosion";

Cet éclairage de secours n'est pas nécessaire si les installations d'éclairage dans les locaux de service sont du type "à risque limité d'explosion";

vii) L'aspiration du système de ventilation et les installations et équipements qui ne satisfont pas aux conditions énoncées aux 9.3.3.51 a) et b) et 9.3.3.52.1 doivent être arrêtés dès qu'une concentration égale à 20 % de la LIE du n-hexane est atteinte;

L'arrêt est signalé dans les logements et la timonerie par des avertisseurs optiques et acoustiques;

viii) En cas de défaillance du système de ventilation ou des installations de détection de gaz dans les logements, les installations et équipements présents dans les logements qui ne satisfont pas aux conditions énoncées aux 9.3.3.51 a) et b) et 9.3.3.52.1 doivent être arrêtés;

La défaillance est signalée dans les logements, dans la timonerie et sur le pont par des avertisseurs optiques et acoustiques;

ix) En cas de défaillance du système de ventilation ou des installations de détection de gaz dans la timonerie ou dans les locaux de service, les installations et équipements présents dans ces locaux qui ne satisfont pas aux conditions énoncées aux 9.3.3.51 a) et b) et 9.3.3.52.1 doivent être arrêtés;

La défaillance est signalée dans la timonerie et sur le pont par des avertisseurs optiques et acoustiques. L'alarme doit être automatiquement relayée vers les logements dans le cas où elle n'a pas été arrêtée;

x) Tout arrêt intervient immédiatement et automatiquement et, le cas échéant, enclenche l'éclairage de secours;

Le dispositif d'arrêt automatique est réglé de telle sorte que l'arrêt automatique ne puisse intervenir en cours de navigation;

c) À défaut de système de ventilation ou si le système de ventilation d'un local ne satisfait pas à toutes les exigences énoncées à l'alinéa b) ci-dessus, les installations et équipements présents dans ce local dont le fonctionnement peut donner lieu à des températures de surface supérieures à celles mentionnées aux 9.3.3.51 a) et b) ou qui ne satisfont pas aux exigences énoncées au 9.3.3.52.1, doivent pouvoir être arrêtés.

9.3.3.12.5   *(Supprimé)*

9.3.3.12.6   Des plaques doivent être apposées aux orifices de ventilation pour indiquer dans quels cas ils doivent être fermés. Tous les orifices de ventilation de logements, de la timonerie et de locaux de service donnant à l'air libre à l'extérieur de la zone de cargaison doivent être munis de dispositifs fixés à demeure selon 9.3.3.40.2.2 c), permettant de les fermer rapidement. L'état d'ouverture et de fermeture doit être clairement apparent.

Ces orifices de ventilation doivent être situés à 2,00 m au moins de la zone de cargaison.

Les orifices de ventilation des locaux de service situés dans la zone de cargaison peuvent être situés dans cette zone.

9.3.3.12.7   Les bateaux de type N ouvert ne sont tenus de satisfaire aux exigences du 9.3.3.12.4 b) ou c) que si le bateau séjournera à proximité immédiate ou à l'intérieur d'une zone assignée à terre.

9.3.3.12.8   Les 9.3.3.12.6 et 9.3.3.12.7 ne s'appliquent pas au type N ouvert.

9.3.3.13   *Stabilité (généralités)*

9.3.3.13.1   La preuve d'une stabilité suffisante doit être apportée. Cette preuve n'est pas exigée pour les bateaux à simple coque dont la largeur des citernes à cargaison est inférieure ou égale à 0,70×B.

9.3.3.13.2   Pour le calcul de la stabilité, les valeurs de base - poids du bateau à l'état lège et emplacement du centre de gravité - doivent être définies au moyen d'une expérience de gîte ou par des calculs précis de masse et de moment. Dans ce dernier cas, le poids du bateau à l'état lège doit être vérifié au moyen d'une étude du poids à l'état lège avec la limite de tolérance ± 5 % entre la masse déterminée par le calcul et le déplacement déterminé par lecture du tirant d'eau.

9.3.3.13.3   La preuve d'une stabilité suffisante à l'état intact doit être apportée pour toutes les conditions de chargement et de déchargement et pour la condition de chargement final pour toutes les densités relatives des matières transportées indiquées dans la liste des matières transportables par le bateau conformément au paragraphe 1.16.1.2.5.

Pour chaque cas de chargement, en tenant compte des conditions concrètes de remplissage des citernes à cargaison, des citernes et compartiments à ballast, des citernes à eau douce et eaux usées et des citernes contenant les produits nécessaires à l'opération du bateau, le bateau doit satisfaire dans la mesure nécessaire aux dispositions relatives à la stabilité à l'état intact et après avarie.

Il faut aussi envisager des stades intermédiaires au cours des opérations.

La preuve d'une stabilité suffisante doit être démontrée dans le manuel de stabilité pour chaque condition d'opération, de chargement et de ballastage, et doit être approuvée par la société de classification agréée qui classe le bateau. S'il n'est pas pratique de calculer à l'avance les conditions d'opération, de chargement et de ballastage, un instrument de chargement agréé par la société de classification reconnue qui classe le bateau, reprenant le contenu du manuel de stabilité, doit être installé et utilisé.

NOTA: Un manuel de stabilité doit être rédigé sous une forme compréhensible par le conducteur responsable et contenir les éléments suivants:

Une description générale du bateau:

–   *Un plan de l'agencement général et des plans de capacité du bateau indiquant à quoi servent les compartiments et les espaces (citernes à cargaison, magasins, logements, etc.);*

–   *Un croquis indiquant la position des échelles de tirant d'eau par rapport aux perpendiculaires du bateau;*

–   *Les schémas des systèmes de ballastage, d'assèchement et de prévention des sur-remplissages (débordements);*

–   *Des courbes hydrostatiques ou des tableaux correspondant à l'assiette du bateau. Si des angles d'assiette importants sont à prévoir au cours du fonctionnement normal du bateau, il convient d'introduire des courbes ou des tableaux correspondant à une telle gamme d'assiette;*

–   *Des courbes ou des tableaux de stabilité calculés sur la base d'une assiette libre, pour les configurations de déplacement et d'assiette prévues dans des conditions normales de fonctionnement, avec une indication des volumes considérés comme flottants;*

–   *Des tables de jaugeage des réservoirs ou des courbes montrant pour chaque bateau les capacités, les centres de gravité et les surfaces libres des citernes à cargaison, des citernes et compartiments à ballast, des citernes à eau douce et eaux usées et des citernes contenant les produits nécessaires à l'opération du bateau;*

– *Les données relatives au bâtiment à l'état lège (poids et centre de gravité) résultant d'un essai d'inclinaison ou d'une mesure du port en lourd en combinaison avec un bilan de masse détaillé ou d'autres mesures acceptables. Lorsque les données susmentionnées correspondent à celles d'un bateau du même type, il faut l'indiquer clairement, mentionner ce bateau et joindre une copie du rapport d'essai d'inclinaison approuvé ayant porté sur le bateau du même type;*

– *Une copie du rapport d'essai approuvé doit être inclus dans le manuel de stabilité;*

– *Les conditions dans lesquelles doivent se dérouler les opérations de chargement avec tous les détails pertinents, tels que:*

 – *Données relatives au bâtiment à l'état lège, remplissage des citernes, magasins, équipage et autres éléments pertinents à bord du bateau (masse et centre de gravité pour chaque objet, moments de carène pour les cargaisons liquides);*

 – *Tirants d'eau au milieu du bateau et aux perpendiculaires;*

 – *Hauteur du métacentre corrigée des effets de surface libre;*

 – *Valeurs et courbe de bras de levier;*

 – *Moments de flexion longitudinale et forces de cisaillement aux points de lecture;*

 – *Informations sur les ouvertures (emplacement, type d'étanchéité, moyens de fermeture); et*

 – *Informations pour le conducteur;*

– *Calcul de l'influence de l'eau de ballastage sur la stabilité avec information si des jauges de niveau fixes pour citernes et compartiments de ballastage doivent être installées, ou si les citernes ou compartiments à ballastage doivent être complètement vides ou remplis lorsque le bateau fait route.*

9.3.3.13.4 La preuve de la flottabilité du bateau après avarie doit être apportée dans les stades de chargement les moins favorables. À cette fin, la preuve d'une stabilité suffisante doit être établie au moyen de calculs pour les stades intermédiaires critiques d'envahissement et pour le stade final d'envahissement.

9.3.3.14 *Stabilité (à l'état intact)*

9.3.3.14.1 Pour les bateaux avec des citernes à cargaison indépendantes et pour les constructions à double coque avec des citernes à cargaison intégrées dans les couples du bateau, les prescriptions de stabilité à l'état intact résultant du calcul de la stabilité après avarie doivent être intégralement respectées.

9.3.3.14.2 Pour les bateaux dont les citernes à cargaison sont d'une largeur supérieure à 0,70 B, le respect des prescriptions de stabilité suivantes doit être prouvé:

 a) Dans la zone positive de la courbe du bras de redressement jusqu'à l'immersion de la première ouverture non étanche aux intempéries il doit y avoir un bras de redressement (GZ) d'au moins 0,10 m.

b)   La surface de la zone positive de la courbe du bras de redressement jusqu'à l'immersion de la première ouverture non étanche aux intempéries, toutefois à un angle d'inclinaison inférieur ou égal à 27°, ne doit pas être inférieure à 0,024 m·rad.

c)   La hauteur métacentrique (MG) doit être au minimum de 0,10 m.

Ces conditions doivent être remplies compte tenu de l'influence de toutes les surfaces libres dans les citernes pour tous les stades de chargement et de déchargement.

9.3.3.15   *Stabilité (après avarie)*

9.3.3.15.1   Pour les bateaux avec des citernes à cargaison indépendantes et pour les bateaux à double coque avec des citernes à cargaison intégrées dans la construction du bateau, les hypothèses suivantes doivent être prises en considération pour le stade après avarie:

a)   L'étendue de l'avarie latérale du bateau est la suivante:

étendue longitudinale :   au moins 0,10 L, mais pas moins de 5,00 m;

étendue transversale: 0.59 m à partir du bordé du bateau perpendiculairement au plan axial à un niveau correspondant au tirant d'eau maximal, ou, le cas échéant, la distance autorisée par la section 9.3.4, moins 0,01 m;

étendue verticale: de la ligne de référence vers le haut sans limite.

b)   L'étendue de l'avarie de fond du bateau est la suivante:

étendue longitudinale :   au moins 0,10 L, mais pas moins de 5,00 m;
étendue transversale: 3,00 m;
étendue verticale: du fond jusqu'à 0,49 m, excepté le puisard.

c)   Tous les cloisonnements de la zone d'avarie doivent être considérés comme endommagés, c'est-à-dire que l'emplacement des cloisons doit être choisi de façon que le bateau reste à flot après un dommage dans deux ou plus de compartiments adjacents dans le sens longitudinal.

Les dispositions suivantes sont applicables:

–   Pour l'avarie de fond, on considérera aussi que deux compartiments transversaux ont été envahis.

–   Le bord inférieur des ouvertures qui ne sont pas étanches à l'eau (par exemple portes, fenêtres, panneaux d'accès) ne doit pas être à moins de 0,10 m au-dessus de la ligne de flottaison après l'avarie.

–   D'une façon générale, on considérera que l'envahissement est de 95 %. Si on calcule un envahissement moyen de moins de 95 % pour un compartiment quelconque, on peut utiliser la valeur obtenue.

Les valeurs minimales à utiliser doivent toutefois être les suivantes:

- salle des machines : 85 %

- logements: 95 %

- doubles-fonds, réservoirs à combustibles, citernes de ballast, etc. selon que, d'après leurs fonctions, ils doivent être considérés comme pleins ou vides pour la flottabilité du bateau au tirant d'eau maximum autorisé: 0 ou 95 %.

En ce qui concerne la salle des machines principales, on tiendra compte d'un seul compartiment; c'est-à-dire que les cloisons d'extrémité de la salle des machines sont considérées comme intactes.

9.3.3.15.2 Pour le stade intermédiaire d'envahissement, les critères suivants doivent être respectés:

GZ >= 0,03 m

Portée des valeurs positives de GZ: 5°.

Au stade de l'équilibre (stade final de l'envahissement), l'angle d'inclinaison ne doit pas dépasser 12°. Les ouvertures fermées de manière non étanche à l'eau ne doivent être envahies qu'après atteinte du stade d'équilibre. Si de telles ouvertures sont immergées avant ce stade les locaux correspondants sont à considérer comme envahis lors du calcul de stabilité.

La marge positive de la courbe du bras de redressement au-delà de la position d'équilibre doit présenter un bras de redressement de ≥ 0,05 m avec une aire sous-tendue par la courbe dans cette zone ≥ 0,0065 m · rad. Les valeurs minimales de stabilité doivent être respectées jusqu'à l'immersion de la première ouverture non étanche aux intempéries toutefois à un angle d'inclinaison inférieur ou égal à 27°. Si des ouvertures non étanches aux intempéries sont immergées avant ce stade, les locaux correspondants sont à considérer comme envahis lors du calcul de stabilité.

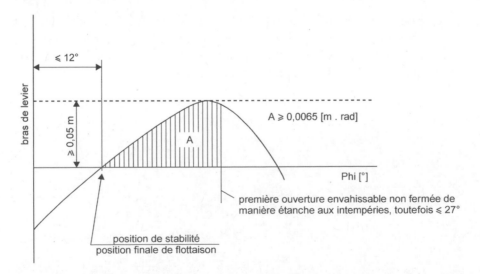

9.3.3.15.3 Si les ouvertures par lesquelles les compartiments non avariés peuvent également être envahis peuvent être fermées de façon étanche, les dispositifs de fermeture doivent porter une inscription correspondante.

9.3.3.15.4 Lorsque des ouvertures d'équilibrage transversal sont prévues pour réduire l'envahissement asymétrique, le temps d'équilibrage ne doit pas dépasser 15 minutes si, pour le stade d'envahissement intermédiaire, une stabilité suffisante a été prouvée.

9.3.3.16   *Salles des machines*

9.3.3.16.1   Les moteurs à combustion interne destinés à la propulsion du bateau, ainsi que ceux entraînant les auxiliaires doivent être situés en dehors de la zone de cargaison. Les entrées et autres ouvertures des salles des machines doivent être situées à une distance d'au moins 2,00 m de la zone de cargaison.

9.3.3.16.2   Les salles des machines doivent être accessibles depuis le pont; leur entrée ne doit pas être orientée vers la zone de cargaison. Si les portes ne sont pas situées dans une niche d'une profondeur au moins égale à la largeur de la porte, elles doivent avoir leurs charnières du côté de la zone de cargaison.

9.3.3.16.3   Le 9.3.3.16.2, dernière phrase, ne s'applique pas aux bateaux déshuileurs et aux bateaux avitailleurs.

9.3.3.17   *Logements et locaux de service*

9.3.3.17.1   Les logements et la timonerie doivent être situés hors de la zone de cargaison à l'arrière du plan arrière ou à l'avant du plan avant délimitant la partie de la zone de cargaison. Les fenêtres de la timonerie, si elles sont plus de 1,00 m au-dessus du plancher de la timonerie, peuvent être inclinées vers l'avant.

9.3.3.17.2   Les entrées de locaux et orifices des superstructures ne doivent pas être dirigés vers la zone de cargaison. Les portes qui ouvrent vers l'extérieur, si elles ne sont pas situées dans une niche d'une profondeur au moins égale à la largeur de la porte, doivent avoir leurs charnières du côté de la zone de cargaison.

9.3.3.17.3   Les entrées accessibles depuis le pont et les orifices des locaux exposés aux intempéries doivent pouvoir être fermés. Les instructions suivantes doivent être apposées à l'entrée de ces locaux:

**Ne pas ouvrir sans l'autorisation du conducteur
pendant le chargement, le déchargement et le dégazage.
Refermer immédiatement.**

9.3.3.17.4   Les portes et les fenêtres ouvrables des superstructures et des logements, ainsi que les autres ouvertures de ces locaux doivent être situées à 2,00 m au moins de la zone de cargaison. Aucune porte ni fenêtre de la timonerie ne doit être située à moins de 2,00 m de la zone de cargaison sauf s'il n'y a pas de communication directe entre la timonerie et les logements.

9.3.3.17.5   a)   Les arbres d'entraînement des pompes d'assèchement et des pompes à ballastage dans la zone de cargaison traversant la cloison entre le local de service et la salle des machines sont autorisés à condition que le local de service réponde aux prescriptions du 9.3.3.11.6.

　　　　　　b)   Le passage de l'arbre à travers la cloison doit être étanche au gaz. Il doit avoir été approuvé par une société de classification agréée.

　　　　　　c)   Les instructions de fonctionnement nécessaires doivent être affichées.

　　　　　　d)   Les câbles électriques, les conduites hydrauliques et la tuyauterie des systèmes de mesure, de contrôle et d'alarme peuvent traverser la cloison entre la salle des machines et le local de service dans la zone de cargaison, et la cloison entre la salle des machines et les espaces de cales à condition que les passages soient étanches au gaz et aient été approuvés par une société de classification agréée. Les passages à travers une cloison munie d'une protection contre le feu "A-60" selon SOLAS 74, chapitre II-2, règle 3, doivent avoir une protection contre le feu équivalente.

e) La cloison entre la salle des machines et le local de service dans la zone de cargaison peut être traversée par des tuyaux à condition qu'il s'agisse de tuyaux qui relient l'équipement mécanique de la salle des machines et le local de service qui n'aient aucune ouverture à l'intérieur du local de service et qui soient munis d'un dispositif de fermeture à la cloison dans la salle des machines.

f) Par dérogation au 9.3.3.11.4, les tuyaux qui partent de la salle des machines peuvent traverser le local de service dans la zone de cargaison, le cofferdam, un espace de cale ou un espace de double coque pour aller vers l'extérieur à condition qu'ils consistent en un tube continu à parois épaisses qui n'ait pas de collets ou d'ouvertures à l'intérieur du local de service, du cofferdam ou de l'espace de cale ou un espace de double coque.

g) Si un arbre d'une machine auxiliaire traverse une paroi située au-dessus du pont, le passage doit être étanche au gaz.

9.3.3.17.6 Un local de service situé dans la zone de cargaison au-dessous du pont ne peut être aménagé comme chambre des pompes pour le système de chargement et de déchargement que si les conditions ci-après sont remplies:

– La chambre des pompes à cargaison est séparée de la salle des machines et des locaux de service en dehors de la zone de cargaison par un cofferdam ou une cloison avec une isolation de la classe "A-60" telle que définie dans la Convention SOLAS 74, chapitre II-2, règle 3 ou par un local de service ou une cale;

– La cloison "A-60" prescrite ci-dessus ne comporte pas de passages mentionnés au 9.3.3.17.5 a);

– Les orifices de dégagement d'air de ventilation sont situés à 6,00 m au moins des entrées et ouvertures des logements, de la timonerie et des locaux de service extérieurs à la zone de cargaison;

– Les orifices d'accès ou orifices de ventilation peuvent être fermés de l'extérieur;

– Toutes les tuyauteries de chargement et de déchargement ainsi que celles des systèmes d'assèchement sont munies de dispositifs de fermeture à l'entrée côté aspiration de la pompe dans la chambre des pompes à cargaison immédiatement sur la cloison. Les dispositifs de commandes nécessaires dans la chambre des pompes, le démarrage des pompes ainsi que la commande de débit de liquides doivent être actionnés à partir du pont;

– Le fond de cale de la chambre des pompes doit être équipé d'un dispositif de mesure du niveau de remplissage qui déclenche une alarme optique et acoustique dans la timonerie lorsque du liquide s'amasse dans le fond de cale de la chambre des pompes;

– La chambre des pompes à cargaison est pourvue d'une l'installation de mesure de l'oxygène permanente qui indique automatiquement la teneur en oxygène et qui actionne une alarme optique et acoustique lorsque la concentration en oxygène atteint 19,5 % en volume. Les capteurs de cette installation doivent être placés à des endroits appropriés au fond et à 2,00 m de hauteur. La mesure doit être continue et affichée près de l'entrée. Des avertisseurs optiques et acoustiques doivent être installés dans la timonerie et dans la chambre des pompes à cargaison et, lors du déclenchement de l'alarme, le système de chargement et de déchargement du bateau doit être arrêté;

– La défaillance de l'installation de mesure de l'oxygène doit déclencher un signal d'alarme optique et acoustique dans la timonerie et sur le pont. L'alarme doit être automatiquement relayée vers les logements dans le cas où elle n'a pas été arrêtée;

– Le système de ventilation prescrit au 9.3.3.12.3 a une capacité permettant de renouveler au moins 30 fois par heure le volume d'air contenu dans le local de service.

Lorsque la liste des matières du bateau selon 1.16.1.2.5 doit contenir des matières des matières pour lesquelles une protection contre les explosions est exigée à la colonne (17) du tableau C du chapitre 3.2, la chambre des pompes à cargaison doit en outre être pourvue d'une installation de détection de gaz permanente qui indique automatiquement la présence de gaz inflammables et qui actionne une alarme optique et acoustique lorsque la concentration de gaz atteint 20 % de la LIE de la cargaison ou 20 % de la LIE du n-hexane, la LIE la plus critique devant être retenue.

Les capteurs de l'installation de détection de gaz doivent être placés à des endroits appropriés au fond et directement sous le pont. La mesure doit être continue et affichée près de l'entrée.

Des avertisseurs optiques et acoustiques doivent être installés dans la timonerie et dans la chambre des pompes à cargaison et, lors du déclenchement de l'alarme, le système de chargement et de déchargement du bateau doit être arrêté.

La défaillance de l'installation de détection de gaz doit être immédiatement signalée dans la timonerie et sur le pont par un dispositif d'alarme optique et acoustique. L'alarme doit être automatiquement relayée vers les logements dans le cas où elle n'a pas été arrêtée.

9.3.3.17.7   Les instructions suivantes doivent être affichées à l'entrée de la salle des pompes à cargaison:

**Avant d'entrer dans la salle des pompes à cargaison,
vérifier qu'elle ne contient pas de gaz mais suffisamment d'oxygène.
Ne pas ouvrir sans autorisation du conducteur.
Évacuer immédiatement en cas d'alerte.**

9.3.3.17.8   Les 9.3.3.17.5 g), 9.3.3.17.6 à l'exception de l'installation de mesure de l'oxygène permanente et 9.3.3.17.7 ne s'appliquent pas au type N ouvert.

Les 9.3.3.17.2, dernière phrase, 9.3.3.17.3, dernière phrase et 9.3.3.17.4 ne s'appliquent pas aux bateaux déshuileurs et aux bateaux avitailleurs.

9.3.3.18   *Installation de gaz inerte*

Dans les cas où une inertisation ou une couverture de la cargaison est prescrite le bateau doit être muni d'une installation de gaz inerte.

Cette installation doit être en mesure de maintenir en permanence une pression minimale de 7 kPa (0,07 bar) dans les locaux à mettre sous atmosphère inerte. En outre, l'installation de gaz inerte ne doit pas faire dépasser la pression dans la citerne à cargaison au-dessus de la pression de tarage de la soupape de surpression. La pression de tarage de la soupape de dépression doit être de 3,5 kPa (0,035 bar).

La quantité de gaz inerte nécessaire lors du chargement ou du déchargement doit être transportée ou produite à bord pour autant qu'elle ne peut être fournie par une installation à terre. En outre, une quantité de gaz inerte suffisante pour compenser les pertes normales au cours du transport doit être disponible à bord.

Les locaux à mettre sous atmosphère inerte doivent être munis de raccords pour l'introduction du gaz inerte et d'installations de contrôle pour le maintien permanent de la bonne atmosphère.

Lorsque la pression ou la concentration de gaz inerte dans la phase gazeuse descend sous une valeur donnée, cette installation de contrôle doit déclencher une alarme optique et acoustique dans la timonerie. Lorsque la timonerie n'est pas occupée, l'alarme doit en outre être perçue à un poste occupé par un membre de l'équipage.

9.3.3.19   *(Réservé)*

9.3.3.20   *Aménagement des cofferdams*

9.3.3.20.1   Les cofferdams ou les compartiments de cofferdams restant une fois qu'un local de service a été aménagé conformément au 9.3.3.11.6 doivent être accessibles par une écoutille d'accès.

9.3.3.20.2   Les cofferdams doivent pouvoir être remplis d'eau et vidés au moyen d'une pompe. Le remplissage doit pouvoir être effectué en moins de 30 minutes. Ces prescriptions ne sont pas applicables lorsque la cloison entre la salle des machines et le cofferdam comporte une isolation de protection contre l'incendie "A-60" selon SOLAS 74, chapitre II-2, règle 3.

Les cofferdams ne doivent pas être munis de soupapes de remplissage.

9.3.3.20.3   Le cofferdam ne doit pas être relié aux tuyauteries du bateau en dehors de la zone de cargaison par une tuyauterie fixe.

9.3.3.20.4   Lorsque la liste des matières du bateau selon 1.16.1.2.5 doit contenir des matières pour lesquelles la protection contre les explosions est exigée selon la colonne (17) du tableau C du chapitre 3.2, les orifices de ventilation des cofferdams doivent être équipés de coupe-flammes résistant à une déflagration. Ces coupe-flammes doivent être sélectionnés en fonction des groupes/sous-groupes d'explosion auxquels appartiennent les matières prévues dans la liste des matières du bateau (voir colonne (16) du tableau C du chapitre 3.2).

9.3.3.20.5   La disposition du 9.3.3.20.2 ne s'applique pas aux bateaux avitailleurs ni aux bateaux déshuileurs.

9.3.3.21   *Équipement de contrôle et de sécurité*

9.3.3.21.1   Les citernes à cargaison doivent être équipées:

a)   d'une marque intérieure indiquant le degré de remplissage de 97 %;

b)   d'un indicateur de niveau;

c)   d'un dispositif avertisseur de niveau de remplissage fonctionnant au plus tard lorsqu'un degré de remplissage de 90 % est atteint;

d)   d'un déclencheur du dispositif automatique permettant d'éviter un surremplissage qui se déclenche à un remplissage de 97,5 %;

e)   d'un instrument pour mesurer la pression de la phase gazeuse dans la citerne à cargaison;

f)   d'un instrument pour mesurer la température de la cargaison si à la colonne (9) du tableau C du chapitre 3.2 une installation de chauffage de la cargaison est requise à bord, ou une possibilité de chauffage de la cargaison, ou si dans la colonne (20) du tableau C du chapitre 3.2 est requise ou si une température maximale est indiquée;

g)   d'un raccord d'un dispositif de prise d'échantillons de type fermé ou partiellement fermé et/ou au moins d'un orifice de prise d'échantillons selon ce qui est exigé à la colonne (13) du tableau C du chapitre 3.2. Le raccord doit être muni d'un sectionnement résistant à la pression interne du raccord;

Lorsque la liste des matières du bateau selon 1.16.1.2.5 doit contenir des matières pour lesquelles la protection contre les explosions est exigée selon la colonne (17) du tableau C du chapitre 3.2, l'élément coupe-flammes résistant au feu continu de l'orifice de prise d'échantillons doit être sélectionné en fonction des groupes/sous-groupes d'explosion auxquels appartiennent les matières prévues dans la liste des matières du bateau (voir colonne (16) du tableau C du chapitre 3.2).

9.3.3.21.2   Le degré de remplissage (en %) doit être déterminé avec une erreur n'excédant pas 0,5 point. Il doit être calculé par rapport à la capacité totale de la citerne à cargaison, y compris la caisse d'expansion.

9.3.3.21.3   L'indicateur de niveau doit pouvoir être lu depuis le poste de commande des dispositifs de vannage de la citerne à cargaison correspondante.

Les niveaux maximum de remplissage de 95 % et 97 % résultant de la liste des matières doivent être marqués à chaque indicateur de niveau.

La surpression et la dépression doivent pouvoir être lus en permanence depuis un poste à partir duquel les opérations de chargement ou de déchargement peuvent être interrompues. La surpression et la dépression maximales admissibles doivent être marquées à chaque indicateur.

La lecture doit être possible sous toutes les conditions météorologiques.

9.3.3.21.4   Le dispositif avertisseur de niveau doit émettre des signaux optique et acoustique lorsqu'il est déclenché. Le dispositif avertisseur de niveau doit être indépendant de l'indicateur de niveau.

9.3.3.21.5   a)   Le déclencheur mentionné au 9.3.3.21.1 d) ci-dessus doit émettre des signaux optique et acoustique, et actionner simultanément un contact électrique susceptible, sous forme d'un signal binaire, d'interrompre la ligne électrique établie et alimentée par l'installation à terre et de permettre de prendre côté terre les mesures pour empêcher tout débordement. Ce signal doit pouvoir être transmis à l'installation à terre au moyen d'une prise mâle étanche bipolaire d'un dispositif de couplage conforme à la norme EN 60309-2:1999 + A1:2007 + A2:2012, pour courant continu 40 à 50 V, couleur blanche, position du nez de détrompage 10 h.

La prise doit être fixée solidement au bateau à proximité immédiate des raccords à terre des tuyauteries de chargement et de déchargement.

Le déclencheur doit également être en mesure d'arrêter la pompe de déchargement à bord.

Le déclencheur doit être indépendant du dispositif avertisseur de niveau mais peut être accouplé à l'indicateur de niveau.

b)   À bord des bateaux déshuileurs le déclencheur mentionné au 9.3.3.21.1 d) doit émettre un signal optique et acoustique et couper la pompe utilisée pour aspirer les eaux de fond de cale.

c)   Les bateaux avitailleurs et les autres bateaux susceptibles de remettre des produits nécessaires à l'exploitation doivent être équipés d'une installation de transbordement compatible avec la norme européenne EN 12827:1999 et d'un dispositif de fermeture rapide permettant d'interrompre l'avitaillement. Ce dispositif de fermeture rapide doit pouvoir être actionné par un signal électrique du système anti-débordement. Les circuits électriques actionnant le dispositif de fermeture rapide doivent être sécurisés selon le principe du courant de repos ou par d'autres mesures appropriées de détection d'erreurs. L'état de fonctionnement des circuits électriques qui ne peuvent être commandés suivant le principe du courant de repos doit être facilement contrôlable.

Le dispositif de fermeture rapide doit pouvoir être actionné indépendamment du signal électrique.

Le dispositif de fermeture rapide doit déclencher une alarme optique et acoustique à bord.

d) Lors du déchargement au moyen de la pompe à bord, celle-ci doit pouvoir être arrêtée par l'installation à terre. A cet effet une ligne électrique indépendante, à sécurité intrinsèque, alimentée par le bateau, doit être interrompue par l'installation à terre au moyen d'un contact électrique.

Le signal binaire de l'installation à terre doit pouvoir être repris au moyen d'une prise femelle étanche bipolaire d'un dispositif de couplage conforme à la norme EN 60309-2:1999 + A1:2007 + A2:2012, pour courant continu 40 à 50 V, couleur blanche, position du nez de détrompage 10 h.

Cette prise doit être fixée solidement au bateau à proximité immédiate des raccords à terre des tuyauteries de déchargement.

9.3.3.21.6 Les signaux optique et acoustique émis par le dispositif avertisseur de niveau doivent pouvoir être distingués facilement de ceux du déclencheur relatif au surremplissage.

Les signaux d'alarme optiques doivent pouvoir être vus depuis chaque poste de commande du vannage des citernes à cargaison. On doit pouvoir vérifier facilement l'état de fonctionnement des capteurs et des circuits électriques, sinon ceux-ci doivent être de type "à sécurité intrinsèque".

9.3.3.21.7 Lorsque la pression ou la température dépasse une valeur donnée, les instruments de mesure de la dépression ou de la surpression de la phase gazeuse dans la citerne à cargaison, ou de la température de la cargaison, doivent déclencher un signal d'alarme optique et acoustique dans la timonerie et sur le pont. L'alarme doit être automatiquement relayée vers les logements dans le cas où elle n'a pas été arrêtée.

Lorsque pendant le chargement et le déchargement la pression dépasse une valeur donnée, l'instrument de mesure de la pression doit déclencher immédiatement un contact électrique qui, au moyen de la prise décrite au 9.3.3.21.5 ci-dessus, permet de mettre en œuvre les mesures d'interruption de l'opération de chargement ou de déchargement. Si la pompe de déchargement du bateau est utilisée, elle doit être coupée automatiquement.

L'instrument de mesure de la surpression et dépression doit déclencher l'alarme au plus tard lorsque sont atteints:

a) 1,15 fois la pression d'ouverture des soupapes de surpression / soupapes de dégagement à grande vitesse; ou

b) le seuil inférieur de la pression de conception des soupapes de dépression, sans toutefois dépasser une dépression de 5 kPa (0,05 bar).

La température maximale admissible est mentionnée à la colonne (20) du tableau C du chapitre 3.2. Les déclencheurs mentionnés au présent paragraphe peuvent être connectés à l'installation d'alarme du déclencheur.

Lorsque cela est prescrit à la colonne (20) du tableau C du chapitre 3.2, l'instrument de mesure de la surpression de la phase gazeuse dans la citerne à cargaison doit émettre un signal optique et acoustique dans la timonerie lorsque, pendant le voyage, la surpression dépasse 40 kPa (0,4 bar). L'alarme doit être automatiquement relayée vers les logements dans le cas où elle n'a pas été arrêtée. La pression mesurée doit pouvoir être lue à proximité directe de la commande de l'installation de pulvérisation d'eau.

9.3.3.21.8   Si les éléments de commande des dispositifs de fermeture des citernes à cargaison sont situés dans un poste de commande, il doit être possible dans ce poste d'arrêter les pompes de chargement, de lire les indicateurs de niveau, de percevoir, ainsi que sur le pont, le signal d'alarme optique et acoustique de l'avertisseur de niveau, du déclencheur relatif au surremplissage visé au 9.3.3.21.1 d) et des instruments de mesure de la pression et de la température de la cargaison. Si les éléments de commande des dispositifs de fermeture des citernes à cargaison sont situés dans un poste de commande, il doit être possible dans ce poste d'arrêter les pompes de chargement, de lire les indicateurs de niveau, de percevoir, ainsi que sur le pont, le signal d'alarme optique et acoustique du dispositif avertisseur de niveau, du déclencheur relatif au surremplissage visé au 9.3.3.21.1 d) et des instruments de mesure de la pression et de la température de la cargaison.

Une surveillance appropriée de la zone de cargaison doit être possible depuis le poste de commande.

9.3.3.21.9   Les 9.3.3.21.1 e), 9.3.3.21.7 en ce qui concerne la mesure de la pression, ne s'appliquent pas au type N ouvert avec coupe-flammes et au type N ouvert.

Les 9.3.3.21.1 b), c) et g), 9.3.3.21.3 et 9.3.3.21.4 ne s'appliquent pas aux bateaux déshuileurs et aux bateaux avitailleurs.

L'élément coupe-flammes dans les orifices de prises d'échantillons n'est pas exigé à bord des bateaux-citernes du type N ouvert.

Les 9.3.3.21.1 f) et 9.3.3.21.7 ne s'appliquent pas aux bateaux avitailleurs.

Le 9.3.3.21.5 a) ne s'applique pas aux bateaux déshuileurs.

9.3.3.21.10   En cas de transport de matières réfrigérées, la pression d'ouverture de l'installation de sécurité est déterminée par la conception des citernes à cargaison. En cas de transport de matières qui doivent être transportées à l'état réfrigéré, la pression d'ouverture de l'installation de sécurité doit être supérieure de 25 kPa (0,25 bar) au moins à la pression maximale calculée selon 9.3.3.27.

9.3.3.22   *Orifices des citernes à cargaison*

9.3.3.22.1   a)   Les orifices des citernes à cargaison doivent être situés sur le pont dans la zone de cargaison;

              b)   Les orifices des citernes à cargaison d'une section de plus de 0,10 m^2 et les orifices des dispositifs de sécurité contre les surpressions doivent être situés à au moins 0,50 m au-dessus du pont.

9.3.3.22.2   Les orifices des citernes à cargaison doivent être munis de fermetures étanches aux gaz pouvant résister à la pression d'épreuve prévue au 9.3.3.23.2.

9.3.3.22.3   Les dispositifs de fermeture qui sont normalement utilisés lors des opérations de chargement et de déchargement ne doivent pas pouvoir produire d'étincelles lorsqu'ils sont manœuvrés.

9.3.3.22.4   Chaque citerne à cargaison ou groupe de citernes à cargaison raccordé à une conduite d'évacuation de gaz commune doit être équipé:

Type N ouvert:

              –   De dispositifs empêchant les surpressions ou dépressions excessives et qui sont construits de manière à empêcher toute accumulation d'eau et la pénétration de celle-ci dans la citerne à cargaison.

Type N ouvert avec coupe-flammes:

–   De dispositifs empêchant les surpressions ou dépressions excessives, qui sont munis de coupe-flammes résistant au feu continu et qui sont construits de manière à empêcher toute accumulation d'eau et la pénétration de celle-ci dans la citerne à cargaison.

Type N fermé:

a)   d'un raccordement pour un tuyau de retour sans danger à terre des gaz s'échappant lors du chargement;

b)   d'un dispositif de décompression en toute sécurité des citernes à cargaison, la position du robinet d'arrêt devant indiquer clairement s'il est ouvert ou fermé;

c)   de soupapes de sécurité empêchant toute surpression ou toute dépression excessive;

La pression d'ouverture des soupapes de sécurité doit être marquée durablement sur les soupapes;

d)   Lorsque la liste des matières du bateau selon 1.16.1.2.5 doit contenir des matières pour lesquelles la protection contre les explosions est exigée selon la colonne (17) du tableau C du chapitre 3.2:

   –   La conduite d'évacuation de gaz doit être équipée, au niveau du raccordement à chaque citerne de cargaison, d'un coupe-flammes résistant à une détonation;

   –   La soupape de dépression ainsi que le dispositif de décompression en toute sécurité des citernes à cargaison doivent résister à une déflagration. La résistance à la déflagration peut aussi être assurée par un coupe-flammes; et

   –   La soupape de surpression doit être conçue comme une soupape de dégagement à grande vitesse, les gaz devant être évacués vers le haut;

Les soupapes de surpression doivent être réglées de telle sorte qu'au cours de l'opération de transport elles ne puissent s'ouvrir que lorsque la pression de service maximale autorisée des citernes à cargaison est atteinte;

Ces systèmes de protection autonomes doivent être sélectionnés en fonction des groupes/sous-groupes d'explosion auxquels appartiennent les matières prévues dans la liste des matières du bateau (voir colonne (16) du tableau C du chapitre 3.2);

Si la soupape de dégagement à grande vitesse, la soupape de dépression, les coupe-flammes et la conduite d'évacuation de gaz doivent être chauffables pour le transport, les équipements de sécurité ci-dessus doivent être appropriés pour la température correspondante;

La pression d'ouverture des soupapes de surpression et de dépression ainsi que des soupapes de dégagement à grande vitesse doit être marquée durablement sur les soupapes;

Si un dispositif de fermeture est prévu entre la conduite d'évacuation de gaz et la citerne à cargaison, il doit être placé entre la citerne à cargaison et le coupe-flammes et chaque citerne à cargaison doit être équipée de ses propres soupapes de sécurité;

e) Les orifices de dégagement des soupapes de surpression/soupapes de dégagement à grande vitesse doivent être situés à 2,00 m au moins au-dessus du pont et à une distance de 6,00 m au moins des ouvertures de logements, de la timonerie et de locaux de service situés en dehors de la zone de cargaison. Cette hauteur peut être réduite à 1,00 m, lorsque dans un cercle de 1,00 m de rayon autour de l'orifice de dégagement il n'y a aucun équipement et qu'aucun travail n'y est effectué. Cette zone doit être signalisée en tant que zone de danger.

9.3.3.22.5 *Conduite d'évacuation de gaz*

a) Lorsque deux citernes à cargaison, ou plus, sont raccordées par une conduite d'évacuation de gaz commune, il est suffisant que l'équipement visé au 9.3.3.22.4 (soupapes de sécurité empêchant les surpressions et dépressions inadmissibles, soupape de dégagement à grande vitesse, soupape de dépression protégée contre les déflagrations, dispositif de décompression en toute sécurité des citernes à cargaison protégé contre les déflagrations) soit installé sur la conduite d'évacuation de gaz commune (voir aussi le 7.2.4.16.7);

b) Lorsque chaque citerne à cargaison est raccordée à sa propre conduite d'évacuation de gaz, chaque citerne à cargaison ou la conduite d'évacuation de gaz correspondante doit être équipée conformément au 9.3.3.22.4.

9.3.3.22.6 Les 9.3.3.22.2 et 9.3.3.22.5 ne s'appliquent pas au type N ouvert avec coupe-flammes et au type N ouvert.

Le 9.3.3.22.3 ne s'applique pas au type N ouvert.

9.3.3.23 **_Épreuve de pression_**

9.3.3.23.1 Les citernes à cargaison, les citernes à restes de cargaison, les cofferdams, les tuyauteries de chargement et de déchargement, à l'exception des tuyauteries d'aspiration, doivent être soumis à des épreuves initiales avant leur mise en service, puis à des épreuves exécutées aux intervalles prescrits.

Si les citernes à cargaison sont munies d'une installation de chauffage, les serpentins de réchauffement doivent être soumis à des épreuves initiales avant leur mise en service, puis à des épreuves exécutées aux intervalles prescrits.

9.3.3.23.2 La pression d'épreuve des citernes à cargaison et des citernes à restes de cargaison doit être de 1,3 fois au moins la pression de conception. La pression d'épreuve des cofferdams et des citernes à cargaison ouvertes ne doit pas être inférieure à 10 kPa (0,10 bar) de pression manométrique.

9.3.3.23.3 La pression d'épreuve des tuyauteries de chargement et de déchargement doit être de 1 000 kPa (10 bar) (pression manométrique) au moins.

9.3.3.23.4 L'intervalle maximum entre les épreuves périodiques doit être de 11 ans.

9.3.3.23.5 La procédure d'épreuve doit être conforme aux prescriptions énoncées par l'autorité compétente ou par une société de classification agréée.

9.3.3.24 **_Réglage de la pression et de la température de la cargaison_**

9.3.3.24.1 À moins que tout le système de cargaison ne soit conçu pour résister à la pleine pression effective de vapeur de la cargaison aux limites supérieures des températures ambiantes de calcul, la pression des citernes doit être maintenue au-dessous de la pression de tarage maximal admissible des soupapes de sécurité, à l'aide d'un ou plusieurs des moyens ci-après:

a)   Un système de régulation de la pression des citernes à cargaison utilisant la réfrigération mécanique;

b)   Un système assurant la sécurité en cas de réchauffement ou d'accroissement de la pression de la cargaison. L'isolation ou la pression de calcul de la citerne à cargaison, ou la combinaison de ces deux éléments, doivent être de nature à laisser une marge suffisante pour la durée d'exploitation et les températures à prévoir; dans chaque cas le système doit être jugé acceptable par une société de classification agréée et doit assurer la sécurité pendant une période de trois fois la durée d'exploitation;

c)   D'autres systèmes jugés acceptables par une société de classification agréée.

9.3.3.24.2   Les systèmes prescrits au 9.3.3.24.1 doivent être construits, installés et éprouvés à la satisfaction de la société de classification agréée. Les matériaux utilisés dans leur construction doivent être compatibles avec les cargaisons à transporter. Pour le service normal, les limites supérieures des températures ambiantes de calcul doivent être:

air: +30 °C;
eau: +20 °C.

9.3.3.24.3   Le système de stockage de la cargaison doit pouvoir résister à la pleine pression de vapeur de la cargaison aux limites supérieures des températures ambiantes de calcul, quel que soit le système adopté pour traiter le gaz d'évaporation. Cette prescription est indiquée par l'observation 37 à la colonne (20) du tableau C du chapitre 3.2.

9.3.3.25   *Pompes et tuyauteries*

9.3.3.25.1   a)   Les pompes ainsi que les tuyauteries de chargement et de déchargement correspondantes doivent être situées dans la zone de cargaison;

b)   Les pompes de chargement doivent pouvoir être arrêtées depuis la zone de cargaison et depuis un point situé en dehors de cette zone;

c)   Les pompes à cargaison situées sur le pont ne doivent pas se trouver à moins de 6,00 m de distance des entrées ou des ouvertures des logements et des locaux de service extérieurs à la zone de cargaison.

9.3.3.25.2   a)   Les tuyauteries de chargement et de déchargement des citernes à cargaison doivent être indépendantes de toutes les autres tuyauteries du bateau. Aucune tuyauterie servant pour les produits transportés ne doit être située au-dessous du pont, à l'exception de celles situées à l'intérieur des citernes à cargaison et à l'intérieur de la chambre des pompes;

b)   Les tuyauteries de chargement et de déchargement doivent être agencées de manière qu'après le chargement ou le déchargement les liquides y contenus puissent être éloignés sans danger et puissent couler soit dans les citernes à cargaison du bateau soit dans les citernes à terre;

c)   Les tuyauteries de chargement et de déchargement doivent se distinguer nettement des autres tuyaux, par exemple par un marquage de couleur;

d)   *(Réservé)*

e)   Les prises de raccordement à terre doivent être situées à une distance d'au moins 6,00 m des entrées ou des ouvertures des logements et des locaux de service extérieurs à la zone de cargaison;

f)   Chaque raccordement à terre de la conduite d'évacuation de gaz et le raccordement à terre de la tuyauterie de chargement ou de déchargement à travers lequel s'effectue le chargement ou le déchargement doivent être équipés d'un dispositif de sectionnement. Toutefois, chaque raccordement à terre doit être muni d'une bride borgne lorsqu'il n'est pas en service;

g)   (*Supprimé*)

h)   Les tuyauteries de chargement et de déchargement ainsi que les conduites d'évacuation de gaz ne doivent pas avoir de raccordements flexibles munis de joints coulissants.

9.3.3.25.3   *(Supprimé)*

9.3.3.25.4   a)   Tous les éléments des tuyauteries de chargement et de déchargement doivent être électriquement raccordés à la coque;

b)   Les tuyauteries de chargement doivent mener jusqu'au fond des citernes à cargaison.

9.3.3.25.5   La position des robinets d'arrêt ou autres dispositifs de sectionnement sur les tuyauteries de chargement et de déchargement doivent indiquer s'ils sont ouverts ou fermés.

9.3.3.25.6   Les tuyauteries de chargement et de déchargement doivent avoir, à la pression d'essai, les caractéristiques voulues d'élasticité, d'étanchéité et de résistance à la pression.

9.3.3.25.7   Les tuyauteries de chargement et de déchargement doivent être munies d'instruments de mesure de la pression à la sortie des pompes. La valeur maximale admissible de surpression ou de dépression doit être indiquée sur chaque instrument de mesure. La lecture doit être possible sous toutes les conditions météorologiques.

9.3.3.25.8   a)   Si les tuyauteries de chargement et de déchargement sont utilisées pour amener l'eau de rinçage ou de ballastage dans les citernes à cargaison, les raccordements des tuyauteries d'eau sur ces conduites doivent être situés dans la zone de cargaison mais à l'extérieur des citernes à cargaison;

Les pompes des systèmes de rinçage des citernes et les raccordements correspondants peuvent être placés en dehors de la zone de cargaison à condition que le côté déchargement du système soit disposé de telle manière que l'aspiration ne soit pas possible par cette partie;

Il doit être prévu un clapet anti-retour à ressort pour empêcher les gaz de s'échapper de la zone de cargaison en passant par le système de rinçage des citernes à cargaison;

b)   Un clapet anti-retour doit être installé à la jonction entre le tuyau d'aspiration de l'eau et la tuyauterie de chargement de la cargaison.

9.3.3.25.9   Les débits de chargement et de déchargement admissibles doivent être calculés.

Les calculs concernant les débits maximum admissibles pour le chargement et le déchargement pour chaque citerne à cargaison ou chaque groupe de citernes à cargaison compte tenu de la conception du système de ventilation. Dans ces calculs on considérera qu'en cas de coupure imprévue de la conduite de retour de gaz de l'installation à terre les dispositifs de sécurité des citernes à cargaison empêchent la pression dans les citernes à cargaison de dépasser les valeurs suivantes:

surpression: 1,15 fois la pression d'ouverture de la soupape de surpression/soupape de dégagement à grand vitesse;

dépression: pas plus que la pression de conception, sans toutefois dépasser une dépression de 5 kPa (0,05 bar).

Les principaux facteurs à considérer sont les suivants:

1. Dimensions du système de ventilation des citernes à cargaison;

2. Formation de gaz pendant le chargement: multiplier le plus grand débit de chargement par un facteur de 1,25 au moins;

3. Densité du mélange de vapeur de la cargaison basé sur 50 % volume vapeur de 50 % volume air;

4. Perte de pression par les conduites de ventilation, les soupapes et les accessoires. On prendra en compte un encrassement des tamis des coupe-flammes de 30 %;

5. Pression de calage des soupapes de sécurité.

Une instruction relative au débit maximal admissible de chargement et de déchargement pour chaque citerne à cargaison ou pour chaque groupe de citernes à cargaison doit se trouver à bord.

9.3.3.25.10 De l'air comprimé produit à l'extérieur de la zone de cargaison peut être utilisé dans la zone de cargaison à condition qu'il soit installé un clapet antiretour à ressort qui empêche que des gaz puissent s'échapper de la zone de cargaison et atteindre les logements, timonerie et locaux de service en passant par le circuit d'air comprimé.

9.3.3.25.11 Si le bateau transporte plusieurs marchandises dangereuses susceptibles de réagir dangereusement entre elles, une pompe séparée avec tuyauteries de chargement et de déchargement correspondantes doit être installée pour chaque matière. Les tuyauteries ne doivent pas passer dans une citerne à cargaison contenant les marchandises dangereuses avec lesquelles la matière est susceptible de réagir.

9.3.3.25.12 Les 9.3.3.25.1 a) et c), 9.3.3.25.2 a), dernière phrase et e) et 9.3.3.25.4 a) ne s'appliquent pas au type N ouvert sauf si la matière transportée a des propriétés corrosives (voir danger 8, à la colonne (5) du tableau C du chapitre 3.2).

Le 9.3.3.25.4 b) ne s'applique pas au type N ouvert.

Le 9.3.3.25.2 f), dernière phrase, 9.3.3.25.2 g), 9.3.3.25.8 a), dernière phrase et 9.3.3.25.10 ne s'appliquent pas aux bateaux déshuileurs et aux bateaux avitailleurs.

Le 9.3.3.25.9 ne s'applique pas aux bateaux déshuileurs.

Le 9.3.3.25.2 h) ne s'applique pas aux bateaux avitailleurs.

9.3.3.26 *Citernes à restes de cargaison et récipients pour produits résiduaires*

9.3.3.26.1 Lorsque le bateau est muni de citernes pour produits résiduaires ou de récipients pour produits résiduaires, ceux-ci doivent être situés dans la zone de cargaison et satisfaire aux dispositions des 9.3.3.26.2 et 9.3.3.26.3. Les récipients pour produits résiduaires ne sont admis que dans la zone de cargaison sur le pont et doivent se trouver à une distance minimale de la coque égale au quart de la largeur du bateau.

9.3.3.26.2   Les citernes pour produits résiduaires doivent être munies:

En cas de système ouvert:

–   D'un orifice de jaugeage;

–   De raccords, avec dispositifs de sectionnement, pour tuyauteries rigides et tuyauteries flexibles;

–   D'un dispositif d'équilibrage de pression.

En cas de système ouvert avec coupe-flammes:

–   D'un orifice de jaugeage;

–   De raccords, avec dispositifs de sectionnement, pour tuyauteries rigides et tuyauteries flexibles;

–   D'un dispositif d'équilibrage de pression muni d'un coupe-flammes résistant au feu continu.

En cas de système fermé:

a)   d'un indicateur de niveau;

–   De raccords, avec dispositifs de sectionnement, pour tuyauteries rigides et tuyauteries flexibles;

–   D'une soupape de dépression et d'une soupape de surpression;

La soupape de surpression doit être dimensionnée de sorte qu'au cours de l'opération de transport elle ne s'ouvre pas en fonctionnement normal. Cette condition est remplie lorsque la pression d'ouverture de la soupape satisfait aux conditions exigées à la colonne (10) du tableau C du chapitre 3.2 pour la matière à transporter;

b)   Lorsque la liste des matières du bateau selon 1.16.1.2.5 doit contenir des matières pour lesquelles la protection contre les explosions est exigée selon la colonne (17) du tableau C du chapitre 3.2, la soupape de surpression doit être conçue comme une soupape de dégagement à grande vitesse et la soupape de dépression doit être conçue de manière à résister à la déflagration. La résistance à la déflagration peut aussi être assurée par un coupe-flammes;

La soupape de dégagement à grande vitesse et la soupape de dépression résistant à la déflagration doivent être sélectionnées en fonction des groupes/sous-groupes d'explosion auxquels appartiennent les matières prévues dans la liste des matières du bateau (voir colonne (16) du tableau C du chapitre 3.2).

La contenance maximale admissible est de 30 m³.

9.3.3.26.3   Les récipients pour produits résiduaires doivent être munis:

– D'une possibilité d'indication du niveau de remplissage;

– De raccords, avec dispositifs de sectionnement, pour tuyauteries rigides et tuyauteries flexibles;

– D'un raccord permettant d'évacuer de manière sûre les gaz s'échappant pendant le remplissage.

9.3.3.26.4   *(Supprimé)*

9.3.3.26.5   Les prescriptions des 9.3.3.26.1, 9.3.3.26.2 (dernière phrase) et 9.3.3.26.3 ne s'appliquent pas aux bateaux déshuileurs.

9.3.3.27   *Système de réfrigération*

9.3.3.27.1   Un système de réfrigération visé au 9.3.3.24.1 a) doit se composer d'un ou de plusieurs ensembles capables de maintenir au niveau prescrit la pression et la température de la cargaison aux limites supérieures des températures ambiantes de calcul. À moins qu'un autre moyen de régulation de la pression et de la température de la cargaison jugé satisfaisant par une société de classification agréée ne soit prévu, un ou plusieurs ensembles de secours ayant un débit au moins égal à celui de l'ensemble le plus important prescrit doivent être prévus. Un ensemble de secours doit comprendre un compresseur, son moteur, son dispositif de commande et tous les accessoires nécessaires pour lui permettre de fonctionner indépendamment des ensembles utilisés normalement. Un échangeur de chaleur de secours doit être prévu à moins que l'échangeur de chaleur normal de l'appareil n'ait une capacité excédentaire égale à 25 % au moins de la plus grande capacité prescrite. Il n'est pas nécessaire de prévoir des tuyauteries séparées.

Les citernes à cargaison, les tuyauteries et les accessoires doivent être isolés de manière qu'en cas de panne de tous les systèmes de réfrigération la cargaison entière demeure pendant au moins 52 heures dans un état ne causant pas l'ouverture des soupapes de sûreté.

9.3.3.27.2   Les dispositifs de sûreté et les tuyaux de raccordement au système de réfrigération doivent être raccordés aux citernes à cargaison au-dessus de la phase liquide lorsque les citernes à cargaison sont remplies à leur taux maximal. Ils doivent rester dans la phase gazeuse même lorsque le bateau prend un angle de gîte de 12°.

9.3.3.27.3   Lorsque plusieurs cargaisons réfrigérées dont la réaction chimique peut être dangereuse sont transportées simultanément, une attention particulière doit être prêtée aux systèmes de réfrigération pour éviter un mélange éventuel des cargaisons. En cas de transport de ces cargaisons, des systèmes de réfrigération séparés, chacun comportant un ensemble complet de secours visé au 9.3.3.27.1, doivent être prévus pour chaque cargaison. Toutefois, lorsque la réfrigération est assurée par un système indirect ou mixte et qu'une fuite dans les échangeurs de chaleur ne peut entraîner dans aucune circonstance prévisible un mélange des cargaisons, il n'y a pas lieu de prévoir des ensembles de réfrigération séparés pour les différentes cargaisons.

9.3.3.27.4   Lorsque plusieurs cargaisons réfrigérées ne sont pas solubles l'une dans l'autre dans les conditions du transport, de telle sorte que leurs tensions de vapeur s'additionnent en cas de mélange, une attention particulière doit être prêtée aux systèmes de réfrigération pour éviter un mélange éventuel des cargaisons.

9.3.3.27.5 Lorsque les systèmes de réfrigération nécessitent de l'eau pour le refroidissement, une quantité suffisante doit être fournie par une pompe ou des pompes utilisées exclusivement à cet effet. Cette pompe ou ces pompes doivent avoir au moins deux tuyaux d'aspiration partant de deux prises d'eau, l'une à bâbord, l'autre à tribord. Une pompe de secours ayant un débit satisfaisant doit être prévue; cette pompe peut être une pompe utilisée à d'autres fins à condition que son emploi pour l'alimentation en eau de refroidissement ne nuise à aucun autre service essentiel.

9.3.3.27.6 Le système de réfrigération peut prendre l'une des formes ci-après:

a) Système direct – Les vapeurs de cargaison sont comprimées, condensées et renvoyées dans les citernes à cargaison. Pour certaines cargaisons spécifiées au tableau C du chapitre 3.2, ce système ne doit pas être utilisé. Cette prescription est indiquée par l'observation 35 à la colonne (20) du tableau C du chapitre 3.2;

b) Système indirect – La cargaison ou les vapeurs de cargaison sont refroidies ou condensées par un réfrigérant sans être comprimées;

c) Système mixte – Les vapeurs de cargaison sont comprimées et condensées dans un échangeur de chaleur cargaison/réfrigérant et renvoyées dans les citernes à cargaison. Pour certaines cargaisons indiquées au tableau C du chapitre 3.2, ce système ne doit pas être utilisé. Cette prescription est indiquée par l'observation 36 à la colonne (20) du tableau C du chapitre 3.2.

9.3.3.27.7 Tous les fluides réfrigérants primaires et secondaires doivent être compatibles les uns avec les autres et avec la cargaison avec laquelle ils peuvent entrer en contact. L'échange de chaleur peut se faire soit loin de la citerne à cargaison, soit à l'aide de serpentins de refroidissement fixés à l'intérieur ou à l'extérieur de la citerne à cargaison.

9.3.3.27.8 Lorsque le système de réfrigération est installé dans un local de service particulier, ce local de service doit répondre aux exigences du 9.3.3.17.6.

9.3.3.27.9 Pour toutes les installations recevant la cargaison, le coefficient de transmission thermique utilisé pour calculer le temps de retenue (7.2.4.16.16 et 7.2.4.16.17) doit être déterminé par calcul. Lorsque le bateau est achevé, l'exactitude du calcul doit être vérifiée au moyen d'un essai d'équilibrage thermique. Le calcul et l'essai doivent être exécutés sous le contrôle de la société de classification agréée qui a classé le bateau.

Le coefficient de transmission thermique doit être consigné sur un document conservé à bord. Il doit être vérifié à chaque renouvellement du certificat d'agrément.

9.3.3.27.10 Un certificat provenant d'une société de classification agréée attestant que le bateau satisfait aux prescriptions des 9.3.3.24.1 à 9.3.3.24.3, 9.3.3.27.1 et 9.3.3.27.4 ci-dessus doit être présenté en même temps que la demande de délivrance ou de renouvellement du certificat d'agrément.

9.3.3.28 *Installation de pulvérisation d'eau*

Dans les cas où une pulvérisation d'eau est exigée à la colonne (9) du tableau C, au chapitre 3.2, il doit être installé un système de pulvérisation d'eau dans la zone de cargaison sur le pont permettant de refroidir le haut des citernes à cargaison par aspersion d'eau sur la totalité de leur surface afin d'éviter de manière sûre le déclenchement des soupapes de surpression/soupapes de dégagement à grande vitesse à 10 kPa ou suivant son réglage.

Les pulvérisateurs doivent être installés de manière que la totalité du pont des citernes à cargaison soit atteint et que les gaz qui se sont échappés soient précipités de manière sûre.

L'installation doit pouvoir être mise en action à partir de la timonerie et à partir du pont. Sa capacité doit être telle qu'en cas de fonctionnement de tous les pulvérisateurs, le débit soit d'au moins 50 litres par m^2 de surface de pont et par heure.

9.3.3.29 et 9.3.3.30	*(Réservés)*

9.3.3.31   ***Machines***

9.3.3.31.1   Seuls les moteurs à combustion interne utilisant un combustible qui a un point d'éclair supérieur à 55 °C sont admis. Cette disposition ne s'applique pas aux moteurs à combustion interne qui font partie d'un système de propulsion ou d'un système auxiliaire. Ces systèmes devant satisfaire aux prescriptions du chapitre 30 et de la section 1 de l'annexe 8 du Standard européen établissant les prescriptions techniques des bateaux de navigation intérieure (ES-TRIN), dans sa version modifiée[2].

9.3.3.31.2   Les orifices d'aération de la salle des machines et, lorsque les moteurs n'aspirent pas l'air directement dans la salle des machines, les orifices d'aspiration d'air des moteurs doivent être situés à 2,00 m de la zone de cargaison.

9.3.3.31.3 et   *(Supprimés)*
9.3.3.31.4

9.3.3.31.5   La ventilation dans la salle des machines fermée doit être conçue de telle manière qu'à une température ambiante de 20 °C, la température moyenne dans la salle des machines ne dépasse pas 40 °C.

9.3.3.31.6   Le 9.3.3.31.2 ci-dessus ne s'applique pas aux bateaux déshuileurs ni aux bateaux avitailleurs.

9.3.3.32   ***Réservoirs à combustible***

9.3.3.32.1   Si le bateau est construit avec des espaces de cales, les doubles fonds dans cette zone peuvent servir de réservoirs à combustible à condition d'avoir au moins 0,6 m de profondeur.

Les tuyauteries et les ouvertures de ces réservoirs à combustible ne doivent pas être situées dans les espaces de cales.

9.3.3.32.2   Les orifices des tuyaux d'aération de chaque réservoir à combustible doivent aboutir à 0,5 m au moins au-dessus du pont découvert. Ces orifices et les orifices des tuyaux de trop-plein aboutissant sur le pont doivent être munis d'un dispositif protecteur constitué par un grillage ou une plaque perforée.

9.3.3.33   *(Réservé)*

9.3.3.34   ***Tuyaux d'échappement des moteurs***

9.3.3.34.1   Les gaz d'échappement doivent être rejetés au-dehors du bateau soit vers le haut par un tuyau d'échappement, soit par un orifice dans le bordé. L'orifice d'échappement doit être situé à 2,00 m au moins de la zone de cargaison. Les tuyaux d'échappement des moteurs de propulsion doivent être placés de telle manière que les gaz d'échappement soient entraînés loin du bateau. La tuyauterie d'échappement ne doit pas être située dans la zone de cargaison.

9.3.3.34.2   Les tuyaux d'échappement des moteurs doivent être munis d'un dispositif empêchant la sortie d'étincelles, par exemple d'un pare-étincelles.

---

[2]   *Tel qu'il figure sur le site Web du Comité européen pour l'élaboration de standards dans le domaine de la navigation intérieure (CESNI), à l'adresse suivante: https://www.cesni.eu/documents/es-trin/.*

9.3.3.34.3 La distance prescrite au 9.3.3.34.1 ci-dessus ne s'applique pas aux bateaux déshuileurs et aux bateaux avitailleurs.

9.3.3.35 *Installations d'assèchement et de ballastage*

9.3.3.35.1 Les pompes d'assèchement et de ballastage pour les locaux situés dans la zone de cargaison doivent être installées à l'intérieur de ladite zone.

Cette prescription ne s'applique pas:

– aux espaces de double coque et doubles fonds qui n'ont pas de paroi commune avec les citernes à cargaison;

– aux cofferdams, espaces de double coque, doubles fonds et espaces de cales lorsque le ballastage est effectué au moyen de la tuyauterie de l'installation de lutte contre l'incendie située dans la zone de cargaison et que l'assèchement a lieu au moyen d'éjecteurs installés dans la zone de cargaison.

9.3.3.35.2 Si le double fond sert de réservoir à combustible liquide, il ne doit pas être relié à la tuyauterie d'assèchement.

9.3.3.35.3 Si la pompe de ballastage est installée dans la zone de cargaison, la tuyauterie verticale et son raccord au droit du bordé pour aspirer l'eau de ballastage doivent être situés à l'intérieur de la zone de cargaison mais à l'extérieur des citernes à cargaison.

9.3.3.35.4 Une chambre des pompes sous le pont doit pouvoir être asséchée en cas d'urgence par une installation située dans la zone de cargaison et indépendante de toute autre installation. Cette installation doit se trouver à l'extérieur de la chambre des pompes à cargaison.

9.3.3.36 à (Réservés)
9.3.3.39

9.3.3.40 *Dispositifs d'extinction d'incendie*

9.3.3.40.1 Le bateau doit être muni d'une installation d'extinction d'incendie. Cette installation doit être conforme aux prescriptions ci-après:

– Elle doit être alimentée par deux pompes à incendie ou de ballastage indépendantes. L'une d'elles doit être prête à fonctionner à tout moment. Ces pompes ainsi que leurs propulsion et équipements électriques ne doivent pas être installées dans le même local;

– Elle doit être équipée d'une conduite d'eau comportant au moins trois bouches dans la zone de cargaison située au-dessus du pont. Trois tuyaux adéquats et suffisamment longs, munis de lances à jet/pulvérisation d'un diamètre de 12 mm au moins, doivent être prévus. À défaut, un ou plusieurs de ces tuyaux peuvent être remplacés par des lances à jet/pulvérisation orientables d'un diamètre de 12 mm au moins. On doit pouvoir atteindre tout point du pont dans la zone de cargaison avec deux jets simultanés d'eau provenant de bouches différentes.

Un clapet anti-retour à ressort doit empêcher que des gaz puissent s'échapper de la zone de cargaison et atteindre les logements, timonerie et locaux de service en passant par l'installation d'extinction d'incendie;

– La capacité de l'installation doit être suffisante pour obtenir d'un point quelconque du bateau un jet d'une longueur au moins égale à la largeur du bateau si deux lances à pulvérisation sont utilisées en même temps.

–   Le système d'alimentation en eau doit pouvoir être mis en marche depuis la timonerie et depuis le pont.

–   Des mesures doivent être prises pour éviter le gel des collecteurs principaux d'incendie et des bouches.

9.3.3.40.2   En outre, la salle des machines, la chambre des pompes et tout local contenant des matériels indispensables (tableaux de distribution, compresseurs, etc.) pour le matériel de réfrigération, le cas échéant, doivent être équipées d'une installation d'extinction d'incendie fixée à demeure, répondant aux exigences suivantes:

9.3.3.40.2.1   *Agents extincteurs*

Pour la protection du local dans les salles des machines, salles de chauffe et salles des pompes, seules sont admises les installations d'extinction d'incendie fixées à demeure utilisant les agents extincteurs suivants:

a) CO_2 (dioxyde de carbone);

b)   HFC 227 ea (heptafluoropropane);

c)   IG-541 (52 % azote, 40 % argon, 8 % dioxyde de carbone);

d)   FK-5-1-12 (Dodécafluoro-2-méthylpentan-3-one);

e)   *(Réservé)*

f) K_2CO_3 (carbonate de potassium).

Les autres agents extincteurs sont uniquement admis sur la base de recommandations du Comité d'administration.

9.3.3.40.2.2   *Ventilation, extraction de l'air*

a)   L'air de combustion nécessaire aux moteurs à combustion assurant la propulsion ne doit pas provenir des locaux protégés par des installations d'extinction d'incendie fixées à demeure. Cette prescription n'est pas obligatoire si le bateau possède deux salles des machines principales indépendantes et séparées de manière étanche aux gaz ou s'il existe, outre la salle des machines principale, une salle des machines distincte où est installé un propulseur d'étrave capable d'assurer à lui seul la propulsion en cas d'incendie dans la salle des machines principale;

b)   Tout système de ventilation forcée du local à protéger doit être arrêté automatiquement dès le déclenchement de l'installation d'extinction d'incendie;

c)   Toutes les ouvertures du local à protéger par lesquelles peuvent pénétrer de l'air ou s'échapper du gaz doivent être équipées de dispositifs permettant de les fermer rapidement. L'état d'ouverture et de fermeture doit être clairement apparent;

d)   L'air s'échappant des soupapes de surpression de réservoirs à air pressurisé installés dans les salles des machines doit être évacué à l'air libre;

e)   La surpression ou dépression occasionnée par la diffusion de l'agent extincteur ne doit pas détruire les éléments constitutifs du local à protéger. L'équilibrage de pression doit pouvoir être assuré sans danger;

f) Les locaux protégés doivent être équipés de moyens permettant d'assurer l'évacuation de l'agent extincteur et des gaz de combustion. Ces moyens doivent pouvoir être commandés à partir d'un emplacement situé à l'extérieur des locaux protégés, qui ne doit pas être rendu inaccessible en cas d'incendie dans ces locaux. Si des dispositifs d'aspiration sont installés à demeure, ceux-ci ne doivent pas pouvoir être mis en marche pendant le processus d'extinction.

9.3.3.40.2.3 *Système avertisseur d'incendie*

Le local à protéger doit être surveillé par un système avertisseur d'incendie approprié. Le signal avertisseur doit être audible dans la timonerie, les logements et dans le local à protéger.

9.3.3.40.2.4 *Système de tuyauteries*

a) L'agent extincteur doit être acheminé et réparti dans le local à protéger au moyen d'un système de tuyauteries installé à demeure. Les tuyauteries installées à l'intérieur du local à protéger ainsi que leurs accessoires doivent être en acier. Ceci ne s'applique pas aux embouts de raccordement des réservoirs et des compensateurs sous réserve que les matériaux utilisés possèdent des propriétés ignifuges équivalentes. Les tuyauteries doivent être protégées tant à l'intérieur qu'à l'extérieur contre la corrosion;

b) Les buses de distribution doivent être disposées de manière à assurer une répartition régulière de l'agent extincteur. En particulier, l'agent extincteur doit également agir sous le plancher.

9.3.3.40.2.5 *Dispositif de déclenchement*

a) Les installations d'extinction d'incendie à déclenchement automatique ne sont pas admises;

b) L'installation d'extinction d'incendie doit pouvoir être déclenchée depuis un endroit approprié situé à l'extérieur du local à protéger;

c) Les dispositifs de déclenchement doivent être installés de manière à pouvoir être actionnés en cas d'incendie et de manière à réduire autant que possible le risque de panne de ces dispositifs en cas d'incendie ou d'explosion dans le local à protéger;

Les installations de déclenchement non mécaniques doivent être alimentées par deux sources d'énergie indépendantes l'une de l'autre. Ces sources d'énergie doivent être placées à l'extérieur du local à protéger Les conduites de commande situées dans le local à protéger doivent être conçues de manière à rester en état de fonctionner en cas d'incendie durant 30 minutes au minimum. Les installations électriques sont réputées satisfaire à cette exigence si elles sont conformes à la norme CEI 60331–21:1999;

Lorsque les dispositifs de déclenchement sont placés de manière non visible, l'élément faisant obstacle à leur visibilité doit porter le symbole "Installation de lutte contre l'incendie" de 10 cm de côté au minimum, ainsi que le texte suivant en lettres rouges sur fond blanc:

Installation d'extinction

d) Si l'installation d'extinction d'incendie est destinée à la protection de plusieurs locaux, elle doit comporter un dispositif de déclenchement distinct et clairement marqué pour chaque local;

e) À proximité de tout dispositif de déclenchement doit être apposé le mode d'emploi bien visible et inscrit de manière durable. Ce mode d'emploi doit être dans une langue que le conducteur peut lire et comprendre et si cette langue n'est pas l'anglais, le français ou l'allemand, en anglais, en français ou en allemand. Il doit notamment comporter des indications relatives:

i) au déclenchement de l'installation d'extinction d'incendie;

ii) à la nécessité de s'assurer que toutes les personnes ont quitté le local à protéger;

iii) au comportement à adopter par l'équipage en cas de déclenchement et lors de l'accès au local à protéger après le déclenchement ou l'envahissement, notamment en ce qui concerne la présence possible de substances dangereuses;

iv) au comportement à adopter par l'équipage en cas de dysfonctionnement de l'installation d'extinction d'incendie.

f) Le mode d'emploi doit mentionner qu'avant le déclenchement de l'installation d'extinction d'incendie les moteurs à combustions installés dans le local et aspirant l'air du local à protéger doivent être arrêtés.

9.3.3.40.2.6 *Appareil avertisseur*

a) Les installations d'extinction d'incendie fixées à demeure doivent être équipées d'un appareil avertisseur acoustique et optique;

b) L'appareil avertisseur doit se déclencher automatiquement lors du premier déclenchement de l'installation d'extinction d'incendie. Le signal avertisseur doit fonctionner pendant un délai approprié avant la libération de l'agent extincteur et ne doit pas pouvoir être arrêté;

c) Les signaux avertisseurs doivent être bien visibles dans les locaux à protéger et à leurs points d'accès et être clairement audibles dans les conditions d'exploitation correspondant au plus grand bruit propre possible. Ils doivent se distinguer clairement de tous les autres signaux sonores et optiques dans le local à protéger;

d) Les signaux avertisseurs sonores doivent également être clairement audibles dans les locaux avoisinants, les portes de communication étant fermées, et dans les conditions d'exploitation correspondant au plus grand bruit propre possible;

e) Si l'appareil avertisseur n'est pas auto-protégé contre les courts-circuits, la rupture de câbles et les baisses de tension, son fonctionnement doit pouvoir être contrôlé;

f) Un panneau portant l'inscription suivante en lettres rouge sur fond blanc doit être apposé de manière bien visible à l'entrée de tout local susceptible d'être atteint par l'agent extincteur:

Attention, installation d'extinction d'incendie,
Quitter immédiatement ce local au signal .... (description du signal) !

9.3.3.40.2.7 *Réservoirs sous pression, tuyauteries pressurisées et leurs accessoires*

a) Les réservoirs sous pression ainsi que les tuyauteries pressurisées et leurs accessoires doivent être conformes aux prescriptions de l'autorité compétente ou, s'il n'y a pas de telles prescriptions, ils doivent être conformes aux prescriptions d'une société de classification agréée;

b) Les réservoirs sous pression doivent être installés conformément aux instructions du fabricant;

c) Les réservoirs sous pression, tuyauteries pressurisées et leurs accessoires ne doivent pas être installés dans les logements;

d) La température dans les armoires et locaux de stockage des réservoirs sous pression ne doit pas dépasser 50 °C;

e) Les armoires ou locaux de stockage sur le pont doivent être solidement arrimés et disposer d'ouvertures d'aération disposées de sorte qu'en cas de défaut d'étanchéité d'un réservoir sous pression le gaz qui s'échappe ne puisse pénétrer à l'intérieur du bateau. Des liaisons directes avec d'autres locaux ne sont pas admises.

9.3.3.40.2.8   *Quantité d'agent extincteur*

Si la quantité d'agent extincteur est prévue pour plus d'un local, il n'est pas nécessaire que la quantité d'agent extincteur disponible soit supérieure à la quantité requise pour le plus grand des locaux ainsi protégés.

9.3.3.40.2.9   *Installation, entretien, contrôle et documentation*

a) Le montage ou la transformation de l'installation doit uniquement être assuré par une société spécialisée en installations d'extinction d'incendie. Les instructions (fiche technique du produit, fiche technique de sécurité) données par le fabricant de l'agent extincteur ou le constructeur de l'installation doivent être suivies;

b) L'installation doit être contrôlée par un expert:

   i)   avant la mise en service;

   ii)   avant toute remise en service consécutive à son déclenchement;

   iii) après toute modification ou réparation;

   iv)   régulièrement et au minimum tous les deux ans.

c) Au cours du contrôle, l'expert est tenu de vérifier la conformité de l'installation aux exigences du 9.3.3.40.2;

d) Le contrôle comprend au minimum:

   i)   un contrôle externe de toute l'installation;

   ii)   un contrôle de l'étanchéité des tuyauteries;

   iii) un contrôle du bon fonctionnement des systèmes de commande et de déclenchement;

   iv)   un contrôle de la pression et du contenu des réservoirs;

   v)   un contrôle de l'étanchéité des dispositifs de fermeture du local à protéger;

   vi)   un contrôle du système avertisseur d'incendie;

   vii) un contrôle de l'appareil avertisseur.

e)   La personne qui a effectué le contrôle établit et signe une attestation relative à la vérification, avec mention de la date du contrôle;

f)   Le nombre des installations d'extinction d'incendie fixées à demeure doit être mentionné au certificat de bateau.

9.3.3.40.2.10   *Installation d'extinction d'incendie fonctionnant avec du CO_2*

Outre les exigences des 9.3.3.40.2.1 à 9.3.3.40.2.9, les installations d'extinction d'incendie utilisant le CO_2 en tant qu'agent extincteur doivent être conformes aux dispositions suivantes:

a)   Les réservoirs à CO_2 doivent être placés dans un local ou une armoire séparé des autres locaux de manière étanche aux gaz. Les portes de ces locaux et armoires de stockage doivent s'ouvrir vers l'extérieur, doivent pouvoir être fermées à clé et doivent porter à l'extérieur le symbole "Avertissement: danger général" d'une hauteur de 5 cm au minimum ainsi que la mention "CO_2" dans les mêmes couleurs et dimensions;

b)   Les armoires ou locaux de stockage des réservoirs à CO_2 situés sous le pont doivent uniquement être accessibles depuis l'extérieur. Ces locaux doivent disposer d'un système d'aération artificiel avec des cages d'aspiration et être entièrement indépendant des autres systèmes d'aération se trouvant à bord;

c)   Le degré de remplissage des réservoirs de CO_2 ne doit pas dépasser 0,75 kg/l. Pour le volume du CO_2 détendu on prendra 0,56 m^3/kg;

d)   La concentration de CO_2 dans le local à protéger doit atteindre au minimum 40% du volume brut dudit local. Cette quantité doit être libérée en 120 secondes. Le bon déroulement de l'envahissement doit pouvoir être contrôlé;

e)   L'ouverture des soupapes de réservoir et la commande de la soupape de diffusion doivent correspondre à deux opérations distinctes;

f)   Le délai approprié mentionné au 9.3.3.40.2.6 b) est de 20 secondes au minimum. La temporisation de la diffusion du CO_2 doit être assurée par une installation fiable.

9.3.3.40.2.11   *Installations d'extinction d'incendie fonctionnant avec du HFC-227 ea (heptafluoropropane)*

Outre les exigences des 9.3.3.40.2.1 à 9.3.3.40.2.9, les installations d'extinction d'incendie utilisant le HFC-227 ea en tant qu'agent extincteur doivent être conformes aux dispositions suivantes:

a)   En présence de plusieurs locaux présentant un volume brut différent, chaque local doit être équipé de sa propre installation d'extinction d'incendie;

b)   Chaque réservoir contenant du HFC-227 ea placé dans le local à protéger doit être équipé d'un dispositif évitant la surpression. Celui-ci doit assurer sans danger la diffusion du contenu du réservoir dans le local à protéger si ledit réservoir est soumis au feu alors que l'installation d'extinction d'incendie n'a pas été mise en service;

c)   Chaque réservoir doit être équipé d'un dispositif permettant de contrôler la pression du gaz;

d)   Le degré de remplissage des réservoirs ne doit pas dépasser 1,15 kg/l. Pour le volume spécifique du HFC-227 ea détendu, on prendra 0,1374 m^3/kg;

e)   La concentration de HFC-227 ea dans le local à protéger doit atteindre au minimum 8 % du volume brut dudit local. Cette quantité doit être libérée en 10 secondes;

f) Les réservoirs de HFC-227 ea doivent être équipés d'un dispositif de surveillance de la pression déclenchant un signal d'alerte acoustique et optique dans la timonerie en cas de perte non conforme de gaz propulseur. En l'absence de timonerie, ce signal d'alerte doit être déclenché à l'extérieur du local à protéger;

g) Après la diffusion, la concentration dans le local à protéger ne doit pas excéder 10,5 % (en volume);

h) L'installation d'extinction d'incendie ne doit pas comporter de pièces en aluminium.

9.3.3.40.2.12 *Installations d'extinction d'incendie fonctionnant avec de l'IG-541*

Outre les exigences des 9.3.3.40.2.1 à 9.3.3.40.2.9, les installations d'extinction d'incendie utilisant l'IG-541 en tant qu'agent extincteur doivent être conformes aux dispositions suivantes:

a) En présence de plusieurs locaux présentant un volume brut différent, chaque local doit être équipé de sa propre installation d'extinction d'incendie;

b) Chaque réservoir contenant de l'IG-541 placé dans le local à protéger doit être équipé d'un dispositif évitant la surpression. Celui-ci doit assurer sans danger la diffusion du contenu du réservoir dans le local à protéger si ledit réservoir est soumis au feu alors que l'installation d'extinction d'incendie n'a pas été mise en service;

c) Chaque réservoir doit être équipé d'un dispositif permettant de contrôler le contenu;

d) La pression de remplissage des réservoirs ne doit pas dépasser 200 bar à une température de +15°C;

e) La concentration de l'IG-541 dans le local à protéger doit atteindre au minimum 44 % et au maximum 50 % du volume brut dudit local. Cette quantité doit être libérée en 120 secondes.

9.3.3.40.2.13 *Installations d'extinction d'incendie fonctionnant avec du FK-5-1-12*

Outre les exigences des 9.3.3.40.2.1 à 9.3.3.40.2.9, les installations d'extinction d'incendie utilisant le FK-5-1-12 en tant qu'agent extincteur doivent être conformes aux dispositions suivantes:

a) En présence de plusieurs locaux présentant un volume brut différent, chaque local doit être équipé de sa propre installation d'extinction d'incendie;

b) Chaque réservoir contenant du FK-5-1-12 placé dans le local à protéger doit être équipé d'un dispositif évitant la surpression. Celui-ci doit assurer sans danger la diffusion du contenu du réservoir dans le local à protéger si ledit réservoir est soumis au feu alors que l'installation d'extinction d'incendie n'a pas été mise en service;

c) Chaque réservoir doit être équipé d'un dispositif permettant de contrôler la pression du gaz;

d) Le degré de remplissage des réservoirs ne doit pas dépasser 1,00 kg/l. Pour le volume spécifique du FK-5-1-12 détendu on prendra 0,0719 m^3/kg;

e) Le volume de FK-5-1-12 à introduire dans le local à protéger doit atteindre au minimum 5,5 % du volume brut dudit local. Cette quantité doit être libérée en 10 secondes;

f) Les réservoirs de FK-5-1-12 doivent être équipés d'un dispositif de surveillance de la pression déclenchant un signal d'alerte acoustique et optique dans la timonerie en cas de perte non conforme d'agent extincteur. En l'absence de timonerie, ce signal d'alerte doit être déclenché à l'extérieur du local à protéger;

g) Après la diffusion, la concentration dans le local à protéger ne doit pas excéder 10,0 %.

9.3.3.40.2.14 *(Réservé)*

9.3.3.40.2.15 *Installations d'extinction d'incendie utilisant le K_2CO_3 en tant qu'agent extincteur*

Outre les exigences des 9.3.3.40.2.1 à 9.3.3.40.2.3, 9.3.3.40.2.5, 9.3.3.40.2.6 et 9.3.3.40.2.9, les installations d'extinction d'incendie utilisant le K_2CO_3 en tant qu'agent extincteur doivent être conformes aux dispositions suivantes:

a) L'installation d'extinction d'incendie doit posséder un agrément de type conformément à la directive 2014/90/UE[3] ou à la circulaire MSC/Circ.1270[4];

b) Chaque local doit être équipé de sa propre installation d'extinction;

c) L'agent extincteur est conservé dans des réservoirs non pressurisés spécifiquement prévus à cet effet dans le local à protéger. Ces réservoirs doivent être installés de manière à ce que l'agent extincteur puisse se répartir uniformément dans le local. En particulier, l'agent extincteur doit également agir sous le plancher;

d) Chaque réservoir doit être relié individuellement au dispositif de déclenchement;

e) La quantité d'agent extincteur sec formant un aérosol correspondant au local à protéger doit être d'au moins 120 g par m^3 de volume net du local concerné. Ce volume net est calculé conformément à la directive 2014/90/UE[3] ou à la circulaire MSC/Circ.1270[4]. L'agent extincteur doit pouvoir être diffusé dans les 120 s.

9.3.3.40.2.16 *Installation d'extinction d'incendie pour la protection des objets, fixée au demeure*

Pour la protection des objets dans les salles des machines, salles de chauffe et salles des pompes, les installations d'extinction d'incendie fixées à demeure sont uniquement admises sur la base de recommandations du Comité d'administration.

9.3.3.40.3 Les deux extincteurs d'incendie prescrits au 8.1.4 doivent être placés dans la zone de cargaison.

9.3.3.40.4 L'agent extincteur dans les installations d'extinction fixées à demeure doit être approprié et en quantité suffisante pour combattre les incendies.

9.3.3.40.5 Les 9.3.3.40.1 et 9.3.3.40.2, ci-dessus, ne s'appliquent pas aux bateaux déshuileurs ni aux bateaux avitailleurs.

9.3.3.41 ***Feu et lumière non protégée***

9.3.3.41.1 Les orifices de cheminées doivent être situés à 2,00 m au moins de la zone de cargaison. Des mesures doivent être prises pour empêcher la sortie d'étincelles et la pénétration d'eau.

---

[3] *Journal officiel de l'Union européenne, L 257 du 28 août 2014, p. 146.*

[4] *Circulaire MSC/Circ. 1270 et rectificatifs de l'Organisation maritime internationale – Directives révisées pour l'approbation des dispositifs fixes d'extinction de l'incendie à aérosol équivalant aux dispositifs fixes d'extinction de l'incendie par le gaz, visés par la convention SOLAS de 1974, qui sont destinés aux locaux de machines – adoptée le 4 juin 2008.*

9.3.3.41.2   Les appareils de chauffage, de cuisson ou de réfrigération ne doivent pas utiliser de combustible liquide, de gaz liquide ou de combustible solide.

Toutefois, l'installation, dans la salle des machines ou dans un autre local approprié à cet effet, d'appareils de chauffage ou de chaudières utilisant un combustible liquide ayant un point d'éclair de plus de 55 °C est autorisée.

Les appareils de cuisson ou de réfrigération ne sont admis que dans les logements.

9.3.3.41.3   Seulement les lampes électriques sont autorisées.

9.3.3.42   *Installation de chauffage de la cargaison*

9.3.3.42.1   Les chaudières servant au chauffage de la cargaison doivent utiliser un combustible liquide ayant un point d'éclair de plus de 55 °C. Elles doivent être placées soit dans la salle des machines, soit dans un local spécial situé sous le pont en dehors de la zone de cargaison, accessible depuis le pont ou depuis la salle des machines.

9.3.3.42.2   L'installation de chauffage de la cargaison doit être conçue de telle manière que la matière transportée ne puisse remonter jusqu'à la chaudière en cas de défaut d'étanchéité dans les serpentins de réchauffage. Toute installation de chauffage de la cargaison à tirage forcé doit être à allumage électrique.

9.3.3.42.3   Le système de ventilation de la salle des machines doit être calculé en fonction de la quantité d'air nécessaire à la chaudière.

9.3.3.42.4   Si l'installation de chauffage de la cargaison est utilisée lors du chargement, du déchargement ou du dégaze avec une concentration provenant de la cargaison supérieure ou égale à 10 % de la LIE, le local de service dans lequel est placée l'installation doit répondre entièrement aux prescriptions du 9.3.3.52.1. Cette prescription ne s'applique pas aux orifices d'aspiration du système de ventilation. Ces orifices doivent être situés à une distance minimale de 2 m de la zone de cargaison et de 6 m d'orifices de citernes à cargaison ou à restes de cargaison, de pompes de chargement situées sur le pont, d'orifices de soupapes de dégagement à grande vitesse, de soupapes de surpression et des raccordements à terre des tuyauteries de chargement et de déchargement et ils doivent être situés à 2 m au moins au-dessus du pont.

Les prescriptions du 9.3.3.52.1 ne sont pas applicables en cas de déchargement de matières ayant un point d'éclair supérieur ou égal à 60 °C lorsque la température du produit est inférieure au moins de 15 K au point d'éclair.

9.3.3.43 à   *(Réservés)*
9.3.3.49

9.3.3.50   *(Supprimé)*

9.3.3.51   *Températures de surface des installations et équipements*

a)   Les températures de surface des installations et équipements électriques et non électriques ne doivent pas dépasser 200 °C;

b)   Les températures de surfaces de parties extérieures des moteurs ainsi que de leurs circuits de ventilation et de gaz d'échappement ne doivent pas dépasser 200 °C;

c)   Lorsque la liste des matières du bateau selon 1.16.1.2.5 doit contenir des matières pour lesquelles la classe de température T4, T5 ou T6, figure dans la colonne (15) du tableau C du chapitre 3.2, les températures de surface correspondantes de 135 °C (T4), 100 °C (T5) ou 85 °C (T6) ne doivent pas être dépassées dans les zones assignées à bord;

d) Les alinéas a) et b) ne s'appliquent pas si les exigences suivantes sont respectées (voir aussi le 7.2.3.51.4):

   i) Les logements, la timonerie et les locaux de service dans lesquels les températures de surface peuvent être plus élevées que celles mentionnées aux alinéas a) et b) sont équipés d'un système de ventilation selon 9.3.3.12.4 b); ou

   ii) Les installations et équipements qui donnent lieu à des températures de surface plus élevées que celles indiquées respectivement à l'alinéa a) ou b) doivent pouvoir être arrêtés. Ces installations et équipements doivent être marqués en rouge;

e) Les bateaux de type N ouvert ne sont tenus de satisfaire aux exigences des alinéas a), b) et d) que si le bateau séjournera à l'intérieur ou à proximité immédiate d'une zone assignée à terre.

9.3.3.52 *Type et emplacement des installations et équipements électriques*

9.3.3.52.1 Les installations et équipements électriques doivent être au moins du type "à risque limité d'explosion".

Cette prescription ne s'applique pas:

a) aux installations d'éclairage dans les logements et dans la timonerie, à l'exception des interrupteurs placés à proximité des entrées;

b) aux téléphones portables, aux installations téléphoniques fixes, aux ordinateurs fixes et portables et aux instruments de chargement dans les logements et dans la timonerie;

c) aux installations et équipements qui, pendant le séjour à proximité immédiate ou à l'intérieur d'une zone assignée à terre:

   i) sont éteints; ou

   ii) sont placés dans des locaux équipés d'un système de ventilation selon 9.3.3.12.4;

d) aux installations de radiotéléphonie et aux appareils AIS Intérieur (systèmes d'identification automatique) dans les logements et dans la timonerie, à condition qu'aucune partie d'une antenne pour installation de radiotéléphonie ou appareil AIS ne se trouve au-dessus ou à moins de 2,00 m de la zone de cargaison.

9.3.3.52.2 Dans les cofferdams, espaces de double-coque, doubles fonds et espaces de cales ne sont autorisés que les émetteurs de sonar en enceinte hermétique dont les câbles sont acheminés jusqu'au pont principal dans des tubes en acier à paroi épaisse munis de joints étanches aux gaz.

9.3.3.52.3 Les installations et équipements électriques fixés à demeure qui ne satisfont pas aux prescriptions des 9.3.3.51 a), 9.3.3.51 b) et 9.3.3.52.1 ci-dessus, ainsi que leurs appareils de commutation, doivent être marqués en rouge. La déconnexion de ces installations et équipements doit s'effectuer à un emplacement centralisé à bord.

9.3.3.52.4 Tout réseau de distribution isolé doit être muni d'un dispositif automatique de contrôle de l'isolation, muni d'un avertisseur optique et acoustique.

9.3.3.52.5 Ne sont admis que les systèmes de distribution sans conducteur de retour à la coque. Cette prescription ne s'applique pas:

– Aux installations cathodiques de protection contre la corrosion par courants externes;

– A certaines parties limitées de l'installation situées en dehors de la zone de cargaison (branchement du démarreur des moteurs diesel, par exemple);

– Au dispositif de contrôle de l'isolation mentionné au 9.3.3.52.4.

9.3.3.52.6 Tout générateur électrique entraîné en permanence par un moteur, et ne répondant pas aux prescriptions du 9.3.3.52.1 ci-dessus, doit être équipé d'un interrupteur multipolaire permettant d'arrêter le générateur. Il doit être apposé, à proximité de l'interrupteur, une plaque donnant des consignes d'utilisation.

9.3.3.52.7 Les pannes d'alimentation de l'équipement de contrôle et de sécurité doivent être immédiatement signalées par des avertisseurs optiques et acoustiques dans la timonerie et sur le pont. L'alarme doit être automatiquement relayée vers les logements dans le cas où elle n'a pas été arrêtée.

9.3.3.52.8 Les commutateurs, prises et câbles électriques sur le pont doivent être protégés contre les dommages mécaniques.

9.3.3.52.9 Les prises destinées à alimenter des feux de signalisation et l'éclairage des passerelles doivent être solidement fixées au bateau à proximité immédiate du mât de signalisation ou de la passerelle. Ces prises doivent être conçues de sorte que la connexion ou déconnexion ne soit possible que lorsqu'elles sont hors tension.

9.3.3.52.10 Les accumulateurs doivent être situés en dehors de la zone de cargaison.

9.3.3.52.11 Les bateaux de type N ouvert ne sont tenus de satisfaire aux exigences des 9.3.3.52.1 et 9.3.3.52.3 que si le bateau séjournera à l'intérieur ou à proximité immédiate d'une zone assignée à terre.

9.3.3.53 *Type et emplacement des installations et équipements électriques et non électriques destinés à être utilisés dans des zones de risque d'explosion*

9.3.3.53.1 À bord des bateaux auxquels s'applique le classement en zones conformément à la définition du 1.2.1, les installations et équipements électriques et non électriques utilisés dans les zones de risque d'explosion doivent satisfaire au moins aux exigences pour une utilisation dans la zone concernée.

Ils doivent être sélectionnés en fonction des groupes/sous-groupes d'explosion et classes de température auxquels appartiennent les matières à transporter (voir colonnes (15) et (16) du tableau C du chapitre 3.2).

Lorsque la liste des matières du bateau selon 1.16.1.2.5 doit contenir des matières pour lesquelles une classe de température T4, T5 ou T6 figure dans la colonne (15) du tableau C du chapitre 3.2, les températures de surface correspondantes ne doivent pas dépasser 135 °C (T4), 100 °C (T5) ou respectivement 85 °C (T6) dans les zones assignées.

Lorsque la liste des matières du bateau selon 1.16.1.2.5 doit contenir des matières pour lesquelles la classe de température T1 ou T2 figure dans la colonne (15) du tableau C du chapitre 3.2, les températures de surface correspondantes ne doivent pas dépasser 200 °C dans les zones assignées.

9.3.3.53.2 À l'exception des fibres optiques, les câbles électriques doivent être blindés ou sous gaine métallique ou être posés dans des tubes de protection.

Les câbles électriques du système actif de protection cathodique de la coque doivent être acheminés jusqu'au pont principal dans des tubes de protection en acier à paroi épaisse munis de joints étanches aux gaz.

9.3.3.53.3   Les câbles électriques mobiles sont interdits dans la zone de danger d'explosion, à l'exception des câbles électriques pour les circuits à sécurité intrinsèque et pour le raccordement:

a)   Des feux de signalisation et de passerelle, si le point de raccordement (par ex. la prise de courant) est installé à demeure à bord du bateau à proximité immédiate du mât de signalisation ou de la passerelle;

b)   Du réseau électrique du bateau à un réseau électrique à terre; si:

– Ces câbles électriques et l'unité d'alimentation à bord sont conformes à une norme en vigueur (par ex. EN 15869-03:2010);

– L'unité d'alimentation et les connecteurs sont situés à l'extérieur de la zones de danger d'explosion.

Le branchement et le débranchement des prises/connecteurs ne doivent être possibles que hors tension.

9.3.3.53.4   Les câbles électriques des circuits à sécurité intrinsèque doivent être séparés des autres câbles non destinés à être utilisés pour ces circuits et porter un marquage (ils ne doivent pas être réunis avec ces derniers en un même faisceau, ni fixés au moyen des mêmes brides).

9.3.3.53.5   Pour les câbles électriques mobiles admis en vertu du 9.3.3.53.3 seuls des gaines du type H07RN-F selon la norme CEI 60245-4:2011[5] ou des câbles électriques de caractéristiques au moins équivalentes ayant des conducteurs d'une section minimale de 1,50 mm² doivent être utilisés.

9.3.3.54   *Mise à la masse*

9.3.3.54.1   Dans la zone de cargaison, les parties métalliques des installations et équipements électriques qui ne sont pas sous tension en exploitation normale, ainsi que les accessoires et gaines métalliques des câbles, doivent être mis à la masse, pour autant qu'ils ne le sont pas automatiquement de par leur montage du fait de leur contact avec la structure métallique du bateau.

9.3.3.54.2   Les prescriptions du 9.3.3.54.1 s'appliquent aussi aux installations ayant une tension inférieure à 50 Volt.

9.3.3.54.3   Les citernes à cargaison indépendantes, grands récipients pour vrac métalliques et conteneurs-citerne doivent être mis à la terre.

9.3.3.54.4   Les récipients pour produits résiduaires doivent pouvoir être mis à la terre.

9.3.3.55   *(Réservé)*

9.3.3.56   *(Supprimé)*

9.3.3.57 à   *(Réservés)*
9.3.3.59

---

[5]   *Identique à EN 50525-2-21:2011*

9.3.3.60   *Équipement spécial*

Une douche et une installation pour le rinçage des yeux et du visage doivent se trouver à bord à un endroit accessible directement de la zone de cargaison. L'eau doit être de la qualité de l'eau potable disponible à bord.

NOTA: Des produits supplémentaires de décontamination pour éviter la corrosion des yeux et de la peau sont autorisés.

Le raccordement de cet équipement spécial à une zone située hors de la zone de cargaison est admis.

L'équipement spécial doit être muni d'un clapet antiretour à ressort de sorte qu'aucun gaz ne puisse s'échapper hors de la zone de cargaison par la douche ou l'installation pour le rinçage des yeux et du visage.

Cette prescription ne s'applique pas aux bateaux déshuileurs et aux bateaux avitailleurs.

9.3.3.61   Le 9.3.3.60 ci-dessus ne s'applique pas aux bateaux déshuileurs et aux bateaux avitailleurs.

9.3.3.62   *Soupape pour le dégazage dans une station de réception*

Une soupape basse pression à ressort fixe ou mobile utilisée lors du dégazage dans une station de réception doit être raccordée à la tuyauterie d'aspiration d'air. Si la liste des matières du bateau selon le 1.16.1.2.5 contient des matières pour lesquelles la protection contre les explosions est exigée à la colonne (17) du tableau C du chapitre 3.2, la soupape doit être munie d'un coupe-flammes résistant aux déflagrations. Lorsque le bateau n'est pas en cours de dégazage dans une station de réception, la soupape doit être obturée par une bride borgne. La soupape basse pression doit être montée de manière que, dans des conditions normales d'exploitation, la soupape de dépression ne soit pas activée.

NOTA: Le dégazage fait partie des conditions normales d'exploitation.

9.3.3.63 à   *(Réservés)*
9.3.3.70

9.3.3.71   *Accès à bord*

Les pancartes interdisant l'accès à bord conformément au 8.3.3 doivent être facilement lisibles de part et d'autre du bateau.

9.3.3.72 à   *(Réservés)*
9.3.3.73

9.3.3.74   *Interdiction de fumer, de feu et de lumière non protégée*

9.3.3.74.1   Les panneaux interdisant de fumer conformément au 8.3.4 doivent être facilement lisibles de part et d'autre du bateau.

9.3.3.74.2   Les panneaux indiquant les cas dans lesquels l'interdiction s'applique doivent être apposés près de l'entrée des espaces où il n'est pas toujours interdit de fumer ou d'utiliser du feu ou une lumière non protégée.

9.3.3.74.3   Dans les logements et dans la timonerie, des cendriers doivent être installés à proximité de chaque sortie.

9.3.3.75 à   *(Réservés)*
9.3.3.91

| 9.3.3.92 | A bord des bateaux-citernes visés au 9.3.3.11.7, les locaux dont les accès ou sorties sont immergés en totalité ou en partie en cas d'avarie doivent être munis d'une issue de secours située à 0,10 m au moins au-dessus de la ligne de flottaison après l'avarie. Cette prescription ne s'applique pas aux coquerons avant et arrière. |

| 9.3.3.93-
9.3.3.99 | *(Réservés)* |

9.3.4 Variantes de construction

9.3.4.1 *Généralités*

9.3.4.1.1 La contenance et la longueur maximales admissibles d'une citerne à cargaison, déterminée conformément aux 9.3.1.11.1, 9.3.2.11.1 et 9.3.3.11.1, peuvent être dépassées et les distances minimum conformes aux 9.3.1.11.2 a) et 9.3.2.11.7 peuvent être différentes pour autant que les dispositions de la présente section soient satisfaites. La contenance d'une citerne à cargaison ne doit pas dépasser 1 000 m³.

9.3.4.1.2 Les bateaux-citernes dont la contenance des citernes à cargaison dépasse la capacité maximum autorisée ou dont la distance entre la muraille et la cloison de la citerne est inférieure aux prescriptions doivent être protégés au moyen d'une structure latérale résistant mieux à l'enfoncement. Ceci doit être prouvé en comparant le risque de rupture d'une construction conventionnelle (construction de référence) conforme aux prescriptions de l'ADN au risque de rupture d'une construction résistant mieux à l'enfoncement (variante de construction).

9.3.4.1.3 Lorsque le risque de rupture d'une construction résistant mieux à l'enfoncement est égal ou inférieur au risque de rupture d'une construction conventionnelle, la preuve doit être apportée, conformément à la section 9.3.4.3, que la sécurité est équivalente ou supérieure.

9.3.4.1.4 Lorsqu'un bateau est construit conformément à la présente section, une société de classification agréée doit confirmer que l'application de la procédure de calcul est conforme au 9.3.4.3 et présenter ses conclusions à l'autorité compétente pour approbation. L'autorité compétente peut demander un complément de calculs et de preuves.

9.3.4.1.5 L'autorité compétente doit inclure cette variante de construction dans le certificat d'agrément conformément à la section 8.6.1.

9.3.4.2 *Approche globale*

9.3.4.2.1 Les paramètres déterminants dans cette approche sont, d'une part, la probabilité de rupture d'une citerne à la suite d'une collision et, d'autre part, l'aire autour du bateau affectée par l'écoulement de la cargaison qui en résulte. Le risque peut être décrit par la formule suivante:

$$R = P \cdot C$$

où R: risque [en m²],

P: probabilité de rupture de la citerne [ ],

C: effet (dégâts) produit par la rupture de la citerne [en m²].

9.3.4.2.2 La probabilité P de rupture de la citerne dépend de la distribution de probabilité de l'énergie de collision disponible que représentent les bateaux susceptibles d'entrer en collision avec le bateau-citerne victime, et de la capacité de ce dernier à absorber, sans rupture de citerne, cette énergie de collision. Cette probabilité peut être réduite par une augmentation de la résistance à l'enfoncement de la structure latérale.

L'effet C de la fuite de la cargaison consécutive à la rupture de la citerne est exprimé comme étant une aire affectée autour du bateau percuté.

9.3.4.2.3 La procédure décrite au 9.3.4.3 montre comment doivent être calculées les probabilités de rupture des citernes et comment doit être déterminée la capacité d'absorption de l'énergie de collision d'une structure latérale d'un bateau ainsi que l'augmentation de l'effet.

9.3.4.3 *Procédure de calcul*

9.3.4.3.1 La procédure de calcul se décompose en 13 étapes élémentaires. Les étapes 2 à 10 doivent être réalisées pour la construction de référence et pour la variante de construction. Le tableau ci-après montre comment calculer la probabilité pondérée de rupture d'une citerne.

							F x G			I x J			L x M	
	A	B	C	D	E	F	G	H	I	J	K	L	M	N	O

A	Déterminer les points d'impact de collision et les facteurs de pondération associés — Scénario n° I

Scénario n° I

Loc	Analyse	Eloc	Calcul	P	wf	Pw	P loc	wf loc	Pw loc	Psceni	wfsceni	Pwsceni
Loc1	Analyse par éléments finis	Eloc1	Calculer la prob. à partir de la CPDF 50%	P50%	wf 50%	Pw50%						
			Calculer la prob. à partir de la CPDF 66%	P66%	wf 66%	Pw66%						
			Calculer la prob. à partir de la CPDF 100%	P100%	wf 100%	Pw100% +						
						sum	Ploc 1	wf loc 1	Pwloc 1			
Loci	Analyse par éléments finis	Eloci	Calculer la prob. à partir de la CPDF 50%	P50%	wf 50%	Pw50%						
			Calculer la prob. à partir de la CPDF 66%	P66%	wf 66%	Pw66%						
			Calculer la prob. à partir de la CPDF 100%	P100%	wf 100%	Pw100% +						
						sum	Ploci	wf loci	Pwloci			
Locn	Analyse par éléments finis	Elocn	Calculer la prob. à partir de la CPDF 50%	P50%	wf 50%	Pw50%						
			Calculer la prob. à partir de la CPDF 66%	P66%	wf 66%	Pw66%						
			Calculer la prob. à partir de la CPDF 100%	P100%	wf 100%	Pw100% +						
						sum	Plocn	wf locn	Pwlocn +			
									sum	Psceni	wfsceni	Pwsceni

Déterminer les points d'impact de collision et les facteurs de pondération associés — Scénario n° II

Loc	Analyse	Eloc	Calcul	P	wf	Pw	P loc	wf loc	Pw loc	Pscenii	wfscenii	Pwscenii	Pw
Loc1	Analyse par éléments finis	Eloc1	Calculer la prob. à partir de la CPDF 30%	P30%	wf 30%	Pw30%							
			Calculer la prob. à partir de la CPDF 100%	P100%	wf 100%	Pw100% +							
						sum	Ploc 1	wf loc 1	Pwloc 1				
Locn	Analyse par éléments finis	Elocn	Calculer la prob. à partir de la CPDF 30%	P30%	wf 30%	Pw30%							
			Calculer la prob. à partir de la C²DF 100%	P100%	wf 100%	Pw100% +							
						sum	Plocn	wf locn	Pwlocn +				
									sum	Pscenii	wfscenii	Pwscenii +	
												sum	Pw

CPDF: Fonction de densité de probabilité cumulée

9.3.4.3.1.1   *Étape 1*

Étudier, parallèlement à la variante de construction conçue pour des citernes à cargaison dépassant la capacité maximale autorisée ou ayant une distance réduite entre la muraille et la paroi de la citerne et pourvue d'une structure latérale résistant mieux à l'enfoncement, une construction de référence avec, au moins, les mêmes dimensions (longueur, largeur, profondeur, déplacement). Cette construction de référence doit satisfaire aux prescriptions énoncées dans les sections 9.3.1 (type G), 9.3.2 (type C) ou 9.3.3 (type N) et être conforme aux prescriptions minimales d'une société de classification agréée.

9.3.4.3.1.2   *Étape 2*

9.3.4.3.1.2.1   Déterminer les points d'impact caractéristiques pertinents de collision i à n. Le tableau du 9.3.4.3.1 représente le cas général où il y a "n" points d'impact caractéristiques de collision.

Le nombre de points d'impact caractéristiques de collision dépend de la conception structurelle du bateau. Le choix des points d'impact de collision doit être convenu avec une société de classification agréée.

9.3.4.3.1.2.2   *Points d'impact de collision dans le sens vertical*

9.3.4.3.1.2.2.1   *Bateaux-citernes de type C et N*

9.3.4.3.1.2.2.1.1   La détermination des points d'impact de collision dans le sens vertical dépend des différences de tirant d'eau entre le bateau percutant et le bateau percuté, qui sont limitées par les tirants d'eau maximum et minimum des deux bateaux et par la construction du bateau percuté. Ceci peut être décrit sur un graphique par la surface d'un rectangle limité par les valeurs maximum et minimum des tirants d'eau du bateau percutant et du bateau percuté (voir figure ci-dessous).

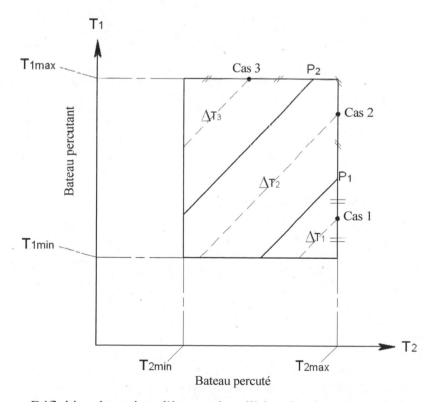

Définition des points d'impact de collision dans le sens vertical

9.3.4.3.1.2.2.1.2   Chaque point de cette surface représente une combinaison de tirants d'eau possible. T_{1max} est le tirant d'eau maximum et T_{1min} le tirant d'eau minimum du bateau percutant, tandis que T_{2max} et T_{2min} sont les tirants d'eau minimum et maximum du bateau percuté. Chaque combinaison de tirants d'eau a une probabilité équivalente d'occurrence.

9.3.4.3.1.2.2.1.3   Les points sur chaque ligne inclinée dans la figure de 9.3.4.3.1.2.2.1.1 indiquent la même différence de tirant d'eau. Chacune de ces lignes représente un point d'impact de collision dans le sens vertical. Dans l'exemple de la figure du 9.3.4.3.1.2.2.1.1, trois points d'impact de collision dans le sens vertical sont représentés par trois surfaces. Le point P_1 correspond au cas où le bord inférieur de la partie verticale de l'étrave d'une barge de poussage ou de l'étrave en forme de V d'un bateau percute l'autre bateau au niveau du pont. La surface triangulaire pour le cas de collision n° 1 est bordée par le point P_1. Ceci correspond au point d'impact de collision dans le sens vertical "collision au niveau du pont". Le triangle occupant la partie supérieure gauche du rectangle correspond au point d'impact de collision dans le sens vertical "collision sous le pont". La différence de tirant d'eau ΔT_i, i = 1,2,3 est utilisée dans les calculs de collision (voir figure ci-dessous).

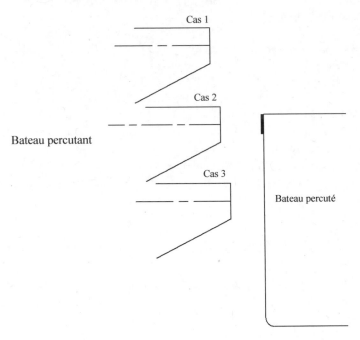

Cas 1

Cas 2

Bateau percutant

Cas 3

Bateau percuté

Exemple de points d'impact de collision
dans le sens vertical

9.3.4.3.1.2.2.1.4   Pour le calcul des énergies de collision, il faut utiliser la masse maximum du bateau percutant et la masse maximum du bateau percuté (point le plus haut sur chaque diagonale ΔT_i).

9.3.4.3.1.2.2.1.5   La société de classification agréée peut, en fonction de la conception du bateau, prescrire des points d'impact de collision supplémentaires.

9.3.4.3.1.2.2.2   *Bateau-citerne de type G*

Pour un bateau citerne de type G, la collision est censée se produire à mi-hauteur de la citerne. Toutefois, la société de classification peut exiger des points de collision supplémentaires à des hauteurs différentes. Ceci doit être convenu avec la société de classification agréée.

9.3.4.3.1.2.3   *Points d'impact de collision dans le sens longitudinal*

9.3.4.3.1.2.3.1   *Bateaux-citernes de type C et N*

Au moins trois points d'impact caractéristiques de collision doivent être considérés:

–   au droit d'une cloison;

–   entre porques; et

–   au droit d'une porque

9.3.4.3.1.2.3.2   *Bateau-citerne de type G*

Pour un bateau type G, au moins trois points d'impact caractéristiques de collision doivent être considérés:

–   à une extrémité d'une citerne à cargaison;

–   entre porques; et

–   au droit d'une porque.

9.3.4.3.1.2.4   *Nombre de points d'impact de collision*

9.3.4.3.1.2.4.1   *Bateaux-citernes de type C et N*

La combinaison des points d'impact de collision dans le sens vertical et dans le sens longitudinal dans l'exemple cité aux 9.3.4.3.1.2.2.1.3 et 9.3.4.3.1.2.3.1 donne 3 • 3 = 9 points d'impact de collision.

9.3.4.3.1.2.4.2   *Bateau-citerne de type G*

La combinaison des points d'impact de collision dans le sens vertical et dans le sens longitudinal dans l'exemple cité aux 9.3.4.3.1.2.2.2 et 9.3.4.3.1.2.3.2 donne 1 • 3 = 3 points d'impact de collision.

9.3.4.3.1.2.4.3   *Examens supplémentaires pour les bateaux-citernes de type G, C et N équipés de citernes à cargaison indépendantes*

La preuve que les supports de citernes et leur dispositif antiflottaison ne causent pas de rupture prématurée de la citerne doit être apportée au moyen de calculs supplémentaires. À cet effet, des points d'impact de collision supplémentaires doivent être convenus avec la société de classification agréée.

9.3.4.3.1.3   *Étape 3*

9.3.4.3.1.3.1   Déterminer pour chaque point d'impact caractéristique de collision un facteur de pondération indiquant la probabilité relative qu'un tel point d'impact caractéristique de collision soit percuté. Dans le tableau de 9.3.4.3.1, ces facteurs sont désignés par $wf_{loc(i)}$ (colonne J). Le choix doit être convenu avec la société de classification agréée.

Le facteur de pondération pour chaque point d'impact de collision est le produit du facteur correspondant au point d'impact de collision dans le sens vertical par le facteur correspondant au point d'impact de collision dans le sens longitudinal.

9.3.4.3.1.3.2   *Points d'impact de collision dans le sens vertical*

9.3.4.3.1.3.2.1   *Bateaux-citernes de type C et N*

Les facteurs de pondération pour les divers points d'impact de collision dans le sens vertical sont définis dans chaque cas par le rapport entre l'aire partielle du cas de collision correspondant et de l'aire totale du rectangle de la figure du 9.3.4.3.1.2.2.1.1.

Par exemple, pour le cas de collision 1 (voir figure du 9.3.4.3.1.2.2.1.3), le facteur de pondération est égal au rapport entre l'aire du triangle occupant la partie inférieure droite du rectangle et l'aire du rectangle entre les tirants d'eau minimum et maximum du bateau percutant et du bateau percuté.

9.3.4.3.1.3.2.2   *Bateau-citerne de type G*

Le facteur de pondération relatif au point d'impact de la collision dans le sens vertical est égal à 1 si un seul point d'impact de collision est considéré. Lorsque la société de classification agréée exige des points d'impact de collision supplémentaires, le facteur de pondération est déterminé selon une procédure analogue à celle utilisée pour les bateaux-citernes de type C ou N.

9.3.4.3.1.3.3   *Points d'impact de collision dans le sens longitudinal*

9.3.4.3.1.3.3.1   *Bateaux-citernes de type C et N*

Le facteur de pondération pour chaque point d'impact de collision dans le sens longitudinal est le rapport entre la "longueur du pas de calcul" et la longueur de la citerne.

La "longueur du pas de calcul" est déterminée comme suit:

a)   Collision au droit d'une cloison: $0,2 \cdot$ x l'espacement entre une porque et la cloison, sans dépasser 450 mm;

b)   Collision au droit d'une porque: la somme de $0,2 \cdot$ l'espacement entre porques à l'avant de la porque, sans dépasser 450 mm, et $0,2 \cdot$ l'espacement entre porques à l'arrière de la porque, sans dépasser 450 mm; et

c)   Collision entre porques: longueur de la citerne diminuée de la longueur "collision au droit d'une cloison" et de la longueur "collision au droit d'une porque".

9.3.4.3.1.3.3.2   *Bateau-citerne de type G*

Le facteur de pondération pour chaque point d'impact de collision dans le sens longitudinal est le rapport entre la "longueur du pas de calcul" et la longueur de la cale. La "longueur du pas de calcul" est déterminée comme suit:

a)   Collision à une extrémité de citerne: distance entre la cloison et le début de la partie cylindrique de la citerne;

b)   Collision au droit d'une porque: la somme de $0,2 \cdot$ l'espacement entre porques vers l'avant de la porque, sans dépasser 450 mm et $0,2 \cdot$ l'espacement entre porques vers l'arrière, sans dépasser 450 mm, et

c)   Collision entre porques: la longueur de la citerne diminuée de la longueur "collision à une extrémité de citerne" et de la longueur "collision au droit d'une porque".

9.3.4.3.1.4   *Étape 4*

9.3.4.3.1.4.1   Calculer la capacité d'absorption de l'énergie de collision pour chaque point d'impact de collision. La capacité d'absorption de l'énergie de collision est la quantité d'énergie de collision absorbée par la structure du bateau, jusqu'à la première rupture de la citerne à cargaison (voir le tableau de 9.3.4.3.1, colonne D: $E_{loc(i)}$). Dans ce but, une analyse par la méthode des éléments finis doit être réalisée conformément au 9.3.4.4.2.

9.3.4.3.1.4.2   Cette analyse doit être faite pour deux scénarios de collision suivant le tableau ci-dessous. Le scénario de collision I est analysé sur la base d'une étrave de barge de poussage. Le scénario de collision II est analysé sur la base d'une étrave de bateau en forme de V.

Ces formes d'étrave sont définies au 9.3.4.4.8.

**Facteurs de réduction de la vitesse pour le scénario I ou le scénario II
avec les facteurs de pondération**

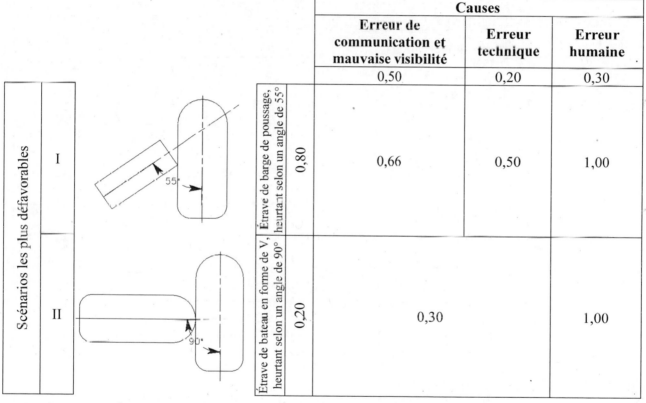

Scénarios les plus défavorables			Causes		
			Erreur de communication et mauvaise visibilité	Erreur technique	Erreur humaine
			0,50	0,20	0,30
I		Étrave de barge de poussage, heurtant selon un angle de 55° 0,80	0,66	0,50	1,00
II		Étrave de bateau en forme de V, heurtant selon un angle de 90° 0,20	0,30		1,00

9.3.4.3.1.5   *Étape 5*

9.3.4.3.1.5.1   Calculer, pour chaque capacité d'absorption de l'énergie de collision $E_{loc(i)}$, la probabilité de dépassement associée, à savoir la probabilité de rupture de la citerne. À cette fin, la formule pour les fonctions de densité de probabilité cumulée (CPDF) ci-dessous est utilisée. Pour la masse effective du bateau percuté, les coefficients appropriés seront choisis dans le tableau 9.3.4.3.1.5.6.

$$P_{x\%} = C_1(E_{loc(i)})^3 + C_2(E_{loc(i)})^2 + C_3 E_{loc(i)} + C_4$$

où: $P_{x\%}$ est la probabilité de rupture de la citerne,

        C_{1-4} est le coefficient indiqué dans le tableau 9.3.4.3.1.5.6,

        $E_{loc(i)}$ est la capacité d'absorption de l'énergie de collision.

9.3.4.3.1.5.2   La masse effective est égale au déplacement maximum du bateau multiplié par un facteur de 1,4. Les deux scénarios de collision (9.3.4.3.1.4.2) doivent être examinés.

9.3.4.3.1.5.3   Dans le cas du scénario I (étrave de barge de poussage selon un angle de 55°), trois formules CPDF doivent être utilisées:

CPDF 50 % (vitesse   =   0,5 V_{max});
CPDF 66 % (vitesse   =   0,66 V_{max}); et
CPDF 100 % (vitesse   = V_{max}).

9.3.4.3.1.5.4   Dans le cas du scénario II (étrave en forme de V selon un angle de 90°), deux formules CPDF doivent être utilisées:

CPDF 30 % (vitesse   =   0,3 V_{max});
CPDF 100 % (vitesse   = V_{max})

9.3.4.3.1.5.5   Dans le tableau du 9.3.4.3.1 (colonne F), ces probabilités sont nommées respectivement *P50 %*, *P66 %*, *P100 %* et *P30 %*, *P100 %*.

9.3.4.3.1.5.6   Coefficients pour les formules CPDF

| Masse effective du bateau percuté (en tonnes) | Vitesse = 1 x V_{max} | | | | Intervalle |
| | Coefficients | | | | |
	C_1	C_2	C_3	C_4	
14 000	4,106E-05	-2,507E-03	9,727E-03	9,983E-01	4<E_{loc}<39
12 000	4,609E-05	-2,761E-03	1,215E-02	9,926E-01	4<E_{loc}<36
10 000	5,327E-05	-3,125E-03	1,569E-02	9,839E-01	4<E_{loc}<33
8 000	6,458E-05	-3,691E-03	2,108E-02	9,715E-01	4<E_{loc}<31
6 000	7,902E-05	-4,431E-03	2,719E-02	9,590E-01	4<E_{loc}<27
4 500	8,823E-05	-5,152E-03	3,285E-02	9,482E-01	4<E_{loc}<24
3 000	2,144E-05	-4,607E-03	2,921E-02	9,555E-01	2<E_{loc}<19
1 500	-2,071E-03	2,704E-02	-1,245E-01	1,169E+00	2<E_{loc}<12

| Masse effective du bateau percuté (en tonnes) | Vitesse = 0,66 x V_{max} | | | | Intervalle |
| | Coefficients | | | | |
	C_1	C_2	C_3	C_4	
14 000	4,638E-04	-1,254E-02	2,041E-02	1,000E+00	2<E_{loc}<17
12 000	5,377E-04	-1,427E-02	2,897E-02	9,908E-01	2<E_{loc}<17
10 000	6,262E-04	-1,631E-02	3,849E-02	9,805E-01	2<E_{loc}<15
8 000	7,363E-04	-1,861E-02	4,646E-02	9,729E-01	2<E_{loc}<13
6 000	9,115E-04	-2,269E-02	6,285E-02	9,573E-01	2<E_{loc}<12
4 500	1,071E-03	-2,705E-02	7,738E-02	9,455E-01	1<E_{loc}<11
3 000	-1,709E-05	-1,952E-02	5,123E-02	9,682E-01	1<E_{loc}<8
1 500	-2,479E-02	1,500E-01	-3,218E-01	1,204E+00	1<E_{loc}<5

Masse effective du bateau percuté (en tonnes)	Vitesse = 0,5 x V_{max} Coefficients				Intervalle
	C_1	C_2	C_3	C_4	
14 000	2,621E-03	-3,978E-02	3,363E-02	1,000E+00	$1<E_{loc}<10$
12 000	2,947E-03	-4,404E-02	4,759E-02	9,932E-01	$1<E_{loc}<9$
10 000	3,317E-03	-4,873E-02	5,843E-02	9,878E-01	$2<E_{loc}<8$
8 000	3,963E-03	-5,723E-02	7,945E-02	9,739E-01	$2<E_{loc}<7$
6 000	5,349E-03	-7,407E-02	1,186E-01	9,517E-01	$1<E_{loc}<6$
4 500	6,303E-03	-8,713E-02	1,393E-01	9,440E-01	$1<E_{loc}<6$
3 000	2,628E-03	-8,504E-02	1,447E-01	9,408E-01	$1<E_{loc}<5$
1 500	-1,566E-01	5,419E-01	-6,348E-01	1,209E+00	$1<E_{loc}<3$

Masse effective du bateau percuté (en tonnes)	Vitesse = 0,3 x V_{max} Coefficients				Intervalle
	C_1	C_2	C_3	C_4	
14 000	5,628E-02	-3,081E-01	1,036E-01	9,991E-01	$1<E_{loc}<3$
12 000	5,997E-02	-3,212E-01	1,029E-01	1,002E+00	$1<E_{loc}<3$
10 000	7,477E-02	-3,949E-01	1,875E-01	9,816E-01	$1<E_{loc}<3$
8 000	1,021E-02	-5,143E-01	2,983E-01	9,593E-01	$1<E_{loc}<2$
6 000	9,145E-02	-4,814E-01	2,421E-01	9,694E-01	$1<E_{loc}<2$
4 500	1,180E-01	-6,267E-01	3,542E-01	9,521E-01	$1<E_{loc}<2$
3 000	7,902E-02	-7,546E-01	5,079E-01	9,218E-01	$1<E_{loc}<2$
1 500	-1,031E+00	2,214E-01	1,891E-01	9,554E-01	$0.5<E_{loc}<1$

L'intervalle de validité de la formule est indiqué dans la colonne 6. Dans le cas d'une valeur de E_{loc} inférieure à l'intervalle, la probabilité $P_{x\%} = 1$. Dans le cas d'une valeur supérieure à l'intervalle, la probabilité $P_{x\%} = 0$.

9.3.4.3.1.6   *Étape 6*

Calculer les probabilités pondérées de rupture de la citerne de cargaison $P_{wx\%}$ (tableau du 9.3.4.3.1, colonne H) en multipliant chaque probabilité de rupture de la citerne de cargaison $P_{x\%}$ (tableau du 9.3.4.3.1, colonne F) par les facteurs de pondération $wf_{x\%}$ indiqués dans le tableau ci-dessous:

Tableau: Facteurs de pondération pour chaque vitesse de collision caractéristique

			Facteur de pondération
Scénario I	CPDF 50 %	wf50 %	0,2
	CPDF 66 %	wf66 %	0,5
	CPDF 100 %	wf100 %	0,3
Scénario II	CPDF 30 %	wf30 %	0,7
	CPDF 100 %	wf100 %	0,3

9.3.4.3.1.7 *Étape 7*

Calculer les probabilités totales de rupture de la citerne à cargaison $P_{loc(i)}$ (tableau du 9.3.4.3.1, colonne I) résultant du 9.3.4.3.1.6 (étape 6) comme la somme de toutes les probabilités pondérées de rupture de la citerne à cargaison $P_{wx\%}$ (tableau du 9.3.4.3.1, colonne H) pour chaque point d'impact de collision considéré.

9.3.4.3.1.8 *Étape 8*

Calculer, pour les deux scénarios de collision, les probabilités totales pondérées de rupture de la citerne à cargaison $P_{wloc(i)}$, dans chaque cas en multipliant les probabilités totales de rupture de la citerne à cargaison $P_{loc(i)}$ pour chaque point d'impact de collision par les facteurs de pondération $wf_{loc(i)}$ correspondant aux mêmes points d'impact de collision (voir 9.3.4.3.1.3 (étape 3) et le tableau du 9.3.4.3.1, colonne J).

9.3.4.3.1.9 *Étape 9*

Calculer, par l'addition des probabilités totales pondérées de rupture de la citerne à cargaison $P_{wloc(i)}$, les probabilités totales de rupture de la citerne à cargaison P_{scenI} et P_{scenII} (tableau du 9.3.4.3.1, colonne L), séparément pour chaque scénario de collision.

9.3.4.3.1.10 *Étape 10*

Finalement, calculer la valeur pondérée de la probabilité totale globale de rupture de la citerne à cargaison P_w au moyen de la formule ci-dessous (tableau du 9.3.4.3.1, colonne O):

$$P_w = 0,8 \cdot PscenI + 0,2 \cdot PscenII$$

9.3.4.3.1.11 *Étape 11*

La probabilité totale globale de rupture de la citerne à cargaison P_w pour la variante de construction est désignée P_n. La probabilité totale globale de rupture de la citerne à cargaison. P_w pour la construction de référence est désignée P_r.

9.3.4.3.1.12 *Étape 12*

9.3.4.3.1.12.1 Calculer le rapport (C_n/C_r) entre l'effet (mesure du dommage) C_n de la rupture d'une citerne à cargaison de la variante de construction et l'effet C_r de la rupture d'une citerne à cargaison de la construction de référence au moyen de la formule suivante:

$$\frac{C_n}{C_r} = \frac{V_n}{V_r}$$

où: C_n/C_r est le rapport entre l'effet lié à la variante de construction et l'effet lié à la construction de référence,

   V_n est la contenance maximum de la plus grande des citernes à cargaison de la variante de construction,

   V_r est la contenance maximum de la plus grande des citernes à cargaison de la construction de référence.

9.3.4.3.1.12.2 Cette formule a été établie pour les cargaisons caractéristiques énumérées dans le tableau ci-après.

Cargaisons caractéristiques

	Numéro ONU	Description
Benzène	1114	Liquide inflammable Groupe d'emballage II Dangereux pour la santé
Acrylonitrile stabilisé (ACN)	1093	Liquide inflammable Groupe d'emballage I Toxique, stabilisé
Hexanes	1208	Liquide inflammable Groupe d'emballage II
Nonanes	1920	Liquide inflammable Groupe d'emballage III
Ammoniac anhydre	1005	Gaz toxique et corrosif Liquéfié, sous pression
Propane	1978	Gaz inflammable Liquéfié, sous pression

9.3.4.3.1.12.3 Pour les citernes à cargaison dont la contenance comprise entre 380 m^3 et 1 000 m^3, et qui contiennent des matières liquides ou gazeuses inflammables, toxiques et acides, on suppose que l'effet augmente linéairement avec la contenance de la citerne (facteur de proportionnalité = 1).

9.3.4.3.1.12.4 Si des substances devant être transportées dans des bateaux citernes ont été analysées suivant cette procédure de calcul, mais que le facteur de proportionnalité entre la capacité totale de la citerne à cargaison et la surface affectée risque fort d'être supérieur à 1, contrairement à ce qui est supposé dans le paragraphe précédent, l'étendue de l'aire affectée fait l'objet d'un calcul distinct. Dans ce cas, la comparaison décrite dans le 9.3.4.3.1.13 (étape 13), est effectuée avec cette valeur différente, pour l'étendue de la zone affectée, t.

9.3.4.3.1.13 *Étape 13*

Finalement, comparer le rapport $\dfrac{P_r}{P_n}$ entre la probabilité totale globale de rupture d'une citerne à cargaison P$_r$ pour la construction de référence et la probabilité totale globale de rupture d'une citerne à cargaison P$_n$ pour la variante de construction et le rapport $\dfrac{C_n}{C_r}$ entre les effets relatifs à la variante de construction et les effets relatifs à la construction de référence.

Lorsque $\dfrac{C_n}{C_r} \leq \dfrac{P_r}{P_n}$, la preuve prescrite par le 9.3.4.1.3 est fournie pour la variante de construction.

9.3.4.4 *Détermination de la capacité d'absorption de l'énergie de collision*

9.3.4.4.1 Généralités

9.3.4.4.1.1 La capacité d'absorption de l'énergie de collision est déterminée au moyen d'une analyse par éléments finis (FEA). Elle est effectuée en employant un logiciel à éléments finis adapté (par exemple, LS-DYNA[6], PAM-CRASH[7], ABAQUS[8], etc.), qui permette de traiter les effets non linéaires tant géométriques que des matériaux. Le logiciel devra aussi permettre de simuler la rupture de manière réaliste.

9.3.4.4.1.2 Le choix du logiciel et le niveau de détail des calculs doivent être convenus avec la société de classification agréée.

9.3.4.4.2 *Création des modèles éléments finis (FE)*

9.3.4.4.2.1 Tout d'abord, il faut élaborer des modèles éléments finis pour la variante de construction résistant mieux à l'enfoncement et pour la construction de référence. Chaque modèle éléments finis devra décrire toutes les déformations plastiques pertinentes pour tous les cas de collision considérés. La section de la zone cargaison à modéliser doit être convenue avec la société de classification agréée.

9.3.4.4.2.2 Aux deux extrémités de cette zone à modéliser, les trois degrés de liberté de déplacement doivent être bloqués. Puisque, dans la plupart des cas de collision, la flexion horizontale de la poutre bateau n'est pas significative pour l'évaluation de l'énergie de déformation plastique, il suffit de ne considérer que la moitié de cette zone du bateau. Dans ce cas, les déplacements transversaux dans l'axe du bateau (CL) doivent être bloqués. Après avoir élaboré le modèle à éléments finis, un calcul sur essai de collision doit être effectué pour s'assurer qu'aucune déformation plastique ne se produit sur les bords du modèle là où les déplacements ont été bloqués. Si tel n'est pas le cas, la zone modélisée doit être étendue.

9.3.4.4.2.3 Les zones structurelles affectées par les collisions doivent être finement modélisées, tandis que les autres parties peuvent être modélisées plus grossièrement. La finesse des mailles élémentaires doit permettre de décrire de manière adéquate les déformations locales par plissement et de mettre en évidence de manière réaliste la rupture des éléments.

9.3.4.4.2.4 Le calcul de la rupture initiale doit être basé sur des critères de fracture adapté à l'élément utilisé. La dimension maximum de l'élément doit être inférieure à 200 mm dans les zones de collision. Le rapport entre le côté le plus long et le côté le plus court de l'élément de plaque ne doit pas excéder trois. La longueur L de l'élément du bordé est définie comme étant la plus grande des longueurs des deux côtés de l'élément. Le rapport entre la longueur et l'épaisseur de l'élément doit être supérieur à cinq. D'autres valeurs peuvent être convenues avec la société de classification agréée.

9.3.4.4.2.5 Les structures en plaque, telles que le bordé, la double-coque intérieure (la citerne indépendante sur les bateaux-citernes destinés au transport de gaz), les porques ainsi que les serres, peuvent être modélisées comme des éléments du bordé, tandis que les renforts (lisse, membrure, etc.) peuvent être modélisés comme des éléments de poutres. Dans les zones affectées lors de la collision, la modélisation doit tenir compte des ouvertures et des trous d'homme.

---

[6]   *LSTC, 7374 Las Positas Rd, Livermore, CA 94551, États-Unis d'Amérique, tél.: +1 925 245-4500.*

[7]   *ESI Group, 8 rue Christophe Colomb, 75008 Paris, France, tél.: +33 (0)1 53 65 14 14, télécopie: +33 (0)1 53 65 14 12, adresse électronique:* info@esi-group.com.

[8]   *SIMULIA, Rising Sun Mills, 166 Valley Street, Providence, RI 02909-2499, États-Unis d'Amérique, tél.: +1 401 276-4400, télécopie: +1 401 276-4408, adresse électronique:* info@simulia.com.

9.3.4.4.2.6   Dans les calculs par éléments finis, la méthode de "pénalisation entre nœud et segment" ("node on segment penalty") doit être employée pour l'option de contact. À cette fin, les options suivantes doivent être activées pour les logiciels mentionnés ci-après:

–   "Contact_automatic_single_surface" dans LS-DYNA,

–   "Self impacting" dans PAM-CRASH, et

–   Types de contact semblables dans les autres logiciels à éléments finis.

9.3.4.4.3   *Propriétés des matériaux*

9.3.4.4.3.1   En raison du comportement extrême du matériau et de la structure pendant une collision, avec des effets non linéaires tant géométriques que des matériaux, la vraie relation contrainte-déformation doit être utilisée:

$$\sigma = C \cdot \varepsilon^n$$

où:

$$n = \ln(1 + A_g),$$

$$C = R_m \cdot \left(\frac{e}{n}\right)^n,$$

A_g est la déformation homogène maximum correspondant à la contrainte ultime de traction R_m.

e est la constante d'Euler.

9.3.4.4.3.2   Les valeurs de A_g et R_m peuvent être déterminées par des essais de traction.

9.3.4.4.3.3   Si seule la contrainte ultime de traction R_m est disponible, pour l'acier de qualité construction navale dont la limite élastique R_{eH} ne dépasse pas 355 N/mm², l'approximation suivante peut être utilisée pour obtenir la valeur de A_g à partir d'une valeur connue de R_m ([N/mm²]):

$$A_g = \frac{1}{0{,}24 + 0{,}01395 \cdot R_m}$$

9.3.4.4.3.4   Si les propriétés des matériaux déterminées lors des essais de traction ne sont pas disponibles au début des calculs, les valeurs minimum de A_g et R_m, définies dans les règles des sociétés de classification agréées seront utilisées. Pour l'acier de qualité construction navale dont la limite élastique est supérieure à 355 N/mm² ou pour d'autres matériaux, les propriétés sont convenues avec la société de classification agréée.

9.3.4.4.4   *Critères de rupture*

9.3.4.4.4.1   La première rupture d'un élément dans une analyse par éléments finis est définie par la valeur de la déformation de rupture. Si la déformation calculée, telle que la déformation plastique effective, la déformation principale ou, pour un élément du bordé, la déformation dans le sens de l'épaisseur de cet élément, dépasse la valeur définie de sa déformation de rupture, l'élément doit être supprimé du modèle à éléments finis et l'énergie de déformation de cet élément ne variera plus au cours des calculs ultérieurs.

9.3.4.4.4.2   La formule suivante sera utilisée pour le calcul de la déformation de rupture:

$$\varepsilon_f(l_e) = \varepsilon_g + \varepsilon_e \cdot \frac{t}{l_e}$$

où

ε_g	=	déformation homogène
ε_e	=	striction
t	=	épaisseur de la plaque
l_e	=	longueur d'un élément individuel.

9.3.4.4.4.3   Les valeurs de la déformation homogène et de la striction, pour de l'acier de qualité construction navale avec une limite élastique R_{eH} qui n'est pas supérieure à 355 N/mm², sont données dans le tableau ci-après:

États de contrainte	1-D	2-D
ε_g	0,079	0,056
ε_e	0,76	0,54
Type d'élément	treillis, poutres	plaque

9.3.4.4.4.4   D'autres valeurs de ε_g et ε_e obtenues à partir de mesures d'épaisseur faites sur des cas concrets de structures endommagées et lors d'expériences peuvent être utilisées en accord avec la société de classification agréée.

9.3.4.4.4.5   D'autres critères de rupture peuvent être acceptés par la société de classification agréée si des preuves provenant d'essais pertinents sont fournies.

9.3.4.4.4.6   *Bateau-citerne de type G*

Pour un bateau -citerne de type G, le critère de rupture pour une citerne sous pression est fondé sur la déformation plastique équivalente. La valeur à utiliser pour appliquer le critère de rupture est convenue avec la société de classification agréée. Il ne sera pas tenu compte de la déformation plastique équivalente associée à la compression.

9.3.4.4.5   *Calcul de la capacité d'absorption de l'énergie de collision*

9.3.4.4.5.1   La capacité d'absorption de l'énergie de collision est la somme de l'énergie interne, l'énergie associée à la déformation des éléments structurels, et de l'énergie de frottement.

Le coefficient de frottement μ_c s'obtient comme suit:

$$\mu_c = FD + (FS - FD) \cdot e^{-DC|v_{rel}|}$$

où:		
FD	=	0,1
FS	=	0,3
DC	=	0,01
$|v_{rel}|$	=	est la vitesse de frottement relative.

NOTA: *les valeurs sont les valeurs par défaut pour l'acier de qualité construction navale.*

9.3.4.4.5.2   Les courbes de la force de pénétration résultant des calculs par éléments finis doivent être soumises à la société de classification agréée.

9.3.4.4.5.3   *Bateau-citerne de type G*

9.3.4.4.5.3.1   Pour obtenir la capacité totale d'absorption de l'énergie d'un bateau-citerne de type G, l'énergie absorbée lors de la compression de la vapeur durant la collision doit être calculée.

9.3.4.4.5.3.2   L'énergie E absorbée par la vapeur doit être calculée comme suit:

$$E = \frac{p_1 \cdot V_1 - p_0 \cdot V_0}{1 - \gamma}$$

où:

$\gamma = $ 1,4
(Note: la valeur 1,4 est la valeur par défaut de c_p/c_v avec en principe:

c_p =   est la chaleur spécifique à pression constante [J/(kgK)]

c_v =   est la chaleur spécifique à volume constant [J/(kgK)])

p_0 =   pression au début de la compression [Pa]

p_1 =   pression à la fin de la compression [Pa]

V_0 =   volume au début de la compression [m^3]

V_1 =   volume à la fin de la compression [m^3]

9.3.4.4.6   *Définitions du bateau percutant et de l'étrave percutante*

9.3.4.4.6.1   Au moins deux types de forme d'étrave percutante doivent être utilisés pour calculer la capacité d'absorption de l'énergie de collision:

–   Forme d'étrave I: étrave de barge de poussage (voir le 9.3.4.4.8),

–   Forme d'étrave II: étrave en forme de V sans bulbe (voir le 9.3.4.4.8).

9.3.4.4.6.2   Comme dans la plupart des cas de collision l'étrave percutante ne présente que de petites déformations comparées à celles de la structure latérale du bateau percuté, une étrave percutante est considérée comme étant rigide. Néanmoins, dans certaines situations particulières, lorsque le bateau percuté a une structure latérale extrêmement solide comparée à celle de l'étrave percutante et que le comportement structurel du bateau percuté est influencé par la déformation plastique de l'étrave percutante, on considère celle-ci comme étant déformable. Dans ce cas, la structure de l'étrave percutante devrait aussi être modélisée. Ceci sera convenu avec la société de classification agréée.

9.3.4.4.7   *Description des cas de collision*

Pour les cas de collision, il faut considérer ce qui suit:

a)   L'angle de collision entre le bateau percutant et le bateau percuté est de 90°, dans le cas d'une étrave en forme de V, et de 55° dans le cas d'une étrave de barge de poussage; et

b)   Le bateau percuté a une vitesse nulle, tandis que le bateau percutant pénètre le côté du bateau percuté avec une vitesse constante de 10 m/s.

La vitesse de collision de 10 m/s est une vitesse théorique à utiliser dans l'analyse par éléments finis.

9.3.4.4.8   *Types de formes d'étrave*

9.3.4.4.8.1   *Étrave de barge de poussage*

Les dimensions caractéristiques doivent être prises du tableau ci-dessus:

	mi-largeur				hauteurs		
couple	Point de torsion 1	Point de torsion 2	pont	étrave	Point de torsion 1	Point de torsion 2	pont
145	4,173	5,730	5,730	0,769	1,773	2,882	5,084
146	4,100	5,730	5,730	0,993	2,022	3,074	5,116
147	4,028	5,730	5,730	1,255	2,289	3,266	5,149
148	3,955	5,711	5,711	1,559	2,576	3,449	5,181
149	3,883	5,653	5,653	1,932	2,883	3,621	5,214
150	3,810	5,555	5,555	2,435	3,212	3,797	5,246
151	3,738	5,415	5,415	3,043	3,536	3,987	5,278
152	3,665	5,230	5,230	3,652	3,939	4,185	5,315
poupe	3,600	4,642	4,642	4,200	4,300	4,351	5,340

Les figures suivantes sont conçues pour illustration.

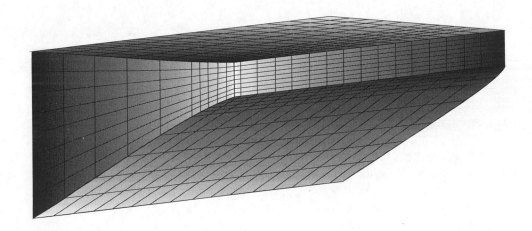

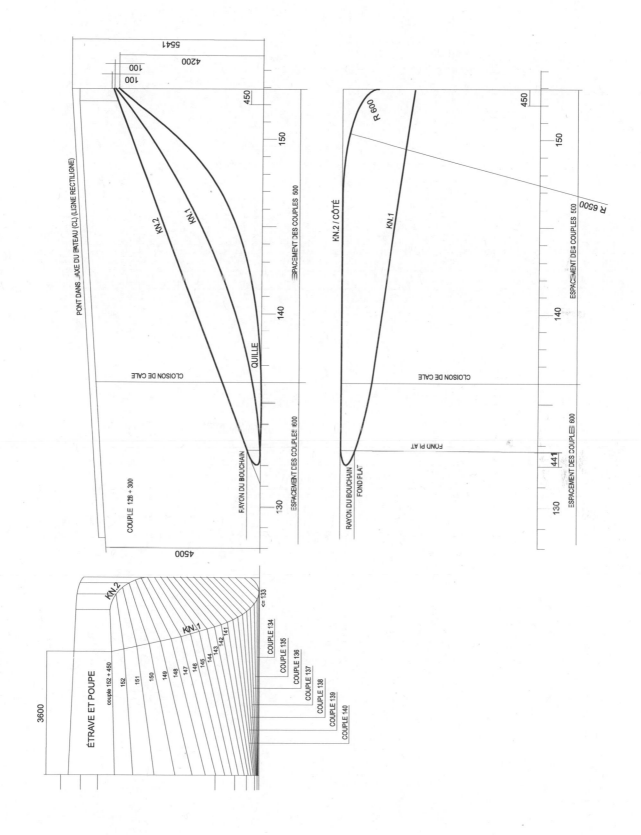

9.3.4.4.8.2   *Étrave en forme de V*

Les dimensions caractéristiques doivent être prises du tableau ci-dessus:

Numéro de référence	x	y	z
1	0,000	3,923	4,459
2	0,000	3,923	4,852
11	0,000	3,000	2,596
12	0,652	3,000	3,507
13	1,296	3,000	4,535
14	1,296	3,000	4,910
21	0,000	2,000	0,947
22	1,197	2,000	2,498
23	2,346	2,000	4,589
24	2,346	2,000	4,955
31	0,000	1,000	0,085
32	0,420	1,000	0,255
33	0,777	1,000	0,509
34	1,894	1,000	1,997
35	3,123	1,000	4,624
36	3,123	1,000	4,986
41	1,765	0,053	0,424
42	2,131	0,120	1,005
43	2,471	0,272	1,997
44	2,618	0,357	2,493
45	2,895	0,588	3,503
46	3,159	0,949	4,629
47	3,159	0,949	4,991
51	0,000	0,000	0,000
52	0,795	0,000	0,000
53	2,212	0,000	1,005
54	3,481	0,000	4,651
55	3,485	0,000	5,004

Les figures suivantes sont conçues pour illustration.

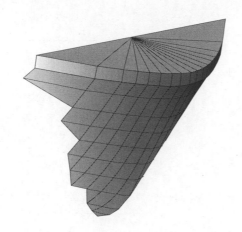

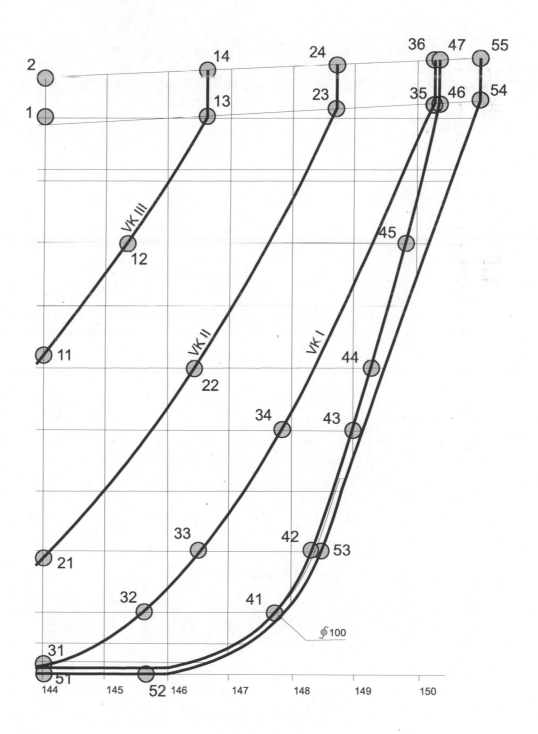